Christian David Friedrich von Palmer

Evangelische Pastoraltheologie

Christian David Friedrich von Palmer

Evangelische Pastoraltheologie

ISBN/EAN: 9783743304635

Hergestellt in Europa, USA, Kanada, Australien, Japan

Cover: Foto ©Thomas Meinert / pixelio.de

Manufactured and distributed by brebook publishing software
(www.brebook.com)

Christian David Friedrich von Palmer

Evangelische Pastoraltheologie

Seiner Hochwürden

Herrn

Dr. Carl Immanuel Nitzsch,

dem Meister in allem theologischen Wissen und Denken,

dem

Führer und Vorbild in praktischer Theologie wie in theologischer Praxis,

zur Feier seines fünfzigjährigen Jubiläums

als bescheidene Festgabe in herzlicher Ehrerbietung und Dankbarkeit

dargebracht

vom

Verfasser.

Vorrede.

Bei der nahen Verwandtschaft in welcher der Gegenstand des vorliegenden Werkes mit meinen früheren Arbeiten steht, wird es keiner Erklärung darüber bedürfen, wie ich zu dem Entschlusse gekommen bin, eine Pastoraltheologie zu schreiben. Nur das sei bemerkt, daß einerseits der schon vor Jahren und wiederholt ausgesprochene Wunsch des Herrn Verlegers, andererseits die Bearbeitung dieses Stoffes für Vorlesungen, um die mich Studirende einigemal angegangen haben, und die Abfassung mehrerer einschlägigen Artikel für Herzogs theologische Real-Encyklopädie nach und nach die Lust und den Muth in mir erweckte, einmal etwas Ganzes über diesen Gegenstand auszuführen. Reif wurde jedoch dieser Entschluß erst dadurch, daß es mir gelang, für die Darstellung derjenigen Partieen, zu deren befriedigender Behandlung meine eigene, vor dem Uebergange zum akademischen Lehramt gesammelte Pastoral-Erfahrung nicht zureichte, nämlich der Seelsorge bei Geisteskranken, der Seelsorge im Strafgefängniß und der Pastoration des Militärs, drei Männer vom Fache zu gewinnen, die, durch äußere und innere Bande seit langer Zeit mit mir innig verbunden, auf meine Bitte die betreffenden Capitel (17, 24 und 25) ausgearbeitet haben. Ich gestehe, daß ich mir gerade hierauf etwas zu gute thue, dieselben zu solcher Arbeit veranlaßt zu haben, da über die genannten, so sehr wichtigen Zweige des Seelsorgerberufes die Pastoraltheologie bis jetzt noch wenig Einläßliches, auf specieller Erfahrung Beruhendes und Ausreichendes darbot. Von den drei Freunden hat sich selbstverständlich Jeder nach seiner Weise ausgesprochen; hiedurch ist im Styl, an wenigen Stellen auch im Gedanken einige Differenz mit der in den übrigen Theilen des Buches herrschenden Art entstanden, was jedoch in Vergleich mit dem hohen Werthe, den der urtheilsfähige Leser mit mir diesen Beiträgen zur Pastoraltheologie dankbar zuerkennen wird, gar nicht in Betracht kommen kann. Der Verfasser von Cap. 24, Herr Pfarrer Hoffmann in Stuttgart, hat die ausdrückliche Bemerkung gewünscht, daß er seine Mittheilungen ganz so gegeben habe, wie er sie Einem, der das geistliche Amt an einem Strafgefängniß übernehmen wollte, als seinen auf persönliche Erfahrung gegründeten Rath geben würde, und daß er mir die Vollmacht ertheilt habe, nach meinem Ermessen zu streichen oder zuzusetzen. Ich habe keines von beiden gethan, sondern übermache seine Gabe dem Leser, wie ich sie empfangen habe, weil an einer Arbeit, die so aus dem Innersten ihres Urhebers geflossen ist, eine fremde Hand viel leichter etwas verderbt als gut macht; ich fürchtete mich, die evangelische Wärme, die jede Zeile athmet, zu schwächen, wenn ich etwas ändern würde; um diesen Preis wollte ich die Gleichheit der Farbe nicht erkaufen. Der Verfasser von Cap. 25, Herr Garnisonsprediger Müller in Stuttgart, ging von dem Gesichtspunct aus, daß, wenn dem Militär als besonderem Object der Seelsorge ein eigener Abschnitt in der Pastoraltheologie gewidmet werde, dieß nur darin seinen Grund und seine Rechtfertigung habe, daß überhaupt jeder Stand im Staate als ein Gegenstand der Seelsorge behandelt werde, der seine besonderen Aufgaben für sie in sich schließe. Unstreitig ist seine Darstellung der Militärseelsorge auch für die Standesseelsorge überhaupt in hohem Grade lehrreich; darüber jedoch, warum ich jener Voraussetzung nicht durch Aufstellung je eines Capitels für je einen der Stände im Staate gerecht werden konnte, habe ich mich im Sinne des S. 278—283 Gesagten mit ihm verständigt. Dem Verfasser von Cap. 17 endlich, Herrn Diakonus Dr. Lechler in Winnenden, weiß ich mich dafür zu besonderem Danke verpflichtet, daß er mir für einen so schwierigen Punct seine Hülfe nicht versagt, sie vielmehr in so gründlicher und ausgiebiger Weise geleistet hat, obwohl er vollkommen unterrichtet war, daß mein Amtsbegriff sich zu demjenigen in mehrfacher Beziehung antithetisch verhält, den er in seinem Werke: „die neutestamentliche Lehre vom heiligen Amte" (Stuttgart bei J. F. Steinkopf, 1857) aufgestellt und entwickelt hat. Ich zweifle nicht, daß Viele unter denselben Verhältnissen sich würden gescheut haben, mir die Hand zu bieten; möge man aber dieses brüderliche Zusammenhelfen als einen Beweis ansehen, daß die Liebe zum Amte und die Bereitwilligkeit, es einträchtig in seiner Wirksamkeit zu fördern, nicht abhängig ist von der begrifflichen Auffassung und systematischen Construction desselben.

Meine Arbeit hätte ich mir bedeutend erleichtern können, wenn ich als Inhalt der Pastoraltheologie blos die Lehre von der Seelsorge aufgenommen, und sie als solche in ganz gleicher Weise in den Kreis der praktisch-theologischen Disciplinen eingereiht hätte, wie die Lehre von der Predigt, der Katechese, der Liturgie ꝛc. je eine Stelle in diesem Kreise einnimmt. So wäre ich der Mühe überhoben gewesen, das meist so unklar gelassene Verhältniß der Pastoraltheologie zur praktischen Theologie erst auseinanderzusetzen, weil alsdann jene ganz einfach ein Theil von dieser wäre, wie es die Homiletik, die Katechetik u. s. w. ist. Ich zog jedoch mit gutem Bedachte das Schwierigere vor, nämlich die Pastoraltheologie nach der älteren Weise als etwas Umfassenderes zu behandeln, gewissermaßen der praktischen Theologie parallel, aber so, daß in jener wesentlich nur der Pastor für den Pastor geschildert, mithin sein persönliches, durch sein Gewissen zu bestimmendes Wirken dargestellt und durch solche praktische Anweisung zum Pastoralamte die praktisch-theologische Wissenschaft in mannigfachster Weise illustrirt und ergänzt werde. Dieser rein praktische Zweck konnte mich indessen nicht abhalten, an allen den Puncten, wo dieß nöthig schien, nach Bedürfniß auf wissenschaftliche Voraussetzungen zurück- und einzugehen. Daß in einer so ausgeführten Amtsanweisung für den Pastor die Seelsorge, als die von der persönlichen Tüchtigkeit des Geistlichen, von seiner Weisheit, Erfahrung und Treue vollständig abhängige, aller gesetzlichen Formen enthobene Thätigkeit des Geistlichen, eine Hauptstelle einnimmt und deßhalb das über sie Gesagte möglicher Weise auch die Stelle desjenigen Theils der wissenschaftlichen praktischen Theologie vertreten kann, welcher der Seelsorge gewidmet ist, liegt eben im Charakter der Seelsorge, wodurch sie sich von den übrigen geistlichen Functionen unterscheidet; es ist jedoch im Buche selbst (S. 12. 13.) gezeigt, daß hiedurch der principielle Unterschied zwischen Pastoraltheologie und praktischer Theologie — zwischen der Lehre von der Tüchtigkeit und Thätigkeit des Pastors und zwischen der Wissenschaft vom kirchlichen Leben — nicht aufgehoben ist. Neben dieser aber auch jene fortwährend anzubauen, das ist in unserer Zeit so gut als jemals am Orte. Denn je weniger den zersetzenden Kräften gegenüber, welche zu allen Schichten der Gesellschaft einen Zugang finden, das Band äußerlicher Kirchlichkeit oder ein traditioneller Amtsnimbus und eine wenn auch noch so ausgezirkelte Schulweisheit Stand halten kann, desto mehr muß der Pastor sich darauf zurückziehen und darin fest werden,

Träger der ewigen sittlichen Mächte zu seyn, die nicht durch Scheinbegriffe und Scheinbeweise, sondern durch eine dem Wahrheitssinn im menschlichen Herzen und Gewissen sich selbst beweisende, lebenskräftige Realität auf die Menschen wirken. In diesem Lichte dem Pastor, zumal dem angehenden, seinen Beruf vorzuhalten, ihn die wirkliche Größe desselben fühlen zu lassen, die ebenso sehr demüthigt als erhebt, das, dünkt mich, ist nichts Ueberflüssiges. Zwar konnte es sich, was vorliegendes Werk betrifft, hier für mich viel weniger als auf anderen Gebieten um das Auffinden und Einschlagen einer neuen Bahn handeln. Seit Claus Harms uns seine Pastoraltheologie gegeben, ist der richtige Curs gefunden, und seit er sein Werk mit Luthers Worten eröffnet hat: „Unser Amt ist nun ein ander Ding worden," ist es dieses andere Ding, Gottlob! auch geblieben. Ich möchte mir daher nichts Höheres wünschen, als daß man — ungeachtet der unvermeidlichen Verschiedenheiten im Einzelnen und ohne daß ich mich unbescheidener Weise dem hohen Manne, der in Zungen redete, an die Seite stellen wollte — in dieser meiner Arbeit eine Ergänzung der seinigen erkennen möchte. Dafür jedoch, daß eine solche in allweg berechtigt ist, glaube ich zum Erweise nur in Erinnerung bringen zu dürfen, wie viel in den dreißig Jahren, die seitdem verflossen sind, in Kirche und Welt, in Wissenschaft und Leben sich geändert hat; und daß sowohl Harms als Alexander Vinet und Wilhelm Löhe einem Nachfolgenden immerhin noch Einiges zu sagen übrig gelassen haben, das, hoffe ich, wird sich in dem Buche selbst herausstellen, wie bereits die Bearbeitung der „eigenthümlichen Seelenpflege" von Nitzsch (in der ersten Abtheilung des dritten Bandes seiner „praktischen Theologie") das reichste Material in der gedrängtesten wissenschaftlichen Form dem Lernbegierigen dargeboten hat. Das begreift sich auch von selbst aus der unaufhörlichen Strömung des Lebens in der concreten Wirklichkeit, in die der evangelische Gristliche mitten hineingestellt ist. Eine Mönchsregel kann allenfalls in unveränderter Gestalt für ein Jahrtausend ausreichen, eine Pastoraltheologie nicht; denn obgleich das, was sie sagt, seinen Werth haben muß für immer, weil es Wahrheit zum Leben ist, so stellt ihr doch jede Zeit wieder neue Aufgaben; sie bekommt immer wieder neue Lectionen zu lernen und verlangt daher auch immer wieder neue Arbeitskräfte. Daher kann auch kein pastoraltheologisches Werk, selbst wenn es die Form eines alphabetisch angelegten Repertoriums nach Oemler's Art annähme, sich anheischig machen, für alle erdenklichen Fälle, die im Amtsleben vorkommen können, je ein fertiges Recept zu präsentiren; manches Casuistische, das mir nicht entgangen war, habe ich überdieß unterdrückt, um Maß zu halten.

Von Harms habe ich außer Anderem auch noch zwei Dinge gelernt: erstens, daß es erlaubt ist, bei aller Allgemeinheit dessen, was und wie es von der Pastoraltheologie zu erörtern ist, doch den provinciellen Boden, worauf man steht, nicht zu verleugnen; wie Jenem die schleswig-holsteinischen Verhältnisse überall das Nächste sind, das ihm vor Augen liegt, so mir die schwäbischen; so wenig aber darum Harms blos für Holstein hat schreiben wollen, so wenig ich blos für Schwaben. Das Zweite, was ich von ihm mir abnahm, ist ebenfalls eine Licenz, nämlich die eines freieren Tones, einer weniger enge gegürteten Sprache. Diese Freiheit der Bewegung, überhaupt meine Vorliebe für das Einfache und Natürliche, meine Abneigung gegen alles Gemachte und Erkünstelte in Theologie und Kirche, und die ebenso reizbare Empfindlichkeit gegen jede romanisirende Verunreinigung und Verletzung des protestantischen Bewußtseyns wie gegen alle rationalistische Verwässerung und Zerbröckelung des evangelischen Wahrheitsbesitzes — das alles sind Dinge, mit denen man sich heutzutage nicht allenthalben empfiehlt. Allein das ist auch nicht der Zweck einer solchen Arbeit; wer zum Voraus schon abgeschlossen hat und darum beim Durchblättern einer neuen Schrift blos darnach sieht, ob sie mit seinem Koran übereinstimmt oder nicht, für den ist ein selbstständiges Werk nicht geschrieben. Dagegen möchte dieses Buch dazu mithelfen, daß wir, statt über das geistliche Amt zu disputiren, es vielmehr als Knechte und Nachfolger des Erzhirten und Bischofs unserer Seelen treulich führen!

Tübingen, am ersten Sonntage nach Trinitatis 1860.

Der Verfasser.

Reihenfolge der Capitel.

Pastoral-Theologie.

1. Inhalt und Umfang.

Es kann gefragt werden, ob man nicht besser thäte, den Namen Pastoraltheologie nachgerade aufzugeben, und — vorausgesetzt, daß die damit bezeichnete Sache selber unangefochten fortbestehen soll — den einfacheren Titel Pastorallehre (oder etwa auch, nach vorhandenen Analogieen, Pastoralkunde) dafür zu setzen? Von Vielem, was die Pastoraltheologie zu lehren hat, — von Sätzen z. B. über die zweckmäßige Führung der Kirchenbücher, oder über die geeigneten Nebenbeschäftigungen der Geistlichen u. a. m. — scheint kaum mit Fug behauptet werden zu können, daß das Theologie sei. Haben sich hiedurch etliche Theoretiker bewogen gefunden, die Pastoraltheologie entweder als etwas Ueberflüssiges, als einen Auswuchs am Baume theologischen Wissens gänzlich zu beseitigen (wie Rosenkranz in der Vorrede zu seiner theologischen Encyklopädie, S. XXXII.), oder wenigstens (wie Schweizer in der Abh. über die wissenschaftliche Constructionsweise der Pastoraltheologie, in den Studien und Kritiken, 1838. S. 7 ff.) sie auf ein engeres Gebiet zu beschränken, d. h. sie blos als Theorie der Seelsorge zu behandeln, — und müssen wir uns dem gegenüber doch gestehen, daß nicht einzusehen wäre, warum eine geordnete Belehrung des Pastors über alles, was sein Berufsleben in sich schließt und mit sich bringt, nicht eben so gut sollte möglich und dienlich sein, wie z. B. dem Lehrer die Schulkunde, die ja mit der Wissenschaft der Pädagogik auch nicht identisch ist: so scheint es in der That ein passender Ausweg zu seyn, daß wir zwar die Sache selbst beibehalten, aber durch Aenderung des Namens den Anspruch aufgeben, daß, was diesem Gebiet angehört, ein theologisches Wissen sei. Damit würde es übereinstimmen, daß viele und unter ihnen mehrere der tüchtigsten Bearbeiter dieses Lehrgegenstandes ihren Werken nicht den fraglichen Titel gegeben, sondern sie einfach „der evangelische Geistliche" (Baxter, Löhe), „Wesen und Beruf der Geistlichen" (Hüffell), ältere katholische Theologen auch pastor bonus, stimulus pastorum, hortus pastorum u. s. w. überschrieben haben, ohne freilich damit sagen zu wollen, daß, was sie lehren, nicht Theologie sei.

Wir aber behalten auch den theologischen Titel für unsere Disciplin bei, denn wir glauben, ihr Inhalt ist wirklich Theologie und nichts Anderes. Definiren wir die Theologie als das Wissen von den göttlichen Dingen, christliche Theologie als Wissen von dem in der Offenbarung Gottes durch Christum ebensosehr vollendeten, als erst begründeten Reich Gottes: so scheint es allerdings, wenn wir hierin das Göttliche im Gegensatze zum Menschlichen betonen, als hätte gerade die Pastoraltheologie, wenn sie auch schließlich den Pastor nur tüchtig machen will, dem Reiche Gottes zu dienen, doch vorzugsweise mit dem Menschlichen am Göttlichen zu thun; die großen, göttlichen Ideen sind Sache der Theologie, die Pastoraltheologie gibt menschliche Rathschläge zur Handhabung menschlicher Mittel — ist doch die prudentia pastoralis von jeher als eine Hauptsache auf diesem Gebiet angesehen worden —; das Reich Gottes ist gekommen, kommt und wird kommen durch große Thaten Gottes, durch Offenbarungen seiner Macht, Weisheit und Treue, und auch was im einzelnen Menschenherzen die neue Schöpfung hervorbringt, das sind immer Wunder der göttlichen Barmherzigkeit, durch die der Mensch bekehrt, geheiligt, vor dem Argen bewahrt wird; wie menschlich, wie unsicher und machtlos erscheinen diesen Gotteswerken gegenüber die geistlichen Manipulationen, die der Pastor von der Pastoraltheologie lernen soll! — Nun, wir lassen es uns gerne gefallen, daß, wenn der große König baut, wir dabei nur als Kärrner zu thun haben; gleichwohl ist der Abstand zwischen dem Göttlichen und Menschlichen im Reiche Gottes, der Gegensatz zwischen den schöpferischen Ideen und Werken einerseits und — wenn die profane Vergleichung erlaubt ist — dem pastoralen Kleinhandel andererseits, so sehr wir die Weite und das Demüthigende dieses Abstandes fühlen; kein absoluter; wir können darthun, müssen aber allerdings auch immer mit neuem Ernste dazu helfen, daß in jedem pastoralen Thun, selbst im scheinbar äußerlichsten, das Göttliche sowohl Wurzel als Frucht ist,*) und, wenn in irgend einem Stücke dieß Ineinandersehn des Göttlichen und Menschlichen nicht mehr nachweisbar wäre, dann wäre es uns ein Zeichen, daß davon auch in der Pastoraltheologie nicht zu sprechen ist. Findet sich aber nicht ein ähnliches Verhältniß selbst in Lehrfächern, deren theologische Dignität eine ganz unbestrittene ist? Wie viele Stoffe führt die Kirchen- und Dogmengeschichte mit sich, die, für sich betrachtet, mit dem Kommen des Reiches Gottes in keinem positiveren Zusammenhange stehen, als eines Pfarrers correcte Buchführung oder rationeller Gartenbau; wie vielfach begegnen uns dort Handlungen und Meinungen, die so wenig göttlich sind, daß wir sie kaum noch für menschlich gelten lassen können, und doch muß der Theologe sie wissen, weil er Theolog ist! Dessen zu geschweigen, auf wie viele specielle Verhältnisse rein-menschlicher Art sich die Ethik einlassen muß, ohne daß sie darum aufhört, ein Wissen

*) Deßwegen paßt die Definition, welche Häberlin, specimen theologiae practicae, Tüb. 1690. S. 5. von der praktischen Theologie gibt, ganz wohl auf die Pastoraltheologie und rechtfertigt ihren theologischen Namen: quod sit habitus animi divinitus datus, ministrum ecclesiae informans, qua ratione officio suo sacro rite defungi queat, ad promovendam auditorum salutem et divini nominis gloriam. Die Bezeichnung habitus animi ist freilich zu subjectiv; uns ist auch nicht jeder habitus animi divinitus datus darum schon Theologie; aber der nexus zwischen Göttlichem und Menschlichem ist doch in dieser Definition richtig angedeutet.

von Göttlichem zu seyn; denn dieses will ja eben allem Menschlichen immanent werden.

Hiernach mag also unsrem Lehrfache der theologische Name bleiben; es ist auch gewiß ein richtiger Tact gewesen, der in unsrer Literatur die Annahme neuerfundener Titel, wie Hodegetik (s. das Buch von Jaspis, 1821.), Hierotechnik, (Kaiser, Entwurf eines Systems der Past. Theol. Erlangen 1816. S. 11.) Halientik (was Sickel zunächst anstatt der Homiletik vorschlug) und ähnlicher noch immer verhindert hat. Wer jedoch in seiner Definition der Theologie den Accent darauf legt, daß sie Wissenschaft ist, der thut allerdings besser, nicht von Pastoraltheologie, sondern nur von Pastorallehre oder =Lehren zu reden, denn Wissenschaft im stricten Sinne ist sie nicht, so viele wissenschaftliche Momente sie auch theils zur Voraussetzung theils in ihren eigenen Kreis aufzunehmen hat. Wissenschaft wäre sie, wenn sie identisch wäre mit demjenigen, was wir jetzt praktische Theologie nennen, die als die Wissenschaft vom kirchlichen Leben, coordinirt der Ethik als der Wissenschaft vom sittlichen Leben (d. h. vom Werden und Seyn des Reiches Gottes im einzelnen Individuum durch dessen freies Wollen und Handeln), der Dogmatik gegenüber steht, ohne durch ihren praktischen Inhalt etwas an ihrem wissenschaftlichen Charakter einzubüßen; eine Wissenschaft von menschlichem Handeln, von dessen Gesetzen, muß es ebenso gut geben, als eine Wissenschaft vom Seyenden.*) Praktische Theologie und Pastoraltheologie haben in der That bis auf die Schleiermacher'sche Periode im Allgemeinen als eins und dasselbe gegolten, und es ist die Scheidung nur dadurch vor sich gegangen, daß die erstere zur Wissenschaft erhoben wurde, während letztere denen überlassen blieb, die keinen wissenschaftlichen Zweck verfolgten. Vorher war sogar der Sprachgebrauch nicht sicher, ob praktische Theologie nicht vielmehr (wie praktische Philosophie) vornämlich die

*) Weiteres über die Stellung der praktischen Theologie zur theologischen Wissenschaft überhaupt s. in des Verf. Abhandlung in den Jahrbüchern für deutsche Theologie Bd. I. 1856. S. 317 ff.

Moral zum Inhalt haben müsse; denn während die Einen praktisches und pastorales gleichbedeutend nahmen (z. B. auf dem Titel der Klosterbergischen Sammlungen 1737—1755 soll der Doppelname Theologia pastoralis practica offenbar nur anzeigen, daß die gegebenen Pastorallehren aus der Praxis gewonnen und für die Praxis bestimmt seien, was aber im Worte pastoralis bereits liegt, also doch nur verstärkt sollte hervorgehoben werden), haben Andere, z. B. Reinhard in seiner Dogmatik S. 27. noch definirt: theologia practica seu moralis est corpus eorum, quae homini christiano agenda sunt; beides nach ihrer Weise vereinigt findet sich bei katholischen Theologen, wie in des Benedictiners Heinlein medulla theologiae pastoralis practicae (Köln 1707.), worin die Moral für den Beichtstuhl nach Art der mittelalterlichen Moral- und Beichtwerke behandelt ist. Noch eine andere Auffassung des Praktischen war es, wenn man unter praktischer Theologie eine für den Volksunterricht hergerichtete Dogmatik und Moral, eine Theologie in usum Delphini verstand, wie man auch eine „Philosophie für alle Stände" (s. das Werk dieses Namens von Basedow 1758) als praktische Philosophie ansah. Bestand diese Popularisirung selbst unter besseren Händen (z. B. in Niemeyers „populärer und praktischer Theologie" 1792) nur in Verflachung und Entleerung, so zeigt sich doch auch auf positiverem Standpunkt das Bedürfniß, den christlichen Lehrgehalt in eine dem gemeinen Bewußtseyn zugängliche Form zu fassen, was man etwa praktische Dogmatik, praktische Moral nennen mag, was wir aber einfach als einen Theil der Katechetik ansehen, die eine solche Darlegung des Lehrgehalts für den Unterricht im Anschluß an den Katechismus, d. h. als Auslegung desselben, zu ihren Aufgaben zu rechnen hat, während die Homiletik in den Gesetzen der homiletischen Schrift-Auslegung alles hiefür Nöthige darbietet, ohne einer besondern Formirung des Dogmatischen und Ethischen für ihren Zweck bedürftig oder dazu verpflichtet zu seyn. Die Popularisirung kann ja immer nur darin bestehen, nicht daß die biblische, sondern nur daß die theologisch-wissenschaftliche Form einer volksthümlichen Platz macht; selbst die kirchlich-symbolische Fassung der Lehren unterliegt dieser Procedur nur in soweit, als sie theologisch, nicht aber soweit sie selbst schon volksthümlich ist. — Liegt somit auch nach dieser Seite kein Grund vor, praktische Theologie etwas Anderes zu nennen, als dasjenige Gebiet theologischen Wissens, auf dem Liturgik, Homiletik, Katechetik, Lehre von der Seelsorge, Kirchenrecht, und einiges Andre beisammen steht: so scheint uns auch nichts dazu zu nöthigen, daß wir Pastoraltheologie und praktische Theologie auseinanderhalten. Am einfachsten würde sich das Verhältniß beider gestalten, wenn wir die Pastoral mit der Theorie der Seelsorge identificirten; sie wäre dann gerade so ein Theil der praktischen Theologie, wie jede andre der praktischen Disciplinen. Damit würden wir aber nach zwei Seiten hin nicht befriedigen. Erstlich könnte bei dieser Construction in der Lehre von der Seelsorge ordentlicher Weise doch nur von der pastoralen Einwirkung auf das einzelne Gemeindeglied (Schweizer a. a. O. S 38.) und zwar durch persönlichen Einzelverkehr die Rede seyn. Das Moment der Seelsorge ist aber ein viel umfassenderes; es kommt in der Homiletik und Katechetik (am wenigsten in der Liturgik) zum Vorschein, so daß sich der Begriff des Pastoralen dem Homiletischen und Katechetischen doch nicht blos bei-, sondern theilweise, d. h. von bestimmten Augpunkten aus sogar überordnet. Zweitens liegt doch auch factisch in der Pastoraltheologie, wie sie seit Ambrosius und Gregor sich in der Kirche heimisch gemacht hat, eine Menge von Stoffen vor, die wir ungerne vermissen würden, weil ihre Pflege von Segen für uns ist, die aber unter jene Rubrik der Privatseelsorge sich nicht fügen und für die doch auch in den übrigen Theilen der praktischen Theologie kein entsprechender Raum aufzufinden ist. Das sind alle diejenigen Dinge, welche den Pastor persönlich, d. h. ihn als Amtsperson angehen. Von seinem Amt und Beruf muß freilich schon in der allgemeinen Lehre von der Organisation des Lebens der Kirche, näher von den Organen, durch welche die Kirche ihre Lebensthätigkeit ausübt, die Rede seyn, und jede praktisch-theologische Disciplin betrachtet den Geistlichen als die Person, für die sie zunächst da ist, in ähnlicher Weise, wie ein Gesetzescodex den Richter als denjenigen voraussetzt, der vor allen andern auf diese Quelle und Norm hingewiesen ist. Aber es liegt in dem eigenthümlichen Wesen des geistlichen Berufes, daß er in einem Maße, wie kein anderer, die Person des Geistlichen für sich in Anspruch nimmt und sie mit sich identificirt; der Satz, daß am Prediger alles predige, drückt dieß bündig aus. Bei jedem Andern ist es eher möglich, seine Würde, sein Talent, seine Geschäftstüchtigkeit von dem Werthe seiner Person an sich zu trennen, ihn also in seinem Amte anzuerkennen und sogar zu schätzen, während wir von seiner persönlichen, d. h. sittlichen Haltung abstrahiren; so unerwünscht, so schlimm dieß ist, es ist doch eher möglich, daß in solchem Falle Amt und Beruf mit großen Erfolgen von Statten geht — es sei nur an das blos durch jene Abstraction mögliche Urtheil erinnert, das auch die ernste, gediegene Geschichtschreibung über Fürsten, Feldherren, Dichter ꝛc. fällt. Einem Geistlichen gegenüber ist das unmöglich, weil jeder persönliche Fehler ein directer Widerspruch gegen das Amt ist, dessen Träger er doch seyn will. Diese Bedeutung des Persönlichen im geistlichen Amte bringt es mit sich, daß sich auch das Interesse demselben in besonderm Maße zuwendet; daher begnügt man sich nicht, in objectiv-wissenschaftlicher Weise das Leben der Kirche zu analysiren und zu construiren, den innern Zusammenhang ihrer Lebensfunctionen und das innere Gesetz einer jeden von derselben darzustellen: sondern es macht sich in der Kirche stets (ja früher noch als jenes wissenschaftliche) das rein-praktische Bedürfniß fühlbar, dem Pastor das pastorale Leben im Lichte der Idee, aber zugleich in seiner ganzen empirischen Wirklichkeit, in seiner Freiheit von der Welt und doch zugleich in seinem vielfachen Verflochtenseyn in zeitliche und räumliche Verhältnisse, vor Augen zu halten. Das nun will die Pastoraltheologie leisten; ihr Name bezeichnet genau ihren Unterschied von der praktischen Theologie, denn sie hat es ausschließlich mit dem Pastor zu thun: er ist das Subject, für welches sie arbeitet wie das Object, das sie darstellt (die Vergleichung mit einem Spiegel wäre hier ganz zutreffend). Die wissenschaftliche Theologie dagegen, somit auch der Theil derselben, der praktische Theologie heißt, ist keineswegs blos für den Pastor oder die mit der Kirchenleitung betrauten Männer da, sondern hat als Wissenschaft ihren absoluten, darum auch allgemeinen Werth, so gut, wie irgend ein anderes Wissen; ebensowenig hat selbst die praktische Theologie blos den Pastor, sein persönliches Walten und Amten zum Gegenstand, sondern es ist das Leben der Kirche, was sie zu begreifen und zu entwickeln berufen ist. Wollte Jemand hiernach sagen: es sei die Pastoraltheologie, da sie dem Pastor sein eigenes Ideal vorhalte mit dem Bedeuten, daß die Verwirklichung desselben seine Lebens-Aufgabe sei, nichts anders als eine Moral für den Pfarrer, so könnten wir dieß unbedenklich zugeben, nicht in dem Sinn, als ob es eine gemeinere Moral für den Laien, eine höhere für den Kleriker gäbe und der Richter Aller eine andere Wage für diesen, eine andere für jenen hätte; sondern es wäre nur die Nachweisung, wie diejenige Treue, die eines Jeden Pflicht ist, des Tagelöhners, des Matrosen so gut wie des Prälaten und des Ministers, sich in dem speciellen Berufs- und Lebenskreise des Geistlichen bis in's Einzelnste auspräge. Nur dagegen müßten wir uns jedenfalls verwahren, wenn deßhalb die Pastoral zu einer Unterabtheilung der Moral gemacht werden wollte, wie z. B. S. J. Baumgarten gethan hat (Casuistische Past. Th., herausg. von Hesselberg, Halle 1752. S. 1. 8 ff.). Es müßte dann die specielle Ethik genau so viele Unterabtheilungen haben, als es verschiedene Berufsarten in der Welt gibt; denn wenn der Theolog als Ethiker seinen eignen Stand so reichlich mit Moral versorgen, die übrigen Stände aber mit allgemeinen Sittenvorschriften abfertigen würde, so wäre das eine nicht gerechtfertigte Begünstigung. Ueberdieß stehen zwar alle Pastoralregeln schließlich unter dem ethischen Gesichtspunkte der

Pflicht, aber das Materielle dieser Pflicht ist nicht immer selbst etwas Ethisches, sondern etwas Technisches; Pflicht ist es für den Pfarrer, sich seiner Kranken, seiner Armen u. s. f. anzunehmen: dazu gibt ihm die Moral theils das Motiv der Bruderliebe, theils das der Pflichterfüllung, theils auch im einzelnen das Material (z. B. wenn er die Pflicht der Geduld, der Demüthigung unter Gottes Willen einschärft); aber die Moral ist nicht die einzige Quelle dieses Materials, und die zweckdienliche Handhabung desselben, das eigentlich technische Verfahren, ist wieder nicht durch ethische Gesichtspunkte allein bestimmt. Wir würden besser sagen: die Pastoral ist ein Mittelding, ein Uebergangspunkt zwischen Moral und praktischer Theologie; sie ist eine Predigt für den Prediger, dem sonst Niemand predigt; nicht ihr Inhalt nur, sondern auch ihr Zweck ist ein praktischer, dem Geistlichen den Blick für seine Berufsaufgaben und die Mittel zur Lösung derselben zu erhellen und das Gewissen zu schärfen. Ueberflüssig wird solch' eine Mahnung und Handreichung kein Einsichtiger nennen; denn wie dem Geistlichen in der Prosa des Alltagslebens so leicht der ideale Hintergrund für all' sein Wirken und für das Bewußtseyn von demselben entschwinden kann, der also stets wieder aufgefrischt werden muß: so geräth Mancher, zumal in jüngeren Jahren, so leicht in's andere Extrem, er lebt zu sehr in seinem Ideal und nimmt darum all' das Reale, was in seiner eignen Person wie in seiner Gemeinde sich der Idee nicht so ohne Weiteres fügt, gar nicht mit in Rechnung, gelangt aber eben deßhalb zu keinem oder einem unerfreulichen Resultat. Den Einen zu begeistern, den Andern zu ernüchtern — beides, indem der ganze Beruf wie jedes einzelne Moment desselben in das reine Licht der Wahrheit gestellt wird: das ist die Aufgabe der Pastoraltheologie. Was eine kirchliche Obrigkeit Allgemeines oder Specielles in einer Kirchenordnung, in einer Amtsinstruction, in einem Hirtenbrief, was ein Ordinator dem Ordinandus, ein Synodalprediger den Amtsbrüdern an's Herz legen kann, das alles hat die Pastoraltheologie auf wissenschaftliche Voraussetzungen zurückgreifend, in alle erfahrungsmäßig vorhandenen Berufsverhältnisse hineingreifend und solches Material übersichtlich ordnend, zu ihrem Inhalt. Eben darum aber, weil sie in die empirischen Verhältnisse allseitig eingeht, faßt sie auch die Gemeinde wie den Pastor, viel mehr als die praktische Theologie, persönlich; es sind die persönlichen geistlichen Bedürfnisse, auf die sie den Pastor mit seiner persönlichen Fürsorge hinweist, wofür sie seine Liebe und sein Gewissen in Anspruch nimmt.

Hiemit ist bereits der Umfang unsers Lehrfaches im Allgemeinen bestimmt; die schärfere Umgränzung wird sich aus Folgendem ergeben. Da die Thätigkeiten der Kirche — wenn auch nicht alle, doch größtentheils (und wir müssen beifügen, gerade die weitaus wichtigsten) durch den Pfarrer als Hirten der Localgemeinde ausgeübt werden, so wird auch eine Darstellung der pfarramtlichen Thätigkeit in Bezug auf die Gegenstände derselben ziemlich genau denselben Inhalt haben, wie die Darstellung der Functionen, die das kirchliche Leben constituiren, d. h. die Pastoraltheologie wird ungefähr dieselben Dinge umfassen, wie die praktische Theologie. Aber wie der Inhalt und die Form seiner Behandlung, so wird auch der Umfang der ersteren dadurch modificirt, daß sie nur Solches aufnimmt, was sich als eine pastorale Pflicht fassen läßt, was dem Pfarrer auf's Gewissen gebunden werden kann. Also z. B. die Aufstellung eines Symbolums, die Gründung einer Kirchenverfassung — das sind Thätigkeiten der Kirche, aber nicht Pflichten des Pfarrers, folglich ist von diesen in der Pastoraltheologie nicht zu sprechen. Ferner haben wir oben schon das Liturgische als das am wenigsten pastorale Behandlung zulassende erwähnt. Wo freilich gar keine Liturgie, als gemeinsame Form des gottesdienstlichen Gebets, der Lection u. s. w. besteht, also jeder einzelne Geistliche mehr oder weniger nach Willkür verfahren kann, da müßte am Ende auch die Pastoraltheologie noch Liturgik lehren, d. h. den Geistlichen in seiner Wahl und Anordnung gottesdienstlicher Elemente zu bestimmen suchen. Allein wo es in einer Landeskirche liturgisch so schlecht steht, daß selbst in den Theilen des Gottesdienstes, die den Charakter der Objectivität haben sollen und darum stabil seyn müssen, die Gemeinden dem subjectiven Geschmack des jeweiligen Geistlichen preisgegeben sind, kann die Pastoraltheologie nichts anderes leisten, als dem Geistlichen sagen, er solle thun, was liturgisch recht ist, das aber lehrt ihn eben die Liturgik. Specielle seelsorgerliche Tendenzen können beim Liturgischen im engeren Sinne nicht verfolgt werden, denn in der Feier handelt es sich nicht zunächst um pädagogische oder missionarische Einwirkung auf die erst zu rettenden, zu erziehenden Seelen, sondern die Feier ist schöne Darstellung des schon vorhandenen geistlichen Lebens der Gemeinde, und erst in zweiter Linie wirkt auch in diesem darstellenden Handeln, diesem priesterlichen Thun ein pastorales Element mit, nämlich in der Predigt, die ihrer Natur nach, als freie Rede, über die Grenzen der bloßen feiernden Darstellung hinausgreift, und sich, während sie zu Allen spricht, doch zugleich an den Einzelnen, an sein Herz und Gewissen wendet, aber ohne daß sie das Gepräge der Feier dem der seelsorgerlichen Arbeit opfern darf. Sie also unter den gottesdienstlichen Acten allein, aber auch sie nur nach jener secundären Beziehung kann die Pastoraltheologie mit in ihren Bereich ziehen. Zwar wird dieß auch die Homiletik nicht übergehen; Verf. hat dieß in seiner Bearbeitung derselben theils in dem Abschnitt über die Casualien, theils und vornehmlich in dem von der Gemeinde handelnden Theile gethan. Allein die Homiletik kann sich als solche nicht so weit in's pastorale Detail einlassen, daß die eigenthümliche Färbung, welche die Predigt z. B. in einer Garnisonskirche, im Betsaal einer Heilanstalt u. s. w. annimmt, anschaulich gemacht würde; die Homiletik hat gerade auf das überall Gemeinsame den Hauptaccent zu legen; die Pastoraltheologie dagegen, indem sie unter den seelsorgerlichen Mitteln und deren ganz specieller, auf die empirischen Verhältnisse gebotenen Anwendung auch die Predigt in's Auge faßt, wird auch in dieser Hinsicht als praktische Ergänzung der praktisch-theologischen Wissenschaft sich ausweisen, aber nicht, indem sie eine besondere Homiletik auf eigne Hand producirt, sondern indem sie nur an den einzelnen Punkten das, was die Predigt nach dieser oder jener Seite hin seyn soll, näher entwickelt. Die Beichte gehört gerade nur so weit in die Pastoraltheologie, soweit sie nicht ein liturgischer, sondern ein pastoraler Act ist, der zu jeder Zeit und an jedem Ort ohne alle feststehende Form geschehen kann. Die Katechese wird ebenfalls erst von da an pastoral, wo der Geistliche in ein näheres, persönliches Verhältniß zum einzelnen Katechumenen tritt, was in der Regel vom Confirmations-Unterricht an sich datirt; hierauf wird sich die Katechetik schon berufen fühlen, näher einzugehen. An diesen Punkten kommt es einzig darauf an, ob der Pastorallehrer das pastorale Moment in Predigt und Katechese bereits durch die einschlägigen praktisch-theologischen Arbeiten hinlänglich vertreten glaubt; ist das der Fall, so hat er das Recht, in der Pastoraltheologie darauf zu verweisen. Selbst Stoffe aus dem Kirchenrecht sind der Pastoraltheologie nicht ganz fremd; denn die Lehrsätze desselben z. B. über die Stellung der Kirche zum Staat, über den Platz, den der Pastor unter den Organen der Kirche einzunehmen hat, verwandeln sich für die Person des Pastors in Pflichten (die ja immer an Rechten haften); die Pastoraltheologie wird also, jenen kirchenrechtlichen Lehren parallel, auch das richtige Verhalten des Geistlichen gegen die Obrigkeit, gegen Collegen, gegen die Laien in den Presbyterien u. s. w. vorzuzeichnen, namentlich aber das Bewußtseyn über das Wesen seines Berufes, über die Stellung und Bedeutung des Amtes gegenüber der Gemeinde richtig zu stellen haben. Das wendet sich aber in der Pastoraltheologie sofort in einer Weise zum Persönlichen, wie es die praktische Theologie niemals thun kann; denn es kommt die persönliche Qualität des Geistlichen, seine wissenschaftliche und sittliche Vorbildung, sein Privatleben in Häuslichkeit und Geselligkeit u. s. w. in Betracht, lauter Dinge, die nicht wohl Gegenstände theologischer Wissenschaft seyn können. Unter den Lehrfächern aber, welche die praktische Theologie mit der Pastoral gemein hat, tritt jenes ethische Moment, daß nämlich die Amtswirksamkeit dem freien Ermessen, dem Gewissen des Geistlichen anheimgestellt ist, ohne ihn gesetzlichen Normen und Formen zu unterwerfen, so wie, daß er es mit persönlichen Bedürfnissen zu thun hat, am meisten in der Privat-Seelsorge hervor; daher wird auch die praktische Theologie, wenn sie an diesem Punct ihrer Aufgabe nicht blos die allgemeinen Grundzüge zu geben sich begnügt, sondern in's Einzelne eingeht, sich hierin am wenigsten von der pastoraltheologischen Behandlung unterscheiden, wiewohl uns Nitzsch's Bearbeitung der „eigenthümlichen Seelenpflege" (Past. Th. III, 1.) selbst auf diesem Gebiete den Unterschied praktisch-theologischer, d. h. wissenschaftlicher Behandlung von der pastoraltheologischen deutlich erkennen läßt.

Mit Obigem ist nun für das Material, dessen Circumscription wir versucht haben, blos die Anordnung noch nicht gegeben; wir erlauben uns jedoch, auf die voranstehende Inhalts-Uebersicht zu verweisen, da die dort gegebene Disposition des ganzen Werkes einer besondern Deduction nicht bedürfen wird. Die Gegenstände sind alle gegeben; mithin handelt es sich nur darum, sie in solche Ordnung zu bringen, daß der Fortschritt von einem zum andern ein sachgemäßer ist. Sachgemäß aber schien es, zuerst den geistlichen Beruf selbst, wie ihn der Pastor auffassen soll, zu beleuchten; dann zunächst — so zu sagen, in chronologischer Folge — die persönliche Qualification für denselben, und, diese vorausgesetzt, den wirklichen Eintritt in den Beruf zu besprechen, worauf dann in ungesuchter, durch das wirkliche Leben gebotener Rubricirung, die einzelnen Verhältnisse in Betracht kommen, in deren weiten Kreis der Geistliche wie ein lebendiges Centrum gesetzt ist. Eben weil dieselben einen Kreis bilden, kann von keinem Punkte auf der Peripherie behauptet werden, er sei der schlechthin erste, es lassen sich also dort manche andre Dispositionen denken; es steht zu hoffen, daß die hier befolgte sich selber evident mache. Dem endlich, was in jeder Gemeinde entweder vorhanden oder doch zeitweise möglich ist, worauf also jeder Pastor gefaßt seyn muß, lassen wir noch die Darstellung des geistlichen Amtes in seiner Gebundenheit an specielle Verhältnisse, in seiner Verwendung für specielle Zwecke, die in einer besonders constituirten Gemeinde gleichsam verkörpert vorliegen, als Schluß des Ganzen folgen. Wir haben hiezu die zwei Capitel, von der Seelsorge beim Militär und bei Gefangenen bestimmt. Daß in jenem letzten Abschnitte blos der Militärprediger und der Gefängniß-Geistliche zum Worte kommen, mag vielleicht als Unvollständigkeit getadelt werden, da auch noch der Badprediger, der Schiffsprediger, der Gesandtschaftsprediger und andere Posten dieser Art auf je ein Capitel Anspruch machen könnten. Allein wenn auch nicht nothwendig solche Vollständigkeit bis zur Kleinlichkeit führen würde, so glaubt der Verfasser jedenfalls darin seine Rechtfertigung für jene Weglassung zu finden, daß ihm persönlich Niemand bekannt ist, der die fraglichen Capitel auf Grund eigner Erfahrung zu behandeln und mehr zu sagen gewußt hätte, als jeder tüchtige Mann, der sich in solch ein Amt begibt oder auch nur hineindenkt, sich selbst sagen kann. Sehr nahe dagegen läge es uns, dem Universitätsprediger ein eignes Capitel zu widmen. Wir unterlassen auch dieß, weil, was der Universitätsprediger in pastoraler Hinsicht Anderes zu thun hat, als ein anderer Pastor, eigentlich noch in's Gebiet der Pädagogik fällt; daher auch in der „evangelischen Pädagogik" des Verfassers (2. Aufl. S. 389—392) dieser Punct beleuchtet ist. Was aber speciell die Predigt in der Universitäskirche betrifft, so hat sich darüber ebenfalls schon die Homiletik des Verfassers (4. Aufl. S. 499—504) verbreitet. Das Amt des Hofpredigers wird unten, in dem Abschnitt von der Uebung der kirchlichen Disciplin durch's Wort berührt werden, da nur an diesem Puncte eine wirkliche, eigenthümliche Schwierigkeit vorliegt. Den Irrenhaus-Geistlichen führen wir darum nicht in dieser letzten Reihe auf, weil das ihn Betreffende wesentlich schon in dem Abschnitt über die Seelsorge bei Geisteskranken gesagt wird.

---

2. Quellen.

Alles christliche Wissen von göttlichen Dingen hat seine Quelle im Geiste Gottes, der dem Menschengeiste das Verborgene aufschließt; da aber das authentische Zeugniß dieses Geistes uns nur im Worte der Schrift vorliegt, so ist auch all jenes Wissen auf die Schrift zu reduciren. Die Pastoral macht davon um so weniger eine Ausnahme, je mehr die Aufgabe des Pfarers verwandt, ja innerlich eins ist mit dem Berufe der in der Schrift auftretenden Männer Gottes; sind sie die Boten, die den göttlichen Willen zu der Menschen Seligkeit ausrichten und an den Menschen arbeiten, um sie für's Himmelreich zu gewinnen, so ist der Pfarrer mit demselben Auftrage betraut: er wird also an jenen, wie sie ihre Amtsanweisung aus göttlichem Mund empfangen, wie sie dieser gemäß redend und handelnd in der Schrift geschildert werden, ja wie sie die biblischen Schriften selber abfassen und damit der ganzen Welt und allen Jahrhunderten predigen, sein Urbild haben. Im Neuen Testamente insbesondere steht Jesus als der gute Hirte obenan, von dem ein Jeder, der seine Schafe und Lämmer weiden und nicht als Miethling erfunden werden will, sich muß in die Schule nehmen lassen. Und wenn die Stellung des Propheten und des Messias zum israelitischen Volke, wenn die des Erlösers zur Menschheit neben allem Gleichartigen immerhin eine in vielen Beziehungen andere ist, als die des Pfarrers zu seiner Gemeinde: so bieten dagegen die Gemeinden, mit denen die Apostel und ihre Schüler in der Apostelgeschichte und in den Briefen verkehren und an die die Sendschreiben in den ersten Capiteln der Apokalypse sich richten, ein um so näheres Analogon dar. Deßhalb ist denn auch zu allen Zeiten die Schrift auf die mannigfachste Weise für die Pastoraltheologie benützt worden. Das Vorbild des Herrn selbst hat man nach dieser speciellen Seite in's Auge gefaßt (Hennicke: „Christus als Vorbild für die specielle Seelsorge," Leipzig 1841. Wächter: „Grundsätze der Kirchenleitung nach dem Vorbild Jesu," in Rudelbachs und Guerickes Zeischr. f. luth. Theol. 1859. IV. S. 645—683.); die Apostelgeschichte ist in derselben Richtung bearbeitet von Brandt („apostolisches Pastorale" Stuttg. 1848.); über die Pastoralbriefe wird Pastoral gelesen (Paul Anton, „exeget. Abhandlung der Pastoralbriefe," vorgetr. 1726 und 1727, herausg. von Majer 1753, freilich nicht ausschließich für den pastoralen Zweck; Balduin brevis institutio ministrorum verbi divini ex priori ad Tim. epistola potissimum excerpta, Wittenberg 1623; auch neuere Universitätskataloge weisen solche Vorlesungen auf); hat man doch (wenigstens für Privatgebrauch) es schon versucht, aus Bengels Gnomon eine Pastoraltheologie zusammenzustellen, die in lauter gelegentlichen dahin gehörigen Bemerkungen zum Neuen Testamente besteht. Mit einer prudentia pastoralis Jeremiana von Collin 1739 machen uns die Klosterbergischen Sammlungen bekannt; ebenso ließe sich nicht nur eine th. past. Jesajana u. s. w. gewinnen, (wie Oetinger aus Jes. 40—42. eine Art homiletica Jesajana oder vielmehr divina zu gewinnen sucht, s. „etwas Ganzes vom Evangelio," neue Ausg. von Ehmann, S. 121 ff.) sondern auch Bücher wie Hiob, Koheleth und die Proverbien ließen sich als Pastoralquellen ausbeuten und ebenso Männer, wie Moses, Samuel, Elias geschichtlich als passende Vorbilder darstellen. Andere (wie Baxter) haben aus einem einzigen Bibelspruch das ganze Material zu entwickeln gesucht.

Allein wir müssen die Form, in welcher die Bibel Pastoraltheologisches darbietet, und die Art, wie dasselbe aus ihr gewonnen wird, doch genauer untersuchen. Die Schrift ist (wie Nitzsch, Pr. Th. I. S. 40 sagt) keineswegs „der durch den Theologen auszubeutende und zu ordnende Schatz göttlicher Decrete für das Thun in der Kirche," somit auch kein Repertorium, aus dem die Pastoralregeln fertig hervorgenommen werden könnten. An dem einen

Orte ist das, was sie gibt, ein Allgemeines, unter welches denn freilich möglicher Weise selbst die einzelnsten Pastoralfragen subsumirt werden können; aber wie nun das Schriftgebot in diesem, wie in jenem Fall wirklich in Ausführung gebracht werden soll, ist damit noch nicht gesagt. Dem Timotheus wird befohlen, das Wort recht zu theilen (2 Tim. 2, 15.). Aber wie nun diese Theilung zu bewerkstelligen, wem dieser, wem jener Theil zuzuscheiden sei, darüber muß er und jeder, der dieß Gebot als auch ihm gegeben anerkennt, sich erst selber besinnen; hat er nur dieses Schriftgebot außer und über sich, nicht aber auch noch etwas Anderes in sich selbst, das ihn an Ort und Stelle leitet, so kann trotz dem besten Willen etwas Verkehrtes herauskommen. Oder gibt die Schrift etwas Specielles, durch einen besondern Fall Veranlaßtes, wie dessen z. B. der erste Korintherbrief Mehreres enthält. Ich darf das weder als für mich unbrauchbar liegen lassen, noch es in unhistorischer und unpraktischer Weise ohne Weiteres in die Gegenwart hereinversetzen, welcher die dort (z. B. in der Frage wegen des Götzenopferfleisches, theilweise auch in der Ehefrage) vorausgesetzten Verhältnisse mehr oder weniger fremd sind. Folglich muß ich verstehen, das Temporäre abzustreifen und das für alle Zeiten und Verhältnisse Gültige unter der historischen Hülle zu entdecken, oder, was ebenfalls möglich ist, ich muß lernen und verstehen, dem Speciellen auch wieder Specielles gegenüberzustellen, das trotz aller Ungleichheit der Form jenem gleichartig ist. Oder endlich kann eine Schriftstelle für mich irgend einen pastoralen Wink enthalten, während ursprünglich der Inhalt gar keinen pastoralen Charakter oder Zweck hat; ich erkenne aber aus der Stelle z. B. einen Zug des menschlichen Herzens, der mir vielleicht bei einem Kranken ebenfalls vorgekommen, mir aber jetzt erst, im Lichte des Bibelwortes, klar ist. Aus dem allem geht hervor, daß die Schrift (wie wir dasselbe auch nach andern Seiten hin aussagen müssen) eine Quelle pastoraler Erkenntniß nur für denjenigen ist, der sie zu lesen versteht, d. h. dem der lebendige, in ihm selbst gegenwärtige

Geist von oben die Augen aufthut, daß er im Bibelwort auch das entdeckt, was der Buchstabe nicht sagt, — der somit als ein Geistesmensch den Buchstaben frei zu gebrauchen weiß.

So gewiß aber dieser Geist eine Gabe ist, die nur geschenkt wird und nur erbeten werden kann, so gewiß bedient er sich, wie in der Erzeugung und Fortbildung geistlichen Lebens überhaupt, so auch für's pastorale Leben menschlicher Mittel; er wirkt auch an diesem Puncte das Göttliche durch Menschliches. Wir meinen damit vornehmlich zwei Dinge: praktische Erfahrung und wissenschaftliche Bildung. Wer ohne diese wollte Pastorallehren geben (ein Gelüste, das sich bei Sectirern häufig kund gibt, wäre es auch nur in der Form von Anklagen), der würde Gottes Wort und Geist, die er allein zu hören vorgibt, sicherlich eine schlechte Ehre anthun. Irgend ein Maß von Erfahrung im Leben, im pastoralen Verkehr selber muß man schon besitzen, um nur zu merken, wo in einer Schriftstelle pastoraler Gehalt verborgen liegt, und auch wo er offen zu Tage liegt, bringt erst die Erfahrung das rechte Interesse dafür, so wie sie auch vor aller falschen Ueberschwänglichkeit bewahrt, die sich in unreifen Geistern so leicht gerade am Schriftwort entzündet. Dabei bleibt aber ebenso wahr, daß das Schriftwort auch wieder zur Erfahrung hilft, somit beide nothwendig in Wechselwirkung stehen müssen. Einige Erfahrung übrigens steht auch schon dem, der noch nicht einmal in eine Gemeinde eingetreten ist, zur Seite — die Erfahrung an seinem eigenen Herzen, die uns lebenslänglich helfen muß, Erfahrung an Andern zu machen; nur wird, wer diese allein besitzt, sich allzu leicht täuschen, indem er seinen eigenen Lebensgang und Seelenzustand zum Maßstab für alle andern Menschen macht, überdieß aber gerade in jener Isolirtheit sich über sich selber auf's Gröblichste täuschen kann. Bezeichnen wir aber die Erfahrung als eine der Quellen, aus denen die Pastoral ihre Lehren schöpft, so ist dabei freilich nicht zu leugnen, daß dieselbe nicht für Jeden die gleichen Resultate liefert; ebenso, daß sie eine nie abgeschlossene ist, folglich Jeder nur über einen beschränkten Kreis von Erlebtem zu gebieten hat. Daraus entsteht die Folge, daß kein Pastoralwerk auf Vollständigkeit auch nur in dem Maße Anspruch machen kann, in welchem ein wissenschaftliches Werk denselben muß machen können; es ist dieß auch der Grund, warum manche Bearbeitungen geradezu einen casuistischen Charakter tragen oder sich als Chrestomathien ankündigen (wie z. B. eine chrestomathia pastoralis von Horvath, Pesth 1782.); andere werthvolle Arbeiten wollen eben nur Mittheilung von eignen Amtserfahrungen seyn (Kündig, Erfahrungen am Kranken und Sterbebette, 1. Aufl. Basel 1856). Der Umstand aber, daß Niemand alle möglichen Pastoralfälle in Betracht ziehen kann, weil er nicht alle schon irgendwo eingetretenen und noch vorkommenden kennt, macht ja das, was man bereits mittheilen und als Erfahrung verwerthen kann, nicht werthlos; es dient vielmehr gerade dazu, daß derjenige, der aus fremder Erfahrung lernt, sofort desto mehr eigene Erfahrung macht, also der Zweck annähernd immer mehr erreicht wird.

Wenn wir zweitens die wissenschaftliche Bildung als Voraussetzung für die Gewinnung pastoraler Erkenntniß ansehen, so beruht dieß darauf, daß, wer da wissen soll, wie das Menschenherz für's Reich Gottes gewonnen werden und wie er selbst dieß bewerkstelligen muß, nothwendig eine gründliche Einsicht sowohl in die objective göttliche Wahrheit als in das Wesen und innere Getriebe des menschlichen Herzens haben muß. Nun läßt sich zwar nicht leugnen, daß beides auch ohne wissenschaftliche Bildung, ohne akademische Studien — wie einst von den Aposteln — so heute noch von manchen wackern Männern erlangt wird, die darum auch, ohne ein Kirchenamt zu bekleiden, recht als Seelsorger in ihrem Kreise wirken, während manche Andere mit aller theologischen Bildung als Pastoren nicht viel leisten. Wir werden auf die allgemeinere Frage, warum zum geistlichen Beruf überhaupt wissenschaftliche Bildung erfordert werde, in dem Capitel von der Vorbereitung und Tüchtigkeit zu diesem Berufe näher zu sprechen kommen; hier ist blos zu sagen, daß im Ganzen doch nur die Wissenschaft, namentlich auch das philosophische und das historische Wissen innerhalb des theologischen, den nöthigen weiten und freien Blick für alle die verschiedenen Erscheinungen und Zustände im religiösen Leben gewährt, der nöthig ist, um nach allen Seiten hin feste und gewisse Tritte zu thun. Laien von der vorhin genannten Art haben sicherlich immer ein gutes Theil von Wissen durch fleißiges Lesen sich angeeignet; wo es hieran fehlt, werden Einseitigkeiten und Fehlgriffe nicht ausbleiben.

Ein Schatz nun von pastoraler Erfahrung, wie sie seit Jahrhunderten, ja seit es ein geistliches Amt gibt, sich allmählig gesammelt hat, wie von demjenigen Wissen, was diesen Erfahrungen theils vorausgeht, theils sie beherrscht, ordnet und gestaltet, liegt in der pastoraltheologischen Literatur vor uns. Sie beschränkt sich nicht auf die eigentlichen, mehr oder weniger systematisch angelegten Pastoralwerke, nebst den Bibelauslegungen, den Reden und Predigten über biblische Texte für Pastoren, sondern sie umfaßt ebenso auch Vieles, was in der alten Zeit in Concilienschlüssen, wie in den letzten Jahrhunderten in evangelischen Kirchenordnungen, Synodalerlassen, Conferenzverhandlungen zu Tage gefördert ist; ferner Vieles casuell Veranlaßte in den Briefen bedeutender Männer, wie Luthers und Speners, in Sammlungen und Zeitschriften; ganz besondern Werth aber legen wir auf die Biographien von Männern wie Oberlin, Bengel, Burk, Oetinger, Ph. M. Hahn, Flattich, Hofacker, Harms, Roller, Spleiß u. s. w. — ein Gebiet, in dessen weiten Kreis uns Ch. Burk durch seine „Pastoraltheologie in Beispielen" (Stuttg. 1838.) eingeführt hat.

Einer Aufzählung auch nur des Bedeutenderen aus dieser Literatur glauben wir uns an diesem Ort entschlagen zu dürfen, da hiefür durch encyklopädische Werke sattsam gesorgt ist. Außer dem, was Nitzsch im 1. und 3. Bande seiner prakt. Theol. über die Geschichte dieser Disciplin sagt, die (wie oben schon bemerkt wurde) bis auf die neuere Zeit zugleich Geschichte der Pastoraltheologie ist, verweisen wir nur auf Hagenbach's theol. Encykl.,

5. Aufl. S. 323 und 384., und auf den Artikel des Verfassers über Pastoraltheologie in Herzog's theologischer Real-Encyklopädie, Bd. XI. S. 186—190.

Alles dieses aber, Schrift, Erfahrung und Wissenschaft, Geschichte und Literatur, und durch alles der Geist Gottes, wirkt nun auf einen Brennpunkt im Innern, aus dem erst vollends die pastorale Anschauung, das pastorale Urtheil, wie das richtige pastorale Handeln hervorgeht: das ist das Gewissen, das in allen pastoralen Fragen schließlich die Entscheidung gibt. Aus ihm hervor spricht der Pastorallehrer selbst, und dieses Amtsgewissen zu bilden, ist sein wahrer Zweck; in diesem praktischen Interesse liegt die Berechtigung der Pastoral als Lehrfaches.

---

3. Der geistliche Beruf.

Wie hat der evangelische Geistliche seinen Beruf anzusehen und aufzufassen? Was für ein Bewußtseyn von demselben soll er haben? Wir kommen damit in den Bereich der Amtsfrage, die vor noch nicht langer Zeit so viele Verhandlungen hervorgerufen hat — Verhandlungen, deren Resultat wenigstens insofern gewinnreich ist, als der principielle Gegensatz der Ansichten innerhalb der evangelischen Kirche selbst klarer als je hervortrat. Geht man anderswo, um des geistlichen Amtes Art und Natur, Würde und Bedeutung in's Licht zu setzen, gerne von hohen, allgemeinen Ideen aus, so ziehen wir es vor, den umgekehrten Weg in der Pastoraltheologie einzuschlagen, und vom Nächsten, empirisch Gegebenen auszugehen; mangelt es dann auch vielleicht an theologischem Schwung, so glauben wir, daß doch die Wahrheit dadurch nicht zu Schaden kommt.

Sehen wir, ohne noch höhere kirchliche oder dogmatische Gesichtspuncte anzuwenden, den geistlichen Beruf von einer rein menschlichen, wenn man will, socialen Seite an, so macht er schon in dieser matten Beleuchtung den Eindruck von etwas unvergleichbar Würdigem und Segensvollem. Da steht in jeder Gemeinde, das abgelegenste Dorf in Wald oder Gebirge nicht ausgeschlossen, ein Träger christlicher Bildung, der von den Werkstätten der Wissenschaft herkommend, zugleich ein Vorbild sittlicher Tüchtigkeit und Gediegenheit zu seyn von Amtswegen berufen ist; der die Gemeinde in festlicher Stunde um sich versammelt, ihr aus dem Schatz inneren Lebens, den er in sich trägt, das Höchste und Beste mittheilt; dessen Wort, schon als feierliche, in edler Form gehaltene Rede, auch den Ungebildetsten die Sprache des Geistes hören läßt und darum auch unter der rauhen Decke die Keime geistigen Lebens, die Fragen des Menschenherzens nach Wahrheit und Frieden weckt; ein Mann, der täglich und stündlich seinen Pfarrkindern zugänglich ist, in jedem Anliegen ihr Rathgeber, in jedem Leid ihr Tröster, der aber ebenso auch das Recht hat, öffentlich und unter vier Augen unverblümt Allen und Jedem die Wahrheit zu sagen. So ist er es, der sowohl durch sein Wort, durch die Ideen, die er mittelst desselben in Umlauf setzt, als durch seinen Wandel, durch seine ganze persönliche Erscheinung der Gemeinde zu einem Halte dient und recht als ein Salz sie vor geistigem Tode bewahrt. Diese Auffassung und demgemäße Werthschätzung des geistlichen Berufes finden wir häufig bei Leuten, die von dem positiven Inhalt des Evangeliums sich ferne halten, aber, wenn ihnen der Geistliche ehrenwerth, geschickt und thätig, dabei human und gebildet erscheint und sie persönlich nicht belästigt, in ihm ein äußerst wohlthätiges Element in der Mitte des Volkslebens erkennen und hochachten. So haben sich einst auch diejenigen jungen Theologen ihre Stellung gedacht, die aus der Hegel'schen Schule kommend und auf deren negative Spitzen hingerathend, dennoch den geistlichen Beruf festhalten wollten, und sichs Ernst damit seyn ließen, zu beweisen, daß auch sie denselben würdig auszufüllen verstehen. *)

Allein wie es schwer wäre, von jener Bildung, deren Träger und Verbreiter der Geistliche seyn soll, einen bestimmten Inhalt, von seiner Wirksamkeit einen bestimmten Zweck anzugeben und Erfolg zu erwarten, wofern dabei von der positiv christlichen Lebenswahrheit wollte Umgang genommen werden: so weist sich jene humanitarische Auffassung des geistlichen Amtes schon dadurch als ungenügend aus, daß, wo irgend geistliche Amtspersonen sind, ihnen von denen, die sie berufen haben, ein ganz bestimmter Auftrag gegeben ist. Es ist die Kirche, die da Hirten bestellt für die Heerde, die des Herrn Eigenthum ist, die sie weiden sollen mit seinem Wort und in seinem Geist. Nirgends sonst, als wo Kirche ist, gibt es geistliches Amt; die Opferpriester, die Zauberer, die Wahrsager des Heidenthums haben nichts gemein mit dem christlichen Pastor, und selbst im Alten Testament entspricht demselben nicht das reguläre Amt des Tempelpriesters, sondern nur der durch außerordentliche oft lange Zeit schweigende Berufung an Einzelne kommende Beruf des Propheten, der dann Prediger und Beichtvater fürs ganze Volk ist. Wir haben also nicht das Recht, das geistliche Amt je nach Zeit- und Weltbegriffen zu construiren; wir

---

*) So sagt Strauß von Chr. Märklin in seiner Biographie desselben (Mannheim 1851. S. 115): „Verschloß er seine wissenschaftliche Ueberzeugung in sich, sprach er sie nur mündlich unter Gleichgesinnten aus, so konnte er unangefochten an seiner Gemeinde fortwirken und sich über jene Zurückhaltung durch die Ueberlegung beruhigen: auf dieses dir anvertraute Häuflein wirkst du heilsam, du hilfst ihre Kinder zu Menschen erziehen, du hältst in den Erwachsenen durch kirchliche Ansprache das höhere Bewußtseyn wach, du mahnst und stützest sie, wenn sie straucheln, tröstest sie, wenn sie leiden. Diesen ächt humanen Inhalt deiner Wirksamkeit mußt du freilich, um ihn den guten Leuten erträglich zu machen, in Formen hüllen, welche für dich keine Wahrheit mehr haben; allein gab nicht auch der Apostel denen Milch, welche die feste Speise noch nicht zu ertragen im Stande waren? So konnte er im Stillen fortstudiren und öffentlich fortwirken, und die Gegensätze für sich in seinem Innern ausgleichen, — so lang er sich nicht thätig bei dem wissenschaftlichen Streite betheiligte.“

müssen es nehmen, wie es da ist, wie die Kirche es unterhält und die Berufenen damit betraut. Das thut sie constant — denn hierin sind im Grund alle Confessionen einverstanden — in dem Sinne, daß der Geistliche mit dem vollen Segen des Evangelii (Röm. 15, 19.) unter die Menschen trete, die ihm fortan zur geistlichen Pflege und Führung zugewiesen sind; daß er das volle und reine Licht der in Christo geoffenbarten, im Schriftwort niedergelegten und vom heiligen Geist stets lebendig ausgelegten Wahrheit unter die Menschen trage und helleleuchtend erhalte; daß er in der Kraft jener priesterlichen, ja göttlichen Liebe, die den Sohn Gottes in die Welt, ja für die Welt in Schmach und Tod geführt hat, das Elend der in Sünde und Welteitelkeit gefangenen Menschheit zu Herzen nehme, daß ihn desselben jammere, und er seines Lebens Kraft daran setze, ihnen zum Frieden Gottes, zum Trost und Heil in Christo auf dem von Gott vorgezeichneten Wege zu helfen, daß er durch sein eigenes Leben, durch unsträflichen Wandel, durch den Ernst und den Frieden, der auf seinem ganzen Wesen und Benehmen ruht und aus demselben spricht, auf alle die, in deren Mitte er gestellt ist, eine Anziehungskraft ausübe und in ihnen Lust zur Nachfolge auf solchem Weg erwecke. Menschenseelen im Namen Jesu fürs Himmelreich zu gewinnen und selig zu machen, das ist seines Lebens Zweck; er tritt also in die Fußstapfen des Erlösers selbst, um dessen Werk gleichsam im Kleinen und Einzelnen fortzuführen. Kann es eine schönere Lebensaufgabe, eine begeisterndere Mission geben, als diese? Muß nicht Jeder, der nur menschlich fühlt, solchen Beruf beneidenswerth finden, auch wenn er für seine Person sich demselben zu unterziehen keine Neigung hätte, sei es wegen der Mühen und Entbehrungen, die sich daran knüpfen, sei es, daß ihm die Substanz des Glaubens fehlt, der all jenem Thun des Pastors allein Inhalt und Kraft verleiht? — Dazu kommt aber, daß der Pastor nicht wie der Missionar erst suchen und versuchen muß, ob sich nur irgend ein Wirkungskreis für ihn öffne; auch nicht wie ein Fremdling gewärtig seyn muß, wie man ihm begegne, weil er äußerlich rechtlos ist: der Geistliche findet sich, wo irgend er ein Amt antreten mag, alsbald daheim, denn es sind schon Christen, es ist eine bereits kirchlich constituirte, in christlicher Sitte aufgewachsene Gemeinde, in deren Mitte er sich gestellt sieht. Eine Kirche steht schon bereit für ihn, der Sonntag und die Gottesdienste gehören längst zur festen gemeinsamen Lebensordnung. Es ist dem Pastor ferner der Lebensunterhalt so gesichert, daß er, ohne erst durch anderweitige Arbeit seine Nahrung beschaffen zu müssen, sich mit ungetheiltem Interesse, mit ganzer Kraft und freiem Gemüthe seinem Amte widmen kann. Es ist ihm endlich als Pastor, ganz abgesehen von seiner persönlichen Tüchtigkeit und Leistung, im Ganzen des Volkslebens eine Ehrenstellung eingeräumt und gesichert, die, wenigstens in kleineren Gemeinden, immer eine hervorragende genannt werden darf. Durch sie wird freilich seine geistliche Wirksamkeit nicht ergänzt oder gar ersetzt, wenn sie mangelhaft ist; denn in diesem Fall wird jene äußere Dignität zu einer leeren Form, die eher Geringschätzung provocirt, zumal wenn mit dem so blos um seines Amtes willen zu Ehrenden ein Anderer, z. B. ein Reiseprediger in Vergleich kommt, der ohne irgend einen Rang zu haben sich tiefe Verehrung durch Treue und Aufopferung für seinen innern Beruf zu erwerben weiß. Dennoch darf auch jene äußere Stellung, die dem Geistlichen nicht nur die öffentliche Meinung, sondern der Staat garantirt, nicht so ganz gering angeschlagen werden; auch dieser rein äußerliche Schutz der geistlichen Würde, diese Nöthigung Aller, dieselbe zu respectiren, hilft mittelbarer Weise dazu, den Spielraum der geistlichen Wirksamkeit zu sichern und ist ein Zeichen, daß der Staat den guten Willen hat, in seiner Weise diese Wirksamkeit anzuerkennen.

Wird das Wesen des pastoralen Berufes so gefaßt, wie oben, dann scheint eine Frage gar nicht entstehen zu können, die gleichwohl in die Lehre vom geistlichen Amte nicht nur hereingezogen, sondern sogar fast zur Hauptfrage gemacht worden ist, nemlich:

welche höhere, göttliche Vollmacht derjenige, der in der angegebenen Weise arbeitet, dafür aufzuweisen habe? Fürs erste wird ein Mann, dem die Einfalt des Herzens nicht verloren gegangen ist, diese Frage mit der Gegenfrage beantworten: wenn ich in Liebe meiner Mitmenschen mich annehmen, wenn ich den Seelen, zu welchen ich Zugang habe, vom Tode helfen will, bedarf ich dazu eine besondere Vollmacht? ist das nicht, weil eine Christenpflicht, so auch ein Christenrecht? Oder sollte nur leibliche Hülfe Jedem gegen den Nebenmenschen zustehen; die geistliche aber erst von einer speciellen Mission abhängen? Jakobus weiß 5, 19. 20. von solch einer Einschränkung nichts, und auch uns ist nicht gelungen, eine Stelle zu finden, in welcher der Herr, von der Fortführung seines Werkes durch seine Jünger redend, irgendwie angedeutet hätte, wer sich — die persönliche Qualification, das Stehen in seiner Gemeinschaft vorausgesetzt — bei jenem Werke nicht betheiligen dürfe. Selbst da er die Sacramente einsetzt, zieht er keine solche Schranke; gehet hin, lehret und taufet — sagt er; daß aber jemand, der sein Jünger ist, das nicht thun dürfe, sagt er nicht; und da er das Abendmahl stiftet, ist weit und breit nicht vom Rechte der Administration desselben, nicht von dem, was man jetzt Sacramentsverwaltung heißt, die Rede; nehmet, esset und trinket, das ist die Vollmacht. Vorerst also sage ich: Alles, was ich als Pastor thue, dazu habe ich Vollmacht in erster Linie darum, weil ich ein Christ bin; es sind lediglich Christenrechte und Christenpflichten, die ich ausübe. Man hat dieß bekanntlich so ausgedrückt: alle Rechte des Pfarramts seien ursprünglich der Gemeinde zugesprochen, und nur in ihrem Namen übe sie der Pfarrer als Amtsperson aus. Wenn Andere diese Auffassung dadurch haben ad absurdum führen wollen, daß sie sagten, die ganze Genossenschaft, die ganze Masse könne doch kein Amt in ihrer eigenen Sphäre ausüben, — so liegt dieser Entgegnung der Mißverstand zu Grunde, als ob jene Rechte, wenn sie von Allen ausgeübt würden, dann auch schon ein Amt wären, oder als ob das Amt überhaupt die einzige Form sei, in der eine geistliche Wirksamkeit ausgeübt werden könne. Ist denn das Trösten nothwendig Sache eines Amtes? Oder muß man schlechterdings ein Amt haben, um die Wahrheit zu sagen? um zu warnen, zu mahnen? Ist zumal die evangelische Wahrheit, die das Gewissen treffen soll, an sich selbst so unmächtig, daß erst, wenn das Amt seine Autorität dafür einsetzt, sie ihre Wirkung thun kann? Man hat sich vielfach in einen seltsamen Aberglauben verrannt, den man mit dem Worte Amt treibt, während doch der Herr selbst dieses Wort weder von seiner eigenen Thätigkeit noch von derjenigen gebraucht, die er seinen Jüngern zur Pflicht macht. Das Erziehen und Unterrichten z. B. ist an sich etwas rein Menschliches, das, um in der Welt zu Stande zu kommen, durchaus nicht eines erst dazu gestifteten Amtes bedarf; es wird aber zu einem Amt und Beruf, sobald ihrer Viele zusammentreten, um, was ihnen allen als Vätern und Müttern zustünde, an ihrer Statt durch einen Mann ausüben zu lassen, dem sie in dieser Hinsicht Vertrauen schenken, und sobald sie dafür sorgen, daß, wenn dieser Mann abtritt, ein anderer in seine Stelle treten kann. So entsteht auf ganz natürlich menschlichem Wege jedes Amt aus der menschlichen Gemeinschaft heraus, die eine ihrer Thätigkeiten in der Gestalt von Rechten und Pflichten in Eines Mannes Hand legt, der ihr aber dafür auch verantwortlich ist. Man hat auch gemeint, jene primitive (d. h. nicht der Zeit, sondern der Sache nach ursprüngliche) Allgemeinheit dessen, was den Inhalt eines besondern geistlichen Amtes bildet, damit ins Lächerliche ziehen zu können, daß man sagte, es gebe zwar ein allgemeines Priesterthum der Christen, aber die Christen seien nicht ein Volk von lauter Pastoren. Gewiß! wo bliebe denn die Heerde, wenn auf der Weide nur Hirten wären? Aber wie leicht wäre es einzusehen, daß, falls jener Idealzustand, — der im Bewußtseyn der Gemeinde durchaus fortleben muß, damit sie nicht in Unmündigkeit zurücksinkt — einmal real würde, dann unter den Gläubigen auf Erden gar nicht mehr von Pastoren die Rede wäre, (vgl. Eph. 4, 13. wo, wenn das bezeichnete Ziel erreicht ist, bis zu welchem der Dienst der Apostel, Evangelisten u. s. w. nothwendig war, alsdann dieser Dienst eben so gewiß aufhört, wie die Thätigkeit des Erziehens dann aufhört, wenn der Zögling zum Manne gereift ist; Dienste dieser Art haben in der That den schließlichen Zweck, sich selber überflüssig zu machen); es wären alle Christen zusammen Eine Heerde unter einem einzigen Hirten, wie uns Joh. 10, 16. in Aussicht stellt, und wie es in der Ewigkeit auch eintreffen wird, in welche (vgl. Apocal. 21, 22.) doch wohl ein besonderes geistliches Amt oder ein geistlicher Stand nicht mit hinübergehen soll. Dieß aber führt uns auf den zweiten Punkt. Unsere Legitimation zu geistlichen Functionen kann sich nicht auf das zuerst Angegebene, die allgemeinen Christenrechte und Christenpflichten beschränken, da sonst auch im dermaligen Zustand der Kirche, in welchem keineswegs alle schon hinangekommen sind zu einerlei Glauben und Erkenntniß, zu christlicher Volljährigkeit, Jeder sich dieselbe Vollmacht beilegen könnte. Daß also ich, nicht aber ebensogut auch mein Nachbar im Orte, predigen, beichthören, taufen und das Abendmahl reichen darf, dafür muß ich eine specielle Vollmacht aufweisen können. Sie liegt für mich darin, daß mir das Kirchenregiment, d. h. die Kirche durch diejenigen Organe, durch welche sie sich (innerhalb der freien, ihr vom Staate eingeräumten und einzuräumenden Sphäre) selbst regiert, jene Functionen als ein Amt übertragen hat. Ob die Wahl und Ernennung von der Localgemeinde ausgeht, oder ob eine landeskirchliche Behörde, mit oder ohne Veto der Localgemeinde mich beruft, ob ein Patron oder ein fürstlicher summus episcopus mich nominirt — das sind Unterschiede, die hier nicht in Betracht kommen: immer ist der Nominirende, wie der Ordinirende und der Investirende das Organ der Kirche, die ihre Diener beruft und anstellt. Wenn aber doch die geistlichen Functionen, die mir hiedurch übertragen werden, ihrem Inhalt nach Rechte und Pflichten aller Christenmenschen sind, warum werden sie je unter einer größern, eine Gemeinde bildenden Zahl nur Einem oder Einigen übertragen? Die Antwort, die die evangelische Kirche, im Gegensatze zu allen katholischen und katholisirenden Ideen von apostolischer und von bischöflicher Succession, von Anfang an unmißverständlich gegeben hat, lautet dahin: es geschehe dieß der Ordnung wegen. (Luthers Aussprüche darüber sind bekannt; so z. B. die Zusammenstellung derselben bei Köstlin, Luthers Lehre von der Kirche S. 48 ff.) Eine Gemeinschaft kann Rechte haben, die an sich jedem ihrer Mitglieder zukommen, aber es kann in der Art und Natur der Sache und im Interesse Aller liegen, daß nicht alle gleichzeitig und gleichmäßig sie ausüben. Eine freie Versammlung von Christen hat sicherlich das Recht, daß Jeder sich ausspricht, Jeder betet u. s. w., gleichwohl thut das nicht Jeder, sondern man überläßt und überträgt das Einzelnen, die man dafür als besonders befähigt ansieht. Daß aber in der Kirche nicht für jeden Act, z. B. im Gottesdienste, wieder ein Anderer aufgerufen wird, sondern auch solche Functionen, die sonst in freien Vereinen abwechselnd bald von diesem bald von jenem ausgeübt werden, hier an Einen gebunden sind, der somit (um einen Ausdruck von Nitzsch zu gebrauchen) zum geistlichen Amtmann wird: das liegt abermals nicht in irgend einem positiven göttlichen Befehl (wovon unten), sondern in der Natur des Gegenstandes; die Würde des Gottesdienstes, die Ehrfurcht, die die Gemeinde vor allen geistlichen Handlungen hegt, fordert durchaus, daß nur ein durch seine ganze Bildung, seine Lebensarbeit und Lebensweise vorbereiteter, in geistlichen Dingen völlig einheimischer Mann jene Functionen ausübe. Es darf nicht dem Zufall überlassen bleiben, ob ein mehr oder minder Würdiger die Kanzel besteige, den Kelch in die Hand nehme, das Bekenntniß eines Beichtenden höre: die Gemeinde muß wissen, daß, der ihr in allen diesen Situationen gegenüber steht, ein Ehrwürdiger ist, der — noch ehe sie seine persönliche Ehrwürdigkeit kennen zu lernen Gelegenheit hatte, von der Kirchenbehörde als solcher anerkannt und ebendeßhalb zum Amt berufen worden ist. Wie wenig indessen hiemit die primitive Allgemeinheit der geistlichen Functionen, die allesammt nichts als christliche Liebesdienste im Namen Jesu sind, zu Gunsten eines Amtes oder gar eines Standes aufgehoben ist, ergibt sich aus Folgendem. Predigen darf nur der ordentlich berufene Geistliche, denn die Predigt ist ein Theil des Cultus, sie muß darum feierliche Rede seyn und erfordert deßhalb specielle Vorbildung und Kunst. Aber etwas ihr ganz Analoges, d. h. christliche Gedankenmittheilung zur Erbauung, ist die Thätigkeit der Sprecher in den Privatversammlungen, die nur eine fanatisch-irreligiöse oder eine fanatisch-kirchliche Gewalt für unerlaubt erklären kann; auch an die Parentationen unsrer Schullehrer an den Gräbern können wir erinnern, als Beweis, daß unsere Gemeinden es ganz in der Ordnung finden, wenn auch ein Anderer als der Pfarrer öffentlich zur Erbauung spricht. Taufen darf nur der ordentliche Geistliche; sowohl die Würde und Feierlichkeit im Vollzug der Handlung, als die Sicherheit, daß alle Kinder christlicher Eltern getauft werden, macht dieß nothwendig; gleichwohl ist anerkannt, daß im Nothfalle jeder Christ dieß Recht habe, und in praxi wird dasselbe bekanntlich von den Hebammen ausgeübt, ohne daß ihnen deßhalb eine klerikale Weihe ertheilt würde.*) Das Abendmahlreichen ist kirchengesetzlich schlechthin nur dem ordentlichen Geistlichen gestattet, ganz richtig, weil hier entschiedener, als bei der Taufe, der Cultuscharakter der Handlung hervortritt, und jedes Ungeschick, jede Plumpheit, wie alles Superstitiöse in der äußern Handhabung der Elemente, der Gefässe u. s. w. eine widerliche Störung für die Empfänger wäre; aber auch hiemit ist das allgemeine Christenrecht in seinem Wesen nicht verletzt, denn das Recht in Bezug auf das heilige Abendmahl besteht nicht im Reichen, sondern im Empfangen,

---

*) Daß ihnen aber, beiläufig gesagt, vom Pfarrer eine Belehrung und Anweisung für diesen Fall ertheilt werde, ist ein mehrfach ausgesprochener, gewiß sehr berechtigter Wunsch, dessen Erfüllung einfach Sache des gewissenhaften Pastors ist.

nicht jenes (das ja beim Circuliren des Kelchs wegfällt, wie wir uns den modus am Tische des Herrn in der Nacht, da er verrathen ward, doch unzweifelhaft zu denken haben), sondern dieses ist die Hauptsache, daher auch, wie oben schon erinnert wurde, alle Stellen, die vom heiligen Abendmahl handeln, immer nur vom Empfangen reden, keine Silbe aber davon zu lesen ist, von wem und wie Brod und Wein gereicht werden soll. Denken wir uns aber den Fall, den Luther auch gegen die römische Priester- und Successionsvorstellung anführt, daß ein Häuflein evangelischer Christen auf eine unbewohnte Insel verschlagen würde; wenn diese nun mit einander Abendmahl hielten, und einer unter ihnen, etwa der Aelteste, oder derjenige, dessen Leitung sie auch sonst vertrauensvoll folgten, würde als Hausvater Brod und Wein mit Gebet segnen und darreichen, wer, wenn er nicht Katholik oder Puseyit ist, dürfte sagen, hier sei das Sacrament nicht rite administrirt? Und welch eine eigenmächtige und schriftwidrige Einschränkung der göttlichen Gnade wäre es, die Kraft, die der Herr ins Abendmahl gelegt hat, den Lebenszufluß aus der Fülle seiner in den Tod gegangenen Liebe, die lebenskräftige Erneuerung und Auffrischung der persönlichen Gemeinschaft mit ihm, durch die er in uns wohnt und sein Leben das unsrige ist, davon schlechthin abhängig zu machen, ob der Mensch, durch dessen Hand mir die Gabe Gottes zukommt, ein Pfarrer ist oder nicht! Zu den geistlichen Functionen gehört, um nur dieß noch anzuführen, insbesondere die Tröstung der im Gewissen Bekümmerten mit der Vergebung der Sünden. Der Pfarrer ist dazu vorhanden, damit Jeder in solcher Anfechtung einen Tröster und Wegweiser finde, auch Jeder wissen kann, wo er einen solchen zu suchen hat; daraus folgt aber weit nicht, daß, wer solchen Trostes bedarf, nirgends anders denselben suchen darf und von Niemand ihn gültig und wirksam empfangen kann, als vom Pfarrer. Ist dieser ein Mann, der sich das Vertrauen der Wahrheit und Heil suchenden Seelen erworben hat, so werden sie am liebsten zu ihm kommen, gerade weil er nicht Ihres gleichen ist, weil seine Bildung wie seine Stellung ihm über manche verwickelteren Dinge ein reineres, objectiveres Urtheil möglich macht; aber daß darum der Trost, mit dem mich ein Gatte, ein Freund, ein Vater aus Gottes Wort und Geist aufrichtet, weniger Wahrheit und Gültigkeit hätte, oder daß das Urtheil eines Pfarrers, einzig weil er der geistliche Amtmann ist, auch wenn er persönlich mein Vertrauen nicht besäße, wenn es ihm an Ernst, an Weisheit oder an Liebe fehlte, um klar in mein Inneres zu sehen und das rechte Wort dafür zu finden, mir an Werth und Glaubwürdigkeit über dem Urtheil eines bewährten, in der Wahrheit gewurzelten Mannes aus dem Laienstande stehen müsse, oder gar — daß der hier vorausgesetzte Fall unmöglich sei, weil ein Laie niemals diese Einsicht und diese Vollmacht, im Glauben Rath und Trost zu geben, haben könne, dem Geistlichen aber dieselbe durch die Ordinirung schlechthin zufalle — solche Annahmen sind nur da möglich, wo der lebendige Wahrheitssinn unter scholastischem Formenwesen Noth gelitten hat. Das non plus ultra von wahrheitswidriger Anmaßung, deren Pathos ins Widerliche umschlägt, ist es aber, wenn in der — trotz dem anfänglichen Aufsehen, das sie erregte, bereits vergessenen Vilmar'schen „Theologie der Thatsachen" (S. 85 ff.) der Gegensatz des Amtes und der Gemeinde vornehmlich darauf basirt wird, daß „vor der Erscheinung des Teufels die Gemeinde auseinanderstiebe wie Schneeflocken, erschreckt bis zum Tode, nur wir" — die ordinirten Geistlichen nämlich — „erschrecken nicht und fürchten uns nicht, denn der, welcher den Fürsten der Welt ausgestoßen hat, hat uns vor des Teufels ödes Schlangenauge, vor seinen lästernden und hohnlachenden Mund und vor sein im Höllenzorn entstelltes Angesicht gestellt." Unsre Phantasie besitzt nicht genug natürliche Wildheit, um von der grassen Rhetorik in jenem Passus Vilmars sich entflammen zu lassen; es kommt uns deßhalb unter Anderem seltsam vor, daß das geistliche Amt, jener Ausführung gemäß, vornehmlich um des Satans willen nothwendig seyn soll, während wir in der heiligen Schrift zwar häufige Ermahnungen zum Widerstande gegen den Satan und darunter auch Verheißungen des Sieges über denselben, des Bestehens im Kampfe mit demselben kennen, aber nirgends entdecken, daß jene Ermahnungen und diese Verheißungen ausschließlich den Pfarrern gegeben wären; 1 Joh. 2, 13. 14. ist ja sogar den νεανίσκοις das Zeugniß gegeben, sie haben den Bösewicht überwunden. Auch wäre aus der Geschichte und aus der Gegenwart erst noch der Beweis zu liefern, daß, wo irgend dem „hohnlachenden Riesen aus dem Abgrund" widerstanden und ein Bein gestellt worden ist, dieß das Werk des Amtes und nicht des Geistes, der in den Personen lebt und der sich nicht an menschliche Formen bindet, gewesen sei. Doch lassen wir das.

Es ist aber doch nicht blos das Interesse der Ordnung, welches aus dem allgemeinen Priesterthum das specielle Amt, aus den Gemeindegenossen, die allesammt πνευματικοὶ sind Gal. 6, 1., den Geistlichen κατ᾽ ἐξοχήν hervorgehen ließ, sondern es ist noch ein Moment als treibende Kraft in diesem Vorgange zu entdecken, das wir das symbolische, poetische, gemüthliche nennen können, — ein Moment, für das ein massiver Dogmatismus wenig Sinn und Verständniß hat, das aber gleichwohl in kirchlichen Dingen vielfach als ein wesentlich mitwirkendes zu erkennen ist. Es liegt im gottesdienstlichen Bildungstriebe der Kirche, — der selbst wieder auf einer tief im geistigen Wesen des Menschen gegründeten, vom heiligen Geist geheiligten und in Pflege genommenen Naturanlage beruht, — daß sie, was sie als geistiges Leben unsichtbar in sich trägt, was als Heilsgut und Heilsbewußtseyn allen ihren Gliedern gemeinsam inwohnt, heraussetzt und objectivirt, um es in symbolischer Gestaltung anzuschauen und aus derselben jenes Heilsbewußtseyn in immer neuer Freude zurückzuempfangen. Was als himmlisches Erbe und göttliches Leben ganz unabhängig ist von Zeit und Raum, das bildet die Kirche, vermöge jenes — wir dürfen ihn wohl so nennen: poetischen oder künstlerischen Gestaltungstriebes, hinein in Zeit und Raum, nicht um es darein zu bannen (was allerdings die Art oder Unart der römischen Kirche ist, die ja selbst den Herrn und seine Gegenwart in Hostie und Monstranz einschließt), sondern um es darin anzuschauen und aus dieser Einkleidung und objectiven Darstellung immer wieder frisch und lebendig in sich selbst zurückzunehmen. Der Christ kennt, neutestamentlichen Lehren entsprechend, keinen Unterschied der Tage, als wäre an sich der eine heilig, der andere profan: gleichwohl setzt er die Heiligung des ganzen Zeitlebens heraus in eine objective, sichtbare Form — das ist der Sonntag, der Festtag. Der Christ hält weder Jerusalem noch Garizim für den Ort, wo Gott angebetet seyn wolle; die engste Kammer, die niederste Hütte ist ihm ein Tempel; gleichwohl sondert er einen Raum aus, er baut Dome und Altäre und schaut in der Symbolik des Baues dasjenige als verkörpert an, was ihn innerlich erfüllt und bewegt. Aus diesem Gesichtspunct allein ist der Cultus der christlichen Kirche richtig zu begreifen, während diejenigen, die sich — Wahrheit mit Prosa verwechselnd — vor allem Symbolischen und Poetischen in Sachen der Religion fürchten, immer in die schlimme Alternative gerathen, daß man entweder der äußeren Form, dem Gottesdienst als äußerer Handlung eine Bedeutung und Nothwendigkeit zuschreibt, durch welche die Innerlichkeit, Geistigkeit und Freiheit des evangelischen Christenthums verloren geht und jüdische Gesetzlichkeit oder gar heidnische Superstition in christlichen Formen sich festsetzt, — oder aber, daß man in der löblichen Absicht, diesen beiden Uebeln auszuweichen, der Wahrheit nur gerecht werden zu können glaubt, indem man den äußern Gottesdienst geringschätzt, oder ihm doch nur als Mittel der Belehrung, der Warnung u. s. f. einen Werth zuerkennt, für welchen Zweck aber das vom Cultus untrennbare künstlerische Moment (das Schöne des Baues, Musik u. s. f.) eher hinderlich als förderlich erscheinen müßte. Wem aber jener symbolisch-poetische Gesichtspunct klar geworden ist, dem leuchtet sofort ein, daß dieselbe gottesdienstliche Idee, die sich in heiligen Zeiten und Räumen plastisch objectivirt, auch Menschen dazu gebraucht, um in ihnen, in ihrer Person, zur Erscheinung zu kommen; es gibt, wie gottesdienstliche Zeiten, Räume, Handlungen, so gottesdienstliche Personen, in denen die Gemeinde das, was alle ihre Genossen als ein Leben aus Gott in sich tragen, als objectiv geworden anschaut, die also unter den Uebrigen ganz dasselbe vorstellen, was der Sonntag zwischen den Wochentagen, was das Kirchengebäude mitten unter den Privathäusern. Diese Stellung, ein lebendes Symbol, ein Symbol in Person zu seyn, ist etwas dem menschlichen Gemeinwesen auch sonst durchaus nicht Fremdes oder Absonderliches. Was ist irgend ein Würdenträger als solcher anders, als eine symbolische Person? Harms hat, zwar in anderer Weise, aber wesentlich doch hiemit zusammenstimmend (Past. Th. II. zweite Rede), an die königliche Würde erinnert; auch wir fragen: was ist denn die Majestät eines Monarchen anders, als die persongewordene Macht und Würde der ganzen Nation und das lebende Symbol der Gerechtigkeit und Weisheit, deren Idee das Volk in sich trägt, die es aber als Gegenstand seiner Ehrfurcht, als heilige Macht, der es unterthan ist, in einer Person anschauen will, die eben dadurch, — ob sie auch in prosaischer Wirklichkeit betrachtet, alle menschlichen Attribute an sich trägt — doch weit hinaus- und emporgehoben wird über die Masse? Das, wovor ein gebildetes, christliches Volk sich in Ehrfurcht beugt, ist an sich nicht dieser einzelne Mensch, den zufällig seine Geburt auf den Thron gehoben hat, sondern es sind eben jene ewigen, sittlichen Mächte, die Gerechtigkeit, die Weisheit, die Macht eines von beiden erfüllten, erleuchteten Willens, diese werden ihm Gegenstände der Anschauung in der Person seines Fürsten; je mehr er nun wirklich jene Ideen in seiner Person verwirklicht, um so weniger wird zwischen Person und Würde unterschieden, um so weniger in allen Ehrenbezeugungen von der erstern abstrahirt werden, um so mehr häuft sich alle Ehrfurcht und Liebe des Volkes auf die Person des Fürsten selbst. So ist die königliche Macht und Würde auch keineswegs eine Creatur des Volkes, abhängig vom souveränen Willen der Menge; was im Könige sich repräsentirt, ist Göttliches, in Gott allein vollkommen Reales, aus ihm Fließendes, — (daher die Majestät „von Gottes Gnaden" ist, was indessen noch eine andre Beziehung, ein demüthiges Bekenntniß enthält); der Regent ist darum auch, selbst wenn er vom Volke gewählt wäre, keineswegs der Vollstrecker des Volkswillens, sondern das Werkzeug des Willens Gottes, d. h. eben die Personificirung jener, Allen eingebornen, ewigen Idee. Ganz ähnlich verhält es sich mit dem Geistlichen; sein Amt wächst aus dem Leben der Gemeinde heraus, aber er ist darum nicht abhängig von dem, was etwa in Glaubens-, in Cultus-, in Disciplinarsachen heute oder morgen einer Landes-, einer Localgemeinde belieben mag, sondern die Idee des Gott geweihten, evangelisch-gottesdienstlichen Lebens ist's, die sie und ihn beherrscht; würde die Gemeinde dieser ihrer Idee untreu, so müßte er nur um so fester und kräftiger davon Zeugniß geben, daß wenigstens er weiß, was seine Bestimmung und wem er verantwortlich ist. — Die bezeichnete Stellung des Geistlichen charakterisirt sich insbesondere auch in den ethischen Anforderungen, die das Gemeindebewußtseyn, wo es irgend unverfälscht geblieben ist, an den Geistlichen macht. Ihm muthet man zu, daß er nicht blos wie jeder Andere, der ein Christ seyn will, einen rechtschaffenen, tadellosen Wandel führe; sondern auch Solches, was an sich nichts weniger als sündig, was aber weltlich ist, was den sabbathlichen Typus seiner ganzen Erscheinung zerstört, gilt an ihm für ein Unrecht und kann mehr oder weniger Aergerniß geben. Würde er z. B. seine Freistunden zu gemeinem Broderwerb durch Handarbeit benützen, so würde das sicher seiner Achtung in der Gemeinde Eintrag thun; was also an Paulus — denn er war ein Apostel, nicht ein Pfarrer — eine Tugend war, was in der Stellung des Missionars heute noch ganz in der Ordnung ist: das Bild gottgeweihten Lebens, das die Gemeinde in ihrem Pfarrer vor Augen haben will, würde dadurch getrübt. In diesem Puncte sind freilich eine Menge Modificationen und casuistische Fragen möglich, über die nicht nur das pastoraltheologische Urtheil, sondern auch nach Brauch und Herkommen das Urtheil der Gemeinden ungleich ist; wenn z. B. Phil. Matth. Hahn sich über seine Verfertigung astronomischer Uhren, die ihm manchmal Gewissensscrupel machen wollte, jedesmal wieder beruhigte, so hatte er gewiß vollkommen Recht, oder wenn sich ein Geistlicher mit Liebe und Geschick der Bienenzucht widmet, so ist dieß durch den doppelten Gesichtspunct eines schönen Naturstudiums und einer auch der Gemeinde nützlichen landwirthschaftlichen Fortbildung gewiß gerechtfertigt. Aber wie scharf doch die Grenzlinie zwischen dem, was ziemt und dem was Aergerniß erregt, gezogen ist, das fühlt Jeder alsbald, wenn etwa aus dem geistlichen rationellen Landwirth ein Kornhändler zu werden droht. (Wir werden am geeigneten Orte hierauf zurückkommen.) Nie darf durch irgend eine solche Beschäftigung — deßgleichen auch nicht durch Theilnahme an Vergnügungen — jener den sittlichen Ernst, die Abkehr vom Eitlen und Gemeinen, den Frieden Gottes, also die Tugenden und Güter des gesammten Christenlebens repräsentirende Typus dem Geistlichen verloren gehen; das ist der wahre, der berechtigte, der — wenn er ihn nicht selbst zerstört — unzerstörbare Nimbus, der in jeder nicht mißleiteten oder durchwühlten Gemeinde das Haupt des rechtschaffenen Geistlichen umgibt. Bis zu einem unnatürlichen Extrem getrieben ist diese Symbolisirung geistlichen Lebens durch die Person des Geistlichen im römischen Priestercölibat, der ja nicht blos den politischen Zweck der Unabhängigkeit vom Staat, sondern noch vielmehr in den Augen des Volkes die Bedeutung eines in sexueller Beziehung völlig freien, über Welt und Fleisch erhabenen und in diesem mönchischen Sinn heiligen Lebens hat. Diese Forderung stellt die evangelische Kirche nicht, eben weil sie einen andern Begriff von Heiligkeit hat und das Sittliche in und an der Ehe höher stellt, als eine ἐθελοθρησκεία (Kol. 2, 23.), die wider Gottes Ordnung ist; aber auch das eheliche Leben des Geistlichen ist fähig, jene feste Haltung anzunehmen, daß es, ohne das Natürliche, das rein Menschliche irgendwie zu beeinträchtigen oder heuchlerisch zu verdecken, dennoch innerhalb jener Grenzlinie sich hält. — Die Symbolik, die die Kirche auch in die äußere Erscheinung des Geistlichen legt, tritt besonders klar im Alleräußerlichsten, in der Kleidung hervor. Nicht blos die Amtstracht — wovon nicht die Pastoraltheologie, sondern die Liturgik das Nähere zu sagen hat, — sondern auch die Civilkleidung des Geistlichen soll eine geistliche seyn; die Kirchengesetzgebungen achten diesen Punct für wichtig genug, um immer wieder darauf zurückzukommen. (S. z. B. Spörl, Vollst. Pastoraltheol. aus den fürnehmsten Kirchen- und Landesordnungen 2c. Nürnberg 1764, S. 17. ff, Hauber, Recht und Brauch der evang. K. in Württemberg I. S. 73 f.) Warum ist denn aber ein schwarzer Rock geistlicher als ein grüner? warum eine schwarze Weste geistlicher, als eine weiße oder rothe? warum würde man sich daran ärgern, wenn der Pfarrer einen weißen Strohhut oder gelbe Beinkleider trüge? Für all' das liegt ein realer, handgreiflich zu demonstrirender Grund schlechthin nicht vor; es ist nichts als jene Symbolik des kirchlichen Sinnes, der auch in der äußeren Erscheinung des Pfarrers nichts, was an einen Jäger oder Metzger erinnern kann, erblicken, im Gegentheil, auch im geistlichen Anzug die Negation aller Welteitelkeit, den Ernst christlicher Weltanschauung vor Augen haben will. Wir werden Gelegenheit haben, auf diesen Gegenstand nach seiner praktischen Seite zurückzukommen.

Alles dieses scheint aber, wie das Amt von Manchen principiell angesehen wird, als Antwort auf die Frage nach der Vollmacht, die dasselbe aufzuweisen habe, noch nicht zu genügen. Sowohl das Eine, daß das Amt überhaupt eine besondere göttliche Vollmacht durch besondere göttliche Einsetzung empfangen habe, als das Andere, daß ich, der ich im Amte stehe, eine positive Gewißheit habe, daß mir solche Vollmacht ertheilt ist, — beides wird in obiger Erörterung vermißt werden. Wir müssen noch hierauf näher eingehen, wiewohl darüber schon so viel verhandelt worden ist, daß wir eigentlich nur noch die Aufgabe haben, Wahres und

Irriges auseinanderzulesen und in diesem Gebiet ein wenig aufzuräumen.

1. Fangen wir mit dem zweiten Punct an. In's Amt gekommen bin ich als Pastor auf dem geordneten Wege; ich habe mich nicht selbst darein gesetzt, ich durfte aber auch nicht auf eine Berufung durch ein Wunder, durch eine Erscheinung warten, sondern die ordentlichen Vertreter der kirchlichen Gesammtheit haben mich berufen und eingesetzt. Auf ganz ähnliche Weise kommt allerdings auch der Richter, der Finanzmann in's Amt; aber auch diese weltlichen Beamten werden, wofern sie fromme Männer sind, mit demselben Rechte sagen, der Herr habe sie berufen; sie wissen sich ebenso ihm für seine Führung zum Danke verbunden und für ihr Thun verantwortlich. Sollte mir diese Glaubensgewißheit, daß ich von Gottes Gnaden bin, was ich bin, nicht genügen? Hätte er mich nicht in diesem Berufe zu seinem Dienst haben wollen, so hätte er Mittel und Wege genug gehabt, mir schon innerlich Muth und Neigung zu nehmen und anderswohin zu lenken, oder selbst wenn ich eigenwillig doch nach diesem Ziel gestrebt hätte, so wäre es ihm ein Geringes gewesen, mir alle Wege und Stege zu versperren. Er hat sie mir vielmehr geöffnet und geebnet, und ich sehe im Glauben an die providentia specialissima die Behörden, durch die ich formell zu meinem Amte gewählt worden bin, — das Consistorium, das mich vorschlug, den summus episcopus, der mich ernannt, — als Werkzeuge in Gottes Hand an. Freilich, wenn ich Ap. Gesch. 20, 28. (*τὸ πνεῦμα τὸ ἅγιον ὑμᾶς ἔθετο ἐπισκόπους*) auf mich anwenden darf, was nicht zu bezweifeln, so werde ich mit meinem Glauben an eine göttliche Berufung nicht in den ersten, sondern in den dritten Glaubensartikel gewiesen. Aber wenn Paulus sich bewußt war, daß die ohne Zweifel von ihm selbst vollzogene Wahl der Aeltesten für die Gemeinde zu Ephesus ein Werk des in ihm wirkenden, ihn leitenden heiligen Geistes war, ohne daß menschliche Reflexionen über die persönliche Tüchtigkeit jedes Candidaten davon ausgeschlossen waren:

so darf ich ebenso annehmen, daß der Geist, der der ganzen Kirche, der allen Gläubigen verheißen ist, auch durch die Kirchenobern wirke, denen ich meine Berufung verdanke; es ist wenigstens die Pflicht einer solchen Behörde, sich auf dem Wege, auf welchem überhaupt Menschen sich zu Werkzeugen des heiligen Geistes qualificiren, demselben dienstbar zu machen. Wäre freilich — und damit streifen wir schon an den Punct, wo die eigentlichste, tiefste Differenz rein evangelischer und katholisirender Meinungen liegt — wäre mit dem geistlichen Amt, irgend eine geheime, überirdische, geistliche Macht verbunden, eine Auctorität, die nicht im Inhalt dessen, was ich verkündige, nicht im sittlichen Werthe dessen, was ich amtlich thue, an sich schon ruht, d. h. in Wahrheit und Liebe, sondern die immer nur an die bestimmte Form des Amtes sich knüpfte — dann allerdings müßte ich noch eine ganz andere, besondere Gewähr dafür aufweisen können, daß ich die Vollmacht dazu empfangen habe. Ich müßte mich entweder auf eine unmittelbar vom Himmel an mich gekommene Berufung stützen können, wie ein Moses, wie ein Paulus, oder ich müßte ein Dogma haben, das der Weihe zum Amte, d. h. dem Acte an sich schon, als opus operatum, die Kraft der Mittheilung jener geheimen Machtfülle zuerkennt. So steht es auch factisch in der katholischen Kirche; jeder Zweifel ist für den geweihten Priester durch den einfachen Syllogismus beseitigt: Die Ordination verleiht Jedem, an dem sie vorschriftmäßig vollzogen wird, gewisse auszeichnende Rechte und überirdische Kräfte, also namentlich: Brod und Wein in den Leichnam des Herrn zu verwandeln, Sünden zu vergeben u. s. f.; — so sagt das Dogma. Nun bin ich an dem und dem Tage, in der und der Kirche ordinirt worden: also habe ich jene Rechte und Vollmachten. Von solcher überirdischen Gewalt und geheimen Macht aber, die dem Geistlichen kraft seines Amtes durch die Weihung zu demselben übertragen würde, ist uns Evangelischen nichts bekannt; sacramentum ordinis, sagt Luther in der Schrift de capt. bab., nihil aliud est, quam ritus quidam, eligendi concionatores in ecclesia, was Chemnitz noch vervollständigt: vocatio debet habere publicum ecclesiae testimonium; et ritus ordinationis nihil aliud est, quam talis publica testificatio, qua vocatio illa in conspectu Dei et ipsius nomine declaratur esse legitima et divina. (Loc. theol. III. C. 4, 1.) So mangelt uns zwar derjenige Ausweis, den der katholische Priester hat und haben muß, um Messe zu lesen und Beichte zu hören; allein wir bedürfen auch solchen Ausweis nicht, weil wir nicht Messe lesen und nicht Gewissensrichter sind; was wir brauchen und was uns äußerlich gegeben werden kann, um uns persönlich zu legitimiren, ist das rite vocari. Freilich hebt das nicht alle Scrupel auf; ich kann rite berufen, ordinirt und investirt seyn, und dennoch können mir Zweifel kommen, ob das geistliche Amt oder wenigstens das Amt in dieser meiner Gemeinde wirklich mein wahrer Beruf sei? Kann ich mich damit nicht beruhigen, daß mich Gott so und nicht anders geführt habe, kann ich den Trost mir nicht zueignen, daß Gott auch im Schwachen mächtig seyn, auch den minder Begabten zu seinem Rüstzeug machen will — kann dieser Trost vielleicht deßwegen bei mir nicht verfangen, weil mir das böse Gewissen sagt, daß nicht Gott mich auf meinen Posten geführt, sondern daß ich mit meinem Eigenwillen ihn ertrotzt, auf krummen Wegen mein Amt erschlichen habe: — dann beruhigt mich die formelle Richtigkeit meiner Ernennung keineswegs; sie gibt mir auch nicht die Gewißheit, daß mich der heilige Geist zum Bischof gesetzt hat, sondern es trifft mich das Strafwort Jer. 23, 21. und ich habe nur die Wahl, entweder abzudanken oder mich so zu bekehren, daß die innere Legitimation noch nachkommt.

2. Was nun aber das zweite betrifft, die Ausrüstung des geistlichen Amtes mit göttlicher Vollmacht durch göttliche Einsetzung, so stehen sich an diesem Puncte die zwei Anschauungen schroff gegenüber; nach der einen hat der Herr ein geistliches Amt förmlich und positiv eingesetzt und durch dasselbe erst die Kirche in's Leben gerufen, wie er sie durch dasselbe auch fortwährend regiert,

nach der andern dagegen hat er nur die Kirche und zwar als congregatio sanctorum, als Gemeinde der Gläubigen dadurch gestiftet, daß er den Grundstock derselben persönlich sammelte, dann aber durch seinen Geist und die in seinem Geiste geschehende Predigt immer mehr Seelen gewann und gewinnt, und aus dem Gemeinleben dieser Gläubigen nun ist, unter vielfacher Anknüpfung an das apostolische Vorbild, aber wesentlich in Folge innerer Nothwendigkeit und lebendigen Bildungstriebes, die menschliche Form eines geistlichen Amtes hervorgewachsen. Mehrere Mißverständnisse, womit die letztere Ansicht von der erstern bekämpft worden ist, sind oben schon beseitigt worden; wir fügen sogleich noch die weitere Bemerkung bei, daß es ein noch gröberer Mißverstand wäre, nun der letzteren Ansicht Schuld zu geben, daß sie das Amt seiner Heiligkeit entkleide; es ist dasselbe auch uns ein Werk, eine Stiftung des Herrn, nur liegt uns der Beweis dafür nicht in einem positiven Acte, der sich hätte urkundlich machen lassen, sondern in der Natur der Sache, in ihrer Nothwendigkeit und ihrem Segen. Ganz so hat Paulus Röm. 13. die Stiftung der weltlichen Obrigkeit auf Gott zurückgeführt — und gewiß, wenn der Richter z. B. über eines Verbrechers Leben und Tod entscheidet, so ist sein Amt ein heiliges, seine Macht eine gottebenbildliche, nur in anderer Art, als die des Geistlichen — wo aber finden wir irgend einen Act, durch welchen Gott declarirt hätte: es soll von nun an Obrigkeiten, es soll Könige und Richter auf Erden geben? Um göttlichen Ursprungs zu seyn, braucht eine Institution durchaus nicht nothwendig auf einem positiven, zu bestimmter Zeit geschehenen, in der Schrift verzeichneten Offenbarungsworte zu beruhen; auch was langsam erst im menschlichen Bewußtseyn reift, was durch's Bedürfniß hervorgerufen wird, und so nach der einen Seite auf menschlichen Wegen zu Stande kommt, kann in seinem Kern, in dem Segen, den es bringt, in der Macht, die es ausübt, doch sich so groß und edel beweisen, daß der Glaube darin eine Ordnung Gottes erkennt. Man wolle nicht entgegnen, daß hiernach auch der scharfe Unterschied sich verwischen müsse, den unsere Kirche in Betreff der Sacramente macht, da sie fünf von den sieben, die die römische Kirche zählt, aus dem Grunde abweist, weil für sie kein bestimmtes positives Einsetzungswort aufzuweisen ist. Hier, wo der Herr nun einmal factisch und urkundlich zwei Stiftungen gemacht hat, an die sich specielle Kraft und Verheißung knüpft, kam es darauf an, sich dessen zu erwehren, daß nicht Anderes, dem solche Ehre, solcher Vorzug rechtmäßig nicht zukam, jenen beiden gleichgestellt würde; es ist überdieß beim Sacramentsbegriff der Befehl des Herrn nicht das einzige ihn constituirende Moment, sonst müßte auch die Fußwaschung ein Sacrament geworden seyn.

Wir müssen aber, um das Obige zu erhärten, noch in möglicher Kürze die beiden Hauptpuncte herausheben, die für die zweite der genannten Ansichten und gegen die erste sprechen, nämlich a) daß ein Act positiver Einsetzung eines fortdauernden geistlichen Amtes von Seiten des Herrn schlechterdings nirgends aufgezeichnet ist, auch aus den vorhandenen Daten nicht als nothwendige Annahme abgeleitet werden kann; und b) daß ein solcher Act einfach darum nicht geschehen ist, weil er gar nicht nothwendig war. (Ein Sacrament allerdings könnte nicht als solches zu Recht bestehen, ohne daß seine Einsetzung nachzuweisen wäre; aber der ordo ist ja gerade gut evangelisch kein Sacrament.) Also

a) wenn diejenigen Stellen, in welchen Jesus die Jünger, die Zwölfe insbesondere, aber auch die Siebzig, aussondert und ihnen Instructionen gibt, ohne Weiteres als Beweisstellen für die Einsetzung eines Pfarramtes in Anspruch genommen werden, so ist das nichts als eine petitio principii; man kann sie allesammt in allweg auf's Pfarramt anwenden, was auch in Ordinations-Formularen und -Reden allezeit geschieht, aber man muß nicht behaupten, sie handeln davon. Denn die Frage ist: hat der Herr etwas davon gesagt, daß, wenn durch den Dienst seiner Sendboten Gemeinden gegründet seien, alsdann ein dauerndes Amt in diesen bestehen soll, in welchem jedem Abtretenden ein Nachfolger succediren müsse? Diese Frage kann Niemand bejahen, darin aber läge eben der Nerv des Beweises. Es gibt eine Secte (Darbysten oder Plymouther Brüder geheißen), die — ihren Widerwillen gegen den englischen Episcopat auf alles geistliche Amt übertragend — diesen Punct betonen, daß der Herr nie etwas von einem stehenden, fortdauernden Amt sage; der Schluß, den sie daraus machen, ist ein falscher, die ganze Bornirtheit des Sectengeistes verrathender: daß nämlich deßhalb auch Niemand das Recht gehabt habe, ein Amt aufzurichten; aber darin haben sie Recht, daß dasselbe nicht auf eine Verordnung Jesu gegründet werden kann. Matth. 16, 18. verheißt der Herr, er selbst wolle auf diesen Felsen seine Gemeine bauen; hätte ihm irgend eine Pfarramtsidee vorgeschwebt, so hätte er beifügen müssen: „und wenn du wirst zur Ruhe eingegangen seyn, so sollen Andere in deine Stelle treten" — aber solch' eine Andeutung suchen wir vergeblich. So sagt er auch Joh. 4, 38. blos: „ich habe euch gesandt zu schneiden, das ihr nicht habt gearbeitet, andere haben gearbeitet und ihr seid in ihre Arbeit gekommen;" wie nahe hätte es da gelegen, zur Vervollständigung des Satzes V. 37., „dieser säet, der andere schneidet," noch beizufügen: „so arbeitet auch ihr, und Andere werden in eure Arbeit kommen," — er sagt aber nichts dergleichen, was ganz gewiß nicht etwa dem Gedächtniß der Evangelisten hätte entschwunden seyn können, da, als sie schrieben, solch' eine Anordnung ja schon in Erfüllung wäre gegangen gewesen. Matth. 9, 37. 38. heißt er die Jünger wohl bitten, daß der Herr der Ernte Arbeiter sende, aber er sagt nicht: bestellet ihr selbst solche, die nach euch in die Ernte eintreten, — der Vater vielmehr soll sie senden, ein Ausdruck, der in der Schrift vielmehr von der Erweckung der tüchtigen Personen, nicht aber von einem stehenden Amte gebraucht wird. Wenn ferner Matth. 18, 15—17. die Gemeinde als ecclesia repraesentativa gefaßt wird, um eine Andeutung des künftigen geistlichen Vorsteheramtes darin zu finden, so ist das unrichtig, weil dem εἷς ἢ δύο nur die Versammlung Aller gegenüberstehen kann. Im Gleichnisse von den Arbeitern im Weinberg Matth. 20, 1 ff., sagt man, müssen diese Arbeiter die Geistlichen seyn, denn wenn alle Christen darunter zu verstehen wären, wen denn alsdann der Weinberg vorstellen sollte? Weingärtner und Weinstöcke wären ja identisch. Wer beweist uns aber, daß der Weinberg nothwendig auf die Gemeinde zu deuten sei? Das Arbeiten, von dem dort die Rede ist, ist in erster Linie jedenfalls ein Arbeiten am eigenen Herzen; es ist der Proceß der Bekehrung und Heiligung, den an uns selbst vorzunehmen wir berufen werden, und so ist allerdings der Arbeiter und das Arbeitsmaterial ein und dasselbe Subject, wie auch jeder begreift, wenn von Selbsterziehung, Selbstbildung u. drgl. die Rede ist. — Am nächsten an's Ziel könnte man mit Matth. 24, 45 ff. Luk. 12, 42. treffen, wo einer der Knechte über die andern gesetzt ist, um diese nach einer festen Ordnung zu versorgen. Aber erstlich ist ein Gleichniß nicht die Form, in welcher der Stifter einer Kirche ein Kirchenamt einsetzt; zweitens ist in vorliegendem Gleichniß der Hauptzweck offenbar der, eines Knechtes Treue zu veranschaulichen, dazu nimmt der Herr nun, wie ein andermal das Verwalten anvertrauter Pfunde, so hier die Beaufsichtigung des Gesindes, ohne damit einen wesentlich andern Gedanken ausdrücken zu wollen; und drittens paßt, was von dem getreuen Knechte gesagt ist, gleich gut auf jedes Amt; daß von kirchlichen Dingen die Rede sei, ist nirgends angezeigt. — Nicht glücklicher ist für den Beweis positiver Einsetzung des Pfarramtes die Ausbeute, die die apostolischen Briefe gewähren. Eph. 4, 11. steht αὐτὸς ἔδωκε. Wenn der HErr Apostel, Pastoren u. s. w. gibt, so ist das in demselben Sinne der Dankbarkeit hier von der Gemeinde als eine Gabe, als ein Segen anerkannt, wie wir heute noch sagen: der Herr hat seiner Kirche stets ausgezeichnete Männer, Kirchenväter, Reformatoren, Prediger, Dichter gegeben, — ob die Stellung, die diese äußerlich einnehmen, eine amtliche ist oder nicht, bleibt dabei ganz außer Betracht. Und daß an obiger Stelle wirklich nicht an das stehende Amt, sondern an die Kräfte und Dienstleistungen, an den reichen Segen allein gedacht ist, der der Gemeinde in jenen verschieden begabten und darum allerdings auch in verschiedener äußerer Weise auftretenden Männern geschenkt ist, geht gleich aus der Zusammenstellung mit den Propheten (natürlich im Sinne der neutestamentlichen προφητεια 1 Kor. 12, 10.) hervor, deren Amt niemals ein Amt im eigentlichen Sinne war, sondern die lediglich der inneren Begabung und Anregung des Geistes gemäß in der Gemeinde wirkten. Entsprechender für strengen Amtsbegriff erscheint der Ausdruck ἔθετο 1 Kor. 12, 28.; aber da in ganz gleicher Linie auch δυνάμεις καὶ χαρίσματα ἰαμάτων u. s. w. aufgeführt werden, die niemals zu einem Amte sich fixirten, sondern eben χαρίσματα waren und blieben, so ist auch hier klar, daß der Apostel — gemäß dem ganzen Gedankenkreise des Capitels — mit dem ἔθετο nicht eine Amtseinsetzung bezeichnet hat, von welcher überdieß, selbst wenn der Zusammenhang den Sinn noch zweifelhaft ließe, erst müßte nachgewiesen werden, wann und wie, durch welchen feierlichen Offenbarungsact das sollte geschehen seyn. Wer freilich, wie ein klerikaler Vorfechter in der Amtsfrage gethan hat, das Verhältniß von Amt und Gabe, von Amt und Person so auf den Kopf zu stellen im Stande ist, daß er behaupten kann: „Gott schaffe das Amt, die Gemeinde aber stelle ihm nur die Personen dazu," — Gottes Werk also wäre die leere Form, die Menschen liefern ihr erst den lebendigen Inhalt mit Gaben und Kräften — mit dem ist nicht zu streiten. In Personen legt Gott seine Kräfte nieder, in Personen als seinen Organen offenbart er sich, ob eine Rechtsform für ihre Wirksamkeit in menschlicher Gemeinschaft schon vorhanden ist oder erst sich bilden muß, das überläßt er der Geschichte. — Nur zweier Stellen haben wir noch zu erwähnen. Wenn aus 1 Kor. 9, 14. geschlossen wird, der Herr habe sogar einen geistlichen Stand, d. h. eine Classe von Christen bestimmt, die sich vom Evangelio nähren sollten, so wäre schon auffallend, daß Paulus dieß Gebot, wenn es ein solches war, selber zuerst übertrat, und daß wir auch sonst z. B. in Korinth von besoldeten Presbytern in der apostolischen Zeit nichts vernehmen. Suchen wir aber nach einem Ausspruche Jesu, auf den sich Obiges beziehen kann, so bietet sich einzig Luk. 10, 7. ff. dar, welche Stelle aber nur darin uns bestärken kann, auch in der Korintherstelle blos den Gedanken zu finden, daß diejenigen, welche ihr Leben und ihre Kraft daran setzen, Andern das Evangelium zu bringen, das Recht haben, von diesen die nothwendige leibliche Versorgung zu erwarten; von einer geordneten Competenz ist hier sicherlich nicht die Rede, wie wir uns denn überhaupt die Zustände in den apostolischen Gemeinden zwar nicht als eine gemüthliche Unordnung, aber auch nicht als ein nach unserem Kirchenrecht organisirtes Kirchenwesen, sondern als eine erst werdende, aus dem Bedürfniß allmählig erwachsende und sich ergänzende Ordnung zu denken haben. Wenn endlich 1 Kor. 14, 15. ein Idiot (Luther: ein Laie) vorkommt, so ist der Schluß, daß den Gegensatz dazu ein Kleriker bilden müsse, allzurasch; dieser Gegensatz ist vielmehr der ἐν πνεύματι Betende, was nur auf die Glossolalie bezogen werden kann; diese aber ist nicht Amtssache, sondern persönliche Gnadengabe ohne Amt, und der ἰδιώτης somit nur derjenige, der den Zungenredner nicht versteht; möglicher Weise konnte es auch einem Presbyter begegnen, in dieser Beziehung ein Idiot zu seyn.

b) Wir sehen uns somit, statt eine Einsetzung des geistlichen Amtes in dem Sinne, wie es eine Einsetzung der Sacramente gibt, zu behaupten, auf diejenige Begründung seiner Würde und Bedeutung zurückverwiesen, die oben gegeben worden ist. Warum aber, müßen wir fragen, gibt man sich doch solch' saure Mühe, aus Schriftstellen etwas erpressen zu wollen, was keine richtige Exegese darin finden kann? Und gesetzt sogar, es hätte sich auf diesem Wege der Pressung am Ende ein Dogma zusammen bringen lassen, dessen Beweise in einer Disputation wenigstens nicht bis zur Vernichtung zu entkräften gewesen wären, wie sie es unsrer Meinung nach allerdings sind: wäre es nicht etwas ganz Unbegreifliches, daß diese Einsetzung so mühsam nur aus zerstreuten Schriftstellen erschlossen werden muß, während da, wo der Herr andere Dinge, wie Taufe und Abendmahl, einsetzt, oder wo er seine Apostel beruft, in so klarer, der Sache entsprechender Form sein Befehl erfolgt? Warum muß doch um jeden Preis jenes Einsetzungsdogma errungen werden? Die Antwort hierauf wird uns klar in den Sachverhalt einblicken lassen.

Geht man von der Ansicht aus, daß mit dem geistlichen Amte gewisse ganz besondere, nicht in den allgemeinen Christenrechten und Christenpflichten bereits eingeschlossene Vollmachten verbunden seien, denn allerdings muß man ein großes Interesse haben, auf einen positiven Act der Ertheilung solcher Vollmachten recurriren zu können; und weil hier (unglücklicher Weise müßten wir sagen, wenn es nicht vielmehr ein Glück wäre) dem protestantischen Theologen die Tradition nicht zu Gebote steht, die dem Katholiken erwünschte Hülfe zur Beweisführung leistet, so bleibt nichts übrig, als eine dogmatisirende Exegese. Wir müssen daher zusehen, wie es sich denn eigentlich mit jenen Rechten und Vollmachten verhält; sollten wir auf das Ergebniß kommen, daß sie in Wahrheit, soweit sie wirklich existiren, über die Sphäre der allgemeinen Rechte der Kinder Gottes nicht hinausfallen, so fällt für uns auch jeder Grund weg, in die Schriftstellen mehr hineinzulegen, als darin liegt.

Es ist schon oben erinnert worden, daß der katholische Priester, da er das Wunder der Transsubstantiation vollbringt, — das, um ihn so zu legitimiren, wie die Wunder des Herrn ihn selbst legitimirten, ein äußerlich sichtbarer Vorgang seyn müßte, was es nicht ist — nun hiezu einer Bevollmächtigung bedarf, die ihm die Priesterweihe gewährt. Hier ist alles consequent. Ob man nun auch protestantischer Seits dem Gedanken nahe ist, daß, weil im heil. Abendmahl unter Brod und Wein der Leib und das Blut Christi dargereicht werde, zum Consecriren und Spenden solcher göttlichen Gaben eine ganz besondere göttliche Begabung und Bevollmächtigung, die Ertheilung einer magischen Kraft nothwendig sei, wissen wir nicht; der beliebte Ausdruck „Sacramentsverwaltung" erinnert wenigstens leicht an katholische Vorstellungen. Hiegegen muß aber alles Ernstes Verwahrung eingelegt werden. Nicht nur ist, wie bereits gesagt worden, in den neutestamentlichen Stellen vom Abendmahl über das Spenden desselben, über die Frage: von wem, mit welcher Formel und an wen dasselbe auszutheilen sei, schlechthin Nichts gesagt; selbst 1 Kor. 11, 27. ff. ist nur von unwürdigem Genuß, nicht von der Spendung an Unwürdige etwas gesagt, also abermals nur der Empfänger in's Auge gefaßt, während von dem Spender gar nicht die Rede ist; der Einfall, die letzten Worte von V. 34. speciell hierauf zu deuten, daß, was oben nicht gesagt worden, nun vom Apostel persönlich bestimmt werden soll, ist von keinem exegetischen Werthe. Sondern noch mehr müssen wir darauf den Accent legen: sobald die Verbindung von Brod und Wein mit dem Leib und Blut des Herrn, also die Bewirkung des in, sub et cum, als etwas durch die Hand des Geistlichen Bewerkstelligtes, wozu er aber als Geistlicher allein der Mann sei, überhaupt als ein besonderer theurgischer Act vorgestellt wird, so stehen wir mitten im Katholicismus. Luther, so unbedingt auch sein Realismus in Bezug auf das Göttliche war, das im Abendmahl dem Empfänger zu Theil wird, — an diesem Punct hat er ebenso unbedingt Halt gemacht; dasjenige, wodurch die Verbindung von Brod und Wein mit Christi Leib und Blut, die ja außer der Abendmahlshandlung nicht existirt, zu Stande kommt, ist — wie auch die hier angewendeten dogmatischen Begriffe gedacht werden mögen — jedenfalls keine theurgische Handlung, zu der ein priesterlicher Magier erforderlich wäre.

Vielleicht besteht aber die Vollmacht, wenn nicht hierin, desto mehr in dem ausschließlichen Besitze der Wahrheit, so daß das geistliche Amt berechtigt wäre, für die von ihm aufgestellten Lehren schlechthin Glauben zu fordern. Wohl! das Wort des Herrn: „wer euch höret, der höret mich" dürfen wir sicherlich auch auf uns und unser Amt anwenden, aber nur wenn es wirklich der Geist des Herrn ist, der aus uns redet; wer könnte aber, der Wirklichkeit und Geschichte zum Trotze, behaupten, daß, was vom Amt aus geredet wird, eo ipso immer vom Geist eingegeben sei? Ja, die Gemeinden sollen uns nicht nur mit dem Vertrauen entgegenkommen, daß, was wir reden, lautere evangelische Wahrheit und (Ap. Gesch. 20, 27.) die ganze, unverkürzte Wahrheit sei, sondern sie kommen uns auch factisch mit diesem Vertrauen entgegen und haben es so lange, als wir nicht selbst uns darum bringen; aber wir müssen um der Ehre der evangelischen Kirche, um der Ehre des Wortes Gottes willen wünschen, daß Niemand uns deßwegen glaube, weil wir das Amt inne haben, sondern deßwegen, weil Jeder in seiner Bibel und in seinem Gewissen dasjenige erprobt findet, was wir ihm sagen. Ich fordere nicht Glauben aus dem Grunde, weil ich Pfarrer bin, sondern umgekehrt, weil ich das bin, so bin ich verpflichtet, so zu predigen, daß allen Zuhörern ihr eigener Wahrheitssinn bezeugt: der hat Recht! Mein eigenes Absehen muß darauf gehen, die Zuhörer so selbstständig zu machen, daß sie, wie die Beroenser, forschen, ob sich's also halte, wie ich sage (Ap. Gesch. 17, 11.); und wenn auch immerhin für den ersten Empfang der Wahrheit, wie bei einem Kinde, die Auctorität dessen, der sie übermittelt, ein mächtiges, für den Augenblick vielleicht das Hauptmotiv der gläubigen Annahme ist, so darf es bei evangelischen Christen, welche selber zur Verantwortung über den Grund ihres Glaubens bereit seyn sollen (1 Petr. 3, 15.), nicht dabei blieben, daß sie sagen müssen: „unser Pfarrer lehrt so, deßwegen glaube ich's; willst du Gründe wissen, so frage ihn statt meiner," sondern es muß dazu kommen, daß sie, wie die Samariter Joh. 4, 42., aus eigener, klarer Einsicht das theure Erbe des väterlichen Glaubens, der im Bekenntniß der Kirche ausgesprochenen Wahrheit festhalten.

Verwandt mit dieser Prärogative, nur mehr nach der praktischen, sittlichen Seite hin, wäre die, wenn dem geistlichen Amte das Recht verliehen wäre, von allen Pfarrgenossen Gehorsam zu fordern. Dieß ist auch in bestimmtem Sinne zu behaupten; denn in der Kirche muß es, wie in jedem Hause, ein Regiment, eine einheitlich-ordnende Macht geben, und der Pfarrer, wie er nach der einen Seite Object des Kirchenregiments ist, so ist er nach der andern, nach unten zu, auch Subject desselben, eines der ausübenden Organe der Kirchenobrigkeit. Nur müssen wir von der Bestimmung dieses Verhältnisses alles Unlautere und Falsche sorgsam ausscheiden, damit nicht aus der Welt herein auch in die Kirche ein Gegensatz von Gebietenden und Gehorchenden eingeschwärzt werde, der den Sprüchen Matth. 20, 25—28. 1 Petr. 5, 3. schnurstracks zuwider wäre. Die Lust, den geistlichen Gebieter zu spielen, wie eine dem äquivalente übergroße Devotion nach oben, mag eine klerikale Eigenschaft seyn, eine evangelisch-priesterliche ist sie nicht; und wenn wir es auch dem Geiste der mittelalterlichen Kirche entsprechend finden, daß in den Pastoralwerken von Gregor dem Gr. an die Pfarrkinder subditi, der Pfarrer praesul, und die Seelsorge mit Vorliebe regimen animarum genannt wird: so war es doch ein wahrer Hohn gegen die evangelische Freiheit, wenn die protestantischen Episkopalisten des 17. Jahrhunderts dem Klerus die eigentliche Substanz der kirchlichen Gewalt, der Gesammtheit der Laien aber das jus obedientiae, geschmückt mit der gloria obedientiae zuerkannten, dessen Name, jus, dadurch sehr illusorisch wurde, daß ihm nicht auch ein jus non obediendi zur Seite stand. Die Frage ist: über was kann denn eigentlich das geistliche Amt in der evangelischen Kirche Gewalt haben, so daß ihm gehorcht werden muß? Unterscheiden wir Folgendes: 1) Zuvörderst versteht es sich von selbst, daß diejenigen, welche dem Geistlichen zur amtlichen Dienstleistung untergeben sind, (wie der Küster u. s. w.) ihm Gehorsam schuldig sind, wie jeder Amtsdiener seinem Vorgesetzten; ebenso ist durch allgemeine oder locale Bestimmungen dem Geistlichen über gewisse Dinge (z. B. den Gebrauch der Glocken, das Kirchengebäude und dessen Gebrauch u. s. w.) mehr oder weniger freie Verfügung eingeräumt, einzig, weil man annehmen darf, daß er am besten über derlei Gegenstände oder Ordnungen wachen wird. Zu alle dem bedarf aber der Geistliche keiner göttlichen

Vollmacht, sondern er ist durch's bestehende Gesetz oder Herkommen über gewisse Dinge und Personen als Wächter, Pfleger, Vorgesetzter bestellt und damit ihm auch über dieselben Gewalt gegeben. So stehen in erster Linie alle gottesdienstlichen Anordnungen, soweit sie nicht durch Gesetz und Sitte festgestellt sind, unter dem Pfarrer; er bestimmt z. B. Zeiten, Gesänge, Liturgisches und Ceremoniales, ein Recht, das Niemand bestreitet und das nur wo ihm ein Presbyterium zur Seite steht, nach gesetzlichen Normen theilweise auf dieses sich überträgt. 2) Ebenso müssen dem Geistlichen, um seinem Berufe gemäß auf alle Pfarrgenossen einwirken zu können, gewisse Rechte zustehen, namentlich daß ihm jeder derselben zugänglich ist, und, wenn er ihn vor sich bescheidet, derselbe Folge leistet. Wo einerseits der Geistliche sich persönlich in Achtung zu erhalten weiß, und wo andererseits nicht ein höherer Grad von Rohheit, von Feindseligkeit gegen die Kirche (z. B. durch politische Wühlerei) vorhanden ist, wird solcher Gehorsam auch stets geleistet werden. Zwangsmittel, wie sie der weltliche Beamte gegen Renitenz zur Verfügung hat, stehen dem Geistlichen nicht zu Gebot; es ist das auch kein Fehler. Er könnte zwar mit kirchlicher Censur vorgehen, aber zur Excommunication zu schreiten, dazu wäre jedenfalls ein Nichterscheinen auf Vorladung kein genügender Grund. Der Pfarrer wird, wenn der Fall es irgend wünschenswerth macht, besser thun, denjenigen, der nicht zu ihm kommen will, im eigenen Hause aufzusuchen, nicht um ihn auszuzanken, sondern um seinen Seelsorgerdienst (z. B. in Ehedissidien u. dgl.) an ihm zu thun. Auch bietet (z. B. in Württemberg) die Gesetzgebung den Ausweg, daß der Geistliche, wenn sich Jemand nicht von ihm als Beichtvater citiren läßt, alsdann eine Citation vor die gemischte Behörde, deren Mitglied er ist, herbeiführen kann, vor welcher jeder bei Strafe erscheinen muß, wo dann immer noch ihm die Möglichkeit gegeben ist, seelsorgerlich einzuwirken. Irgendwie muß die kirchliche Gesetzgebung immerhin dafür sorgen, daß, wer nicht aus der Kirche ausgetreten, dem geistlichen Amte zugänglich ist; diesen Gehorsam hat das Amt zu erwarten und zu fordern: aber auch dieses Recht liegt so natürlich und nothwendig in der Art des Amtes selbst, daß auch hiezu eine besondere göttliche Vollmachtgebung, auf die man positiv sich stützen könnte, um sich Gehorsam zu verschaffen, durchaus nicht nothwendig ist. 3) Anders ist es aber gemeint, wenn Hebr. 13, 17. gefordert wird: „Gehorchet euren Lehrern und folget ihnen," oder wenn 1 Tim. 6, 13. der Apostel seinem Schüler ein Gebot gibt, also Gehorsam von ihm fordert. So, kann nun gesagt werden, hat die Kirche, hat der Beichtvater auch das Recht, Gehorsam zu fordern. Aber ist es nicht bezeichnend, daß in der Hebräerstelle das Gehorchen mit einem Worte bezeichnet ist (πείθεσθε) das ein Ueberzeugtseyn in sich schließt? Gehorsam fordern wir allerdings, weil das, was wir verkündigen, was wir auch dem Einzelnen unter vier Augen zu sagen haben, göttliche Wahrheit ist, die Gehorsam fordert, um den Menschen selig machen zu können. Aber wenn Jemand unserem Worte folgt, sich bekehrt oder auch nur z. B. eine Versuchung meidet, werden wir das wohl als Gehorsam gegen uns, gegen die Auctorität unseres Amtes ansehen? Mit nichten, sondern es ist der Gehorsam gegen die Macht der Wahrheit, unter welcher wir ebensogut stehen, wie jener; es ist Gehorsam gegen das eigene Gewissen, das in ihm zum Worte kam, gegen den heil. Geist, der im Gewissen ihn anfaßte. Es kann recht wohl seyn, daß die Auctorität des Amtes, d. h. des Menschen, durch den jene göttliche Forderung an das Gewissen gelangt, und vor dem der zu Warnende Ehrerbietung oder gar eine Art Furcht empfindet, das nächste und erste ist, was auf das Gemüth wirkt; man fürchtet sich, gerade von ihm sich nochmals Solches sagen lassen zu müssen, oder auch thut man es ihm zu lieb, weil man sieht, wie sehr man ihn betrübt hat. Aber all' das geht doch nicht so weit, daß, wenn Besserung eintritt, wir dieß als Gehorsam gegen das Amt ansehen, oder im entgegengesetzten Fall den beharrlichen Sünder wegen Ungehorsams gegen das Amt in Anspruch würden nehmen wollen; ob er Gott und seinem Gewissen gehorsam oder ungehorsam ist, das allein ist hier die Frage. Wenn der Adjutant eines Generals einem Officier einen Befehl überbringt, und der Officier führt ihn alsbald aus, so ist er gewiß damit nicht dem Adjutanten, sondern einzig dem General gehorsam; er hat aber, ohne den General zu sehen, solchen Gehorsam geleistet, weil er wußte, daß der Adjutant vom General komme. Diese Legitimation für uns liegt nicht in Epauletten oder sonst einem äußern Abzeichen, sondern in dem Zeugniß, das die Schrift und der Menschen eigenes Gewissen unserem Worte gibt. Wo vollends das, was ich als Beichtvater einem Beichtkinde sage, mehr den Charakter guten Rathes hat, werden wir die Kategorie „Gehorsam," uns und unserem Amte gegenüber, noch weniger anwenden. Ueberhaupt, wo die Stellung des Geistlichen zur Gemeinde vornehmlich nach Analogie von Obrigkeit und Unterthanen betrachtet, als Haupttugend der Gemeinde somit der Gehorsam betrachtet wird, da wird man kaum der Gefahr entgehen, die Gemeinde in unprotestantischer Weise zu einer Unmündigkeit herabzusetzen, zu der wir sie trotz allen ihren Gebrechen principiell nicht herabsetzen dürfen.

Doch Ein großes Recht ist noch übrig, für das eine unmittelbare göttliche Bevollmächtigung nicht nur nothwendig, sondern auch wirklich in bester Form vorhanden zu seyn scheint: das Recht, zu binden und zu lösen, Sünden zu vergeben und zu behalten, zu den Gnadenschätzen der Kirche zuzulassen und davon auszuschließen. Von diesen beiden Dingen, Beichte und Kirchenzucht, haben wir unten in praktischer Richtung einläßlich zu sprechen; für gegenwärtigen Ort mag Folgendes genügen. 1) Sofern die Kirchenzucht auf dem Rechte beruht, solche Individuen, die sich der kirchlichen Ordnung nicht fügen, die ihren Zwecken positiv entgegenarbeiten, die ihre Institutionen, ihre Segnungen verachten und verhöhnen, aus ihrem Verbande auszuschließen, ist diese Disciplin etwas so Natürliches, Selbstverständliches, daß man jedem Verein — und ein Verein ist und bleibt die Kirche — dasselbe Recht zugesteht, vorausgesetzt, daß die disciplinarische Maßregel nicht über die

Sphäre des Vereinslebens hinaus- und z. B. ins bürgerliche Leben, in Ehre, Freiheit und Eigenthum hineingreift. Solche Güter zur Strafe in Anspruch zu nehmen, hat ein Verein nur dann das Recht, wenn er selber, wie der Staat, sie seinen Genossen gewährt oder schützt und garantirt. Ist aber die der Sphäre des kirchlichen Lebens entsprechende Disciplin ein nothwendiges Gesellschaftsrecht, so bedarf es auch hiefür keiner erst durch ein specielles göttliches Offenbarungswort begründeten Bevollmächtigung des geistlichen Amtes, zumal, da der einzelne Träger desselben niemals derjenige ist, dem die Ausübung der Disciplin, wenigstens der höhern Grade derselben überlassen werden kann, sondern immer eine höhere kirchliche Behörde es seyn muß, die eine Censur verhängt, also eben nicht sowohl das Amt, sofern es der Gemeinde gegenübersteht, sondern das Kirchenregiment, sofern es das vollziehende Organ der Gesammtkirche ist, mit jenem Rechte betraut ist. Sobald die Kirchenzucht auf ein göttliches Recht des geistlichen Amtes basirt wird, spuckt darin etwas von der antiprotestantischen Prätention, daß der kirchlich Gemaßregelte eo ipso auch ein von Gott Verworfener sei; zu solcher, nicht den Verband mit der Kirche nur aufhebender, sondern den absoluten, sittlichen Werth der Persönlichkeit vernichtender Macht — einer Gewalt über der Seele Seligkeit — würde es allerdings besonderer göttlicher Bevollmächtigung bedürfen, eines Actes, durch welchen urkundlich der Herr sein Majestätsrecht an den Pfarrer abgetreten hätte. 2. Ist aber dieß nicht geschehen in den Stellen, auf die sich die Lehre von der Schlüsselgewalt stützt? — eine Lehre, die man für wichtig genug gehalten hat, sie nachträglich sogar dem kleinen lutherischen Katechismus noch als sechstes Hauptstück anzuhängen. Wir werden seines Orts sehen, daß in jenen Aussprüchen des Herrn vom Binden und Lösen eine tiefe, dem menschlichen Bedürfniß trostreich entgegenkommende Wahrheit liegt und daß das geistliche Amt auch in dieser Beziehung eine hohe und schöne Aufgabe hat; wir werden sehen, daß, wenn ein vom Geist Gottes erleuchteter, im Glauben lebender Christ einem bekümmerten Gewissen in Jesu Namen bezeugt: dir ist deine Sünde vergeben, dieser Trost auch versiegelt wird und gültig ist vor dem Herrn, wie im Gegensatze hiezu das Urtheil eines solchen Mannes über einen Unbußfertigen diesen treffen muß als ein Urtheil Gottes. Aber, da der Herr die Worte vom Binden und Lösen sprach, hat er nirgends ein Wort darüber beigefügt, daß diese Vollmacht an Amt und Stand gebunden sei; Matth. 16, 19. muß man entweder den Hauptaccent auf Petri Glauben und Bekenntniß legen, denn dieß, und nicht die Person des Apostels, war factisch der Fels, auf dem die Gemeinde festgegründet worden ist, oder bleibt nichts übrig, als den Primat Petri im gutrömischen Sinne zu acceptiren. Matth. 18, 18. aber ist die Rede einfach an die Jünger gerichtet, und zwar mitten unter andern Reden, die sämmtliche Christen ebenso gut angehen, ohne daß auch nur ein Wink gegeben wäre, es sei das die Prärogative eines Amtes; denn wenn man auch die ὑμεῖς V. 18. als dieselben ansehen will, die V. 17. ἐκκλησία heißen — eine immerhin gewaltsame Combination, da die angeredete Person V. 18. plötzlich eine ganz andere wäre, als V. 15—17. — so wäre erst noch zu erweisen, daß ἐκκλησία die, damals nur in den Zwölfen vorhandene ecclesia repraesentativa, d. h. eben nicht die Gemeinde, sondern der geistliche Stand im Unterschiede von ihr seyn sollte. Joh. 20, 23. endlich bindet die Schlüsselgewalt an die V. 22. gegebene Verheißung des heil. Geistes. Entweder nun gilt diese Verheißung nur den Aposteln und — trotz dem, daß der Text von Nachfolgern, von einem an die Stelle des Apostolats tretenden Pfarramte nichts andeutet — von den Geistlichen; dann fällt allerdings auch die Schlüsselgewalt nur in ihre Hände. Oder aber — und dieß wird Angesichts von Stellen wie 1 Joh. 2, 20. Gal. 4, 6. und eine Menge andere Niemanden zu leugnen einfallen — gilt die Verheißung des heil. Geistes allen Glaubigen, dann ist aber seine Wirkung auch bei allen dieselbe, und sie haben jene Vollmacht immer genau in dem Maß, in welchem ihnen persönlich der Geist des Herrn inwohnt. Die Ausübung des Bindens und Lösens ist allerdings vorzugsweise Sache des Amtes, weil nach christlicher Lebensordnung in jeder Gemeinde wenigstens Ein Mann seyn soll, zu dem alle Gemeindeglieder das Vertrauen haben können, ihm ihre Anliegen mitzutheilen; jene Ausübung ist für ihn Berufssache, gerade so, wie die Auslegung der Schrift, wie die Fürbitte für die Gemeinde für ihn Berufssache ist; es ist seine specielle Pflicht, aber nicht sein ausschließliches Recht.

Den hohen Vorstellungen von göttlicher Amtseinsetzung mit göttlichen Amtsvollmachten liegt mehr oder weniger bewußt eine Hauptansicht zu Grunde, gegen die jedes ächt-protestantische Gemüth einen beharrlichen Widerspruch, ja einen tiefen und wohlberechtigten Widerwillen in sich trägt, nämlich daß das geistliche Amt ein Heilsvermittlungsamt sei, durch welches den Gemeinden allein die Gnade des Himmelreichs zufließe; daß es gewisse Mittel, um zu diesen Gnaden zu gelangen, unter Verschluß habe, und also von ihm der geheime Segenszufluß abhänge, den die Gemeinde aus der Fülle Christi empfängt. Es ist schlechthin anti-evangelisch, es ist papistisch, zwischen der Menschen Seelen und den Einen, der unser Mittler ist, noch eine weitere Heilsmittlerschaft einzuschieben. Freilich muß das Heil, um an den Einzelnen zu gelangen, ihm erst vermittelt, d. h. das Wort Gottes muß ihm erst verkündigt werden (Röm. 10, 14.), es muß ihm Jemand die Hand reichen, um ihn zum Lichte zu führen; und wer dem Nebenmenschen solchen Dienst leistet, der thut es im Namen des Herrn, er ist ihm ein Botschafter an Christus Statt. Aber das ist nicht ein Orakelgeben, welches nur durch geweihten Mund erfolgen kann, auch nicht die geheimnißvolle Kunst geistlicher Magie, sondern einfach ein brüderlicher Liebesdienst, — derselbe, den Joh. 1, 45. 46. Philippus dem Nathanael leistet, ohne daß nun darum auch ferner Philippus zwischen Nathanael und dem Herrn hätte den Vermittler zu machen gehabt. So weit der Geistliche wirklich eine Art Mittelstellung zwischen der Gemeinde und dem Herrn einnimmt, — also indem er die göttliche Wahrheit in irgend einer Weise, als Prediger, als Seelsorger, als Katechet, an die Gemeindeglieder bringt, oder indem er umgekehrt als Liturg dasjenige ausspricht, was als Dank, als Reue u. s. w. in den Herzen der Gesammtheit sich regt — in soweit ist diese Stellung eine auf rein-menschlichem Wege, durch natürliche Nothwendigkeit wie durch jenen gottesdienstlich-symbolisirenden Trieb, von dem wir oben sprachen, zu Stande kommende. Aber dabei muß in der evangelischen Gemeinde wie im evangelischen Geistlichen das protestantische Grundbewußtseyn stets frisch und in ungetrübter Reinheit erhalten werden, daß das Verhältniß des einzelnen Gemeindegliedes zu Christus und seinem Heil, zu Gnade und Seligkeit in keiner Weise abhängig ist von seinem Verhältniß zum geistlichen Amte; daß vielmehr, wo irgend das letztere vermittelnd eintritt, es immer wesentlich eine Hülfe, ein Dienst ist, den es leistet, nicht aber eine Gewalt, die es ausübt. Sagt sich Jemand vom Amte los, bricht er durch förmliche Erklärung allen Verband mit demselben ab; so tritt er damit allerdings aus der Kirche, weil die Kirche durch's Amt ihre Lebensthätigkeiten vollzieht; aber ob der so sich Separirende oder Abfallende damit auch sein Heil verliere, ist eine Frage, die gar nicht in die Lehre vom Amt, sondern von der Kirche gehört; gesetzt auch, er gehe in Folge dieses Schrittes wirklich verloren, so geschieht dieß jedenfalls nicht, weil er vom Amte, sondern weil er von der Kirche sich losgerissen. — Man hat so oft den Unterschied des weltlichen und des geistlichen Regiments darein gesetzt, daß das weltliche keine Macht über die Gewissen habe; aber ich frage: hat denn das geistliche Regiment und Amt wirklich eine Gewalt über der Menschen Gewissen? kann es ihnen etwas zumuthen, was nicht in ihrem Gewissen frei als Wahrheit und Recht sich bezeugt? oder kann es die Gewissen von etwas losbinden, wovon sich das Gewissen nicht als souveräne Macht selbst losspricht? Ja, wir wissen recht wohl, ein vorher verirrtes, getrübtes Gewissen kann und soll durch's geistliche Amt hell und klar gemacht, ein schlafendes geweckt, ein stumpf gewordenes geschärft, ein niedergedrücktes, geängstigtes Gewissen getröstet und zum Frieden Gottes gebracht werden — solche Macht hat das geistliche Amt, weil ihm das göttliche Wort in die Hand gegeben ist; aber erstlich hat diese Macht, wie oben gesagt, jeder Christ nach dem Maße des Geistes, des Lichtes, der Kraft, die ihm gegeben ist; und zweitens muß man, wenn nicht immer wieder die Begriffe verunreinigt werden sollen, solche Macht, welche allein die Macht der Wahrheit aus Gott ist, nicht eine Gewalt über die Gewissen nennen; der Macht des Wahren, des Göttlichen, des Ewigen unterwirft sich die Freiheit und bleibt eben in dieser Unterwerfung Freiheit, ja sie wird erst, was sie seyn will (Joh. 8, 32.); Gewalt aber hebt die Freiheit auf; es kann also auf evangelischem Boden auch nur in soweit von Gewalt die Rede seyn, als die gemeinsame Ordnung eine Beschränkung der Freiheit des Einzelnen, wie in jedem Gemeinwesen, so auch in der Kirche nothwendig macht. Dieser Beschränkung unterwirft sich jeder Vernünftige, eben weil sie vernünftig ist. Aber wenn ich mich zur evangelischen Kirche bekenne, so binde ich mich damit zwar im Glauben und Leben, aber ich binde mich nur, weil mich an die Lehre und Lebensweise, die ich in der evangelischen Kirche finde, mein Gewissen bindet, dessen Freiheit ich, indem ich das kirchliche Bekenntniß zu dem meinigen mache und zur Kirche zu halten mich verpflichte, positiv bethätige und festhalte, nicht aber unter irgend eines Menschen Gewalt gebe. Man sollte, meinen wir, in kirchlichen Dingen lieber das Wort Gewalt durchaus meiden. Dem Herrn ist alle Gewalt gegeben; auf Erden üben die Könige Gewalt aus; wir haben nur die Macht, die der Wahrheit und der Liebe inwohnt.

Daraus mag schließlich auch die Antwort genommen werden auf die Frage, die man hin und wieder den Vertretern einer freieren menschlichen Auffassung des Amtes vorhält: was denn damit gewonnen sei, wenn man die, wie man glaubt, höhere, kirchlich-strengere Ansicht durch sie preisgebe? ob denn damit nicht viel mehr verloren gehe als gewonnen werde? Ob viel oder wenig gewonnen wird, das ist doch wohl in solchen Dingen nicht die Hauptfrage; wir wollen nichts gewinnen, als Wahrheit; gehen darob allerlei Illusionen verloren, so ist das kein Verlust; eine einzige wenn auch noch so prosaische Wahrheit ist mehr werth als zwanzig wenn auch noch so erbauliche Selbsttäuschungen. Unterstellt man uns aber, wie auch schon geschehen ist, die Absicht, das Amt dadurch zugleich in seiner Bürde etwas zu erleichtern, indem wir seine Würde schmälern, so ist es erstlich von uns in seiner Würde nicht geschmälert, sondern es sind nur die falschen Stützen entfernt, mit denen man früher bona fide in theologischer Unbefangenheit, jetzt aber tendentiös es hoch oben halten will; und was zweitens die Bürde betrifft, so wird gegenwärtiges Buch selber den Beweis liefern, daß die Treue und Gewissenhaftigkeit im geistlichen Berufe keineswegs an zweifelhafte dogmatische Voraussetzungen und exegetische Operationen gebunden ist. Die Geschichte lehrt auch sattsam, daß das Bestreben, die Würde des Amtes zu heben, indem man sie in's Geheimnißvolle hinüberspielt, nicht nothwendig Hand in Hand geht mit der wachsenden Bereitwilligkeit, die Bürde desselben zu tragen; denn diese besteht eben nicht im Regieren, Richten und Befehlen, sondern im Dienen. Gleichfalls sei noch daran erinnert, daß es nicht selten gerade Männer von der vulgärsten rationalistischen Denkart waren, die auf ihre geistliche Amtswürde am stärksten pochten, also auch umgekehrt eine gläubige Theologie sich mit einem bescheidenen Amtsbegriffe wohl vertragen wird.

---

4. Umfang und Gränzen der Verantwortlichkeit.

Ist im vorigen Capitel der geistliche Beruf nach seiner Stellung und Bedeutung in der Kirche im Allgemeinen gezeichnet worden, so fragt es sich nunmehr: wie viel von der hiedurch diesem Berufe zugewiesenen Arbeit dem einzelnen Geistlichen zufalle? oder wofür er nun persönlich von dem Augenblick an verantwortlich sei, in welchem er das geistliche Amt übernommen hat? Es ist der Begriff der cura animarum, der hiefür die volle Antwort enthält. Für die Seelen aller derer, die ihm zusammen als seine Gemeinde zugewiesen sind, die gemäß der geographischen Eintheilung einer Landeskirche in einzelne Parochien ihn als ihren zuständigen Parochus anzusehen haben, soll er sorgen. Das schließt nicht aus, daß er je nach den ihm verliehenen Kräften und dem äußeren Anlaß oder wirklichen Beruf hiezu, auch für das Ganze der Landeskirche, ja der Kirche überhaupt thätig sei; auf dem Herzen wird und soll er, wie jeder Christ, die Anliegen des Reiches Gottes in seiner ganzen Universalität tragen, und der Wege sind mancherlei, auf welchen ein Mann als Schriftsteller, als Theilnehmer an Synoden oder Conferenzen u. s. w. jene allgemeinere Wirksamkeit ausüben kann; es ist sogar nicht selten, daß dieß, statt blos eine Erlaubniß zu seyn, vielmehr — zumal in kritischen Zeiten — zu einer Pflicht wird. Aber selbst in diesem Fall ist eine solche weitergreifende Thätigkeit nicht Amtspflicht, sondern Gewissenspflicht; und wofern die Uebung der einen mit der andern in Concurrenz treten würde, so läge darin keine Collision der Pflichten, sondern es müßte zum Voraus klar seyn und fest stehen, daß die Amtspflicht schlechthin den Vorrang hat; nur wenn ihr vollständig genügt ist und dann Zeit und Kraft übrig bleibt, ist zur Erfüllung der andern ein Recht vorhanden und kann diese wirklich zur Pflicht werden. Hat

Jemand ein Amt, so warte er des Amtes, das ist erste und absolute Regel. Dieß Amt aber ist, wie gesagt, die cura animarum; gesorgt soll für die Seelen werden, indem ihnen stets dargereicht wird, was sie von geistlicher Nahrung (pabulum animae), von Lehre, Trost, Warnung, gutem Rath und geistlichem Beistand jeder Art bedürfen, damit der Zweck erreicht wird, den die Offenbarung Gottes in Christo an der ganzen Menschheit erreichen will und der für jedes Individuum zum ersten und höchsten Lebenszwecke wird, daß nämlich der sündige Mensch durch Buße und Glauben der Erlösung theilhaftig, durch Rechtfertigung und Heiligung eine neue Creatur und ein Erbe der Seligkeit werde. Der Geistliche darf deßhalb nicht genug gethan zu haben glauben, wenn er nur seine Gottesdienste nach Vorschrift gehalten hat; neben dem liturgischen Dienste, der vornämlich darstellender Art ist, aber wie oben bemerkt, in seinem rednerischen Theile auch das Seelsorgerliche mit einschließt, und neben dem katechetischen, durch den die Unmündigen in der Gemeinde erst zur Erkenntniß und zum Bekenntniß herangezogen und zur vollen Ebenbürtigkeit mit der im Genuß der Gnadenmittel stehenden mündigen Gemeinde tüchtig gemacht werden sollen, hat er auch diese mündige Gemeinde nicht als eine Corporation anzusehen, die ihre Bestimmung schon erreicht hat, wenn sie nur im Allgemeinen den christlichen Charakter trägt: sondern es soll jede einzelne Seele ihm ein Gegenstand der Sorge seyn, ähnlich wie ein Vater seine Kinder, ein Lehrer seine Schüler nicht als eine Masse nur ansieht, die er stets nur in pleno zusammennimmt, sondern jeden Einzelnen als Person sich auf's Gewissen gebunden weiß. Er ist also in allweg auch für jeden Einzelnen verantwortlich. Nur fragt sich's, in wie weit das überhaupt ein Mensch für den andern seyn kann? Kann von irgend einem Geistlichen, auch z. B. in einer kleinen Gemeinde, wo nicht schon die Menge der Pfarrkinder jene Sorge für jeden einzelnen physisch unmöglich macht, wo vielmehr der Pastor — zumal bei längerem Verweilen in einer und derselben Gemeinde — alle einzelnen Genossen derselben, Alt und Jung, mit Namen kennt und ein persönlicher Verkehr mit allen möglich ist, gefordert werden, sie müssen allesammt von ihm zu wahren Christen gemacht werden und jede Seele, die verloren gehe, habe er zu verantworten? Wenn gerechter Weise nicht einmal dem Hausvater dieser Erfolg schlechthin zugemuthet werden darf, weil er mit aller Sorgfalt und Treue den beharrlich widerstrebenden Willen nicht zwingen kann; wenn es selbst dem Erlöser nicht gelungen ist, das verlorene Kind, den Verräther, zu retten, so kann noch viel weniger ein Pastor geloben, daß unter seiner Amtsführung alle selig werden sollen. Aber eben so gewiß liegt ihm diejenige Sorgfalt für Alle ob, daß, wenn einer aus der Gemeinde auf böse Wege geräth oder auf ihnen verharrt, wenn einer glaubenslos lebt und hoffnungslos stirbt, dieser nicht das Recht haben darf, vor Gott und seinem eigenen Gewissen den Pfarrer anzuklagen, daß dieser sich seiner nicht angenommen habe; was Paulus Ap. Gesch. 20, 26. von den Ephesern sagt: „ich bezeuge, daß ich rein bin von Aller Blut," das muß auch der Geistliche von sich bezeugen können; auch ihm gilt, was der Herr Hesek. 3, 18. 19. dem Propheten sagt. Darum macht auch jeder schlimme Fall in der Gemeinde — ein vorkommendes Aergerniß, ein böser, schneller Tod u. dgl. — dem treuen Seelsorger das Herz schwer; jedesmal wird er sich in's Gericht nehmen, ob er nicht irgend etwas an dem Gefallenen oder Verlorenen versäumt, seiner zu wenig geachtet, zu ruhig oder gleichgültig zugesehen habe, ob er nicht dem einen hätte liebevoller die Hand bieten, geduldiger zur Seite stehen, dem andern schärfer hätte zusetzen sollen? ob er nicht da und dort, auf der Kanzel, an einem Grabe, bei einer zufälligen Begegnung eine Gelegenheit achtlos vorbeigelassen habe, um solch' einem Menschen an's Herz zu greifen? — Dieser Verantwortlichkeit gegenüber ist freilich die Selbstzufriedenheit mancher Pastoren kaum zu begreifen, die, ein höchst gemüthliches Leben führend, sich's nicht von ferne einfallen lassen, wie groß die Liste ihrer Versäumnisse in Gottes Buch indessen anwächst. Ein Versäumniß in den gesetzlich normirten Theilen des Kirchendienstes, wie z. B. unregelmäßige Haltung der Gottesdienste und Aehnliches, kommt weit eher zur Kenntniß der Behörden, es kann auch hiegegen direct eingeschritten werden; aber was im seelsorgerlichen Dienste verwahrlost wird, ist imponderabel; die Gemeinden sind oft von der Art oder werden allmählich gerade unter faulen Geistlichen selber so stumpf, daß sie solche Defecte der Amtsthätigkeit gar nicht mehr fühlen, daß es ihnen ganz wohl dabei ist, wenn der Pfarrer sie in Ruhe läßt; oder müssen wenigstens ganz exorbitante Fälle eingetreten seyn, ehe es zur Klageführung kommt. Ein Visitator kann auch von der seelsorgerlichen Thätigkeit des Pfarrers sich nicht in der formellen Weise persönlich Kenntniß verschaffen, wie von seiner Predigt oder Katechese; nur unter sehr günstigen Voraussetzungen kann er z. B. den zu visitirenden Pfarrer auffordern, d. h. ersuchen, ihn zu den Kranken, die er im Augenblick in der Gemeinde hat, mitzunehmen. Aber eben, wo eine äußere Controle schwer zu bewerkstelligen oder nicht im Gange ist, wo also auch die vis inertiae von außen so wenig Stachelung zu fürchten hat: da muß der Geistliche sein eigenes Gewissen um so wacher und schärfer erhalten. Manche freilich thun dieß bis zum Extrem; sie genügen sich selber niemals, klagen bei jedem vorkommenden Falle sich als schuldig, als untüchtig an, und kommen so nie zu einer freudigen Wirksamkeit, machen auch vielleicht gerade in Folge dieser inneren Unsicherheit positiv Ungeschicktes. Noch Andere fangen mit Eifer, mit Vertrauen — das nur zu einem allzugroßen Theile Selbstvertrauen ist — zu amten an, aber der erwartete Erfolg, namentlich die Anerkennung solcher Thätigkeit, bleibt aus, und so werden sie verdrießlich, kommen früher oder später zu dem Resultat, es sei doch alles vergeblich, was man an dem Volke thue; man sei ein Narr, wenn man seine Zeit und Kraft, Arbeit und Gesundheit an den Pöbel wende. Gegen all' diese Uebel gibt es nur Ein Gegengift, Eine gesunde Lebenskraft, die derlei Stimmungen, auch wenn sie sich regen wollen, nicht aufkommen läßt: das ist die Liebe, die aus dem Geist Christi fließt und den Hirten zum guten Hirten macht. Wohl wird sie nicht in jedem Augenblicke des amtlichen Lebens so voll und rein im Herzen wirken, daß nicht auch der treueste Mann den Sporn des Gewissens, ja selbst des äußern Gesetzes brauchte. Auch der eifrigste Geistliche hat oft Momente, wo nicht nur das Fleisch schwach und träge, sondern auch der Geist nicht willig ist, wo ihm eine unerwartete Mühe, ein später Krankenbesuch u. dgl. unbequem kommt, und wo nur der aufgehobene Finger des Gewissens ihn auf die Beine und ins Geleise bringt. Oder hat er wohl großen Eifer für gewisse Functionen des Amtes, andere aber sind ihm minder genehm, er nimmt sich vielleicht der Kranken treulich an, aber in die Schule zu gehen, regelmäßig und präcis zur angesetzten Stunde Schulunterricht zu halten, das behagt ihm weniger; da ists nur die Schärfe des Gewissens, die ihn dazu vermag, sich selbst zu überwinden. Aber wenn auch in Keinem von uns die Liebe noch so völlig ist, daß das Motiv der Furcht (vgl. 1 Joh. 4, 18.), nemlich der Gewissensfurcht, entbehrlich wäre (vgl. 1 Kor. 9, 17. das ἑκών und ἄκων): so viel Kraft hat auch in einem schwachen Werkzeuge die Liebe dennoch, daß sie weder aus Trägheit und Bequemlichkeit noch aus Verdruß irgend einmal müde wird. Es ist die Art der Liebe, daß sie auch da, wo kein Gesetzesartikel ihr eine Pflicht vorschreibt, das Bedürfniß des Mitmenschen, der ihr erreichbar, vielmehr der ihr anvertraut ist, mit scharfem Blicke wahrnimmt, und dann nicht fragt: wie weit geht meine Schuldigkeit? sondern thut, was sie nicht lassen kann. Es ist die Art der Liebe, daß sie niemals fertig zu seyn glaubt (es wäre ihr leid, wenn sie nichts mehr zu thun fände, vgl. Röm. 13, 8., sie will immer noch etwas schuldig seyn, auch wenn sie alles gethan hat): immer stellt sie sich selber neue Aufgaben und bewahrt uns eben damit stets das klare Bewußtseyn, daß es niemals Zeit ist, die Hände in den Schooß zu legen. Aber andrerseits ist gerade auch sie es, die aller Verzagtheit und Niedergeschlagenheit gründlich wehrt und vorbeugt. Denn in diese geräth man nur dann tiefer hinein, wenn man es auf große Erfolge angelegt hat, wenn man recht eclatante Beweise des Geistes und der Kraft vorzuweisen haben möchte, wie z. B. Erweckungen im großen Styl nach methodistischer Art. Und auch wer vielmehr aus übergroßer Bescheidenheit, aus Mangel an allem Selbstvertrauen solcher Verzagtheit zur Beute wird, denkt doch eigentlich immer zu viel an sich selbst, stellt sich Leistungen vor, mit denen er eigentlich sollte auftreten können, es ist also in diesem wie in jenem Fall, so entgegengesetzt sie sonst einander sind, doch das Ich, das entweder das Seine sucht oder doch sich selbst nicht vergessen kann, nicht in Einfalt und Unbefangenheit für die Andern lebt. Wo dagegen die rechte Liebe es ist, die den Eifer beseelt, da leistet man, wie gesagt, zwar sich selbst niemals Genüge, aber man freut sich auch schon des kleinen Erfolges — und an kleinen Erfolgen, an nicht selten überraschenden Entdeckungen, wie z. B. ein von uns irgendwo in einer Predigt, in Kinderlehre und Confirmanden-Unterricht oder sonst gesprochenes, keineswegs neues oder geistreiches, frappantes oder erschütterndes, sondern einfaches, fast zufälliges Wort in einer Seele gezündet hat und Jahrelang im Segen fortwirkt, — an solchen Erfahrungen läßt es der Herr keinem treuen Arbeiter fehlen. Ja, man freut sich überhaupt nicht vornemlich der errungenen Erfolge, sondern der Thätigkeit selber als einer Gnade Gottes; was daraus für Früchte erwachsen, das überläßt man Ihm; Paulus pflanzt, Apollo begießt, das Gedeihen aber, somit auch ob die Ernte spät oder früh, karg oder reichlich ausfällt, das stellt man Gott anheim. Begehren wir keine bestimmten, in die Augen fallenden Erfolge, wollen wir die Frucht unserer Arbeit nicht schlechterdings mit Augen sehen und darum erzwingen, daß wir uns dessen rühmen können und alle Welt des Lobes voll wird, was da in dieser Gemeinde neuestens für Wunder geschehen, — arbeiten wir, weil uns die Liebe treibt, den Menschen zur Seligkeit zu helfen: dann erscheint uns, weil wir uns nicht anmaßten, einen bestimmten Erfolg zu erwarten, jeder Erfolg schon als ein Glück, als ein Segen, ein

Geschenk Gottes, worauf wir nicht rechnen durften.*) Würden auch nur wenige Erfolge sichtbar, müssen wir uns sagen: diejenigen Gemeindegenossen, die den Herrn und sein Wort lieb haben und einen rechtschaffenen Wandel führen, würden eben solche lebendige Christen seyn, auch wenn wir nicht da wären; diejenigen aber, die es nicht vor unserm Eintritt ins Amt gewesen seien, haben sich auch unterdessen keines bessern besonnen: — wir geben dessen ungeachtet die Hoffnung nicht auf, daß, auch wo an der Oberfläche nichts von einer geistlichen Wirkung zu unterscheiden ist, dennoch in der Verborgenheit manches in den Herzen vorgehen kann, das erst in der Ewigkeit offenbar werden wird. Für den Erfolg sind wir nicht verantwortlich, aber für unsere Treue sind wir es;**) und Treue ist nichts anderes als beharrliche, unermüdliche Liebe.

Sind wir aber dem Amte solch völlige, unverdrossene Hingebung schuldig und hiefür verantwortlich, so fragt es sich noch näher, ob der Geistliche seine ganze Zeit und Kraft dem Amte schuldet, oder ob er unter irgend einem Rechtstitel sich etwas

*) Wenn ich hier gegen das geistliche Hindrängen auf bestimmte Erfolge, d. h. gegen das methodistische Princip spreche, durch welches das Christenthum zu einer Fabrikarbeit wird, so schließt das natürlich nicht aus, daß man sich im einzelnen Falle einen bestimmten Erfolg als Zweck setzt. Habe ich ein zwieträchtiges Ehepaar vor mir, so weiß ich bestimmt, was ich erzielen will, nemlich Frieden; habe ich einen Trunkenbold vor mir, so will ich einen bestimmten Erfolg, nemlich die Ablegung seines Lasters. Aber das sind doch Dinge, die mehr in die äußere Sphäre gesetzlicher, bürgerlicher Gerechtigkeit fallen, wo sich also viel eher ein bestimmtes Thun oder Lassen zum Ziele setzen läßt, als in dem Gebiete, in welchem das Evangelium Leben und Seligkeit schaffen will. In wie ferne auch bei Kranken auf bestimmte Zwecke, wie z. B. Geduld, Sterbensfreudigkeit u. s. f. hingearbeitet werden soll und kann, wird in dem betreffenden Capitel näher beleuchtet werden.

**) Dieß wird uns namentlich auch durch aufmerksame Betrachtung der Sendschreiben in der Apokalypse Kap. 2 und 3 erkennbar, wo zwar der Engel der Gemeinde und die Gemeinde immer zugleich gelobt oder getadelt sind, aber die Drohungen niemals den Engel, ohne daß er persönlich die Untugenden der Gemeinde theilte, für diese solidarisch in Anspruch nehmen, vielmehr besonders 3, 19—25 die persönlich Schuldigen von den Unschuldigen strenge gesondert werden.

davon für andere Zwecke reserviren darf? Schon oben ist beiläufig erinnert worden, daß, wenn irgend eine persönliche Liebhaberei, wäre es auch eine wissenschaftliche, literarische, sogar speciell theologische, mit der vollen Treue gegen das Amt collidire, dieß in Wahrheit keine Collision von Pflichten sei, sondern die Forderung des Amtes allem andern, auch Anforderungen von relativ berechtigter Seite, wie namentlich von der Familie, von Freunden u. s. w. unbedingt vorgehe; dem Amte gegenüber gibt es keine Rücksichten. Es darf Niemand sagen: wenn ich schriftstellere, oder wenn ich zu der und jener Conferenz oder Festfeier reise, so wirke ich mehr, als wenn ich zu Hause bleibe, meine Betstunde halte, in die doch nur Wenige kommen, meine Kinderlehre halte, die wohl auch einmal ausfallen kann. Denn ob du dort oder hier mehr wirkst, darauf kommt es (ganz abgesehen von der Frage, ob dem wirklich so ist) gar nicht an; das Erste und unbedingt Verpflichtende für dich ist, daß du deine Schuldigkeit thust. Dafür dankt dir vielleicht Niemand, es weiß Niemand, daß du damit ein Opfer der Selbstverleugnung bringst, es ist auf diesem Wege überhaupt weniger Ruhm zu erwerben, als auf der Arena des öffentlichen Lebens, — aber gerade das ist die Treue im Kleinen, die vor Gott größer ist, als wenn man im Eigenwillen die größten Thaten selbst in des Herrn Namen thut (Matth. 7, 22. 23.). Nur wenn du bei gewissenhafter Prüfung dir sagen kannst, dein Amt leide in keiner Beziehung Noth, steht dir jene weitergreifende Thätigkeit frei und kann aufs Amt selbst wieder eine fruchtbare Rückwirkung ausüben. Auch was des Leibes Wohlseyn anbelangt, darf dasselbe nicht zur höhern und ersten Rücksicht auf Unkosten des Amtes erhoben werden; nur im äußersten, auf keinerlei Weise zu umgehenden Nothfall darf man sagen: die Gemeinde leidet zwar Noth, aber da nun einmal ich leide, so ists billig, daß die Gemeinde mit mir leidet — ein Grundsatz, der egoistisch, wie er ist, sehr weit führen könnte. Ein Unwohlseyn, wofern es uns die Ausübung des Amtes nicht geradezu unmöglich macht, darf uns nicht abhalten, unsere Dienste zu versehen, und es ist desto besser, je weniger wir die Gemeinde, z. B. in der Predigt, merken lassen, daß uns nicht wohl ist, (es wäre darauf wohl auch Matth. 6, 16. anzuwenden.) Hat doch Mancher schon, wenn er sich zwang, halbkrank die Kanzel zu besteigen, sich gesund gepredigt; oder wenn auch das Uebel dadurch nicht entfernt werden kann, so gewann doch für den amtlichen Act selbst der Geist einen Sieg über das Fleisch, der etwas werth ist; wer sich nicht weich ist, nicht dem schlimmen Grundsatz huldigt, um dessen willen der Herr selbst seinen Petrus einen Satan gescholten hat: „schone deiner selbst!" (Matth. 16, 22.): dem wird in solchen Fällen oft eine Kraft geschenkt, darob er selber sich verwundern muß. Junge Männer zumal müssen sich doch ja nicht daran gewöhnen, sobald irgend etwas in Kopf oder Magen oder Unterleib nicht ganz in Ordnung ist, gleich darüber Betrachtungen anzustellen, ob es wohl angehe, daß sie nächsten Sonntag predigen? Man kann sich selber ganz wohl erziehen, man soll das mit Ernst und Consequenz thun, denn es ist in der That etwas nicht eben Achtung Einflößendes, wenn ein Geistlicher, der doch die Leute lehren soll, sich über die Leiden des Erdenlebens zu erheben, vor jedem rauhen Lüftchen sich fürchtet, und seine Gesundheit, was in solchem Falle eigentlich nur ein legitimerer Titel für sein liebes Ich ist, allezeit oben an stellt, als das, was der cura animarum bei andern Leuten selbstverständlich vorangehe. Hierin kann die Erziehung des künftigen Geistlichen, wenn sie gut ist, schon viel gut machen, aber, wenn sie weichlich ist, noch viel mehr verderben; beides, gut machen und verderben kann aber auch die Pfarrfrau, jenes, wenn sie einen hypochondrischen Mann aufmuntert, ihn ermuthigt, ihm die Selbstüberwindung mit all jenen Mitteln erleichtert, an denen ein gescheides und liebevolles Weib immer reich ist; dieses, wenn sie ihn in seinem Brüten über seinen bedenklichen Zustand bestärkt, sein thörichtes Aufmerken auf alles, was in seinem Leibe vorgeht, noch schärft und ihm die Einreden seines Amtsgewissens mit dem leichtfertigen Grundsatze ausredet, man sei denn doch nicht um anderer Leute willen da, man sei ein Thor, sich für Andere aufzuopfern, statt sich für sich selbst, für Frau und Kinder zu erhalten. O ja, man ist, sobald man ein Amt übernommen hat, allerdings für Andere da und verpflichtet, sich nöthigenfalls auch zu opfern. Wenn in den kirchlichen Einrichtungen oder Sitten einer Gemeinde auch Manches ist, was dem Geistlichen unbequem erscheint, so ist die erste Frage und das entscheidende Moment nicht das, auf welche Weise der Geistliche sich möglichst erleichtern könne, sondern was das der Gemeinde ersprießlichste ist; sogar der bloße Schein, als suche man seine eigne Bequemlichkeit durch Geschäfts-Vereinfachung, muß sorgfältig vermieden werden. Steht aber die Sache vielmehr so, daß eine wirkliche Collision der Pflichten eintritt, d. h. daß man nachgerade außer Stande ist, dem Amte genügend nachzukommen, oder daß man z. B. die Erziehung der eigenen Kinder dauernd vernachläßigen müßte — dann ist es einfache Pflicht, sich um anderweitige Hülfe, wie sie das Institut des Vicariats darbietet, oder um eine andre, weniger geschäftsvolle Stelle umzusehen. Gerade das gehört am Ende auch zu jener Treue, daß man es begreift, wenn Alter oder Krankheit mahnen, einem Rüstigeren zu weichen. So leidet nicht selten eine Gemeinde unter der gar zu großen Treue ihres Pfarrers, d. h. vielmehr unter dem zähen Eigensinn oder der eitlen Selbsttäuschung desselben, als wäre er immer noch der Mann für das Amt. Wir wissen recht wohl, wie ein Entschluß zum Rücktritt nicht blos eine moralische Nothwendigkeit seyn, sondern zugleich große ökonomische Schwierigkeit haben kann; die Pflicht als solche, vom Standpuncte des Amtes und der Gemeinde aus, bleibt aber stehen, und es ist nur um so mehr Aufgabe der kirchlichen Behörden, dafür zu sorgen, daß ein dienstunfähig gewordener Geistlicher nicht durch eine trostlose Aussicht auf einen kummervollen Lebensabend veranlaßt werde, sich so lang als möglich an das Amt anzuklammern.

Obige Forderung gänzlicher Hingebung an das Amt kann nun aber vernünftiger Weise gar nicht sagen wollen, der Geistliche müsse von früh bis spät entweder in der Kirche seyn, oder auf dem Rathhaus oder Studirzimmer amten oder Schule halten oder im Ort umherrennen ohne Rast noch Ruhe. Gerade um für jene Treue die stets frische Kraft in Geist, Gemüth und Körper sich zu bewahren, ist es nothwendig, liegt also direct im Interesse des Amtes selbst, daß die amtliche Thätigkeit nicht eine ununterbrochene, stets gleichmäßig angestrengte ist. Was in die Zwischenzeiten fallen, womit gleichsam das Brachfeld angebaut werden soll, darauf werden wir unter dem Titel der Privatbeschäftigungen des Geistlichen zu sprechen kommen; hier ist nur zu erinnern, daß derselbe, um sich dem Amte stets mit männlicher Kraft zur Verfügung stellen zu können, nothwendig seine Stille, seine Erholung haben muß. Wer viel zu geben hat, der muß auch sammeln; und selbst solche Momente, in welchen nicht ein besonderer Gegenstand unsre Gedanken beschäftigt, wo wir also wohl denken, aber nicht meditiren, sind viel werth, um dem Geiste aus der Aufregung zur Ruhe, aus der Zersplitterung wider zur Einheit mit sich zu helfen. Es gibt, wie wir recht gut wissen, einzelne Männer, die Tag für Tag vom frühen Morgen bis in die späte Nacht unausgesetzt amtlich in Anspruch genommen sind und sich in Anspruch nehmen lassen, die auch die Abendstunden noch opfern, um Versammlungen zu halten, oder heute dieser, morgen jener Vereinssitzung anzuwohnen. Wir ehren und bewundern sie, aber ein Vorbild, das uns Andere an eine Pflicht mahnte, erkennen wir nicht darin, weil nur ein ungewöhnlich reich begabter Geist sich unter solchem Getreibe nicht über kurz oder lang aufreibt, und eine ganz unerschöpfliche Quelle von Gedanken da seyn muß, wenn nicht an dem, was der Gemeinde davon dargereicht wird, über kurz oder lang der Mangel an jenen stillen Stunden des Sammelns fühlbar werden, also unter der extensiven Unermüdlichkeit des geistlichen Wirkens doch der intensive Werth Noth leiden soll. Wie gesagt, deren, bei welchen immer frisch und voll der Born des Lebens fließt, ohne daß man doch begreifen kann, wann er Zeit habe, sich wieder zu füllen, sind immer nur Wenige — es sind, wenn eine musikalische Vergleichung erlaubt ist, die Virtuosen in der Pastoralkunst.

---

5. Die Vorbereitung zum geistlichen Berufe.

Von jeher haben Sectirer und Fanatiker alle specielle Vorbereitung auf den ordentlichen Wegen menschlichen Lernens, namentlich das ihnen aus guten Gründen tief verhaßte wissenschaftliche Studium für überflüssig oder gar schädlich erklärt, indem sie davon ausgehen: wenn der heilige Geist einen Gläubigen erleuchte und durch ihn rede, so sei alles Studiren unnöthig, weil es ja nicht menschliche, sondern göttliche Weisheit sei, die man zu verkündigen habe; wo aber der heilige Geist nicht durch einen Menschen rede, da können Gymnasium und Universität, Katheder und Bibliotheken diesen Mangel nicht decken. Gegen solchen Unverstand ist schon daran zu erinnern, daß auch die Apostel von dem Herrn selbst erst vorbereitet wurden, und zwar in einer specielleren, auf ihren künftigen Beruf abzweckenden Weise; daß auch für Paulus seine jüdisch-theologische Bildung, wie seine Bekanntschaft mit heidnischer Literatur eine indirecte Vorbereitung auf sein Apostelamt war, also jedenfalls das apostolische Exempel nicht zu Gunsten solcher plötzlichen Befähigung und Berufung zum Dienste des Wortes citirt werden kann, wie dergleichen in Amerika vorkommt, wo man aus einem Sackträger oder Straßenfeger im Handumkehren ein Prediger, und zwar ein gewaltiger, werden kann. Wenn die Apostel für die Gemeinden und aus denselben Aelteste wählten, so hatten sie zwar nicht über studirte Leute zu verfügen, aber was 2 Tim. 1,5. 3,15. von des Timotheus eigener Jugend und Erziehung angedeutet ist, und was 1 Tim. 3, 2. 6. (es müsse ein Bischof ein ἀνὴρ διδακτικός und kein Neophyte seyn) dem Apostelschüler selbst als Regel für solche Wahl vorgehalten wird, läßt erkennen, daß bestimmte Voraussetzungen und Bedingungen gemacht wurden, deren Erfüllung, wenn auch noch weit nicht in der Art einer förmlichen Berufsvorbereitung oder Erlernung, doch irgendwie auf dem Wege menschlicher Bestrebung und geistigen Wachsthums zu erreichen war. Immerhin aber war allerdings der Weg zum Amt ein von den jetzt zu betretenden Pfaden verschiedener; und wenn, wovon Burk (Past. Th. in Beispielen, I. S. 10—25.) verschiedene merkwürdige Fälle beibringt, denen sich immer noch neue anreihen, auch unter den bestehenden Verhältnissen es geschehen kann, daß Einzelne erst spät von einer andern Laufbahn aus in den Dienst der Kirche übertreten, so ist doch auch dieß niemals jenes plötzliche Ergriffenwerden vom Geiste, zu dem sich alles vorher Gethane und Erlebte nur als ein Umherirren, als ein verlorenes Leben verhielte, sondern es hat sich immer auch unter einer ganz heterogenen Außenseite, unter ganz anderweitigen Studien und praktischen Bestrebungen dasjenige als Keim angesetzt und entwickelt, was jetzt, nachdem auch der äußere Lebensgang die entsprechende Richtung eingeschlagen, schnell zur vollen Reife kommt. Im Allgemeinen muß gesagt werden: seit der geistliche Beruf sich zu einer eigenen Lebensaufgabe und Lebensweise gestaltet und von allen andern weltlichen Beschäftigungen abgelöst hat, ebendamit aber doch auch wieder in die Reihe der vielen Berufsarten eingetreten ist, unter denen jedem männlichen Individuum die Wahl frei steht; seitdem ferner man nicht blos nach mittelalterlicher Weise nothdürftig lateinisch lesen und ordentlich singen zu können nöthig hat, um ein Pfarrer zu seyn (wiewohl selbst das Mittelalter in den Momenten und an den ruhmwürdigen Stätten seiner Blüthe die künftigen Kleriker von früh auf schon für den geistlichen Dienst vorzubereiten suchte), seitdem vielmehr, wie es die evangelische Kirche von Anfang an mit Nachdruck gethan hat, gelehrte Bildung, schon um des sprachlichen Schriftstudiums willen, als schlechthin erforderlich betrachtet wird: muß durchaus als Regel gelten, daß die specielle Vorbildung eine schon früh beginnende, die ganze Lebensführung des Knaben und Jünglings schon bestimmende seyn soll. Man kann, wenn erst in reifen Jahren das Herz zur Theologie herüberdrängt, wohl noch Vieles nachholen, und solche Männer sind — eben weil sie sich den geistlichen Beruf erst erkämpft haben — oft die eifrigsten; aber alles Nachholen ist schwer und kann nur als Ausnahme gelten gelassen werden.*) Es ist nun die Frage: was darf oder soll die Eltern eines Knaben auf den Gedanken bringen, ihn dem geistlichen Stande zu widmen? Denn wenn schon in den Knabenjahren die Wahl des Berufes entschieden oder wenigstens in bestimmte Aussicht genommen wird, so sind es doch begreiflicher Weise die Eltern, die früher schon daran denken: Was soll aus dem Kindlein werden? als das Kindlein selber. Der Motive gibt es mancherlei; fangen wir mit dem niedrigsten an. Das geistliche Amt — obgleich es in der evangelischen Kirche nicht mehr fette Pfründen und Bisthümer verheißt, auch nicht die Sicherheit gewährt, daß der Sohn einst als geistlicher Cölibatär etliche Schwestern zu sich nehmen und die ganze Familie versorgen werde — gibt doch Anwartschaft auf ein sicheres Brod; also probirt man's, ob der Junge durchs Examen kommen kann. So geringen sittlichen Werthes dieses Motiv ist, und so sehr man es zur Knechtsgestalt der Kirche rechnen mag, daß ihr Amt wie andre Aemter neben Künsten und Handwerken, Landwirthschaft und Militärstand gleichsam sich ausbieten lassen muß: wir können dennoch nicht behaupten, daß ein Mann, dessen

*) Der Fall, daß ehemalige Missionare in späten Jahren in den ordentlichen Kirchendienst eintreten, kann jetzt weniger Schwierigkeit mehr verursachen, da auch den Missionszöglingen eine, freilich mehr zusammengedrängte, classische, philosophische und theologische Bildung zu geben für nothwendig erkannt ist. Wo aber diese fehlt, also z. B. etwa malabarisch, aber nicht Latein verstanden würde, oder wo zwar praktisch-exegetische Kenntnisse und Predigergabe vorhanden wären, aber historisch-dogmatische Kenntnisse fehlten, würde die Kirchenbehörde nicht wohl daran thun, ein Kirchenamt zu verleihen.

Eltern von diesem sehr ungeistlichen Motiv geleitet waren, als sie seine Berufswahl bestimmten, darum nothwendig ein schlechter Geistlicher werden müsse; noch mehr aber müssen wir sagen: wenn die Gehalte der Kirchendiener — z. B. in Folge von Gewalthandlungen, wie die Zehentablösung — so schnöde herabgedrückt werden, daß ein anständiger Mann mit Familie zwar noch zu viel zum Hungersterben, aber zu wenig zum Leben hat, daß somit alle die Eltern, welche von jenem ökonomischen Gesichtspunct sich leiten lassen oder für welche er wenigstens einiges Gewicht hat, in jedem andern Berufe mehr Aussicht finden, als im geistlichen: so wird die Folge keineswegs die seyn, die ein christlicher Sanguiniker in unpraktischer Ueberschwänglichkeit wohl hoffen könnte, daß sich hinfort nur reine apostolische Seelen, die gar nicht zeitliches Gut begehren, zum geistlichen Amte melden, sondern die bessern Talente werden sich zum allergrößten Theil andern Gebieten zuwenden, und so die Kirche im Allgemeinen nicht nur arm an Gut, sondern auch arm an geistigen Gaben werden. Das ist wohl eine menschliche Betrachtungsweise, aber sie hat ihr Recht; auch in geistlichen Angelegenheiten muß man Dinge und Menschen ansehen und nehmen, wie sie sind, nicht aber, wie sie nach erbaulicher Vorstellungsweise seyn sollten. Man kann recht wohl sagen: in solchen Zeiten äußerer Armuth wird der Herr ein desto reicheres Maaß von Geist und Kraft, von aufopfernder Hingebung und glühendem Eifer über seine Kirche ausgießen; gewiß, er wird das thun, wenn es ihm gefällt: aber wir unsern Theils dürfen deßhalb nicht versäumen, was menschlicher Weise nothwendig ist, was die Klugheit fordert, um der Kirche die Neigung begabter Individuen zu erhalten, sich ihr zu widmen. — Zu dem Zwecke haben unsere Väter und Vorväter noch besondere Stiftungen für Theologie-Studirende gemacht. Es ist das ein schöner Zug der Pietät, der Liebe zur Kirche, der die ältere Zeit schmückt, von dem die Gegenwart mit ihrem Speculationsgeiste weit abgekommen ist; viel Tausende verdanken es und mit ihnen verdankt es die Kirche solch edlen, längst abgeschiedenen Häuptern, daß sie die Mittel fanden, zum Dienst am Worte Gottes sich zu bereiten. Aber die Kehrseite davon ist diese, daß durch die Anwartschaft auf solche Zuflüsse schon Mancher zum theologischen Studium verlockt oder um derselben willen von den Eltern hiezu genöthigt worden ist, der alles eher hätte werden sollen als ein Pfarrer. — Ein zweites Motiv ist dasjenige, welches Fecht (instructio pastoralis p. 10.) mit den Worten zurückweist: non omnes ecclesiae pastores esse oportet, qui a pastoribus progenerantur. Es ist nicht nur natürlich, daß der Sohn, der den Vater als den geehrtesten Mann im Dorfe sieht, sich in Gedanken an des Vaters Stelle setzt und an diesen Gedanken sich gewöhnt, sondern es hat auch den tieferen ethischen Grund, daß sowohl der Vater in dem Beruf, in dem er sein Höchstes findet, auch des Sohnes schönste Lebensbestimmung zu sehen glaubt, als auch daß der Sohn von der Amtsfreudigkeit des Vaters, von dem Herrlichen des Predigerberufes innerlich angeregt und gefesselt ist, noch ehe er sich über den Grund hievon Rechenschaft geben kann. Jedenfalls steht es so besser, als wenn der Vater von seinem Berufe so wenig befriedigt ist, daß er erklärt, sein Sohn soll lieber alles andre werden, als ein Theolog. Aber auch jenes Sichforterben des geistlichen Berufes vom Vater auf den Sohn, da es in manchen Familien förmlich zur Tradition wurde, daß der Familienname in den Listen der Geistlichkeit des Landes nie fehlen dürfe, hat die üble Folge gehabt, daß mancher innerlich nicht Berufene vom Vater gezwungen wurde, dieses Fach zu ergreifen. Doch dürfte Letzteres in gegenwärtiger Zeit viel seltener vorkommen, als früher, wo auch pädagogisch der freien Neigung des Sohnes gegenüber der elterlichen Autorität viel weniger Recht zugestanden zu werden pflegte, als jetzt. — Das edelste Motiv aber, das uns in Lebensbeschreibungen ausgezeichneter Geistlichen nicht selten begegnet, liegt darin, daß die Eltern den Sohn — vielleicht, wie Samuels Mutter, schon vor der Geburt desselben, — dem geistlichen Berufe weihen in dem frommen Glauben, daß sie damit Gott einen Dienst erweisen; es ist ein Opfer, das sie ihm bringen wollen. Im katholischen Gedankenkreise hat wirklich ein solches Opfer Raum; es wird ja der Sohn, wenn auch nicht von der Welt ab- und in die Klostermauern eingeschlossen, doch schon durch den Cölibat zu einer Art von Opfer; das ganze Leben eines Priesters gilt als ein ganz besonders wohlgefälliger Dienst, den man dem Herrn erweise. Evangelischer Seits aber fällt in diesem Sinne der Opferbegriff jedenfalls weg; denn so bescheiden auch das äußere Loos des Geistlichen ist und so sehr er auf Manches von Rechtswegen zu verzichten hat, was Andere nach der Welt Art unbedenklich mitmachen: so kann doch aufrichtig Niemand sagen, daß das Leben eines evangelischen Geistlichen in Bezug auf äußere Annehmlichkeit, auf Ruhe und Behagen, in Vergleich mit dem Leben nicht nur des Taglöhners und armen Handwerkers, sondern auch mancher Beamten, ein Opfer, eine pure Resignation sei; der Zudrang, der wenigstens zeitweise zum geistlichen Amte zu bemerken ist oder war, machte nicht den Eindruck, daß es zu einem Marthyrium gehe. Es hat aber Zeiten gegeben und sie können wieder kommen, wo die Lust, sich dem geistlichen Stande zu widmen, eine geringe ist, wo also die Bestimmung eines Sohnes hiefür von der Kirche als eine Wohlthat angesehen werden muß, ja gewissenhaften Eltern als eine Pflicht vorgehalten werden kann. Als eine Wohlthat haben unsre Altvordern solchen Dienst angesehen; deßwegen haben sie auch an Ort und Stelle den Geistlichen Beneficien und Freiheiten gern eingeräumt, zum Danke dafür, daß er sich ihrem Heile widme. So aber hat sich in der That die Kirche allezeit zu freuen, wenn tüchtige, vielversprechende Kräfte ihr zugeführt werden; sie dankt es den Eltern, die solch kirchlichen Sinn haben, die sich vielleicht selber ein wirkliches Opfer auferlegen, nicht blos, um den Sohn dereinst versorgt zu sehen, sondern in der Absicht und Hoffnung, daß er dereinst als ein Rüstzeug in der Hand Gottes dazu dienen werde, dem Himmelreich Seelen zu gewinnen und den Namen des Herrn zu verherrlichen.

Luther hat in der Predigt: „daß man Kinder zur Schule halten soll,“ gesagt: „Du magst von Herzen dich freuen und fröhlich seyn, „daß du von Gott dazu erwählet bist, mit deinem Gut und Ar„beit einen Sohn zu erziehen, der ein frommer christlicher Pfarr„herr, Prediger oder Schulmeister wird, und damit Gott selbst „erzogen hast einen sonderlichen Diener, ja einen Engel Gottes, „einen rechten Bischof vor Gott, einen Heiland vieler Leute, ein „Licht der Welt u. s. w.“ Irrig ist es freilich und beruht auf einer falschen Auffassung des Gegensatzes zwischen Welt und Reich Gottes, wenn nur der Dienst des Geistlichen als ein Dienst Gottes angesehen, jeder andere Beruf, jede Arbeit aber als bloßer Dienst der Welt, als bloßes Mittel betrachtet wird, sich Hab und Gut zu erwerben. Durch diese Meinung wird die falsche Spannung zwischen Weltlichem und Geistlichem repristinirt, die doch durch die Reformation principiell aufgehoben worden ist, wenn auch das Bewußtseyn vom wahren Verhältnisse zwischen beiden nicht auch zugleich zu voller Klarheit gebracht worden ist. Es wäre dem evangelischen Bewußtseyn schlechthin entgegen, anzunehmen, daß, wenn ein Weltlicher und ein Geistlicher beide gleich frommen Herzens und rechtschaffenen Wandels wären, der letztere, weil er mit seiner ganzen Berufsarbeit dem Reiche Gottes dienstbar gewesen, auch vor Gott eines höheren Verdienstes und Lohnes, einer höhern Seligkeit theilhaftig würde, also ceteris paribus der Geistliche dereinst immer der Bevorzugte sei.*) Es darf ja nur erinnert werden, wie jeder Andere nicht nur neben seinem Berufe Zeit finden kann und soll, ein Sonntagsleben zu führen und fürs Himmelreich an

---

*) Daß die Stelle Dan. 12, 3., richtig übersetzt, solch katholischer Ansicht keinen Vorschub leistet, bedarf keines Beweises. Uns ist es immer als ächt evangelisch erschienen, was z. B. von Oetinger erzählt wird, daß er eines Abends von seinem Hause aus auf die Umgegend und die nahen Ortschaften blickend, auf die Frage, was er denke? die Antwort gab: er habe an die armen Weiber in jenen Dörfern gedacht, die eben jetzt ihre Kleinen zu Bette legen, und daß er froh wäre, wenn er dereinst ein eben so gutes Loos im Himmel erhielte, wie die treuen Mütter.

sich und Andern in dem ihm zugewiesenen oder sich öffnenden Kreise thätig zu seyn, sondern daß auch die Treue im irdischen Beruf selber, die Gottseligkeit, die auch Weltgeschäfte regiert und heiligt, ein Wirken fürs Reich Gottes und zur Ehre Gottes seyn soll und kann. Gleichwohl wird der fromme Laie selber den seinem Berufe gewachsenen, dafür speciell begabten und im Segen wirkenden Prediger glücklich preisen, wird willig anerkennen, daß unter allen Thätigkeiten, die ein Christenmensch sich wünschen könne, dieß unstreitig die schönste sei; daß derjenige, der ununterbrochen mit Sinnen und Gedanken den göttlichen Dingen zugewendet bleiben dürfe, der nicht nur mit heiligem Sinn eine irdische Arbeit betreibe, sondern dessen Arbeit selber eine unmittelbar dem Himmelreich dienende sei, die sich also zu allen übrigen Geschäften verhalte wie das Eine, das noth ist, zu allen andern Gütern; daß derjenige, welchem das Recht zustehe, im Namen Gottes allen die Wahrheit zu sagen und der auch da noch die Macht habe, Trost und Frieden zu bringen, wo alle Welt einem Trauernden, einem Sterbenden nichts mehr zu bieten hat — daß ein Solcher unendlich viel voraus habe vor jedem Andern — freilich ebendeßhalb auch deste größere Verantwortung. So ist, richtig gefaßt, jenes Motiv ein durchaus edles und wahres, es ist nicht die unevangelische Vorstellung einer höhern Verdienstlichkeit des klerikalen Thuns, sondern es ist der tiefe Eindruck des Schönen, des Herrlichen, was diesem Beruf eigen ist, und die innige Liebe zur Kirche und zu Gottes Wort, die sich freut, eines Kindes Leben dem heiligen Dienste zu weihen. Aber als Motiv ist auch dieses nur unter der Voraussetzung berechtigt, daß der zum geistlichen Beruf bestimmte auch innerlich berufen ist. Ohne diese innere Qualificirung und Vocation ist jener frömmste Wunsch vergeblich und wird ein zähes Festhalten daran zu einem verderblichen Eigenwillen. Es fragt sich also, wie jene Hauptsache, die innere Bestimmung zum geistlichen Amte, sich in einem jungen Menschen erkennen lasse?

Sehen wir von jener elterlichen Prädestination ab, so ist der

Hergang in der Regel dieser. Die Eltern, oft auch erst die Lehrer nehmen wahr, daß ein Knabe wissenschaftliche Begabung, einen hellen Kopf hat und daß dieser Begabung ein kräftiger Trieb, ein beharrlicher Wille, somit auch Fleiß im Lernen zur Seite stehe; diese Entdeckung wird unter zehn Fällen neunmal den Beschluß zum Resultat haben: der Junge soll studiren; und da die oben verglichenen Motive so nahe liegen, da möglicher Weise ihrer mehrere zusammenwirken, da vielleicht (wie in Württemberg durch die Klosterschulen und das Tübinger Stift) das theologische Studium auch dem Aermeren möglich gemacht ist, so wird der Knabe sofort für's Landexamen zubereitet. Dabei kommt also, wie es scheint, gerade die Hauptsache, die Frömmigkeit, nicht in Betracht; sie kommt auch unter den Rubriken der Examenszeugnisse — freilich aus dem guten Grunde, weil man einen Schüler wohl in der Religion nach ihrer objectiven Seite, aber nicht in der Gesinnung examiniren kann — niemals vor. Das ist Manchen als ein πρῶτον ψεῦδος in unsrer ganzen geistlichen Berufsbildung erschienen; man hat auch schon — wiewohl dieß viel schwerer ist, als das Tadeln — Vorschläge zu machen versucht, wie man sich von Anfang schon der Gesinnung des Zöglings versichern sollte. Vollkommen richtig ist gewiß der negative Punct, daß sich schon in einem Knaben Neigungen und Charakterzüge verrathen können, die der künftigen Bildung einer christlichen, ja priesterlichen Gesinnung als ein vielleicht unübersteigliches Hinderniß im Wege stehen; z. B. habituelle Unwahrheit, Heimtücke, Frivolität, Widerwille gegen Gebet, Gottesdienst, Bibel und überhaupt gegen ernste Lektüre; nur wird ein solches Individuum nicht nur einen schlechten Geistlichen, sondern auch einen schlechten Beamten oder einen schlechten Gewerbsmann abgeben; es wird neben solchen Qualitäten mit dem wissenschaftlichen Ernste schon im Knabenalter schlecht aussehen. Einen bestimmten Grad von Religiosität dagegen von einem Kinde zu fordern, als Bedingung, unter der ihm die geistliche Laufbahn eröffnet werden soll, — also z. B. zu sagen: „nur ein Knabe, der sein Sündenelend schon recht erkennt, bei dem es durch wahre Buße und lebendigen Glauben schon zur Bekehrung gekommen ist, der deßhalb sich von allen eitlen Dingen, allem kindischen Spiel und dergl. abwendet, der in seinem Kämmerlein betet, wenn seine Kameraden Ball schlagen u. s. w., nur ein solcher ist würdig, zum geistlichen Amte gebildet zu werden, nur ein solcher gibt Aussicht auf wahrhaft geistliche Gesinnung;" — oder, wenn solche Symptome sich an einem Knaben nicht von selbst zeigen, sie sofort durch desto straffere Ascese in der Erziehung, durch beständiges Eindringen auf Gemüth und Willen zu erzwingen — das wäre ein arger pädagogischer Mißgriff. Im Gegensatze hiezu ist jenes Vorwiegen der wissenschaftlichen Rücksicht — vorerst auch nur unter der angegebenen negativen Voraussetzung in ethischer Beziehung — durchaus berechtigt und natürlich. Luther hat in der Zuschrift an die deutschen Rathsherren (1524) gefordert, „man solle unter den Schulknaben diejenigen, welche der Ausbund darunter wären, daß geschickte Leute zu Lehrern, Predigern und andern Aemtern aus ihnen werden könnten, besonders unterrichten;" denselben Grundsatz finden wir bei Brenz, Bugenhagen u. A. ausgesprochen, man müsse gelehrte Leute haben zu Pfarrern, deßhalb sollen die Geschickten unter den Schülern hiezu auserlesen werden. Wer hiegegen immer wieder auf die Apostel verweist, die ohne gelehrte Bildung die Urbilder alles pastoralen Wirkens geworden seien, der ist nicht nur an den oben schon berührten Umstand zu erinnern, daß Paulus in seiner Art wirklich dasjenige besaß, was wir gelehrte Bildung nennen und daß mit seinem Grundsatz 1 Kor. 2, 1. 2. der Werth jener vorherigen Bildung auch für sein jetziges, derselben heterogenes Amt durchaus nicht aufgehoben war; — sondern mit jener Behauptung verwischt man den großen Unterschied zwischen einer Zeit, in welcher die Gemeinden noch in ihrer ersten Einfalt stehen, wo die Begabung und Erkenntniß, wie sie unmittelbar aus Gottes Geist und Wort fließt, auch ohne besondere technische Vorübung, zur Führung des Amtes ausreicht, und zwischen den späteren Zeiten, da sich das Leben der Kirche auf geschichtlichem Wege so weit entwickelt hat, daß der Geistliche ohne wissenschaftliche Bildung nicht im Stande ist, seinem Berufe zu genügen. Das fühlte man ja im christlichen Alterthum schon frühe genug; an Plätzen, wo mehr als in Palästina griechische Wissenschaft einheimisch war, konnte die Kirche eben nur dadurch sich behaupten und ausdehnen, daß sie die Wissenschaft selber in sich aufnahm. Soll dem Geistlichen eine Wirksamkeit auf seine ganze Gemeinde, auf alle die verschiedenen Classen in ihr, und zwar auch in bedeutenderen Orten, möglich seyn, so muß er nothwendig auf einer Höhe der Bildung stehen, die ihn dem Volke gegenüber auf einen geistig freien Standpunct erhebt und den Gebildeten und Gebildetsten wenigstens gleichstellt. Was irgend auf dem Gebiete menschlichen Wissens und Könnens von allgemeinem Interesse, was von den Resultaten aller Wissenschaften Gemeingut worden ist, d. h. wofür sich zu interessiren und wofür einen offenen Sinn und ein Verständniß zu haben Sache jedes Gebildeten ist: dem darf auch der Geistliche nicht fremd seyn, nicht blos um geistig nicht unter seinen eigenen Gemeindegliedern zu stehen, sondern aus dem noch wichtigern Grunde, weil selbst die Theologie, wenn sie nicht in sich selbst erstarren und zur todten Scholastik werden, damit aber auch alle Wirkung auf's Leben verlieren will, schlechterdings sich nicht so isoliren darf, als gienge alles Uebrige, z. B. die Fortschritte in der Naturwissenschaft, die Wege, die die Kunst einschlägt u. s. w., sie lediglich nichts an, oder als wäre sie längst mit alle dem im Reinen. Und was speciell die Theologie anbelangt, so ist die gelehrte Bildung nicht nur wegen des Zurückgehens auf die biblischen Originalsprachen und wegen des geistigen Verkehrs mit allen den Männern, die als Väter der Kirche ihren Gang wesentlich mitbestimmt haben, also um mit ihnen die communio sanctorum vollziehen zu können, sondern hauptsächlich darum nothwendig, um allen den Bewegungen gegenüber, die im Großen und Ganzen der Kirche sich ereignen, oder die im Schooße der einzelnen Gemeinde in unendlich mannigfachen Formen sich immer wieder erneuern, ein vollkommen klares, festes, objectives Urtheil zu haben. Ohne gelehrte Bildung wird ein Pfarrer z. B. irgend einem Sectirer gegenüber einen schweren Stand haben; entweder zieht er im Streit mit ihm geradezu den Kürzern, oder predigt und perorirt er unverständig gegen ihn oder — was auch vorkommen kann — läßt er sich von jenem selber überschwatzen und bethören, wird ein Verehrer und Anhänger von ihm. Die Kunst, Geister zu prüfen, beruht freilich in letzter Instanz auf einer Gabe — dem Charisma der Kritik; — aber diese Gabe entwickelt sich wesentlich an der Hand der Wissenschaft. Hieraus folgt nun klar, daß, selbst wenn eine religiöse Neigung bei einem Knaben in ungewöhnlicher Stärke sich kund gäbe, es fehlte aber am Wissenstrieb, an der intellectuellen Fähigkeit, am Lernfleiß, dann die Meinung eine falsche wäre, daß ja doch die Frömmigkeit verbürgt, somit die Wahl des geistlichen Berufes in der Hauptsache indicirt sei.*) Was wir, um mit gutem Gewissen die fragliche Berufs-

*) Wir wollen nur beiläufig daran erinnern, welch ein gesundes Urtheil Spener über diese Sache gefällt hat. In den theol. Bed. (Bd. IV. S. 602) sagt er: „Die stattlichsten ingenia, deren sich Gott manchmal in seinem Reich und zu vielem Guten gebraucht, haben Hitz und Feuer, daher stete Unruh in sich, weßwegen sie gewöhnlich, was von der Erbsünde herkommt, auch am muthwilligsten sind. Was aber solche sind, die von Kindesbeinen an fromm heißen, und aber ihre Frömmigkeit meistens in einer Stilligkeit und Trägheit besteht, daß sie aus einem natürlichen Unvermögen weder zum Guten noch zum Bösen einen starken Trieb haben, aus denen wird ihr Lebtag selten etwas Rechtschaffenes, und wie Gott nicht viel in sie gelegt, so sind sie auch gemeiniglich zu nicht viel bestimmt.“ — Es gibt freilich zwischen diesen beiden von Spener so richtig gezeichneten Arten noch eine dritte, nämlich Knaben, bei welchen die „Stilligkeit“ nicht Wirkung der Trägheit, sondern gerade einer tiefinnerlichen Thätigkeit ist, die schon in zartem Alter über Alles nachdenken und an ernsteren Dingen Geschmack finden. Das sind dann allerdings gute Anzeichen, die der vielleicht schon vorher vorhandenen Absicht auf geistlichen Beruf entgegenkommen oder sie erst hervorrufen. Ist freilich die Abkehr von der natürlichen Lust der Jugend eine unnatürliche, entweder äußerlich angenommene oder krankhafte, dann ist die Aussicht auf einen künftigen Geistlichen um so schlechter; ebenso, wenn der ascetische Ernst sich bis zu einer scrupulösen, peinlichen Gewissenhaftigkeit steigert, durch welche die ganze Unbefangenheit des jugendlichen Sinnes zerstört

wahl treffen zu können, außer dieser intellectuellen Tüchtigkeit, die übrigens doch großentheils selber schon zugleich eine sittliche ist, fordern müssen, ist nur die Wahrhaftigkeit und Lauterkeit des Charakters, das Wohlgefallen am Edlen und Guten, und dem entsprechend die Verachtung des Gemeinen, Unanständigen oder Schamlosen, die Fähigkeit, für Andere — wäre es auch vorerst nur innerhalb des Familienkreises oder der Gespielen — sich hinzugeben, die Geneigtheit, einen großen oder edlen Mann, mag er in Geschichte und Biographie oder im Leben selbst dem Knaben begegnen, mit Ehrfurcht zu betrachten, sich für ihn und an ihm zu erheben, und schließlich diejenige Energie des Willens, die ebensowohl in der Beharrlichkeit als in der Selbstverleugnung, im Gehorsam sich zu erkennen gibt. Ein specifisch religiöser Trieb, eine Vorliebe für religiöse Stoffe darf deßwegen nicht schon beim Knaben zur conditio sine qua non gemacht werden, weil bei vielen Individuen die Concentrirung und Fixirung auf's Religiöse erst in Folge höherer geistiger Reife eintritt (gibt es doch Solche, in denen erst das theologische Studium, erst das Predigen, ja vielleicht erst das Amt selber und die Seelsorge, diese Seite ihres Wesens gehörig zur Entwicklung gebracht hat), während vorher das Religiöse mehr nur neben dem Uebrigen herlief, ohne sich dazu schon in ein festes Verhältniß gesetzt, ein tieferes dominirendes Interesse erregt zu haben. So darf es allerdings nicht bleiben; in der Zeit der Reife — wer will aber dafür einen absoluten Termin setzen? — müssen sich die specielleren Momente der theologischen Befähigung einstellen, die wir im eigentlichsten Sinne theologische Tugenden nennen möchten, nämlich der Ernst im Suchen nach der Wahrheit, der sich nicht mit leeren Worten abspeisen läßt, der nicht ruht, bis er ein Fundament gefunden, auf dem er Fuß fas-

---

wird. Aus solch einem jungen Menschen wird eine seufzende Creatur, aber kein Mann, an dem sich die Schwachen aufrichten könnten; solch eine trübe Seele wird kein Licht werden, das in die nebligen Gedanken, in das verdilsterte Gemüth eines Andern Klarheit bringen könnte.

sen kann, der eben weil es ihm lediglich um Wahrheit zu thun ist, auch ein selbstständiges Urtheil gewinnen will und es sich bewahrt, statt auf irgend eines Meisters Worte zu schwören und Partei zu machen; daher auch die rücksichtslose Entschiedenheit in der Aufnahme und im Bekenntniß derselben, nachdem sie erkannt ist, die innere Freudigkeit, für diese Wahrheit als Zeuge einzustehen, und hauptsächlich der eigene, persönliche Verkehr mit Gott, das unmittelbare Suchen von Licht und Frieden am Quell alles Lichts und Friedens. Das sind aber Dinge, auf deren zum=Vorscheinkommen wir nicht warten können, bevor die Berufswahl getroffen wird, und von deren zukünftigem Eintreten oder Nichteintreten in der frühen Jugend keine sicheren Anzeichen erwartet werden dürfen, weßhalb man sich eben mit jenen allgemeinen Merkmalen begnügen muß, auf das Uebrige in Hoffnung harrend. — Noch ein Moment darf indessen neben alle dem nicht übersehen werden, nämlich das Leibliche. Nicht als ob ein zarter Körperbau ein absolutes Hinderniß wäre — er kann erstarken, und mancher treffliche, unermüdete Seelsorger und mächtige Prediger hat des Leibes Schwächlichkeit durch des Geistes Energie mit Gottes Hülfe zu besiegen vermocht. Aber es gibt allerdings Gebrechen, die es, wo nicht als ein baares Unrecht, so doch als eine gewagte Sache erscheinen lassen, den Predigerberuf zu ergreifen. Habituelle Kränklichkeit, wie sie das angestrengte Arbeiten schon unmöglich macht, so wirkt sie bei vielen Individuen auch auf Laune, Temperament, Charakter in einer Weise, die der Uebung des geistlichen Berufes nicht förderlich ist. Brust= und Halsleiden, wenn sie nicht blos vorübergehend sind, organische Fehler am Herzen und Anderes dieser Art sollte nur, wenn der Drang zur Theologie ein mächtiger und alle Wünsche des jungen Menschen absorbirender ist, als ein vielleicht doch noch unter Gottes Segen zu beseitigendes Uebel angesehen und dann nicht als entscheidender Gegengrund geltend gemacht werden.

Ist nun unter Erwägung obiger Puncte die Wahl entschieden, so scheint es, daß auch die Erziehung bereits dem bestimmten

Ziel entsprechend eine bestimmtere Richtung werde einschlagen müssen. Wie es eine specifische Prinzenerziehung gibt, so auch redet man von klerikaler Erziehung, freilich vorzugsweise in der katholischen Kirche, die ihre besonderen Gründe hat, den künftigen Priester so früh als möglich von dem Familienverbande, d. h. von der Welt, abzulösen. Wie sehr übrigens eine solche Erziehung auch in der Familie versucht werden kann, sehen wir z. B. an Ignatius Feßler, der (s. Eusebius Schmidt, Schule der Erziehung in biographischen Umrissen, Berlin 1846. S. 170 f.) von seiner Mutter schon im vierten Jahre nach Jesuitenart gekleidet, mit Heiligenlegenden vollgestopft und zur Nachahmung oder vielmehr Nachäffung der Heiligen angeleitet wurde; nur war der Erfolg kein ganz entsprechender, denn nachdem sein Eifer sich bis zu einer fanatischen Höhe erhoben hatte, schlug er um, und aus dem begeisterten Schüler Loyola's wurde ein Protestant und sogar ein Freimaurer. In der evangelischen Kirche kommt es nur selten vor, daß dem Knaben schon die Haltung, der Gang, überhaupt die Sitten eines ehrwürdigen Pastors angewöhnt werden; will aber das, weil es blos Aeußeres ist, das vielleicht später burschikosen Anwandlungen nicht im Geringsten Stand hält, nicht viel heißen, ist es sogar fast nur als eine pädagogische Geschmacklosigkeit anzusehen, so ist es sogar nicht einmal eine tactvolle Maßregel, den Knaben, wenn er nach Knabenart sich ausläßt, immer daran zu erinnern: du willst ein Pfarrer werden und bist so wild? Er ist ja noch nicht Pfarrer, und nur das steht ihm schlecht an, was jedem Christenkinde schlecht ansteht. Weiter bedarf es in der That nichts zur Erziehung des künftigen Pastors, als was zu aller christlichen Erziehung nöthig ist. Müssen wir fordern, daß der ganze Geist eines Hauses, aus dem ein künftiger Prediger hervorgehen soll, getragen sei von christlicher Wahrheit und Liebe, und seinen festen Halt, seine consequente Bethätigung an christlicher Hausordnung, an Hausgottesdienst, an Liebeserweisung im täglichen Leben, an Gottes Wort und Sonntagsheiligung habe: so ist das eine Forderung, die wir ganz ebenso an jedes christliche Hauswesen, an alle christliche Erziehung stellen müssen. Ganz so, wie der junge Kaufmann, der junge Handwerker draußen in der Welt oft einzig und allein durch den Segen, den er vielleicht ohne es zu wissen vom Elternhause mitgenommen hat, durch die kernhafte Substanz christlicher Lebensanschauungen und christlicher Gewöhnung, die ihm von dorther noch geblieben ist, vor dem Untergang bewahrt wird, ist es auch diese innere Macht, die der Theolog gleich nöthig hat, um nicht entweder in den Wogen der Wissenschaft Schiffbruch am Glauben zu leiden, oder sich zwar ein theologisches System zurechtzumachen, das aber mit Herz und Leben nichts zu schaffen hat, oder auch in eine Schlaffheit zu gerathen, da ihn weder eine wissenschaftliche Frage noch ein Anliegen des eignen Herzens und Gewissens jemals beschäftigt. — Zu obigem Allgemeinen kann je nach Umständen immerhin noch Specielles kommen; es kann z. B. ein Geistlicher seinen Sohn als Knaben zu diesem oder jenem Kranken mitnehmen, oder es kann ein Knabe, eben wegen seines künftigen Berufes, angehalten werden, Predigten nachzuschreiben und dergl. (wie stark letztere Uebung z. B. bei Reinhard auf seine eigene nachherige Predigtweise eingewirkt hat, ist aus seinen Geständnissen bekannt). Aber auch diese Dinge kann jeder fromme Hausvater mit seinen Kindern vornehmen, ohne etwas Anderes als Zwecke christlicher Erziehung dabei im Auge zu haben. Ein Zeitpunct wie die Confirmation wird den Eltern und dem Seelsorger Gelegenheit geben, dem künftigen Diener des Evangeliums, der damit seinem Berufe schon um einen Schritt näher gerückt ist, den Ausblick auf denselben heller zu machen; es kann z. B. der Denkspruch, den der Knabe bekommt*), mit Beziehung hierauf gewählt, ihm auch bei der Abendmahlsvorbereitung ein

*) D. h. der Bibelspruch, — denn etwas Andres sollte niemals dazu verwendet werden, — der dem einzelnen Confirmanden als eine Art Loosung beim Confirmationsact und zur Erinnerung an denselben zu eigen gegeben wird, im Gegensatze zu dem Segensspruch, der nach richtigem liturgischem Verständniß für alle derselbe seyn muß.

dem entsprechendes Wort gesagt werden. Doch ist auch dieß noch im Wesentlichen dasselbe, was jedem andern gilt; denn Pastoralregeln kämen noch viel zu frühe.*)

Sofort übernimmt das Gymnasium oder eine parallele Lehranstalt, wie die württembergischen Klosterschulen, jetzt Seminare genannt, und nach diesem Curs die Universität den zum Pastor zu bildenden Jüngling.

Das Gymnasium kann auf den künftigen Theologen keine weitere Rücksicht nehmen, als daß es für den hebräischen Unterricht, der nur für den Theologen obligat ist, sorgt; alles Uebrige, was wir in Betreff eines tüchtigen Unterrichts in allen humanistischen und realistischen Lehrfächern, speciell aber in Betreff eines gediegenen, anregenden, durch einen Katecheten höherer Potenz zu ertheilenden Religionsunterrichts, eines Gymnasialgottesdienstes, der Gymnasialzucht für jenen wünschen müssen, das müssen wir für die sämmtlichen Schüler ganz in gleichem Grade fordern. Ein classischer Unterricht, der die Zöglinge heidnisch denken oder schwärmen lehrt, ein Realunterricht, der sie zu Materialisten oder Kannegießern macht, ein Religionsunterricht, der den Zöglingen den Ernst

*) So wenig nach Obigem eine specifisch klerikale Knabenerziehung in der evangelischen Kirche Raum hat: so sehr kann, was wir nicht unbemerkt lassen wollen, die häusliche Erziehung in verschiedenen Familien, auch wenn wir dieselbe uns als eine im Wesentlichen übereinstimmende, christliche denken, in verschiedener Weise auf die Charakterbildung und damit auch auf die künftige amtliche Haltung des Zöglings einwirken, ohne daß dieß irgend beabsichtigt würde. Der Sohn eines Pastors z. B. wird immer mehr oder weniger seinen Begriff vom geistlichen Amte sich darnach bilden, wie ihm in des Vaters eigner Amtsführung sich ein Bild davon eingeprägt hat. Der Sohn eines weltlichen Beamten, welcher vielleicht sich etwas herrisch, wie ein Pascha in Haus und Amt benimmt (was neben sonst christlichen Grundsätzen — als einer der Widersprüche im Menschenwesen — wohl möglich ist) wird dieses herrische Wesen auch aufs geistliche Amt übertragen. Der Sohn eines Schullehrers, — wenn auch der Vater nie in Conflict mit den geistlichen Vorgesetzten gerathen ist — nimmt doch vielleicht schon aus dem Elternhause eine instinctmäßige Antipathie gegen alles Pfäffische mit. Aus diesen Andeutungen läßt sich bereits abnehmen, wie viel Gutes und Schlimmes schon auf diesen Wegen als Same in das Gemüth des künftigen Geistlichen sich einsenken kann.

und die Ehrfurcht vor Gott und Gottes Wort, welche sie noch von der Confirmation her mitbringen, benimmt, indem er ihnen z. B. die Frage über die Authentie des Evangeliums Johannis an den Kopf wirft, statt sie in das Evangelium Johannis einzuführen, — oder aber ein Unterricht, der in geschmackloser und langweiliger Weise den jungen Leuten dasjenige stets wieder vorkäut, was sie längst zu wissen glauben, statt ihnen fürs Wissen und Denken wie für die sittliche Kraft und das tiefere Gefühl die angemessene Nahrung zu geben — das alles sind Uebel, die, wo sie sich eingenistet haben, den künftigen Theologen nicht ärger ruiniren, als den künftigen Mediciner und Juristen; ja sie sind um der letzteren willen noch mehr zu beklagen, weil für jene doch später das theologische Studium wieder der Rückweg zum verlorenen Christenthum seyn kann, während diese in dem Morast stecken bleiben, in den sie solch ein Unterricht geführt hat. Deßhalb ist es weniger Sache der Pastoraltheologie, als Sache der Pädagogik, über den Gymnasialunterricht zu sprechen; jene hat keine speciellen Forderungen zu stellen.

Die Universität ist zunächst auch nur verpflichtet, in ihrer theologischen Facultät an Lehrkräften, Instituten und praktischen Uebungen alles dasjenige darzubieten, was den jungen Theologen in Stand setzt, mit dem Abgange von der Hochschule — zunächst als Gehülfe — in das Amt einzutreten und nöthigenfalls alle Functionen desselben zu übernehmen; nur unter dieser Voraussetzung kann die Kirche ihn ordiniren. Es tritt uns an diesem Puncte die Frage in den Weg, ob die theologische Facultät sich rein als eine Section der Universität oder nicht vielmehr als ein für kirchliche Zwecke bestehendes, der Kirche verantwortliches Institut anzusehen habe? Von der einen Seite wird auch für sie die Freiheit der Wissenschaft in Anspruch genommen, die den kirchlichen Interessen nimmermehr dürfe zum Opfer gebracht werden; von der andern wird gesagt, die Universität hat uns nicht eine Clique von speculativen Theologen, von Docenten und Literaten zu liefern, sondern Geistliche für den Dienst der Kirche. Beide Gesichtspuncte, der der freien Wissenschaft und der des praktischen Kirchendienstes, haben ihre Berechtigung, daher wird auch der Kampf niemals ausschließlich zu Gunsten der einen Seite ausfallen, wenigstens in der evangelischen Kirche nicht, die ihre kirchlichen Lehrsätze und Institutionen nicht in der Art, wie die katholische, als etwas auch in seiner Form für immer feststehendes und schlechthin unveränderliches ansehen kann, sondern, so sicher sie den Kern, die Substanz derselben als Wahrheit weiß, doch eine lebendige Bewegung und daher auch Unterschiede und Gegensätze in der persönlichen und zeitweiligen Auffassung, der wissenschaftlichen Darstellung und Formulirung des Einen ewig wahren Inhalts gestatten, ja, im Gegensatze zur Stagnation einer unbeweglichen Orthodoxie nach griechisch-russischem Muster, selbst wünschen muß. Vorerst sei nur bemerkt, daß jener praktische Zweck nicht dem theologischen Studium allein, sondern allen Wissenschaften vorzuhalten ist; man hält z. B. eine medicinische Facultät auch nicht blos wegen des chemischen oder physiologischen Wissens, sondern um Aerzte für die Kranken zu bekommen; und, wie zwischen Kirche und Theologie, so kann zwischen dem, was eine Medicinalbehörde für jenen praktischen Zweck fordern muß, und zwischen einer zur Zeit in die Mode gekommenen wissenschaftlichen Richtung ebenfalls ein Zwiespalt entstehen, der nur mit dem Unterliegen des einen oder andern Interesses sich heben zu können scheint. Unsers Erachtens kann aber solch ein Conflict niemals anders als nur vorübergehend seyn, denn jene beiden Interessen stehen sich ihrem innersten Wesen nach nicht feindlich entgegen. Kann denn die Kirche, die evangelische nemlich, jemals durch etwas anderes sich erbauen wollen, als durch Wahrheit? Und kann die Wissenschaft jemals etwas anderes pflegen und bieten wollen, als Wahrheit? Es gibt aber nicht zweierlei Wahrheit, sondern nur eine. Weiß also die Kirche, daß sie die Wahrheit hat, so muß sie auch das Vertrauen haben, daß die Wissenschaft, sobald sie nur wirklich Wissenschaft ist, ohne daß man ihr gewaltsam die Resultate vorschreibt, die ihre Untersuchungen haben müssen, mit der von der Kirche bekannten Wahrheit zusammentreffen muß. Geräth die Wissenschaft auf Wege, die von dieser vielmehr abführen, so wird sich immer zeigen lassen, und es ist Pflicht der Männer, die der Kirche dienen, zu zeigen, daß die Wissenschaft eben damit unwissenschaftlich wird; daß sie, die voraussetzungslose, bis über die Ohren in Voraussetzungen steckt, daß sie, die über alle Autoritäten erhaben ist, sich ohne es zu wissen, in knechtischer Abhängigkeit, in dickem Autoritätsglauben befindet. Würde solcher wissenschaftliche Nachweis nicht fruchten, würde die Wissenschaft nicht von selbst umlenken, dann allerdings wäre es auf die Länge bedenklich, die künftigen Diener der Kirche ihrer Leitung anzuvertrauen; doch würden, wie wir glauben, Maßregeln gegen akademische Lehrer oder Entfernung der Theologiestudirenden von der Facultät (also ein Verfahren, wie es der Bischof von Mainz gegen die katholische Facultät in Gießen sich erlaubte) nur dann gerechtfertigt seyn, wenn durch die von der Universität kommenden Theologen Aergerniß in den Gemeinden angerichtet und dieß nachweisbar die Wirkung des Einflusses wäre, der von den Lehrern ausgeht; oder wenn im Schooße einer Facultät nicht die Gegensätze sich selber ausgleichen würden. Den Aengstlichen gegenüber dürfen wir wahrlich fragen: ob wohl in jenen Zeiten, in welchen die Facultäten sich nicht nur der Orthodoxie treulich befleißigten, sondern der Streit nur der war, wo man am orthodoxesten sei, im Allgemeinen mehr würdige Geistliche, mehr tüchtige Prediger und treue Seelsorger in den Gemeinden dienten, als dermalen? Wer nicht ein blinder Anbeter der alten Zeit ist, die er über die Gegenwart erhebt, weil er jene nicht kennt, der muß diese Frage verneinen. Hat doch selbst eine noch nicht weit hinter uns liegende Periode, von deren kritischer Schärfe und Schonungslosigkeit man das Aergste befürchtete, nur die Folge gehabt, daß Einzelne, die Theologie studirt hatten, andere Laufbahnen einschlugen, während Andere, die jener Richtung sich zugewendet, im Amte bald von selbst auf andere Gedanken kamen; nur Wenige, — und das waren nicht die talentvollen, kenntnißreichen Jünger der Schule, sondern thörichte Nachbeter — haben damit, daß sie ihre kritischen und speculativen Ansichten auch auf die Kanzel bringen wollten, Aergerniß angerichtet. Es verdient überhaupt bemerkt zu werden, daß z. B. in der homiletischen Literatur, die hiefür gewiß als getreuer Spiegel dienen kann, der alte Rationalismus sehr tiefe und breite Spuren zurückgelassen hat, während man die Hegel-Strauß'sche Periode in ihr kaum wahrnehmen und fast nur durch die Polemik gegen sie an ihr Dagewesenseyn erinnert werden wird. Alle Freiheit, so auch die Lehrfreiheit, hat ihre Gefahren; aber die Geschichte lehrt sattsam, wie schnell auf eine Einseitigkeit, in die die Wissenschaft geräth, immer auch ein Rückschlag erfolgt; lebt nur im Volke, gepflegt von den schon im Amte wirkenden Geistlichen, ein evangelischer Sinn, so steht auch den Verirrungen der Wissenschaft, die ja immer auch Verirrungen von wahrer Wissenschaft hinweg sind, eine Macht gegenüber, die keinen Putsch braucht, um sich fühlbar zu machen. Die Universität schickt nicht nur ihre Zöglinge ins Land hinaus, sie empfängt sie auch vom Lande, und was dieselben an christlichem Sinn, an Ehrfurcht vor dem Heiligen mitbringen, das wirkt in aller Stille selbst auf die Lehrstühle zurück. — Was sofort die praktische Vorübung betrifft, so ist seit der Gründung der Universität Halle es allmählig überall als Pflicht erkannt worden, durch homiletische und katechetische Seminare, die mit den theologischen Facultäten verbunden sind, die Studirenden wenigstens in den beiden betreffenden Fächern einzuschulen. Weniger befriedigend ist meistens, was für die Tüchtigkeit des Geistlichen als Schulinspectors auf der Universität geschieht; für diesen Zweck sollte eine Volksschule derselben zur Verfügung stehen, in welcher die Candidaten dem Unterricht eines ausgezeichneten Lehrers in allen Classen und allen Fächern anwohnen und in allen auch selber Unterricht zu geben versuchen würden. Dieser Einrichtung steht in der Regel nur das im Wege, daß ihre gehörige Benützung mehr Zeit erfordert, als den Studirenden, die in ihrem letzten Stadium vor dem Examen stehen, für diese praktischen Zwecke zu Gebot steht. Pädagogische Vorlesungen aber, um sie wenigstens in dem fraglichen Gebiete zu orientiren, und zwar von Theologen gehalten, dürfen nicht fehlen. Noch weniger vorbereitet scheint der Candidat im Fache der Privatseelsorge zu werden; pastoraltheologische Vorlesungen halten Manche hiezu für ebenso unzureichend ohne pastorale Uebung, wie es homiletische und katechetische Vorlesungen wären ohne wirkliches Predigen und Katechisiren. Daher ist öfter der Vorschlag gemacht und von Praktikern plausibel gefunden worden, es sollte, wie bei den Medicinern, eine geistliche Poliklinik eingerichtet oder dem Leiter der praktischen Uebungen das akademische Krankenhaus übergeben werden, damit er täglich Krankenbesuche mit einigen Studirenden mache, die dann seinen Zuspruch hören, mit denen er nachher über seinen Zweck und die angewandten geistlichen Mittel Conferenz halte, und damit er einzelne Kranke immer auch einzelnen Studirenden zur geistlichen Pflege überlasse, die ihm dann über das, was sie beobachtet, wie über ihr Verfahren Bericht zu erstatten hätten. Wir gestehen, daß wir von solcher Einrichtung uns nicht viel Heil versprechen würden. Man kann nicht einem Kranken zusprechen mit dem Bewußtseyn, daß das zugleich für einen Dritten ein Muster seyn soll, wie man zusprechen müsse. Alle Unbefangenheit, alle Einfalt und Wahrheit des seelsorgerlichen Verkehrs, — auch von Seiten des Kranken, der, so zur Schau gestellt mit seiner Seele, keine große Lust haben wird, sich mit rückhaltslosem Vertrauen zu äußern — würde verloren gehen. Was ich zu einem Kranken rede, das sind nicht lauter Weisheitssprüche oder geistreiche Impromptu's, die der Student zu Papier bringen wird, um sie seiner Zeit auch zu verwerthen; es sind oft höchst einfache Dinge, wie unendlich weit müssen wir meist herabsteigen! Müßte der Lehrer nach einem solchen Besuche gleichsam Rechenschaft geben, warum er gerade dieß oder jenes gesprochen, so müßte er eine so stricte, technische Methode haben und anwenden, wie sie wohl beim leiblichen Arzte nöthig ist, wie sie auch, wo ein bestimmtes geistiges Uebel vorhanden ist, nöthig werden kann, aber keineswegs immer und überall erforderlich ist. Verfasser gesteht, daß es ihm bei Krankenbesuchen immer am wohlsten war, wenn er mit dem Kranken und seinen allernächsten Angehörigen allein seyn konnte; das Krankenzimmer zugleich als eine Art von Hörsaal ansehen zu müssen, wäre ihm unerträglich gewesen. Und welch eine widerliche, das reine Gefühl verletzende Aufgabe wäre es, so zur Schau, zum Muster für Andere an einem Krankenbette zu beten! Viel eher thunlich scheint es, einzelnen Studirenden, denen man so viel Vertrauen schenken kann, zu erlauben, daß der eine diesen, der andere einen andern Kranken in der Zwischenzeit zwischen den Besuchen des Vorstehers besucht, und wenn ihm dabei irgend ein pastorales Problem aufstößt, er dann jenen um Rath angeht; aber das wäre nicht ein officiell auferlegtes Berichtenmüssen über das, was man an der armen Seele zu Stande gebracht; überdieß würden wir lernbegierige Studenten immer nur zu solchen Kranken gehen heißen, von denen sie selber erst etwas lernen würden, deren Gespräche gerade am besten in die unter solchen Umständen sich fühlbar machenden Herzensbedürfnisse und in den rechten Trost den Einblick gewährten. Was aber über diese ganz freie Form der Theilnahme an der Seelsorge hinausgienge, also eine förmlich organisirte Seelsorgerschule, wäre vom Uebel, kaum weniger, als wenn (auch wieder nach medicinischem Vorgang) die armen Leute eingeladen würden, wer irgend ein Gewissensanliegen habe, solle sich um die und die Stunde im Hörsaal einfinden, wo ihm dann, zu Nutz und Frommen der anwesenden Studenten, geistlicher Bescheid gegeben würde. Die Seelsorge lernt man praktisch nur im Amte selber; die Pastoraltheologie, als akademisches Lehrfach, wird dazu die nöthigen Gesichtspuncte darbieten, wie man sich auf ein Land, das man bereisen will, auch noch ehe man es gesehen hat, durch Studien sehr erfolgreich vorbereiten kann. Nitzsch erzählt („Ueber Lavater und Gellert," zwei Vorträge, Berlin 1857.

S. 10.) von dem ersteren, er habe sich als Jüngling schon „die Hoheit der hirtenamtlichen Aufgabe täglich vor Augen gestellt und sofort den Pastoralberuf vorbereitungsweise an den geliebtesten Personen, an den Freunden geübt, ehe er ihn inne gehabt.“ Diese Art, sich vorzubereiten, steht jedem von christlichem Liebesernst, von Pastoralsinn erfüllten Studirenden frei; treibt er ferner vor allen Dingen an sich selber Seelsorge, achtet er sorgfältig auf das eigene Herz und nimmt es in Gewissenszucht, so ist das das wichtigste Stück der pastoralen Vorbereitung; überdieß, indem er sich das Schriftwort in immer weiterer Ausdehnung aneignet, indem er sich mit den Schätzen der Kirche in Predigt, praktischer Schriftauslegung, Kirchengebet und Kirchenlied durch homiletische, liturgische und hymnologische Studien vertraut macht, so sammelt er auch damit einen Vorrath für die Pastoration; — ein junger Mann, der in diesen Stücken allen sich gehörig vorgesehen, und der überhaupt im Verkehr mit Menschen nicht ungelenk ist, wird sicherlich im Seelsorgeramte alsbald zu Hause seyn und eine akademische Seelsorgerschule nicht vermissen lassen.

Wenn sich aber auch in Betreff der wissenschaftlichen und technischen Vorbereitung die Kirche durch das, was Gymnasium und Universität leisten, befriedigt erklären kann, so fragt es sich, ob dieß auch in Betreff der Zucht möglich ist. Wie man — von den katholischen Seminarien ganz abgesehen — auch in der evangelischen Kirche bei Einrichtung der Klosterschulen offenbar von der Ansicht ausgieng und diese Jahrhunderte lang als etwas selbstverständliches beibehielt, daß die Disciplin für Jünglinge, die dem geistlichen Beruf entgegengehen, eine klösterliche seyn müsse — daher nicht nur regelmäßige Andachtsübungen, außer Morgen- und Abendgebet sogar Predigt während der Mahlzeit, sondern auch Absperrung nach außen durch strenge Clausur und selbst mönchische oder klerikale Kleidung, Kutten, Ueberschläge u. s. w. angeordnet waren, welches alles erst durch völlig veränderte, vornemlich pädagogische Ansichten allmählig bis auf ein Minimum verschwunden ist: so schweben unstreitig manchen Männern der Kirche heutzutage wieder ähnliche, wenn auch durch jene pädagogischen Rücksichten gemilderte Ideen von klerikaler Zucht vor, durch welche der junge Theolog, weil er eben nicht der Welt, sondern einzig dem Himmel sein Leben geweiht hat, auch schon in frühen Jahren von der Welt abgelöst und in ein schlechthin geistliches, beschauliches, ascetisches Leben eingewöhnt werden soll. Auf die näheren Modalitäten hiefür können wir hier nicht eingehen, da sich jeder dieselben nach seiner Weise ausmalt; die Hauptsache wäre immer, daß nicht Gymnasium und Universität, zum wenigsten letztere nicht, sondern ein ganz abgesondertes Seminar allein der rechte Ort für klerikale Erziehung sei, statt daß jetzt die Hochschule mit all ihren traditionellen Appertinentien, mit Kneipe und Hauboden, mit Commers und Ausritt, auch den zum Diener Gottes bestimmten gründlich entweihe, ehe er geweiht werden soll. Auch für uns kann in soweit kein Zweifel obwalten, daß, wer in jenen Dingen lebt, wer den studentischen Possen sei es mit Pathos, sei es aus Leichtsinn und Arbeitsscheu sich hingibt und darob seinen Studienzweck aus den Augen verliert, jedenfalls, auch wenn er später dieses Zeug von sich abwirft, viel verlorene Zeit — außer Anderem, was er verloren — zu beklagen hat. Ein Institut, das für den Theologen eine Einschränkung der akademischen Freiheit und eine pädagogisch richtig ausgemessene Nöthigung zu geordnetem Leben und Studiren grundsätzlich festhält, ohne darum den Studenten zwingen zu wollen, sich gar nicht mehr als Student zu fühlen, — ein Institut also, das mit allen Vortheilen der Universität doch zugleich einen strengeren Erziehungszweck im Interesse der Kirche verbindet (also eine Anstalt, wie das evangelische Stift in Tübingen), schlägt gewiß den richtigsten Mittelweg ein. Nimmt das Seminar die Jünglinge auf, so lange sie noch Philosophie und Theologie erst zu studiren haben, so daß es also, von einer Universität abgelöst, diese in wissenschaftlicher Beziehung vollständig ersetzen müßte: dann kann darüber gar kein Zweifel seyn, daß die Entfernung vom

Sitze der Universität ein Nachtheil wäre. Ein Seminar wird nie so viele Lehrer anstellen können, daß jedes Hauptfach zum mindesten durch Einen Fachlehrer von Bedeutung vertreten wäre, sondern jeder Lehrer wird verschiedene Fächer zusammennehmen müssen. Auch ist der Verkehr mit der Gesammtheit einer wissenschaftlichen Corporation, als deren Glied sich der Einzelne weiß, schon für den Studenten, noch viel mehr aber für den Lehrer von höchstem Werth, wobei wir außer dem persönlichen Umgang mit gelehrten Nichttheologen nur noch an den Gebrauch einer gemeinsamen Universitätsbibliothek erinnern wollen. Von dieser freieren Luft den Theologen abzuschließen, das mag in den Wünschen des Ultramontanismus liegen, im Interesse der evangelischen Kirche liegt es nicht; theologische Isolirung ist etwas ganz anderes als christliche Concentrirung. — Ist dagegen der Zweck des Seminars der, die Theologen nach Absolvirung ihres wissenschaftlichen Studiums noch speciell für die praktischen, bis dahin reservirten Aufgaben vorzubereiten, dann wäre die örtliche Trennung von der Universität, wenn gleich nicht nothwendig, doch auch nicht mehr nachtheilig; die wissenschaftlichen Entbehrungen würden sich da eher durch anderweitige Vortheile ausgleichen lassen. Hier würden die Uebungen in allen praktischen Fächern in größerem Maßstab ausgeführt, es könnten die Studirenden unter Leitung der Vorsteher sich selber viel genauer mit der Literatur, nicht blos der die praktisch theologischen Fächer wissenschaftlich behandelnden, sondern mit der praktischen Literatur selbst vertraut machen, wofür in den Studienjahren die Zeit nicht ausreicht; also Predigtliteratur, Erbauungsbücher (deren Kenntniß für die Seelsorge so wichtig ist, schon um für die Wahl der Lectüre guten Rath zu geben), der große Schatz des Kirchenliedes, die Jugendschriften u. s. w. müßten von den Studirenden selbst durchgenommen und darüber schriftlich oder mündlich referirt werden. Wissenschaftliche Repetitorien, um über dem Praktischen das früher angeeignete Scientivische nicht wieder in Vergessenheit kommen zu lassen, dürften nicht fehlen; die Form von

Colloquien, auf die man sich vorzubereiten hat (d. h. nicht von Disputationen, die so oft nur zur Katzbalgerei, zu einer Farce werden, und nie widerlicher sind, als wenn es sich um religiöse Gegenstände handelt), daneben die Lectüre z. B. von patristischen Quellen, ebenso von neuen bedeutenden Erscheinungen, Monographien, u. s. w., wovon Excerpte oder worüber Referate zu machen wären, würde hiezu die passende seyn. Unter den eigentlichen Vorlesungen würden die praktisch-exegetischen eine Hauptstelle einnehmen, ebenso die kirchenrechtlichen, in welchen theils die Grundsätze aller Kirchengesetzgebung theoretisch, historisch und kritisch zu entwickeln, theils aber auch die bestehenden Gesetze der Landeskirche, die der Pastor in der Praxis zu befolgen hat, sammt ihrer Geschichte darzustellen und praktisch zu illustriren wären. Einige Uebung im Ausfertigen amtlicher Scripturen, periodischer Berichte u. s. f., Einsichtnahme von den Kirchenbüchern eine Parochie, von einer wohlgeordneten Pfarr-Registratur und Aehnliches wäre damit zu verbinden und würde nicht viel Zeit kosten. Den homiletischen, katechetischen, liturgischen Exercitien, der Uebung im Schulunterricht, der etwaigen Theilnahme am Krankenbesuch (unter den oben entwickelten Modificationen) müßten insbesondere auch die musikalischen Uebungen zur Seite gehen, deren Wichtigkeit für den Theologen neuerlich immer allgemeiner anerkannt wird. Es ist ja wahrhaft jämmerlich, wenn ein Pfarrer im Melodienschatze seiner Kirche nicht zu Hause ist, wenn er, statt seinem Organisten in Bezug auf Wahl der Melodie und anderes zur Würde und Schönheit des Gesanges gehörige Anweisung geben zu können, entweder mit einer Art von Bettelstolz erklärt, er, der Gelehrte, verstehe als solcher selbstverständlich nichts von Musik, oder aber allerlei Schrullen in dieser Beziehung sich in den Kopf gesetzt hat (z. B. Instrumentalmusik entweihe die Kirche, oder es gehören in dieselbe nur Männerstimmen, und dergleichen Thorheiten), wornach er nun seine Kirche musikalisch regiert, mit Eifer vielleicht, aber im Unverstand. Um einen vorher musikalisch Verwahrlosten oder von der Natur nicht mit Gehör und Stimme Gesegneten noch musikalisch zu machen, dazu ists freilich im Predigerseminar zu spät. Aber durch gemeinsame Gesangübungen zunächst den der Landeskirche angehörigen Choralschatz Jedem bekannt zu machen, ihm ein Bewußtseyn über Charakter und Werth der Melodien, damit auch Grundsätze über die Wahl derselben beizubringen, vornemlich aber durch Einführung in die Geschichte der gesammten christlichen Musik das wissenschaftliche, wie für die großen Meister das persönliche Interesse zu wecken, das ist, wenn der rechte Mann die Sache in die Hand nimmt, in einem Institut dieser Art sehr wohl möglich. Sind auch die Finger zu steif, um noch ein Orgelspieler zu werden, so ist dagegen Intelligenz und Wille jetzt reif genug, um sowohl die Nothwendigkeit dieses Bildungszweiges vollkommen zu begreifen, als auch das Schöne, das Herrliche, was er bietet, selbstständig zu erkennen. Einige Kräfte werden doch immer da seyn, die zusammenwirkend auch die höheren Erzeugnisse der Tonkunst (z. B. Gesänge von Palestrina, Festlieder und Choralsätze von Eccard, von J. S. Bach u. s. w.) zur Anschauung bringen können; der Lehrer sollte aber immer ein tüchtiger Organist seyn, um dieses, der Kirche ganz zu eigen gehörende Instrument den künftigen Pastoren in seiner Kraft und Hoheit zum Verständniß zu bringen und lieb zu machen. — Was endlich das Disciplinarische und die Haushaltung betrifft, so müßte zwar alles Mönchische (und hierunter rechnen wir auch Brevierbeten und Psalmodiren) *) ferne

*) Dieses Psalmodiren ist neuerlich durch Schriften von Naumann, Armknecht, Strauß sehr empfohlen und von Hommel der ganze Psalter, zu solcher Gesangesart eingerichtet, herausgegeben worden. (Stuttg. S. G. Liesching 1859.) Warum wir uns dagegen erklären, auch der Ueberzeugung sind, daß der Geist der evangelischen Kirche sich diese Gesanges- und Gebetsform nie assimiliren wird, davon ist der einfache Grund dieser, daß, will ich den Psalter rein als Gebet gebrauchen, dann diese Singweise dazu überflüssig ist; will ich aber, wie beim Choral, der geistlichen Arie, der Motette u. s. w., zugleich die Musik benützen, dann das Durchsingen eines ganzen Psalms in dieser monotonen Weise etwas höchst Ermüdendes für Ohr und Stimme wäre, so daß der Zweck musikalischer Erbauung sicher verfehlt würde. In der römischen Kirche trägt das

bleiben; aber, da wir für ein Seminar dieser Art doch jedenfalls auch einen Convict voraussetzen müssen, sonach alle Mitglieder eine Hausgenossenschaft ausmachen, so darf es auch an fester Hausordnung und an Hausandacht nicht fehlen. Jene würde strenger seyn müssen, als die in einem mit der Universität verbundenen Seminar; es würde z. B. der Wirthshausbesuch unterbleiben oder doch so beschränkt werden müssen, daß die Seminaristen nie als eine Kneipgesellschaft beisammen sich sehen ließen, und jeder Exceß eines Einzelnen mit unnachsichtlicher Entfernung bestraft würde. Denn in diesem Kreise müßte das Pastoralbewußtseyn entschieden hervortreten. Das Princip für Hausordnung und Disciplin müßte darin liegen, daß, wenn der Candidat aus dem Seminar ins Amt träte, er nun ebensowenig im Fall wäre, sich neue, strengere Sitten anzugewöhnen, als er umgekehrt sich jetzt dürfte von einer Fessel befreit glauben; sondern, wie als Pastor zu leben ihm geziemte, das, nicht mehr und nicht weniger, müßte das Seminar ihm anzugewöhnen suchen. Es wäre auch aus diesem Grunde wünschenswerth, daß eine öffentliche Kirche dem Institut überlassen wäre, als deren regelmäßige Prediger und Katecheten die Zöglinge fungirten, die also auch die Gemeinde bereits als Prediger, nicht als Studenten betrachtete. Die Hausandacht würde sich auf Morgen- und Abendgebet mit Bibellection und Choralgesang beschränken; ob damit eine freie Auslegung oder Betrachtung verbunden werden, ob diese von einem Vorsteher, also zugleich als Muster, oder von einem Seminaristen, also zugleich als Uebung, — ob in letzterem Falle mit Vorbereitung, oder als Uebung in freier Rede gehalten

---

nichts aus, es ist ja opus operatum; die ungeheure Geschwindigkeit, in welcher man dort derlei Dinge häufig vortragen hört, verräth deutlich jenen Mangel an Befriedigung, den diese Gesangsform fühlen läßt. Unter den Evangelischen aber haben die Reformirten und die Lutheraner bereits ihren Psalmgesang, jene in der metrischen Uebersetzung der Psalmen, diese in der freien, neutestamentlichen Reproduction derselben, wie z. B. „Ein' feste Burg" der evangelische 46. Psalm ist. Außerdem ist für den Chorgesang durch eine Menge von Compositionen der Psalmen gesorgt.

werden soll, darüber wird wohl den Vorstehern Raum gelassen werden müssen, Erfahrung zu sammeln und hiernach zu thun, was sie als das Beste erkennen. Nur die Bemerkung fügen wir noch bei, daß mehr noch, als dieß in einem früheren Seminar irgend möglich war, die Disciplin in Seelsorge übergehen oder mit dieser eins seyn muß. Das läßt sich aber nicht einfach in's Statut setzen, sondern es wird nur gelingen, wenn der Vorsteher oder nächste Vorgesetzte durch seine eigene pastorale Persönlichkeit sich das Vertrauen der Zöglinge so zu gewinnen weiß, daß sie ihm selber das Herz aufschließen. Durch solche Seelsorge, die an ihnen geübt wird, lernen sie am besten selber Seelsorge üben. (Vergl. über diesen gesammten Gegenstand die Denkschrift der Eröffnung des Heidelberger Predigerseminars von Rothe, 1838., die Denkschriften der Seminarien in Herborn, Jena, Wittenberg u. s. w.)

6. Das Vicariat.

Obgleich Vieles, ja das Meiste, was in den spätern Capiteln über den geistlichen Dienst an der Gemeinde zu sagen ist, auch den Vicar schon angeht, fügen wir dennoch hier einen kurzen Abschnitt über diese Stufe des geistlichen Amtes ein, da ihr ihre eigene Stellung und Bedeutung zwischen der Universität, respective dem Predigerseminar, und dem selbstständig zu führenden Amte zukommt. Ueber die Zweckmäßigkeit, ja Unentbehrlichkeit des Vicariats als einer kirchlichen Institution haben wir uns hier nicht auszulassen, da die Kirchenorganisationslehre diese zu behandeln hat; wir glauben auch annehmen zu sollen, daß wenn trotz der beredten Empfehlung, die das Vicariat auf dem Kirchentage des Jahres 1851 gefunden hat, verschiedene evangelische Länder dasselbe noch immer nicht besitzen, sondern die durch Tod oder Kränklichkeit eines Pfarrers verwaisten Gemeinden durch die Nachbarn versehen lassen, hieran nicht die Leugnung der Wohlthätigkeit des fraglichen Instituts, sondern nur die äußere Schwierigkeit Schuld ist, die es haben mag, solch eine durchgreifende, auch ökonomisch nicht unwichtige Maßregel in's Werk zu setzen. Wir fügen nur hinzu, daß wir dem auf genanntem Kirchentage so stark betonten Modus, daß die Vicare immer noch einen Sammelpunct in einer Art von Seminar haben sollen, wohin sie jederzeit zurückgerufen werden können, keinen so großen Werth beizulegen vermögen. Ist die Sache einmal organisirt, ist die Zahl der Candidaten in ungefährer Proportion zu dem jährlichen Bedürfniß, so ist solch eine Art Mutterhaus für sie überflüssig; nur dann, wenn weit mehr Candidaten vorhanden wären, als man Vicare braucht, könnte solch ein Ort als Asyl dienen, allein statt sie in diesem Fall auf öffentliche Kosten zu ernähren, wird man wohl viel eher es begünstigen, daß sie Lehrstellen in Familien oder an Schulen und Instituten annehmen.*)

Die Stellung des Vicars in einem wackern Pfarrhause gehört zu den schönsten Lagen des Lebens, die sich denken läßt. Der junge Mann ist in ein Amt gesetzt, in welchem er mit der ganzen Frische der Jugend die Arbeit angreifen und durch eigene Wirksamkeit Erfahrungen sammeln darf, ohne daß doch schon das Gewicht eigener Verantwortlichkeit auf ihm ruhte. Die Gemeinden nehmen in der Regel einen Vicar, wenn er auch nur mäßig seine Stelle ausfüllt, mit jenem Wohlmeinen auf, das ihm schon seine Jugend erwirbt; es ist von Hauber (Recht und Brauch der evang. Kirche in Württemberg I. S. 64) sehr treffend bemerkt worden:

*) In Württemberg bestand allerdings vor Alters der Brauch, daß Vicare von ihren Stellen in's Tübinger Stift zurückgeschickt wurden, aber der Zweck war, sie dort wegen irgend eines Vergehens zu incarceriren. Das geistliche Gefängniß in Stuttgart (die sog. Bibel, weil den Gefangenen nur die Bibel zur Lectüre gegeben war), diente zur Aufnahme angestellter Geistlichen.

„was der Vicar kann, findet Bewunderung, was noch nicht, Entschuldigung, beides um der Jugend willen; was ihm aus der Gemeinde entgegenkommt, ist eine Mischung von kindlichem Vertrauen und mütterlichem Wohlwollen, er ist ihr der Hirte und ein Sohn zugleich, und deren sind nicht Wenige, welche zu bekennen haben, daß sie die officielle Befähigung zum Predigtamt wohl vom Studium und Examen, aber Lust und Liebe dazu und Anhänglichkeit an die Kirche aus ihren ersten Gemeinden empfangen haben." — Ueber das Verhältniß zum Pfarrer, über die Theilung der Arbeit, über die Abhängigkeit auch im Amte von des Pfarrers Willen und Weisung kann keine Unklarheit bestehen. Der Vicar hat — wofern nicht der Pfarrer suspendirt und der Vicar eigentlicher Amtsverweser ist — vom Amte so viel zu versehen, als der Pfarrer ihm überträgt, denn er ist dessen Stellvertreter. Kann der Pfarrer noch einen Theil der Geschäfte versehen, so ist es ganz in der Ordnung, daß er sich nach eigenem Ermessen diesen Theil auswählt, noch mehr aber, daß er Solches selber versieht, was, wo zwei Geistliche vorhanden sind, seiner Natur nach sich für den älteren eignet; also z. B. Verhandlungen mit den Collegien, Vornahme von Eheleuten und dergl. Ebenso ist die Confirmation ein Act, der, auch wenn der Vicar vielleicht den ganzen Confirmationsunterricht versehen hat, dennoch geziemender vom Pfarrer versehen wird, wie unter mehreren Collegen an einer Kirche vom Senior derselben. Andrerseits aber ist der Vicar, falls der Pfarrer nichts mehr versehen kann, befugt und verpflichtet, in seinem Namen sämmtliche Geschäfte zu besorgen. In alle dem also ist er abhängig vom Pfarrer; es würde ihm auch nicht zustehen, würde kein Beweis von richtigem Tacte seyn, wenn er gegen den Willen des Pfarrers Veränderungen z. B. im Gottesdienst, in der Schule u. s. w. vernähme, auch wenn diese wünschenswerth erschienen, und ebensowenig, wenn er der Gemeinde gegenüber sich als deren ordentlichen Seelsorger betrachtete, d. h. den Pfarrer ignorirte. Eifrige Pastoralnaturen dünken sich gar zu gerne schon im Vicariat als diejenigen, die der Gemeinde erst das Heil bringen müssen; und in der Gemeinde fehlt es nicht an Leuten, die den Vicar in dieser Eitelkeit bestärken, die Einen, weil sie wirklich durch das Neue, Jugendliche, vielleicht wirklich Bessere bestochen, aufrichtig glauben, im Vicar sei erst der Erwecker der Gemeinde aufgestanden, — die Andern, weil es sie kitzelt, dem Pfarrer eine Opposition zu bereiten. Allen solchen Versuchungen gegenüber kann der Vicar nicht vorsichtig genug seyn; so ein junges Ohr saugt die Lobsprüche über Predigten und Kinderlehren allzubehaglich ein, als daß Verstand und Gewissen nicht Allem aufbieten müßten, um das klare Bewußtseyn zu erhalten, daß der Vicar nur Gehülfe des legitimen Pfarrers ist. Es ist darum auch immer etwas leicht zum Uebel Führendes, wenn der Vicar mehr Verkehr mit den Familien hat, als das Amt erfordert, und in Bauerhäusern einheimischer und gesprächiger ist, als im Pfarrhause. Da wird er bald Reden über den Pfarrer führen hören, die er als dessen Vicar nicht anhören darf; er wird in Dorfklatschereien verwickelt, ehe er sich dessen versieht. Aber wie einer deßhalb, weil die Schafe nicht sein eigen sind (es ist ja auch nur Einer, der dieß sagen darf), noch kein Miethling ist: so schließt jenes Verhältniß der Unterordnung doch eine gewisse Selbstständigkeit und darum Verantwortlichkeit nicht aus. Der Vikar ist für das, was er im Amte thut und wie er es thut, doch nicht dem Pfarrer, sondern wie der Pfarrer, seinem Gewissen und der Kirchenobrigkeit, d. h. der Kirche selbst, verantwortlich. Es kann also kein Pfarrer dem Vicar z. B. die Auflage machen, er müsse predigen, wie er selbst. Er wird den Vicar hören, wird, was er daran zu desideriren findet, ihm in schonender Weise mittheilen, nicht wie man im Predigerseminar eine Predigt recensirt, sondern mehr in confidentieller Weise, in der das väterliche Verhältniß durch das collegialische modificirt ist. Der Vicar kann gute Gründe haben für seine Art der Behandlung; es würde ihm in einem ihm vom Pfarrer octroyirten Predigtgewande zu Muthe seyn wie David in Sauls Rüstung: so weit ihn nach eigenem Geschmacke zu dirigiren, hat der Pfarrer kein Recht; er muß im Vicar ein selbstständiges Amtsgewissen anerkennen. Wollte der Vicar allerlei Dinge von der Art unternehmen, was wir unten als freiwillige Pastoralthätigkeit näher bezeichnen werden (wie etwa eine Kleinkinderschule, einen Singchor errichten und drgl.): so wäre es Unrecht, wenn ihm der Pfarrer die Erlaubniß dazu verweigerte; eine junge Kraft zum Wohl der Gemeinde wirken zu lassen, ist in der That Pflicht für ihn. Aber die Cognition darüber muß dem Pfarrer vorbehalten bleiben, ob die Sache ausführbar, ob sie ersprießlich, ob sie nicht vielleicht so ephemer ist, daß, sobald der Vicar weggeht, auch sein Werk zerfällt. Noch schlimmer, ja wahrhaft unwürdig ist es, wenn ein Pfarrer den Vicar wie einen Nebenbuhler betrachtet, und — wovon Beispiele immer von Zeit zu Zeit wiederkehren — einen tüchtigen Prediger nach kurzer Frist deßhalb wieder verabschiedet. Die das zu thun im Stande sind, suchen nur das Ihre, nicht was des Herrn ist und der Gemeinde frommt. Ein großes Glück aber ist es, wenn der Vicar zu einem Pfarrer kommt, von dem er ebensowohl noch etwas Rechtes lernen kann, als derselbe willig die dem Jüngeren verliehene Gabe anerkennt und sich um der Gemeinde willen derselben freut. Es können die Beiden einander recht zum Segen werden, wenn sie wollen; auch der wissenschaftliche Austausch zwischen dem Aelteren, dessen Wissenschaft sich mehr aus der Vergangenheit datirt, und dem Jüngeren, der die Sprache der Gegenwart redet, kann bei gutem Willen, bei Ernst und Liebe für beide fruchtbar werden.

Der Vicar tritt aber nicht blos in des Pfarrers Amt neben diesem ein, er tritt auch in sein Haus, er ist sein Tischgenosse. Was ist auch in dieser Beziehung wünschenswerther, als daß er wie ein Sohn, aber doch zugleich mit der Achtung, die ihm collegialisch als einem Träger des Amtes gebührt, aufgenommen und behandelt werde! Alle Tugenden, die eine Pfarrfamilie zieren, werden ihm zum Segen, aber auch alle Uebel, die dieselbe verunzieren mögen, und die wir nicht detailliren wollen, werden ihm zur

Pein. Oft aber bringt gerade eine junge, fröhliche Seele auch wieder Leben in ein vielleicht ödes Haus; hat es doch schon Vicare gegeben, die durch kluges, treues und festes Benehmen selbst auf die minder glückliche Ehe eines Pfarrers wohlthätig eingewirkt haben. Wie viel kann er, wenn er irgend eine Kunst versteht, z. B. Musik treibt, oder wenn er sich zum Vorleser für die Familie hergibt, Freude im Hause bereiten mit wenigen Mitteln! Wie viel Liebe kann er geben und nehmen durch jene Dienstfertigkeit, die dem gebildeten Manne so wohl ansteht, durch jene herzliche Theilnahme an allen häuslichen Ereignissen, an Familienfesten, Christbescheerungen und dergl.; wie kann er namentlich in Krankheitsfällen, die das Haus treffen, ein wahrer Helfer und Tröster für dasselbe seyn! So seine Stellung zu begreifen und mit Liebe sie auszufüllen — das ist, wie gesagt, eine der schönsten, lohnendsten Aufgaben für einen jungen Theologen. Würden aber auch die unter Einem Dache Wohnenden aus irgend einem Grunde einander nicht näher kommen können, würde der Ton im Hause den Vicar nicht ansprechen, würde z. B. ein Mangel oder ein Uebermaß an ökonomischem Sinn auch dem Vicar fühlbar werden: das versteht sich für ihn unter allen Umständen, daß er sich in die Hausordnung fügt, nicht mit Ansprüchen an Bewirthung, Bedienung und dergl. auftritt, die entweder nach Gesetz und Brauch seiner Stellung überhaupt nicht zukommen, oder in welchen bescheiden und genügsam zu seyn ihm wenigstens die vielleicht beschränkte oder gar bedrängte Lage der Pfarrfamilie innerlich zur Pflicht macht. Ob ein junger Mann im Hause seiner Eltern verhätschelt und verzogen worden ist, wird das Pfarrhaus deutlich zu spüren haben; andrerseits aber wird eine wackere, kluge Pfarrfrau auch auf den Vicar noch in manchfacher Beziehung wohlthätig einzuwirken, seine Erziehung und Bildung zu vollenden im Stande seyn. — Einen zarten Punct dürfen wir dabei nicht übergehen, begnügen uns aber ihn nur mit wenigen Worten anzudeuten. Es liegt allzu natürlich in dieser Stellung, daß oft und viel der Vicar seine künftige Gattin in dem

Hause findet, dem er zugesandt worden. Gerade jenes Aufgehen des Vicars in der Familie erleichtert das gegenseitige sich Kennenlernen und Liebgewinnen; und daß die Pfarrtochter sich auch zur Pfarrfrau qualificirt, ist ja ebenfalls ganz in der Ordnung. Aus diesem Grunde das Vicariatsinstitut bedenklich zu finden, sind wir ebensowenig gesonnen, als wir berufen sind, es deßhalb anzupreisen. Nur ist gerade bei der Zartheit dieses Gegenstands auch um so leichter an die Möglichkeit zu denken, daß Uebles statt Gutes daraus wird. Eine Liebschaft zu unterhalten, ziemt dem Vicar nicht; selbst wenn eine förmliche Verlobung Statt gefunden hat, ist durchaus zu rathen, daß er eine andere Stelle sucht; die Meinung des Landvolks, das solche Dinge mit seinem eigenen Maßstabe mißt, wird kein solches Verhältniß unangetastet lassen. Das Bösartigste aber ist, wenn ein Vicar in der eitlen Meinung von seiner Liebenswürdigkeit wähnt, man suche ihn im Hause einzuziehen; wenn er deßhalb jeder Freundlichkeit unlautere Motive unterschiebt, jede Unterlassung aber als Zeichen des Unmuths über seine Zurückhaltung ansieht, so daß die arme Familie, sie mag thun, was sie will, stets seinen Argwohn nährt. Solch ein Verhältniß ist unerträglich.

Noch haben wir diejenigen Vicariate zu berühren, da nicht die Stelle eines Lebenden, sondern die eines Todten bis zum Eintritt eines neuen Pfarrers zu versehen ist, oder da die Kirchenbehörde zwar eine selbstständige Pfarrei errichtet, aber noch nicht die Mittel für einen Pfarrer, für eine ausreichende Pfarrwohnung u. s. w. hat beschaffen können. Einem Pfarrverweser ist das gesammte Amt vollständig mit eigener Verantwortlichkeit übergeben; der Unterschied zwischen ihm und dem Pfarrer ist nur der, daß er, weil die geringe Dotation ihm in der Regel nicht erlaubt, sich zu verheirathen, auch nicht im Sinne hat, auf diesem Posten zu bleiben, selbst wenn ihn nicht ein baldiger Aufzug des neuen Pfarrers nöthigt, den Wanderstab weiter zu tragen. Es sind pastoraltheologisch für diese Station, die letzte vor dem eigenen, vollständigen Amte, nur folgende Bemerkungen zu machen:

1. Nach dem Tode eines Geistlichen bewohnt mit dem Verweser meist noch die Familie des Verstorbenen das Haus und hat je nach gesetzlichen Bestimmungen mehr oder weniger Antheil an den Accidentien. Schon das Mitgefühl mit der Trauer derselben, überdieß mit ihrer vielleicht ökonomisch bedauernswerthen Lage muß dem Verweser die größte Delicatesse zur Pflicht machen. Jede Unzartheit, jedes Zeichen von Gleichgültigkeit schmerzt in solcher Lage tief, während eine warme, theilnehmende Aufmerksamkeit für sie so wohlthuend ist. Auch im Amte thut der Amtsverweser wohl, nicht Aenderungen nach eignem Geschmacke zu treffen, durch welche der Vorgänger immer irgendwie in Schatten gestellt wird. Eine Wittwe ist auch für solche Dinge äußerst empfindlich, und in der Gemeinde ruft er entweder Unwillen hervor über vorschnelle Aenderungen, da er ja doch nicht lange bleibt, oder aber findet er vielleicht einen Beifall damit, der abermals den Relicten einen Stich in's Herz gibt.

2. Das Bewußtseyn, hier keine bleibende Statt zu haben, soll ihn zwar — auch abgesehen von obiger persönlichen Rücksicht — davon abhalten, Neuerungen in der Gemeinde anzufangen, zu welchen gerade er um so eher geneigt seyn kann, weil er jetzt, vielleicht zum erstenmale, freie Hand hat, und weil, wenn der Erfolg ein schiefer ist, er seinen Bündel schnürt und weiter zieht, ohne erst die Folgen ausbaden zu müssen. Aber es darf andrerseits daraus nicht diejenige Gleichgültigkeit entstehen, da er, was vorgeschrieben ist, thut, aber um die Gemeinde sich weiter nichts kümmert. Es ist ein ganz besonderer, aber kaum vermeidlicher Uebelstand, daß die Amtsverweser, wenn sie einmal auf diese Linie vorgerückt sind, Jahre lang immer nur kurze Zeit an einem Orte sind und dann wieder dahin geschickt werden, woher der neue Pfarrer kommt, bis durch die Ernennung eines Nachfolgers für diesen abermals eine Amtsverweserei aufgeht und so in infinitum. Macht das die Leute etwas heimathlos, so ist es auch nicht ohne Versuchlichkeit, daß so ein junger Mann völlig allein bald dieses, bald

jenes Pfarrhaus bewohnt. Er kann vielleicht in der Gemeinde keinen gebildeten Umgang finden; so ist er entweder an unpassende Gesellschaft gewiesen oder zieht er alle Tage aus, um der Langenweile zu entgehen. Vor dieser Gefahr, sowie der wohl selteneren, daß er menschenscheu wird, ist er nur dann gesichert, wenn er geistiges Leben und Interesse genug hat, um diese Einsamkeit auf eine ersprießliche Art zu benützen; wer Freude an wissenschaftlichen Studien hat, daneben vielleicht irgend eine schöne Kunst treibt, wird die nicht durch's Amt absorbirte Zeit ganz wohl so ausfüllen können, daß ihm auch diese Stufe auf der Amtsleiter zum Segen wird. Sie ist somit immer auch eine geistliche Probezeit für den innern Gehalt des Mannes selber.

3. Ist es an dem, daß die Pfarrstelle wieder definitiv besetzt werden soll, so liegt der Wunsch und die Hoffnung sehr nahe, daß der Pfarrverweser sie erhalte, und ceteris paribus wird eine Kirchenbehörde einen Verweser, der sich an der Gemeinde schon erprobt hat, immer vorziehen, wir sogar diesem Präjudiz nicht selten ein Gewicht beilegen, wodurch anderweitige Ansprüche, die ein Anderer erheben kann, z. B. ein nicht zu großer Altersvorsprung, aufgewogen werden können. Aber gerade dieser Wunsch oder dieser Anspruch, den er auf Grund der Billigkeit erhebt, hat auch große Uebelstände im Gefolge. Es wird ihm erwünscht seyn, wenn die Gemeinde (vorausgesetzt, daß sie nicht selbst das Wahlrecht hat, denn in diesem Fall steht die Sache für ihn noch viel günstiger) um ihn petitionirt; er wird also vielleicht dieß direct provociren oder wenigstens sich der Gemeinde, namentlich den Magnaten in ihr, überaus gefällig bezeigen, um in ihr jenen Gedanken hervorzulocken. Ist schon dieß ein gefährliches, unter Umständen geradezu ungerechtes Verfahren, so wird es vollends malhonett, wenn er auf den Eigennutz der Leute speculirt, also z. B. auf Gebühren verzichtet, ohne daß die Armuth ihm dieß zur Pflicht machte, oder den weltlichen Beamten Rechte einräumt, die der Pfarrer in Anspruch nehmen muß. Gelingt das Manöver, so wird über kurz oder

lang solch eine unlautere Freundschaft ein Ende nehmen; als Pfarrer ist er nicht mehr der gefällige, nachgiebige Mann, und wenn er auch wollte, so kann er's nicht mehr seyn; sein vorheriger Amtseifer läßt nach, seitdem er den Zweck erreicht hat, und beim ersten Ausbruch eines Conflicts wird ihm in's Gesicht gesagt, er wäre ja gar nicht Pfarrer, wenn man nicht für ihn vor Pontius und Pilatus gelaufen wäre — ein Vorhalt, der ihn erkennen läßt, daß man glaubt, ihn dadurch für immer gebunden zu haben. Gelingt es aber nicht, so ist dem ernannten fremden Pfarrer böses Spiel gemacht, also wieder ein Unrecht begangen. All diese Dinge machen dem Verweser die äußerste Vorsicht zur Pflicht: alles, was einer captatio benevolentiae ähnlich sieht, soll er fern halten, und wenn je die Gemeinde, weil sie ihn lieb gewonnen hat, einen Schritt für ihn thun will, dessen Vergeblichkeit (z. B. wegen höherer Dotation der Stelle) nicht schon zum Voraus gewiß ist und den er ihr daher alles Ernstes auszureden hat, — so muß er wenigstens vollständig passiv bleiben und jedes Wort ungesagt lassen, das einen Wunsch in Betreff solcher Schritte von Seiten der Gemeinden auch nur leise zu verstehen gäbe. Hier muß der feste Glaube ihn leiten, daß die Stelle, die der Herr der Kirche ihm anweisen will, ihm ganz gewiß zu Theil wird, ohne daß er sich auch nur mit dem Schein einer Erschleichung belasten würde.

---

7. Eintritt in's Amt; Amtswechsel.

In vielen Gegenden ist auf dem Lande die in den Städten nicht bekannte Sitte im Gange, daß die Gemeindevorsteher mit einer Anzahl von Bürgern, etwa auch singenden Schulkindern dem Pastor bei seinem Aufzug entgegenkommen, um feierlich ihn einzuholen. So gut das gemeint ist, so viel Pietät für das Amt sich darin kund gibt, dessen Träger man ehren will, bevor man ihn kennt, — wir gestehen, daß wir dem Pastor immer lieber wünschen möchten, daß er nicht im Reisewagen oder in einem Gasthof, wo man zusammentrifft und einander mit Toasten begrüßt, sondern auf der Kanzel zuerst öffentlich erschiene. Denn da erst bietet er der Gemeinde die Hand, da erst empfängt sie den ersten, bestimmten Eindruck von ihm, indem sie ihn als Prediger in ihrer Mitte sieht und hört. Bringt es die Ortssitte oder der Landesbrauch mit sich, daß sein Eintritt mit einem Festmahle gefeiert wird, so mag das nach der Predigt und Investitur seyn, und zwar lieber in kleinem Kreise und im Pfarrhause, als an einem öffentlichen Orte. Eine fette Schmauserei mit dem Schulzen und den Notabilitäten des Ortes bildet zum Ernste des kirchlichen Actes einen gar zu grellen Gegensatz, als daß nicht — wenn auch Niemand Aergerniß daran nimmt, weil es einmal herkömmlich ist — doch der Eindruck des Tages irgendwie geschwächt würde.*)

Vor die Gemeinde aber, die festlich versammelt darauf wartet, die Stimme ihres Hirten zum erstenmale zu hören, wird Keiner in solcher Stunde treten, ohne im tiefsten Herzen ergriffen und bewegt zu seyn. Er sieht ein großes Arbeitsfeld vor sich — alle die Herzen, die ihm entgegenschlagen, sind von Stund an ihm auf's Gewissen gebunden; er aber kennt sie noch nicht, weiß nicht, wo er sie anzufassen, wo er zu helfen, zu retten hat; er kann auch nicht urtheilen, wie seine ganze Erscheinung, seine Stimme, seine ihnen vielleicht ganz ungewohnte Weise auf sie wirkt, ob anziehend oder abstoßend, gewinnend oder erkältend. Sie aber erwarten

---

*) „Es ist durch solche Mahlzeiten schon Vieles gleich zum Einstand verderbt und verhagelt worden, was nachher, weil sich ein weltlicher Eindruck festgesetzt hatte, entweder gar nicht mehr oder nur mit Schmerz und Demüthigung wieder zu repariren war. Mancher Schultheiß und Gemeinderath hat seinen Pfarrer gleich beim Investituressen, wo es weltlich hergieng, heimlich in den Sack geschoben und innerlich bei sich mundtodt gemacht." Knapp, in L. Hofackers Leben, 1. Aufl. S. 230.

etwas, erwarten viel von ihm; sie wünschen und hoffen, sich seiner freuen zu können, möchten gleich zum erstenmal einen recht vollen, reichen Segen von ihm mitnehmen; es regt sich in den empfänglichen Gemüthern beim ersten Auftreten eines neuen Pfarrers immer ein mehr oder weniger klares Gefühl davon, daß mit ihm ein neues Leben in die Gemeinde kommen, die frische Kraft, die in andrer Weise als bisher auf sie wirken wird, auch wie ein warmer Frühlingstag neue Keime wecken, mit neuen Blüthen die Gemeinde schmücken werde. Wird die Hoffnung durch die erste Predigt schon gerechtfertigt, wie viel ist gewonnen! Wird sie getäuscht, wie traurig werden gerade die Besseren und Besten heimkehren; welch lange Hungerzeit steht ihnen in Aussicht! — Will man sich wohlmeinend über einen jüngeren Mann noch damit trösten, daß er wohl mit der Zeit wärmer, kräftiger, lebendiger werden werde — wie ist dieser Trost so schwach, wenn derselbe nicht einmal heute, in solchem Momente sich hat ermannen oder Besseres geben können! Das alles wird der Prediger, der nicht mit unverbesserlicher Eitelkeit gestraft ist, in seinem ganzen Gewichte fühlen; stürmen derlei Empfindungen doch auf Prediger, die schon längst einen Boden gefunden haben und sehen, daß sie nicht umsonst arbeiten, oft beim Hintreten vor die Gemeinde ein; ist's uns doch namentlich an Festtagen immer ein beengender, beklemmender Gedanke: diese alle, die in tiefer Stille deines Wortes harren, erwarten etwas von mir, keiner von ihnen soll leer ausgehen, wehe mir, wenn die Herzen sich wieder verschließen, ohne etwas empfangen zu haben, wenn die Gewissen wieder einschlafen, weil ihnen nicht zur rechten Stunde das Licht gezeigt worden! Wie viel gewaltiger noch muß all das den Prediger in jener Stunde erfassen, da er zum erstenmal mit seiner Gemeinde vor Gottes Angesicht steht! Aber es ist ihm der Trost gegeben, daß er seine ganz bestimmte Weisung hat, was er der Gemeinde bringen, was er ihr seyn soll, und daß dieß im Wesentlichen für alle dasselbe ist. Ebenso sind trotz allen Unterschieden zwischen verschiedenen Gemeinden und trotz allen Gegensätzen, die sich innerhalb der Gemeinden selber finden, doch die Menschen allüberall dieselben; es sind, wenn auch in sehr verschiedenen Mischungsverhältnissen, doch immer die gleichen Ingredienzien: überall ist es bereits eine Christengemeinde, die der Pastor vorfindet, nicht ein heidnischer Menschenhaufe (vergl. Hesek. 3, 4. 5.), also ein Volk, das sich zu Christo schon bekennt, dem sein Wort nichts Fremdes mehr ist, das die Lieder der Kirche singt und in der Sitte der Kirche aufgewachsen ist, unter dem er also schon christliche Erkenntniß und Bereitwilligkeit a priori in Rechnung nehmen darf, woran er anknüpfen, worauf er sich stützen kann; darunter aber einerseits eine Menge von Namenchristen, eine Welt, wie sie überall ist, ob roher oder feiner geformt, ob unter ehrbarem, vielleicht sogar frommem Gewande den Weltsinn versteckend, oder ihn in ganzer Blöße kund gebend und im Herzen feindselig gegen Gottes Wahrheit und Recht; aber auch neben dieser doch überall Seelen, denen des Herrn Wort theuer ist, die den Frieden in Jesu Christo entweder schon gefunden und als erfahrene Christen desto mehr Verständniß für das Wort der Predigt und Genuß von ihr haben, oder die solchen Frieden wenigstens suchen und darum dem Pfarrer zu folgen bereit sind, wenn er es versteht, ihnen nach ihrem Bedürfnisse die Hand zu bieten. Diesen allen steht er gegenüber, er der allen zum Segen werden soll; über der äußern Einheit, in welcher diese gemischte Gesellschaft vor ihm steht, darf er jene inneren Gegensätze nicht vergessen, aber ebensowenig über diesen Gegensätzen die Einheit; nicht um Waizen und Unkraut auseinanderzulesen, nicht um zu scheiden, sondern um zu sammeln ist er gesandt; auch in denen, die der Wahrheit noch ferne stehen, darf er den, wenn auch losen, vielleicht kaum noch äußerlichen Zusammenhang, in dem sie mit der Kirche stehen, nicht gering oder für nichts achten und sie als Leute ansehen, die ihn nichts angehen, über die er höchstens noch eine äußere Gesetzesmacht habe, wie sie der Staat ihm als Theilnehmer an der öffentlichen Sittenpolizei einräumt, deren Seelen aber nicht in den Bereich seiner Fürsorge gehören. Auch sie haben noch ein Menschenherz, das, schon von Kind auf in christlicher Atmosphäre lebend, vielleicht auch unter einem Schutt von Sünde, Rohheit oder Leichtsinn noch einen Funken geistlichen Lebens in sich trägt, den vorauszusetzen und anzufachen Aufgabe des Seelsorgers ist. — So hat er der Gemeinde viel entgegenzubringen, noch ehe er sie kennt: eine priesterliche Liebe, die Alle umfaßt, Allen die Hand reicht; einen klaren, nüchternen Blick, um weder von dem guten Aussehen der ganzen Gemeinde noch von Einzelnen sich täuschen zu lassen, die sich als die ihm geistlich Verwandten, seines Vertrauens Würdigen, präsentiren; zu beidem aber den vollen Ernst, die männliche Entschlossenheit, Hand an's Werk zu legen und sich durch nichts irre oder müde machen zu lassen. Um alles das, um alle Kraft und Weisheit, zumeist um die Gabe einer in Christo wurzelnden, aus ihm fließenden Liebe hat er freilich zuallererst zu bitten, statt im eitlen Wahne des Selbstvertrauens in's Amt hineinzurennen; aber wie das erbeten seyn will, so will es auch der Gemeinde gegenüber ausgesprochen seyn; das erste Wort an sie wird immer in irgend einer Form Bekenntniß und Gelübde enthalten. Um jedoch nicht schon mit dem ersten Tritte einen Fehltritt zu thun, bedarf es großer Vorsicht. Das Bekenntniß nimmt gar leicht den Ton allzugroßer Demuth an, wie sie in solcher Oeffentlichkeit und in solcher amtlichen Stellung nicht am Platze ist. Wenn man seine eigene Untüchtigkeit und Unwürdigkeit (nach Luc. 17, 10. 2 Kor. 3, 5.) auch noch so tief empfindet, so muß man das dennoch nicht zur Schau tragen; eine Beicht über Jugendsünden soll wahrlich die Antrittspredigt oder die übliche Mittheilung des Lebensganges beim Investituract nicht seyn; selbst die Redensart, die man hie und da hören kann, ist zu mißbilligen, wenn der Prediger seinen Beruf so darstellt, daß er selber sich jetzt mit der Gemeinde bekehren solle und wolle; die Gemeinde muß von ihm schlechthin präsumiren dürfen, daß er ein bekehrter Mensch ist, sonst kann sie von ihrem Standpunct aus ihm eigentlich gar nicht das Recht einräumen, ihr zu predigen. Klingt aber aus dem Bekenntniß die geistliche Eitelkeit, ein Gefallenhaben an sich selbst heraus, indem man seine geistlichen Erfahrungen, seine Gläubigkeit, seine früheren Erfolge in der Bekehrungskunst der Gemeinde zur Kenntniß bringt, so ist dieß noch schlimmer. Auch Versprechungen, was man alles leisten wolle, was man thun und nicht thun, dulden oder nicht dulden werde, sind im Detail nicht angemessen. Wir haben nichts zu versprechen, als was wir schuldig sind, das aber zu leisten geloben wir bei der Ordination und Investitur; eine rhetorische Illustration dazu ist vom Uebel.

Etwas anders ist die Situation, wenn der Geistliche nicht zum erstenmal ins Amt, sondern nur in eine andere Gemeinde eintritt; es gleicht dieß fast dem Schließen einer zweiten Ehe, nur daß hier kein Tod und keine Scheidung voranging. Freilich kann das Verhältniß zur vorigen Gemeinde ein solches geworden seyn, daß die Trennung wirklich eine Scheidung wird (das Aeußerste dieser Art ist eine nicht nachgesuchte, von Amtswegen verfügte Versetzung); dann wird sich wohl auch die neue Gemeinde nicht sonderlich erbaut fühlen, wenn sie sich zum Range eines Strafdienstes degradirt sieht, oder dieß gar als ihr character indelebilis sich festsetzt. Ob man eine Gemeinde — vielleicht blos wegen ihrer Abgelegenheit, wegen der rauhen, unwirthlichen Gegend — unter diesen Gesichtspunct stellen darf, ist eine Frage, die das Kirchenregiment zu beantworten hat, also nicht hieher gehört; die Pastoraltheologie kann blos sagen, daß in solchem Falle der Pfarrer nichts Besseres thun kann, als durch eigene geistige Erneuerung und angestrengtesten Fleiß der Gemeinde, der er zugeschickt ist, zum Segen zu werden. — Das Gewöhnliche aber ist, daß ein Geistlicher, nachdem er eine Weile in einer Gemeinde gedient hat, nun sich selbst um eine andere Stelle bewirbt. So gäng und gäbe dieses Verfahren ist, so hat es doch immer Männer von difficilerem Gewissen gegeben, die da glaubten, nicht sich selbst zu einer Stelle anbieten, oder gar sich vordrängen und darum ambiren, sondern in aller Ruhe warten zu sollen, bis ein Ruf an sie komme, in dem sie Gottes Ruf erkennen würden. Luther hat dieß als das einem Diener Christi allein Geziemende wiederholt und gern auch mit Hinweisung auf bekannte Beispiele aus der alten Kirche hingestellt; *) es ist auch, rein von kirchlich-religiösem Standpunct aus betrachtet, vollkommen richtig und muß immer als das eigentlich Normale dem Miethlingssinn entgegengehalten werden, der jede Stelle nur als eine Vorstufe für eine andere bessere ansicht und den es, sobald er einige Zeit festgesessen, nach jeder nur im Geringsten mehr Vortheil versprechenden gelüstet. Aber vorerst darf nicht übersehen werden, daß so, wie die Aemterbesetzung rechtlich geordnet ist, auf eine Berufung ohne eigene Bewerbung nicht gewartet werden kann, während dieß bei Aemtern anderer Art (z. B. höheren kirchlichen Würden und akademischen Lehrämtern) allerdings der Fall ist. Eine Meldung, wenn sie nach reiflicher Ueberlegung vor Gott erfolgt ist, ist darum noch nicht schon die Entscheidung, also noch nicht ein eigenwilliges Sich-Vordrängen, ein eigenmächtiges Nehmen; soll ich nach Gottes Rath auf die neue Stelle nicht kommen, so wird auch meine Meldung nicht von Erfolg seyn (es wäre denn zur Strafe für meinen Leichtsinn, für mein Gelüste); die Meldung soll nichts anderes seyn, als daß ich mich zur Verfügung stelle, weil ich glaube, die fragliche Stelle ausfüllen zu können; habe ich aber die Meldung ernst genommen, sie nur in Gottes Namen und mit völliger Hingebung in seinen Willen gewagt, und sie hat Erfolg: dann darf

---

*) „Der mehrere Theil sucht das Seine, wenige aber was Christi ist. Mancher thut, wie die Krämer, wo die Sonne scheinet und da er gedenkt Geld zu lösen, da bindet er seinen Schnappsack auf; gehet ein trübes Wölklein herein und die Waare will auf einer andern Kirchweih' mehr gelten, so bindet er wieder ein und fähret auf. . . . Befiehlet Einem Gott eine Kirche, die soll er sein Lebenlang behalten, wie sein ehelich Weib, sofern sie Gottes Wort hören und Christo sein Ehegelöbniß halten will . . . . Ein Pfarrherr, der stets ändert und wechselt mit den Pfarren, wie ein Roßtäuscher, der weiß seine Strafe nicht." Conrad Porta, pastorale Lutheri S. 38.

ich auch dessen gewiß seyn, daß mich der Herr also geführt hat. Das darf ich auch vor meiner neuen Gemeinde wohl bekennen, denn es ist mein Glaube und mein Trost; nur wollen wir nicht — etwa in der Antrittspredigt — die Sache so schön und erbaulich hinstellen, als wäre unsere Berufung ganz nur durch göttliches Walten ohne all unser Zuthun zu Stande gekommen; wir müßten uns sonst den allzubekannten Spott gefallen lassen: es sei doch merkwürdig, daß Gott der Herr die Pfarrer immer nur auf bessere Dienste, nie auf geringere berufe. — Jener Verwerfung aller eigenen Bewerbung um eine andere Stelle gegenüber müssen wir aber auch daran erinnern, daß die Motive dazu keineswegs schlechthin egoistische seyn müssen, sondern sich mit der reinsten Treue ganz wohl vereinigen können. Selbst das scheinbar wenigst ehrenhafte Motiv, die Verbesserung des Einkommens, ist nicht ein schlechthin verwerfliches, das zu gestehen man sich zu schämen hätte; denn eine sorgenfreie Existenz ist für die äußere und innere Stellung des Geistlichen durchaus nothwendig; ist der Pfarrer in steter Geldnoth, kann er seine Kinder nicht anständig erziehen, so liegt in dieser Situation die Quelle der allerschlimmsten Versuchungen; es wird ihm z. B. die Wohlthätigkeit, das Nachlassen von Gebühren an Arme erschwert, der Blick auf Naturalgeschenke wird dadurch so geschärft — vielleicht mehr noch bei der Frau als beim Manne, — daß darunter Amt und Würde leidet. Wäre die Gemeinde, wenn ich sie verlasse, auf vielleicht lange Zeit verwaist, dann freilich dürfte mich auch meine Armuth nicht abhalten, bei ihr zu bleiben; aber da für einen Mann, der erst ein Hauswesen gründet, solch ein sogenannter „Anfangsdienst" ganz wohl ausreicht, der für eine starke Familie weit die Mittel nicht mehr darbietet, so darf ich jene Besorgniß nicht haben; es ist überdieß ebensowohl möglich, daß ein besserer kommt, als ich, wie es möglich ist, daß ein weniger Tüchtiger mir nachfolgt. Wenn aber zur Beseitigung obigen Motives und um die Erhaltung eines wackern Geistlichen bei einer Gemeinde, an der er im Segen wirkt, auch für längere

Zeit möglich zu machen, schon öfters der wohlgemeinte Vorschlag zu hören war, das Kirchenregiment sollte über die Classen der Besoldungen frei verfügen, und einen Mann, ohne ihn an eine andere Gemeinde zu setzen, einfach in eine höhere Besoldungsclasse aufrücken lassen: so steht dem nicht nur die Gebundenheit mancher Einkommenstheile an den Ort im Wege, sondern es wäre auch nicht im Interesse des Dienstes selber, wenn es Regel würde, daß Jeder lebenslang auf seiner Stelle bliebe. Ein zweites triftiges Motiv nemlich zum Amtswechsel ist dann vorhanden, wenn der Pfarrer inne wird, daß seine Kräfte nicht mehr ausreichen, um ein geschäftsvolleres Amt zu führen, während er einem weniger beschwerlichen Dienst noch vollkommen gewachsen wäre. Es gibt Stellen, wo namentlich durch die Armuth und die damit in Wechselwirkung stehende moralische Verkommenheit der Gemeinde der Pfarrer ungewöhnlich stark in Anspruch genommen ist, wo er, wenn er alles thun will, was sein Amtsgewissen fordert, vielleicht auch zum Theil den Schulmeister, den Armenpfleger, den Großhändler für die Gemeinde machen muß, letzteres um z. B. die industriellen Erzeugnisse der Armen, der Kinder in seiner Gemeinde nach außen abzusetzen. Das nun — zusammt dem endlosen Aerger und Verdruß, den er um so sicherer einzunehmen hat, je uneigennütziger er sich dem Wohle der Gemeinde widmet — kann auch einen kräftigen Mann in etlichen Jahren so aufreiben, daß er nur die Wahl hat, entweder bald gar nichts mehr leisten zu können, oder sich fortzumelden. Ein anderes Motiv, ein Gegenstück zu diesem, ist der Wunsch, einen größeren Wirkungskreis zu finden. Es ist aber gewiß vollkommen wahr, wenn Harms sagt: (Past. Th. III. letzte Rede) man höre diesen Wunsch vornehmlich von solchen, die schon den engern Wirkungskreis nur mäßig ausfüllen. Beim Pfarramt auch in einer kleinen Gemeinde ist nie zu fürchten, daß der Ueberschuß an Kraft, die der Pfarrer hat, unbenutzt liegen bleiben müsse; da gibt es nicht nur in dem, was wir unten als freiwillige Thätigkeit und als Privatbeschäftigung zu nennen haben werden, sondern auch in den eigentlichsten Amtsobliegenheiten eine solche Dehnbarkeit der Arbeit, daß aus diesem Grunde ein Wechsel nie nothwendig ist. Wer viele Zeit übrig hat, wie ganz anders, wie genau kann sich der z. B. auf jede Predigt, auf jede Katechese vorbereiten; wie fleißig kann er sich seiner Schule, seiner Kranken u. s. w. annehmen! Gerade daran, wie ein Mann im engeren Kreise sich umthut, kann eine aufmerksame Kirchenbehörde erkennen, ob sie ihn für größere Aufgaben berufen kann. „Du bist über Wenigem treu gewesen, ich will dich über viel setzen," das kann und soll die kirchliche Obrigkeit sagen, dem einzelnen Geistlichen selber aber steht solche Forderung viel weniger zu. Ist aber der Wunsch eigentlich nur eine Sehnsucht nach großstädtischem Leben, nach dem Ruhm, der in einer Residenzkirche zu erwarten ist — dann ist das Motiv ein allzuwenig pastorales, als daß die Pastoraltheologie etwas darüber zu sagen brauchte. Wäre das Hirtenamt ein Regieramt, dann könnte es einem zum Herrschen gebornen oder geneigten Menschen in kleinen Verhältnissen zu enge werden; einem Geistlichen, der ein wahrhaft priesterliches Herz hat, wird es nirgends zu enge, viel eher aber irgendwo zu weit. Ists äußerlich enge um ihn her, so kann er um so mehr sich nach innen erweitern, d. h. vertiefen, statt daß man im weiten Wirkungskreise sich so leicht zersplittert, ja oberflächlich wird und verweltlicht. — Endlich aber ist es nicht selten für beide, den Prediger und die Gemeinde gut, wenn sie auseinander kommen, nicht etwa weil sie einander in den Haaren liegen, oder wenigstens die erste Liebe längst verblaßt ist, — dann ists freilich auch nöthig, wird aber sich leicht an einem andern Orte wiederholen, da ein zanksüchtiger Mensch, weil er in sich selber keinen Frieden hat, auch mit den friedlichsten Menschen sich nicht verträgt: — sondern gerade darum, weil beide gar zu gut mit einander stehen, weil sie aus langer Gewohnheit schlaff geworden sind, der Pfarrer die Gemeinde in Ruhe läßt und die Gemeinde auch ihn nicht incommodirt. Kommt der Visitator an solchen Ort, so loben sie beide einander und sind vollkommen befriedigt; es wird aber leicht zu sehen seyn, daß es der falsche, faule Weltfriede ist. (Harms hat a. a. O. sehr passend darauf den Spruch Jerem. 48, 11. angewendet.) In solchem Falle kann ein Amtswechsel, eine Luftveränderung auf beide Theile erfrischend wirken.

Es sei nun das erste oder ein späteres Amt: neu sind einander beide, Hirt und Heerde, und für jeden ist es nöthig, theils sich zu orientiren, theils Acht zu haben, daß das Vertrauen und die Ehrerbietung, die die Gemeinde ihm entgegenbringt, nicht vielleicht schon zum Anfang zurückgedrängt werde. Aus beiden Gründen ist es nöthig, vorerst mehr nur zu erfahren und zu beobachten, was im Orte Sitte ist; man wird vom Vorfahrer, vornehmlich aber vom Vorgesetzten hören, wie es um die Gemeinde in allen Hinsichten stehe; die Gemeindeglieder selbst werden bei Gelegenheit sich gern gegen den Pfarrer in einer Weise aussprechen, daß er bei einiger Gabe der Diagnose bald sieht, woran er ist, und nach welchen Puncten er seine Arbeit hauptsächlich zu dirigiren hat. Es wird sich ihm dabei eines und das andere kund geben, das ihm — auch vielleicht der lieben Hausfrau — nicht einleuchten, nicht behagen will; aber nun soll er nicht die Thorheit begehen, alsbald Hand anlegen und frischweg reformiren zu wollen; selbst, wenn er denkt: „das muß mir anders werden," so ist es höchst unklug, das zu sagen, denn dadurch thut er nicht nur dem Vorgänger Unehre an, sondern macht die Gemeinde mißtrauisch, die sich nun von ihm in ihrer Sitte, in dem, was ihr lieb geworden ist, bedroht und gefährdet glaubt, und dann vielleicht nur um so hartnäckiger jedem leisen Versuche zu Aenderungen sich entgegenstemmt. Man muß auch in der That erst wohl prüfen, ob, was uns in einer Gemeinde nicht gefällt, nicht vielleicht blos deßhalb uns mißfällt, weil es uns ungewohnt ist oder eine nicht erwartete Mühe verursacht. Oft erscheint uns etwas dieser Art als verkehrt, wir sind schnell bei der Hand, es abzuthun und nach unserer eigenen Weisheit Besseres an seine Stelle zu setzen, und erst hintennach merken wir, daß wir etwas verdorben haben, worin doch ein Segen war. Es gibt Geistliche, die in kirchlichen Dingen unaufhörlich zu ändern geneigt sind — natürlich, wenn man sich eine Unbequemlichkeit vom Halse geschafft hat, so zeigt sich alsbald eine neue; — dadurch wird, abgesehen von dem Verwerflichen des Egoismus, der dabei das primum movens ist, — der große Schaden verursacht, daß dem Volke die kirchlichen Ordnungen nicht mehr etwas Feststehendes, Selbstverständliches und in dieser Objectivität Ehrwürdiges sind, sondern daß sie ihm zu etwas nach Belieben zu Behandelndem herabsinken. Dann richtet sich nicht mehr das bürgerliche und häusliche Leben nach dem kirchlichen, sondern dieses darf nur soweit noch frei sich bewegen, so weit es nicht in Conflict mit jenem kommt. Für den Anfang ist jedenfalls das Beste, die Maschine noch eine Weile sich drehen zu lassen, wie sie es gewohnt ist, und nur gelassen zuzusehen, während man in denjenigen Amtshandlungen, in denen jeder nach seiner Art sich frei bewegt, gleich von Anfang genug Gelegenheit hat, die Gabe, die man in sich trägt und von der sich die Gemeinde neu angesprochen fühlt, wirken zu lassen. Solches Warten in Geduld hat die Folge, daß sich inzwischen das Vertrauen so fest begründet, daß man hernach um so energischer vorgehen kann, wo es nothwendig ist. — Sehr unklug, ja ungeziemend ist es, wenn man durch das Neue der jetzigen Verhältnisse sich so unangenehm berühren, so verstimmen läßt, daß man der neuen Gemeinde zu erkennen gibt, man leide an Heimweh, und wünschte lieber am vorigen Orte geblieben zu seyn; gibt es doch Leute — Männlein und Fräulein — die immer an dem dermaligen Aufenthaltsort alles Mögliche auszusetzen haben, so bald sie aber an einen neuen Platz versetzt sind, steht auf einmal der vorige im allerrosigsten Lichte vor ihnen, und ihr kurzes Gedächtniß weiß von all' dem Bösen nichts mehr, was sie dort gefunden haben. Ist man undelicat genug, den Leuten zu sagen, wie so gut man es dort gehabt habe, wie das und jenes so viel besser gewesen, wie man mit Liebe und

Ehre überschüttet worden sei: so erregt man kein Mitleid, sondern man beleidigt und provocirt die sehr richtige Entgegnung — wenigstens in der Herzen Gedanken: warum bist du nicht geblieben, wo dir so wohl war? wir haben dich nicht kommen heißen. Wo uns einmal der Beruf hinführt, da fordert ebenso der Verstand und das Ehrgefühl, wie das Gewissen und die Gottesfurcht, daß wir uns heimisch machen, und wer nicht einen unüberwindlichen Eigensinn in sich hat aufkommen lassen, der kann sich auch überall bald zurechtfinden. Es ist abermals die Liebe, die uns überall unter Menschen, unter Christen eine Heimath finden läßt. Selbst dann aber, wenn wir nicht blos Unbequemes, sondern viel tiefere Uebel, ja geistlichen Tod in der Gemeinde wahrnehmen, ist dem nicht mit dem Posaunenschall des Gerichtes, sondern mit der Macht der Liebe entgegenzutreten. „Es ist ganz verkehrt und falsch" (sagt ein trefflicher Aufsatz, Erinnerungen aus dem Leben eines Landgeistlichen, in der Ev. K. Z. 1859. Nr. 79. S. 897.) „wenn man in einer todten Gemeinde damit anfangen will, daß man das Gesetz predigt, auf die Gottlosigkeit der Leute schilt und ihnen die ewige Verdammniß ankündigt, wenn sie sich nicht bekehren wollen." Wir werden darauf unten (Cap. 9, II.) zurückkommen; hier war nur zu erinnern, daß auch unter obiger ungünstigen Voraussetzung die evangelische Predigt evangelisch bleiben muß; es ist auch dafür 2 Kor. 5, 20. maßgebend.

---

8. Lebensordnung.

Was wir unter dieser Kategorie zusammenfassen, ist dasselbe, was wir auch einfach als pastoralen Wandel bezeichnen können. Es ist nicht irgend ein amtliches Handeln, sondern die sittliche Gestaltung des Privatlebens. Diese nun ist an sich von der christlichen Lebensführung nicht verschieden; es gibt keine höhere und niedere Moral, von welchen die erste dem Kleriker, die zweite dem Laien als Gesetz gälte. Namentlich was die innerliche Führung des geistlichen Lebens betrifft, der selbsteigene, persönliche Verkehr mit Gott, die tägliche Bitte um Gottes gnädige Leitung, das Durchflechtensehn des ganzen Lebens mit Gebet und Danksagung, insbesondere auch die Fürbitte für die ihm anvertrauten Seelen, — das alles ist nichts dem Pfarrer ausschließlich Zukommendes, jeder Christ, jeder Hausvater, jeder der ein Amt hat, bedarf dessen gleichfalls; beim Geistlichen wäre nur der Mangel an alledem doppelt schlimm, weil er ja gerade allen andern sollte sagen können, wie sie solch inneres Leben in Gott gewinnen und führen sollen. Wer ohne Gebet in seine Werkstatt sich begibt, begeht die gleiche Unterlassungssünde, wie wer ohne Gebet die Kanzel besteigt; aber der letztere sollte jenem bezeugen können, wie nöthig und welch ein Segen das Gebet ist; sein Fehler ist also ein zwiefacher. Aber es macht noch außerdem einen Unterschied aus, daß der Geistliche in diesem seinem Privatleben stets bemerkt, ja beobachtet wird; er und sein Haus ist „die Stadt, die auf einem Berge liegt," — beobachtet aber wird er nicht im Sinn mißtrauischen Aufpassens, auch nicht blos aus Neugierde, weil der Pfarrer wenigstens in der Mitte der Bauern eine von ihnen verschiedene Figur macht, sondern beobachtet mit dem Interesse der Ehrerbietung und des Wunsches, an ihm ein Vorbild in allem Guten zu haben. Sein Licht leuchten zu lassen, ist eines jeden Christen Pflicht, aber nicht auf jeden sind aller Augen so gerichtet, daß jenes Leuchten auch wirklich gesehen wird. Den Pastor begleitet also bei all seinem Thun das Bewußtseyn, daß er gleichsam nie allein ist, daß er auch mit seinem Privatleben eine öffentliche Person — nemlich aber diejenige Person ist, in deren ganzem Wesen und Erscheinen die Gemeinde eine Personification des Christenthums selber, ein lebendiges Symbol des christlich Wahren und Guten erblicken und verehren will. Hat er dieses Bewußtseyn nicht, läßt er sich also gehen, als ob er nichts darnach zu fragen hätte, was die Andern von ihm halten, so wird er leicht Aergerniß geben, es wäre denn, daß Christi Geist so vollkommen ihn durchdränge, daß auch das Geringste, was er thut, weil es ihn dazu treibt, immer von selber schon ein Vorbild für die Andern ist, ohne daß er daran denkt, ein solches geben zu wollen; und dieß ist auch in allweg ein Ziel, ein Höhepunct, dem jeder zustreben muß, wogegen derjenige, der überall mit so bewußter Absicht handelt, daß dieß Handeln zugleich Andern vorleuchten soll, nur gar zu leicht in Hypokrisie und fromme, priesterliche Ostentation fällt — er spielt dann nur noch eine Rolle. Die Meisten von uns stehen aber zwischen diesen beiden Endpuncten in der Mitte: vor dem Komödiespielen bewahrt uns unsere Ehrlichkeit, die Wahrhaftigkeit des Sinnes und der Widerwille gegen alles Gemachte; aber zu jener Gediegenheit, da, was wir irgend thun, Jedermann offenbar sein dürfte, zu jener Gleichmäßigkeit des ganzen Wesens, da es, gesehen oder ungesehen, immer gleich rein das Bild Christi erkennen ließe, haben wir noch mehr oder weniger weit, so daß es für keinen ganz überflüssig ist, durch die Erinnerung: du bist ein Pastor! sich selber zu einem Thun oder Unterlassen anzutreiben. Jene Rücksicht auf die Andern, die uns sehen und in uns eben jenen concentrirten Ausdruck des Christenthums erblicken wollen, für die wir somit ein objectives, vor ihren Augen wandelndes Gewissen sind, hat dann namentlich die Folge, daß wir, auch wo wir von christlicher Freiheit Gebrauch machen könnten, wenn wir isolirt lebten, dennoch da und dort auf sie verzichten müssen, um den schwachen Brüdern kein Aergerniß zu geben. So gewinnt der Wandel des Pfarrers, so wenig er sich vom Wandel eines jeden Christen unterscheiden kann und soll, dennoch für ihn selber einen noch fester bestimmten und schärfer begränzten Charakter, was wir eben dadurch ausdrücken wollen, daß wir ihn unter eine Lebensordnung stellen und als solche, als ein sich selbst gegebenes, mit Bewußtseyn vorgehaltenes Gesetz, auffassen. So ist es auch gemeint, wenn die älteren Pastoraltheologen und kirchlichen Verordnungen, indem sie einen Gesammtausdruck für die sittlichen Requisite eines Pastors suchen, gern das Wort gravitas, *σεμνότης ἱερατική*, dafür gebrauchen; denn so sehr dieß nach einer Seite eine Eigenschaft jedes Christen ist, — der heilige Ernst gegenüber von allem Leichtsinnigen und Frivolen, wie allem Kindischen und Läppischen, — und so wenig damit diejenige Gravität empfohlen werden will, die sich in einem eigenthümlich feierlichen Einherschreiten, in unveränderlicher Amtsmiene, in einem auch das Unbedeutendste liturgisch betonenden Pathos kund gibt und unrettbar der Lächerlichkeit anheimfällt: so bezeichnet es doch richtig ein Sich-zusammennehmen, eine Consequenz der Grundgesinnung in allen einzelnen Aeußerungen und Bewegungen, wie sie dem Laien nicht zur Pflicht gemacht wird. Und wenn wir in jene gravitas hauptsächlich auch die Pflicht mit einschließen, niemals die feste Haltung zu verlieren (was wir sui compos esse, sibi constare, sibi imperare nennen können), so ist dieß für jeden Mann, zumal für jeden, der irgend ein Amt und eine Würde hat, nothwendig; nur wird abermals vom Geistlichen erwartet, daß gerade sein Beruf, seine ganze Beschäftigung ihn dazu mehr als irgend einen andern befähige; fährt er nun im Jähzorn auf, schreit er seinen Küster oder irgend ein Gemeindeglied mit zorniger Stimme und Miene an, oder ist ein Gemeindeglied auch nur unbetheiligter Zeuge von einem Ausbruch seiner Leidenschaft, von einer wilden Geberde oder Rede, von einem plumpen Zank, den Frau oder Magd oder wer sonst aushalten muß, überhaupt von irgend einer Aufregung, einer Heftigkeit, einem Außersichseyn, so ist die Ehrerbietung des Herzens dahin; der Pfarrer hat verrathen, daß der alte Adam in ihm eben so mächtig ist, als in einem schimpfenden Postknecht oder Holzspälter. Oder wenn Hartmann (Pastorale evangelicum, Ausg. v. 1697. S. 247. 1722. S. 266.) diese gravitas näher so beschreibt: sint in dictis factisve veritas, candor, constantia, sint gestus, incessus, vultus habitusve ejusmodi, qui mentem bene compositam arguant — so ist da kein Zug, der nicht auf jeden Christen seine Anwendung fände; am Pfarrer aber will man die mens bene composita in jenen äußern Merkmalen auch vor Augen sehen. Treffend wendet Hartmann eben daselbst die Stelle Hiob 29, 8. auf den Pastor an — aber wenn er auf die Frage: unde illa reverentia? aus V. 14 die Antwort giebt: quia justitiam induebat, so ist damit abermals etwas an sich Allgemeines genannt, das aber vom Pfarrer seinem Berufe gemäß schlechthin erwartet wird; bei einem andern ist die Ehrerbietung erst die natürliche Wirkung seines Benehmens und Charakters, dem Pfarrer bringt man die Ehrerbietung entgegen, weil man dieß Benehmen bei ihm voraussetzt und erwartet; trifft es also nicht ein, so fühlt man sich nicht nur in seinem persönlichen Vertrauen getäuscht, sondern man nimmt an dem Widerspruch zwischen der Wirklichkeit der Person und der Idee, die sie repräsentiren soll, ein Aergerniß. So gibt es denn auch gewisse Fehler, die, während sie Jedem zur Sünde werden, doch dem Pfarrer zu ganz besonderer Schmach gereichen, daher manche Pastoraltheologen der Beschreibung des pastoralen Wandels ein Capitel de vitiis pastoris fugiendis gegenüberstellen. Wir unsrerseits glauben am einfachsten das, was aus dem allgemeinen christlichen Lebensgesetz für den Pastor eine specielle Bedeutung hat und eine concretere, durch seinen Beruf bestimmte Form annimmt, unter den Gegensatz stellen zu können, daß er nach der einen, negativen Seite den Unterschied des Christlichen und Weltlichen in sich repräsentiren soll, nach der andern positiven Seite aber dasjenige, was die Welt selber auch in ihrem Kreise als eine Tugend, als ein Lob erkennt (Phil. 4, 8.) dem Pfarrer am wenigsten fehlen darf.

1. Als richtigster Ausdruck für jenes Negative, für die dem Geistlichen geziemende Abkehr von der Welt, ist immer das Wort Eingezogenheit erkannt worden: des Pfarrers Wandel soll ein eingezogener seyn. Das ist der Gegensatz desjenigen Lebens, das sich in der Außenwelt umtreibt, das nach außen strebt und gravitirt

und die Einsamkeit scheut. Dem Pastor ist, wie früher schon erinnert wurde, Stille nöthig aus demselben Grunde, wie dem Gelehrten; er soll ja viel geben, soll als ein rechter Schriftgelehrter aus seinem Schatze Altes und Neues nehmen, also muß der Schatz angelegt und stets wieder gefüllt werden. Zu dem kommt aber hier noch das speciellere Motiv, daß eben in dieser Zurückgezogenheit des Pfarrers die Gemeinde selber stets das verkörpert anschauen will, was sie als Christenpflicht überhaupt erkennt. Löhe führt in seinem evangelischen Geistlichen (I. S. 135.) ein gutes Wort von Martin Boos an: „Wir müssen uns vor dem Volke außer unserem Berufe so wenig als möglich sehen lassen. Wenn sie uns zu oft und zu viel außer unserem Berufsgeschäft sehen, so sehen sie uns auch im Berufe nicht als solche, als welche sie uns sehen sollen. Wir sind Boten des Herrn, darum wollen wir den Leuten aus den Augen bleiben, wenn wir ihnen gerade keine Botschaften zu bringen haben.“ In erster Linie also ziemt es dem Pastor nicht, in der Stadt das große Gesellschaftsleben mitzumachen; wer im Salon heute da, morgen dort gesehen, vielleicht als unterhaltender Gesellschafter gerne gesehen wird, geräth viel zu sehr in Aeußerlichkeit hinein; und wenn er sogar Sonntags auf der Kanzel ein ganz anderer wäre, als im Club oder im Damenkreise, so wird den übrigen Theilnehmern, wenn sie ihn in der Kirche hören, der Widerspruch zwischen dem Propheten und dem Partisan beim Tarock, die Unmöglichkeit einer unio personalis zwischen Beiden selber fühlbar seyn; hören sie ihn aber nicht, meiden sie die Kirche, so ist die Schmach für ihn noch größer; mit Leuten, die der Kirche fern bleiben, kann der Pastor nicht Kränzchen haben. *) Auf dem Lande ist statt des Salons die Schenke der Sammelpunct der Ge-

*) „Patronen, welche die Geistlichen wählten, weil sie gute Gesellschafter waren oder auch eine Partie Karten spielen konnten, verachten sie selbst in ihrem Herzen und gehen zu ihnen nicht in die Kirche. Ein Pastor, der den frommen Leuten zum Anstoß wird, und wäre es auch nur einem geringen Manne, wird selbst von den weltlich Gesinnten nicht anerkannt.“ Erinnerungen aus dem Leben eines Landgeistlichen, Ev. K. Z. 1859. Nr. 79. S. 902.

selligkeit; darüber aber kann kein Zweifel seyn, auch wenn viele Pfarrer und viele Gemeinden in dieser Beziehung ein dickhäutiges Gewissen haben, daß das Wirthshaussitzen einen Geistlichen stets verunehrt. Geht er blos einem guten Weine nach, so wäre dieser Genuß, so weit er ihm nöthig ist, für ihn auf anderem, würdigerem Wege ja auch zu erlangen; liebt er aber die Art von Gesellschaft, die sich in Schenken zusammenfindet, so ist das — abgesehen von dem schlechten Zeugniß, das er damit seiner Familie ausstellt — ein Zeichen von schlechtem Geschmack für einen gebildeten Mann. Es ist und bleibt wahr, was schon der alte Tritheim (de sacerdotum vita etc. Dillingen 1575. S. 95) gesagt hat: noli tabernas cum rusticis ingredi, quia id tuae non licet honestati. Incipient te ex consuetudine familiaritatis contemnere et quasi ex suis unum existimare. (Ueberhaupt, sagt er S. 93: rarus videaris in publico, esto mente et corpore quietus.) Anders freilich verhält es sich dann, wenn eine geschlossene Gesellschaft ebenbürtiger Männer sich zu einem regelmäßigen Zusammenkommen vereinigen, weil es ihnen Bedürfniß und Erfrischung ist, sich öfter zu sehen, das amtliche Leben aber zufällige Besuche erschwert. Für ihren Zweck kann ein Gasthof deßwegen das geeignete Local seyn, weil da nicht jedesmal einer für das leibliche Bedürfniß aller zu sorgen hat, sondern jeder genießen kann, was er will; gerade durch diese freiere Bewegung ist der geistige Verkehr weniger gehemmt, als durch die Aufmerksamkeit, die der Eingeladene und der Hausherr einander im Privathause gegenseitig schulden. Zwischen Männern, die in irgendwelchem amtlichen Verhältnisse mit einander stehen, hat solch ein Zusammentreffen an drittem Orte den großen Werth, daß sich hier Differenzen, die jenes Verhältniß mit sich bringen kann, oft auf amicable Weise heben oder schon zum Voraus abwenden lassen. An einem solchen Kreise mit würdigen Männern, namentlich auch aus dem Laienstande, Theil zu nehmen, kann — je nachdem die Personen einander zu fördern im Stande sind und die Charaktere zu einander passen — auch für den Geistlichen zu einem Segen werden. Aber auch dieß wird höchstens in der Woche einmal Statt haben dürfen; wird es zu öfterem, zu täglichem Gebrauch, so muß das Gespräch flach werden und das Ganze in eine Wirthshausgesellschaft ausarten. Zusammenkünfte mit den Familien (sogenannte Pfarrkränzchen) werden wohl immer viel besser in den Pfarrhäusern selbst gehalten und auch da nicht zu oft; wir werden unten, sub voce Gastfreundschaft, noch darauf kommen. — Es sind uns freilich auch Geistliche bekannt geworden, die das Wirthshaus aus andern, gewiß ehrenwerthen Gründen besuchten. Von Bitzius z. B. (Jeremias Gotthelf) hören wir, daß er sich oft unter den Bauern im Wirthshaus eingefunden habe, um sie zu studiren; und daß diese Studien von Erfolg waren, zeigt die derbe Naturwahrheit seiner Bilder. Aber diesen speciellen, schriftstellerischen Zweck haben wir Andern nicht; und wenn es wahr ist, daß in späterer Zeit die Bauern entwichen, wenn der Pfarrer anrückte, der sie so trefflich abconterfeite, so reicht dieß hin, um einzusehen, daß obiger Zweck nicht unter die pastoralen gerechnet werden kann. Wir denken, um in der Richtung die Leute kennen zu lernen, in welcher der Pastor sich Menschenkenntniß zu sammeln allerdings die Pflicht hat, dazu stehen ihm auch andere Wege offen. Ein anderer Grund, der ihn an solche Orte führen kann, ist, wenn er etwa nach Ortssitte oder aus persönlicher Anhänglichkeit zu einem Feste, zu einer Hochzeit z. B., geladen wird. Mag man über das Tanzen eine sittlichstrenge oder eine laxere Ansicht haben, das bedarf wohl für Niemanden eines Beweises, daß der Pfarrer nicht beim Tanze zugegen seyn kann; der Contrast zwischen dieser Lustbarkeit und seiner ganzen Stellung ist ein so greller, so schneidender, daß man sehr abgestumpft seyn muß, um dieß nicht zu fühlen oder es gar schön zu finden, wenn der Pastor mit der Braut in höchsteigner Person einen Tanz ausführt. (In dieselbe Kategorie gehört es, wenn, wie Knapp in Hofackers Leben S. 230 eines Falles erwähnt, einem Pfarrvicar zum Abschied ein Honoratioren-Ball gegeben wird!) Wo das möglich ist, da hört alle Pastoraltheologie auf. Also wird ein Mann von besserem Urtheil eine solche Einladung nur dann annehmen, wenn er dessen gewiß ist, daß nicht getanzt wird, und auch dann fordert es der richtige Tact, daß er nur eine Weile, nicht über eine Stunde etwa, da bleibt. Es muß den Leuten, (was auch von sonstigen Einladungen ähnlicher Art, z. B. zu Taufschmäusen gilt) durchaus und voll der Eindruck bleiben, daß der Pfarrer lediglich ihnen hat eine Ehre, eine Freundlichkeit erweisen wollen, nicht aber, daß er sichs bei ihrem Braten und Wein einmal wohl seyn lasse. — Noch ist uns das Beispiel eines tüchtigen Geistlichen bekannt, der in einer Landstadt von Zeit zu Zeit ein frequentes Gasthaus besuchte, sich unter die dort vorhandenen Quiriten setzte und sie aus dem Schatze seines profunden Wissens in allen Fächern in ungezwungenster aber belehrendster Weise unterhielt. Ein Mann, zu dessen ganzer Eigenthümlichkeit dieß paßt, der sich als Geistlicher in höchste Achtung gesetzt, wird Solches wagen und mit Glück ausführen können; hier ist aber einer der casuistischen Puncte, wo, was bei dem einen eine Tugend ist, dem andern sehr fatal werden könnte. — Wenn oben gesagt worden ist, der Pfarrer soll den Leuten nicht viel außer dem Berufe sichtbar werden, so gehört dazu auch das unnöthige Umherlaufen im Orte selber, da man bald da bald dort einspricht, um zu plaudern. Dazu soll der Geistliche keine Zeit haben; eine Stadtchronik zu seyn, mag einem Barbier oder Friseur zum Ruhme dienen, dem Pfarrer gereicht es zur Schande.

An Obiges reiht sich die weitere Frage, ob dem Geistlichen auch der Besuch des Theaters, des Concertsaals ungeziemend sei? Wer schon vom allgemeinen Standpunct christlicher Sittenlehre aus diese Dinge als pompa diaboli verwirft, für den versteht sichs von selbst, daß der Pfarrer sich dabei nicht blicken lassen darf. Aber es ist bemerkenswerth, daß in den Residenzen selbst Solche, die für ihre Person den Besuch des Schauspiels Jahr aus Jahr ein als ein sich von selbst verstehendes Recht ansehen, doch daran Anstoß nehmen würden, wenn sie einen ihrer Geistlichen da entdecken würden. Es ist sehr wohl möglich, daß sie es viel lieber haben, wenn diese von der Kanzel gegen Theater und Aehnliches eifern; sie hören das mit Andacht an, wollen dem Geistlichen den Himmel und das Recht der Opposition gegen die Erdenfreuden lassen, behalten sich selber aber die Befugniß vor, sich Vormittags an einer Predigt wider das Theater und Abends an einer Vorstellung im Theater nach ihrer Art zu erbauen. Diese Thatsache verräth, daß in derlei Dingen noch viel Unklarheit und Unlauterkeit obwaltet. Unsere Meinung ist diese: In der Stadt, in welcher der Geistliche angestellt ist, wird er sehr wohl thun, der richtige Takt wird ihn dazu nöthigen, das Theater nie zu besuchen. Wäre das, was dort dargeboten wird, ein reiner Kunstgenuß, würde nicht unter dessen Firma so unsäglich viel Heilloses, Gemeines, Unfläthiges importirt, an dem eben die Zahlenden, die großen und kleinen Herren vorzugsweise Gefallen finden: dann stünde die ganze Frage anders. Aber an einem Orte, an dem — wenn auch nicht heute, doch sonst oft genug, der Leichtsinn, die eitle Lust an Possen ihre Nahrung findet, ja wo selbst schamlose Dinge dem Publicum zum Beklatschen vorgeführt werden, mich neben einem meiner Beichtkinder zu finden, das mich vielleicht am nächsten Sonntage von der Bewahrung des Herzens reden hören wird, das wäre mir unerträglich; ich spürte es, daß dem Beichtkinde selber meine Anwesenheit als eine Art Legitimation — nicht des Schauspiels als poetischer Darstellung, sondern der dargestellten Schlechtigkeit erscheinen würde, eben darum meine Stellung zu ihm zerstört wäre. Die Gefahr, ein Aergerniß zu geben, die in diesem Falle sehr groß ist, müßte mir auch den reichsten Genuß verbittern. Was aber Concerte, Kunstausstellungen u. dgl. Dinge betrifft, so kann vernünftiger Weise nichts vorgebracht werden, was dem Geistlichen den Zutritt zu etwas dieser Art verwehren müßte. Hier hat er allerdings nichts zu predigen, sondern er sitzt still unter den Zuhörern oder betrachtet sich die Gemälde, die Kunstproducte; aber, wie wir gesagt haben, der Geistliche müsse auch sammeln können, da er so viel auszugeben habe: so rechnen wir auch Solches zu diesem Sammeln; eine Symphonie gibt ihm zwar kein Predigtthema, aber, wenn er gebildet genug für ihr Verständniß ist, so erfrischt und belebt sie ihn innerlich, es sind geistige Kräfte, die auch auf diesem Wege ihm zufließen. Daß der Geist auch aus solchen Quellen schöpft, wie daß ein frommes Gemüth auch solchen Genuß als eine Gabe Gottes empfängt, und seine Güte, seine Freundlichkeit darin schmeckt: das begreifen ihrer Viele nur darum nicht, weil sie viel zu stumpfsinnig, viel zu wenig cultivirt sind, um das Göttliche in einer andern als der unmittelbar religiösen Form zu erkennen. Man kann es allerdings weit bringen in mönchischer Ascetik und in absoluter Enthaltung, kann in angenommenem Abscheu vor allem, was ein menschlich Gemüth erfreut und was seinen Quell in Gottes Güte hat, das allein wahre Christenthum zu besitzen glauben; man ist in diesen Dingen sclavisch abhängig von traditionellen Meinungen ohne alles selbstständige Nachdenken und Urtheil, daher denn auch die Ansichten je nach individuellem Geschmacke stark differiren — haben es doch einstens etliche schwache Brüder dem sel. Wilhelm Hofacker übel genommen, daß er in der Stiftskirche in Stuttgart einer Aufführung von Händels Messias anwohnte!! — und nach solch bornirten Vorstellungen sich richten zu sollen, ist für einen gebildeten Mann, einen Mann von klarem Geist und offenem unverschrobenem Sinn eine harte Zumuthung. Aber — wofern es ihm nicht gelingt, auf geeignetem Wege (d. h. nicht etwa durch aufklärende Predigt oder Katechese, sondern gelegentlich durch Privatgespräch) den engen Horizont seiner Leute etwas zu erweitern — so ist doch die Erhaltung des Vertrauens und der Achtung der Gemeinde eine so unerläßliche Bedingung der amtlichen Wirksamkeit, daß ein gewissenhafter Mann nicht um eines Orchesterstückes willen diese wird aufs Spiel setzen wollen; verzichten und entbehren gehört eben auch zum Amte. Nur wenn sich jene Bornirtheit wie in dem angeführten Falle sogar gegen die der Religion selbst dienende Kunst feindselig stellt, dann scheint es uns, es wäre ein Uebermaß von Rücksicht, d. h. Menschenfurcht und Knechtschaft, sich dadurch bestimmen zu lassen; über solche Urtheile kann sich ein Prediger, den seine Gemeinde als ernsten, treuen Seelsorger kennt, wohl wegsetzen, weil deren im Ganzen doch nur wenige seyn können, die ihre Vernunft so gänzlich gefangen nehmen — nicht unter den Glauben, sondern unter ihre eigene oder fremde Albernheit. In solchem Falle — z. B. bei der Aufführung eines Oratoriums in der Kirche — wird die Anwesenheit des Geistlichen vielmehr gerade dazu dienen, diejenigen, die kein selbstständiges Urtheil haben, erkennen zu lassen, daß solche Kunstwerke der Kirche innerlich verwandt sind und zu ihr gehören.

Sofern die Eingezogenheit den Gegensatz des Weltlebens bezeichnet, haben wir hieher auch die äußere Erscheinung, Kleidung und Hauseinrichtung zu rechnen, in welchen, dem früher Bemerkten gemäß, die Gemeinde ebenfalls das Symbol des christlichen Ernstes, der christlichen Weltverleugnung sehen will. Während das eigentliche Amtsgewand, der Chorrock, jenen Gegensatz gegen alle Welteitelkeit, gegen allen Wechsel der Mode durch seine Form und Farbe repräsentirt, so haben die kirchlichen Verordnungen auch außer dem Dienste den Geistlichen stets eine würdige Kleidung vorgeschrieben — weil (wie eine Darmstädtische Kirchenordnung von 1629, s. bei Spörl a. a. O. S. 17 ff. sagt), Geistliche, die sich in „politischer Kleidung" sehen lassen, nicht für Geistliche angesehen, also „bisweilen verschimpfet werden," oder weil (wie ein Baireuth'sches Rescript von 1720 sagt) „es geistlichen Personen gebühret, von dem gemeinen Pöbel in der äußerlichen Aufführung sich zu distinguiren;" unter dem Pöbel ist aber nicht blos das niedere Volk, sondern es sind auch die Stutzer darunter gemeint, die bekanntlich im Jahrhundert des Rococo das Aeußerste an Abgeschmacktheit auch in der Kleidung geleistet haben. Die positiven Kleidervorschriften sind freilich selbst wieder vom Zeitgeschmacke stark inficirt; die Kirchenhäupter von 1760 würden wohl die decenteste Kleidung eines Pfarrers von 1860 nicht für ordonnanzmäßig anerkennen, weil er weder Schuhe, noch kurze Beinkleider, weder einen Zopf, noch einen dreieckigen Hut trägt. Darin also folgt, und mit Recht, der Geistliche der Tracht seiner Zeit; von ihr geflissentlich abzuweichen, ist ja immer eine ebenso große Eitelkeit, eine ebenso kindische Werthschätzung des Aeußeren, wie die Modenarrheit. Aber auch dieses vernünftige Nachgeben läßt noch genug Raum, um sich so zu kleiden, — nicht daß jeder nothwendig von weitem sieht: das ist ein Pfarrer, aber doch so, daß, wer den Mann kennt, nicht denken muß: der sieht nicht aus, wie ein Pfarrer. Die schwarze Farbe, die ja allgemein als die anständigste, feierlichste gilt, wird immer die herrschende seyn; in wie weit sie durch Weiß zu ergänzen und herauszuheben seyn mag, ist Geschmackssache; wir finden es wenigstens lächerlich, daß, wie wir uns erinnern, einst ein auswärtiger College schweres Aergerniß an einer Versammlung württembergischer Pfarrer nahm, weil sie meist schwarze Halsbinden trugen. — Aehnlich verhält es sich auch mit der Hauseinrichtung. Hinter dem, was in dem gebildeten Mittel- und Beamtenstande als Forderung des Anstandes gilt, zurückzubleiben, so daß es im Pfarrhause aussieht, wie bei einem Schuster, das ist ebenso unwürdig, als alle Ueppigkeit, aller Luxus, welcher sich in dem Ameublement u. s. w. breit macht; je vornehmer es im geistlichen Hause aussieht, je vornehmer man sich deßhalb auch benehmen zu müssen meint, um so weniger wird es anziehend seyn für die Pfarrkinder. Wie man in einem gebildeten christlichen Hause lebt, wo auch das Aeußere, die Bequemlichkeit und der Schmuck der Wohnung zum ganzen Wesen der Bewohner stimmt, das darf auch der Niederste bei seinem Pfarrer sehen; es wird ihm heimisch seyn in solcher lieblichen Umgebung; ebenso soll auch der Gebildete, der den Pfarrer aufsucht, sich da behaglich fühlen, und dazu gehört schlechterdings einiger Comfort — wenn man es so nennen will, einiger Luxus. Aber an dem richtigen Maße desselben wird sich's eben zeigen, ob der Sinn des Pfarrers und seiner Familie fein genug ist, um das, was den Eindruck des Weltförmigen macht, zu vermeiden, dagegen das sich anzueignen und geschickt zu verwenden, was jeden Eintretenden wohlthuend anspricht. Ein Pfarrhaus z. B., in dem uns die leeren, weißen Wände anstarren, wo kein Bild, kein noch so bescheidenes Kunstproduct uns begegnet, wird immer entweder den Eindruck mitleiderregender Armuth oder den der Knickerei machen oder wenigstens den Mangel an allem Schönheitssinn, also auch an Bildung verrathen, — all dieß aber ist nichts für ein geistliches Haus Ehrenvolles.

2. In Obigem ist bereits der Pfarrfamilie Erwähnung gethan; es ist auch alles Gesagte auf sie mit anzuwenden, so namentlich was die Theilnahme an öffentlichen Lustbarkeiten und die Garderobe anbelangt; in letzter Beziehung genüge es, zu bemerken, daß ein eitler Aufputz wie ein schäbiger oder altmodischer Aufzug der Frau und Tochter eines Geistlichen gleich unwürdig ist. — Wir setzen aber hiemit schon voraus, daß der Pfarrer verheirathet ist, und reihen diesen Punct hier ein, weil der Mittelpunct seines Privatlebens eben sein Familienleben ist, und weil jene negative Tugend der Eingezogenheit zur positiven Basis und Kehrseite das Leben in der Familie haben muß; Eingezogenheit ist nicht Einsiedlerei oder Eigenbrödeln. Nach gut evangelischer Auffassung der Ehe müssen wir es als das Normale ansehen, daß der Pfarrer ein Ehemann ist, nicht blos aus dem niederern Motive des melius est nubere, quam uri, sondern aus dem höheren, womit Paulus Eph. 5. jenes selber ergänzt, wonach die Liebe, die Christum und die Gemeinde verbindet, in der Ehe sich reflectirt, in ihr wiederstrahlt; ist so die Ehe der wahre Herd und Hort der reinen Liebe, so darf sie dem Pfarrer nicht fehlen. Ist das die göttliche Seite der Sache, so ist auch die menschliche von gleicher Bedeutung: der katholische Priester stellt sich als Cölibatär hoch über die Linie der Menschlichkeit: der evangelische Geistliche soll und will das nicht; gerade der nüchternen, alles Hierarchische ausschließenden Auffassung des Amtes entspricht auch die Ehe des Geistlichen, wodurch er sich allen andern gleichstellt, aber nicht um zu ihnen herabzusteigen,

sondern sie zu sich und mit sich emporzuziehen. Es versteht sich, daß kein Kirchengesetz ihm die Ehe auferlegt; es kann Fälle geben, wo — z. B. wegen Kränklichkeit, oder um eine arme Mutter, Schwester ꝛc. zu sich zu nehmen, oder vielleicht auch in Folge schmerzlicher Erfahrungen — einem Geistlichen aller Muth dazu vergeht, wo es aus irgend einem Grunde wirklich für ihn das beste seyn kann, eheloſ zu bleiben. Aber die Stellen, in welchen Paulus die Ehelosigkeit empfiehlt, und die sowohl temporär als für den Missionsdienst ganz richtig motivirt sind, auf das Pfarramt oder allgemeiner auf das wahre Christenthum anzuwenden, somit dem Cölibat einen höhern Werth wie einem engelgleichen Stande zuzuschreiben, das ist eine Verirrung, eine hochmüthige Verachtung der Naturordnung Gottes, — eine Meinung, die, so heilig sie aussieht, bei näherem Besehen meist einen ganz andern Eindruck macht. Da steckt unter der vorgeblichen Ertödtung des Fleisches, unter dieser hohen Selbstverleugnung in einer oder der andern Form ein gutes Stück von plattem Egoismus; man findet es bequemer, nicht für Frau und Kinder sorgen zu müssen; oder man taxirt das liebe Ich so hoch, hält es so kostbar, daß keine Eva's-tochter würdig genug ist, damit beglückt zu werden, keine fähig, dieses Kleinod zu schätzen und recht zu verstehen, oder endlich ist es, beim rechten Namen genannt, ein Stück Pharisäismus, da man nach selbstgemachten Begriffen eine höhere Heiligkeit auf einem Wege anstrebt, den Gottes Wort so wenig als der gesunde evangelische Geist vorzeichnet. Und aus dem Egoismus erwächst wieder Egoismus, erwächst eine Eigenheit und Wunderlichkeit, die mit den Jahren zunimmt — dessen zu geschweigen, daß es für einen Pfarrer in jüngeren Jahren oft große Schwierigkeiten mit sich bringt, Frauen und Jungfrauen gegenüber, mit welchen er als Seelsorger und sonst amtlich zu thun hat, den richtigen Ton zu treffen. — Was die Wahl der Gattin betrifft — worüber Löhe a. a. O. S. 228 ff. viel Gutes gesagt hat — so ist es immerhin leicht, als Pastoraltheolog ein ganzes Inventarium derjenigen Tugenden aufzuführen, die eine Pfarrfrau von Rechtswegen haben müsse, — je mehr, desto besser, — und (wie schon Nicolaus Hemming in seinem pastor, 1566, II. 1. gethan) dem Pfarrer genau den Weg vorzuzeichnen, auf dem er — anders, als der Welt Brauch ist — sich eine Gattin suchen solle. Aber eine Ehe von rechter Art ist niemals das Resultat bloßer, wenn auch frommer Reflexion, wenn dabei das allererste Requisit, die unmittelbare Herzensneigung fehlt; diese aber läßt sich in einem geistig und leiblich gesunden Manne in der Blüthe des Mannesalters nimmermehr abhängig machen von einem vorher entworfenen Katalog der erforderlichen Eigenschaften; wie ein Blitz schlägt sie ein oder wie ein Quell in des Berges Tiefe bricht sie leise hervor im Herzen, und dann erst kann und soll die Frage, die verständige Reflexion eintreten, um die in der Stille Erkorene nun auch zu prüfen. Hält doch selbst dieses noch schwer, da vor der Ehe eigentlich nie mit voller Sicherheit von einer Jungfrau gesagt werden kann, wie sich ihr Charakter in der Ehe entwickeln wird. Jede Ehe ist ein Wagestück, das daher im Namen Gottes allein mit voller Freudigkeit unternommen werden kann; jede glückliche, gesegnete Ehe ist eine besondere Gnade Gottes, für die es zuvor eine menschliche Gewähr nicht gab. Immerhin aber kann man Eigenschaften namhaft machen, die eine Pfarrfrau nicht haben darf; eine Keiferin, eine Näscherin, eine unpünctliche, unsäuberliche, saloppe Person oder eine Putznärrin, eine Verschwenderin oder eine Knauserin, eine hochstylisirte Weltdame, die zuvor im Ballsaal oder in der Leihbibliothek heimisch war, oder eine uncultivirte, aller Idealität baare, mit Gedanken und Interessen im niedrigsten Kreise sich einschließende Magdnatur, ein verzärteltes Mutterkind, dem der Ehegatte jedes Steinchen aus dem Weg räumen soll, das wegen jedes rauhen Luftzugs sich krank meldet, oder empfindlich wird und schmollt, wenn der Gemahl irgend etwas nicht in der Ordnung findet und seinen Willen geltend macht, oder ein kindisches, läppisches Geschöpf, das sich lachend über alles wegsetzt, und nicht so politisch ist, um die Lachlust über dasjenige zu unterdrücken, was z. B. an den Sitten der Bauern ihm seltsam dünkt; — ein Gänschen, das alles ungeschickt angreift und durch seinen Unverstand den Ehemann überall blamirt; eine nervöse Person, die immer behauptet, angegriffen zu seyn, die über jeden Zwischenfall, z. B. wenn ein unerwarter Gast erscheint, alsbald den Kopf verliert, sich nicht zu helfen weiß und zu keinem Entschlusse kommen kann vor lauter Wenn und Aber; — eine Seufzerin, die höchstens als Nonne erträglich wäre, ein Wesen, dem es an aller Heiterkeit, Lebensfrische und Natürlichkeit mangelt, oder aber eine meisterlose, commandirende Person, eine Heroine mit gellendem Stimmorgan, die nur gar zu viel Natürlichkeit besitzt: — das ist ungefähr so eine Liste, aus der sich eine Gattin zu nehmen, bei Jedem ein Zeichen großer Verblendung wäre, für einen Pfarrer aber zu einer Calamität, ja zur Sünde gegen sein Amt wird. Es hat zwar schon Orte gegeben, wo die Leute in heiliger Einfalt vermutheten, ihr Pfarrer werde deßwegen so schön predigen können, weil er an seiner Frau ein so schweres Kreuz zu tragen habe; es ist denkbar, daß, wie jedes andere, so auch dieses Leiden einem Manne zum göttlichen Erziehungsmittel wird: aber wir werden nicht sagen wollen, das sei der richtige Weg, um Erfahrung zu sammeln und Material für die Kanzel zu gewinnen.

Für das häusliche Leben des Pfarrers selber gibt es keine besondere Moral; was irgend in einem christlichen Hauswesen nicht fehlt, was dasselbe ziert und zusammenhält, — Liebe und Friede, Ernst in der Kinderzucht, gemeinsame Hausandacht,*) Ordnung im

*) Die Einrichtung der Hausandacht ist lediglich Sache der christlichen Freiheit; es gibt auch in diesen Dingen, was die Form betrifft, einen individuellen Geschmack, den keiner dem andern aufnöthigen darf. Ein Brevier abzubeten, ist dem evangelischen Geistlichen nicht auferlegt; wenn die Klerikalen nach einem solchen greifen („evangelisches Brevier, von Diefenbach und Müller, Stuttg. 1857.“) und pflichtlich die preces, den psalmus, die meditatio, die laudes beten, wie sie dort nach römischem Styl auf die horas canonicas vertheilt sind. so wird man anderwärts das freie Herzensgebet vorziehen, und wie-

Haushalt, Vermeidung aller Ueppigkeit im Essen und Trinken*), Güte gegen Dienstboten, Tagelöhner u. s. w. — all das muß zuallererst im Pfarrhause daheim seyn. Ein Ehezwist, eine Scene mit Mägden oder Knechten, häufiger Wechsel derselben, Nachsicht gegen Leichtfertigkeiten, die sie sich erlauben — das alles sind Aergernisse für die Gemeinde. Der Frau geziemt es ferner, ihres Mannes fleißigste und gelehrigste Zuhörerin zu seyn, auch wofern er sich irgend etwas Unpassendes angewöhnt hat, z. B. in Geberde oder Ausdrucksweise, ihm dieß in freundlicher Weise abzuthun; — das ist besser, als jene Eitelkeit, mit der sich manche Pfarrfrau zur Lobrednerin ihres Mannes in seiner Amtsthätigkeit aufwirft, was doch meist nur als verrätherisches Zeichen davon angesehen wird, daß er solches Anpreisen nöthig habe; — besser als jene fatale Schwäche, da sie auch ihres Mannes Schrullen und Unarten als Merkmale seines Genies betrachtet oder sie wenigstens nach außen so hinstellt. Ein großes Glück ist es, wenn der Pfarrer an seiner Gattin eine Seele findet, die mit Liebe und feinem Verständniß in alle seine Interessen eingeht, der er z. B. wenn ihm eine schwierige Casualfunction vorliegt, das Concept seiner Rede vorher mittheilen kann, um mit ihr die Gedanken durchzusprechen, die Ausdrücke abzuwägen, um von ihr abzunehmen, wie

---

der in andern Häusern eines der Hülfsmittel für die häusliche Erbauung gebrauchen, deren es sehr viele gibt, aber freilich sehr wenige nur, die auch dem gebildeteren christlichen Sinn und Bedürfniß vollständig genügen.

*) Ludwig Hofacker (s. a. a. O. S. 222.) schreibt einmal: „Heute haben wir Kirchweihe. Es thut mir wohl, zu wissen, daß in jedem!, auch dem ärmsten Hause, heute ein Stück Fleisch zum Vorschein kommt, vielleicht auch ein Trunk Mosts und ein Stück Kuchen. Denn es ist keine Kleinigkeit, unter Leuten zu leben, die stets um das tägliche Brod, d. h. um Kartoffeln sich wehren und dabei als Pfarrer einen guten Tisch zu führen." — Wenn er dann aber hinzufügt, die Leute seien so in's Sklavenleben hineingewachsen, daß ihnen gar nicht in den Kopf komme, zu fragen: „Wie, der und der soll also leben, und ich muß mich das ganze Jahr abrackern und habe doch beinahe nichts?" — so ist das, seit Hofacker dieß geschrieben (1826) ziemlich anders geworden; seit etwa zwölf, dreizehn Jahren ist jene Frage sammt den praktischen Consequenzen sehr üblich.

das, was er aus seinem Ideenkreise heraus spricht, im Ohr und Gemüth des Zuhörers lautet; — ein Glück, ein hoher Segen ist es, wenn sie mit eingehender Liebe auch des Amtes Sorgen tragen, Niedergeschlagenheit und Muthlosigkeit, wenn solche Stimmungen über ihn kommen, ihm überwinden hilft; wogegen die Frau eine schwere Verantwortung auf sich ladet, die ihrem Manne den Amtsernst, die Gewissensmahnungen ausreden will, um ihm das Leben leicht zu machen, die da meint, eine Betstunde einzustellen oder einen Krankenbesuch auf morgen zu verschieben, weil sie heute mit ihm einen Ausflug machen möchte, das sei ganz billig, man brauche nicht so pedantisch zu seyn; — oder die aus lauter Aengsten um seine Gesundheit ihn von jeder Anstrengung zurückhalten will und aus einem schwachen Manne vollends ein Wickelkind macht. Eine Frage aber ist es, in wie weit es der Pfarrfrau gezieme, auch activ an der Amtsthätigkeit des Mannes sich zu betheiligen. Der Pietismus ist ihr darin einen viel weiteren Spielraum einzuräumen geneigt, als es die orthodoxe Theorie von der Amtsheiligkeit zugeben will, und wir glauben, daß letztere hierin in ihrem Rechte ist. Es ist ganz schön und löblich, ja es ist Pflicht, daß die Pfarrfrau kranke Kinder, Wöchnerinnen, auch andere Kranke, wie sie ihnen Wohlthaten erweist, so auch selber besucht, und wenn sie am Krankenbette eine Bibel, ein Gesangbuch nimmt, um dem Kranken vorzulesen, so wird Niemand sagen, daß sie damit über ihren Kreis hinausschreite. Ebenso kann die Frau bei der Errichtung und Leitung von Industrieschulen, Kleinkinderanstalten, Rettungsanstalten und drgl. dem Manne die trefflichsten Dienste leisten. Selbst ein Zuspruch an einen Mann oder ein Weib, die in Dissidien leben und in's Pfarrhaus kommen, kann aus ihrem Munde gute Wirkung thun. All das sind ja Dinge, die jedem Christenmenschen als Liebeswerke zustehen, und die, ausgeübt von einer wackern, gebildeten Frau, auf die die Auctorität des Mannes auch ihren Glanz wirft, doppelt Eindruck machen können. Aber es hat dieß seine sehr bestimmte Gränze; was irgend einen specifisch amtlichen, öffentlichen Charakter hat, das ziemt der Frau nicht. Förmliche Seelsorge zu treiben, an Krankenbetten nicht als Vorleserin, sondern als Priesterin freie Gebete zu sprechen, oder gar Stunden in irgend einer Form zu halten, das ist unziemlich, weil es unweiblich ist. Die Regel, taceat mulier in ecclesia, geht auf alles Kirchendienstliche, und der Zeichnung, welche 1 Petr. 3, 1—6. von einer Christin entworfen ist — namentlich dem Zuge, daß sie durch stillen Wandel ohne Wort, ohne fromme Redensarten und überflüssige Salbung die Andern erbaue — muß zuallermeist die Pfarrfrau entsprechen. — Was die Kinderzucht betrifft, so bringt die Stellung des Landgeistlichen manche eigenthümliche Schwierigkeiten mit sich, namentlich daß die Kinder, weil der Vater der erste Mann im Orte ist, an Bildung alle weit überragend, auch früh schon den Dorfkindern gegenüber sich fühlen und viel herausnehmen, was ihnen später unter Fremden viele Demüthigungen einträgt, und daß es schwer ist, ihnen die erforderliche Bildung zu geben, wo einerseits die Atmosphäre, der nicht auszuschließende Umgang mit Dorfkindern leicht eine gewisse Rusticität zur Folge haben kann, andrerseits die städtischen Lehranstalten fehlen. Allein im Ganzen ist die Erziehungsaufgabe dieselbe, wie überall; was auf der einen Seite erschwert ist, das wird auf der andern auch wieder ersetzt durch die Einfachheit des Lebens; und wenn man glaubt, Rusticität sei nur im Umgange mit Dorfkindern zu lernen, so darf man nur einmal die vornehme Gymnasialjugend beobachten, wenn sie beisammen und der Lehrer noch nicht da ist; man wird dann den Unterschied von Stadt und Land etwas geringer anschlagen. (Vrgl. über die Kinderzucht im Pfarrhause die vortreffliche Ausführung von Löhe, a. a. O. I. S. 243 ff.)

3. Sehen wir uns das Leben des Geistlichen, das in dem so geordneten Familienkreise wurzelt, weiter an, so sind es noch einige specielle Tugenden, die wir glauben hervorheben zu müssen. *)

---

*) Denn daß es sich hier nicht um eine wissenschaftliche Construction handelt, sondern um eine auf empirischem Wege gewonnene und für den praktischen

Bei den weltlichen Beamten, jedoch auch beim großen Haufen überhaupt ist die Meinung sehr verbreitet, daß der Geistliche eigentlich nichts zu thun habe. In großen Gemeinden, wo das „viele Predigen, das den Leib müde macht" (Pred. 12, 12.), wo die täglichen Gänge zu den Kranken, die Geschäfte mit dem Armenwesen, mit der Schule, mit den Instituten, der stündliche Anlauf — also die ausgebreitete amtliche Thätigkeit allen vor Augen liegt, ist jener Vorwurf nicht zu fürchten, die Gemeinde wird ihn ihrem Geistlichen nicht machen. Aber es gehört zu den Unvollkommenheiten unseres Kirchenwesens, daß, während der Pfarrer in dem einen Orte die Arbeitslast kaum bewältigen kann, in einem andern das Amt ihm unleugbar unendlich viel Zeit übrig läßt. Wie sehr auch ein solcher Wirkungskreis, wenn man es ernst mit dem Amte nimmt, sich gleichsam nach innen erweitern kann, ist oben schon gezeigt worden; hier haben wir für den einen wie für den andern Fall nur die Hauptregel aufzustellen: sei fleißig! Nicht nur den Landmann, der im Schweiß seines Angesichts arbeitet, sondern jeden honetten Menschen wandelt ein Gefühl der Verachtung an, wenn er einen Pfarrer sieht, der außer den wenigen gottesdienstlichen Leistungen in der Woche seinen Tag vertrödelt, spät aufsteht, lange tafelt, den Nachmittag verschläft und in der übrigen Zeit müßig und langweilig umherlungert — selbst in seinem Hauswesen die Leute mehr hindernd und ärgernd, als erfreuend und fördernd, oder auch Tag für Tag auszieht, um in der Stadt oder bei einem Collegen die Langeweile zu vertreiben. Aber wie für solchen geistlichen Müßiggang, so hat das Volk auch für den Fleiß des Geistlichen ein offenes, scharfes Auge. Weiß man, der Pfarrer steht früh auf, er studirt viel, sieht man, daß er es mit dem Predigen nicht etwa von Jahr zu Jahr leichter, sondern von Sonntag zu Sonntag ernster und schwerer nimmt: dann hat auch der Bauer

---

Zweck bestimmte Darstellung, ist schon im ersten Capitel als durch den Charakter der Pastoraltheologie bedingt nachgewiesen worden.

vor dem Studiren des Pfarrers Respect, er erkennt es als Fleiß an, wenn er auch diese Arbeit in Vergleich mit der seinigen für eine leichtere ansieht. Dieß aber führt uns auf die Privatbeschäftigungen des Pfarrers, zu denen ihm mehr oder weniger das Amt Zeit läßt.

Was wir in erster Linie hierunter zu rechnen haben, nemlich die Fortsetzung theologischer Studien, das Lesen der Schrift nicht blos zur Erbauung, sondern zugleich mit wissenschaftlichem Interesse, das Lesen des Bedeutenderen, was die theologische Literatur darbietet, um auf dem Laufenden zu bleiben, — das alles ist strenggenommen nicht Privatbeschäftigung, sondern gehört zum Amte, zu jenem in der Stille vorgehenden Sammeln, das den Geist frisch erhalten und zur rechten Production befähigen muß. Wer irgend einmal wissenschaftlich abgeschlossen hat, so daß er für nichts mehr offen ist, was nicht wieder das Gleiche ist, das er schon weiß, oder alles von sich weist, was nicht alsbald in seinen Kram taugt, der hat wohl gar nie recht angefangen; die Wissenschaft ist ihm nur das Mittel gewesen, zu Amt und Brod zu kommen, seit er dieses hat, reicht ihm der von der Universität her noch gebliebene Rest vollkommen aus. Das verräth eine Interesselosigkeit für die Wahrheit, eine Scheu vor strengerem Denken, die sich im Amte selber, vielleicht mehr noch in der Katechese als in der Predigt, gewiß auch fühlbar machen wird. Fragt jemand aber: was soll ich denn studiren? so sieht es fast aus, als hätte der Mann, der so fragen kann, seit der Universitätszeit ganz außerhalb der Kirche und Theologie gelebt; denn sonst müßte ihm erstlich recht wohl bewußt seyn, wo in seinem theologischen Wissen noch hauptsächlich Lücken sind — weiß er aber das, so weiß er auch was er zu studiren hat; zweitens sollte ihm auch noch von dorther und so später immer wieder der Wunsch nahe liegen, bedeutendere Werke, von denen er nur gehört, auch selbst mit Muße zu lesen; und drittens stellt uns jede Zeit selbst wieder und jede Periode der eigenen geistigen Weiter-Entwicklung Fragen vor's Gewissen, über die wir mit unsrer Ueberzeugung noch nicht im Reinen sind; über dieß und jenes hatten wir vielleicht ein fertiges Urtheil, aber plötzlich entdecken wir, daß was sich uns seitdem von selbst zu verstehen schien, ganz und gar nicht selbstverständlich, ja ganz unerwiesen ist, oder daß die Argumente, die seither in unserer theologischen Rüst- oder Rumpelkammer ruhten, wenn wir sie eines Tages zufällig ans Sonnenlicht bringen, vom Roste zerfressen sind. Bei dieser Sachlage glauben wir auch nicht, wie Andere mit Geschick und Umsicht gethan haben, einen Katalog der Bücher aus allen Jahrhunderten hier einreihen zu sollen, die der Pastor der Reihe nach lesen müßte; einen Lectionsplan gibt es hier nicht, sondern theils was durchs eigene Bedürfniß, wie es sich bald nach dieser bald nach jener Seite in uns fühlbar macht, gefordert wird, theils was sich uns von theologischer Literatur von selber darbietet, das wird vorgenommen. Es ist deßhalb freilich nothwendig, daß die Literatur auch in das abgelegenste Pfarrdorf einen Weg finde; eine gutredigirte Literaturzeitung ist deßhalb ein wesentliches Bedürfniß. Ganz in der Ordnung aber finden wir es, wenn ein Mann von wissenschaftlicher Strebsamkeit, der besondere Vorliebe und Begabung für einen einzelnen Zweig des theologischen oder des damit verwandten, überhaupt des gelehrten Wissens hat, die Muße des Pfarramts vorzugsweise auf Fachstudien verwendet. Denn auch das Studium des Pfarrers dürfen wir nicht auf Theologie ausschließlich beschränken. Wie er, bevor er die Universität bezog und auf der Universität selbst Philologie, Philosophie, Geschichte, Mathematik, Physik zu treiben hatte, weil all das zur wissenschaftlichen Gesammtbildung gehört, so sind auch, wenn er nunmehr selbstständig in einem oder mehreren dieser Fächer arbeitet, diese Studien keine Allotria, die er vor einem gestrengen Visitator eher verbergen müßte als zeigen dürfte. Ein Mann z. B. wie Phil. Matth. Hahn, der zum Mathematiker und Mechaniker geboren ist, soll auch Mathematik und Mechanik treiben; solch ein Pfund ist nicht dazu gegeben, um vergraben zu werden, und gerade dieses Mannes

Beispiel (s. sein Leben, von Ph. Paulus, Stuttg. 1858.) zeigt sattsam, daß Studien selbst von solchem Umfang sich mit der treuesten, gesegnetsten Verwaltung des geistlichen Amtes vereinigen lassen. *) Man braucht nicht nothwendig z. B. die Naturwissenschaft in der Weise mit der Theologie zu verbinden, wie es Oetinger gethan hat, man braucht nicht die Chemie zur Alchymie zu machen, um sich als Theolog zu solchen Studien legitimirt zu glauben; alle Wahrheit ohne Ausnahme, also auch alle Wissenschaft, ist dem Theologen innerlich verwandt, weil sie göttlichen Geschlechts ist; in aller Wahrheit spricht und wirkt derselbe Gottesgeist, der in alle Wahrheit, in die ganze Wahrheit leitet. — Harms hat irgendwo auch juristische Lecture empfohlen, und in Hoffmanns Pastoralgrundsätzen (Stuttg. 1829. S. 16.) will ein Vicar in medicinischen und landrechtlichen Schriften sich umsehen — gewiß alles mit gutem Grunde und mit Gewinn auch für das Amt. Wenn aber auch für bedeutendere Studien mit eigener Productivität die geistigen Mittel nicht vorhanden sind: so ist es doch immer ein Lob, wenn ein Mann irgend etwas seiner Berufsarbeit Verwandtes mit Lust und Eifer treibt, was ihn innerlich beschäftigt und geistig frisch erhält; wenn er — das Wort ist ja viel umfassend! — studirt. **) Die Erfüllung obiger Forderung unterliegt

*) Hahn selbst spricht sich, wenn ihm gleich oft sein Zeitverbrauch und die innere Occupation Scrupel machte, die seine Maschinen in Anspruch nahmen, doch in Augenblicken klarer und sicherer Erkenntniß sehr richtig darüber aus; er sagt z. B. a. a. O. S. 155: „Ich sehe, wie gut es ist, wenn man ein Nebenwerk hat, wie ich die Maschinen. Wer ganz allein aufs Geistliche sieht, der wird unnüchtern. Denn es ist unserer Natur nicht gemäß, ganz geistlich zu seyn. Es sollte jeder Pfarrer eine Hanthierung daneben treiben, so würde mancher nüchterner denken." Das sind Sätze von bedeutender Tragweite.

**) So lernte der Verfasser einst einen, nun lange verstorbenen Pfarrer kennen, der in der Zeit der württembergischen Gesangbuchsreform sämmtliche Evangelien in deutsche Verse brachte, weil er meinte, es wäre äußerst bequem, wenn für jede Perikope schon ein dieselbe enthaltendes Lied gesungen werden könnte. Das war nun freilich ein seltsamer Irrthum in Betreff der Bedeutung, die das Lied im Gottesdienste hat, und die Hoffnung mit dieser Arbeit (wie mit einer Versificirung paulinischer Briefe) Anerkennung — vorerst einen Vernun freilich der ökonomischen Schwierigkeit, daß man, um Bücher zu lesen, Bücher kaufen muß; auch nach dieser Seite hin hat die Razzia gegen die Geistlichen, welche die Demokraten in Form der Zehentablösung ausführten, der Kirche Nachtheil gebracht. Aber wo die Mittel des Einzelnen nicht ausreichen, da muß die Association eintreten. Die Lesegesellschaften unter den Geistlichen sind daher, wenn eine kundige Hand sie leitet, etwas äußerst Ersprießliches; sie werden immer darauf angelegt seyn müssen, daß einige Journale, solche, die Abhandlungen, und solche, die Recensionen enthalten, außerdem aber die bedeutenderen theologischen Werke in Circulation kommen. (In Württemberg ist es gesetzlich bestimmt, daß jede Diöcese ihre Lesegesellschaft hat, an welcher jeder Geistliche verpflichtet ist, Theil zu nehmen. Dieser Zwang ist ganz zweckmäßig, weil auf diese Art ein bedeutenderer Fonds zusammengebracht wird, also auch mehr angeschafft, und so, wofern der Dirigent es versteht, Ordnung zu halten, dafür gesorgt werden kann, daß jeder Diöcesangeistliche zu jeder Zeit mit Lecture versehen ist, die er nach angemessener Frist wieder abzugeben hat.) — Zu gleichem Zwecke sind aber auch andere Einrichtungen getroffen. In Württemberg hat jeder Geistliche von Zeit zu Zeit (d. h. jeder Vicar alljährlich, jeder Pfarrer alle zwei, und auf beschwerlicheren Stellen alle drei Jahre) eine theologische Abhandlung an den Generalsuperintendenten einzusenden, wozu der letztere unter Rücksprache mit den Decanen seines Sprengels die Themen zur Auswahl vor-

---

leger für sie zu finden, schlug natürlich fehl; aber dem Manne war diese Arbeit Jahre lang eine Freude gewesen, sie hatte ihm das Herz warm, die Gedanken im Flusse erhalten und war so keineswegs eine verlorene Mühe gewesen. Eines andern (auch sonst originellen) Geistlichen aus der Nähe von Tübingen werden sich von älterer Zeit her noch Viele erinnern, der Tag für Tag, bei Regen und Schnee so gut wie bei Sonnenschein, hereinkam um auf dem Museum im Lesecabinet sich niederzulassen und fortwährend zu excerpiren. Nach seinem Tode waren ganze Berge von Excerptbüchern vorhanden, von denen wir nicht wissen, ob sie weiteren Nutzen für Jemand gebracht haben — item, der Mann selber hatte sich durch solche Arbeit noch in hohem Alter geistig genährt und munter erhalten.

schlägt, ohne daß jedoch dem Einzelnen verwehrt wäre, einen Gegenstand zu bearbeiten, der ihn gerade interessirt oder auf den er durch seine Privatstudien geführt wird. Diese Anordnung ist gewiß sehr gut; denn die eigene Bearbeitung einer wissenschaftlichen Aufgabe führt Jeden tiefer in die Sache ein, als die bloße Lecture. So lange die Zeitschrift: „Studien der württembergischen Geistlichkeit" bestand, wurden die tüchtigsten von jenen sogenannten Synodalaufsätzen in derselben häufig abgedruckt. Noch gehört hieher das Institut der Diöcesan-Disputationen. Alle Jahre wird über ein durch vorgeschriebene Reihenfolge für das ganze Land bestimmtes Dogma von der Diöcesangeistlichkeit unter Vorsitz des Decans disputirt. Zwei Mitglieder verfassen die Thesen in lateinischer Sprache, die, nachdem der Decan sie genehmigt hat, in Umlauf gesetzt werden. Vierzehn Tage vor der Disputation sendet jeder Geistliche (Pfarrer und Vicar; nur das höhere Alter dispensirt hievon wie von den Synodalaufsätzen) eine schriftliche Arbeit über eine oder mehrere der Thesen an den Decan; erklärt er sich darin gegen dieselben, so wird er als Opponent, im andern Fall als Respondent betrachtet und muß nun parat seyn, beim Acte selbst vom Decan zur mündlichen Opposition oder Vertheidigung aufgerufen zu werden. Wir unsers Theils müssen gestehen, daß uns beim gegenwärtigen Stande der Dinge das theologische Disputiren etwas Widriges hat; Lehren und Ideen, die uns heilig sind, denen gegenüber das persönliche Gefühl eine so große Rolle spielt, hin und her zerren zu lassen, als hienge Glaube und Religion an dem Siege der einen oder andern Partei, das hat etwas verletzendes, was unsere Vorväter bei der größern Objectivität ihres ganzen theologischen Denkens viel weniger empfanden. Gleichwohl kann unter geschickter, würdiger Leitung jenes Institut in den Diöcesen einigen Werth haben, nicht wegen dessen, was bei der Disputation erzielt wird, denn dessen ist meist blutwenig, sondern weil Jeder dadurch genöthigt wird, sich in den Gegenstand einzuarbeiten, um vorbereitet zu seyn. Dadurch, daß nicht mehr, wie früher, jeder außer den zwei Thesenstellern verpflichtet ist, zu opponiren, sondern jeder für seine Ueberzeugung sprechen kann, ist wenigstens der Anlaß zu eitlem Wortgefecht beseitigt, es kann eher ein brüderliches colloquium daraus werden. Daß die Kirchenbehörden Einrichtungen dieser Art treffen und überwachen, ist gewiß ganz im Interesse der Kirche; denn es muß ihr sehr daran gelegen seyn, den wissenschaftlichen Geist unter ihrer Geistlichkeit wach und rege zu erhalten. Es tritt z. B. nach der Zeit eines dürren Rationalismus oder einer destructiven Speculation als andres Extrem gern eine Zeit massiver, superstitiöser Gläubigkeit oder fanatischer Kirchlichkeit ein; nach einem superfeinen Spiritualismus kommt ein dicker Materialismus; unter solchen sich immer ablösenden Gegensätzen ist es eben die ernste, unbestechliche Wissenschaft, das wissenschaftlich gebildete Denken, was das schwankende Zünglein der Wage immer wieder richtig stellen hilft. Je weniger Wissenschaft in der Geistlichkeit ist, um so weniger vermag sie den beiden Feinden der Kirche — dem vordringenden Weltgeist, der die Wissenschaft für sich in Beschlag nimmt, und dem ebenso anmaßenden, alle freie Wissenschaft hassenden Sectengeiste — Widerstand zu leisten, um so leichter werden manche Geistliche selber dem einen oder dem andern dieser Uebel zur Beute werden. Wo aber auch durch landeskirchliche Gesetze in dieser Weise nicht vorgesorgt ist, da kann die freie Association Aehnliches leicht zu Stande bringen. Conferenzen, in denen ein biblisches Buch gelesen wird, so daß Einer als Referent sich speciell vorbereitet, die andern sofort ihre Ansichten und Bemerkungen austauschen, oder in denen abwechslungsweise Vorträge gehalten werden — derlei Dinge lassen sich, wo Ernst und brüderlicher Sinn zusammenwirken, ohne Schwierigkeit herstellen.

Eine natürliche Frucht der Studien ist, je nachdem Talent und Kenntnisse, andrerseits der Trieb, sich mitzutheilen und auszusprechen, der Trieb, die selbstständig erkannte Wahrheit auch künstlerisch zu gestalten, vorhanden sind, die Schriftstellerei. Im Vergleich mit den weltlichen Beamten ist der geistliche Stand ungleich thätiger auf diesem Gebiete, was theils von der größern Muße für geistige Beschäftigung, theils von der Art des Gegenstandes selber herrührt, in dem der Geistliche berufsmäßig lebt, und der auch für populäre Darstellungen mehr Reiz bietet, als z. B. Jurisprudenz, oder Medicin; theils auch liegt der Grund darin, daß der Geistliche als Prediger schon vielmehr dessen gewohnt ist, mit eigenem Gedankenproduct vor die Oeffentlichkeit zu treten. Es ist gewiß auch dieß als ein Segen für die Kirche anzusehen, daß den Geistlichen dieses weitere Feld der Wirksamkeit geöffnet ist; wie viele treffliche Männer wären zu nennen, die von dem Studirzimmer eines Pfarrhauses aus weithin für die evangelische Wahrheit gewirkt haben! Nur darf Seitens der Pastoraltheologie auch nicht verschwiegen werden, daß darin viel Versuchliches liegt. Erstens wirft sich die geistliche Schriftstellerei so manchmal auf Gegenstände, die sich wegen ihrer Leichtigkeit ohne viel Geist und Kenntniß bearbeiten lassen und wegen ihrer Popularität auch bei geringerem Werth der Bearbeitung Absatz versprechen; wie viele Katechismuserklärungen, Schulbücher, Jugend- und Erbauungsschriften sind auf diese Weise ins Leben getreten, von denen man nicht sagen kann, daß Kirche oder Wissenschaft etwas entbehrt hätte, wenn sie als Privatexercitien im Pulte der Verfasser geblieben wären. Außerdem aber hat das Schriftstellern aus mancherlei Gründen etwas so Verführerisches, daß es dem Pastor leicht zum Liebsten wird, zum eigentlichen Centrum seiner Gedanken, so daß ihm jeder Besuch, selbst jede Amtshandlung, zu der er abgerufen wird, unangenehm ist, weil er vom Schreibtisch aufstehen und sein Lieblingsgeschäft unterbrechen muß. Der Grundsatz, der oben festgestellt wurde, daß das Amt (und zu diesem gehört auch, daß wir allen zugänglich sind, die ein Anliegen haben) durchaus allen Privatliebhabereien vorgeht, ist auch hier entscheidend; es ist möglich, daß ich schriftstellernd viel mehr wirken könnte, als wenn ich vielleicht einer langweiligen Person Gehör geben muß, die am Ende doch als eine thörichte Jungfrau wieder abzieht, wie sie als eine solche gekommen ist; aber item: ein Pfarrkind anzuhören und bestens zu berathen, ist meine Schuldigkeit, zu schriftstellern aber nicht; oder wenn ich zu der Ansicht komme, daß die Schriftstellerei mein eigentlicher Beruf sei, dann darf ich nicht das Amt als bloße Rentenanstalt ansehen, die mir Brod und Obdach sichert, sondern ich muß das Amt aufgeben.

Der Wissenschaft zunächst steht die Kunst. Wie sie der Kirche selber zur Ehre und zum Schmucke gereicht, so auch dem Pfarrer und seinem Hause. Maler finden sich unter den Geistlichen viel seltener, als Musiker; vielleicht, weil der Protestantismus den bildenden Künsten weniger Raum gewährt als den redenden; vielleicht auch, weil man neben den Universitätsstudien eher Musik treiben kann, als malen, da die letztere Kunst schon an sich ein permanenteres Sitzenbleiben fordert, auch weniger eine gesellige Kunst ist, als jene, überdieß aber das Anschauen großer und vieler Kunstwerke in den meisten Universitätsstädten unmöglich ist, während sich auch auf einer kleinen Hochschule eine Liedertafel, ein Streichquartett, ein Orchester leicht zusammenfindet. So kann man sich auch im Pfarrhause, so selten vielleicht die Bewohner den Genuß haben, eine große Musikaufführung zu hören, für diese Entbehrung viel leichter durch Hausmusik trösten, wogegen eine Reise nach München, nach Dresden, nach Berlin oder gar nach Italien sich durch nichts ersetzen läßt. Uebrigens müssen wir doch gestehen, daß der Mangel an Sinn und Verständniß für die bildende Kunst auch dem Pfarramte nachtheilig ist; wie viele Geschmacklosigkeit, wie viel Barbarei, die unsre Kirchen von innen und außen häßlich gemacht hat, wäre uns erspart worden, wenn die Geistlichen mehr kirchlich-ästhetischen Sinn gehabt, wenn nicht so viele von ihnen in hoher theologischer Weltverachtung oder in abstracter, saurer Frömmigkeit sich gegen das Schöne, das der Cultus der Kirche gebieterisch fordert, abgestumpft hätten! (Es ist deßhalb ein verdienstliches Unternehmen, daß das seit etwa zwei Jahren bestehende „Christliche Kunstblatt für Kirche, Schule und Haus," herausgegeben von Grüneisen, Schnaase und Schnorr, in durchaus lehrreicher und ansprechender Weise auch bei den Geistlichen, wie bei allen Freunden der Kirche das Interesse für die bildende Kunst zu wecken und zu nähren bestrebt ist.) — Immerhin aber steht die Musik, wie gesagt, dem Pfarramt und Pfarrleben unter allen Künsten am nächsten, und ihre Pflege sollte, namentlich unter Voraussetzung dessen, was oben über die musikalische Bildung im Prediger-Seminare bemerkt worden ist, in keinem Pfarrhause fehlen. Der hymnische Theil des Gottesdienstes, die Beaufsichtigung des Schulgesanges u. s. w. macht dem Pfarrer einige Kenntniß und insbesondere Geschmack in der Musik unentbehrlich; aber auch im Hause selbst — wie kostbar ist es für die Einsamkeit eines Pfarrhauses, wie fühlt man sich so reichlich für hundert andere Dinge entschädigt, wenn die Familie sich selber mit Musik zu versorgen im Stande ist!

Ein anderes Allotrion, das aber doch auch nicht außer allem innern Zusammenhange mit dem geistlichen Amte steht, wenn gleich den nächsten Impuls dazu meistens mehr ökonomische als geistliche Motive zu geben pflegen, ist das Unterrichtgeben, überhaupt das Erziehen fremder Kinder, die man als Kostgänger ins Haus aufnimmt. Die Biographien von Geistlichen wie Flattich (v. Ledderhose, 3. Aufl. Heidelb. 1856.), wie Roller (v. Blüher, Dresden 1852) thun genügend dar, mit welchem Erfolg dieses Geschäft betrieben werden kann; es ist auch leicht einzusehen, warum manche Eltern ihre Söhne einem Landpfarrer lieber anvertrauen, als einer öffentlichen städtischen Lehranstalt. Ob freilich ein einzelner Mann auch auf den höheren Unterrichtsstufen mit einem Gymnasium wird gleichen Schritt halten können, ist eine Frage, die nicht die Pastoraltheologie zu beantworten hat; sie kann diese Thätigkeit blos in sofern berühren, als sie eine das Amt nicht beeinträchtigende Nebenbeschäftigung des Pfarrers ist. In dieselbe Kategorie gehört auch der Unterricht der eigenen Kinder, sofern er nicht blos eine Nachhülfe neben der Schule, sondern ein Ersatz für die Schule seyn soll. Auf ruhigen Stellen kann all dieß mit Glück betrieben werden; wo aber das Amt geschäftsvoller ist, da gibt es für den Pfarrer viel zu viel Unterbrechungen durch Geschäfte und Ansprüche, die er nicht auf bestimmte Stunden fixiren kann, und dann muß der Unterricht Noth leiden.

Endlich figurirt unter den Nebenbeschäftigungen des Pfarrers die Landwirthschaft. Wie sie an sich schon dem Berufe des Pastors weit weniger heterogen erscheint, als wenn er irgend eine Handwerkers-Arbeit betreiben würde,*) so kann sie durch die ökonomische Lage, durch die Dotation der Pfarrstelle mit liegenden Gütern zur Nothwendigkeit gemacht seyn. Einen sehr praktischen Gesichtspunct macht Löhe namhaft (a. a. O. S. 211.), daß nemlich der Pfarrer, der Landwirthschaft treibt, dadurch auch in den Stand gesetzt ist, seine Armen auf die beste Weise zu unterstützen, indem er ihnen Arbeit geben, zugleich auch daran sie prüfen kann; denn wenn sie sich ihm entziehen oder schlecht arbeiten, so beweisen sie ihm damit selber ihre Arbeitsscheu, er kann sie also auch darnach behandeln, wenn sie betteln. Auf den weitern, oft dafür vorgebrachten Grund, daß der Pfarrer seinen Bauern auch darin nützen könne, indem er als rationeller Landwirth ihnen mit gutem Beispiel vorangehe, ist wenig Gewicht zu legen, denn wenn er auch vorangeht, so folgt ihm Niemand nach; sie sind des festen Glaubens, daß der Pfarrer in diesem Stück wohl von ihnen, nicht aber sie von ihm zu lernen

*) Verfasser hörte auf seinem ersten Diaconate, daß einer seiner Amtsvorgänger (im fünften oder sechsten Gliede rückwärts) sich seine Kutsche mit eigener Hand verfertigt habe. Mit welcher Erbauung wird die Gemeinde diesem geistlichen Wagner und Sattler zugeschaut haben! — Etwas ganz Anderes ist es mit dem Fall, den S. J. Baumgarten (casuist. Past. Th., von Hesselberg herausg. S. 327) in der Frage behandelt: „ob es Lehrern erlaubt sei, entweder zur Erhaltung ihrer Gesundheit oder zur Aufklärung ihres Gemüths, ihre Nebenstunden ohne Verabsäumung ihres Amtes zu unsündlichen und künstlichen Handarbeiten anzuwenden?" was er natürlich nur bejahen kann. Wir würden das Prädicat künstlich, wofern es eine Bedingung seyn sollte, streichen; Holz sägen z. B. ist keine künstliche Handarbeit und hat doch schon Manchem gute Dienste gethan. — Nur beiläufig sei noch bemerkt, daß, wofern Geistliche auf die Jagd gehen wollten, die Kirchenobrigkeit das schlechthin nicht dulden darf. Dieses Mordhandwerk stimmt schlechterdings nicht mit dem geistlichen Beruf.

haben. Aber sowohl die innigere Theilnahme an des Landvolkes Interessen, die durch solche Arbeit bewirkt wird, als der Segen und die Stärkung, die der Umgang mit der Natur gerade dem studirenden Manne zu bringen fähig ist,*) rechtfertigen diese Beschäftigung zur Genüge; auch ließen sich Namen von Männern nennen, die ebenso tüchtige Theologen und gewissenhafte Diener der Kirche sind, wie sie Bienenzucht und Aehnliches mit Eifer und Erfolg daneben betreiben. Aber erstlich darf nicht, wie man hie und da hören kann, aus dem Betrieb der Landwirthschaft etwas gemacht werden, das zu einem vollkommenen Pfarrer nothwendig gehöre. So wenig beides heterogen ist, so wenig ist es nothwendig verbunden; es gibt auch dafür individuelle Neigung und Begabung, deren nicht jeder sich zu rühmen hat. Gar nichts davon zu verstehen, ist ein Fehler für den Landgeistlichen, dem aber keineswegs durch specielle landwirthschaftliche Studien braucht vorgebeugt zu werden, weil ihm mit einiger Aufmerksamkeit im Verkehr mit dem Landvolke selber kann abgeholfen werden. Die Sache dagegen ins Große zu treiben, so daß der Pfarrer zum Oekonomen, zum Gutsbesitzer wird, bringt die große Gefahr mit sich, daß die Gedanken, die Interessen sich mehr und mehr vom Idealen ab- und diesem Realen zuwenden; man geräth in Handelschaft, in's Marktleben, und wenn auch keine äußere Rusticität daraus wird, so doch um so leichter ein noch schlimmeres, inneres Verbauern. Das quos

---

*) Wäre es freilich so, wie ein frivoler Dichterling jüngst gefaselt hat, daß (s. „Natur und Frieden" von Theobald Kerner, Frankf. 1859) die Natur allein den Frieden gebe, und „wer an die Natur glaubt" (welche Definition von Glauben muß man in diesem Zusammenhange geben?) „nicht des dürren Kreuzes, nicht des hochmuthvollen Wahnes, der Priesterspeculation auf ein da-capo-Leben bedürfe;" würde der Umgang mit der Natur die Wirkung haben, daß dieses Poeten höchster Wunsch: „ein Stück der Erde zu werden" auch der unsrige wäre: dann müßte der Pfarrer vielmehr vor allem Verkehr mit Feld und Wald verwarnt werden. Glücklicherweise ist aber die Natur unschuldig an den Faseleien, mit welchen das moderne Heidenthum und die freche Aftergenialität sie zu ehren und ihren Schöpfer zu verunehren sich befleißigt.

ego, welches Harms (III. 12. Rede, am Schlusse) den geistlichen Bauern entgegenschleudert, ist nie zu vergessen; auch hier möge Tritheims Warnung (de sacerd. vita p. 1226,) eine Stelle finden: Volo te sine sollicitudine esse, ut libere cogites, quae Dei sunt. Nudus et expeditus ad coelum vola.

4 Nie hat die Pastoraltheologie vergessen, dem Geistlichen einzuschärfen, was Hebr. 13, 5. Allen gesagt ist: der Wandel sei ohne Geiz. Denn mit Ausnahme der Vergehungen wider das sechste Gebot, von denen der entfernte Schein, der leise Verdacht schon tödtlich ist für des Pfarrers ganzes Wirken, schadet kein andrer sittlicher Defect der geistlichen Würde und Wirksamkeit so sehr, wie der Geiz, der zudem noch die gefährliche Eigenschaft hat, daß derjenige, der an diesem schnöden Uebel laborirt, sich dessen gar nicht bewußt ist, sondern wähnt, er sei — nicht trotz seiner Sparsamkeit, wie der Hurer trotz seiner Unzucht dieß meint — sondern gerade mit seiner Sparsamkeit, die er sich als Tugend anrechnet, ein ganz rechtschaffener Mensch. Ein Pfarrer der seine Pfarrkinder wegen des Zehntens oder der Stolgebühren drängt und preßt, der, (wie wir von dem mexikanischen Klerus lasen, was aber den positiven kirchlichen Verordnungen zuwiderläuft) sich diese Gebühren vorausbezahlen läßt und erst nach ihrer Erlegung die Stolhandlung vornimmt; ein Geistlicher, der gegen Schuldner, gegen Bettler hart ist, mit den Tagelöhnern um den Lohn marktet oder die Dienstboten karg hält; ein Mann, der ein scharfes Auge für jeden seine Person betreffenden kleinen oder großen Vortheil und Nachtheil hat und erfinderisch ist in den Mitteln, jenen zu erlangen und diesem auszuweichen, bei dem eben dieses Interesse das Princip seines Handelns ist: er kann klug genug seyn, um sich mit alle dem streng innerhalb der Schranken des formellen Rechtes zu halten, und dennoch verletzt er das höhere Recht des Amtes auf's Schwerste. Denn die Samariter-Barmherzigkeit, die nicht rechnet, sondern Liebe übt, wo sie kann, die Wohlthätigkeit, die nicht ein Almosen nur zum Fenster herauswirft, sondern sich des

Armen von Herzen erbarmt und bereit ist, auch sich selbst ein Opfer aufzuerlegen, um ihm helfen zu können, der Sinn eines fröhlichen Gebers, der darum vor Allem denen, die im Pfarrhause arbeiten, Lohn und Speise unverkürzt reicht, so daß, die man dazu in Dienste nimmt, mit Freuden da arbeiten: — das ist, und gewiß nicht mit Unrecht, in den Augen des Volkes das Hauptkennzeichen, daß der Pfarrer nicht das Seine sucht, daß ihm sein Amt nicht blos eine Quelle von Einnahmen ist, daß er, der himmlischen Sinn pflanzen soll und will, nicht selbst noch am Irdischen haftet. So klar aber dieß alles ist, so wenig sind damit alle die vielen Collisionen gelöst, die in der Praxis vorkommen können. Wenn dem Pfarrer böswilligerweise dasjenige entzogen oder vorenthalten wird, was ihm von Rechtswegen zukommt, soll er sein Recht ganz und gar nicht verfolgen, um nicht in Streit ums Zeitliche mit seinen Beichtkindern zu kommen? Wir glauben darauf sagen zu müssen: Erstlich, wenn der Verlust die Pfarrstelle selber trifft, die dadurch auch für den Nachfolger deteriorirt wird, dann hat der Pfarrer gar nicht das Recht darauf zu verzichten; er für seine Person kann herschenken und nachlassen, wie viel er will, er kann es aber nicht auch für den Nachfolger thun. Ebendeßwegen ist es auch, was wir gleich beifügen wollen, nicht recht gehandelt, wenn ein Geistlicher, weil er ein größeres Privatvermögen besitzt, auf die Accidentien verzichtet, vielleicht um sich (wie uns ein Fall bekannt ist) desto mehr Nachsicht für seine geringen Predigten zu erkaufen, vielleicht aber auch aus purer Gutmüthigkeit; dadurch macht er einem Nachfolger, der nicht in derselben Lage ist und darum minder splendid seyn muß, ein schlimmes Spiel. Daß nicht Jeder gleich freigebig seyn kann, das begreift auch der Bauer; aber daß er dem Nachfolger einen Dienst bezahlen soll, den der Vorgänger gratis versehen hat, das macht böses Blut. Dagegen glauben wir, daß in Fällen, wo es sich um den eigenen Vortheil handelt, immer lieber ein Schaden erlitten werden, als vor Amt gegen ein Gemeindeglied deßhalb geklagt werden soll. Wir dürfen dieß um so gewisser sagen, da ein

Geistlicher, der als rechter Hirte in seiner Gemeinde steht und mit aufopfernder Liebe seines Amtes wartet, sicherlich nur selten solche Unbill zu erfahren haben wird und daß ihm die Liebe der Besseren in der Gemeinde eine solche, auch wenn sie ihm widerfahren sollte, reichlich ersetzt. Unseres Wissens sind Streitigkeiten dieser Art immer nur da ausgebrochen, wo der Pfarrer vorher schon durch Kargheit oder Härte sich Feinde gemacht hatte. Eine andere große Schwierigkeit entsteht durch das Ausleihen von Geld. Einerseits wäre es durchaus das Rathsamste, in der eigenen Gemeinde kein Geld anzulegen, damit man nicht in den Fall kommt, den Schuldner verklagen, eine Execution veranlassen und sich bei einem Gant betheiligen zu müssen. Es ist ja heute noch eine leidige Wahrheit, was Sirach schon erfahren hat (Sir. 29, 4—9.), daß man sich, wenn man ausleiht, einen Feind erkauft mit seinem eigenen Gelde. Und doch — wie auch dort trotzdem gesagt wird: „Hilf dem Armen um des Gebotes willen" — so ist es ein übles Lob, wenn es in der Gemeinde heißt: „unser Pfarrer hilft Keinem aus, wenn man noch so sehr im Gedräng ist." Da ist nichts zu thun, als um des Amtes willen selbst solche Gefahr nicht zu scheuen. Manchmal ist es gut, dem, der borgen will, offen zu sagen: sieh', ich weiß zum Voraus, heimzahlen kannst du es nicht, auch wenn du es versprichst, deßhalb leihe ich dir nicht, aber ich schenke dir etwas daran. Manchmal werden wir wohl leihen, aber in Gedanken sogleich auf die Rückgabe verzichten; es ist das wohl öfters das Opfer, mit dem wir uns Befreiung von ferneren Ansprüchen erkaufen, da der Schuldner sich entweder nicht mehr blicken läßt, oder wir ihm sagen können, da er sich nicht bemühe, das Alte zu berichtigen, so erhalte er nicht Neues noch dazu. Ist einmal im Hingeben an den Einzelnen ein gewisses Maß erreicht, dann hat der Pfarrer, wie jeder Andere, das volle Recht zu sagen: ich habe dir geholfen, aber aus meinen Mitteln dich erhalten kann ich nicht; sobald ich sehe, daß du dich bemühest, redlich heimzuzahlen, was dir geliehen worden, sobald werde ich dir auch wieder helfen, vorher aber nicht. Denn leichtsinnigem Schuldenmachen in großen und kleinen Posten hat der Pfarrer wahrlich auf keine Weise Vorschub zu leisten; kennt ihn die Gemeinde sonst als einen Mann von wohlthätigem Sinn, so wird sie auch im Abweisen solcher bösen Schuldner — die immer nur kleine Summen begehren, von denen der Pfarrer nie sagen kann, er habe sie nicht oder könne sie schlechterdings nicht entbehren — durchaus keine Härte, vielmehr in maßloser Freigebigkeit nur eine unmännliche Schwäche sehen. Das ist immerhin eine der schwierigsten Aufgaben, die nur durch jene Pastoralweisheit oder vielmehr jene auch den Laien zierende Klarheit des Geistes und Festigkeit des Willens gelöst werden kann, welche persönlich gegeben und erworben seyn muß, für welche keine ausreichende, specielle Regeln aufgestellt werden können — einerseits allen zur Hülfe bereit, „des Blinden Auge, des Lahmen Fuß, des Armen Vater" zu seyn (Hiob 29, 15. 16.), so daß Jeder in der Gemeinde weiß, er findet Trost mit Rath und That bei seinem Pfarrer, — und doch andrerseits sich nicht mißbrauchen zu lassen und so die Pflicht gegen die eigene Familie zu verletzen und dazu noch den Spott derer zum Danke zu haben, denen man geholfen. Immer aber wird ein Pastor, wie jeder Christ, nur eben wieder durch das Amtsgewissen verschärft, sich leichter darüber Vorwürfe machen und unruhig werden, wenn er auch nur ungewiß ist, ob er nicht einem Menschen unverdient wehe gethan, eine wohl angebrachte Hülfe versagt habe, als er sich darüber ärgern wird, von einem Schufte betrogen worden zu seyn.

Ein andrer Gegensatz des Geizes, eine andre Form der Freigebigkeit ist das, was man im städtischen Leben ein Haus machen heißt; wiewohl freilich manche, die in diesem Puncte sich äußerst splendid zeigen, daneben von gemeiner Knickerei z. B. den Handwerksleuten und Dienstboten gegenüber nicht frei sind. Ein Haus zu machen, steht aber dem Pfarrer übel an; es ist eine Art von Zerstreuung, von Weltleben, die für ihn um so weniger taugt, als sie zugleich sehr in die Augen fällt. Vieles Gesellschaftgeben erfordert auch einen Aufwand, einen Luxus in Speisen und Getränken, von dem man in der Gemeinde — und zwar mit mehr Recht als bei dem Mahle zu Bethania — sagen kann, dieses Geld hätte mögen den Armen gegeben werden. Die liebste Gesellschaft muß dem Geistlichen, zumal dem vielbeschäftigten, immer die eigene Familie seyn. Dagegen ist die Gastfreundschaft von jeher als eine ein Pfarrhaus besonders zierende Tugend erkannt worden. Nicht nur der Freund, auch der Verirrte, Bedrängte hat da eine Zuflucht, die ihm christliche Liebe öffnet. Und doch ist auch diese Tugend nicht davor sicher, zum Fehler zu werden. Ein Haus, in welchem immer ein Gast den andern ablöst, kommt denn doch nie zu der Ruhe und Stille, die da herrschen soll. Von Oetinger existirt die Anekdote, daß er einst, als Besuche angekommen waren und die Frau ihn deßhalb mehreremale aus dem Studirzimmer, wo er sinnend auf und ab ging, in's Wohnzimmer rief, endlich wie unwillig gesagt habe: „Kann ich denn zum heiligen Geist sagen: geh' fort, es sind Besuche da?" Ebenso hat Luther, der selber die Gastfreundschaft in hohem Maß übte, einst an Spalatin geschrieben: „Einem Priester ist's gut, wenn er selten und dazu kurz mit Andern Umgang pfleget; denn das Sprüchwort ein wahres Wort ist: Freunde sind Zeitdiebe." Glücklicherweise sind das weit nicht alle; die Zeit, in welcher ich einen lieben Gast unter meinem Dache beherberge, kann mir zu einer kostbaren Erfrischung für Geist und Herz gereichen. Aber es gibt namentlich auch fromme Herumläufer, die, wie im eigenen Orte, so auswärts gar gern Besuche machen und geistliche Gespräche führen, die deßhalb auch meinen, die Pfarrer seien eigentlich ihre natürlichen Vettern und von Gottes wegen verpflichtet, sie als Brüder in dem Herrn aufzunehmen. Hat vollends ein Pfarrer schon einen Namen als eindringlicher Prediger, so glauben sie, ihn unter die Zahl ihrer Freunde ohne Weiteres aufnehmen zu sollen. Solchen geistlichen Müssiggängern, seien sie aus der eigenen oder aus fremder Gemeinde, ist, sobald man sie als solche erkennt, der Ernst zu zeigen; wird man dadurch auch in ihren Augen ein Weltmensch und als solcher verschrieen, diese Schmach muß man tragen; die Vernünftigen werden bald einsehen, daß der Pfarrer Recht gethan.

5. Als ein Hauptpunct in der Pfarrmoral ist die Tugend der Collegialität hervorzuheben. Wenn Manche den Rath geben, sich am liebsten solche Stellen zu suchen, wo man keinen Collegen neben sich hat, so ist damit ein Weg gewiesen, auf dem man allerdings vieler Unannehmlichkeit enthoben ist. Denn zwei Collegen, die sich schlecht vertragen, können einander das Leben so sauer machen, wie zwei Hausgenossen oder Eheleute, die in Zwietracht leben; und selbst, wenn der eine Theil durchaus friedlicher Natur ist, zum Nachgeben immer eher bereit als zum Rechthaben, so kann es dennoch geschehen, daß mit dem andern Theil schlechthin nicht auszukommen, ein brüderliches Verhältniß nicht herzustellen oder wenigstens nicht fortzuführen möglich ist. Ein College, der, von Natur vielleicht unzufriedenen Sinnes, sich immer zurückgesetzt glaubt, der jede dem andern widerfahrene Ehre als eine Beleidigung für seine Person auffaßt, der den Ehrgeiz, welcher ihn plagt, im Andern ebendeßhalb auch voraussetzt, wird in der unbedeutendsten Sache, im arglosesten Worte etwas Schlimmes suchen; kommt es zu Erklärungen, vollends zu schriftlichen (Harms stellt sehr treffend als eine Hauptregel der Collegialität auf: „Scheue die Billets!"), so werden daraus leicht Scenen, in welchen der leidenschaftliche Theil seine und seines Gegners Würde völlig vergißt und compromittirt; kommt es nicht dazu, und man geht äußerlich höflich, aber kalt an einander vorbei, so ist's wieder ein Aergerniß für die Gemeinde, wenn die Boten des Friedens so wenig Frieden halten, ihren alten Adam so wenig zähmen können. Sehen wir aber von diesem schlimmsten Fall ab, der einzig Sünde und Schuld der so zu einander stehenden Individuen ist, übrigens bei einer Kirchenbehörde, die ihre Leute kennt, auch auf die Anstellung eines so prädicirten Mannes an dem oder an jenem Orte influiren wird: — so können Collegen auch ganz friedlich nebeneinander stehen,

und dennoch wird es ihnen schwer, eine von Herzen kommende Collegialität gegen einander zu behaupten. Sind beide nicht derselben theologischen Richtung zugethan, so läßt sich, wofern nicht der eine fanatisch in die seinige verrannt ist, noch eher ein gutes Vernehmen herstellen, indem jeder den andern gewähren läßt; der Gegensatz muß schon sehr gespannt, es muß aber auch das feinere und tiefere Gefühl der eigenen Würde schon weit abhanden seyn, wenn sich der eine vor den Ohren von Gemeindegliedern auch nur mißliebige oder gehässige Bemerkungen über den andern erlaubt, geschweige vollends, wenn es zu dem Scandal förmlicher Controverspredigten gegen einander kommt. Aber gerade die Stellung des Geistlichen, der auf das Vertrauen, auf das Entgegenkommen der Gemeinde angewiesen ist, dem zumal als Prediger die Ehre oder Unehre, welche er genießt, in Gestalt voller oder leerer Kirchen so handgreiflich unter die Augen tritt, bringt es mit sich, daß zwischen geistlichen Collegen viel leichter Eifersüchteleien vorkommen, als zwischen weltlichen Beamten. Wir wollen das unerquickliche Bild derselben sammt den hunderterlei Anlässen, an denen die Eifersucht sich entzünden und nähren kann, nicht weiter ausmalen; wollen nur daran erinnern, daß, wenn der eine Geistliche die Ueberlegenheit des andern unzweifelhaft anerkennen muß, es dem redlichen, aufrichtigen Manne viel leichter wird, sich dem zu fügen und in Demuth zu leisten, was er eben kann, als wenn diese Ueberlegenheit eine vielleicht sehr zweifelhafte ist, und nur die Mode — denn auch die fromme Welt hat ihre Moden, die keineswegs immer den richtigen Geschmack verrathen — einen an Gehalt vielleicht entschieden unter ihm stehenden Mann weit über ihn emporhebt. Das erregt sehr natürlich in ihm den Wunsch, lieber eine Stelle zu haben, wo er allein wirken könnte, wie denn auch ganz gewiß mancher tüchtige Mann, der in einer großen Stadt kaum beachtet wird und darum auch einen kleinen Wirkungskreis hat, in einer Gemeinde, wo er allein stünde viel mehr nach Verdienst gewürdigt würde. (Beiläufig gesagt, ist deßhalb das eifrige Trachten junger Prediger, die sich fühlen, nach glänzenden Stellen z. B. in Residenzen oft unklug; ob sie dort Succeß haben, ist nie sicher, und je mehr solchem Trachten eitle Motive zu Grunde lagen, um so schwerer kann sich dasselbe nach erreichtem Ziele bestrafen. — Aber wer aus diesen Gründen allen es für besser hält, lieber Stellen zu suchen, wo man allein steht: der macht damit doch einen Gesichtspunct zum maßgebenden Princip, welcher schon für sich gar nicht anerkannt werden kann. Wie es der alte Adam ist, der die Collegialität stört, der ein einträchtiges, brüderliches Zusammenwirken hindert, so ist es derselbe alte Adam, der die Collegialität fürchtet, weil sie ihm eine Schranke auferlegt, die ihm recht heilsam wäre. Die Stellung des Pastors ist eine verhältnißmäßig so unabhängige, er hat in vielen Dingen einen solch freien Spielraum, daß er, wenn er allein ist, sich Vieles z. B. in gottesdienstlichen Einrichtungen, in Schul- und Armensachen u. s. f. erlauben kann, das sich die Gemeinde, selbst wenn es ihr nicht gefallen will, doch gefallen läßt; — die Geduld, wohl auch die Gleichgültigkeit der Gemeinden selbst gegen die Ungesetzlichkeiten und Gewaltthätigkeiten einzelner Pfarrer wäre eine oft wahrhaft bewundernswerthe, wenn sie nicht vielmehr beklagenswerth wäre; — da ist's nun etwas unbequem, einen Collegen neben sich zu haben, der genau weiß, was seyn soll und was nicht, der vielleicht mit ängstlicher Pünctlichkeit alles, was und wie es vorgeschrieben ist, thut, der sich auch, wo er etwa mithalten soll, schlechterdings nicht dazu versteht, sich überhaupt nicht in's Schlepptau nehmen läßt. Es ist auch der eine College vielleicht ein unruhiger, unmüßiger Reformer, der stets etwas findet, woran er rütteln, stets eine Lücke sieht, die er ausfüllen, stets einen edlen Zweck in's Auge faßt, für den er einen Verein stiften, für den er collectiren zu müssen glaubt; neben ihm steht ein Mann von kühlerem Gemüth, der das Unpraktische, das Ephemere aller jener Plane einsieht und darum stets Bedenken erhebt, die den Sanguiniker in Harnisch bringen. Aber wenn es diesem unbequem ist, so ist es ihm ebensogewiß ganz gesund; für den Andern ist es auch keine angenehme Rolle, den Radschuh vorstellen zu müssen, aber für die Leute, die auf dem Wagen sitzen, ist der Radschuh doch ein äußerst nützliches Instrument. — Es ist, mit einem Worte, doch nur der — sich gar leicht auch in christliches Gewand hüllende, mit christlichen Namen schmückende — Egoismus, der lieber allein seyn, als das Arbeitsfeld mit einem Collegen theilen will, der nicht darnach fragt, was der Gemeinde frommt, sondern der das Seine sucht, der Gemeinsamkeit nur unter der Bedingung sich gefallen läßt, wenn er dominiren kann. Dem gegenüber ist es die Liebe, die — wie der Herr seine Jünger je zween und zween aussandte — gern Hand in Hand mit einem Amtsbruder arbeitet, die an ihm sich stärkt, die sich nicht schämt, auch von dem Jüngeren, Unerfahrenern zu lernen; daher es schlecht genug aussieht, ja wirklich schlecht ist, wenn der College den Collegen zu hören nicht für nöthig findet (wofern er nämlich nicht zu derselben Zeit selbst zu functioniren hat). Wie viel können Collegen, auch bei verschiedener Gemüthsart und sogar verschiedener theologischer Richtung einander seyn, wie fruchtbar und gesegnet für sie kann gerade ihre Verschiedenheit werden, wenn nicht der Egoismus, sondern die Liebe das Verhältniß zwischen beiden bestimmt und das Bewußtseyn der heiligen Pflicht dieser Liebe schützend zur Seite steht! — Gerade demjenigen Collegen aber, der es sich angelegen seyn läßt, solche Collegialität aufrichtig zu pflegen, kann es schwere Verlegenheit bereiten, wenn da, wo jede Familie in der Gemeinde einen Geistlichen zu ihrem Beichtvater hat, auch Beichtkinder des Collegen sich an ihn wenden, weil ihnen der Beichtvater, den sie einmal haben, nicht genügt. Für liturgische Functionen, vollends für solche, an denen eine Stolgebühr haftet, wird dieß seltener geschehen, da man doch das allzu Auffallende und Beleidigende solcher öffentlichen Demonstration scheut; und würde eine solche Function je verlangt, so müßte sie rundweg verweigert werden, es wäre denn, daß die betreffende Familie nachwiese, daß das Verhältniß zu ihrem bisherigen

Beichtvater förmlich gelöst sei, daß dieser sie aller Verpflichtung zur Rücksicht auf ihn entbunden habe. Dieß zu ordnen, ist Sache der Familie, nicht des Collegen.*) Häufiger aber ist der Fall, daß ein College mehr unter der Hand ersucht, oft dringend ersucht wird, die Beichtkinder des andern in Krankheit zu besuchen. Man schließt damit den Beichtvater nicht förmlich aus, man hofft vielleicht, er erfahre es nicht einmal, daß man andern geistlichen Succurs gesucht und gefunden. Es gibt Leute, die namentlich einem jüngeren, eifrigen Geistlichen es wie eine Gewissenspflicht vorzuhalten wissen, daß er, da es sich um das Heil einer Seele handle, sich nicht durch Menschenfurcht abhalten lassen dürfe, dem Rufe zu folgen. Lasse sich doch Niemand durch solche Motivirung täuschen! Sie ist zwiefach falsch. Erstlich hängt das Heil einer Seele ganz und gar nicht davon ab, ob der Stadtpfarrer oder der Diakonus den Kranken besucht, sondern davon, ob dieser sich bekehrt. Man hat wohl das Zutrauen zu einem feurigen, erwecklichen Prediger, daß, wenn dieser zu den Kranken käme, dann gewiß Bekehrung und Seligkeit gar nicht fehlen könne; aber das ist ein Stück Aberglaube, oft geradezu Menschenvergötterung. Gewiß, es gelingt dem Einen besser, als dem Andern, ans Herz zu sprechen: aber an diesem Sprechen hängt es dennoch nicht allein, sonst könnte in einer Gemeinde, wo nur Ein Geistlicher, und dieser kein guter Hirte ist, keine Seele selig werden. Ist denn in den Familien

*) Es möge hiezu auch verglichen werden, wie Häberlin (Specimen theologiae practicae, Tüb. 1690. S. 183.) die Frage beantwortet: An absolvendi sint alterius parochiae homines, qui propter contentionem, quam habent cum pastore suo ordinario, nolunt amplius ipsi confiteri? Respondetur negative, quia contemtu pastoris ordinarii, quo flagrant adversus ipsum, ostendunt, nec contritionem nec fidem nec melioris vitae propositionem sibi inesse. Der hier berührte Fall ist zwar nicht derselbe, wie oben; aber es liegt doch ein guter Wink darin, mit wie viel Vorsicht auch in unserem Fall zu verfahren ist. Die persönliche Geringschätzung eines Geistlichen gegenüber einem andern, ist oft nichts weniger als ein Zeichen höherer und tieferer Frömmigkeit, die bei dem letztern sich nicht befriedigt fände; sie kann sehr menschliche lieblose, äußerliche Motive haben.

selber so gar nichts von Wort Gottes, von Gebet, von christlicher Erkenntniß, daß ein Kranker nur so viel von Tröstung und Lebenswahrheit empfängt, als ihm der Pfarrer gibt? Gedenkt man des eigenen priesterlichen Rechtes so wenig oder weiß man dasselbe so gar nicht zu brauchen? Andrerseits ist es auch keineswegs Menschenfurcht, wenn der College den Collegen nicht beleidigen will, sondern es ist ein durchaus richtiges Gefühl, sowohl dessen, was die persönliche Stellung zu einander fordert, als was einmal Ordnung in der Gemeinde ist. Ein Mann, dessen Gewissen richtig gestellt ist wird in solchem Falle immer fest bleiben. Aber zweierlei ist dazu allerdings noch beizufügen. Erstlich: daß dieses Beichtvater- und Beichtkinderwesen in den Städten sehr viel Nachtheil für das Amt selber mit sich bringt. Es hat sein Schönes, wenn Ein Mann der geistliche Freund und Berather einer ganzen Familie ist und als solcher gleichsam sich vererbt; aber wenn man an ihn auch dann gebunden ist, wenn er das Vertrauen verloren oder nie gewonnen hat, wenn z. B. alle Kinder einer Familie nach einander und nach etlichen Jahrzehnten auch die Enkel denselben schlechten Confirmations-Unterricht haben sollen, das ist hart. Auf dem Dorf ist das freilich ebenso möglich, aber in der Stadt, wo man Auswahl hätte, ists ein Joch, das ungerne getragen wird. Und doch läßt sich darin nicht wohl etwas ändern. Einer Aufhebung alles Zwanges dieser Art würde weniger der Umstand im Wege stehen, daß ein bedeutender Theil des Einkommens in den Geschenken und Honoraren der Beichtkinder besteht, denn dieß würde in anderer Form sich compensiren lassen. Aber es wäre dann zu fürchten, daß ein beliebter Mann mit seelsorgerlicher Arbeit für die ganze Stadt überhäuft würde, und so seines Berufes nicht vollkommen warten könnte, während andere Kräfte, die nur vielleicht in Folge des augenblicklichen Enthusiasmus für das Neue mit Unrecht geringer geachtet werden, brach liegen würden. Uebelstände würden sich also auch dann ergeben; zudem wäre viel eher Gefahr vorhanden, daß ein Geistlicher denen, die ihn berufen haben, möglichst zu Gefallen redete und handelte, damit sie nicht, ihrer Freiheit sich bedienend, von ihm weglaufen; bei einem festeren beichtväterlichen Verhältniß wird auch größere Strenge den eigenen Beichtkindern gegenüber nicht gescheut werden. Das Zweite aber ist dieses. Gerade weil sich die einmal bestehende Ordnung trotz ihren Mängeln nicht leicht ändern läßt, ist es desto mehr Pastoralpflicht, darauf bedacht zu seyn, daß sie nicht als ein Joch empfunden werde. Wer sichs stets Ernst seyn läßt, alles, was er als Seelsorger zu thun hat, mit strengster Gewissenhaftigkeit, mit hingebender Liebe zu verrichten, der braucht keine Concurrenz zu fürchten. Wird ihm auch ein Anderer vorgezogen — vielleicht mehr um scheinbarer als wirklicher Vorzüge willen, oder ist es wirklich höhere Begabung, die den Collegen zum Gestirn des Tages macht: — so viel Christenthum wird ein rechtschaffener Pastor doch haben, daß er diese Zurücksetzung erträgt; je weniger er das Seine sucht, um so besser weiß er sich in der Menschen Wandelbarkeit zu schicken. Wie schön und richtig weiß Paulus Phil. 1, 15—18. solche Erfahrungen aufzufassen! Erfährt er aber auf irgend eine Weise, daß sein Beichtkind wünschte, statt seiner oder neben ihm seinen Collegen zu rufen, dann wird er vor Gott und Menschen sich am edelsten zeigen, wenn er selber die Hand dazu bietet, nicht im Tone gekränkten Selbstgefühls, sondern als ein Mann, der männlich und christlich genug denkt, um augenblicklich zu weichen, wenn man seiner nicht mehr begehrt; der, wenn ein Anderer mehr Frucht schaffen kann, gerne zurücktritt. Auch wäre es ja sehr wohl denkbar, daß, wie ein gewissenhafter Arzt oft selbst die Beiziehung eines andern wünscht, so auch ein College auf den Wunsch der Familie im Einverständniß mit dem eigentlichen Beichtvater einen Kranken besuchen könnte, ohne daß darum der ältere geistliche Freund des Hauses ausgeschlossen wäre. Je weniger Empfindlichkeit in solch delicaten Beziehungen man verräth, je mehr man sich auch darin collegialisch und bescheiden benimmt, je ruhiger man bleibt in dem Johannes-Sinne: „Er muß wachsen, ich muß abnehmen:" um so ehrenhafter steht man vor aller Welt da; ein College aber, der durch die ihm zugewendete aura popularis sich zur Rücksichtslosigkeit oder gar zu Umtrieben gegen das Ansehen des Collegen berechtigt glaubte, würde nur eine Weile, und nur beim Pöbel seinen Zweck erreichen, bei allen Rechtschaffenen und Gebildeten aber das, was er vielleicht wirklich an Vorzügen besitzt, durch solches Gebaren völlig entwerthen.

Eine besondere Seite der Collegialität ist die zwischen den Vorgesetzten und Untergebenen, z. B. dem Decan und seinen Diöcesangeistlichen, dem Hauptpastor und den Diaconen an einer Kirche. Der Protestantismus duldet keine Hierarchie; die geistliche Würde selbst, abgesehen von den menschlichen Geschäften der Kirchenleitung, ist beim Prälaten dieselbe wie beim Pfarrer und Helfer; alle Geistlichen sind daher Collegen, wie denn auch die Gemeinde, deren Prediger ein Prälat ist, sich durch diese seine äußere Ehrenstellung der Dorfgemeinde gegenüber, der ein Vicar predigt, keineswegs dafür entschädigt glauben würde, wenn jener schlecht und dieser gut predigte; sie beurtheilt beide, und mit Recht, nach demselben Maßstabe. Darum muß der evangelischen Kirche, wie oben angedeutet, jene kriechende Devotion, die man an den katholischen Priestern ihren Obern gegenüber bemerken will, und die sich bei jesuitischer Erziehung auch erwarten läßt, durchaus ferne bleiben. Die Ehrerbietung zwar, die der Jüngere dem Aelteren, der in engem Wirkungskreise Stehende dem Beaufsichtigenden, der Unterthan der kirchlichen Obrigkeit schuldig ist, muß gefordert und geleistet werden, und wenn die Pfarrer in ihren Conferenzen, in öffentlichen Blättern, in den Ständekammern das Losziehen über ihre Kirchenobern oft als eine Art Lieblingsthema betreiben, so ist dieß geradezu eine Unanständigkeit, der wir in allweg jenes Ehrgefühl für die eigene Kirche und deren in den Obern sich repräsentirende Würde als beschämendes Beispiel gegenüber halten müssen, welches die katholischen Geistlichen nie verleugnen. Aber das hebt die Verpflichtung der kirchlichen Vorgesetzten nicht auf, im Untergebenen den geistlichen Collegen, den Hirten einer Gemeinde zu ehren und darnach auch das amtliche Benehmen, den Ton des amtlichen Verkehrs zu bemessen. Wenn man in älterer Zeit über „die kalte Gravität," welche die kirchlichen Vorgesetzten gegen die ihnen untergebenen, etwa mit Bitten und Meldungen sich präsentirenden Geistlichen beobachtet haben sollen, Klage führte, *) wenn seiner Zeit namentlich manche Decane, während sie sich der malhonettesten Aufmerksamkeiten ihrer Pfarrer (der Neujahrsducaten u. dgl.) nicht schämten, diesen gegenüber eine sehr hohe Miene aufzusetzen pflegten: so ist das, Dank einer weisen Gesetzgebung wie dem in solchen Dingen unstreitig sittlicher gewordenen Geiste der Zeit, ein Anderes geworden. Aber heute noch und allezeit ist das menschliche Herz allzu menschlich, als daß ihm nicht jede hervorragende Stellung zur Versuchung werden könnte; so leicht z. B. sieht ein Vorgesetzter, wo er nur zu präsidiren hat, jede Gegenrede eines Collegen als eine Auflehnung wider seine Autorität an, und auch ohne heftige Auftritte ist das Band der Collegialität innerlich gelöst. Andrerseits versteht es sich von selber, daß die Collegialität das gesetzlich geordnete Verhältniß der Ueber- und Unterordnung nicht alterirt; aus bloßer Collegialität einem untergebenen Pfarrer, der etwas versehen hat, durchhelfen, ihn besser prädiciren als er es verdient, ihm eine Rüge nicht ertheilen, die ihm gebührt, wäre eine sehr falsche Liebesübung, die dem so Begünstigten am allerwenigsten zum Heile ausschlagen würde. Die rechte Collegialität wie die rechte Amtsgewissenhaftigkeit eines geistlichen Vorgesetzten wird sich darin vereinigen, daß er sich den Untergebenen gegenüber recht als ihr geistlicher Vater betrachtet, nicht indem er sie als Kinder, als Unmündige behandelt, aber indem er ein Herz für sie hat, all ihre Anliegen, persönliche wie amtliche treulich mit ihnen theilt, sich ihrer aber auch mit seiner Auctorität nach oben und nach außen

---

*) S. z. B. Pahls Denkwürdigkeiten aus seinem Leben (Tüb. 1840.) S. 321.

wacker annimmt, daß ihnen kein Unrecht geschieht, also auch wo ihm selbst Unangenehmes droht, sie nicht feig ihm Stiche läßt, sondern für sie einsteht, und so ihr Vertrauen in allen Stücken gewinnt und rechtfertigt.

6. Die persönliche Stellung des Geistlichen nach den übrigen Seiten hin, also zu den kirchlichen und bürgerlichen Collegien, denen er zu präsidiren hat oder deren Mitglied er ist, zu den Lehrern, zumal den unter seine Aufsicht gestellten, so wie zu den Staats- und Gemeindebeamten ist theils durch gesetzliche Normirung dessen, was in allen diesen Beziehungen dem geistlichen Amte zukommt, bestimmt, und es geziemt daher dem Pfarrer, Allen gegenüber seine Stellung zu wahren, z. B. einem gewaltthätigen Schultheißen keinen Uebergriff zu gestatten, gegen verderbliche Maßregeln der weltlichen Beamten (z. B. gegen schlechte Polizei, laxe Handhabung der Sonntagsgesetze u. s. w.) geeigneten Orts Vorstellungen zu machen oder die Hilfe der Kirchenobrigkeit anzurufen. Auch einem Presbyterium gegenüber soll der Pfarrer die Zügel nicht aus der Hand geben, so wenig er andrerseits sie zu bloßen Figuranten herabwürdigen darf, die nicht wagen dürfen, anderer Meinung zu seyn als er, so wenig er überhaupt einer kleinlichen Eifersucht auf seine Amtswürde Raum geben soll. Eine feste Haltung ist etwas ganz anderes als jene Empfindlichkeit, jener stete Argwohn, man wolle dem Pfarrer seine Auctorität nicht zuerkennen. Aber auch in diesen Beziehungen allen darf er doch nie vergessen, daß er nicht blos und nicht in erster Linie Beamter ist mit dem und dem Recht, sondern daß er Seelsorger, also Freund und Bruder aller ist, der zu denselben Männern, die vielleicht im Sitzungszimmer gegen seinen Antrag stimmen, oder denen er bei ihren Planen in den Weg treten muß, über kurz oder lang an ihr Krankenbette tritt, der ihnen Sonntags als Bote des Friedens gegenübersteht, am Altar ihnen das Sacrament reicht u. s. w. Dieses geistliche Band muß alle anderen Verhältnisse umschlingen und in sie sich einflechten; auch wo ich in amtlichen Conflict mit einem Manne komme, muß ich

dessen eingedenk seyn, daß ich sein Beichtvater bin; das wird dem Tone das Fremde, Herbe, Herrische nehmen, nicht aber der Festigkeit und Bestimmtheit Eintrag thun, die z. B. einem Schultheißen, einem Gemeinderath am Pfarrer sehr unbequem seyn kann, die sie aber dennoch an ihm respectiren, während ein Mann, der aus lauter Gefälligkeit ihnen stets zu Willen ist, oder der, wo er kurz und kategorisch auftreten sollte, Umschweife macht und aus lauter Höflichkeit nichts beim rechten Namen nennen will, von denen selber nicht geachtet wird, die dadurch gewinnen. In Verhandlungen mit Collegien (wie in Württemberg der Stiftungsrath u. a.) ist es von höchstem Werthe, sich eine solche Haltung anzueignen und zu bewahren, daß man sich nie aufregen läßt; jedes leidenschaftliche Wort, jedes Auffahren setzt den Geistlichen in der Achtung der Andern herab; er gibt sich eine arge Blöße damit und kann sogar in den höchst unangenehmen Fall kommen, in irgend einer Form depreciren zu müssen.*) — In den Stücken aber, in welchen die weltlichen Behörden gesetzlich berechtigt sind, vom Pfarrer irgend eine Leistung (z. B. Ausfertigung von Urkunden) zu verlangen, muß der Pfarrer eine Ehre darein setzen, alles auf's Exacteste und Präciseste zu besorgen. Sind ihm diese Dinge lästig (und sie können es seyn, um so mehr, wenn dann derselbe Staat, der die Geistlichen für seine Zwecke reichlich benutzt, doch, wo es sein finanzieller Vortheil ist, wie z. B. in Württemberg bei der Besoldungsverbesserungsfrage, sie nicht für Staatsdiener erklärt): so hat der Geistliche das mit dem Gesetz und den Gesetzgebern auszumachen, nicht aber den einzelnen Beamten, dem er die Arbeit liefern soll, durch schlechte Besorgung zu ärgern. Man soll auch darin ebensosehr die Brauchbarkeit als die Gewissenhaftigkeit

*) Es bleibt mir immer im Andenken, wie mir einst ein jetzt in hohen Würden stehender lieber College nach einer stürmischen Sitzung auf dem Rathhause, als ich meine Bewunderung über seine unerschütterliche Ruhe gegen ihn aussprach, hierauf erwiederte: „Meinst du, das thäte ich ihnen zu lieb, daß ich mich erzürnen ließe?“

der Geistlichen erkennen. Ist dieß doch der einzig annehmbare Grund, aus dem es sich entschuldigen läßt, wenn der Staat für solche dem Kirchendienst ganz fern liegende Geschäfte, wie die Recrutirungsliste, die Fertigung der Bevölkerungsliste und Aehnliches, die Geistlichen in Anspruch nimmt, daß sie nemlich diese Dinge am pünktlichsten besorgen. Wenn er sie dafür nicht gebührend oder gar nicht honorirt, so ist das eine Schande und ein Unrecht, das nur ihm zur Last fällt.

---

9. Die pastorale Wirksamkeit in Bezug auf die Gemeinde im Ganzen und in den gesetzlich bestimmten Formen.

Indem wir von dem, was die Person des Pfarrers, die dem Amt entsprechende persönliche Haltung desselben betrifft, zu seiner amtlichen Thätigkeit in der Gemeinde übergehen, haben wir zuerst das, was allgemeinerer Art ist, was im Dienste des Ganzen geschieht, zu unterscheiden von denjenigen Gattungen seines Wirkens, da er es mit einzelnen Classen oder Individuen in specie zu thun hat. Diese Unterscheidung ist freilich in sofern keine streng durchführbare, als das, was der Pfarrer als Seelsorger an den Einzelnen thut, immer zugleich das Leben des Ganzen fördert, und umgekehrt, wo er die ganze Gemeinde im Auge hat, doch die Wirkung eine den Einzelnen zu gut kommende und für die Einzelnen verschiedene ist. Aber als Eintheilungsgrund für die Pastoraltheologie ist jene Unterscheidung dennoch festzuhalten; in der erstern Beziehung treten nicht z. B. die verschiedenen innern oder äußern Zustände in den Vordergrund; diese führen wir erst in der zweiten Linie nach einander auf, um jedem ein besonderes Capitel zu widmen, welches das gerade auf diesen Zustand bezügliche seelsorgerliche Verhalten schildern soll. In dem ersten, allgemeineren Passus dagegen sind es die pastoralen Thätigkeiten selbst, in ihrer Objectivität und nach ihren Arten unterschieden, welche, auch wenn sie es in concreto nur mit Einzelnen zu thun haben, (wie z. B. Beichte und Kirchenzucht) doch einen allgemeineren Charakter haben und eben in dieser Objectivität, in welcher sie für das Ganze von Bedeutung sind, betrachtet werden müssen. Unter diesen selbst aber nennen wir wieder diejenigen, welche gesetzlich angeordnet sind, vor denen, welche der Pfarrer freiwillig unternimmt, wozu er also zwar nicht äußerlich verpflichtet ist, wozu ihn aber das tiefer gehende und weitergreifende Amtsgewissen, das Gewissen der Liebe oder die Liebe im Gewissen, von selber treibt, und wozu ihm das Gesetz immerhin einen freien Spielraum läßt. Von dieser freiwilligen Thätigkeit soll das nächste, von der gesetzlich normirten das gegenwärtige Capitel reden, wogegen die später folgenden sich mit jenen besondern Classen, Zuständen, Bedürfnissen zu beschäftigen haben, denen sich die specielle Seelsorge widmet.

Es ist schon im ersten Capitel, wo das Gebiet der Pastoraltheologie gegenüber der Homiletik, Liturgik u. s. f. abzustecken war, bemerkt worden, daß sich das pastorale Element nicht auf einen einzelnen Zweig des Amtes beschränke, sondern, fließend wie es ist, in verschiedenen Formen zum Vorschein komme. Daher eben rührt es, daß die Pastoraltheologie so oft auch die Homiletik und Katechetik, sogar die Liturgik zu sich herübergezogen hat. Was letztere betrifft, so ist ebenfalls seines Orts erinnert worden, daß gerade in ihr am wenigsten Pastorales Raum habe; denn im Liturgischen stellt sich die Gemeinde als ein priesterlich Volk vor dem Herrn dar, indem ich als Liturg bete, oder indem die Gemeinde singt, treibe ich nicht Seelsorge, es ist nicht die Absicht, auf die Gemüther in bestimmter Richtung zu wirken, sondern was schon in den Gemüthern ist, das tritt hervor, es spricht sich aus und stellt sich dar, um eben hierin sich selbst zu befriedigen. Allerdings aber geht daneben auch die liturgische Vermahnung her, die den Communicanten, den Brautleuten u. s. w. denn doch etwas ans Herz legen will; es ist ferner auch die liturgische Fürbitte von dem Gebet, das der Pastor für einen Kranken an dessen Bette spricht, nicht so gänzlich verschieden, und vollends, indem er das Sacrament reicht, speist er ja die Hungrigen und tränkt die Durstigen; was ist doch mehr ein Hirtengeschäft, als dieses? Aber — die Pastoraltheologie hat es mit dem Pastor zu thun; er aber hat nicht die liturgische Vermahnung, das liturgische Gebet abzufassen oder nach Belieben aus dem oder jenem Gebetbuche zu wählen, wie er es am Krankenbette thut; hier ists also nicht der Pastor, der vermahnt, der betet, sondern die Kirche, deren Organ er nur ist; sie ists, die die Liturgie abfaßt und feststellt, und es ist also nur zu fordern, daß die Liturgik als Theorie und das Kirchenregiment in der Praxis, bei der Redaction einer Liturgie, das pastorale Element da, wo es dem Gesagten gemäß hingehört, nicht außer Acht lasse. Wie sehr dieß aber dort ein Untergeordnetes ist, geht daraus hervor, daß z. B. für die liturgische Vermahnung nicht die möglichst eindringliche, möglichst rührende, herzerschütternde Darstellungsweise die richtige ist, sondern eine durchaus ruhige, objective, gedrängte Sprache herrschen muß; das Liturgische steht eben in dieser Beziehung zu der Subjectivität des Pastoralen im Gegensatze. Die Art, wie die Liturgie zu lesen ist, ist vollends nicht aus Principien der Seelsorge abzuleiten, sondern von der Liturgik aus kirchlich-ästhetischen Gesichtspuncten zu bestimmen.

Anders allerdings verhält es sich mit der Predigt. Sie ist wohl principiell als Cultustheil zu fassen, und in soferne, gleichsam als die Tischrede beim geistlichen Mahle, das die Gemeinde feiernd genießt, ist sie nicht durch pastorale Zwecke bestimmt, aus ihnen auch nicht zu construiren. Aber in zweiter Linie kann sie doch nicht umhin, schon als Rede, und in Kraft des sittlichen Gehalts des Evangeliums, sich an die Gemüther zu wenden, um seelsorgerlich auf sie zu wirken. Die Homiletik wird daher das Pastorale der

Predigt mit aufzunehmen haben; sie thut es, indem sie die specielle Beziehung der geistlichen Rede auf die Gemeinde und ihre Zustände, ebenso auf einzelne Gemeindeglieder, für welche die Casualrede bestimmt ist, auseinandersetzt. Einen allgemeineren Abschnitt über die Predigt braucht daher die Pastoraltheologie nicht aufzunehmen, aber sie wird an verschiedenen Orten unter den Mitteln zu bestimmten pastoralen Zwecken auch die Predigt aufführen und ihre dießfallsige Aufgabe bestimmen.

Eben so enge mit der Seelsorge verflochten ist die Katechese, die an ihrem Ziel, d. h. in der Vorbereitung zur Confirmation und in der Katechese mit Confirmirten geradezu in Seelsorge übergeht. Dem muß ihres Orts die Katechetik gerecht werden, auf die somit die Pastoraltheologie in diesem Stück ebenfalls verweisen darf. In das Gebiet der Katechese fällt Vieles, was z. B. Nitzsch unter der Rubrik pädeutischer Seelsorge aufführt; d. h.: während Nitzsch vollkommen Recht hat, in die wissenschaftliche Systematisirung der Seelsorge, ihrer Objecte, ihrer Zwecke und Mittel, solche katechetisch-pädagogische Stoffe aufzunehmen, hat die Pastoraltheologie sich darnach zu richten, bei welchen empirischen Veranlassungen der Geistliche vor dieser oder jener Sünde zu warnen, diese oder jene Lehre einzuschärfen hat; die Entwicklung und Einschärfung der Lehren nach ihrem objectiven, innern Zusammenhange müssen wir der Katechese überlassen und gehen hier nur da und nur soweit darauf ein, als die bestimmten Fälle und Personen, mit denen der Pastor es in der Seelsorge zu thun bekommt, es erheischen, daß gezeigt wird, wie die aus der Katechese vorausgesetzten Lehren nun in concreto anzuwenden und zu verwerthen sind.

So bleiben uns zunächst nur zwei Formen amtlicher Thätigkeit übrig, die zwar auch beide in andern Gebieten schon einen Ort haben — die eine in der Liturgik, die andere im Kirchenrecht, — die aber doch so wesentlich an der Person des Pastors hängen, daß sie von jenen beiden Disciplinen der praktischen Theologie in ihrer festbegränzten Sphäre nicht allseitig behandelt werden können; es bleibt noch die speciell pastoraltheologische Betrachtung übrig. Wir meinen die Beichte und die Kirchenzucht. Außer diesen aber ist der Geistliche auch in einem allgemeineren Sinn zum Hüter der Gemeinde, zum Wächter darüber bestellt, daß alles in ihr ordentlich zugehe, daß auch der äußere, irdische Rahmen, in den sich das Bild einer Christengemeinde faßt, ihrer würdig sei. Deßhalb gehört es zu seinem Amte — es ist nicht nur ein Anhängsel, ein für den hohen, geistlichen Charakter des Amtes erniedrigendes onus, — daß er auf die kirchlichen Gebäude sammt ihrem Inventar, den Gottesacker u. dgl. ein wachsames Auge hat, ebenso, daß er die kirchlichen Bücher in ihrer gesetzlich vorgeschriebenen Form gewissenhaft führt und gebraucht. Wir werden daher das gegenwärtige Capitel in drei Abschnitte theilen, die, so heterogen der dritte den beiden ersten zu seyn scheint, dennoch unter der Hauptrubrik, die die Ueberschrift dieses Capitels angibt, zusammengehören.

I. Die Beichte.

Diese erscheint im Leben der Kirche in mehrfachen Gestalten, die wir erst unterscheiden müssen. Sofern sie nemlich ein Theil der Liturgie, gemäß dem Confiteor am Anfang der römischen Messe ist, was in die Calvinische Gottesdienstordnung *) unter dem Namen der „offenen Schuld" übergieng, gehört sie nicht hieher, sondern als ein rein liturgischer Act in die Liturgik. Etwas wesentlich anderes ist sofort auch diejenige Beichte nicht, die (wie hier in Württemberg) regelmäßig am Tage vor der Communion mit den Communicanten vorgenommen wird, da der Geistliche die liturgische

---

*) Calvin motivirt dieß Instit. IX, 26. damit: Sane videmus hunc morem in ecclesiis bene moratis cum fructu observari, ut singulis diebus dominicis minister formulam confessionis suo et populi nomine concipiat, qua reos omnes iniquitatis peragit, et veniam a domino comprecatur. Hiernach besteht also die Beichte wesentlich in einer gemeinsamen, durch den Geistlichen in aller Namen auszusprechenden Bitte um Sündenvergebung.

Beichtformel vorspricht und die Anwesenden nur mit einem gemeinschaftlichen Ja antworten, worauf für die Bußfertigen die Absolution verkündigt wird. Selbst in älterer Zeit, wo noch einer der Communicanten die Formel im Namen aller laut recitirte (wie noch später manche Geistliche wenigstens bei der ersten Beichte der Neuconfirmirten die Formel von einem der Knaben sprechen ließen), ist und bleibt der Act ein liturgischer, das Bekenntniß in dieser Form hat nur den Sinn, daß, was Jedes für sich im Stillen vor Gott zu bekennen hat, hier gemeinsam ausgesprochen wird, um in gemeinsamer Feier auch das Wort der Gnade neu zu empfangen. Doch fehlt es dabei nicht ganz an specifisch-pastoralen Momenten. Das eine ist die Gelegenheit, die der Geistliche bei der persönlichen Anmeldung zu Beichte und Abendmahl findet, die Communicanten über ihre Anliegen zu hören; sie auf dieß und jenes aufmerksam zu machen, überhaupt im Zusammenhang mit ihrem Gange zu Gottes Tisch mit ihnen seelsorgerlich zu reden, in welcher Richtung ihm dieß nöthig scheinen mag. Deßhalb ist persönliche Anmeldung das allein Angemessene, leider aber ist sie vielfach außer Gebrauch gekommen. In den Städten läßt man sich durch die Magd anmelden; von den niedern Ständen kommen die Weiber oder Töchter, aber auch nur diese. Auf dem Lande empfängt entweder der Schulmeister als Küster die Meldungen und überliefert dem Pfarrer den fertigen Zettel, oder kommen die Weiber zwar ins Pfarrhaus, aber der ganze Haufe zusammen, was wohl auch nur um der Bequemlichkeit der Geistlichen willen in Gang gekommen ist, weil dann die Mühe auf einmal abgethan ist. Dabei wird wohl irgend eine fromme Ansprache, ein Wunsch ꝛc. erwartet, den manche zu einer eigentlichen Rede ausdehnen, die aber den seelsorgerlichen Verkehr unter vier Augen nie ersetzen kann. Das andere, diesem Letztern verwandte, ist die homiletische Zugabe zur Beichthandlung selber, die Beichtrede, die immerhin auf specielle Anliegen oder Zustände der Anwesenden eingehen kann, weil der Geistliche durch die Anmeldung weiß, wer die Beichtenden sind; aber auch dieses

Eingehen ist doch durch die Oeffentlichkeit und durch die Menge und Verschiedenheit der Communicanten sehr beschränkt. Die Absolution muß, ob dieß ausdrücklich gesagt wird oder nicht, immer nur eine bedingte seyn, wobei es immer noch dem einzelnen Beichtenden anheimgegeben bleibt, ob er sich unter die wahrhaft Bußfertigen zu rechnen den Muth hat oder nicht, also auch Absolution oder Retention auf sich appliciren will oder kann. Von diesem Mittelding zwischen einem liturgischen und pastoralen Act ist hier nichts zu sagen; die Homiletik wird auch in diesem Puncte das Pastorale in ihren Bereich zu ziehen nicht unterlassen. Sondern was allein hieher gehört ist die Privatbeichte, die, ganz unabhängig von der Abendmahlsfeier in einem vor dem Geistlichen abzulegenden Sündenbekenntniß mit darauf folgender Absolution besteht. Vorerst haben wir nun alles dasjenige als unevangelisch abzuweisen, was irgend den Beichtiger in dem Licht erscheinen läßt, als müßte ihm darum die Sünde bekannt werden, weil er die Vollmacht besitze, darüber zu richten. Unsere symbolischen Bücher verwerfen das oft und viel mit dürren Worten. Nur eine Wohlthat, ein Trost für die erschrockenen Gewissen soll es seyn, nicht ein Gericht, daher denn auch das Bekenntniß gar nicht die Hauptsache ist, sondern die Absolution (nos retinemus confessionem praecipue propter absolutionem; . . . ministerium absolutionis beneficium est, seu gratia, non est judicium seu lex, Apol. conf. Aug. VI. Ausg. v. Hase S. 181.) Das Bekennen hat blos den Zweck, die bußfertige Gesinnung und den erforderlichen Grad der Sündenerkenntniß zu constatiren, von dem sich der Absolvirende überzeugt haben muß, um nicht einen innerlich dazu gar nicht Fähigen fälschlich zu beruhigen. Daher will ja Luther bekanntlich den Magister Philipps und solche, die wohl wissen, was Sünde ist, nicht beichten lassen, wohl aber ist auch für diese die Absolution da. Aber es scheint doch, daß man in diese so entschieden abgewiesene, auch in der That rein hierarchische Vorstellung einer geistlichen Richtergewalt in demselben Grade immer wieder zurücksinken müsse, in welchem man das Sündenvergeben und Sündenbehalten als einen nicht blos ankündigenden und die wirkliche Vergebung an eine innere Bedingung knüpfenden, somit schließlich die Vergebung Gott heimstellenden, sondern als einen vollziehenden Act sich vorstellen will, durch den wirklich das Gewissen realiter freigemacht oder im entgegengesetzten Falle dasselbe belastet werde. Denn das ist doch nichts mehr und nichts weniger, als ein Richten; der Beichtiger spricht den einen frei, und er ists, den andern verurtheilt er, und er ist unter dem Bann seiner Schuld. Mit spizfündigen Unterscheidungen, mit bloßen Namen, womit die theologische Scholastik bis heute so vielem Unbequemen auszuweichen pflegt, ist hier dem festen und klaren Wahrheitssinne gegenüber nichts zu gewinnen; entweder, oder. Läßt man aber, um den bösen Schein eines Gerichtes fern zu halten, die Retention weg und hält sich lediglich an die Absolution, sagt man also: sobald ich, der Beichtiger, irgend Jemanden absolvirt habe, ist ihm schlechthin vergeben; ob er bußfertig, ob er würdig ist, ändert an der Realität der Vergebung nichts, er empfängt sie voll und ungeschmälert, so gut wie der Glaubige und Reumüthige, nur daß sie Jenem zum Gerichte, diesem zum Heile wird: so hat das einigen Schein für sich durch die genaue Analogie mit dem Sacrament. Aber während ich im Abendmahl ganz wohl den Unterschied zwischen Würdigen und Unwürdigen so feststellen kann, ohne darum das objective Wesen des Sacramentes von demselben abhängig zu machen, eben weil dieß ein Objectives, Sachliches ist: so möchte ich doch fragen, was man sich vernünftiger Weise unter einer Sündenvergebung denken soll, die einem Unbußfertigen realiter zu Theil wird, die ihm aber zum Unheil ausschlägt? Ja, wenn Jemand begnadigt ist und er würde hernach wieder in Sünde fallen, dann ists ganz in der Ordnung, daß ihm, wie dem Knechte, der seinem Mitknecht die Schuld nicht erlassen will, die empfangene Gnade wieder entzogen und die Strafe geschärft wird. Im Gleichniß ist von einer Geldschuld die Rede, die abgenommen aber wieder auferlegt werden kann; Luther gebraucht (in der Schrift von den Schlüsseln 1530) das Bild von einem Schlosse, das ein König schenkt; nimmt der Beschenkte das Schloß nicht an, so hats ihm der König dennoch geschenkt gehabt. Aber Sündenvergebung ist eben kein Schloß, kein Ding, das seinen Herrn wechseln kann; sie ist nicht eine handgreifliche Sache, die man empfangen und besitzen kann unabhängig von der persönlichen Herzensstellung, sondern sie ist ein rein geistiges, sittliches Verhältniß Gottes zum Menschen, das nur unter sittlichen Bedingungen möglich ist. Gott konnte die Welt lieben und mit sich versöhnen, da sie noch in Sünden lag, Christus konnte für uns sterben, da wir noch Feinde waren, die Taufe kann uns verbürgen und versiegeln, daß es für uns stets eine Vergebung der Sünden gebe (das ἐπερώτημα συνειδήσεως ἀγαθῆς εἰς θεόν, 1 Petr. 3, 21.), aber wirklich vergeben kann dem einzelnen Menschen nur werden, wenn er in der Buße steht. Dieser Wahrheit ist schlechterdings nicht auszuweichen. Köstlin hat (Luthers Lehre von der Kirche S. 38.) richtig gezeigt, daß, da bei Luther der Beichtiger über Reue und Glauben der Beichtenden nichts zu wissen brauche, einzig das Beichten selbst die Bedingung der Absolution sei. Wer einmal beichtet, der sucht eo ipso Gottes Gnade, wer Gottes Gnade sucht, dem wird sie, ohne alle Rücksicht auf Würdigkeit oder Unwürdigkeit, zu Theil. Aber wenn hiemit Luther nach einer Seite jeder Gefahr pelagianischer Schmälerung der freien Gnade ausweicht, geräth er nicht damit in eine Gefahr, die ihn dem Katholicismus am andern Ende desto näher bringt? Ist denn wirklich jeder Beichtende ein Gnadesuchender? Ist nicht hiemit der äußere, kirchliche Act wieder allzusehr mit dem innern, sittlichen identificirt? Gesetzt aber, wir fänden jenen dem heutigen Geschlechte so einleuchtenden sogenannten Realismus ebenfalls einleuchtend, so wäre für den Zweck der vollkommenen Tröstung erst noch nicht alles erreicht. Luther sagt (in der Predigt an Quasimodogeniti, Kirchenpostille): „wer kann hinauf gen Himmel steigen? sondern, auf daß wir der Sachen gewiß wären, hat er die Vergebung der Sünden ins öffentliche Amt und Wort gelegt;" — aber macht mich denn, auch nach Obigem, des Pastors Wort wirklich und vollkommen gewiß? wird nicht auch dann noch das entscheidende Moment in der Kraft des Glaubens und dem Zeugniß des Geistes in mir liegen? Wenn ich als Beichtender auch realiter Sündenvergebung erlangt habe, es ist aber trotzdem noch möglich, daß sie mir, statt zum Heile, vielmehr zum Gericht ausschlägt, so habe ich abermals keine äußere Bürgschaft meiner Begnadigung — denn was eine Sündenvergebung, deren Wirkung eine um so größere Schuldenlast ist, noch für einen Werth haben soll, das zu sagen, wäre nur bei absonderlichem theologischem Scharfsinn möglich; — ich bin abermals auf ein inneres Zeugniß, auf das was der Geist Gottes mir im eigenen Gewissen kund gibt, verwiesen; daß aber dieses Zeugniß an eine priesterliche Absolution gebunden sei, daß der rechtfertigende Glaube wesentlich ein Glaube an die Kraft und Gültigkeit menschlicher Absolution, und nicht vielmehr ein Glaube an die erbarmende Liebe des Herrn selbst sei, davon steht z. B. Röm. 8, 16. 5, 1. 1 Joh. 3, 21. nichts zu lesen; sogar die Stellen von der Schlüsselgewalt — abgesehen von der Frage, wem denn dieselbe eigentlich übertragen sei, — sagen zwar, daß, wem die Apostel Sünden erlassen, dem sie erlassen seien, aber nicht, daß wer Sündenvergebung begehre, an sie und ihren Ausspruch gebunden sei. Wie klein, wie menschlich müßten wir von dem Herrn, von dem Reichthum seiner Gnade und von seiner herrlichen Macht denken, um uns in solche Vorstellungen hineinzuzwängen!

Steht es aber so, so wäre das Resultat eigentlich doch kein anderes, als daß die Beichte, die die Reformatoren noch so bestimmt festhalten wollen, dem Geiste der evangelischen Kirche, der selbstständigen Stellung jedes Christen zu Gott und seinem Heilande, nicht entspreche. Auf dem Kirchentage zu Bremen (s. die Verhandlungen desselben, herausg. v. A. Toel, Berlin 1852. I. S. 66.) ist gesagt worden: „Die Kirche will uns erziehen, mütterlich erziehen zur herrlichen Freiheit der Kinder Gottes; darauf zweckt auch ihr Beichtinstitut ab; durch dasselbe arbeitet sie auf die christliche Reife im Charakter hin." Gut; aber wenn sie Alle beichten läßt, so spricht sie damit aus, daß diese Reife im Charakter noch von Keinem erreicht ist; sie macht somit alle Gemeindeglieder zu lebenslänglich Unmündigen, was zwar gut katholisch, aber wenig evangelisch wäre. Gerade die Reife des Charakters ist derjenige sittliche Höhepunct, den, im Unterschiede von einer sündelosen, erst in der Ewigkeit erreichbaren Reinheit, schon im Erdenleben Jeder erreichen soll und erreichen kann; ist er also erreicht, so würde, nach jener Ansicht selber, die Beichte überflüssig seyn. Es war daher auch ganz in der Ordnung, wenn bei derselben Gelegenheit (s. ebend. S. 72) Mallet aus Bremen die Erklärung abgab: „Ich habe gelesen, daß man die Privatbeichte wieder einführen will, und ich muß sagen, ich bin erschrocken. Sie als eine Kirchenordnung einführen, das kommt mir vor als ein Zwang, der an den Herzen geübt wird; die Privatbeichte den Predigern auflegen, weil sie Prediger sind, kommt mir vor, als wolle man ihnen eine Last auflegen, die kein Menschenherz tragen kann. Eine freiwillige Privatbeichte findet immer Statt im Verborgenen, die ist von Gott geheiligt, sie kann nicht ver- und nicht geboten werden, aber eine amtliche wird nie, nie wieder eine rechte Heimath in unserer Kirche finden, die gehört in eine andere Kirche, wo nicht nur der Dienst der Geistlichen, sondern auch ihre Herrschaft ist. Es gibt einen Menschen, der es wagt, sich „heiliger Vater" zu nennen. Was kann man anders dazu sagen, als: o Gott, vergib ihm seine Sünde! Aber wenn sich ein Mensch auf Erden Beichtvater nennt, kommt's mir auch immer so vor, als müsse ihm etwas vergeben werden."

Sehen wir aber etwas näher zu, was denn gerade bei Luthern die Ursache war, daß er die Beichte so sehr hoch stellte. *) Es ist schon oben an das bekannte Wort erinnert worden, da er in

---

*) Wir erinnern hiebei an die treffliche Schrift von Pfisterer: „Luthers Lehre von der Beichte" Stuttg. 1857.

seiner Zuschrift an die Frankfurter 1530. (WW. Altenb. Ausg. VI. S. 116.) zu erkennen gibt, nicht für Männer wie Melanchthon, sondern für „die liebe Jugend, die täglich heranwächst" und für „den gemeinen Mann, der nichts versteht," sei die Beichte (d. h. zunächst nur das Bekenntniß in derselben) da, „auf daß sie zu christlicher Zucht und Verstand erzogen werden." Hier handelt es sich denn gar nicht wesentlich um die Entlastung eines fühlbar belasteten Gewissens; die Beichtenden sollen nur „erzählen etliche Sünden, welche sie am meisten drücken," auf die aber wohl erst der Beichtvater sie aufmerksam machen muß, da sie ja ex hypothesi nicht einmal recht wissen, was Sünde ist; dann aber ist die Hauptsache, „daß man sie verhöre, ob sie das Vater Unser, den Glauben, die zehn Gebot und was der Katechismus mehr enthält, können. Dann wir wohl erfahren haben, wie der Pöbel aus der Predigt wenig lernet, wo er nicht insonderheit gefraget und verhöret wird." Also einem katechetischen Zweck soll hiernach die Beichte dienen und zwar speciell für das gemeine Volk (wie auch die Beichtformeln im Beichtbüchlein, wo „ein Herr oder Frau" beichten soll: ich hab geflucht rc. vorzugsweise an die rohere Classe erinnert). Daß zu einer Zeit, wo ein regelmäßiger katechetischer Unterricht gar noch nicht existirte, wo auch der Katechismus nur in Predigten, also in einer Form erklärt wurde, welche nach Luthers eigener Erfahrung für den gemeinen Mann immer noch zu hoch war, — das Beichtverhör einen ganz erwünschten und fruchtbaren Ersatz zu bieten im Stande war, ist eben so gewiß, als daß, nachdem die Katechese reichlich ausgebildet und in Uebung ist, die Kirche jenes Mittels nicht mehr bedarf; auch eine private Besprechung zwischen Beichtkind und Beichtvater wird jetzt schwerlich darin bestehen, daß von jenem das Credo, Pater noster u. s. w. hergesagt werden muß, um damit über seine christliche Erkenntniß sich auszuweisen. — Allein diese katechetische Seite ist nur die eine, die andere ist eine wesentlich pastorale, nemlich „daß der Priester die Absolution spricht, welche nichts anders ist, denn Gottes Wort, damit er unser Herz stärket und tröstet wider das böse Gewissen. Und dieses Stück ist nicht allein der Jugend und dem Pöbel, sondern Jedermann nütze und noth, und soll es Keiner verachten, er sei so gelehrt und heilig er wolle, denn wer ist so gar hoch kommen, daß er Gottes Wort nicht bedürfe und verachten möge? . . . Gottes Wort fasset der Zuhörer zwar auch in der Predigt, aber doch viel stärker und gewisser, wenn's ihm insonderheit, als einer einzelnen Person gesagt wird." Hier nun ist der Punct, wo ganz sicher die Wahrheit und damit die Berechtigung der Beichte liegt, wo aber auch alles darauf ankommt, von diesem reinen Kern alles Unwesentliche oder positiv Irrige abzulösen. Niemand kann fürs erste zweifeln, daß es für ein von einer Schuld gedrücktes Gemüth eine große Erleichterung ist, sich derselben durch ein Bekenntniß zu entledigen, ja, daß dieß sogar nothwendig ist, um die Sünde, deren man sich schuldig weiß, vom eigenen Ich abzulösen, wie sich dieses Ich im Bekenntniß wider sich selbst auf die Seite der Wahrheit stellt. Ebenso kann die Ethik in abstracto der Behauptung zustimmen, daß dieses Bekenntniß erst dann ein volles sei, wenn es vor einem Menschen abgelegt werde; denn gerade vor meines Gleichen mich durch mein Bekenntniß zu demüthigen, mich in den Augen eines Menschen, der mich seither vielleicht für einen durchaus rechtschaffenen Mann gehalten hat, selber herabzusetzen, daß er künftig geringer von mir denkt: das kostet eine viel größere Selbstüberwindung, ist also auch ein Zeichen von viel größerem Ernst, als wenn ich dieß Bekenntniß einzig vor Gott in der Stille ablege. Aber — wo steht geschrieben, daß zur Entgegennahme dieses Bekenntnisses nur der Pfarrer der eigentlich legitimirte Mann sei? Bekennet einander, *ἀλλήλοις*, eure Sünden, sagt Jakobus 5, 16. Der, dem ich bekenne, wird in erster Linie immer der von mir Beleidigte seyn; außerdem aber ist es einzig und allein Sache des Vertrauens, das mir die Person des Andern einflößt. Habe ich zu dem Manne, der zufällig mein Parochus ist, kein persönliches Vertrauen, so werde ich ihn mit meinen Herzensangelegenheiten überhaupt nicht beehren, in specie aber mich niemals versucht fühlen, ihm ein Bekenntniß, das wirklich ein solches ist und speciellen Inhalt hat, abzulegen. Hat er aber mein Vertrauen, dann thue ichs, wofern mir nicht vielleicht doch jemand Anderes noch näher steht; das kann z. B. mein Gatte, meine Gattin seyn; es kann mir etwas im Gewissen sehr zu schaffen machen, aber ich finde es nicht nöthig, damit ins Pfarrhaus zu gehen, eine treue Seele, die mir Gott noch näher gestellt hat, hat für mein Anliegen doch das nächste und beste Verständniß und den besten Trost. Der Pfarrer aber ist allerdings dazu da, daß alle, auch die keine solch treue Seele zur Seite haben, oder denen diese nicht genug Trost und Rath gewähren kann, eines Berathers und Trösters gewiß sind; je mehr er persönlich ein allgemeines Vertrauen genießt, um so gewisser werden ihm auch solche Anliegen des Gewissens mitgetheilt. Zumal auf dem Krankenbette — wovon auch Jakobus a. a. O. spricht — knüpft sich das specielle Beichtbekenntniß ganz einfach und natürlich an die seelsorgerlichen Besuche, an die Communion 2c. an. Aber immer müssen wir den Vorbehalt machen: es ist schlechthin das freie Sich-Oeffnen des Herzens, was wir als ächte Beichte ansehen können, nicht aber irgend ein Bann, durch den ich gezwungen wäre, irgend einem Menschen (abgesehen theils von dem zuerst berührten Verhältniß des Beleidigers zum Beleidigten, theils von dem des Delinquenten zum Richter, zu seiner Obrigkeit) mich so bekennend mitzutheilen. Der Geistliche hat, was früher dargethan worden ist, und hier zu allermeist seine Anwendung findet, schlechterdings kein Recht, keine Gewalt über mich, sondern er hat nur die Pflicht, wenn michs drängt, vor ihm mein Herz auszuschütten, mich christlich und brüderlich anzuhören und zu berathen. Es muß in diesem Puncte sogar der Individualität des einzelnen Christen Rechnung getragen werden. Der Eine ist mittheilsam, er hat vielleicht ein sehr starkes Bedürfniß, sich auszusprechen, um mit sich selber ins Reine zu kommen. Der Andere aber — und wahrlich, manch vortrefflicher Charakter wird sich auf dieser Seite finden — ist schweigsam, verarbeitet alles in sich selber; wer will sagen, für einen Solchen gebe es keine Vergebung, weil er vielleicht Niemand findet, den zu seinem Vertrauten zu machen er sich bewogen fühlt? Oder wer will sagen, daß ein Solcher nur von ungebeugtem Stolz, also auch von Mangel an Selbsterkenntniß abgehalten werde, beichtend einem Priester zu Füßen zu fallen? Er hat vielleicht nichts zu bekennen, was ihn in der Menschen Augen compromittirte, nichts Lasterhaftes, nichts Schandebringendes hat er auf dem Gewissen; es sind Gebrechen, deren er selber sich vielleicht viel mehr anklagt, als ihn Andere darum ansehen würden; wenn er nun Niemand um sich hat, gegen den er Solches aussprechen könnte, der ihn verstände, wer möchte an solche Bedingung Gottes vergebende Gnade binden? Ist aber Jemand da, der auch eines schweigsamen, mehr innerlich lebenden als von Gewissenssachen schwatzenden Mannes Vertrauen gewinnt und verdient — dem wird er ganz gewiß bei passender Gelegenheit auch seines Herzens Meinung aussprechen. Denn auch dagegen müssen wir uns verwahren, daß das Bekenntniß, um gültig zu seyn, einer besondern kirchlichen Form und Formel bedürfe. Wenn ich etwa, auf Befragen meiner Mutter, meiner Frau, meines Kindes, was mich beunruhige? dem Fragenden sage, ich hätte das und das gethan und es lasse mir keine Ruhe — sollte das als Bekenntniß nicht dieselbe Gültigkeit haben, wie wenn ich zum Pfarrer ginge? Ist etwa Gottes Ohr nur in der Sacristei mir offen? Oder ist die Demüthigung, zu der ich mich entschließe, nicht vielleicht noch größer, wenn ich mich vor einem der Meinigen bekenne, deren Haupt ich bin, als vor dem Pfarrer, dem solche Dinge öfter vorkommen? Es legt Mancher im Gespräche mit Freunden oder Angehörigen eine tiefergehende und werthvollere Beichte ab, als ihrer Hunderte ablegen würden, wenn sie alle in bester Form im Beichtstuhl ihre Beichte sprächen. Das Umsetzen des Sittlichen ins Kirchliche, des Innerlichen und geistig Freien in statutarische Form ist zulässig und recht, soweit sich darin —

wie in unserem ganzen Cultus, in der Sonntagsfeier — das Gemeinsame manifestirt und der Ordnungssinn sich befriedigt; aber es wird zu einer Versteinerung dessen, was Leben seyn soll, sobald die Freiheit des Einzelnen dadurch gefährdet, aus der Wohlthat ein Joch, aus dem Dienste des Amtes eine Gewalt wird.

Bis jetzt haben wir erst vom Bekenntniß gesprochen, für Luthern war aber wie gesagt nicht dieß, sondern die Absolution die Hauptsache. Auch darüber sind wir völlig im Klaren, denn es ist psychologisch begründet, daß einem durchs Gewissen beunruhigten Gemüth die specielle Ankündigung: „Dir sind deine Sünden vergeben" ein höherer Trost seyn und tiefere Gewißheit geben kann, als die an alle gemeinsam sich wendende evangelische Predigt oder das bloße Lesen des Schriftworts. Aber worin liegt denn, sobald wir die Sache analysiren, eigentlich die tröstende Kraft? Derjenige, der mir die Absolution spricht, ist ein Mensch, also irrthumsfähig in Bezug auf mein Inneres, von dessen wahrer Bußfertigkeit doch die wirkliche, göttliche Vergebung abhängt; und wenn er mich absolvirt hat, woher nehme ich die Bürgschaft, daß er nicht auch darin irrte? Die Ordination hebt die Irrthumsfähigkeit nicht auf, wohl aber kann Gottes heiliger Geist — und der ist auch Joh. 20. die Voraussetzung der Schlüsselgewalt — einen in seiner Zucht stehenden Menschen so erleuchten und ihm auch für mich, wie für sich selbst eine solche Zuversicht und Freudigkeit geben, daß ich allerdings in seinem Wort die Stimme des Herrn selbst erkenne; ganz in derselben Weise, wie ich mich auch sonst von eines Menschen Wort mit wahrhaft göttlicher Macht ergriffen fühlen kann, weil ich darin die sich bezeugende Wahrheit, also Gottes Stimme erkenne. Was ists aber hiernach, das den Glauben an die Realität der zugesprochenen Absolution in mir bewirkt? Nicht die Autorität, die das Amt dem Manne verleiht, (denn wie gesagt, das Amt würde ihn vor Irrthum in Bezug auf meine Person nicht schützen), sondern des Mannes eigener Glaube ists, an dessen Klarheit und Festigkeit mein schwacher Glaube sich aufrichtet und hält; wenn aus ihm der Geist spricht, dann hat sein Glaube auch die Kraft, mir Frieden zu geben. Und dazu hat der Herr jene Worte gesprochen, aus denen man das Dogma von der Schlüsselgewalt gemacht hat; der Glaube des Christen, der seinem Mitchristen zum Trost, zur Aufrichtung, zur Geistesfreudigkeit helfen soll, hat an jenen Stellen seinen Halt; solch brüderlichem Liebes-Dienst ist damit die göttliche Legitimation ertheilt. So gebraucht allerdings Gottes Gnade gar oft eines Menschen Mund, um durch ihn dem Betrübten seinen Trost zufließen zu lassen; und da der Pfarrer von Amtswegen allen Betrübten ein solcher Tröster seyn soll, d. h. da er dazu da ist, damit Keinem, der Trost bedarf, derselbe fehle: so ists von höchster Wichtigkeit, daß er also im Geist lebe und wandle, daß ihm dieser in jedem einzelnen Fall auch den rechten Blick ins Inwendige und einem wirklich Bußfertigen gegenüber die rechte Glaubensfreudigkeit für diesen verleihe. Ist er ein solcher Geistesmensch, dann allerdings kommt ihm das Amt zu Statten, die Gemeinde wird ihm als einem durch sein Amt in tiefere Erkenntniß und reichere Erfahrung Hineingeführten um so williger vertrauen; hat sich sein Wort schon von der Kanzel als ein aus dem Geiste fließendes kräftig erwiesen, so wird es auch dem Beichtenden um so mehr als Wahrheit fühlbar seyn. Fehlt es aber dem Manne an Geist und Leben, so wird das durch des Amtes Würde mit nichten ersetzt; in einer größern Stadt z. B. werden sich diejenigen, die ihr Herz erleichtern und den Trost der Vergebung empfangen möchten, doch nur an diejenigen Geistlichen wenden, die ihnen, namentlich von der Kanzel her, schon das Herz abgewonnen haben. — Man ist gegen solche Auffassung freilich gleich bei der Hand mit dem Vorwurfe des Subjectivismus; als ob, wenn man nur im System recht starken Objectivismus treibt, damit auch alles schon objectiv wäre, was man künstlich als solches construirt. Das Objectivste ist immer die Wahrheit; die evangelische Wahrheit aber charakterisirt sich eben dadurch, daß sie, alle falsche Objectivität vernichtend, der Subjectivität da, wo sie in ihrem Rechte ist, dieses auch zuerkennt.

Aber nicht blos dagegen haben wir uns zu erklären, daß die reale Kraft und Gültigkeit des Trostes der Vergebung davon abhänge, daß ein Pfarrer denselben spende — eine Beschränkung, der Luther selbst oft genug widersprochen hat; — sondern es verdient auch noch Beachtung, wie die Nothwendigkeit einer mündlichen Absolution zur wirklichen Erlangung der Sündenvergebung erhärtet werden will. Wenn Luther (s. die Stellen gesammelt bei Pfisterer S. 22 ff.) in einer Predigt räth: „Fühlest du deine Blödigkeit, so nimm für dich das Evangelium und die heil. Schrift, je mehr je besser, wenn du es gleich vorhin wohl kannst, und oft gelesen hast; das beste aber ist, daß ihrer zween oder drei davon mit einander reden mit Ernst, daß die lebendige Stimme gehe, da geht es auch viel stärker und muß der Teufel weichen" — so stimmt dieß noch ganz mit der obigen Auseinandersetzung. Aber anderwärts sagt er: „Es soll Jedermann lernen, Vergebung der Sünden bei den Menschen und sonst nirgend zu suchen; denn das will Gott nicht leiden, daß ein Jeder ihm wollte eine sonderliche Stiege oder Treppe in Himmel bauen, er will der einige Baumeister seyn. Also soll man Vergebung der Sünden im Wort, welches in der Menschen Mund liegt, und in den Sacramenten, die durch Menschen gereicht werden, suchen, sonst nirgends, denn man wirds sonst nirgends finden. Gott hat keine andere Weise, Sünde zu vergeben, denn durch das mündliche Wort, so er uns Menschen befohlen hat. Wo du nicht Vergebung der Sünden im Worte suchest, wirst du umsonst gen Himmel gaffen nach der Gnade, oder, wie sie sagen, nach der innerlichen Vergebung." Es ist fast räthselhaft, daß Luther in diesen Stellen immer nur die Alternative vor Augen hat: entweder mündliche Absolution und Glauben daran als an Gottes selbsteigenes Wort, oder innerliches Sichselbstvergeben ohne Gottes Wort, eine schwärmerische Gefühlsseligkeit, bei der nicht Glaube, sondern Empfindung, Entzückung die Basis des

Friedens wäre. (Eine andere Alternative ist gestellt in der These von Harms: „Die Vergebung der Sünden kostete im 16. Jahrhundert Geld, im 19. hat man sie ganz umsonst, man bedient sich selbst damit.") Wie? gäbe es denn in der That kein Drittes? Luther hat die Möglichkeit (die ihm in der zuerst citirten Predigtstelle offenbar nicht entgangen war) in der andern Stelle ganz vergessen, daß Jemand durchs Wort des lebendigen Gottes selbst, d. h. durchs Lesen der Schrift, durch das Reden des Geistes Gottes, das er bei diesem Lesen vernimmt, durch einen Bibelspruch, der ihm in trüber Stunde plötzlich ins Gedächtniß kommt, unmittelbar die Absolution empfangen und seiner Begnadigung gewiß werden kann. Oder hieße das etwa, sich selber vergeben? hieße das, eine eigene, aparte Stiege in den Himmel bauen? wäre das ein Verachten des Wortes Gottes, wenn man es stillen, gesammelten Geistes im unmittelbaren Verkehr mit ihm selbst dankbar und gläubig hinnimmt? Hieße das wohl „sich selbst mit Sündenvergebung bedienen?" Muß sie denn nicht schließlich doch immer im Selbstbewußtsehn sich bezeugen, nachdem der Glaube als Act des Willens, als freie sittliche That sie aus Gottes Wort und auf Gottes Wort hin ergriffen hat? Oder fehlt es etwa an Zeugnissen dafür, daß auf diesem Wege viele Kinder Gottes zum seligen Gottesfrieden gelangt sind? Wir sind nicht gezwungen, uns diese offenbare Lücke in Luthers Gedanken etwa dadurch psychologisch zu erklären, daß wir vermuthen würden, es habe sich hier etwas von superstitiösen Vorstellungen von der Kraft des laut gesprochenen Wortes nach Art von Segensprechungen bei Luther mit eingeschlichen (wiewohl noch in manchen neueren Erörterungen Anklänge dieser Art nichts so seltenes sind, also Luthern um so eher zu gute zu halten wären); sondern es liegt in der gesammten lutherischen Anschauungsweise, daß die Momente des Heilsprocesses, so sehr sie der römischen Aeußerlichkeit und Unfreiheit gegenüber ins Innere, in den Verkehr zwischen Gott und dem Subject, zwischen Gnade und Glauben verlegt sind, doch zugleich zum Schutze vor falscher Innerlichkeit an die kirchlichen Gnadenmittel gebunden werden. Dieß sollte nicht ein abermaliges Unterwerfen der Gewissen unter priesterliche Macht seyn, sondern ein Binden des Einzelnen an die kirchliche Gemeinschaft; dieser sind die Gnadenschätze vom Herrn anvertraut, im Zusammenhalten mit ihr, nicht in egoistischer oder sectirerischer Isolirung ist dem Einzelnen das Heil erreichbar. Das erkennen auch wir, aber wir beziehen jene Gemeinschaft mit der Kirche auf den Lebenszusammenhang, in dem wir im Ganzen mit ihr stehen, nicht aber auf jeden einzelnen Moment. Ich bin darum, wenn ich im Stillen eine Gnade von Gott empfange, ohne daß ich gerade dazu einen Pfarrer brauche, noch keineswegs ein Mensch, der sich von der Kirche isolirt, ich schließe mich herzlich und brüderlich an sie an, ich lasse mich als Sohn, den sie getauft, auch von ihr erziehen, ich nehme all' ihre Segnungen dankbar hin: aber ich bin Protestant und behalte mir das Recht vor, als selbstständiger Mann, als ein Christ, der selber des Herrn Tempel seyn soll, auch unmittelbar mit ihm zu verkehren. — Jene Anschauung stammt aus Luthers eigenem Gemüth; daß die Dogmatisirung derselben Verwicklungen mit andern feststehenden evangelischen Principien nach sich ziehe, macht ihm bei seiner Art zu denken und zu reden keine Anfechtung. So liest er auch aus den Stellen von der Schlüsselgewalt mehr heraus, als darin liegt, ist aber daneben unbefangen genug, um (s. bei Pfisterer S. 38.) dennoch zu sagen: „Man soll die nicht verdammen, die ihre heimlichen Sünden allein Gott, seinen Heiligen oder wem sie wollen, beichten und nicht dem Priester beichten, so sie sonst in rechter Reu, Treu und Glauben das thun. Weil es Gott nicht geboten hat, soll es kein Mensch gebieten." — Aufs entschiedenste muß daher auch Verwahrung dagegen eingelegt werden, wenn jene Meinung Luthers, daß an der von einem Menschen gesprochenen Absolution die Gewißheit der Vergebung hänge, eben als sein hoher, starker Glaube, als Glaubensrichtung auf das Reale, und die entgegenstehende Ueberzeugung brevi manu als moderner Unglaube bezeichnet wird; das Wort, das die Schrift mir zuspricht, mir mit herzlicher Zuversicht zuzueignen, darauf, was mir in demselben der heilige Geist zu vernehmen gibt, mich herzhaft zu verlassen, ohne daß erst Menschenmund dazwischen treten und mir das von Gott im Schriftwort gesagte, durch den heiligen Geist innerlich zugeeignete Heilswort und Heilsgut bestätigen müßte: das ist wahrlich viel mehr das Wesentliche des Glaubens, als die Abhängigkeit von eines Menschen Zeugniß über uns und die Identificirung dieses Zeugnisses mit dem Gnadenurtheil Gottes. Es ist sehr erklärlich, wenn ein Menschenkind solch einer Stütze, solch einer sinnlichen Vermittlung bedarf, wenn sie ihm zum Troste wird; wir werden unten im Capitel vom Krankenbesuch sehen, wie in leiblicher und geistiger Gedrücktheit auch glaubensstarke und glaubensfreudige Männer das Bedürfniß haben können, daß ihnen, was sie längst wissen und haben, durch Menschenmund wieder bezeugt wird, daß sie es zu hören bekommen: aber man wird das nicht zu einem Merkmal der Glaubensstärke machen, wofern man anders diese nicht etwa, statt nach der intensiven sittlichen Kraft, vielmehr nach dem Quantum von Schwierigkeiten bemißt, über die das christliche Denken sich dabei wegzusetzen bereit ist.

So wenig wir demgemäß eine Repristination des Beichtzwanges für erlaubt, ja auch nur für möglich halten, so sehr ist es dagegen Pflicht des Pastors, jenes freie Beichten in seiner Gemeinde zu pflegen und zu fördern. Dazu wird Folgendes dienlich seyn. Erstens möge er seinen Confirmanden beim Schlusse des Unterrichts gemeinsam und jedem einzeln sagen: sie sollen auch ferner je und je zu ihm kommen, damit er sehe, wie es ihnen ergehe; vornehmlich wenn sie irgend ein Anliegen haben, wenn sie im Gewissen unruhig seien, nicht wissen, ob sie in etwas recht oder unrecht gethan, oder wenn ihnen in Gottes Führung etwas dunkel sei, vielleicht arge, widrige oder traurige, schwere Gedanken kommen, insbesondere aber auch, so oft sie zum heiligen Abendmahl gehen wollen, sollen sie zu ihm kommen, sollen ihm überhaupt nie fremd werden. Denken wir uns einen Pastor eine Reihe von Jahren in einer und derselben nicht allzugroßen Gemeinde, so wird sich auf diesem Wege schon ein usus bilden, daß ohne speciellen Beichtstuhl doch manche Beichte ihm abgelegt wird. — Geschieht dieß nun von Jungen oder Alten, so versteht es sich von selbst, daß der Pastor sie geduldig anhört, auch über Thorheiten, die wohl oft mit unterlaufen, sich nicht in einer beschämenden oder spöttischen Weise äußert, und sein Möglichstes thut, damit keines, das zu ihm kommt, leer ausgehe. Wovor seiner Zeit die Priester oft gewarnt werden mußten, nicht junge Leute in einer Weise zu exploriren, die die Schamhaftigkeit verletze, oder gar sie erst mit Sünden bekannt machen, die ihnen noch unbekannt gewesen, davor wird man einen evangelischen Geistlichen nicht erst zu verwarnen haben. Ein anderer Punct aber ist immer wieder einzuschärfen, nämlich die Verschwiegenheit, das Heilighalten des Beichtsiegels. Der Bekennende muß dessen absolut gewiß seyn, daß, was er dem Beichtvater mitgetheilt hat, in dessen Brust so fest verschlossen ist, wie im Grabe; haben doch die älteren Kirchenordnungen schwere Strafen (Entsetzung und sogar Leibesstrafen, s. bei Spörl a. a. O. S. 266.) auf Brechung des Siegels gesetzt. Der Conflict, in den diese Pflicht mit der allgemeinen Bürger-Pflicht kommt, alles das Staatswohl Gefährdende anzuzeigen, ist oft und viel Gegenstand von Verhandlungen und Verordnungen gewesen; es wurde der Fall als möglich betrachtet, daß dem Geistlichen ein die öffentliche Sicherheit gefährdender oder hochverrätherischer Anschlag in der Beichte bekannt werde, wo denn der Beichtende sich zum Voraus Vergebung der Sünden verschaffen und hernach das Unheil ungestraft ausüben könnte. In evangelischen Landen ist dieß nicht zu fürchten, da die Ablaßpraxis, die allein auf solch einen Gebrauch der Beichte und Absolution führen kann, hier fehlt, wohl auch jeder Beichtvater so vernünftig wäre, einem, der solch ein Bekenntniß vorbrächte, einfach zu sagen: diesen bösen Vorsatz darfst du nicht ausführen; wenn du mir nicht versprichst, denselben aufzugeben, so werde ich davon Anzeige machen. Der Beichtvater ist nicht dazu da, der Vertraute eines Bösewichts zu seyn und ihm eine Unthat durch's Anhören und Verschweigen zu erleichtern; gerade als Seelsorger muß er die böse That verhindern, sonst ist er der Mitschuldige. Ein anderes ist's allerdings, wenn eine That schon begangen ist und dann in der Beichte bekannt wird. Ist der Thäter noch nicht entdeckt, die Untersuchung aber im Gange und vielleicht ein Unschuldiger in Gefahr (übrigens auch wenn dieß Letztere nicht der Fall ist), so wird der Beichtvater zu sagen haben: ich werde dich nicht denunciren, aber ich absolvire dich auch nicht, bis du dein Bekenntniß vor der richterlichen Behörde abgelegt hast; so lange du dieß nicht thust, bleibt die Last auf deinem Gewissen, ja du verdoppelst sie durch das Verschweigen; so lange wird dir auch von Gott nicht vergeben. (Auch hier kommt es zu Tage, wie viel an der richtigen Auffassung der Begriffe geistlich und weltlich liegt; die ewige Macht und Wahrhaftigkeit Gottes ist nicht im Geistlichen nur, sondern in diesem Fall ganz ebenso im Richter repräsentirt; dagegen Gnade zu verkünden dem zerknirschten Gewissen, das ist Sache des Geistlichen.) Es ist auch von Juristen anerkannt worden (vrgl. Hauber, Recht und Brauch rc. I. S. 124.), daß selbst der Staat mehr dabei gewinne, wenn der Geistliche in obigem Falle zur Denuncirung nicht verpflichtet werde, als wenn dieß geschehe; denn wenn der Thäter letzteres fürchtet, so wird er sich seinem Beichtvater gar nicht nähern, ihm kein Geständniß machen; kann er dieß aber vertrauensvoll thun, dann ist dem Beichtvater der Weg geöffnet, um so auf ihn einzuwirken, daß er schließlich auch dem Richter sich bekennt. Er bekennt ja dem Beichtvater nur, weil das Gewissen ihn treibt und quält; nimmt nun letzterer das erwachte Gewissen in Pflege, statt es zu beschwichtigen, so treibt es von selbst zuletzt auch zu jenem weiteren Schritte. Daher ist es gewiß gut, wenn in dieser Beziehung die Criminalgesetzgebung den Geistlichen nicht zwingt, entweder das Vertrauen seines Beichtkindes oder das Staatsgesetz zu verletzen. Droht sie ihm, wenn er schweige, ihn als Mitschuldigen zu behandeln, so setzt sie sein Amt in diesem Puncte zu einem Instrument der geheimen Polizei herab. — Wird endlich ein Geständniß obiger Art auf dem Sterbebette abgelegt, so kommt schon der Umstand in Betracht, daß die Sache verjährt ist und eine Offenbarung des seither unbekannten Thäters vielleicht gar kein praktisches Moment mehr hat; in diesem Falle versteht sich unbedingtes Stillschweigen von selbst. Liegt aber ein praktisches Moment vor, so kommt es wieder auf die Art desselben an. Ist etwa ein Unschuldiger verurtheilt worden oder ruht auch nur der Verdacht noch auf ihm, dann hat der Beichtiger die Pflicht, zwar nicht den Namen des wahren Thäters zu nennen, aber dem Gerichte die Anzeige zu machen, unter Umständen auch sonst auf geeignete Weise zur öffentlichen Kenntniß zu bringen, daß ihm sub sigillo ein Geständniß gemacht worden sei, wornach der für schuldig Gehaltene unschuldig sei. Außerdem aber müßte er den Beichtenden dazu bringen, daß er ihm, dem Geistlichen, die Vollmacht und den Auftrag gibt, wenigstens nach seinem bevorstehenden Tode der zuständigen Behörde Kenntniß zu geben, oder daß er verspricht, falls er noch einmal genesen würde, selber die Anzeige zu machen. Verweigert dieß der Kranke, so darf der Geistliche zwar nicht wider den Willen desselben Gebrauch von dem Bekenntniß machen, als Beichtvater soll und muß er schlechterdings schweigen, aber er darf auch nicht ablassen, dem Kranken in's Gewissen zu reden, daß, so lange er sich zu jenen noch möglichen Mitteln, sein Unrecht zu sühnen, nicht verstehen wolle, eine Vergebung seiner Sünde, ein Sterben im Frieden für ihn nicht zu hoffen sei.

Für die Absolution selbst ist eigentlich nur dann eine feste kirchliche Formel anzuwenden, wenn der Act ein liturgischer ist, (so z. B. auch bei der Privatcommunion, wovon wir im Capitel vom Krankenbesuch reden werden); in der seelsorgerlichen Beichte, die auch für das Bekenntniß keiner festen Formel bedarf, sondern als Herzenserleichterung in jeder Form anzunehmen ist (— auch Luthers

Beichtbüchlein soll nur denen Anleitung geben, die gar nicht wissen, was sie beichten sollen —), bedarf es nicht nothwendig eines liturgisch fixirten Votums; ein Bibelspruch, passend gewählt, wie ein freier, sich an Person und Sache anschließender Zuspruch, thut denselben Dienst. Ebensowenig muß man fordern, daß der Beichtende knie, daß ihm die Hand aufgelegt werde. Aber wie wir darin Freiheit ansprechen, so haben wir auch Freiheit, all' diese Formen da anzuwenden, wo wir es für angemessen finden, wo z. B. ein Individuum vor uns steht, dem gerade die liturgischen Worte bekannt und von Werth sind, bei dem das liturgisch-Feierliche stärker wirkt, als die freiere Form eines Gesprächs.

Eine im Ganzen nebensächliche, doch nicht zu übergehende Regel, die sich namentlich bei katholischen Pastorallehrern findet, ist die, der Beichtvater müsse das, was ihm gebeichtet wird, nach dem Beichtacte vollständig aus seinem Gedächtnisse tilgen, also auch im weitern Verkehr mit dem Beichtkinde das, was dort besprochen worden, durchaus ignoriren. Gewiß wird der Geistliche einen Menschen, der ihm vielleicht Sünden gebeichtet hat, die man ihm gar nicht zutraute, darum, weil er ihn nun von dieser Seite kennt, nicht geringer achten noch anders ihm begegnen, als zuvor; das Bekenntniß gerade muß ihn in seiner Achtung in demselben Grad heben, in welchem er durch Offenbarung jener Schäden eben sank; es wird dieß Vertrauen sogar beide enger an einander anschließen, er wird ihm mit noch mehr Liebe begegnen als vorher, nämlich mit dem Erbarmen, das ein Sünder verdient. Aber so ganz das Mitgetheilte zu ignoriren liegt deßwegen kein Grund vor, weil doch auch später wieder zu fragen ist, ob inzwischen die guten Vorsätze zur Ausführung gekommen seien? Eine bessernde Einwirkung auf solche Menschen ist ja nur möglich, wenn sie, wie die Erziehung, etwas zusammenhängendes ist.

Denn auch die Absolution können wir uns nicht als bloße Lossprechung denken, ohne daß sich in irgend einer Form, für die immer die Umstände, Zeit, Ort, Persönlichkeit maßgebend sind, die

Ermahnung und Berathung anschlöße. „Sündige hinfort nicht mehr," mit diesem Notabene hat der Herr den vieljährigen Kranken entlassen, nachdem er ihn geheilt; derselben Mahnung werden wir aber auch guten Rath und deutliche Anweisung beigeben, wie von der alten Sünde auch factisch loszukommen, wie überhaupt ein neues Leben zu bewerkstelligen und zu befestigen sei. Die Mittel dazu muß der Prediger von demjenigen Theile der Ethik her kennen, der die Ascetik enthält; und zwar muß er nicht nur das allgemeinste, was das Beichtkind wohl ungefähr selbst weiß, demselben zu nennen wissen*), sondern auch speciell sagen können, was rathsam sei zu lesen, welche Arbeit vorzunehmen, welche Tageseintheilung zu machen, welcher Umgang zu suchen, welcher zu meiden, welches Benehmen (z. B. in einer oft durch Hader gestörten Ehe) in jedem der vorkommenden Fälle einzuhalten, welche Entsagungen freiwillig zu übernehmen seien u. s. w. Kommt in der Beichte eine Feindschaft zur Sprache, so muß den Leuten nicht nur gesagt werden, welche Schritte zur Versöhnung sie selber, auch die sich für unschuldig Achtenden, zu thun haben, sondern der Geistliche muß nöthigenfalls auch sich bereit erklären, den Vermittler zu machen.

II. Die Kirchenzucht.

Wir müssen, wie oben in Betreff der Beichte, auf die Sache selbst zuerst etwas näher eingehen, da das richtige pastorale Verhalten ganz von der richtigen Auffassung des Begriffs und Zweckes der Sache abhängt. (Von derjenigen Zucht, die gegen Geistliche selbst geübt wird, hat die Pastoraltheologie nicht zu reden.)

Wo von Zucht im engeren Sinne die Rede ist, da findet

*) Ein Beispiel hievon war es, wenn einst ein längst verstorbener Pfarrer ein trost- und rathbedürftiges Weib mit dem Zuspruch abfertigte: „Sie muß sich eben an die Religion halten."

eine Nöthigung, ein Zwang Statt;*) wenn die Kirche Zucht übt, so nöthigt sie dadurch ihre Genossen, wie eine Mutter ihre Kinder durch Zucht auch zu Solchem bewegt und daran gewöhnt, was sie ohne Zucht nicht gethan hätten, oder von Solchem abhält, was sie, wenn die Zucht nicht wäre, thun würden. Wozu nun, fragen wir, will die Kirche durch ihre Zucht zwingen? Christliche Rechtschaffenheit als Gesinnung läßt sich durch Zwang nimmer erzielen, ebensowenig irgend eine positive christliche Tugend. Die Zucht kann daher positiv nur Solches bezwecken, was zur kirchlichen Legalität gehört, überhaupt nicht sittlicher, sondern kirchlicher Natur ist; negativ aber kann sie allerdings darauf ausgehen, Sünden zu verhüten, indem sie durch Strafen davon abschreckt. In erster Beziehung kann der Besuch des Gottesdienstes zum Gegenstand eines Zwanges gemacht, d. h. der Nichtbesuch bestraft werden; so hat bekanntlich Calvin seine Genfer zur Ordnung angehalten, und selbst diejenigen in Strafe genommen, die drei Tage krank waren, ohne einen Geistlichen rufen zu lassen. Es ist dieß ächt reformirt, sofern Gottesdienst und Gebet unter dem Gesichtspunct eines göttlichen Gebotes betrachtet wird, das gesetzlich beobachtet werden muß. In dieselbe Kategorie gehört es, wenn diejenigen, die längere Zeit nicht zu Gottes Tische kommen, wenigstens nach ihrem Tode dadurch gestraft werden, daß ihnen ein christliches Begräbniß versagt wird. Unter den Sünden sofort, die von kirchlicher Censur betroffen werden, sind von den Kirchenordnungen vornehmlich genannt: Unzucht aller Art, Zauberei, Gotteslästerung, Fluchen, Sonntagsentheiligung, Trunkenheit, Spielsucht, Wucher, schlechte Kindererziehung, Kezerei und Abfall.**) Es ist der Gesichtspunct des

*) Im weiteren Sinne findet das Wort hier keine Anwendung, weil sonst, wie die christliche Kinderzucht in diesem Sinn identisch ist mit der gesammten Erziehung, so auch Seelsorge, Predigt, Katechese u. s. f. alles unter den Begriff der Kirchenzucht fallen würde; diese allgemeine Bedeutung aber hat das Wort mit Recht nie angenommen.

**) Eine Gattung dieser Art, an deren Möglichkeit wohl niemand gedacht hätte, kam vor einigen Jahren in der Pfalz vor, wo ein protestantisches (nicht

Aergernisses, der die Designirung der einzelnen Sünden als Objecte der Kirchenzucht bestimmt; was aber ein Aergerniß gibt und was nicht, da am Ende jede Sünde ein Aergerniß seyn kann, sobald sie nicht schlechthin unbekannt bleibt, darüber können die Ansichten sehr verschieden seyn, und selbst wenn die Kirchenobrigkeit darüber genauere Bestimmungen gegeben hat, ist im Einzelnen für die Anwendung derselben noch ein weiter Spielraum gelassen. Calvin hat eine Person gestraft, weil sie getanzt, eine andere, weil sie in der Kirche gelacht hatte; bei uns wird der eine z. B. das Arbeiten am Sonntag während der Erndte ohne Rücksicht auf etwaige Dringlichkeit als ein Aergerniß betrachten und daher, wenn die Erlaubniß auf legalem Wege nachgesucht wird, sie verweigern, somit, wenn dennoch gearbeitet wird, strafen, der andere wird die Bitte bei annehmbarer Motivirung leicht gewähren, wird aber vielleicht ebendamit bei strenger gesinnten Gemeindegliedern Anstoß erregen. In diesen Dingen kommt also sehr viel darauf an, daß des Pastors sittliche Erkenntniß eine durchaus klare, in evangelischem Geist gegründete ist, daß er z. B. nicht vergißt, der Sabbath sei um des Menschen willen gemacht, nicht der Mensch um des Sabbaths willen, aber ebenso auch die Nothwendigkeit der Ordnung, die Heilsamkeit fester kirchlicher Sitte erkennt, also die auch innerhalb der evangelischen Freiheit noch nöthige Gesetzlichkeit richtig faßt und ohne Ansehen der Person, nach rechts oder links, seine Maßregeln trifft.

Die beiden Zwecke der Kirchenzucht, das Aergerniß, das aus Unsittlichkeit kommt, abzuthun, durch Strafe gegen den Thäter ihn und die andern zur Unterlassung zu zwingen, und ebenso die Kirchengenossen zur activen Theilnahme am kirchlichen Leben durch Nöthigung anzuhalten, — können zunächst auf den einen Zweck reducirt werden: die Ehre der Gemeinde als einer christlichen un-

gemischtes) Ehepaar alle seine Kinder katholisch erziehen ließ. Diese Nichtswürdigkeit wurde — ganz mit Recht — durch Excommunication geahndet.

befleckt zu erhalten. Denn wie ein Aergerniß durch schlechte Sitten die Gemeinde in ihren eigenen Augen, wie in denen der Welt, verunehrt, so ist dasselbe auch die Wirkung davon, wenn da, wo die Gemeinde sich in pleno präsentirt, wo die unsichtbare Kirche sichtbar wird, wo sie als Gemeinde des Herrn sich bekennt und des Segens der Gnadenmittel sich freut, der Einzelne wegbleibt, also seine Geringschätzung dessen, was der Kirche heilig ist, verräth. Ein weiterer Gesichtspunct aber ist der seelsorgerliche, daß nemlich nicht blos um der Ehre der Kirche willen der Einzelne in Zucht genommen wird, sondern auch um sein selbst willen; zum Gottesdienst soll er angehalten werden, nicht blos, damit der Gottesdienst würdig gefeiert werde, der Prediger Zuhörer, das Lied Sänger, der Altar Communicanten finde, sondern damit er selbst einen Segen mitnehme, sich erbaue. Das eben ists freilich, was nicht erzwungen werden kann; aber die Kirche vertraut darauf, daß, wenn die Leute nur da sind, auch Predigt und Gesang, Gebet und Sacrament wenigstens nicht an allen vergeblich seyn werde. So ists auch bei sittlichen Aergernissen nicht nur die Schmach, die der Kirche damit angethan wird, was die Disciplin provocirt, sondern die kirchliche Strafe will ebensosehr den Sünder selbst zur Besinnung bringen, als die üble Wirkung auf die noch Unverdorbenen beseitigen.

In all diesen Beziehungen kann kein Vernünftiger das Recht der Kirche zur Uebung ihrer Zucht beanstanden. Denn jede Gesellschaft hat das Recht und gegen sich selbst, gegen die Idee, die sie repräsentirt, die Pflicht, darüber zu wachen, daß nicht dasjenige Princip, das sie als Gesellschaft in sich trägt, das ihr geistiger Mittelpunct, ihr zusammenhaltendes Band ist, von ihren eigenen Mitgliedern verletzt werde. Ist vollends dieses Princip die christliche Wahrheit selbst, so ist die Verletzung desselben innerhalb der Kirche zugleich eine Lähmung derjenigen Wirksamkeit, die sie nach außen üben soll; sie hilft dann selbst dazu, daß „ihr Schatz verlästert wird" (Röm. 14, 16.). Sie hätte den Namen, eine Kirche

Christi, ein Volk Gottes zu seyn, stünde aber, wenn sie solche Befleckung durch unsaubere Mitglieder duldete, auch vor der Welt in Wirklichkeit als ein Stück Welt da, schlimmer als die übrige Welt, weil sie jenen Namen, jenen Heiligenschein doch behaupten wollte. Thut sie nichts gegen solche Schäden, so gibt sie sich selbst auf; um nicht den ganzen Körper verderben zu lassen, muß das kranke Glied abgeschnitten werden. Ist aber die Disciplin im Gange, so kann die Kirche nachweisen, daß sie thut, was in ihren Kräften steht, um jede Makel an ihrer Ehre zu beseitigen, und nach innen ihre Erziehungsaufgabe zu erfüllen; sie kann zeigen, daß des Herrn Wort wirklich ihr Gesetz, des Herrn Name eine öffentliche Macht in ihr ist; ihr ganzes Aussehen, die ganze Lebensgestaltung läßt jeden erkennen: das ist kein heidnisches, es ist ein christliches Volk. Dieß wirkt gewaltig auf das ganze kirchliche Selbstbewußtseyn zurück, wie die Disciplin in einer Armee den Stolz derselben hebt; es wirkt ebenso gewaltig auf die, die draußen stehen, wie auf das nachwachsende Geschlecht, denn hier ist die Heiligkeit der Kirche als einer communio sanctorum sichtbar geworden, und wo das Gute, das Recht, die Frömmigkeit als eine reale Macht Allen vor Augen steht, da glauben auch diejenigen daran und fügen sich ihr, über welche die Idee, die Wahrheit für sich noch wenig vermöchte. Deßhalb war es ganz natürlich, daß neuerlich mit dem Erstarken des kirchlichen Sinnes auch in Betreff der Kirchenzucht Wünsche geäußert und Versuche gemacht wurden, und der Widerspruch, der sich dagegen erhob, nur in der Meinung bestärkte, wie nöthig ihre Wieder-Einführung sei. Es wäre auch unter den Einsichtsvollen kein Streit über diesen Punct möglich, wenn die Kirche sich schlechtweg als congregatio sanctorum ansehen und alle ihre concreten Verhältnisse in Gemäßheit dieses Begriffes ordnen dürfte. Ungestüme Geister haben das gewollt, aber die Wirklichkeit war stärker als sie; ein Haushalter Gottes muß aber bekanntlich nicht nur treu, sondern auch klug seyn, eine erste Regel der Klugheit aber ist, das Mögliche zu unterscheiden vom Unmöglichen, und nicht, indem man mit dem Kopf durch die Wand rennen will, auch das Mögliche dadurch zu verscherzen und zu verderben, daß man das Unmögliche will. Auch werden wohl diejenigen, welche der Wirklichkeit, den factischen Verhältnissen Rechnung tragen und so in bescheidenem Maße, aber dann auch wahrhaft und wirklich Disciplin üben, gewiß dem Geiste Christi, der ein Geist der Wahrheit ist, mehr entsprechen, als diejenigen, die nach strengen Gesetzen und Institutionen schmachten, um von ihrer Landeskirche sagen zu können: „Hier ist des Herrn Tempel, denn allhier wird Kirchenzucht getrieben," während in Wirklichkeit das kirchliche und sittliche Leben vielleicht nichts Besseres erkennen läßt, als anderswo. Die Rücksichtslosigkeit gegen das Wirkliche, entstehe daraus was da will, (das fiat justitia, pereat mundus) ist im Gebiet der Kirche ein böser unheilvoller Wahn, ähnlich, wie wenn ein Erzieher behauptete, ich thue einmal, was ich für Recht ansehe, mag daraus werden, was da will. Bei kirchlichen Institutionen ist das, was daraus werden wird, eine Hauptsache; nicht dann steht eine Kirche rein und gerecht vor Gott, wenn sie ein strenges Gesetz hat, sondern wenn evangelisches Leben in ihr ist; es mag also ein Gesetz oder ein Institut in abstracto noch so richtig seyn, kann es in Folge von Umständen, die nicht zu ändern sind, evangelisches Leben nicht fördern, richtet es, wie der Apostel ja eben vom Gesetze sagt Röm. 4, 15. vielmehr Zorn an, so ist es Thorheit, hiegegen blind seyn zu wollen und sich auf jenes abstracte Recht zu steifen. Sehen wir näher zu.

Luther hat in der deutschen Messe (1526) gesagt, wie er sich eine wahre Gemeinde Gottes eigentlich denke. „Diejenigen, so mit Ernst Christen wollten seyn, und das Evangelium mit Hand und Mund bekennen, müßten mit Namen sich einzeichnen und etwa in einem Hause allein sich versammeln zum Gebet, zu lesen, zu taufen, das Sacrament zu empfahen und andere christliche Werke zu üben. In dieser Ordnung könnte man die, so sich nicht christlich hielten, kennen, strafen, bessern, ausstoßen, oder in den Bann thun nach der Regel Christi Matth. 18." Es ist klar: wäre die Kirche ein enger Verein von Christen, dessen Mitglieder alle einander persönlich kennen, dann wäre die Disciplin in diesem Kreise ebenso leicht und einfach zu handhaben, wie in jedem Vereine. Selbst die Ausstoßung würde kein öffentlicher Act seyn; alles Uebrige gienge die Welt ohnehin nichts an.*) Aber die Kirche hat geschichtlich eine andere Gestalt angenommen. Sie ist, einer historischen Nothwendigkeit gemäß, Volksgemeinde geworden. Dadurch ist es trotz aller Organisation schon unmöglich geworden, alle einzelnen genau zu überwachen; die strengste Disciplin wird eine Menge von Scandalen gar nicht zu treffen vermögen. Ueberdieß aber hat gerade für die evangelische Kirche ihre geschichtliche und unvermeidliche Verbindung mit dem Staat, ihre Einreihung unter die verschiedenen Kreise des gemeinsamen Lebens, die er allesammt umschließt, die Wirkung, daß einerseits der Staat, weil er durch diese Verbindung selber ein christlicher Staat geworden ist, verschiedenes, was die Kirche als ein Aergerniß zu strafen hätte, von sich aus in Strafe nimmt, wie z. B. Unzucht und Ehebruch, Meineid, Störung des Gottesdienstes u. s. w. Thut er das in gerechter Weise, so kann die Kirche darüber nur froh seyn, denn Strafen ist ein ihr nicht willkommenes Geschäft;**) ein Pastor,

*) Ein Beispiel hievon geben die kleineren religiösen Gemeinschaften. In Württemberg kann die Gemeinde Kornthal jedes Mitglied, das Aergerniß gibt, entfernen, was auch bürgerlich möglich ist, weil die Gemeinde das große Vorrecht genießt, daß jedes ihrer Mitglieder in irgend einem andern Orte des Königreichs das Bürgerrecht besitzen muß. Stößt sie also Jemand aus, so verliert dieser nicht dadurch zugleich seine bürgerliche Heimath.

**) Matthesius (s. bei Fabri, über Kirchenzucht im Sinn und Geist des Evangeliums, Stuttg. 1854. S. 49.) sagt: „Wenn gottesfürchtige, fromme und christliche Obrigkeiten öffentliche, kenntliche Uebelthäter und Buben nicht leidet, die Gotteslästerer an den Pranger stellt und sie also in ihrem Amt fortfahren und unsäumig sind, so thut es so viel als der Bann." Und wenn Luther in der Vorrede zum kl. Katechismus denen, die den Katechismus nicht lernen wollen, droht, daß „solche rohe Leute der Fürst aus dem Lande jagen wolle," so liegt auch hierin ein Uebertragen der kirchlichen Strafgewalt an den christlichen Staat.

der sich nach Strafgewalt sehnt, hat keinen ächten Hirtensinn. Thut der Staat es aber saumselig, sind seine Gesetze schlecht, vielleicht von jenem hohlen Liberalismus dictirt, zu welchem sich seiner Zeit das Schreiberthum in den untern und in den obern Regionen die Hände reichte, schützt z. B. das Gesetz den Ehebrecher, statt ihn von Amtswegen aufzusuchen und zu strafen: dann hat die Kirche nicht nur die Pflicht, den Staat an seine als christlicher Staat übernommene Schuldigkeit zu erinnern und auf bessere Gesetzgebung hinzuwirken, sondern auch von sich aus dadurch ein Zeugniß abzulegen, daß sie solche Scandale mit kirchlicher Censur belegt; also z. B. ein ehebrecherisches Paar nicht traut, oder, wenn sie aus unten zur Sprache kommenden Ursachen sich auch hiezu gezwungen sieht, durch die ihr sonst noch zustehenden Mittel ein Zeugniß gegen das Aergerniß ablegt. — Eine in obiger Beziehung wichtige Einrichtung sind diejenigen Disciplinarbehörden, die aus Geistlichen und Weltlichen zusammengesetzt der factische Ausdruck des Gedankens sind, daß der christliche Staat mit der Kirche gemeinschaftlich die christliche Ordnung und Sitte wahren wolle. Von dieser Art sind in Württemberg die sogenannten Kirchenconvente — ein von Valentin Andreä herrührendes, nach reformirten Vorbildern in eine lutherische Landeskirche übergetragenes vortreffliches Institut, welchem gemäß jede Gemeinde ein kirchlich-bürgerliches Sittengericht besitzt, in dem aber sehr weise das Verhängen der Strafen nicht den geistlichen, sondern den weltlichen Mitgliedern zugewiesen, den ersten dafür das Wort zur Warnung und Ermahnung gegeben ist. (S. darüber Hauber, Recht und Brauch der ev. K. in Württemberg I. S. 171.) — Die andere Wirkung, die aus der Verbindung des Staats mit der Kirche (in Folge ihrer Ausdehnung zur Volksgemeinde) für letztere fließt, ist aber auch allerdings eine Hemmung, in sofern die Kirche, wenn sie straft, verbunden ist, die bürgerliche Stellung des Gemaßregelten nicht zu verletzen. Denn dieß muß der Staat schlechthin fordern; er darf nicht zugeben, daß eine fremde Macht seine

Bürger in ihrer Freiheit, in bürgerlicher Ehre u. s. w. beeinträchtige, und muß es ebenso unter seiner Würde achten, irgendwie den Büttel für die Kirche zu machen, die das brachium seculare anruft, um ihre Gewalt auszuüben und doch ihre reinen Hände nicht zu beflecken. Diese Hemmung hat sich auch in den Zeiten, wo die Kirchenzucht im Flor war, darin gezeigt, daß sie im Ganzen immer nur das niedere Volk und dessen Scandale in Censur nahm, nach oben aber sich, wenn auch nicht gerade blind, doch lahm erwies. *)

Kann also hiernach die Kirche in ihrem geschichtlichen Bestande, in ihrer Einheit mit einer ganzen Volksgemeinde, nicht darnach sich messen, was geschehen könnte, wenn sie noch ein enger, wenige Mitglieder zählender Privatverein wäre: so ist auch in anderer Beziehung der Unterschied der Zeiten, den wir nicht aufheben oder ignoriren können, von bedeutendem Einflusse. Nehmen wir z. B. die Art, wie nach der großen Württembergischen Kirchenordnung der große Bann vollzogen werden soll, — wo der zu Excommunicirende öffentlich der Gemeinde vorgestellt, seine Unthat und Unbußfertigkeit publicirt und das Verbot ausgesprochen wird, ihn zum Gevatter zu nehmen, worauf sofort der Meßner ihn mitten durch das Volk hinausführen, weiterhin der Gebannte in einem eigenen Kirchstuhl der Predigt anwohnen, aber vor der Abendmahlsfeier immer wieder hinausgeschafft werden soll: so ist uns nach drei Jahrhunderten kaum noch begreiflich, daß sich irgend ein Menschenkind zu solcher Procedur hergab. Wer jetzt mit solchem Banne bedroht wäre, würde sich zuverläßig in der Kirche gar nicht sehen lassen; ihn aber durch Polizei oder Landjäger vorführen zu lassen, wäre wohl auch dem eifrigsten Kirchenzuchtsfreund etwas zu profan. Eine Formel vollends, wie sie (s. Fabri S. 55.) Tilemann Heßhus öffentlich anwendet, da er seinen Magistrat zu

---

*) Vgl. damit die Bemerkungen von Fabri a. a. O. S. 60 f. Das Erbaulichste war, wenn eine Hure, über die die Kirchenbuße verhängt worden, „auf Befehl gnädigster Herrschaft“ von derselben entbunden werden mußte.

Magdeburg in Bann thut („ich schneide sie als faule, stinkende Glieder ab von der Gemeine Christi, schließe ihnen den Himmel zu und die Hölle auf, und übergebe sie dem leidigen Teufel am Leibe zu martern ꝛc., gebiete auch von Amtswegen, daß ihr euch solcher gebannten Menschen gänzlich enthalten wollet, mit ihnen nicht essen und trinken ꝛc.“) ist so schändlich, daß nur der roheste Pfaffengeist an solchem Verfahren Gefallen finden kann. Der Magistrat rächte sich zwar durch Absetzung des Heßhus, aber wenn dieselbe Formel gegen gemeine Bürger angewandt worden wäre, würde er schwerlich dagegen eingeschritten seyn. Das ists nun eben, worin wir einen Unterschied der Zeiten anerkennen müssen; in unserer Zeit würde solch ein Auftreten geradezu unmöglich. Ein leichtsinniger Mensch, dem an Kirche, Wort und Sacrament nichts liegt, oder ein positiv Ungläubiger, der all' das verachtet, — diese schließen sich selber aus, sie warten nicht, bis man sie ausschließt; und wenn die Kirche wenigstens da, wo sie ihrer habhaft werden kann, weil man sie selber um einen Dienst angeht, nemlich beim Begräbniß eines Solchen, ihre Dienste versagt, so macht sich ein mit ihr innerlich zerfallener Mensch auch daraus nichts. All' jene Zuchtmittel waren einst eine wirkliche Strafe, aber sie sind es nicht mehr; sie konnten wirken in einer Zeit, wo der allgemeine Glaube immer noch festsaß oder nachwirkte, daß man Heil und Gnade nur in der Gemeinschaft mit der Kirche habe, von ihr abgeschnitten aber ohne Rettung der Verdammniß anheimfalle. Jetzt aber ist auch bei Solchen, die noch eine Seligkeit und Verdammniß glauben, die Ansicht vorhanden, daß beides wenigstens nicht von dem Spruch der Kirche abhänge; es ist die aus dem protestantischen Princip selbst ihre relative Berechtigung ableitende Subjectivität, die sich darauf stützt, daß ihr Verhältniß zu Christo nicht abhängig sei von ihrem Verhältniß zur Kirche, nemlich zu irgend einer der verschiedenen Particularkirchen, daß ihr also der Weg zu Leben und Seligkeit nicht abgeschnitten sei, auch wenn sie an Gottesdienst und Sacrament dieser Particularkirche nicht mehr Theil nehmen dürfe. Es wäre also, wenn dennoch solche Bann- und Bußdisciplin (was auch die öffentliche, unter demüthigenden Formen geschehende Wiederaufnahme in die Kirche einschlösse) festgehalten oder hergestellt würde, blos der Gesichtspunct maßgebend, daß die Kirche um ihrer eigenen Ehre willen erklären müsse, der N. N. gehöre ihr nicht mehr an. Dieser Fall — abgesehen jedoch von der Form dieser Erklärung — kann in der That eintreten, wenn Jemand sich notorisch zu einer andern Kirche oder antikirchlichen Genossenschaft, einer Secte hält; will sich ein Solcher den Ordnungen der Kirche nicht mehr fügen, spricht er sich öffentlich gegen die Kirche aus, vielleicht sogar in Schmähungen, dann wird, nachdem die gütlichen Mittel erschöpft sind, ihm selber die Wahl gelassen werden müssen, ob er sein Benehmen ändern oder austreten wolle. Aber auch in diesem Falle ist dem in solchen Dingen feiner gewordenen Gefühl gerade der von Herzen der Kirche Zugethanen, dem tieferen kirchlichen Sinne gewiß besser genügt, wenn nicht der Gottesdienst zu dem widerlichen, für Alle vielmehr ärgerlichen als erbaulichen Act einer Excommunication genommen, nicht der Ort des Friedens und der Anbetung dazu mißbraucht wird, ein kirchliches Todesurtheil zu verkündigen, sondern wenn vor dem Pfarrer die Austrittserklärung erfolgt und in den Kirchenbüchern vorgemerkt wird. Daß der Austretende alsdann weder auf irgend einen Dienst der Kirche, noch auf den Mitgenuß irgend welcher materiellen Beneficien von derselben, z. B. einer kirchlichen Stiftung Anspruch habe, darüber muß er, um nachherige Erörterungen zu vermeiden, gehörig verständigt werden. Will aber ein solcher schlechterdings nicht austreten, leugnet er, daß er durch seine jetzige Gesinnung von der Kirche abfalle, so ist ihm zu bedeuten, daß er sich dann auch der bestehenden Ordnung vorerst in soweit zu fügen habe, als auf ihre Verletzung auch vom Staat im Interesse der Kirche eine Strafe gesetzt ist (also z. B. in Betreff der Sonntagsfeier, der Versammlungen während des öffentlichen Gottesdienstes u. s. w.); so lange er nicht austritt, ist er namentlich derjenigen Jurisdiction unterworfen, die von gemischten kirchlich-bürgerlichen oder -staatlichen Behörden ausgeübt wird. Im Uebrigen aber kann in der evangelischen Kirche ein Zwang zu Gottesdienst und Abendmahl nicht Statt finden; ein solcher Mensch ist zu tragen als ein krankes Glied, und von ihm zu hoffen, daß der partielle Wahnsinn, in den ihn vielleicht irgend ein wühlender Sectirer versetzt hat, über kurz oder lang ihn wieder verlasse. Wenn ein solcher Mensch nicht selber aus der Kirche hinaus will, wenn er noch positiv einen Werth darein setzt, ihr doch noch anzugehören, so muß man ihn nicht hinausdrängen. Es ist das dermalen um so weniger nöthig, je weniger der wirkliche Aus- und Uebertritt zu irgend einer Genossenschaft auch bürgerliche Folgen nach sich zieht; wo z. B. für Dissidenten die Civil-Ehe offen gelassen ist, werden sich diejenigen, die hinauszubannen wären, von selbst zum Austritt melden. — Anders verhält es sich allerdings mit denen, die nicht durch sectirerische Gelüste der Kirche entfremdet werden, sondern die ihre Ehre durch sittliche Scandale beflecken. Diese wollen freilich auch nicht aus der Kirche hinaus; es kann sich bei ihnen auch nicht um Ausschließung, sondern nur um Maßregelung in Hoffnung der Besserung handeln. In diesem Falle ist es keine Frage, daß die zeitweilige Abweisung vom Abendmahl und vom Recht, Taufzeuge zu seyn, ein Mittel ist, das die Kirche in der Hand behalten muß. Aber wenn die Kirchenordnungen die Verhängung dieses Bannes nicht dem Pastor zuweisen, sondern theils die kirchlichen Repräsentanten der Gemeinde zuziehen, theils den Bann den Consistorien reserviren: so ist damit schon ausgedrückt, daß die Anwendung im einzelnen Fall eine sehr schwierige ist; deßhalb eben soll der Pastor sie nicht für sich allein verhängen. Wie oft können Scandale obwalten, der Pastor weiß sie nicht, oder sie sind ihm nicht genügend bekannt, er kann also vielleicht gerade bei Solchen, die der Gemeinde von schlechter Seite bekannt sind, die aber er nicht von dieser Seite kennt, den Bann unterlassen, bei andern dagegen ihn anwenden wollen, die vielleicht weniger schuldig sind oder die sofort von ihm Beweis verlangen. Sodann: wo ist bei den manchfachen Arten und Graden der Sünde der Punct, an dem auf obige Weise einzuschreiten ist? Wie kann z. B. eine Maßregel gegen ein gefallenes Mädchen so hart seyn, während eine Dirne, der nichts nachgewiesen werden kann, frei ausgeht? Und thut etwa ein Wucherer dem guten Namen der Kirche viel kleinere Schande an, als eine wilde Ehe, die vielleicht nur durch die Armuth verhindert ist, eine legitime zu werden? — Gleichwohl ist diese Schwierigkeit kein Grund, lieber gar nichts zu thun; wir sind mit dem, was Julius Stahl — dem man keinen unkirchlichen Liberalismus Schuld geben wird, und der sich dennoch gegen die Repristination der alten Disciplin als ein unweises Verfahren erklärt, (s. seine Rede über Kirchenzucht, gehalten 1845, wieder abgedruckt 1858) — hierüber sagt, ganz einverstanden, daß der Pfarrer notorischen Ehebrechern, feilen Dirnen, notorisch Meineidigen das Sacrament verweigern, ebenso sie als Pathen nicht annehmen soll. Die gesetzlichen Bestimmungen (also Vorlegung des Falles, in welchem er die Sacramentsverweigerung für geboten hält, an die vorgesetzte Behörde) hat er einzuhalten, und durch diese Einhaltung wie nun auch entschieden werden mag, sein Gewissen zu salviren. Es mag seyn, daß Andere noch mehr verdienen würden, abgewiesen zu werden, — in einer größern Stadt ists ihm ja unmöglich, über Alle genau unterrichtet zu seyn, — aber wenn er in unzweifelhaften Fällen jenen Schritt thut, bei andern Individuen aber, über die er im Ungewissen ist, den Weg seelsorgerlicher Berathung einschlägt, sie abmahnt, oder es ihnen ausdrücklich auf ihr Gewissen gibt, daß sie nur auf ihre Verantwortung zum Tisch des Herrn kommen, so hat er gethan, was er konnte. So, wie jetzt die Sachen stehen, wird er aber, wie oben bemerkt, selten in solchen Fall kommen; denn wenn in alter Zeit ein freilich mehr superstitiöser als religiöser Glaube an Kirche und Sacrament sich mit lasterhaftem Leben ganz gut vertrug, man somit an jenem den Sünder fassen konnte, um diesem entgegenzuwirken, so hat jetzt zumal in protestantischen Landen derjenige, der sich dem letztern ergibt, auch des erstern sich entledigt. Begehrt er aber selber nicht der kirchlichen Wohlthat, so ist man auch nicht in der Lage, ihm dieselbe zu entziehen; und weiter zu gehen, also positive Strafen aufzuerlegen, ihn zu einer öffentlichen Kirchenbuße zu zwingen, dazu ist — auch wenn man die physische Macht besäße — schon aus dem Grunde nicht zu rathen, weil ein solcher Act vielmehr Scandal macht als Gutes wirkt. Das also ist wohl der richtige Kanon: Individuen der benannten Art, deren ärgerliches Leben notorisch ist, sollen kirchlich nicht verfolgt, nicht ausgestoßen, sondern als eine Schmach in Geduld getragen werden; aber wenn sie eine kirchliche Wohlthat begehren oder ein kirchliches Ehrenrecht ausüben wollen, dann soll der Pfarrer in obiger Weise verfahren. Findet er irgend einen Milderungsgrund, also insbesondere Reue und ernstlichen Besserungsvorsatz, so wird er immer besser thun, wenn er milde, als wenn er strenge verfährt; auch dann bedarf es keiner öffentlichen Kirchenbuße. Die beste Kirchenbuße ist ein durch innere Buße gereinigter Wandel.

Wir sprachen von Entziehung kirchlicher Wohlthat als dem einzig möglichen Zuchtmittel gegen den einzelnen Sünder, das aber wenig werde in Anwendung kommen, weil gar keine Wohlthat begehrt werde. In zwei Fällen jedoch wird eine solche wirklich begehrt: wenn nämlich kirchliche Trauung und wenn kirchliches Begräbniß verlangt wird. In erster Hinsicht müssen wir gleich bemerken, daß nur eine schlechte kirchliche Gesetzgebung den Schwierigkeiten, die die Frage wegen Leistung oder Verweigerung der Trauung in zweifelhaften Fällen (also namentlich nach vorangegangener Scheidung des einen oder andern Nupturienten) darbietet, dadurch ausweicht, daß sie die Entscheidung dem einzelnen Pastor überläßt. Einem Zeloten wird das ganz erwünscht seyn; aber ein wahrhaft gewissenhafter Mann, der sein Gewissen nicht nach theologischer Zeitrichtung stimmt, sondern seine theologische Ueberzeugung wie sein Handeln von seinem Gewissen bestimmen läßt, kommt dadurch in schweres Gedränge; auch thut sich eine Kirche damit selber den größten Schaden, in welcher der eine Geistliche nach seinem Privatgewissen das verweigert, was der andere ebenfalls nach seinem Privatgewissen gewährt. Alle die Fälle, in welchen kirchliche Trauung zu verweigern sei, müssen kirchengesetzlich festgestellt seyn. Damit fällt diese Frage außerhalb der Gränzen der Pastoraltheologie; sie ist rein kirchenrechtlich. Wenn einmal das kirchliche Gesetz für einen bestimmten Fall die Trauung gestattet hat, so hat der einzelne Geistliche nicht mehr das Recht, zu sagen, das geht wider mein Gewissen, ich copulire nicht; er hat im Namen der Kirche zu handeln, die in diesem Fall eine ganz bestimmte Ordnung festgestellt hat. Er kann persönlich eine strengere, wie eine mildere Ansicht haben, aber, da es sich hier nicht um eine rein geistliche Sache handelt, sondern die Kirche dem Staat gegenüber gewisse Verpflichtungen übernommen und Bedingungen eingegangen hat, unter denen der Staat seine Bürger an die kirchliche Trauung weist und seine Anerkennung einer Ehe von dieser abhängig macht, so darf der einzelne Kirchendiener nicht diese Ordnungen durchbrechen. Will die Kirche den Maßstab, den Gottes Wort und Geist dem christlichen Gewissen in Bezug auf die Ehe in die Hand gibt, auch zur äußeren gesetzlichen Norm machen, so nöthigt sie den Staat, durch die Civil-Ehe für diejenigen einen Ausweg zu suchen, die seinen, vom christlich-humanen und allgemein-sittlichen Standpunct aus gegebenen und gehandhabten Gesetzen gemäß an der Ehe nicht gehindert werden können, die aber der kirchlichen Auffassung der Ehe nicht entsprechen und darum von der Kirche zurückgewiesen werden würden. Diese Wirkung hat eine Ueberspannung der kirchlichen Praxis in Betreff der Ehe unausbleiblich; es fragt sich also — da jenes fiat justitia, pereat mundus zwar im Munde eines Großinquisitors, nicht aber im Munde der evangelischen Kirche denkbar ist: — was den allgemeinen Zwecken der Kirche mehr entspricht, eine immer größere Zahl ihrer Genossen zur Civilehe zu drängen (in deren Ermanglung etwas noch viel Schlimmeres entstünde), und sie dadurch von der Kirche vollends abzulösen, oder auch solche Paare, der einmal bestehenden Ordnung gemäß, zu trauen, welchen die Makel eines dem wahrhaft christlichen Begriff der Ehe widerstreitenden vorherigen Lebens anhaftet? Zu solchen Trauungen genöthigt zu seyn, ist eine Demüthigung, die der einzelne Geistliche beim Trauungsacte selber am meisten empfindet; aber ist es denn nur dieser einzige Fall, in dem er an der Knechtsgestalt der Kirche Gottes auf Erden mittragen muß? Es stehen nicht so selten Nupturienten vor uns, von denen keines zuvor geschieden worden, keinem ein Ehebruch oder ein Unzuchtsvergehen Schuld gegeben werden kann, und die dennoch eine christliche Ehe ebensowenig führen werden, als sie auf guten Wegen zusammengekommen sind; Niemand aber, auch von den strengsten Kirchenmännern, hat sich noch geweigert, solche zu trauen. Wenn ein Paar durch eine leichtsinnige Ballbekanntschaft zusammengerathen ist, wenn ein anderes Eheband lediglich durch Geldspeculation geschlossen ist: wird die Kirche, indem sie das Paar dennoch traut, damit etwa diese Eheschließung als eine gottgefällige vor Gott vertreten und heilig sprechen? Das ist ja gar nicht der Sinn der Trauung; es muß an ihr — die bekanntlich als nothwendige Form der legitimen Eheschließung erst im neunten Jahrhundert, und zwar durch Staatsgesetze festgesetzt worden ist — eine zwiefache Beziehung unterschieden werden. Nach einer Seite ist sie der Ausdruck rein christlicher Gesinnung, da man alles, was man thut, im Namen des Herrn thun will, und deßhalb den wichtigen Schritt im Leben auch durch Gebet, durch Wort Gottes und kirchliche Fürbitte, von welcher die Einsegnung nur eine andere, objectivere Form ist,*) heiligt; es ist der fromme Sinn, der das sinnliche Moment der Ehe, die Geschlechtsgemeinschaft, dadurch mit dem die ungeordnete Lust verdammenden Gewissen in vollen, klaren Einklang setzt, daß er diese Geschlechts-

*) Wäre sie mehr, so wäre sie ein Sacrament.

gemeinschaft nicht sich selber nehmen, sondern als eine Gabe Gottes, als ein zeitliches, von Gott gewährtes Gut, als einen Segen aus Gottes Hand empfangen will, und deßhalb sich auf die göttliche Ehestiftung berufen, deßhalb die Urkunde dieser Stiftung als eine auch ihm persönlich geltende im Momente der Feier hören will; — es ist derselbe fromme Sinn, der auch das sittliche Moment, die Liebe, dadurch zur unwandelbaren Treue erheben will, daß er sich nicht mit den Privatversprechungen zwischen Braut und Bräutigam begnügt, sondern sein Gelübde öffentlich vor der Gemeinde ablegen und sie durch Ermahnung und Gebet aus dem Munde der Kirche befestigen lassen will. Das ist die eine Seite; wäre dieß der einzige Gesichtspunct für die Ehe, dann müßte der einzelne Pastor das Recht haben, solchen Act zu gewähren oder zu verweigern, letzteres nämlich dann, wenn die Antecedentien des Brautpaares jenen gottseligen Sinn gar nicht annehmen lassen, also z. B. wenn im directen Widerspruch damit die Geschlechtslust schon vorher, vielleicht sogar ehebrecherisch, genossen worden ist und nun nur noch über solch eine unreine Verbindung der Segen der Kirche den Mantel der Religion werfen soll. (Wiewohl selbst in diesem Fall eine schlechthinige Abweisung nicht pastoral wäre, weil möglicher Weise gerade die Reue, die Gewissensqual über das vorhergegangene Sündenleben jenen Wunsch, kirchlich getraut zu werden hervorrufen kann; es fehlt nicht an Beispielen davon, daß Individuen, die vor der Ehe unkeusch lebten, in der Ehe sich durchaus wacker gehalten haben. Aber immerhin müßte dem Geistlichen die Cognition darüber zustehen, ob bei einem Paare dieser Art der durchbrechende bessere Sinn wirklich vorhanden sei.) — Allein dieser rein ethisch-religiösen Seite der Trauung steht eine andere gegenüber, nicht als wäre diese unsittlich oder irreligiös, sondern nur so, daß objectivere, allgemeinere Beziehungen jene Entscheidung nach dem subjectiven sittlichen Werthe der Nupturienten und ihres Begehrens überwiegen. Wenn nämlich der Staat von sich aus erklärt, eine Ehe nur dann für bürgerlich legitim achten zu wollen, wenn sie durch kirchliche Trauung sanctionirt sei, und die Kirche nimmt dieß an: so kann sie von da an nicht mehr auf jener Bedingung rein christlicher Motive für das Begehren der Trauung bestehen; sie muß sich vielmehr mit dem Staat über die Gränzlinien eines weiteren sittlichen Gebiets vereinbaren, innerhalb dessen sie, auch wenn sie ihre specifisch christlichen Anforderungen nicht befriedigt sieht, dennoch ihren Dienst nicht entzieht, um den Staat nicht zur Einführung der Civilehe zu nöthigen. Ein blinder Eifer wird sagen: die Kirche soll gar keinen Vertrag mit dem Staate machen, denn der Staat ist Welt, die Kirche aber ist Gottes Reich und hat nur nach des Himmelreichs Gesetzen zu handeln. Dieser Dualismus ist ebenso unverständig als unprotestantisch; wir sehen aber hier, es ist nur die Alternative gegeben: entweder muß die Kirche den guten Willen des Staats, ein christlicher Staat zu seyn (denn das beweist er eben namentlich durch die Forderung kirchlicher Trauung zu legitimer Ehe), einfach ignoriren und zurückweisen, dann kann sie jedes Brautpaar nach seinem sittlichen Werthe behandeln, annehmen oder abweisen — wird aber freilich auch dann oft irre gehen, weil sie über diesen sittlichen Werth kein unfehlbares Urtheil hat; oder, wenn ihr daran liegt, daß der Staat seinen christlichen Charakter bewahre (— wie viel, wie unendlich viel aber hieran liegt, das würden unsere Kircheneiferer und Staatsverächter sattsam inne werden, wenn eines schönen Morgens der Staat erklärte, er entlasse jetzund die Kirche aus allem Verbande mit ihm, frage also nichts mehr nach Gottesdienst und Sonntagsfeier u. s. w.) — dann muß sie ihm auch in so weit entgegenkommen, daß sie mit den sittlichen Erfordernissen zur Eheschließung, die er als christlicher Staat anerkennen kann und muß, sich auch ihrerseits — d. h. nach gegenseitiger Verständigung — zufrieden gibt. Hat sie es in Folge dessen mit einem Paare zu thun, von dem sie weiß, daß seine Verbindung nicht auf Gott gefälligen Wegen zu Stande kam: so hat sie ihren Segnungsact um so mehr als ein Bezeugen der objectiven Heiligkeit der Ehe anzusehen und zugleich als Mahnung und Verpflichtung für die Nupturienten, mit dem Eintritt in einen göttlich geheiligten Stand auch ihre eigene Heiligung zu beginnen; ein Gesichtspunct, der in solchen Fällen durch die Rede, als homiletische Zugabe zur Trauungsliturgie, vollständig vertreten werden kann. Es ist dann ihre Einsegnung ein Segnen auf Hoffnung.

Bei dieser Auffassung ist nur noch die Schwierigkeit ungelöst, die entsteht, wenn bei jener Vereinbarung zwischen Kirche und Staat der letztere die Schranken, innerhalb deren eine Ehe legitim seyn, also auch der Trauung gewürdigt werden soll, viel weiter ziehen will, als die Kirche. Der schwierigste Punct in diesem Gebiete ist die Wiedertrauung Geschiedener, also die Bestimmung der legitimen Scheidungsgründe selbst. In dieser Beziehung ist es ein nicht glücklich gewählter Ausdruck, wenn man glaubt, damit die Sache abmachen zu können, daß wer nicht „biblisch geschieden" sei, nicht wieder getraut werden könne. Biblisch geschieden wird heutzutage gar Niemand; denn (vom Levitikus nicht zu reden, dessen Gültigkeit für ein christliches Ehegesetz nur durch ein Mißverständniß als fortdauernd angenommen werden kann) auch der Herr redet Matth. 5. nur vom Sich-Scheiden, nicht vom Geschieden-Werden; er hat die jüdische Form willkürlicher Trennung im Auge, deren Willkürlichkeit durch die Ausstellung (eigentlich Zuwerfung) eines Scheidebriefs gar nicht aufgehoben war, da diese nur das Weib freigab, also eigentlich nur eine schriftliche Verzichtleistung des Mannes auf sein Recht an die Frau vorstellte; solch eine Scheidung war nicht besser, als wenn in England ein Mann seine Frau an einen andern verkauft. Daß eine christliche Obrigkeit eine Ehe nach vorhergegangener sorgfältiger Untersuchung der Schuld und Unschuld trennt, daß nach einem Gesetz der unschuldige Ehegatte vom schuldigen befreit wird (denn dieser Sinn ist z. B. in der Form des Processes nach der württembergischen Ehe-Gerichtsordnung deutlich zu erkennen): dieser Fall, dieser Sinn einer Ehetrennung ist in der Bergpredigt gar nicht in's Auge gefaßt —

ganz natürlich, weil eine solche Form gar nicht bestand und der Herr, da er die Gerechtigkeit des Himmelreichs darstellen und die Gesinnung derer beschreiben wollte, die ihm angehören, nicht eine Proceßordnung aufstellte, die, wie sie ist, in den Codex eines Staates, auch eines christlichen, übergetragen werden könnte. Es ist darum auch von den weisen Gründern eines evangelischen Eherechts viel besser, als von manchen Neueren, die die Frivolität der Ehegesetze aus der Aufklärungszeit nun durch desto rücksichtslosere Härte compensiren wollen, eingesehen worden, daß der factische Ehebruch nicht als alleiniger Scheidungsgrund betrachtet werden, also auch nicht die Wiedertrauung blos auf den von einem Ehebrecher geschiedenen unschuldigen Theil beschränkt werden könne.*) Die Kirche hat nicht blos die Aufgabe, das Institut der Ehe in seiner objectiven Heiligkeit aufrecht zu halten, sondern zugleich auch die andere, dafür zu sorgen, daß, was Gott dem Menschen zum Heil und Segen gestiftet hat, nicht dem einen Gatten durch Schuld des andern zum Unheil werde. Wie nicht der Mensch um des Sabbaths willen, sondern der Sabbath um des Menschen willen da ist, so auch die Ehe. Ist nun dafür gesorgt und vom Staatsgesetz in Bedacht genommen, daß, wo eine Ehe innerlich durch Sünde schon zerrüttet ist, die äußere Trennung, wenn ein Theil als Hülfe gegen unerträgliches und seelenverderbliches Elend darum die Obrigkeit anruft, zwar nicht unmöglich gemacht, aber durch gesetzliche Normen (Sühneversuche, Bedenkzeiten, Zwangsgrade) nach Maßgabe der Umstände mehr oder weniger erschwert ist, daß namentlich in allen Instanzen des ehegerichtlichen Processes die Kirche durch ihre Diener als ordentliche Mitglieder der ehegerichtlichen Behörden wirksam vertreten ist: so bleibt dem einzelnen Geistlichen

*) S. darüber die vortrefflichen Ausführungen von Hauber (in den Jahrbüchern für deutsche Theologie, Bd. II. 1857, S. 209 ff.) und von Richter Beiträge zur Geschichte des Ehescheidungsrechts in der. ev. K. 1858.) Wie überaus frei Luther selbst geurtheilt hat, ist bekannt; vergl. z. B. die Zusammenstellung seiner Aeußerungen in der Schrift: Luther über Scheidung und Wiederverheirathung Geschiedener, von Ferd. Dahms, Berl. 1859.

nur die Pflicht, von seiner Seite alles zu thun, daß der christlichen Auffassung der Ehe ihr Recht werde.*) Wie er seelsorgerlich auf die Ehen in seiner Gemeinde einzuwirken hat, ist Gegenstand eines spätern Capitels.

Die andere Wohlthat, mit deren Entziehung die Kirche gegen ein unwürdiges Mitglied vorgehen kann, ist, wie bemerkt wurde, die Verweigerung kirchlichen Begräbnisses. Es ist dieß nicht die Verweigerung eines Begräbnißplatzes auf dem Gottesacker der Ge-

*) Verfasser kann hiebei die Bemerkung nicht unterdrücken, daß die württembergische Ehe- und Ehegerichtsordnung, wie sie auf einer von Valentin Andreä herrührenden Grundlage im J. 1687 eingeführt wurde und mit verhältnißmäßig wenigen, z. Th. unwesentlichen Modificationen, die mit der Zeit nöthig wurden, heute noch rechtsgültig ist, als Muster einer ächt evangelischen Ehegesetzgebung gerühmt werden darf. Da ist den obigen Anforderungen so weit, als dieß ein Gesetz vermag, entsprochen; namentlich der Kirche, die in jedem Eheproceß auf allen Stufen repräsentirt ist, ein Raum gelassen und ein Einfluß gewährt, den die Geistlichen nur gehörig benützen dürfen, um die von ihnen zu vertretenden Interessen mit Erfolg geltend zu machen. Namentlich hängt für die Entscheidungen der obern Behörden von dem Protocoll viel ab, das der Pfarrer als Mitglied des gemeinschaftlichen Unteramts aufnimmt; gibt dieß den gehörig klaren Einblick in die ganze Sache, in Lage und Charakter der Dissidirenden, so kann es an der richtigen Auffassung und Behandlung des Processes nicht fehlen. In neuester Zeit sind einige früher als schlechthin indispensable Fälle von Ehehinderniß für dispensabel erklärt worden, worunter namentlich die jetzt gegebene Möglichkeit, daß ein Geschiedener mit der Schwester seiner noch lebenden, von ihm geschiedenen Frau eine Ehe eingehen kann, Anstoß erregt. Es ist zwar ausdrücklich gesagt, daß durch die bürgerliche Dispensabilität dieses Falles die Kirche nicht genöthigt sei, auch ihre Trauung zu gewähren; nur daß nicht der einzelne Geistliche dieselbe verweigern darf, sondern jeder einzelne Fall wird vom summus episcopus entschieden. Da kommt es nur darauf an, ob dieser, nachdem er als Staatsoberhaupt die Heirathserlaubniß gegeben, hernach als summus episcopus die Trauung verweigern wird. Doch ist auch dieß nicht undenkbar, da die Civil-Ehe einen gesetzlichen Ausweg darbietet. Und andrerseits darf angenommen werden, daß, wo ein entschiedener Antrag der Oberkirchenbehörde auf Verweigerung vorauszusehen ist, der summus episcopus auch schon als Staatsoberhaupt sich eher bewogen finden dürfte, die Heirathserlaubniß zu versagen. Im Falle derselbe sie aber als oberster Bischof gewährt, d. h. dem zuständigen Geistlichen befiehlt das Paar zu trauen, bleibt diesem nichts übrig, als daß er Solches in Geduld erträgt; sein Amt lieber aufzugeben, als zu trauen, dieß kann ihm bei richtiger Würdigung der Sachlage sein Gewissen nicht zur Pflicht machen.

meinde, denn da wir Protestanten mit dem Namen eines geweihten Ortes keine superstitiösen Begriffe verbinden, so wäre eine solche Verweigerung lediglich eine infamirende Strafe, wie sie etwa den Leib eines Hingerichteten trifft. Sondern es handelt sich um den kirchlichen Act beim Begräbniß, um das Zeugniß der Liebe, der Gemeinschaft, das die Kirche durch ihren Begräbnißritus ausspricht. An der betreffenden Bestimmung z. B. der württembergischen großen Kirchenordnung, daß, wenn Einer im Banne sterbe, „das Pfarrvolk nicht bei seinem Begräbniß seyn, man vielmehr denselben als ein abgeschnitten Glied vergraben lassen soll," sieht man, daß es eben jene Zugehörigkeit zur kirchlichen Gemeinschaft ist, die einem, aus dieser Gemeinschaft Ausgeschlossenen, nicht bezeugt werden soll, einfach weil dieses Zeugniß ein unwahres wäre. Ein Rest davon hat sich in Sitten und Landesgesetzen erhalten, sofern namentlich den Selbsimördern die Ehre kirchlichen Begräbnisses verweigert wird, wenigstens dann, wenn sie in vollkommen zurechnungsfähigem Zustande die That begiengen. (Aehnlich ward es mancher Orten mit den im Duell Gefallenen gehalten, was jedenfalls consequent wäre, da ein Duell dem Morde und Selbstmorde sehr nahe steht.) Die liberalere Denkweise der Neuzeit hat die Schärfe solcher Bestimmungen und Sitten überall abgestumpft, wenigstens unter den höheren Ständen; man hat nicht mehr die That für sich, sondern den psychischen Zustand des Selbstmörders als maßgebend angesehen, und da es den Medicinern leicht ist, irgend eine Destruction in einem Menschenleibe zu finden, so ist bald mehr bald weniger von kirchlichen Ehren auch dem Selbstmörder zu Theil geworden. Das „Pfarrvolk" läßt sich gerade bei einem solchen Fall am wenigsten zurückhalten, wenigstens zuzusehen. Der Pastor wird in allen solchen Fällen am besten thun, sich, soweit nicht die gesetzliche Vorschrift ihm mit Bestimmtheit seine Pflicht oder Befugniß vorzeichnet, nach der Ortssitte zu richten. Vollends, wo es nicht um Selbstmörder, sondern vielleicht um Unkirchliche, um Dissidenten u. s. w. sich handelt, wird er im

Zweifelsfall, wenn einmal sein Dienst begehrt wird, lieber in mitius sich entscheiden. Denn fühlbar ist ja die Strafe gerade dem nicht, dem sie gilt; es kann aber der heiße Wunsch der Hinterbliebenen seyn, daß doch am Grabe eines ihrer Angehörigen, auch wenn er von den Gnadenmitteln der Kirche keinen Gebrauch hatte machen wollen, gebetet werde. Nun bliebe dabei immer noch der Weg offen, daß nur die Kirche und ihr Amt sich nicht dazu hergäbe, dagegen einer der Anwesenden am Grabe spräche. Allein man täusche sich darüber nicht; die Gemeinden werden in solchem Falle nie sagen: die Kirche, das Amt hat sich fern gehalten, sondern: der Pfarrer. Und nun ist die Frage, ob, je nachdem Jemand am Grabe das Wort nimmt, dadurch nicht die Sache viel schlimmer gemacht wird, als wenn der Pfarrer das Wort nähme, und, ohne die Trauernden zu verletzen, doch auch solchem Tod oder solchem Leben gegenüber die Wahrheit aus Gottes Wort bezeugte. Zumal, wenn der Verstorbene in die Kategorie der Unkirchlichen zu setzen war: wo ist die Gränze zwischen Kirchlichen und Unkirchlichen? Jede genaue Bestimmung derselben führt zugleich die Gefahr mit sich, daß Männern, die z. B. durch ihre wissenschaftliche Richtung vom symbolisch fixirten Glauben der Kirche abgekommen sind, dabei aber im Sinn und Wandel nichts Unwürdiges sich zu Schulden kommen lassen, die Ehre christlichen Begräbnisses verweigert werden wird, während dieselbe jedem Geizigen, jedem Lügner, jedem bösen Ehemann gewährt wird, wenn er nur äußerlich zur Kirche sich hielt. Das sind Inconvenienzen, über die man nur dann hinwegsehen kann, wenn man — ächt katholisch — den sittlichen Werth eines Menschen, der doch auch in den Augen der Kirche immer zuletzt den Ausschlag geben muß, mit der kirchlichen Haltung desselben identificirt, die doch mit vollkommener innerer Gleichgültigkeit bestehen kann. Neuere Verordnungen haben die Schwierigkeit dadurch zu lösen gesucht, daß sie auch für diejenigen, die die Kirche eigentlich nicht als die Ihrigen ansehen kann, die Begleitung eines Geistlichen nicht schlechthin verbieten, wofern die Hinterbliebenen dieselbe dringend wünschen, aber dann verlangen, daß nur eine Ansprache gehalten oder ein freies Gebet gesprochen, aber weder eine Liturgie gebraucht, noch Sang und Klang gehört werde. Da steht dann der Geistliche mehr als Privatmann, wie ein Freund, denn als Diener der Kirche am Grabe; wiewohl ihm (z. B. in der betreffenden Verordnung des württembergischen Consistoriums vom 14. Nov. 1855. S. das Amtsblatt desselben 1856. Nr. 18.) das Anlegen der geistlichen Amtskleidung nicht untersagt ist. Das ist ein Ausweg, auf dem wenigstens das Wegfallen von Sang und Klang den Unterschied zwischen diesem und einem kirchlichen Begräbniß fühlbar macht. Dagegen machen unsere Gemeinden zwischen dem Gebrauche der Liturgie und einer freien Ansprache keinen Unterschied; im Gegentheil, sie würden den Gebrauch der Liturgie ohne Rede für eine viel geringere Ehre halten, als eine Rede ohne Liturgie; denn — leider, müssen wir sagen — haben die Prediger selbst dadurch, daß sie an den Gräbern nicht ein liturgisches Gebet vor oder nach der Rede lesen, dafür aber ebenso unpassender Weise die Reden lesen, statt sie wie es jeder homiletische Act fordert, frei zu sprechen, in den Gemeinden den Sinn für Unterschiede dieser Art gar nicht geweckt oder gepflegt. In allen solchen Fällen wird der Geistliche, wenn sein Dienst erbeten wird, am besten thun, ihn nicht zu verweigern; aber er hat der Familie dann auch offen zu sagen, daß, wenn er einmal sprechen solle, er nach Gewissen und Ueberzeugung sprechen werde. Er hat es gewiß immer in der Hand, die Rede so zu fassen, daß er nicht Erbitterung bei den Hinterbliebenen erregt, sie also von der Kirche nur noch weiter zurückstößt, aber ebensowenig der Wahrheit, die er zu bezeugen, der Würde der Kirche, die er zu vertreten hat, etwas vergibt. Diese Kunst, auch schneidende Wahrheiten so zu sagen, daß sie dennoch nicht Zorn anrichten, läßt sich nicht in Regeln fassen, sie ist ein wesentliches Stück der Weisheit, die gegeben werden muß, aber für die man sich Sinn und Gemerk, den richtigen Takt und das rechte Maß theils durch das

Lernen von bewährten Männern, theils durch die eigene Durchbildung zu immer größerer innerer Klarheit erwerben kann. In solchen Fällen, wo die Liebe und die Wahrheit gleiches Recht ansprechen, kommt es uns gar sehr zu Statten, daß beide nicht Grenznachbarn sind, von denen der eine durch den andern beschränkt wird, sondern daß die Liebe aus der Wahrheit zu sprechen, die Wahrheit sich in Liebe zu kleiden weiß. Ἀληθεύειν ἐν ἀγάπῃ (Eph. 4, 15.), das ists, was wir lernen müssen.*)

Dieß Letzte führt uns nun noch auf ein Mittel kirchlicher Zucht, das um so mehr seine Stelle in der Pastoraltheologie finden muß, weil es ganz in die Hand des Pastors gelegt ist. Das ist das Wort, das Schwert des Geistes. Sofern es sich an den Einzelnen wendet, fällt es unter die Kategorie der speciellen Seelsorge, wiewohl hier die Grenze zwischen beiden Gebieten keine feste ist; ein strafendes Wort z. B., das der Pfarrer an einen Einzelnen richtet, sei es unter vier Augen, sei es, wenn dieser vor ein Collegium gefordert ist, in dessen Namen der Pfarrer spricht, vereinigt beides in sich, das Disciplinare und das rein Seelsorgerliche, da der disciplinare Zweck, die Beseitigung eines Aergernisses aus der Gemeinde, und der seelsorgerliche, die Besserung des Individuums, genau zusammentreffen. Wir haben es jedoch hier vornemlich mit dem öffentlichen Worte, mit der Predigt zu thun. Hauber hat (a. a. O. S. 167) sehr richtig gesagt: so lang in

---

*) Nur in eine Note haben wir noch solcher ins Gebiet der Kirchenzucht einschlagenden Dinge zu erwähnen, die sich unter dem Volke selbst zum Theil noch mit gesetzlicher Sanction, als Sitte erhalten haben; z. B. daß eine Geschwächte an ihrem Hochzeittage kein Kränzchen tragen darf, daß in den Orten, in welchen an einem Communiontage im Jahr vorzugsweise die ledige Jugend zu Gottes Tische geht, eine solche nicht mehr mit den Ledigen gehen darf u. dgl. Solche Sitten ist es Pflicht zu erhalten, statt sie nach Art des modernen Liberalismus zu zerstören; aber, so sehr sich dieselben aus natürlichen Ursachen an das kirchliche Leben anschließen, so ist es doch nicht sowohl das specifisch kirchliche, als vielmehr das sittliche Volksbewußtseyn, was sich darin ausspricht und darauf Werth legt; Volkssitten lassen sich aber nicht machen, eben darum auch läßt sich Kirchenzucht in diesen Formen nicht octroyiren.

einer Kirche noch die Predigt von Sünde und Gnade freien Lauf habe, dürfe man, auch wenn es an weiterer Disciplin fehlen würde, dennoch nicht sagen, sie habe keine Kirchenzucht. Es wird zwar immerhin durchs Wort Niemand gezwungen, wie auch in der Erziehung das Wort allein, wenn nicht die Strafe ihm Nachdruck gäbe, oft unwirksam bliebe. Aber die Gemeinde ist dem Pfarrer gegenüber denn doch mit all' ihren Schäden in einer andern Situation, als ein Rudel Knaben dem Pädagogen gegenüber; für sie, wie für das einzelne Gemeindeglied, hat das öffentlich gesprochene Wort, die öffentliche Rüge, ein ganz anderes Gewicht, als einem unbändigen Buben der vielleicht nachdruckslose Zuspruch eines schwachen Vaters. Directe Zwangsmittel sind ja auch die übrigen Stücke der Kirchenzucht nicht; wer in seinem Gewissen nicht getroffen werden kann, weil dieses gelähmt oder eingeschläfert ist, den zwingt auch Excommunication und Verweigerung des Begräbnisses nicht zu dem, was er einmal nicht will. So hat auch das strafende Wort der Predigt nur den Zweck, die Gewissen der Zuhörer anzufassen, sie zu wecken und zu schärfen. Das kann nun allerdings auch schon geschehen durch lebendige Darstellung der christlichen Wahrheit überhaupt; jede Seite derselben, die Lehre von der Gnade wie die von der Sünde, die von der Vergebung wie die von der Heiligung, sie treffen alle das Gewissen; ebenso kann auch die objectivste Art ihrer Behandlung, da auf specielle Zustände keine Rücksicht genommen wird, durch die Macht der Wahrheit selbst die Herzen im Innersten ergreifen; ein und dasselbe Wort, das einem Andern zum Troste wird, kann für mich ein Strafwort seyn, weil ich fühle, daß ich dieses Trostes nicht fähig oder nicht werth bin. Allein die Predigt, die das universale Gotteswort immer in lebendige Beziehung zur unmittelbaren Gegenwart zu setzen, d. h. es stets auf die Wirklichkeit in Zeit und Welt anzuwenden hat, darf und soll in dieser Anwendung auch so concret werden, daß sie eben hiedurch ein Zuchtmittel wird; sie hat die Dinge zu strafen, welche als Makel an der Gemeinde haften, welche als Aergerniß sie verunreinigen.*) Thut sie es nicht, so hat sie Mitschuld an diesen Aergernissen,**) und bestärkt die Menge in der Meinung, daß Kirche und Leben zwei einander gar nichts angehende Dinge seien. Solches Strafen muß aber selbst unter einem Gesetz, unter einer Zucht stehen, damit es nicht in ein unheiliges Zanken ausartet und so entweder ohne irgend eine rechtschaffene Frucht nur Bitterkeit erregt, oder, je heftiger es wird, desto mehr nach Art einer Kapuzinade den Zuhörern Kurzweil macht. In diesem Fall betrachten sie die Strafpredigt wie ein Lustspiel, darin die Welt wohl ihre Sünden und Thorheiten sich vorhalten läßt, aber ohne darum im Geringsten den Trieb zur Besserung zu empfinden.

Die alten Pastorallehrer hatten viel zu schaffen mit der Erörterung des elenchus doctrinalis und moralis, sowie mit der Frage wegen des elenchus nominalis. Mit den beiden ersten Titeln wird der Stoff, auf den sich das Strafwort bezieht, mit dem letzten ungefähr die Form, wenn gleich nur nach einer Seite bezeichnet. Der elenchus doctrinalis war begreiflich von großer

*) Ein früher schon belobter Aufsatz in der Ev. K. Z. 1859. Nr. 79. sagt: „Schelten und strafen muß man die Erweckten, die Unbekehrten muß man mit der Liebe locken." An diesem Puncte scheidet sich das Verfahren der Einen von dem der Andern. Es gibt welche, die immer und immer gegen die Welt ihre Geißel schwingen; die Erweckten hören das gerne, sie werden nicht daran gemahnt, welch ein gut Stück Welt auch in ihnen noch stecke. Es gibt aber andere, die es vorzugsweise darauf absehen, den Frommen, den Kirchlichen den Text zu lesen und von jeder Gestalt der Frömmigkeit, die in die Erscheinung, in die Oeffentlichkeit tritt, zu zeigen, wie viel Unvollkommenes und Menschliches daran hafte. Das ermuthigt die Weltleute und entmuthigt die Frommen. Wir unsrerseits erkennen eine solche Scheidung von Seiten des Predigers gar nicht an. Seine Zuhörer sind nicht schon in Schafe und Böcke geschieden, sie sind für jetzt eine Gemeinde; was an ihr von Aergernissen und Sünden haftet, das hat er zu strafen, wer immer der schuldige Theil seyn mag.

**) „Welcher Pfarrherr nicht strafet die Sünde, der muß mit fremden Sünden zum Teufel fahren, wenn er gleich seiner eigenen Sünden halber, so ihm vergeben sind in Christo, ein Kind der Seligkeit ist." Luther, Vorrede zum zweiten Theil der Kirchenpostill.

Wichtigkeit in einer Zeit, wo, wie im 16. Jahrhundert, die reine evangelische Lehre sich sowohl nach außen gegen die römische Kirche und die Sectirer erst ihres Lebens zu wehren hatte, als auch in sich selbst erst Gährungen durchmachen mußte, bevor sie zu festen Abschlüssen gelangte. Aber schon die folgende Periode machte aus dem, was anfangs eine Noth war, fälschlich eine Tugend; auch wo keine Gefahr war, daß die Gemeinden vom symbolischen Lehrbegriff abgelenkt werden könnten, sah man es (anknüpfend an den sogenannten fünffachen Usus) als nothwendiges Ingrediens der Predigt an, eine Lanze wider irgend welche Ketzerei zu brechen; bot etwa Zeit, Ort und Text keinen Anlaß dar, mit dermalen vorhandenen Irrlehren anzubinden, so mußten Arianer und Semi-Arianer herhalten, es wurde der Staub von einem Jahrtausend aufgerührt, um Objecte für die Widerlegung zu finden. Es war ein specimen eruditionis, was der Geistliche und wohl auch das Volk darin sah, wogegen die Einsichtigeren das für eine Thorheit achteten, weil es sich in der Kirche eben nicht um gelehrten Kram, sondern um Erbauung handelt. Ebenso erkannten diese auch wohl, daß selbst Lehrstreitigkeiten neueren Datums, wenn sie der Gemeinde selbst keine Gefahr drohen, dieser vielleicht ganz unbekannt sind, schon aus dem Grunde nicht auf die Kanzel zu bringen seien, damit nicht gerade hiedurch erst die Neugierde auf dieselben gelenkt werde. (Fecht erzählt, instruct. past. 1717. S. 71. ein Beispiel von einer Gemeinde, die von ihrem Prediger ernstlich vor Jakob Böhme verwarnt wurde, von dem sie gar nichts wußte; jetzt aber habe alles wissen wollen, quid monstri aleret Boehmius; man habe seine Schriften gelesen und viele seien deliriis istis angesteckt worden.) Von diesen Thorheiten ist der Predigerstand im Allgemeinen frei geworden, seit man überhaupt nicht mehr die Lehre in ihrer scharfen, symbolischen Ausprägung, sondern das Leben, die wirkliche Frömmigkeit als das Eine, was noth ist, anzusehen sich gewöhnt hat (also seit der Pietismus dem Orthodoxismus in den Weg getreten ist), und wiederum seit das Princip der Toleranz auch für diejenigen, die keineswegs indifferent sind gegen das Positive an der christlichen Lehre, doch den Sinn gewonnen hat, daß, je ferner ein Lehrunterschied dem Kern evangelischen Glaubens und Lebens liege, je mehr also neben Unterschieden in dogmatischen Bestimmungen die dankbare Liebe zu Jesu, als dem Heiland aller Seelen, das herzliche Vertrauen auf ihn noch bestehen könne, um so mehr auch solche Differenzen als individuell verschiedene Auffassungen der Einen und selbigen Wahrheit können betrachtet werden. Das schließt nicht aus, daß z. B. der Lutheraner Mängel an der reformirten Lehre sieht, von der er die Lehre seiner Kirche frei weiß, der er eben darum treulich zugethan ist; aber es läßt nicht zu, daß man, blind für die Schwierigkeiten, die der eigenen Glaubens- und Ausdrucksweise anhängen (blind vielleicht nur darum, weil man an diese gewöhnt oder zu träge ist, um auch sie jemals ernstlich der Kritik des unbestechlichen Wahrheitsgeistes zu unterwerfen), beim Gegner nur Unglauben sehen will und ihn, ohne sich in seine Gedankenbildung hineinzuversetzen und so zur aufrichtigen Anerkennung ihrer relativen Berechtigung zu gelangen, einfach deßwegen verdammt, weil er nicht unsere Sprache redet. Mit einem Worte, der Grundsatz: wer Christum lieb hat, der ist mein Bruder, hebt zwar nicht die historischen, zugleich auch nationalen Schranken der verschiedenen Kirchen und die Verschiedenheit theologischer Richtungen auf, aber er läßt nicht zu, daß wir dogmatische Kanzelpolemik treiben, wenn nicht entweder grundstürzende Irrlehren, z. B. deistische oder materialistische Vorstellungen in der Gemeinde einzureißen drohen, oder wenn nicht Versuche vorliegen, die kirchliche Gemeinschaft, der die Gemeinde angehört und die sie repräsentirt, zu sprengen. Es fällt mir z. B. nie ein, gegen die reformirte Lehre zu predigen; wenn aber es sich begäbe, daß durch irgend welche Einflüsse meine Gemeinde in Gefahr käme, sich wenigstens theilweise für die reformirte Lehre zu erklären und somit die lutherische Kirche zu verlassen, dann allerdings würde ich die Differenz zwischen beiden speciell ins Licht setzen, und die Gemeinde vor solcher Untreue gegen den Glauben ihrer Väter, der noch heute auf seinem Wahrheitsgrund nicht wanke (was dann eben zu beweisen ist), ernstlich verwarnen. Eine andere Confession, eine andere Denkweise als relativ berechtigt anerkennen, selbst zugestehen, daß sie in manchen Stücken Vorzüge vor der eignen habe, das heißt noch nicht, den Uebertritt zu ihr gleichgültig ansehen; diesem würde ich entgegentreten, ohne darum jenen Standpunct aufzugeben. Ich kann auch Jemand als Bruder anerkennen, ohne alles gut zu heißen, was er thut, und ohne meine Denk- und Lebensweise mit der seinigen zu vertauschen. — Im Allgemeinen aber ist es immer das Richtigste, die christliche Wahrheit positiv und mit der ganzen Macht der eigenen klaren Erkenntniß und Ueberzeugung predigend darzulegen, anstatt sich mit Gegnern herumzuschlagen, die auf diesem Wege doch nicht gewonnen, ja nicht einmal widerlegt werden. Der Prediger hat gut reden, da ihm niemand antworten darf; und Mancher, der da wähnt, mit ein paar angelernten Sätzen und Gründen oder mit absurden Consequenzen den Feind kampfunfähig gemacht zu haben, und nun von der Kanzel steigt, als wäre er Sieger, würde nicht wenig ins Gedränge kommen, wenn ihm ein schärferer Denker etliche Fragen vorlegte, und ihm zeigte, daß er von Voraussetzungen ausgehe, über die er selbst keine Rechenschaft geben könne, oder daß er Schlüsse mache, die nur die Ignoranz oder Denkfaulheit befriedigend finden könne. Nimmt man es doch auch mit den Schriftbeweisen bei solcher Polemik ungemein leicht; entweder führt man blos die Stellen an, die einem bequem sind, und ignorirt die andern, die in den scholastischen Kram nicht passen, sowie diejenigen, welche von der Sache schweigen, und in welchen doch nothwendig etwas von der fraglichen Lehre gesagt seyn müßte, wenn sie im apostolischen Gedankenkreise dieselbe Stellung einnehmen würde, die wir ihr in dem unsrigen angewiesen haben; oder preßt man vielleicht eine Schriftstelle so lang, bis sie sagt, was man haben will, über welche Weisheit die liebe Einfalt vielleicht staunt, die aber auf den

Denkenden gerade den unerwünschten Eindruck macht, daß er sich darüber klar wird: wenn diese Lehre nicht besser zu begründen ist, als dieser Pfarrer sie begründet, so steht sie auf schwachen Füßen. In alter Zeit hat es für die Masse schon genügt, zu wissen, der Pfarrer hat die und die Ketzerei widerlegt, also ist sie widerlegt; es war der devote Respect, der auch hier das Mangelnde ersetzte. Jetzt steht die Sache anders; willst du dich einmal an den denkenden Geist in deinen Zuhörern wenden, so mußt du ihn auch befriedigen. Und dieß eben geschieht viel besser — wenn gleich mit viel mehr Mühe und Erforderung von mehr Geist und Kenntniß — auf positivem Wege, als durch jene wohlfeile Polemik, die die Erbauung mehr stört als fördert. Bleibt der Prediger nicht bei der einmal acceptirten dogmatischen Form stehen, sondern geht er mit Lebhaftigkeit und Klarheit ein in der Menschen eigenes Denken, nimmt er dieses in gründlicher und anziehender Weise für die göttliche Wahrheit selber in Anspruch, schärft er so das geistige Auge des Zuhörers zu eigenem klarem Sehen, statt es ängstlich zuzukleistern oder zu verbinden, damit der Zuhörer nicht scheu werde vor ungewohnten Meinungen der Welt; spricht aus ihm die eigene Freudigkeit des Glaubens, fühlt man, daß der Prediger gerade darum nicht eifert, sich nicht echauffirt gegen falsche Lehren, weil er sie nicht fürchtet, weil ihn jenes freudige Vertrauen auf die Macht der Wahrheit selbst erfüllt: dann ist es viel weniger nöthig, gegen Irrlehren zu Felde zu ziehen; ist aber einmal dazu Anlaß gegeben, werden in der Gemeinde falsche Stimmen laut, dann hat auch ein kurzes, energisches Wort, das den Nagel auf den Kopf trifft, das ohne viel Umschweife das Falsche, Lügenhafte den Zuhörern ins gehörige Licht setzt, eine desto größere Wirkung. Wo man mit künstlichen Beweisen helfen muß, da ist dieselbe immer ungewiß; wo man aber den lauteren Wahrheitssinn aufrufen kann, der einerseits mit dem Gewissen und dem rein menschlichen Gefühl, andrerseits mit dem gesunden Menschenverstande Hand in Hand geht, der durch diese sich selber kund giebt, und der, auch ohne

Beweise, das Wahre oft so unmittelbar erkennt, — da hat man immer gewonnen.

Mehr Anlaß hat der Prediger jedenfalls zum elenchus moralis. Es kann derselbe, da er sich doch von der zum allgemeinen Wesen der Predigt gehörigen applicatio noch irgendwie unterscheiden muß, nur darin bestehen, daß man specielle Sünden, die in der Gemeinde vorliegen, als Sünden der Gemeinde benennt und rügt. Es fragt sich dabei vor allem, ob das, was der Pastor als einen Greuel behandelt, wirklich vorhanden ist (d. h. er soll nicht aus Klatschereien einen Kanzelstoff nehmen); dann, ob das, worüber er sich ereifert, wirklich von der Bedeutung ist, daß solch öffentliche Rüge deßhalb nöthig wäre und nicht ein privatseelsorgerliches Verfahren mit den Schuldigen, oder ebenso auch eine einfach disciplinarische Maßregel (z. B. eine kirchenconventliche Strafe) genügt hätte. Denn wenn eine Sache in der Predigt behandelt wird, so muß das Aergerniß schon ein allgemeines seyn, so daß die ganze Gemeinde eigentlich die Rüge verdient. Ist das nicht der Fall, so macht der Pfarrer unnöthigen Lärm; und wie immer ein Scandal mehr als alles andere die Aufmerksamkeit auf sich zieht, so wird dann von einer Predigt alles übrige durch solch einen Ausfall in Vergessenheit gebracht: das ist das Einzige, was die Leute mit sich nach Hause nehmen. Aber auch darin kann sehr gefehlt werden, daß man Dinge, über die nun einmal die Ansichten auch bei ernsten und gewissenhaften Personen ungleich sind, wie Tanz, Spiel, Theater u. s. w. zum Gegenstand der Kanzelpolemik macht. Ueber solche Dinge kann man unter vier Augen oder im kleinern Kreise reden, kann Katechumenen warnen, kann Einzelnen einen Vorhalt machen, aber zum Gegenstand öffentlicher Erörterung taugt das nicht. Verfährt der Pfarrer summarisch damit, legt er kurzweg auf derlei Dinge als Teufelswerke sein Anathema, so schreckt er damit Niemand zurück, der nicht vorher schon diesen Dingen abhold war. Manche thun es leicht nun erst ihm zum Possen, jetzt gerade wollen sie zeigen, daß sie vor seinen Drohungen sich nicht fürchten. Läßt er sich aber in der Predigt auf eine Analyse der Sache ein, so geräth er unvermeidlich entweder in eine Casuistik, die der Rüge durch nothwendige Distinctionen die Spitze abbricht, oder operirt er mit Voraussetzungen (daß z. B. alles der Art unkeusche Begierden errege u. dgl.), von denen die Klügeren in der Gemeinde denken, das seien zum mindesten Uebertreibungen; finden sie aber auch nur das Kleinste nicht buchstäblich wahr an seiner Darstellung, so ist dem Ganzen der Nerv abgeschnitten. Es ist ein goldenes Wort, was Philipp David Burk (Samml. zur Past. Th. I. S. 463.) einem um Rath Fragenden gesagt hat: „Wenn Sie was zu ahnden haben, so ahnden Sie es lieber in der Kinderlehre, discursive,*) oder in herzlichen Privaterinnerungen, ohne viel exaggerirende Umstände, kurz ὡς ἐν παρόδῳ. Die Kanzel aber sparen sie lieber schlechterdings zu der frohen Verkündigung des seligen Evangelii von Christo." **) Daneben gibt es eine

*) Dieß ist ein ganz praktischer Rath; die Kinderlehre, an der auf dem Lande immer ein großer Theil der Gemeinde als Zuhörer Theil nimmt, hat nicht die feierliche Haltung des Predigtgottesdienstes; in ihr wird darum auch die gottesdienstliche Stimmung selbst durch die Berührung von Specialitäten nicht verletzt; die Form des Dialogs, der vertraulichere — wie Burk sagt, discursive Ton des Ganzen erlaubt damit leichter auch eine Rüge der concretesten Art; wie denn dort durch die regelmäßige Behandlung des Dekalogs im Katechismus die allernatürlichste Handhabe dazu geboten ist.

**) Wir können nicht umhin, aus Beck's „Gedanken aus und nach der Schrift für christliches Leben und geistliches Amt" (Frankf. 1859) eine Stelle herzusetzen, die zwar, aus einem Briefe genommen, auf einen uns unbekannten ganz speciellen Fall sich bezieht, dessen nähere Beschaffenheit wir aus der Stelle selbst ungefähr abnehmen können, die aber für Behandlung solcher Dinge überhaupt lehrreich ist. S. 34 wird gesagt: „Die augenblickliche Noth betreffend (in Folge eines Streites wegen Tanzbelustigung) so ist das meine Meinung. Sie geben eine offene der Wahrheit gemäße Erklärung auf der Kanzel" (zwischenein möchten wir nur bemerken, daß sich nach Umständen eine solche auch erst nach der Predigt, vor den Abkündigungen, denken läßt); „ohne Bitterkeit, mit dem Ausdruck eines wohlwollenden, von dem Erlittenen nicht verletzten Sinnes (in Erwägung, daß sie es mit Leuten zu thun haben, die nicht wissen, was sie thun, die namentlich über solche Dinge, und das durch fremde Schuld, ganz verwahrloste Begriffe haben), also barmherzig, aber in einfacher Sprache, ohne Liebesphrasen, heben Sie hervor, wie Sie die Rücksichten des Ihnen

Menge Dinge, Unsitten, Thorheiten, gegen die am besten gelegentlich mit einem möglicher Weise ganz kurzen Wort, einer nicht mißverständlichen Andeutung ein Hieb geführt werden kann, der, wenn der Prediger mit richtigem Takte das rechte, schlagende Wort findet, gerade durch das Unerwartete, Unbeabsichtigte, aber im Zusammenhang Motivirte viel schärfer trifft und haften bleibt, als eine lange Strafpredigt. Doch muß auch dieß klar und bestimmt genug seyn, damit die Zuhörer sich nicht über mysteriöse Stellen der Predigt den Kopf zerbrechen, was oder wen denn wohl der Pfarrer damit gemeint habe. Eine Rüge, deren Object nicht deutlich erkannt, die vielleicht auf ganz verschiedenartige Personen und Dinge gedeutet werden kann, verfehlt ihres Zweckes gänzlich. Deßhalb haben unsere Väter so sehr viel auf das Recht gehalten, den elenchus nominalis anzuwenden, also unmißverständlich genau zu sagen, wen sie meinen; was jedoch geschehen kann, ohne Namen zu nennen oder mit Fingern auf den Schuldigen zu weisen. Das

---

obliegenden Wächter- und Hirtenamtes, die verderblichen Wirkungen jener Sitte — die jeder, der nur etwas in sein Gewissen gehe und noch rechtschaffen denke, einsehen müsse — gedrungen hätten, dagegen zu versuchen, was in ihren Kräften stehe; daß Sie auch das, was Sie dawider gelehrt hätten, nicht zurücknehmen könnten, weil es in Gottes Wort gegründet, also die Wahrheit sei, die kein Mensch leugnen könne. Sie zeugen eben daher, daß sie rein seien von aller Verantwortung für die Zukunft, daß Sie es auch nicht lassen werden, zu lehren, zu wecken und zu warnen bei passender Gelegenheit, keineswegs um Jemand wehe zu thun, oder nur eigensinnig nicht nachzugeben, sondern um Ihres Amtes zu warten und ihrer Seelen. Aber Sie würden ferner auch nicht mit Worten Jemand einen Zwang anthun, von dem eiteln Wandel nach väterlicher Weise zu lassen, und würden in dem, was Sie fordern, einen Unterschied machen zwischen dem, was sich offenbar Böses an ihre Tänze anhänge, was das Gesetz des Buchstabens allen Menschen verböte, bei allem Reden und Thun, so auch beim Tanzen; dawider müßten Sie mit der scharfen Zucht des göttlichen Wortes streiten, — und zwischen dem, was dem Gesetze des Geistes, dem Gesetz Christi zuwider sei; das würden Sie geistlich zu Stande zu bringen suchen in denen, die das Wort der heilenden, erneuernden und züchtigenden Gnade gern annehmen; was aber diese voraus haben vor jenen, die nur das offenbare Böse meiden, und diese wieder vor den Zuchtlosen, das führen Sie aus; den Letztern halten Sie den ganzen Ernst der göttlichen Majestät entgegen und schließen hierauf."

geziemt der Kanzel nicht, daß von ihr aus Personen namentlich angeklagt und an den Pranger gestellt werden; die Kirche ist kein Gerichtssaal und die Predigt kein Zeitungsblatt. Insbesondere aber forderten die Alten unter dem Namen des elenchus nominalis das Recht, auch die weltliche Obrigkeit öffentlich wegen ihrer Versäumnisse oder Unthaten zur Strafe zu ziehen. Es war nicht schwer dieß zu begründen und die Ansprüche der Vornehmen und Beamten auf respectvolle Schonung zurückzuweisen; sunt enim, heißt es in Hartmanns pastorale (III. 20. S. 537.) et principes et magistratus membra ecclesiae, nec hic spectantur aut spectari debent in officio suo, sed ut oves Christi, ut peccatores, ut servi Dei. Allein es wird ein Unterschied zugelassen, sowohl zwischen Fürsten und Richtern, die im Allgemeinen einen guten, rechtschaffenen Sinn zeigen, und deßhalb wegen einzelner Fehler zu schonen seien, und zwischen Wütherichen, als auch zwischen leichteren Uebeln, die sie vielleicht selbst nicht zu beseitigen im Stande seien, und zwischen unerträglicher Tyrannei (worunter Melanchthon in einer von Hartmann ebendaselbst citirten Stelle auch das rechnet, wenn die Herrschaft schlechtes Bier braue und ein Monopol damit ausübe): gegen solche Bedrückung müssen die Prediger auftreten. Nur soll es nicht in aufreizender, die Ehrfurcht verletzender Weise geschehen (die Prediger sollen nicht tribunitios clamores imperite exercere). Von diesem elenchus gegen die Obrigkeit sagt Richter (Gesch. der ev. K.=Vrf. S. 200), die Streitigkeiten über denselben füllen ein dunkles Blatt in der Geschichte der lutherischen Kirche, und in seinem Handbuch des Kirchenrechts (4. Aufl. S. 481.) bezeichnet er jenes Recht oder den Anspruch darauf als Ausfluß einer hierarchischen Richtung. Daß diese mitwirkte, ist keine Frage, aber es ist auch deutlich aus den alten Pastoraltheologen erkennbar, daß zu einer Zeit, wo die öffentliche Stimme noch nicht durch die Presse, wenigstens nicht durch die Tagespresse, sich vernehmlich machen konnte, der Prediger, als der einzige Mann, dem das freie Wort nicht gewehrt werden durfte, weil er es im Namen Gottes führte, sehr leicht sich auch berufen achten konnte, die Sache des Volkes in der Form der Strafpredigt gegen die Herren zu führen, also doch immerhin ein Volkstribun zu seyn, nur mit der wesentlichen Erweiterung, daß er des Volkes ebenso wenig schonen durfte. Beides hatte schon Luther in seiner Auslegung zu Ps. 82, 1. nachdrücklich eingeschärft, sogar gerade die unzeitige Schonung der Obrigkeit als eigentlich aufrührerisch bezeichnet, weil man damit den Pöbel böse mache und der Tyrannen Bosheit stärke. Schwierig ist in dieser Beziehung vor allen die Stellung des Hofpredigers. Nicht die äußere Situation mit ihren Ehren und Vortheilen — denn ein rechtschaffener Prediger wird diese immer schon mit dem Gedanken annehmen, daß sie schnell für ihn ein Ende nehmen können, — sondern gerade die Pietät gegen einen gerechten und milden Fürsten macht es ihm so schwer, gegen das, was an der Person und Regierung desselben wie am Hofleben tadelnswerth ist, auch ein strenges Wort zu sagen.*) Wir glauben auch, daß zu einer gegen den Fürsten oder seinen Hof gerichteten directen Rüge die Kanzel nicht der Ort ist; das kirchliche Bewußtseyn der Gegenwart hat vom Gottesdienst, somit auch von der Predigt als Theil desselben viel mehr, als frühere Zeiten, die Anschauung, daß es eine Feier sei, also die festliche, sabbathliche Stimmung auch das Herrschende seyn müsse, und wir können vom homiletischen Standpunct aus, so wie wir die Predigt auffassen, dieß nur bestätigen.**) Deshalb

*) Ein Beispiel von unbefangener Art solcher Rüge, die freundlich oder unfreundlich, je nach Temperament und Stimmung aufgenommen werden konnte, finden wir in Tholucks „Lebenszeugen" S. 237. Polykarp Leyser sagt nemlich in einer Leichenpredigt auf den Tod des Sohnes seines Fürsten: „Wir haben nun durch Gottes Gnade zu einem regierenden Kurfürsten Herzog Christian den Andern, einen wohlfrommen Herrn, von dem ich mit Wahrheit sagen mag, daß wir keinen bessern zu wünschen hätten, wenn er ohne ein Gebrechen, von dem wir leider fast alle wissen, wäre. Wir wollen aber hoffen, daß Se. kurfürstl. Gnade dasselbe noch wird ablegen."

**) Fein ist in dieser Beziehung das Gutachten Bengels, das er (s. Burk, Past. Th. in Beisp. I. S. 430.) dem Hofcaplan Joh. Chr. Storr (1748)

ist alles, was als Störung der Feierstimmung durch einen Angriff jener Art aufgenommen werden würde, in jeder Kirche, zumal aber in einem Kreise zu meiden, in welchem — was kein Prediger ändern kann — die Formen des Verkehrs so streng abgemessen sind. Kümmert sich ein Prediger nichts darum, so mag er zwar als Märtyrer gerühmt werden, aber gut gemacht hat er nichts; wir sehen wenigstens nicht, daß die alten Hofprediger (wie z. B. Lucas Osiander, dem Herzog Friedrich von Württemberg bemerkte, „er habe noch nie einen so unhöflichen und hochtrabenden Hofprediger gehabt, wie er sei, da doch die Hofprediger etwas höflicher und bescheidener seyn sollten, als die gemeinen Dorfpfaffen" (s. Burk, Past. Th. in Beispielen I. S. 422.) auf Sinn und Wandel solcher Fürsten viel Einfluß hatten, die nicht im Voraus schon eines frommen Sinnes waren. Es eignet sich für diese Stellung gewiß mehr, daß der Hofprediger, dem ja der Weg zu seinem Gebieter als dessen Beichtvater stets offen seyn muß, der sich wenigstens dieses Recht bei der Uebernahme des Amtes speciell ausbedingen müßte, wofern es sich nicht von selbst verstünde — auf Privatwegen an das Ohr des Fürsten zu gelangen suche, sei es durch mündliche Unterredung, sei es durch schriftliche Vorstellungen. Wie die per-

gegeben hat, aus Anlaß einer von diesem gehaltenen Strafpredigt gegen den Carneval und einer ihm deßhalb zugegangenen Weisung, „den Carneval hinfort unberührt zu lassen und nur das Böse, was Manche dabei thun, zu strafen." Storr glaubte, damit seinem Gewissen nicht Genüge zu leisten, Bengel aber schrieb ihm: . . . „Uebrigens erachte ich, daß Sie auch ohne die Erinnerungen des hohen Staatsministeriums die besonderen Ausdrücke: Carneval, Lusthaus ꝛc. meiden könnten. Zum Lobe Gottes soll man sich den Mund nicht stopfen lassen; wenn aber die Welt will ungestraft seyn, so kann man ihr auf ihr Abenteuer willfahren, läßt aber im Uebrigen doch merken, warum man es thut. Oft ist das Stillschweigen, wenn man weiß, daß es nicht aus Furcht herkommt, kräftiger, als ein beständiges Bestrafen, und man kann die Warnung so einrichten, daß Alle, die nicht gerne verstockt sind, die Anwendung selber machen müssen." — Daß Bengel Wörter, wie Carneval, Maskerade ꝛc. auf der Kanzel lieber nicht hören wollte und noch weniger sie selber in den Mund nahm, das war nicht nur die Folge pastoraler Umsichtigkeit, sondern in erster Linie die Wirkung seines classischen Geschmacks.

sönliche Nähe des Hofpredigers beim Fürsten und das in seinem Amte liegende Recht von einem charaktervollen Manne benützt werden kann, um Gutes zu stiften oder Böses abzuwenden, das lehren Beispiele, wie Hedinger, obgleich auch dasselbe Beispiel wieder zeigt, daß im Ganzen von dem Einfluß des Hofpredigers auf das Hofleben nicht all zu viel erwartet werden darf. Außerdem aber ist es niemals schwer, in allgemeinerer Form auch diejenigen speciellen Dinge in der Predigt zur Sprache zu bringen, über welche den hohen Zuhörern die Wahrheit zu sagen Pflicht ist. Es gibt eine objective Darstellung der christlichen Wahrheit, die, ohne irgend eine persönliche Wendung zu nehmen, das Gewissen trifft. — Ebenso kann aber auch in anderer Stellung ein Mann, der dafür bekannt ist, daß er einzig der Wahrheit dient, am rechten Orte mit wenig Worten einen Schaden bloslegen und damit denen, die es hören sollen, tiefer in die Seele einen Stachel drücken, als dieß eine umfassende Expectorirung gegen alle möglichen Mißstände vermöchte. Wenn z. B. Beck in einer Predigt, die im Jahr 1847 zur Zeit der Brodkrawalle, jener Vorläufer von 1848, gehalten ward (s. christliche Reden III. Samml. S. 461.) sagt: „In wie vielen Herzen ist gegenwärtig ein beständiger Aufruhr, den keine menschlichen Gesetze und Einrichtungen mehr stillen können, nachdem der Glaube mit seiner innerlichen Friedenskraft schon lange vernachläßigt ist; aus diesem Aufruhr in den Herzen muß am Ende auch äußerlich Krieg hervorbrechen, wie in den Ehen und Familien, so in Staat und Kirche; muß um so mehr hervorbrechen, da des zügellosen Volkes und des schwachen Regiments immer mehr wird:“ so ist damit ohne alle Umstände mit zwei Worten den Obrigkeiten wie dem Volke eine Lection gegeben, die an Schärfe ihres Gleichen sucht, und doch die Achtung vor der Obrigkeit, statt sie zu verletzen, vielmehr gerade dadurch kund gibt, daß von ihr statt ihrer damaligen jämmerlichen Schwäche ein kräftigeres, mannhafteres Auftreten gefordert wird. Um so etwas so treffend, so wirksam, so fest und ruhig sagen zu können, muß man allerdings nicht nur das

Herz auf dem rechten Fleck haben, sondern auch den rechten Ausdruck finden; den findet man aber nicht in wirklicher oder gemachter Aufregung, aus der nur Gepolter hervorgeht, sondern in stiller Meditation vor Gott, in besonnener Abwägung, um die volle, runde Wahrheit, aber auch um kein Jota mehr zu sagen, als Wahrheit ist, als wofür man nöthigenfalls einstehen kann.

Außer Kezereien, Lastern und Lustbarkeiten haben wir noch einen Gegenstand des bekämpfenden und strafenden Pastoralwortes hervorzuheben, der vornehmlich das Volk in seinen niedern Schichten angeht: das ist der Aberglaube. Wir fühlen zwar dermalen nicht mehr jene prickelnde Lust, mit dem Aberglauben anzubinden, die einst die Aufklärer erfüllte; aber wenn auch nicht die scheußlichen Früchte desselben, wie sie in Schatzgräberprocessen zu Tage kommen, eine Schmach wärfen auf die uns anvertraute Volks- und Jugendbildung, so müßte schon die tiefere Erkenntniß des Aberglaubens als eines Auswuchses, der zwar am Glauben haften kann, aber ihn verunreinigt, ihm seine sittliche Reinheit und Kraft benimmt und bei vielen Individuen den Glauben sogar ersetzt und dadurch ihm den Platz versperrt, uns darauf führen, daß wir wider ihn zu arbeiten berufen sind. Das ist schwer, weil sich der Aberglaube seiner Eulennatur gemäß in's Dunkel zurückzieht; das Volk meint, die Pfarrer dürfen nicht gestehen, daß sie selbst auch an Hexen, an Magie u. s. w. glauben und müssen befohlener Maßen dagegen sprechen; oder aber sieht es die Sache so an, als wolle der Pfarrer nur darum nichts der Art leiden, weil er eifersüchtig darüber sei, daß auch andere Leute Macht über geheime, überirdische Kräfte haben, die er als sein Privilegium ansehe. Der Geistliche begegnet daher solchen Dingen nur gelegentlich; er hört, daß in dem oder jenem Hause etwas Superstitiöses getrieben werde, oder er entdeckt bei einem Krankenbesuche den Gebrauch geheimer Mittel; offen darüber sprechen werden höchstens die Dummen mit ihm. Nun fragt sich's freilich zuerst, was der Pastor selbst von der Sache denkt? Wir sind dermalen, als Rückschlag gegen die Aufkärungszeit und im Zusammenhange mit einem nach allen Seiten sich steigernden Realismus, wieder viel geneigter, Zauberei als wirklichen Verkehr mit dämonischen Mächten anzusehen, wornach nicht gegen einen Wahn, sondern gegen eine Realität zu kämpfen ist. Allein der Unterschied, der hieraus für das pastorale Verfahren entspringt, ist dennoch nicht von Bedeutung. Denn auch ein noch so realistisch gesinnter Pfarrer wird doch wohl nicht das für seine Aufgabe achten, den Teufel, den Andere citirt haben, nun seinerseits zu schelten und zu verjagen; sondern er wird die Menschen strafen, die solches versucht haben, er wird die Intention als das Schändliche bezeichnen, die Jene gehabt, daß sie gewisse, ohnehin meist schlechte Zwecke mit Hülfe des Satans zu erreichen bestrebt waren, statt von Gottes Macht und Güte zu erbitten und zu erwarten, was ihnen werden sollte. Diese gottlose Intention ist vorhanden, ob ihr Thun ein Wahn oder wirkliche Zauberei ist; in jener schon liegt die Sünde klar und vollständig zu Tage. Ihr böser, gottvergessener Wille muß den Leuten vorgehalten werden; darauf auch, wenn in öffentlicher Rede (in Predigt oder Kinderlehre) sich Gelegenheit zeigt, davon zu reden, der Hauptnachdruck gelegt werden. Auch derjenige, dem die Realität der Zauberei dogmatisch feststeht, thut dennoch wohl, nicht diesen, sondern den ethischen Punct zu betonen, weil er, wenn er irgendwie positive Sätze über die in's Leben eingreifende Macht des Satans aufstellt, damit dem Aberglauben einen Halt gibt, wie er ihn nicht geben wollte.*) Im Allgemeinen muß, je mehr Aberglaube in der Gemeinde daheim ist, um so mehr das Vertrauen auf Gott den einzig Mächtigen, auf Christus, der die Werke des Teufels zerstört hat, der als der gute Hirte keinem der Seinigen

*) Dem Verf. ist ein Fall bekannt, wo in einer häßlichen Geschichte der Gemeinderath eines Dorfes zu Protocoll gab, daß die Angeklagten nie in ihrem tollen Treiben so weit gegangen wären, wenn der Pfarrer nicht immer so viel vom Teufel und seiner (nicht blos ethisch aufgefaßten) Gewalt in der Welt gepredigt hätte.

etwas geschehen läßt, auf den Geist, der auch den Schwachen stark macht („der in euch ist, ist größer, denn der in der Welt ist" 1 Joh. 4, 4. cf. 2, 13. 14.) geweckt, gestärkt, und durch klare Erkenntniß gestützt, zugleich aber das Sündhafte, das ebenso Gottlose als Thörichte aller der Absichten scharf gerügt werden, die darauf gehen, ohne Gottesfurcht, ohne Gebet, ohne Bekehrung zu ihm übermenschliche Kräfte zu eigennützigen Zwecken in eigene Gewalt bekommen und in Bewegung setzen zu wollen. Denn das ist doch das eigentliche Wesen des Aberglaubens, wie man auch etymologisch das Wort erklären mag, daß man, was der Eigenwille begehrt, entweder direct durch Benützung satanischer Kräfte, oder, auch wenn man göttliche Kräfte zu Hülfe nehmen will, doch gleichsam hinterrücks, nicht in Unterordnung unter Gottes Gebot, nicht auf dem Wege des Gehorsams, sondern durch bloße Nennung seines Namens, durch eine Art von Diebstahl erlangen will. Daneben gibt es allerdings auch einen Aberglauben, der unschuldiger oder wenigstens unschädlicher aussieht, weil er blos in Meinungen, nicht in Handlungen mit egoistischer Absicht sich kund gibt, — da man gewissen Dingen, Zeichen, Zeiten, ꝛc. eine Wirkung zuschreibt, die sie vernünftiger Weise gar nicht haben können; aber es steckt doch auch hinter dieser Thorheit ein Unrecht, nämlich eben die Meinung, als ob außer Gottes Regiment, unabhängig von seinem Willen und seiner ethischen Weltordnung, noch Kräfte walteten und Gesetze bestünden, und als ob mit bloßem Vertrauen auf Gott, mit Gehorsam gegen sein ethisches Gebot, mit einem Wandel am hellen Tageslicht ohne solch geheime, auf nächtlichen Wegen zu erlangende Kenntnisse und Mittel nicht auszukommen wäre. Dagegen ist nicht nur die einfach christliche Lehre von Gott und seiner Regierung und der Ehre, die ihm gebührt, geltend zu machen, sondern es sind auch die einzelnen Strafworte der Schrift gegen Tagewählerei, gegen Nekromantie u. s. w. einzuschärfen, überdieß auch dem evangelischen Volke gelegentlich (besonders in der Schule und Sonntagsschule mit den Confirmirten, außerdem wie oben bemerkt, in der kirchlichen Kinderlehre) zu sagen, daß alles derartige nur ein Ueberrest aus dem Heidenthum, also eine Schande für ein christliches Volk sei. Ist etwa zu einer Zeit irgend eine specielle Form des Aberglaubens Mode, und als Mode auch in die gebildeten Classen eingedrungen, wie vor etlichen Jahren die Prophetie der klopfenden Tische, so wird der Geistliche auch dagegen am besten wirken, nicht wenn er Predigten über's Tischklopfen hält, (solche Namen auch nur zu nennen, ist gegen den feineren homiletischen Geschmack, es paßt nicht in die reine Sprache der Kirche und trägt dazu bei, das Haus Gottes zu einer frommen Plauderstube zu machen), sondern wenn er mit unmißverständlicher Andeutung, mit sarkastischer Signalisirung solcher Thorheiten den unsittlichen Kern der Intention bloslegt und straft, welche solchem Thun zu Grunde liegt. Oder wird der Geistliche etwa selber berufen, um sich von einem Spuck zu überzeugen, so ist es seiner Stellung angemessen, daß er, der Angst des Aberglaubens gegenüber, bereitwillig sich an Ort und Stelle begibt und kaltblütig alles untersucht, aber auch in dem Falle, wenn sich wirklich Unerklärliches vorfinden sollte, die Sache als etwas Geringfügiges, keiner Beachtung werthes behandelt, dessen gewiß, daß, sobald man sie ignorirt, sie von selber aufhören wird. (Vrgl. unten das Cap. von der Anfechtung.) Etwas anders verhält es sich mit dem, was man gemeinhin Sympathie nennt. Was daran Abergläubisches ist, in dem oben bestimmten Sinne von Aberglauben, das muß als unsittlich, als eine Verleugnung des Glaubens an den lebendigen Gott gerügt werden. Aber es liegen doch Thatsachen vor, die uns zu der Annahme nöthigen, daß — nicht etwa im Besitze des Teufels und derer, die sich mit ihm verbünden — sondern im Bereiche der von Gott geordneten und regierten Natur selber Kräfte liegen und Zusammenhänge zwischen Seele und Leib bestehen, die wir bis jetzt unter keine Rubriken zu bringen vermochten, deren man sich aber, gestützt auf Erfahrungen, im Glauben ebenso bedienen kann, wie der auf bekannten Gesetzen ruhenden Heilmittel.

Es ist dieß ein noch dunkles und durch die Beimischung abergläubischer Dinge (Amulete mit heiligen Namen und drgl.) verunreinigtes Gebiet; wird der Geistliche darüber gefragt, z. B. ob es recht sei, für einen Kranken, an dem alle Medicin wirkungslos war, einen „Mann," wie das Volk solche Sympathetiker schlechtweg nennt, zu brauchen, so wird er eben nur darauf hinzuweisen haben, daß das Abergläubische an der Sache als das Sündhafte erkannt und unterlassen wird, ohne daß darum die Möglichkeit der Hülfe denen, die eine solche noch vielleicht als letzte Hoffnung festhalten, a priori bestritten wird. Das eben macht solche Formen des Aberglaubens schwierig, daß etwas Wirkliches, d. h. Natürliches, aber noch nicht wissenschaftlich Analysirtes, zu Grunde liegt; leugnet und verwirft man die Sache schlechtweg, so findet man den Thatsachen gegenüber, die vor Augen liegen, keinen Glauben und setzt sich überhaupt in den Mißcredit, daß man über solche Dinge urtheilsunfähig sei. *)

Die alten Pastoren und Pastorallehrer glaubten, dieser elenchus moralis habe erst seine volle Wirkung, seinen rechten Nachdruck, wenn demselben die entsprechenden Drohungen angefügt wer-

*) Wir machen in Betreff des ganzen obigen Gegenstandes auf die treffliche Schrift von Wuttke noch besonders aufmerksam: „der deutsche Volksaberglaube der Gegenwart," Hamburg 1860. Hier ist recht deutlich zu sehen, daß man mit theologischer Dämonologie in der theoretischen Analyse und praktischen Bekämpfung des Aberglaubens nicht ausreicht. — Wenn Manche die Sache so darstellen, als wäre mit der biblischen Lehre vom Satan auch die Realität der Zauberei bewiesen, so haben wir dagegen nur noch zu sagen, daß von einer solchen hexenhaften Verbindung mit dem Satan das Schriftwort nichts weiß; die Wirkung desselben auf den Menschen erscheint dort als eine entweder ausschließlich ethische, oder, wie bei den Besessenen, als eine den Menschen geistig und leiblich krank machende; von Zauberei, als menschlichem Thun, ist bei beiderlei Wirkungen nichts zu sehen. Wenn endlich in Tractaten über diesen Gegenstand, die für's Volk bestimmt sind, gesagt worden ist, der Gebrauch heiliger Namen zu abergläubischen Zwecken zeige sich dadurch als ein falscher, daß nie der Name Jesu genannt werde, denn vor diesem fliehen alle Teufel — so ist bei Wuttke zu ersehen, daß der Name Jesu oft und viel zu Zauberstücken gebraucht wird. Mit solchen Argumenten wird der Aberglaube schwerlich vertrieben.

den; und Vilmar hat es in der früher angeführten Schrift für einen Fehler erklärt, daß dieses specielle Drohen mit demnächst einbrechenden Strafgerichten Gottes nicht mehr geübt werde. Wenn uns durch die Ordination auch die Gabe der Weissagung verliehen würde, und Gott hätte beschlossen, wirklich in nächster Zeit seine Zornesschalen auszugießen über das verderbte Geschlecht: dann in allweg hätten wir solches als göttliche Drohung zu verkünden. Propheten aber sind wir deßwegen noch nicht, weil wir Pfarrer sind, haben also kein Recht, in den Tag hinein Hagel und Erdbeben, Pestilenz und Blutvergießen anzukündigen, und dann, nach Jonas Art, zu erwarten, daß Gott, weil wir von Amtswegen seine Drohung ausgesprochen, schon um unsrer Amtsehre willen sie auch erfülle, — sondern es ist uns nur möglich, erstens im Allgemeinen die Strafgerechtigkeit Gottes den Leichtsinnigen vorzuhalten, ohne daß wir uns anmaßten, über das Wann und Wie ihrer Offenbarung mehr wissen zu wollen, als wir wissen; und zweitens, dem gemäß, was Schrift und Erfahrung lehren und was nothwendig in der Sache liegt, auch auf die speciellen Uebel hinzuweisen, die aus den speciellen Schäden der Zeit hervorgehen müssen; also das Thema, daß die Sünde der Leute Verderben ist, zu specialisiren. Alles anderweitige, eigenmächtige Drohen ist nichtig und wird oft genug Lügen gestraft.

Wie aber und was auch immer gestraft werden mag durch's Wort der Predigt, eine unverbrüchliche Regel dabei muß seyn, daß der Prediger stets die volle männliche Ruhe und Gefaßtheit bewahrt. Jeder leidenschaftliche Ton, der sich einmischen mag, zerstört die Wirkung, die das Wort in den Gemüthern haben könnte; ist der elenchus ein Schmähen, so ist er vielmehr verderblich, als heilsam. Alle Aufregung kann nur trüben; und wenn man uns auch nicht mehr, wie die Kirchenordnungen vergangener Jahrhunderte thun, vor pöbelhaften Schimpfnamen zu warnen braucht, womit die damaligen Prediger ihren Zuhörern die pastorale Zärtlichkeit bewiesen, so ist die Leidenschaftlichkeit leider ein auch im neunzehnten

Jahrhundert noch nicht verschwundenes Uebel.*) Aber ein ebenso schlimmer Fehler ist es, wenn die innere Erregung vielmehr den Charakter einer gewissen Aengstlichkeit annimmt, wie es Personen gibt, denen, wenn sie z. B. einem Untergebenen einen Verweis geben sollen, das Herz viel stärker dabei klopft, als dem, der den Verweis empfängt. Da wird die Stimme unsicher; während die Erstgenannten in solchem Fall schreien, fangen diese an zu stottern, so daß der Zuhörer den Eindruck bekommt, sie erschrecken selbst ob ihrer Kühnheit; solch ein strafendes Wort, das man mit schlotternden Knieen und verlegenem Gesichte vorbringt, ist nicht nur unnütz, sondern lächerlich. Was wir früher aus andern Gründen vom Pastor forderten, das ist auch in dieser Beziehung unendlich viel werth: die männlich feste Haltung, durch die jedes Wort ein Gewicht bekommt, und in der sich eben die innere Berechtigung zum Strafwort bezeugt.

Schließlich erwähnen wir nur noch einer eigenthümlichen Art des Strafwortes, somit der Kirchenzucht, die von dem Verfasser eines Aufsatzes in der Erlanger Zeitschrift für Protestantismus und Kirche 1857. Juni S. 388 f. gutgeheißen wird; daß nämlich ein öffentliches Aergerniß zum Gegenstand einer in Mitte der Gemeinde für den Urheber desselben speciell zu sprechenden Fürbitte gemacht wird. Abgesehen von andern Bedenken hiegegen scheint es zum mindesten ungeeignet, die Fürbitte, die ein Act andächtiger Liebe ist — und dieß auch in der alten Kirche war, wenn die Büßenden sie von den Gläubigen begehrten — zur bloßen Form für einen Strafact zu machen. Soll es aber nicht eine Strafe seyn, so ist es vielmehr eine Ehre, die vielen andern in der Gemeinde ebenso gebührte, daß man nämlich um ihre Bekehrung betete. Wird der Sünder mit Namen genannt, so ist's sicherlich mit aller Andacht in

*) Erzählt man doch noch aus diesem Jahrhundert von einem Pfarrer, der, von Natur jähzornig, sich beigehen ließ, eines Tages seiner Gemeinde zu erklären, sie sei nicht werth, daß er sie ansehe, und sofort ihr den Rücken zuwendete, während er die Predigt an den Kanzelspfeiler hin hielt.

der Gemeinde vorbei; alles denkt alsdann nur an den Scandal, den der Mensch gemacht. Wird der Sünder nicht genannt, sondern nur (wie z. B. bei unsern Fürbitten für die Kranken) einigermaßen angedeutet: so zerbrechen sich alle den Kopf, wer es wohl sei? Bleibt die Bitte aber im Allgemeinen, redet sie im Plural, so ist gar kein disciplinarer Act mehr vorhanden.

III. Führung der kirchlichen Bücher und Aufsicht über die kirchlichen Locale sammt ihrem Inventar.

1. Die Art, wie Kirchenbücher (Tauf-, Ehe-, Todten-Register, Familienbücher, Confirmanden- und Communicanten-Verzeichnisse) anzulegen sind, muß immer schon gesetzlich bestimmt seyn, da es nicht dem einzelnen Geistlichen überlassen bleiben kann, ob er dieselben zweckmäßig einrichtet. Dieß anzuordnen, ist Sache des Kirchenregiments, dem zu diesem Zweck die Erfahrung zur Seite steht, die seit dem Bestand einer evangelischen Kirche auch auf diesem Gebiete sich gesammelt hat. Die Pastoraltheologie hat blos die Treue in der Führung dieser Bücher unter ihre Forderungen aufzunehmen und daneben die Frage zu erörtern, in welcher Weise dieselben für speciell seelsorgerliche Zwecke zu verwenden wären? — In erster Beziehung ist die äußerste Pünctlichkeit der Einträge zu fordern, weßhalb jede Anzeige einer Taufe, Leiche u. s. f. augenblicklich gebucht werden muß, damit nicht durch Versehen oder Vergessen ein Ausfall entsteht, der noch nach Jahrzehnten, ja nach Jahrhunderten (z. B. in Erbschafts-, in Stipendien-Angelegenheiten) die verdrießlichsten Folgen haben kann. In größeren Gemeinden ist das freilich so nicht ausführbar; sei es, daß unter mehreren Geistlichen nur Einer — wie es da am zweckmäßigsten ist, wo nur Eine Parochie besteht, — alle Kirchenbücher führt, oder daß nur das Hauptbuch, das Familienregister, von Einem geführt wird, jede Parochie aber ihr eigenes Tauf-, Trau- und Todten-Buch

hat: — immer wird der Buchführer sämmtliche Einträge von einer oder einigen Wochen zusammennehmen, weil er sie nur so chronologisch möglichst genau ordnen kann, auch der Zeitaufwand für ihn dadurch ermäßigt wird. Dann aber muß für jede Taufe, Trauung und Leiche ein eigener, nach einem Formular abgefaßter Schein ausgefertigt werden; diese Scheine bilden dann die urkundliche Quelle jener Einträge, und um ganz sicher zu gehen, daß keiner der Scheine verloren oder verlegt ist, nimmt der Pastor den Kirchenkalender als Controle dazu. *) Aber nicht blos die Pünctlichkeit, sondern auch die kalligraphische Sauberkeit der Einträge ist eine pastorale Pflicht. Unleserlichkeit ist ein wahrer Frevel gegen alle Nachfolger, die aus diesen Büchern dereinst schemata genealogica fertigen müssen; wer über die nichtswürdige Handschrift eines Vorfahrers sich einmal weidlich hat ärgern müssen, der weiß, was dießfalls seine eigene Schuldigkeit ist. Aber auch die Sauberkeit und Gefälligkeit der Einträge ist nichts Gleichgültiges; es gehört zur Würde des Amtes, daß die Bücher, auf denen eine große fides publica ruht, nicht wie Concepthefte aussehen, sondern wie ein kaufmännisches Hauptbuch mit jenem Schönheitssinn geschrieben sind, den der Pastor, falls er ihn nicht von Natur schon hätte, sich eben aneignen muß. Wo es sich rein um Namen und Zahlen handelt, und wo diese mit diplomatischer Unfehlbarkeit aufgezeichnet seyn sollen, da ist die erforderliche Deutlichkeit ohne kalligraphische Sorgfalt kaum möglich. Wenn die docti male pingunt, so müssen sie, falls sie sich zu ihren Kirchenbüchern setzen, den gelehrten Charakter inzwischen bei Seite setzen, um sich mit den ungelehrten Tugenden eines Schreibers zu schmücken. Wir meinen aber, es liege dieß auch der Pastoraltugend nach ihrem innersten geistlichen

*) In Städten, wo jeden Sonntag vier, sechs und noch mehr Taufen sind, thut der Geistliche wohl, sich die Namen der Täuflinge in der Reihenfolge der Taufen in ein kleines Heft einzutragen und dieses beim Taufact selbst zu gebrauchen; vergleicht er die Taufscheine nachher beim Eintrag ins Taufbuch mit diesem Namenbuch, so ist ein Defect in jenem ganz unmöglich.

Wesen gar nicht so ferne. Wer sich verdrießlich an den Schreibtisch setzt, weil er nicht etwa eine theologische Abhandlung oder eine Predigt zu concipiren, sondern eine Reihe Taufen, Trauungen, Leichen einzutragen hat, der muß, dünkt uns, für die Täuflinge und deren Eltern und Pathen, für die Neuvermählten in seiner Gemeinde, für die Todten, die aus ihr geschieden sind, wenig herzliches Interesse haben; hätte er das, so würden ihm die Namen nicht blos Namen, sondern die Repräsentanten der Personen selber seyn. Uns ist es oft so erschienen, als verrathe sich in solch hochgeistlicher Geringschätzung des Aeußerlichen, was man geistlose Schreiberei schilt, vielmehr jener Egoismus, der selbst unter großer pastoraler Salbung und Thätigkeit noch ein gutes Plätzchen zu finden weiß. — Was aber die Frage betrifft, ob und wie sich die Kirchenbücher — statt bloße Namen- und Zahlenregister zu seyn, die als solche zugleich für bürgerliche Zwecke dienen, — mehr für pastorale Zwecke nutzbar machen lassen, so bezöge sich dieß darauf, daß den Namen zugleich Zeugnisse über ihren Wandel und Seelenzustand, mit Beifügung specieller charakterisirender oder überhaupt merkwürdiger Data beigegeben würden. Wir haben in älteren Todtenbüchern solche Columnen je und je gefunden, wo neben dem Leichentext auch Bemerkungen jener Art zu lesen waren. Da wo die Rubriken der Kirchenbücher genau vorgeschrieben sind, kann solch eine weitere Rubrik nicht willkürlich beigefügt, es müßte also für sie ein eigenes Buch angelegt werden, in das namentlich die Beichten und Communionen der einzelnen Gemeindeglieder und was sonst von ihnen zu sagen wäre, zu stehen kämen. Aber es ist doch erst zu untersuchen, wozu solche Aufzeichnungen dienen sollen? Sollten sie blos zur Ortschronik dienen, so wäre zwar die Anlegung und Fortführung einer solchen etwas ganz Verdienstliches, aber sie müßte einen allgemeineren, alles Bemerkenswerthe aus der Geschichte der Gemeinde umfassenden Charakter haben; der Seelenzustand jedes Gemeindegliedes ist kein Gegenstand für eine Chronik. Ist aber der Zweck der, daß der Pastor eine Uebersicht über sein geistliches Arbeitsfeld hat, das bei seinem Abgang auch dem Nachfolger ersprießlich seyn kann: so wäre dazu doch nicht sowohl eines der öffentlichen Kirchenregister, als vielmehr ein Privat-Manuale des Pastors geeignet, das auch dem Nachfolger nur, wenn zwischen ihm und dem Vorgänger Gesinnungseinheit und Vertrauen besteht, zur Einsicht vorgelegt werden dürfte.*) In kleineren Gemeinden wird es solcher Register kaum bedürfen, da übersieht der Hirte seine Heerde auch ohne dieses Hülfsmittel; in großen, städtischen Gemeinden aber wird eine solche Liste immer sehr unvollständig bleiben. Auch bekommen derlei Aufzeichnungen, wenn sie sich nicht auf die allgemeinste Prädicirung beschränken, sondern die geistlichen Fortschritte der einzelnen Gemeinde-Genossen constatiren sollen, etwas Methodistisches, dem es leicht, je interessanter es wird, desto mehr an Wahrheit gebricht. Uns scheint es, als sei, was der Geistliche nur als Beichtvater weiß und zu beurtheilen hat, lieber nicht schriftlich zu fixiren; die Bücher, in denen der Menschen Werth und Unwerth aufgezeichnet ist, schreibt der Herr mit selbsteigner Hand für den Tag des Gerichts; sie könnten leicht mit dem, was die Pastoren aufzeichnen, manchmal in merkwürdigem Widerspruch stehen.

2. Zum zweiten Punct ist nur zu erinnern, daß für die Erhaltung, Reinigung und nöthige Renovation der Kirchengebäude, der Orgeln, der sacra vasa, für die schöne Anlage eines Gottesackers u. s. f. in den meisten Gemeinden der Geistliche es allein ist, der ein lebendiges Interesse und Verständniß hat, und daß somit, wo er selbst nichts von diesen Dingen versteht oder sich nicht

*) Von Oberlin lesen wir (s. s. Biographie von Bodemann, Stuttg. 1855. S. 111.), daß er zunächst zu dem Zwecke, „damit bei seiner Fürbitte am Gnadenthrone Niemand übergangen werde," jeden Morgen sein Kirchenbuch durchblätterte, um durch die Namen an solche Bedürfnisse der Einzelnen erinnert zu werden, die er in sein Gebet einzuschließen gedachte; außerdem aber führte er, wie der Biograph berichtet, „ein noch jetzt vorhandenes Notizenbuch, in das er über die einzelnen Personen kurze Bemerkungen verzeichnete, und so gleichsam ein geistiges Inventarium aufnahm."

damit bemühen mag, der Eigennutz und die Uncultur das Heiligthum zerfallen oder in Schmutz und Häßlichkeit verkommen lassen wird. Auch bei kirchlichen Neubauten ist es von großem Werthe, wenn der Pfarrer, was von Rechtswegen keinem mangeln sollte, nähere Kenntniß der kirchlichen Bauart und einen an der Geschichte der kirchlichen Kunst gebildeten Geschmack hat; unsere Bauräthe hätten nicht Jahrzehnte lang Scheunen und Reithäuser unter dem Titel Kirchen bauen können, wenn die Geistlichen neben ihrem Streit über Rationalismus und Supernaturalismus auch noch Sinn gehabt hätten für das Schöne, was zur Wirklichkeit des christlichen, des kirchlichen Lebens gehört, wenn sie, statt auf das Mittelalter als Zeit der Barbarei herabzusehen, in dem Stücke, worin es classisch ist, von ihm hätten zu lernen verstanden. — Eine besondere Bewandtniß hat es mit den Kirchenstühlen, die von Alters her theils verkauft theils vererbt wurden. Die neuere Zeit hat das vielfach aufgehoben, um alle Plätze frei zu geben: wir gestehen, daß wir dieß für nicht wohlgethan halten, nicht blos, weil dadurch dem Kirchenfonds eine Einnahmequelle versiegt, sondern weit mehr deßhalb, weil, wie Riehl in seinem Werk über die Familie S. 226. sehr gut gezeigt hat, der Besitz eines Kirchenstuhls eine der Realitäten ist, an die sich das Familienbewußtseyn heftet, oder weil, wie wir pastoraltheologisch sagen müssen, die Familie erst dann im Gotteshause wirklich daheim ist, wenn sie einen Kirchenstuhl als Eigenthum darin besitzt. Wo das noch der Fall ist, da sollen doch die Geistlichen nicht an solch edler Vätersitte rütteln. — Die Gottesäcker endlich betreffend müssen wir in den meisten protestantischen Gemeinden uns den Katholiken gegenüber schämen, daß unser Volk so wenig Pietät für die Gräber der Seinigen hegt, daß man den Gottesacker nicht offen stehen lassen kann, ohne die rohesten Verwüstungen zu riskiren, die dann bei Gelegenheit von Leichenbegängnissen an Denkmalen und Blumen auf den Gräbern dennoch verübt werden. Dagegen polizeiliche Maßregeln zu veranlassen, ist immerhin recht und gut: auch in solchen Dingen muß, wie den Kindern, so den Unmündigen unter dem erwachsenen Volk erst durch äußere Zucht Respect vor dem eingeflößt werden, was Gegenstand der Pietät seyn soll. Aber zugleich muß der Sinn dafür in die Herzen gepflanzt werden, theils durch Ansprache bei passender Gelegenheit, namentlich durch Vorstellungen, die man der Jugend macht, theils aber durch Verschönerung der Gottesäcker selbst; denn wenn diese einen schönen Anblick gewähren, wenn das Volk selber Wohlgefallen daran findet, so ist die Gefahr geringer, daß sich die Hand ausstrecke, um Schönes zu verderben. Zu jener Weckung des besseren Geschmackes gehört dann aber auch, daß den häßlichen Formen, die die Phantasie oder der Schlendrian des Handwerks in Stadt und Land den Kreuzen u. s. f. vielfach zu geben beliebt, entgegengewirkt wird. In solchen Dingen, wo das Gute und das Schöne so innig verflochten sind, muß der Geistliche auch der Bildner des Volksgeschmacks, der ästhetische Erzieher seiner Gemeinde seyn.

---

10. Freiwillige Unternehmungen des Pastors zum Besten der Gemeinde.

Auch hier haben wir es noch nicht mit der Sorge für einzelne Classen oder Individuen in der Gemeinde zu thun, sondern mit Solchem, was für Alle da ist, oder woran sich Alle betheiligen können. Denn es gehört auch dieß zum Schönen des Pastoralberufs, daß der Liebe, die immer wieder neue Bedürfnisse und neue Wege findet, um dieselben zu befriedigen, keine engen Schranken gesetzt sind; daß die pastorale Arbeitslust auch außer den vorgezeichneten Arbeiten noch Raum und Zeit übrig hat, um sich nach eigenem Ermessen in völlig freier Weise zu bethätigen. Bevor wir aber die Arten solcher freiwilligen Thätigkeit näher besehen, ist es nöthig, zu erinnern, daß dennoch auch diese ihre Grenze hat, daß sie nicht in infinitum sich ausdehnen darf, wenn nicht unter dem multa das multum, unter der Menge der Werth der einzelnen Leistung Noth leiden soll. („Werden Sie kein ἀλλοτριοεπίσκοπος; hüten Sie sich, etwas sich aufzuladen, dem Sie nicht mit Herzens-Ernst abwarten können — das ist die Schule der Heuchelei; und was Sie nur mit künstlicher Herbeiziehung Anderer zu Stande bringen können, das lassen Sie auch; das ist die Schule der Kriecherei und Schmeichelei oder der Herrschsucht und Eitelkeit." Beck, a. a. O. S. 88.) Es gibt solch eifrige Männer, die neben ihrem vielleicht an sich schon geschäftsvollen Amte noch unzählige Aemtchen und Verpflichtungen — als Vorstand oder Mitglied unterschiedlicher Vereine, als Sprecher in Versammlungen u. s. w. — übernommen haben und aus reiner Gefälligkeit sich von Allen, die irgend etwas Christliches oder Gemeinnütziges anfangen wollen, beiziehen und gebrauchen lassen, deßhalb aber auch nicht wenig mißbraucht werden. Unter solch einem Umtrieb und Anlauf ist es sehr schwer, die Zeit zu gewinnen, die man nöthig hat, um sich zu sammeln, um in der Stille sich für den öffentlichen Dienst zu rüsten; und wenn auch hie und da ein glücklicher Augenblick kommt, wo man aufathmen kann, so sind doch diese Augenblicke zu selten und zu sporadisch, als daß sie für zusammenhängendere Meditation ausreichten. Solchen gegenüber, die die Last und den Nachtheil recht wohl fühlen, der hieraus erwächst, aber es nicht übers Herz bringen können, nach irgend einer Seite hin, wo man ihrer begehrt, Nein zu sagen, bildet es freilich einen großen Contrast, wenn Andere zu allen Ansinnen, die an sie gelangen, sich ablehnend verhalten, um durchaus nach keiner Seite hin weiter gebunden zu seyn, als das Amt schlechthin verlangt. Bei den Einen kann dieß grundsätzlich darauf beruhen, daß sie alle solche Zerstreuung auch unter frommen Titeln und für fromme Zwecke als ein Uebel ansehen, da mehr Schein als wirklicher Gewinn für's Reich Gottes erreicht werde; Andere aber bestimmt nicht dieser Grund, sondern es ist die pure Bequemlichkeit, die sich vor jeder weitern Mühe scheut, die sich zu nichts hergeben mag, was nicht gesetzlich vorgeschrieben ist. Daß Letzteres nicht den rechten Pastoralsinn verräth, ist schon daraus zu erweisen, daß es locale Bedürfnisse in den Gemeinden gibt, die die allgemeine Amtsinstruction nicht vorsehen konnte, und die dennoch ihrer Natur nach in den Kreis der Pastoralaufgabe fallen; gar Vieles, was später gesetzlich vorgeschrieben worden ist, weil man es als etwas nothwendiges oder ersprießliches kennen gelernt hatte, war ursprünglich von treuen Geistlichen ganz freiwillig unternommen. Es wird also weder das Sich-Entziehen noch das unbedingte Sich-Hergeben die richtige Praxis seyn, sondern das Maßhalten; ist einmal die Kraft und Zeit eines Mannes bis zu einem Punct in Anspruch genommen, wo sie eben noch vollständig ausreicht, damit er auch dem Einzelnen (z. B. der Vorbereitung auf die Predigt) die nöthige Sorgfalt zuwenden kann, dann ist's Pflicht, Halt zu machen; schon übernommene Verpflichtungen sind weit schwerer wieder abzuschütteln, als es ist, nichts Neues mehr anzunehmen, und für dasjenige, was das Amt in erster Linie fordert, z. B. rechte Vorbereitung auf Predigt und Katechese, darf, wenn es daran fehlt, Niemand sich mit Mangel an Zeit entschuldigen; alles Andere, ob es noch so schön und edel und wohlthätig wäre, muß dem weichen, was unsre Schuldigkeit ist. Eine feste Gränze kann aber nicht gezogen werden: denn es fehlt auch an solchen Männern nicht, deren Kraft mit der Arbeit nicht ab-, sondern zunimmt, deren Liebe auch Unglaubliches leistet, denen auch Kräfte zugelegt werden, weil, wer da hat, dem noch gegeben wird, daß er die Fülle habe. Es muß daher dem Gewissen eines Jeden überlassen bleiben, was er sich zumuthen will und zumuthen darf; ist es nur das Gewissen, was den Einen bestimmt, seine Thätigkeit immer noch auszudehnen, den Andern aber, sich immer mehr zu concentriren und zurückzuziehen, so hat Niemand ein Recht, den Einen dem Andern als Muster vorzuhalten, oder umgekehrt, den Einen anzuklagen, weil ers nicht macht wie der Andere — ein Jeder steht und fällt seinem Herrn. Nur dagegen muß alles Ernstes protestirt werden, wenn in den Gemeinden selber — namentlich unter den Weiblein — von nicht Wenigen der Werth eines Geistlichen nicht nach dem taxirt wird, was er in den Gränzen seiner Amtsobliegenheit leistet, sondern nach dem, was er als opus supererogativum noch daneben thut. Mag also z. B. ein Pfarrer in Ertheilung des Religionsunterrichts in der Schule und in der Schulinspection saumselig seyn, spät kommen, oft aussetzen — hält er aber daneben Missionsstunden, liest er einem Frauenverein treulich vor, so deckt das nicht nur die Menge der Amtssünden, sondern er steht in solchen Augen viel höher, als ein Anderer, der zu allererst seine Schuldigkeit pünctlich thut, außerdem aber sich nur schwer zu weiteren Diensten versteht. Es steckt hinter dieser falschen Taxation ein gutes Stück catholicismus naturalis. — Doch, bezeichnen wir nun solche freiwillige Thätigkeit noch näher nach ihren Hauptarten.

1. Freiwillige Gottesdienste. Also z. B. Bibelstunden am Sonntag Abend oder während der Woche; liturgische Andachten; Missionsstunden und Missionsfeste; außerordentliche Betstunden, wie zu Anfang der Erndte oder des Herbstes, bei Aufrichtung eines Hauses, bei irgend einer Gefahr (Nässe, Dürre, Kriegsnähe u. s. w.). Ueber Missionsgottesdienste reden wir unten noch besonders; über liturgische Andachten, ihren Werth oder ihre Zulässigkeit und ihre Einrichtung, hat die Liturgik zu urtheilen. *) Die casuellen Betstunden sind mancher Orten längst üblich, und auch wo sie es nicht sind, thut der Pfarrer wohl, sie ins Leben zu rufen, da er bei ihrer Seltenheit nicht riskirt, daß die Theilnahme erlahmen möchte. Auf dem Lande wird es wohl überall mit Dank angenommen, wenn der Pfarrer — natürlich, ohne dafür eine Remuneration auch nur anzunehmen, geschweige zu erwarten — am Morgen, da ein Haus aufgeschlagen werden soll, die Familie des Besitzers und die Bau-

---

*) Vgl. besonders Nitzsch, pract. Theol. II. 2. §. 369.

leute, denen sich die Verwandtschaft und wohl der größere Theil der Gemeinde anschließen wird, in die Kirche ruft, um mit Ansprache und Gebet das Haus zu segnen, sowohl, daß heute kein Unglück geschehe, als daß ferner der Friede unter dem Dache wohne und Gottes Schutz darüber walte. Solch einen schönen Anlaß, die Kirche ins Leben hineinzutragen und hineinzupflanzen, muß man nicht vorbeigehen lassen. — Bibelstunden können im Allgemeinen als ein Bedürfniß unserer Gemeinden angesehen werden, da die Predigt und die Katechese den Zweck einer weitern Einführung in beide Testamente und den einer cursorischen Auslegung nicht erfüllen können, was auch nicht ihre Aufgabe ist. Ob dieselben für die ganze Gemeinde, oder für eine einzelne Classe, z. B. (in Städten) für die Frauen, oder für die confirmirte Jugend bestimmt werden sollen; ob sie das ganze Jahr über, oder — wofür locale Umstände häufig sprechen werden, — nur im Winter in einem geheizten Local gehalten werden sollen, darüber kann nur an Ort und Stelle und bei näherer Kenntniß der in der Gemeinde vorhandenen geistlichen Bedürfnisse entschieden werden. Denn ein Bedürfniß muß allerdings erst vorhanden seyn, wenn solche Stunden gehalten, wenn überhaupt die Gottesdienste mit Fug vermehrt werden wollen. Man hört öfters den Grundsatz aufstellen: nur recht viele Gottesdienste, je mehr ihrer seien, desto mehr werden sie besucht; erst durchs Essen werde ja der Appetit geweckt; nicht auf's Bedürfniß warten, sondern ihm zuvorkommen müsse man. Das hat viel Schein, kann auch momentan richtig seyn, aber im Allgemeinen ist es nicht wahr. So lange die regelmäßigen Gottesdienste spärlich besucht sind, muß man nicht mit neuen anfangen; durch ihre Neuheit können sie wohl eine Weile reizen (zumal da jener catholicismus naturalis sich auch darin verräth, daß es immer welche gibt, die es für verdienstlicher halten, sich in solch einer aparten Versammlung einzufinden, als wenn man blos zur Predigt oder Katechese komme): aber wenn kein Bedürfniß da war, und so lange die ordentlichen Mittel der Predigt und Katechese es nicht wecken, hat jede Vermehrung der Gottesdienste lediglich eine Zersplitterung der Zuhörer, also eine Schwächung der vorherigen Theilnahme statt einer Stärkung derselben zur Folge. Auch die Vermehrung kirchlicher Festivitäten ist mehr ein Uebel, als ein Gut; je mehr ihrer sind, je öfter etwas Außerordentliches, wozu man dann fremde Redner als Reizmittel fügt, der Gemeinde dargeboten wird, um so mehr sinkt das Ordentliche, Altkirchliche in seinem Werth. Wo nichts der Art geschieht, während Bedürfniß und Sinn dafür vorhanden wäre, da ist's ein Fehler, ein Versäumniß; aber wo mehr geschieht, als gerade recht und angemessen ist, da ist es eine *πολυπραγμοσύνη*, die wenig Gutes und viel Uebles im Gefolge hat. Es ist immer rathsamer, solche Dinge erst an sich kommen zu lassen, als sie selbst zu provociren, und auch dann erst muß man sich Zeit nehmen, um die Leute und die Sachen zu prüfen. Sagt uns aber dann unser Gewissen: thue es, bekommen wir nach solcher Erwägung der Sache vor Gottes Angesicht einen klaren Antrieb in unsrem Innern, merken wir, daß dasjenige, was sich in uns noch dagegen sträubt, nichts anders als unser träges Fleisch und Blut ist, dann gilt es, Hand anzulegen und in Gottes Namen zu beginnen. Dann gilt es aber auch, das Begonnene mit Ernst und Ausdauer fortzusetzen. Wer dergleichen anfängt, aber bei jedem Anlaß eine Stunde aussetzt, der erregt den Verdacht, daß es ihm zwar um den Schein besonderer Thätigkeit zu thun sei, er die Mühe selbst aber sich möglichst zu erleichtern wünsche.

2. Was das Halten von Privatversammlungen (Stunden, Conventikeln) betrifft, so muß es, wofern dieselben überhaupt unbehindert Statt finden, auch dem Geistlichen frei stehen, selbst als Sprecher eine solche zu leiten; es hat sogar in manchfacher Hinsicht einen Vortheil, wenn er an der Spitze steht, weil dann desto weniger ein Ausarten in antikirchlicher Richtung zu fürchten ist.*),

*) Ein bemerkenswerthes Beispiel dieser Art ist Philipp Matthäus Hahn gewesen, der nicht nur solche Versammlungen hielt, sondern auch die Sprecher der verschiedenen Kreise, die sich in seiner Gemeinde gebildet hatten, zu sich

Aber was uns diesen engen Anschluß an einen Theil der Gemeinde bedenklich macht, das ist der Umstand, daß der Pfarrer, der der ganzen Gemeinde angehört, hiedurch dem Reste derselben, der die Privatversammlung nicht besucht, sich mehr oder weniger entfremdet. Auch wenn er persönlich sich von den Uebrigen nicht zurückzieht, auch nicht in einer seiner Stellung und Bildung unangemessenen Weise mit den Gliedern jenes engern Kreises Brüderschaft macht, sie also nicht etwa dutzt oder sonst sie als seine Vertrauten behandelt, wenn er vielmehr seines Berufes für Alle wohl eingedenk ist, so wird er doch leicht als Parteimann angesehen und deßhalb das Wort seiner Predigt nicht als das eines unparteiischen Zeugen der Wahrheit, sondern als Ausfluß der Parteigesinnung aufgenommen. Wir werden übrigens das Verhältniß des Pfarrers zu den Gemeinschaften unten in einem eigenen Capitel noch beleuchten, und sagen hier blos: wenn es ihn drängt, Erbauungsstunden zu halten, so halte er sie in einem öffentlichen Local, nicht in einem Privathause. Er gibt dadurch zu erkennen, daß er nicht Stundenhalter, sondern Pfarrer, d. h. nicht der Sprecher und Repräsentant eines wenn auch noch so ehrenwerthen engeren Kreises, sondern Diener der Kirche und Seelsorger der ganzen Gemeinde ist. Im Sommer ist die Kirche, im Winter Schule, Rathhaus, eine heizbare Sacristei der passendste Ort für ihn. Wo der Pfarrer spricht, da müssen Alle Zutritt haben. — Ist eine solche Stunde aber für Kinder oder für Confirmirte bestimmt, dann ist's am besten, der Pfarrer nimmt sie in sein eigen Haus. Hierauf kommen wir noch zurück. (Vgl. auch die Katechetik 4. Aufl. S. 649 ff.)

3. Für die äußere Mission auch in der Gemeinde thätig zu seyn, ist um so mehr als eine der pastoralen Pflichten anzusehen, je mehr sie als eine gemeinsame Angelegenheit der Kirche zu betrachten ist, die aber von den gesetzlichen Organen der Kirche

---

kommen ließ, und dasjenige zuerst mit ihnen durchsprach, was sie sofort, jeder in seiner „Stunde," reden sollten. S. das Leben Hahns von Ph. Paulus, 1858. S. 274 ff. Der ganze Passus ist für die obigen Fragen äußerst lehrreich.

nicht in den Kreis ihres Regiments mit eingerechnet wird und auch vorerst wohl noch ganz gut in den Händen von Privaten bleibt. Ob freilich die Mission wirklich eine Pflicht der Kirche sei, ist von Einzelnen bezweifelt; der Herr habe nur den Aposteln den Auftrag zur Missionspredigt gegeben, ist gesagt worden, nicht aber uns; er selbst werde erst, wenn er wiederkomme, unmittelbar vor dem Weltende sein Evangelium verkündigen lassen &c. Wir haben hier nicht die Aufgabe, diese Ansichten näher zu prüfen, sondern sagen blos, daß sie biblisch ebensowenig begründet als mit dem historischen Gange der Kirche vereinbar sind;*) auch wenn der Herr es nur den Aposteln geboten hat, muß doch die Liebe dazu treiben, den Armen in aller Welt die Botschaft vom Heile zu bringen. Ebensowenig schrecken uns die Unvollkommenheiten des Betriebs der Mission ab; Menschlichkeiten laufen überall und immer mit, sie haben auch in den apostolischen Kreisen nicht gefehlt (Ap. G. 15, 39. Gal. 2, 11 ff.). Steht uns die Sache selbst fest, so fragt es sich, was der Pfarrer dafür thun kann und soll? Offenbar genügt es nicht, daß er hie und da Beisteuern sammelt, um die Mission möglich machen zu helfen, wiewohl diese Seite der Sache eben auch nicht übersehen werden darf. Sondern der Sinn, das Interesse für die Mission soll in der Heimath geweckt werden; denn das Reich Gottes hat so zu sagen auch seine geographische Seite; unsere Gemeinden sollen auch davon etwas erfahren, sollen wissen, nicht nur daß es noch Heiden und Mohammedaner gibt, die ganze Welttheile füllen, sondern auch daß der Name Jesu auch in diese Millionen einzubringen fortwährend geschäftig ist; sie sollen wissen, daß das Christenthum nicht da nur Geltung hat, wo man es einmal gewohnt ist, wo es als Erbschaft,

*) Wahrhaft seltsam ist das von einzelnen Parteien acceptirte Argument: die Apostel seien in alle Welt schon ausgegangen; nachdem aber viele Völker ihr Wort verschmäht haben, sei es Gottes Wille nicht, daß ihren Nachkommen nochmals das Heil angeboten werde. Welche historischen und welche christlich-ethischen Begriffe muß man doch sich in den Kopf gesetzt haben, um solche Deductionen sich aneignen zu können!

als alter Hausrath vom Vater auf den Sohn, vom Sohn auf den Enkel übergeht, sondern daß es auch noch wie zur Apostelzeit Macht hat, heidnische Herzen zu gewinnen, obwohl es dem natürlichen Menschen allezeit ein Aergerniß und eine Thorheit ist; sie sollen wissen, daß die Liebe Christi nicht nur am Anfang die Apostel hinaus getrieben und tüchtig gemacht hat, selbst den Tod nicht zu fürchten, sondern daß sie auch jetzt noch, ungeschwächt wie der Sonne Glanz und Gluth, nach Jahrtausenden dieselbe Kraft in sich trägt, Menschen von der Heimath wegzuführen über Land und Meer, um arme Seelen zu retten und sie dem Heiland zu gewinnen: das alles gehört auch mit dazu, damit unsere Gemeinden „begreifen mit allen Heiligen, welches da sei die Breite und die Länge und die Tiefe und die Höhe" (Eph. 3, 18), damit der enge Kreis sich erweitere, in den auch ihre christlichen Gedanken eingeschlossen sind, in dem sich so leicht eine scheinbar fromme, aber sehr unchristliche Selbstgenügsamkeit festsetzt. Wir können sogar allgemeiner sagen, es gehört zur christlichen Bildung unsrer Gemeinden, daß sie von der Mission Kenntniß und für die Mission Interesse haben; und es gehört zur Frömmigkeit, daß sie mit Herz und Hand, mit der Fürbitte der Liebe und der That der Liebe sich als Leute erweisen, die da wissen, welches Reiches Bürger sie sind. Es fragt sich also nur, was ist zu dem Ende von Seiten des Pastors zu thun? In erster Linie bieten Predigt und Katechese manchfach dazu Anlaß, von der Mission zu reden, die Sache selbst in's Licht zu setzen, wie auch Erzählungen aus der Missionswelt mit einzuflechten. Aber auch für umfassendere Darstellungen läßt sich Raum schaffen. Es sind dazu bereits mehrfache Wege betreten: öffentliche Missionsstunden, Missionsfeste, Privatvereine, in denen Missionsblätter vorgelesen werden oder die diese Blätter circuliren lassen. Der letztgenannte Weg wäre vielleicht an sich der passendste, aus dem Grunde, weil sich eine Menge von Missionsnachrichten viel besser lesen, als öffentlich vortragen läßt. Bei aller Liebe zur Missionssache müssen wir bekennen, daß in den sehr vielen Blättern, die sich mit den Nachrichten der Missionare füllen, immer auch vieles ist, was man, wie sonst Zeitungsnachrichten, sich als periodische Lectüre ganz gerne gefallen läßt, was aber als Gegenstand öffentlichen Vortrags doch nicht bedeutend genug ist. Was von der Kanzel aus mitgetheilt wird, das muß immer etwas Gewichtiges seyn; statistische Notizen aber oder kleinliche Anekdötchen, wie sie bei dem Bedürfniß der Missionsblätter, sich mit Stoff zu versorgen, gar nicht ausbleiben können, gehören nicht in öffentliche kirchliche Vorträge. Auch ist es ebenso verdrießlich für den Sprecher als langweilig für den Zuhörer, wenn dieselben Geschichten, die sie in den Blättern vorlängst schon gelesen haben, in Missionsstunden (oder auch bei Missionsfesten) abermals erzählt werden. Dieser Umstand ist es, der wenigstens Solchen, die nicht durch directe Verbindungen mit der Missionswelt stets einen Ueberfluß an Stoff haben, und die doch in ihrem kirchlichen Geschmack heikler sind, die, wenn sie einmal sprechen wollen oder sollen, strenge Anforderungen an sich machen, — das Halten öfterer und öffentlicher Missionsstunden sehr erschwert. Löblich finden wir es, wenn man deßhalb auch die alte Missionsgeschichte herbeizieht; da lassen sich die großen Gestalten eines Columbanus, Gallus, Bonifacius, Ansgarius u. s. w., und damit auch ein schönes Stück Kirchengeschichte den Gemeinden vor Augen malen; man hat dabei den Vortheil, den große, abgeschlossene, geschichtliche Stoffe gewähren, gegenüber einem Material, das noch mitten in der Entwicklung begriffen ist oder erst am Anfange derselben steht. Wir dächten uns deßhalb als das Praktischste etwa dieses: Ein öffentlicher Missionsgottesdienst würde, wenigstens in den kleineren Gemeinden (Landstädten und Dörfern) nur jährlich einmal gehalten, und in diesem alles Bedeutendere, was das Jahr über auf dem Missionsgebiete vorgekommen ist, zusammengestellt und in lebendigem Vortrage zu einem Bilde gestaltet, daran sich die Gemeinde erbauen kann. Dieser Gottesdienst wäre das jährliche Missionsfest; weil es aber in jeder Gemeinde auf diese Art gehalten würde, so wäre auch nur der Pfarrer der Redner, ohne daß grundsätzlich fremde Redner beigezogen würden. Dieser letztere Brauch hat, wir müssen es offen gestehen, wenn er so systematisch betrieben wird, etwas Ungeeignetes; wie eine Lockspeise für die Menge, wie ein geistliches Schaustück kommt es uns manchmal vor, das um so weniger dem Zweck innerlich entspricht, je mehr man begreiflicher Weise die besten Redner zu verschreiben sucht, und je leichter diese, die von Fest zu Fest reisen, in die Versuchung geführt werden, überall das Gleiche, was am meisten Effect macht, vorzubringen. Man wolle diese Aeußerungen nicht mißdeuten; derlei Bemerkungen sind gerade von Solchen, denen die Mission am Herzen liegt, die aber auch in der Art ihres Betriebs die stillen, bescheidenen Wege des Reiches Gottes eingeschlagen sehen möchten, schon öfters gemacht worden. Ist im Orte oder in der Nähe vielleicht ein beurlaubter Missionar, gut, man wird es sehr dankbar annehmen, wenn er aus dem Schatze seiner eigenen Erlebnisse Mittheilungen macht; neben ihm kann dann der pastor loci eine allgemeine Uebersicht oder ein Bild aus der älteren Missionsgeschichte geben. Aber einfacher dürften die Missionsfeste auf obige Art werden; die vielen Redner, die hie und da aufgeboten werden (sind doch fünf, sechs, selbst sieben bei einzelnen Missionsfesten thätig gewesen) sind ein Uebermaß, wodurch höchstens kritische Vergleichungen hervorgerufen werden, worunter aber der Eindruck des Einzelnen verloren geht. In der Zwischenzeit aber glauben wir, wäre es am besten, es würden sich kleine Privatkreise bilden, an denen der Pastor, wenn es gewünscht wird, Antheil nehmen könnte. In diesen würden die Nachrichten gelesen; das Bedeutendste, namentlich zusammenhängende Lebensbeschreibungen von Missionaren (wie sie z. B. Vormbaum geliefert hat) oder die zusammenhängende Geschichte eines Missionspostens, eines Landes, einer Missionsgesellschaft und ihrer Thätigkeit, zwischenein dann auch jene Stücke alter Missionsgeschichte, würden dem versammelten Vereine vorgelesen, die Blätter aber hernach mit ihrem gesammten Inhalt in Umlauf gesetzt. Das kann nun freilich ganz ebenso auch in öffentlichen Missionsstunden geschehen, und wo etwa anzunehmen ist, daß solche auch von Leuten besucht werden, die an einem Privat-Leseverein nicht Theil nehmen würden, mag man sie immerhin in der Kirche halten und öffentlich ankündigen. Aber wo letzter Grund wegfällt, da ist die andere Form vorzuziehen, weil ein bloßes Vorlesen nicht in die Kirche, sondern in's Zimmer gehört; die Fähigkeit aber, Missionsnachrichten so sich anzueignen, daß man sie frei erzählend reproduciren kann, als wäre man dabei gewesen — daß man auch nicht im Drange des Augenblicks eine Geschichte noch schöner, eine Ziffer noch größer macht als sie ist — ein Talent voraussetzt, das nicht Jedem gegeben ist. Des Jahres einmal, wie wir es beim jährlichen Missionsfeste uns denken, da kann Jeder sich den Stoff so auslesen, so ordnen und verarbeiten, daß nicht eine Vorlesung, sondern, wie sich's für die Kanzel gebührt, eine Rede daraus wird. (Beispiele für solche Behandlung der Stoffe bieten die bekannten „Missionsstunden" und „Eilf Jahre in der Mission" von W. Hoffmann dar.) Bei solchen Versammlungen allen ist es ganz in der Ordnung, daß Gaben für die Mission gesammelt werden; nur sollte das nie so sehr in den Vordergrund gerückt werden, daß dazu selbst Mittel, wie die Lotterie, angewandt würden. Hätte man in Jerusalem zur Ausrüstung des Paulus oder in Philippi zu seiner Unterstützung in der Gefangenschaft Geld durch eine Lotterie zusammengebracht, der Apostel würde sicherlich solch ein Geschenk zurückgewiesen haben.

4. Für Bibelverbreitung kann nur in größeren Städten durch eigene Bibelanstalten, d. h. durch den Druck wohlfeiler Bibeln, gesorgt werden, es reicht eine einzige solche Anstalt auch wohl für ein kleineres Land hin. Die Pastoren dagegen können nur zweierlei thun. Erstlich sollen sie darauf achten, wo in einem Hause es an einer Bibel fehlt und dafür sorgen, daß das Bedürfniß gedeckt wird, d. h. daß die Armen um billigen Preis oder nöthigenfalls

gratis Bibeln bekommen, die andern aber sich eine Bibel anschaffen. (Was die Armen betrifft, so lehrt die Erfahrung, daß es besser ist, sie wenigstens etwas für ein Exemplar bezahlen zu lassen; was sie bezahlen mußten, das nehmen sie besser in Acht.) Das Andere ist, daß der Pastor — etwa durch eine Collecte in den Häusern oder an den Kirchthüren, außerdem auch durch Ermunterung bemittelter Gemeindegenossen zu Beisteuer oder Legaten — den Bibelanstalten Unterstützung zuzuwenden sucht. Also mit einem Wort: daß die Einen empfangen, die Andern geben, das ist Gestand seiner Fürsorge. Wo die örtlichen Mittel ausreichen oder dazu gewonnen werden können, daß die Kirche jedem Brautpaare beim Trauungsact eine Bibel als Hochzeitgeschenk einhändigen kann, da sollte dieß geschehen; es ist der beste Weg, um in jedes Haus — auch in solche, wo nicht die Armuth Schuld ist, daß keine Bibel zum Inventarium gehört — Gottes Wort zu bringen. Für die armen Schüler muß ohnehin gesorgt werden, daß sie Bibeln bekommen. — Wenn manche eifrigen Protestanten auch sogar die Verbreitung von Bibeln unter katholischer Bevölkerung für Christenpflicht angesehen und die Mitwirkung von Geistlichen verlangt haben, so müssen wir bekennen, damit nicht einverstanden zu seyn. Es kann dazu, damit nicht Proselytenmacherei daraus wird, füglich nur eine katholische Uebersetzung genommen werden; die van Eß'ische aber oder eine ähnliche zu verbreiten, ist nicht unseres Amtes. Käme ein Katholik selbst zu mir und bäte mich um eine Bibel, überhaupt um geistlichen Rath, so gäbe ich ihm unbedenklich eine, aber eine lutherische. Ein Geschäft daraus zu machen, ist nicht als Pflicht anzusehen und stünde einem Pfarrer, der die Ordnung der Confessionen nicht stören darf und in einer andern Kirche nichts zu suchen hat, am wenigsten zu. — An die Bibelverbreitung schließt sich die Vertheilung anderer Schriften erbaulichen Inhalts, namentlich von Tractaten an, die da am meisten am Platze ist, wo ein Theil der Bevölkerung durch seine Arbeit selbst vom Sonntagsgottesdienst zurückgehalten wird, wie in Fabrikorten. So verächtlich die Welt auf Tractätchen herabsieht, so viel Unpassendes, Unpraktisches oder gar den Spott Provocirendes in dieser Form schon colportirt worden ist, die Sache selbst hat ihren großen Werth und bei guter Wahl und Leitung ihren großen Segen.

5. Wir haben oben unter den Privat-Beschäftigungen des Pfarrers auch die Musik erwähnt und bemerkt, wie viel er dadurch auch der Gemeinde und dem Gottesdienst nützen könne, wenn er diese Kunst nicht blos für sich betreibe, sondern sie auch in Schule und Kirche verwerthe. Dieß wird geschehen, wenn er einen Chor aus den musikalisch begabteren Schülern und jungen Leuten, denen sich auch wohl Erwachsene anschließen, zu bilden sich die Mühe nimmt. durch welchen nicht nur der Figuralgesang als Schmuck des Gottesdienstes in die Reihe der Cultusacte eintreten kann, sondern von dem aus auch der Choralgesang der Gemeinde eine Reinigung und Belebung empfängt. Eine wesentliche Bedingung zum Gelingen eines solchen Unternehmens ist freilich die willige Beihülfe und die musikalische Brauchbarkeit des Schullehrers, sowohl um die große, Zeit kostende Mühe des Unterrichtens und Einübens zu theilen, als auch, weil der Geistliche als Prediger gerade beim Gottesdienste die Leitung des Chorgesanges meist dem Schullehrer zu überlassen genöthigt ist. Leider liegt gerade an diesem Puncte die Ursache, warum so oft die Intentionen eines thätigen Mannes scheitern oder wenigstens für alle seine Hingebung nur Verdruß der Lohn ist. Ein Schullehrer, der entweder zu träge ist, um mitzuwirken, oder der seine Würde verletzt glaubt, wenn der Pfarrer in einem Gebiete mit Hand anlegen und dadurch Neues schaffen will, welches er, der Schullehrer, als seine Provinz ansieht, kann dem Pfarrer durch passiven Widerstand wie durch Intriguen in der Gemeinde die Ausführung solcher Plane entsetzlich erschweren, wo nicht unmöglich machen; was unsers Erachtens für die Behörden Grund genug wäre, um solch' ein Subject an einen Ort zu versetzen, wo ihm Niemand in dieser Richtung eine Zumuthung

macht. Andererseits kommt es freilich auch vor (neuerlich wohl weniger, als früher, da seit Jahrzehnten die Kirchenbehörden diesem Zweig des kirchlichen Lebens viel mehr Beachtung und Fürsorge angedeihen lassen), daß der Schullehrer eifrig bemüht ist, einen Gesangchor auszubilden — der Pfarrer aber läßt ihn in der Kirche nichts aufführen, sei es aus antimusikalischer Banausie, sei's in der Meinung, beim Gottesdienst sei blos die Predigt der Aufmerksamkeit werth. Wo aber beide in gemeinsamer Liebe zur edlen Kunst wie zum Hause Gottes zusammenwirken, da kann auch mit bescheidenen Kräften viel geleistet werden. Ist der Pfarrer selbst von höherer musikalischer Bildung, so wird er die für seinen Chor geeigneten Musikstücke aus einem weiteren Gebiete der musikalischen Literatur auswählen können, somit nicht auf die speciell zu diesem Zweck erscheinenden Sammlungen beschränkt seyn, die neben vielem Mittelmäßigen so oft nur einiges Brauchbare, wenigstens für das örtliche Bedürfniß Angemessene enthalten; er wird dann auch wohl die feineren Requisite des Gesanges, für welche der Schullehrer unter dem täglichen Schulsingen leicht ein etwas weniger scharfes Ohr bekommt, zur Geltung bringen können. Ist aber der Pfarrer auch nicht selbst ausübender und geübter Musiker, so kann er doch anregend, aufmunternd, unterstützend auf den Schullehrer und den von diesem geleiteten Singchor wirken, wenn er den Uebungen persöhnlich anwohnt, die Gemeindebehörden der Sache günstig stimmt, die Thätigkeit des Schullehrers auch in seinen periodischen Berichten zur gebührenden Anerkennung bei den höheren Behörden bringt, wenn er überhaupt auf jede Weise kund giebt, daß ihm die Sache am Herzen liege und er sich ihres Gedeihens freue. Auch dieß ist freilich nicht blos unter die freiwillige Wirksamkeit des Pfarrers zu rechnen, denn es ist seine Pflicht, diese Seite des kirchlichen Lebens und der Volkscultur zu pflegen; aber die Art, wie dieß geschieht, die nähere, persönliche Theilnahme an der Ausführung ist doch ihm selbst überlassen, und daher hier davon zu reden gewesen. — Etwas anders verhält es sich mit denjenigen Gesangvereinen (Liederkränzen), welche nur aus Männern bestehen. Wie diese Gattung des Chorgesanges schon an sich nicht die dem Gottesdienst angemessene ist (denn in diesem sollen alle Stimmen vertreten seyn, nicht blos die Männer, und der kirchlich-musikalische Styl verlangt für seine Eigenthümlichkeit durchaus den weitern Umfang, die größeren Dimensionen, welche nur der aus männlichen und weiblichen oder Knaben-Stimmen gemischte Chor darbietet — ein Händel'sches Hallelujah, ein Psalm von Palestrina lassen sich nicht auf Männerstimmen reduciren): so sind diese Vereine meist auch lieber an andern Orten als in der Kirche thätig; daher auch die Theilnahme des Geistlichen und die Mitfürsorge für sie in der Regel nicht einmal gewünscht wird. Sie haben ihr Recht und ihre Bedeutung als Repräsentanten eines andern Zweiges der musikalischen Volksbildung, überhaupt des nationalen Lebens, aber mit der Kirche ist ihre Verbindung, wo überhaupt eine solche besteht, jedenfalls eine sehr lose und zufällige.

6. In manchfacher Art kann und wird sich ein treuer Pastor auch bei der Gründung oder Leitung von Industrieschulen, Kleinkinderschulen und ähnlichen Instituten betheiligen, wobei freilich — wie früher schon bemerkt wurde — die Hauptsache die seyn wird, daß die Pfarrfrau die Direction in die Hand nimmt, während der Pastor nur die Oberaufsicht, daneben auch die Rechnung führt und fleißig nachsieht, auch wohl den Schülern vorliest oder erzählt. (Das Nähere über Kleinkinderanstalten s. in des Verf. Pädagogik, 2. Aufl. S. 695.) Wie viel ein thätiger Pfarrer für die industrielle Hebung seiner Gemeinde thun, wie er sie vor dem ökonomischen Ruin durch Einführung irgend eines Industriezweiges (Strickerei, Stickerei, Korbflechterei u. s. w.) förmlich retten kann, davon haben wir in den Theurungsjahren (1847—1853) verschiedene glänzende Beispiele erlebt. Es ist für manchen nur im Geistlichen lebenden Pastor unbequem, sich mit so materiellen Dingen abgeben zu sollen; mancher hat auch bei besserem Willen nicht das praktische Geschick hiefür: aber jenen sollte doch die Erfahrung lehren, wie die über-

handnehmende Armuth nicht etwa eine Förderung, sondern ein Hinderniß für das Reich Gottes ist, und diesen würde ein rechter Ernst und rechte Hingebung bald in soweit tüchtig machen, als es nöthig wäre. Hat Paulus es nicht unter seiner Würde geachtet, Teppiche zu weben, um sich sein Brod zu verdienen, so ist's wahrlich für einen Pfarrer keine Schande, für die von seinen Gemeindeangehörigen gestrickten Kittel oder Mützen Absatzwege zu suchen und seine Verbindungen mit der gebildeten Welt auch in dieser Richtung zum Besten seiner Gemeinde zu benutzen.

7. Unter die dem geistlichen Amte innerlich verwandten Institute ist auch die Anlegung einer kleinen Bibliothek zum Ausleihen an Gemeindeglieder zu rechnen. Von Pastor Roller in Lausa bei Dresden (s. dessen Biographie von Blüher, S. 191) lesen wir, daß er gegen einen Lesezins von einigen Pfennigen Bücher aus seiner christlichen Leihbibliothek abgab; mancher wird wohl Anstand nehmen, einen Zins anzusetzen, damit nicht ein Leselustiger dadurch abgehalten werde. In größeren Orten werden sich die Wohlhabenderen gerne zu Beiträgen verstehen; im schlimmsten Falle gälte die Weisung von Harms (P. Th. III. 3. R.): „Kaufen Sie Bücher auch für Andere, nicht immer für sich allein!" Welcher Art dieselben seyn sollen, brauchen wir nicht zu sagen, noch weniger einen Katalog anzugeben: so viel muß jeder Pfarrer sich schlechterdings selber in christlicher Literatur umsehen, daß er das für seine Leute Passende herauszufinden weiß; namentlich aber muß Jeder selbst beurtheilen, wie weit er über das eigentlich Religiöse hinausgehen und allgemein Bildendes sowohl als Unterhaltendes mit aufnehmen darf.

11. Die pastorale Thätigkeit in Bezug auf einzelne Classen und Individuen, überhaupt auf specielle Zustände. Allgemeine Grundsätze hierüber.

Wenn Paulus es als seinen Grundsatz bekennt, er habe sich Jedermann zum Knechte gemacht, sei den Juden ein Jude, den Schwachen ein Schwacher geworden, auf daß er ihrer viele gewinne und allenthalben je etliche selig mache (1 Kor. 9, 19—22.); wenn er dem Timotheus anbefiehlt und dazu Anleitung gibt, das Wort recht zu theilen (2 Tim. 2, 15.): so kann dieß durch die öffentliche Thätigkeit in Predigt und Katechese unmöglich schon zur Genüge geschehen, sondern es bedarf, (obgleich auch diese hiebei namentlich dann mitwirken muß, wenn die eine seelsorgerliche Einwirkung erfordernden Zustände in einer größern Anzahl von Gemeindegliedern vorliegen und so eine öffentliche Macht zu werden drohen) — außerdem immer noch eines persönlichen Einflusses auf die einzelnen Personen; der Pfarrer hat nicht blos damit sich zu befassen, was ihm in seinem Hause als Anliegen vorgebracht wird oder worüber er als Vorstand oder Mitglied einer Behörde zu verhandeln hat, sondern er muß dem, was im Kreise seiner Gemeinde auch nur an einzelnen Puncten vorgeht, seine Aufmerksamkeit zuwenden. „Habt Acht auf die ganze Heerde," Ap. G. 20, 28., das kann man nicht anders, als indem man auf die Einzelnen achtet und dem Einzelnen nachgeht, auch wenn er den Pfarrer eher meidet als sucht. Diese Pflicht ergibt sich aus dem, was wir oben (Cap. 4.) über den Umfang der pastoralen Verantwortlichkeit gesagt haben. Denn wenn auch die Seelsorge sich durch gleichzeitige Einwirkung auf Mehrere, ja auf eine ganze Gemeinde vollziehen kann: ihr speciellerer Begriff, wodurch sie auch dem Christenthum durchaus eigen ist und nicht einmal dem alttestamentlichen Bewußtseyn schon klar geworden war, ist doch der der Fürsorge für die einzelnen Seelen, für die Individuen als Seelen, deren jede von Jesu erkauft und vor Gott theuer und werth geachtet ist und darum, wenn sie noch in Gefahr ist verloren zu gehen, gerettet, wenn sie gerettet ist, bewahrt, vollbereitet, gestärkt, gekräftigt, gegründet werden soll (1 Petri 5, 10.). Ist ihr Zweck dieser, oder mit Kol. 1, 28. zu sprechen, das *παραστῆσαι πάντα ἄνθρωπον τέλειον ἐν* X. I., so ist auch ihr Hauptmittel neben dem Gebete das auf Gottes Wort sich gründende, aus dem Schriftwort lebendig erwachsende Wort brüderlicher Liebe, die *παράκλησις ἐν* I. X., Phil. 2, 1., die das Allgemeine der evangelischen Wahrheit jedem nach seinem Bedürfniß applicirt und in ihm zum Vollzuge zu bringen sucht. Die Seelsorge ist daher etwas der Erziehung Analoges, dem Kinde gegenüber treffen beide sogar nahe zusammen; dem Erwachsenen gegenüber verhält es sich so, daß jene sich 1) ausschließlicher auf das geistliche Leben beschränkt, ohne jedoch anderes ganz abzuweisen, und daß sie 2) hier nicht einen Unmündigen, sondern ein volljähriges, nur der Unterstützung, des Rathes, Trostes u. s. w. bedürftiges Gemeindeglied zum Objecte hat, das nicht einem disciplinarischen Zwange, wie das Kind, unterworfen, sondern dessen Freiheit anerkannt ist, auf dessen freien Willen nur eingewirkt werden soll. Es sind unter den Mündigen die relativ oder momentan Unmündigen, welche die specielle Seelsorge zum Object hat. Wenn wir darum oben schon die Verantwortlichkeit für das Seelenheil aller Einzelnen in so weit beschränken mußten, als die Schranke eben im Willen jedes Einzelnen liegt: so wird hier die Frage noch concreter: ist es überhaupt wirklich Aufgabe des Geistlichen, allen Einzelnen in seiner Gemeinde nachzugehen, ihnen persönlich nahe zu treten, so daß er gleichsam der Schatten wäre, der jedem auf allen Schritten und Tritten folgt? Wie das den Weltleuten lästig ist, müssen nicht gerade die Bekehrten selbstständig genug seyn, um nicht stets einer Seelenführung zu bedürfen?

Das wird verschieden angesehen. Von der einen Seite nämlich wird gesagt, der Geistliche habe sehr wohl zu unterscheiden zwischen Denjenigen in der Gemeinde, die für geistliche Einwirkung empfänglich seien, denen er ein wirklicher Hirte seyn könne, und denen, welchen gegenüber er eigentlich nur ein äußerliches Gesetzesamt führe. Jenen soll er näher treten, sie um sich sammeln, sich ihnen persönlich widmen, während er diese sich selbst überlasse und nur durch's öffentliche Wort auf sie zu wirken suche; ein Verfahren, für welches das Beispiel des Herrn allerdings angeführt werden kann, sofern zwischen der Art, wie er sich den Vertrauteren widmete und zwischen seinen Reden an die Menge ein merkbarer Unterschied Statt findet, namentlich aber davon nichts zu lesen ist, daß er die Leute in ihren Häusern aufgesucht und ohne irgend einen Anlaß, ohne ein Entgegenkommen von ihnen sich irgendwo aufgedrungen hätte (selbst Luc. 19, 5. ist seine Einkehr bei Zachäus eine auf Seite des Letzteren vollkommen motivirte). Von entgegengesetzter Seite wird aber gefordert, daß man Allen nachgehen und deßhalb insbesondere regelmäßige Hausbesuche in jeder Familie machen müsse.*) — Was zuerst das Allgemeine der Frage

*) Diese Frage ist von den Pastoraltheologen viel besprochen worden. Mengering († 1646) hatte zuerst behauptet, ein Seelsorger, der in seinem Gewissen ruhig seyn wolle, müsse die visitatio domestica pflegen (s. Tholuck, Lebenszeugen der luther. Kirche vor und während des 30jähr. Krieges, 1859. S. 358.); in einer spätern Schrift aber, dem informatorium conscient. evang. p. 577 seqq. hat er seine Ansicht geändert, und polemisirt stark gegen „das ungereimte Vorgeben und Geplerr von der Hausvisitation," macht sie auch dadurch verdächtig, daß er sie als Jesuiten-Praxis bezeichnet. Die lutherischen Theologen waren mehr gegen als für dieselbe; ihnen schien der Beichtstuhl sie vollständig zu ersetzen. Löhe (evang. Geistl. II. S. 188.) sagt: „Du kannst Hausbesuche machen und wieder keine, wie du es nach ruhiger Ueberlegung aller Umstände vor Gott für das Beste hältst, aber mach dir nichts zur Fessel und Gewissenslast; meide jeden Methodismus." Harms läßt ihnen nur indirecten Werth; P. Th. III. R. 3. sagt er: „das ist der Nutzen, den die sonst mehrentheils unnützen Hausbesuche haben, daß ein Krankenbesuch nichts Auffallendes und Besorglichmachendes hat, wenn man es von uns gewohnt ist, daß wir überhaupt zu Leuten gehen." Bei Lechler (geistl. Amt, S. 373.) scheint das, was er zu Gunsten der Hausbesuche sagt, doch vorzugsweise nur auf den Be-

betrifft, so ist der Pastor natürlich in seinem Rechte, wenn er mit denjenigen Gemeindegliedern, die für geistlichen Verkehr und Gedankenaustausch befähigt sind, mit denen er auch tiefer in die christliche Wahrheit eingehen kann, auch häufigeren Umgang pflegt in irgend einer ihm beliebigen Form. Aber wie daraus ein wirklicher Freundeskreis doch nur dann werden kann, wenn jene Personen dem Geistlichen auch in allgemeiner Bildung gleich oder nahe stehen: so hat es andrerseits auch seine großen Nachtheile, wenn er zu erkennen gibt, daß er nur an einem auserwählten Kreis eigentlich als Pastor zu arbeiten für der Mühe werth halte, die Uebrigen aber nur als im Vorhofe der Heiden stehend betrachte. Er ist durch sein Amt verpflichtet, nicht blos der geistliche Mittelpunct einer Anzahl von Menschen zu seyn, die sich vielleicht als Partei fühlen oder die als seine Anhänger sich geriren, sondern er soll Allen ein geistlicher Vater seyn; um aber Allen gleich nahe zu seyn, muß er gewißermaßen Allen gleich ferne seyn, d. h. so, daß nicht eine bloße Elite sich rühmen kann, seine Liebe zu besitzen und an seiner geistlichen Tafel zu speisen. Oetinger sagte (s. sein Leben von Ehmann,

---

such der Kranken, Armen, Wittwen bezogen werden zu müssen, über dessen Nothwendigkeit kein Zweifel ist. Dagegen empfiehlt Alex. Vinet (Past. Theol., deutsch v. Hasse, S. 209.) entschieden die pastoralen Besuche in allen Familien; und Sederholm sieht darin das Hauptmittel, der Kirche wieder aufzuhelfen; er sagt (in dem Buche: „der geistige Kosmos" S. 649.): „der Hausbesuch ist so hochwichtig, daß die christliche Sitte ebenso gebieterisch verlangen müßte, daß der Prediger etwa drei Abende jeder Woche dem Hausbesuch widmete, als daß er allsonntäglich predigt. Und ein Hausbesuch, der etwas fruchten soll, müßte für jede Familie wenigstens alle halbe Jahre wiederkehren. Die Visiten, die der Prediger seinen Gemeindegliedern gelegentlich macht und seine Theilnahme an ihren häuslichen Festen ersetzen den seelsorgerlichen Hausbesuch nicht im allermindesten. Ein Besuch des Predigers als guter Freund des Hauses thut es nicht; der Seelsorger soll als solcher in den häuslichen Kreis treten und nun alles zur Sprache bringen, was zu einer treuen Seelsorge gehört." — Aus Baumgartens casuist. Past. Th. (S. 851.) sehen wir, daß in Kurland eine derartige Sitte stehend war (oder ist?), nämlich das sogenannte Gebetverhör, „da ein Lehrer jährlich im Herbst oder Winter die zerstreut wohnenden Bauern in ihren Häusern besuchet, und ihren Wachsthum im Christenthum untersuchet."

S. 560.): „Meine Uebung in der Gemeinde ist, an den rohen, wilden Leuten zu arbeiten. Ich bin ein Hirte der Löwen, Bären, Schweine, und etlicher Seelen Hirt. Ich besuche diese und jene également." Es ist zwar in allweg angenehmer, nur mit Gleichgesinnten zu verkehren; sind dieß doch wohl auch die fleißigsten Kirchgänger und schon darum dem Prediger lieb; aber es fragt sich, was das Nöthige und der Amtspflicht Entsprechende ist. Daß der seelsorgerliche Verkehr mit den Empfänglichen von selbst ein innigerer seyn wird, ist begreiflich, aber nur soweit sich dieser Unterschied von selbst macht, ist er ein berechtigter; will der Pfarrer dagegen eine feste und scharfe Grenze ziehen zwischen den Gotteskindern und Weltkindern in seiner Gemeinde und letztere grundsätzlich sich fern halten, so thut er eigentlich schon, was im Gleichniß vom Unkraut unter dem Weizen verboten wird. — Was aber das specielle Mittel betrifft, das die seelsorgerliche Einwirkung auf Alle vermitteln soll, die Hausbesuche, so reden wir hier natürlich nicht von solchen, die aus irgend einem Grunde — wie für einen Kranken oder wegen eines sonstigen Anliegens — begehrt werden, auch nicht von Staats= und Danksagungs=Visiten: sondern es handelt sich um Besuche, die er ex officio von Zeit zu Zeit macht, um in den Familien zu sehen, wie es mit christlicher Erkenntniß, Zucht und Sitte in denselben stehe. Das Motiv, daß er nur dann Jedem das für ihn Nöthige sagen, auch von der Kanzel nur dann die Seelen gerade an dem Punct anfassen könne, wo sie es bedürfen, wenn er (wie Hartmann, past. evang. p. 1289. aus Zepperi polit. eccles. l. 3. citirt) familiariter atque, ut dicitur, intus et in cute auditores suos singulos novit, ist nicht zu bestreiten. Allein die Sache hat, praktisch angesehen, auch ihre großen Schwierigkeiten und sogar Schattenseiten. Erstens ist in einer großen Gemeinde die Ausführung eine pure Unmöglichkeit. Wenn wir auch an diejenigen Uebelstände, die in Großstädten durch die Uebervölkerung der einzelnen Kirchspiele entstehen, wenn z. B. auf 60,000 Seelen nur etwa drei Geistliche kommen, gar nicht denken wollen, weil man in diesem Falle sagen kann, es ist Schuldigkeit des Kirchenregiments, eine größere Zahl geistlicher Stellen zu creiren: so bleiben auch in mäßig großen Gemeinden, wenn wir z. B. nur für den zehnten Theil jener Seelenzahl die gleiche Zahl von Geistlichen annehmen, neben den Gottesdiensten (auch in der Woche), den Casualien, den Kranken- und Schulbesuchen, dem Confirmandenunterricht, dem Religionsunterricht in der Schule, dem Armenwesen, den Sitzungen der verschiedenen Collegien, der Führung der Kirchenbücher, der Leitung wohlthätiger Anstalten — sobald man es mit dem Allem, aber auch wirklich Allem, gewissenhaft nimmt, sicherlich keine drei Abende in jeder Woche, wie sie Sederholm verlangt, zu Hausbesuchen übrig. Und dann: was soll in diesen eigentlich geschehen? und was sollen sie bewirken? Da denkt man sich's ungemein schön, wenn der Pfarrer in die Familie eintritt, wie wenn er der heilige Christ wäre oder doch wenigstens ein Engel, wie er schon durch sein Daseyn einen Segen stiften werde — aber wie wird sich die Sache in concreto machen? Da, wo schon christliches Leben ist, wo ebendarum auch persönliche Liebe gegen den Geistlichen sich findet, wird er willkommen seyn, und es wird sich das Gespräch von selbst auf geistliche Dinge lenken; aber gerade da muß der Besuch den Charakter eines amtlichen Actes so wenig als möglich, dagegen den eines brüderlichen Austausches, wo beide Theile etwas von einander gewinnen, desto mehr an sich tragen. Gerirt sich der Pfarrer auch da als der Höhere, der Bevollmächtigte, der das Recht hat, zu fragen, ob im Hause auch gebetet, ob Gottes Wort gelesen, ob Friede in der Ehe gehalten, Zucht an den Kindern, Milde an den Armen geübt werde u. s. f.: so wird dadurch unfehlbar das edlere, ächt protestantische Selbstgefühl tief verletzt; alles Inquisitorische ist für den Protestanten unerträglich, sowie auch jede christliche Familie unter ihrem natürlichen Haupte so viel christliche Freiheit haben muß, um nicht für ihr Thun und Lassen dem Pfarrer verantwortlich und in ihrem geistlichen Fortschreiten von ihm abhängig zu seyn. Es muß auch in dieser

Beziehung betont werden, daß der Pfarrer nicht Richter noch Hofmeister, sondern Diener der Kirche an der Gemeinde ist. Ist aber die Familie eine äußerlich ehrbare, jedoch nicht innerlich von der christlichen Wahrheit ergriffene, so wird man den Pfarrer entweder in ein weltliches Gespräch verwickeln, das ihm gar keine Möglichkeit läßt, irgend eine religiöse Saite anzuschlagen; oder schweigt man zwar, läßt ihn vielleicht sogar mit Salbung perorieren, dankt aber Gott, wenn seine Predigt zu Ende ist und er sich von dannen geschoben hat; es ist der Widerwille gegen Kirche und Christenthum durch solch' einen Besuch, durch solch' eine Aufdringlichkeit, wofür man denselben ansieht, nur noch gesteigert worden. Würde der Pastor bei solcher Gelegenheit irgendwo eine Erfrischung annehmen, so stünde augenblicklich das Urtheil über ihn fest, er sei ein Schmarotzer. Eine vergangene Zeit — d. h. diejenige, welche dem oberflächlichen Betrachter als eine viel gläubigere erscheint und von der Ignoranz als solche gepriesen wird, die aber zu diesem Ruhme zumeist dadurch gelangt ist, daß sich die Menge aus Gedankenlosigkeit und großentheils aus Superstition neben all' ihrer Rohheit und ihren Lastern mit Kirche und Kirchenglauben vertrug, während jetzt dieselbe Menge zum Bewußtseyn ihres innern Zwiespaltes mit Kirche und Glauben gekommen ist, mit dem Glauben auch den abergläubischen Respect vor Kirche, Amt und Sacrament, oder vielmehr jenen mit diesem abgeworfen hat, und darum auch äußerlich unkirchlicher ist — jene Zeit, sagen wir, hat es sich gefallen lassen können, wenn der Pfarrer in den Häusern hin und her des Jahres einmal erschien, und Mann, Frau, Kinder und Gesinde den Katechismus aufsagen und beten ließ. Wenn das jetzt nicht mehr möglich ist, so liegt der Grund nicht ausschließlich in jener innern Losgerissenheit von der Kirche, sondern auch darin, daß gerade diejenigen, die der Kirche lebendig angehören, ein feineres Gefühl sowohl von ihrer eigenen Würde als von der Würde der Religion selbst haben, und darum gegen solch eine Behandlung, wie sie nur für Unmündige paßt, eine ebenso tiefe Aversion hegen. Würde auch, wie Sederholm meint, je nach einem Halbjahre den Pfarrer sein Umzug wieder in dasselbe Haus führen, würde er da noch so feierlich, noch so rührend und salbungsvoll reden: was wäre eigentlich geholfen? Könnte man nicht bei solchem Besuche sich ihm im besten Lichte präsentiren, hernach aber, bis er wieder kommt, dennoch nach Gefallen und Gewohnheit leben? — Das Richtige ist unsrer Einsicht nach nur folgendes. Die regelmäßige, periodische visitatio domestica ist unnütz und unpassend. Ohne allen gegebenen Anlaß, oder ohne daß ein näherer Verkehr schon eingeleitet ist, wodurch der Pfarrer zum Hausfreunde wird, ist es nicht angemessen, in die Häuser zu gehen; das Evangelium geht den Verlorenen nach, ja, aber es dringt sich Keinem von denen auf, denen es in Leben und Gottesdienst allenthalben schon begegnet. Aber jener Anlaß, jene conditio sine qua non, liegt nun nicht blos dann vor, wenn man uns ausdrücklich beruft, sondern weit öfter — so oft, daß, wenn er wirklich benutzt wird, es zu reichlichen Hausbesuchen kommen wird ohne die sonst damit verbundenen Uebelstände. Erstens: ich habe auf Verlangen einen Kranken besucht, bin fleißig gekommen und dadurch wirklich zu einem in die Anliegen der Familie wie in ihre Gesinnung eingeweihten Hausfreunde geworden. Ist der Kranke genesen, was ist natürlicher, als daß ich von Zeit zu Zeit nach ihm sehe? Sicherlich wird er, auch wenn er meiner nicht mehr als Kranker bedarf, ja nur um so mehr sich jedesmal freuen, weil mein Besuch ihm eine Erinnerung an schwere, aber überstandene — will's Gott! gesegnete Tage ist. Den Arzt sieht das Volk nicht gern seine Besuche länger fortsetzen, als dieß absolut nöthig ist, denn es fürchtet, jeder Gang komme auf die Rechnung; meine Gänge als Pastor werden in keine Rechnung gebracht. Oder ist der Kranke gestorben — wie wohl thut es den Hinterbliebenen, wenn der Geistliche nicht, wie der Todtengräber, sein Geschäft für beendigt hält, nachdem die Rede gehalten und der Grabhügel aufgeworfen ist, wenn er vielmehr als theilnehmender Freund und Berather auch ferner je und je persönlich bei ihnen einspricht!

Wittwen und Waisen in ihrer Trübsal besuchen, ist nach Jak. 1, 27. ein Hauptstück der θρησκεία καθαρὰ καὶ ἀμίαντος παρὰ Θεῷ καὶ πατρί: um wie viel mehr versteht es sich, daß der Pfarrer diese Christenpflicht übt! Ferner: in einer Familie ist ein Kind confirmirt worden, in einer andern ist eine Verlobung geschehen, einer dritten ist irgend ein sonstiges Glück widerfahren, in einer vierten dagegen ist eine traurige Botschaft eingegangen — lauter Anlässe für den Geistlichen, der Familie seine Theilnahme an Freude oder Leid persönlich kund zu geben. Man sagt vielleicht: ach! das sind ja ganz weltförmige Gratulations- und Condolenzvisiten; wo bleibt da das Amt? Weltförmig nennt ihr das? Nun wohl, wenn die Welt eine Sitte hat, die einen guten, trefflichen Sinn in sich trägt, so handle ich nach Phil. 4, 8: „ist irgend eine Tugend, ist irgend ein Lob, dem denket nach;" meine Aufgabe als Christ wie als Pfarrer ist alsdann, diese Weltform mit ihrem rechten Sinn zu erfüllen; und wenn in euren Augen diese Weltförmigkeit etwas Verdächtiges oder Befleckendes ist, so ist sie in diesem Fall vielmehr in Wahrheit etwas sehr Ersprießliches, nemlich eine natürlich-menschliche Form, in welcher der göttliche Inhalt, die tröstende und heiligende Liebe ihren Weg zu der Menschen Herzen findet. Dem Verbote der Schrift: „stellet euch nicht dieser Welt gleich," würde ich nur dann zuwiderhandeln, wenn ich mit meinem Gratuliren und Condoliren heuchelte; ist's aber ein Lieben nicht mit der Zunge, sondern mit der That und Wahrheit, dann thue ich auch so, was Gottes Wort und Geist mich thun heißt. Solch' ein Anknüpfen des pastoralen Verkehrs an den rein menschlichen Verkehr ist wahrlich evangelischer, als wenn der Pastor, hoch erhaben über derlei ordinäre Beziehungen, wie ein Heiliger durch der Menschen Reihen schreiten will und sich geberdet, als müßte bei seinem Eintritt Alt und Jung die Hände falten. — Denken wir uns nun, eine Pastor sei eine Reihe von Jahren in seiner Gemeinde und benütze alle die genannten Anlässe, um die Familien zu besuchen, macht er es sich überdieß zum Grundsatz, auch in solchen Fällen, wo es bequemer wäre, ein Gemeindeglied zu sich zu rufen, vielmehr dasselbe in seinem eignen Hause aufzusuchen: so würden in einer mäßig großen Gemeinde wenige Häuser übrig seyn, zu denen er gar keinen Zugang gefunden hätte.*) Das ist, weil der einfachere und natürlichere, auch der richtigere Weg; man folgt da nicht einem selbstgemachten Gesetz, sondern wartet auf einen Wink von oben, man dringt nicht nach Art der Proselytenmacher in die Häuser ein, sondern wartet, bis der Herr selbst da und dort die Thür öffnet.**) Denn wo er nicht selber die inwendigen Riegel zurückschiebt, klopfen wir umsonst an. Darum ist auch alles Methodistische im Suchen und Führen der Seelen so unrecht, so unwahr und anmaßlich, weil dabei vergessen wird, daß der rechte Seelsorger, der rechte Psychagog nur der Herr selbst ist, der sich ganz nach seinem Gefallen unser bedient oder nicht bedient, und nach unendlich mannigfachen Methoden verfährt. — Zum Abschlusse des Obigen und zugleich über die rechte Art solcher

---

*) „Ohne viel zu laufen und zu rennen, wird er bald genug auf diese Weise seine Gemeinde kennen lernen, bald genug mit Allen in irgend ein Verhältniß kommen; . . . es wird sich offenbaren, daß kein Mensch stiller und allgemeiner, kein Mensch verborgener und doch öffentlich wirkt, als ein Pastor, der in den Schranken seines Berufes geht." Löhe, ev. G. I. S. 93 f.

**) Mit Obigem treten wir in directen Widerspruch gegen die Ansicht von Alex. Vinet, a. a. O. S. 210. Wenn er aber darum, weil sonst die Hausbesuche etwas Befremdendes und Erschreckendes hätten, fordert, daß man nicht erst einen Anlaß abwarten soll, so meinen wir, ein Besuch aus solchem Anlaß, dergleichen wir oben beispielsweise namhaft gemacht haben, werde niemals etwas Befremdendes haben; der Pfarrer ist ja kein Gespenst, sondern ein Mann, der für alle da ist, wie alle wissen. Vinet sagt übrigens: (S. 211) es sollen alle Parochianen besucht oder wenigstens angeredet werden; dieses „oder wenigstens" lassen wir uns als eine ganz zweckmäßige Restriction gefallen; anreden kann der Pfarrer Jeden nur, wann und wo er ihn trifft, und daß die Gelegenheit hiezu, auf dem Spaziergang oder wo es sonst seyn mag, benützt werden mag, um keinem Gemeindeglied fern und fremd zu bleiben, damit sind wir ganz einverstanden. Nur wird, wenn der Pfarrer Tact hat, diese Anrede nicht die Feierlichkeit eines liturgischen Spruches haben; Manchen muß erst die Wärme rein menschlicher Theilnahme zum Vertrauen gegen den Pfarrer wecken und so auch zur Kirche zurückführen.

Besuche selbst wüßten wir nichts Besseres und Bündigeres zu sagen, als was Ph. D. Burk in den Sammlungen zur Past. Theol. gelegentlich darüber sagt, nemlich (II. S. 794): 1. „Die Hausbesuchungen müssen nicht affectirt seyn; die Zuhörer müssen eigentlich dem Lehrer solche abbetteln, ihn einladen, ihn dazu antreiben, es für eine Ehre, nicht für eine Last halten." (NB. das ist nicht als Vorschrift für die Laien, sondern für den Pfarrer gemeint!) 2. „Sie müssen nicht wie ein Hausgottesdienst als eine Ceremonie und Formalität tractirt werden, sondern wahrhaftig in einem vertraulichen Umgang und Gespräch mit Salz gewürzt, bestehen. 3. Sie müssen nicht allzu frequent seyn, (Quotidiana vilescunt) und müssen nicht lang währen. In einem halben Stündlein kann man vieles anbringen und etwa noch beim Abschied ein kräftiges Wort hinterlassen. Wenn man zu lange bleibt, so kommt man gern auf Nebensachen." Und I. S. 471 heißt es: „Auch bei Besuchen halte ich gar viel darauf, wenn man fein vertraulich ohne Formalität, ohne groß' Geschrei, ohne viel Peroriren, dasjenige vorzubringen weiß, was der Wahrheit und der Beschaffenheit der Personen gemäß ist. Wenn man sich so gemein zu den Leuten hinstellt, wenn man ihnen das Geleit zur Stiege gibt, oder von ihnen das Geleit so annimmt, so kann man oft mit einer einigen wohlgerathenen Rede oder Miene, wie unterwegs, als im Vorbeigehen, etwas anbringen, das sich sonsten nicht so leichtlich hätte thun lassen."

Wenn wir aber oben gegen die Forderung allgemeiner Hausbesuche die physische Unmöglichkeit geltend machten, in einer größern Gemeinde damit fertig zu werden: so müssen wir noch beifügen, daß selbst, wenn sich der Pastor darauf beschränkt, das was verloren gehen will, auf obigem Wege zu retten, die eigentlichen Skandala abzuwenden, er in solchen Gemeinden selbst beim lautersten Eifer und der angestrengtesten Thätigkeit die Masse der vor ihm liegenden Arbeit nicht bewältigen kann. Das ists, was in unsern Tagen einen Begriff ins kirchliche Leben hereingebracht hat, der freilich nur neu aussieht, während er in Wahrheit immer und überall schon da war, wo Kirche, wo Seelsorge war. Es ist die innere Mission, wovon wir sprechen. Mag sie sich ihre Zwecke und Mittel noch so mannigfaltig vorstellen und ihrer noch so viele in Bewegung setzen: wesentlich enthält alle innere Mission doch nichts, was nicht zum Voraus und von jeher schon ins Pfarramt, so wie oben seine gesetzlich bestimmte und seine freiwillige Bethätigung beschrieben wurde, mit eingeschlossen war; neben der Lehre von der Seelsorge gibt es im Organismus der praktischen Theologie nicht etwa noch eine eigene Wissenschaft von der innern Mission, wie es allerdings eine solche von der äußern Mission geben muß. Für die Nothwendigkeit derselben weist man, und ganz mit Recht, auf die Schäden hin, die nicht blos als Sünden der Einzelnen ein Object der seelsorgerlichen Heilung oder Verhütung sind, sondern als sociale Schäden dem ganzen Volksleben anhaften und darum eine mehr ins Große gehende, organisirte Gegenwirkung verlangen. Wenn man ferner diese Schäden als ein in die Kirche eingedrungenes Juden- und Heidenthum bezeichnet und damit den Namen Mission rechtfertigt, so ist auch hiegegen an sich nichts zu erinnern; aber darin steckt ein Irrthum, wenn man dieß Juden- und Heidenthum als etwas Eigenthümliches, von den der seelsorgerlichen Behandlung zugewiesenen Uebeln Unterschiedenes ansehen will. Diese alle sind sittliche Uebel, d. h. Sünden, und alle Sünde, als Gegensatz des in Christo persongewordenen göttlich Guten, nimmt entweder jüdischen oder heidnischen Charakter an; auch was der Seelsorger zu bekämpfen hat, ist nie und nirgends etwas Anderes als Juden- oder Heidenthum. Das einzige, was an dem Object der innern Mission neu ist und was sie hervorgerufen hat, ist das massenhafte Hervortreten jener Uebel — zum Theil freilich weniger so, daß sie jetzt erst hervorgetreten wären, vielmehr sind sie nur jetzt erst recht bemerkt und beachtet worden, man hat, als Reflex der äußern Mission im Herzen der alten Christenheit, erst allmählig einen Blick und Sinn gewonnen für diese Zustände, die, wenn wir genauer zusehen und einen streng sittlichen Maßstab anlegen, vor 100 Jahren unter dem Einflusse französischer Liederlichkeit und Freigeisterei, vor 200 Jahren in Folge der Verwilderung durch den dreißigjährigen Krieg wahrhaftig nicht besser gewesen sind, als jetzt. Dem sei aber, wie ihm wolle, ob jene Schäden erst wirklich massenhaft geworden oder von dem geschärften Liebesblick in ihrer Massenhaftigkeit nur erst entdeckt worden sind: das hat man zugleich wahrgenommen, daß die Kräfte und Mittel des einzelnen Geistlichen nicht ausreichen, um dem Uebel nachhaltig entgegenzutreten. Ich habe z. B. in meiner Gemeinde vielleicht etliche verwahrloste Kinder. Als Pastor darf ich nicht ruhig zusehen, wie sie dem Laster, dem Zuchthaus, dem Galgen entgegenreifen, ich muß für bessere Erziehung sorgen. Aber Jemanden, der sie gratis nähme und bei dem sie wohlversorgt, auch vor der verderblichen Nähe ihrer Angehörigen bewahrt wären, finde ich nicht in meiner Gemeinde, ein Kostgeld für sie zu bezahlen — und zwar nicht per Abstreich an den Wenigstnehmenden, sondern so, daß man dafür eine tüchtige Erziehung erwarten und fordern darf, ist die Gemeinde vielleicht zu arm; eine Collecte in der Gemeinde deckt ein einmaliges Bedürfniß, wird aber beim Versuche der Wiederholung schwächer; was bleibt da anders übrig, als die Association, die im Großen Mittel und Wege schafft, damit dem Einzelnen Hülfe werde? Diese Association ist's, worin wir den eigentlichen Kern und Werth der innern Mission erkennen; durch Association ist es, um bei unserem Beispiel zu bleiben, ganz wohl möglich, die Mittel zusammenzubringen, um eine Rettungsanstalt zu gründen, in welcher die verwahrlosten Kinder aus meiner und aus vielen andern Gemeinden das finden, was sie bedürfen. Diese Association aber ist nun keineswegs blos ein Bündniß von Pfarrern; gerade hier vielmehr, wo nicht nur die materiellen Mittel noch aus vielen andern Quellen beigebracht werden müssen, sondern wo auch verschiedene specielle Charismen und Kenntnisse zusammenwirken müssen, ist der freien Liebesthätigkeit der Laien, und namentlich auch der Frauen, ein weiter Spielraum gelassen. Es werden sich also Vereine bilden, die eben durch diese Mehrheit von Kräften wirken, was ein einzelner Mann nur bei seltener Begabung und Thatkraft und unter sehr eigenthümlichen Verhältnissen*) wirken könnte. Aber wenn auch diese Vereine nicht in den Organismus der Kirche eingereiht sind, wenn also der Pastor als solcher sie nicht von sich aus bildet und dirigirt, so weit nicht für die örtlichen Bedürfnisse ein Verein oder ein unter ihm stehendes Presbyterium innere Missionsthätigkeit zu betreiben angewiesen oder im Stande ist: dennoch ist das, was sie allesammt zu leisten haben, schlechthin nichts anderes, als die durch Association ermöglichte Hülfe zur Erreichung derjenigen Zwecke, die nach wie vor Zwecke und Aufgaben des Pfarramtes sind. Daher sind auch factisch die Geistlichen überall bei den Unternehmungen der innern Mission betheiligt; sitzen sie nicht selbst in irgend einem der zahllosen Vereine und Vereinsausschüsse, so machen sie doch von den Wohlthaten, die von diesen auch für ihre Gemeinde zu erhalten ist, dankbar Gebrauch. Umgekehrt aber würde sicherlich kein Pfarrer es dulden, daß irgend ein reisender Agent der innern Mission im Namen derselben irgend etwas in seiner Gemeinde unternähme, z. B. ohne des Pfarrers Gutheißen Versammlungen oder Gottesdienste hielte, Bücher und Tractate austheilte, Kinder in Anstalten versetzte oder eine solche im Orte selber gründete. Aber kein gewissenhafter Pfarrer wird eine Hülfe, die sich ihm von solcher Seite anbietet, — eben als Hülfe, nicht als Eingriff in sein Amt — zurückweisen. Regt sich in der Gemeinde selbst ein Trieb, irgend etwas in dieß Gebiet Einschlägiges ins Werk zu setzen (also z. B. irgend ein

*) Wir denken dabei z. B. an Gustav Werner, den Reiseprediger in Reutlingen. Ein anderes, im Schooße der Kirche selbst vorhandenes Beispiel ist wohl Pastor Harms in Hermannsburg. Ebenso wird in dieser Beziehung auch Löhe zu nennen seyn.

Institut zu gründen, irgend einen Fonds für milde Zwecke zu sammeln), so kann dieß zwar einem Miethling sehr unbequem seyn, der, weil er selber nichts thun mag, auch nicht leiden will, daß Andere etwas thun: seine eigene Faulheit und völlige Nullität fiele ja um so stärker Jedem ins Auge; ein Mann aber, in dem das Gewissen noch pulsirt, wird entweder solch' guten Willen ambabus ergreifen und damit etwas ausrichten, oder, wenn er vielleicht Alters halber nicht mehr die Kraft dazu in sich fühlt, wird er wenigstens dem nicht entgegentreten, was rüstigere Hände unternehmen, wird vielmehr, so weit er es irgend noch vermag, mit seinem Rath und seiner Auctorität der Sache sich geneigt zeigen. Und diejenige Gemeinde müßte mit ihrem Pfarrer sehr zerfallen seyn und wenig Achtung vor ihm haben, in welcher man z. B. eine Rettungsanstalt, eine Kleinkinderschule u. dgl. errichten wollte, ohne den Pfarrer beizuziehen, ja ohne ihn an die Spitze stellen zu wollen. Was wir oben von der Nothwendigkeit der Association sagten, das reflectirt sich sofort wieder im engeren Kreise der Gemeinde selbst. Denn der Pfarrer wird, wenn ihm nicht die Kirchenverfassung schon einen Diakonat in Form eines Presbyteriums an die Seite stellt, aus demselben Grunde, aus dem wir die Association nöthig finden, auch unter seinen Pfarrkindern sich Pfarrgehülfen suchen, um auch, wo seine Person zum nöthigen Dienste der Seelen nicht ausreicht, an ihnen eine Stellvertretung und Stütze zu haben. Freiwillige Armenpfleger, Krankenbesucher u. s. w., die unter den Augen des Pfarrers ihre Dienste thun, und von ihm, wo es nöthig ist, dazu auch speciellere Anweisung empfangen, das sind Gestalten innerer Mission, die unter Umständen unentbehrlich, sonst aber jedenfalls wohlthätig sind. Auf diese Hülfen werden wir denn auch unten je und je hinzuweisen Anlaß haben; die Pastoraltheologie hat sie zu berühren, eben weil ihr Dienst eine Hülfe in der Ausübung des Pastorenberufs ist, gegründet auf das allgemeine Priesterthum und auf die auch in der ganzen ecclesia synthetica, nicht aber blos in der ecclesia repraesentativa vertheilten Geistesgaben.*)

Wir versuchen nun in den folgenden Capiteln je eines der speciellen Gebiete zu beleuchten, welches und wie es die Seelsorge zu behandeln hat. Es fragt sich zunächst um einen Eintheilungsgrund hiefür. Die wissenschaftliche Behandlung der Seelsorge würde so verfahren müssen, daß sie aus der Natur des christlichen Gemeinde- und Privatlebens und aus dem Conflicte desselben mit dem Weltleben die Hauptgebiete für dieses Thun a priori deducirte, also die wesentlichen Bedürfnisse nachwiese, denen die Seelsorge entgegenzukommen hat. Nitzsch hat a. a. O. S. 170 hiefür die fruchtbaren Grundbegriffe gegeben: „Was der Mensch überhaupt bedarf, ist Ernst und Trost der Wahrheit; in der Wirklichkeit läßt sich kein Fall denken, wo er schlechthin nur das eine der drei Stücke bedürfte; sie haben auch in sich keine Trennbarkeit." Allein zum Eintheilungsgrunde will er diese Dreiheit eben wegen dieser Untrennbarkeit doch nicht machen, sondern fordert nur „unterscheidende Rücksicht" auf dieselbe, um sofort die Dreiheit: der irrende, der leidende und der sündige Mensch, also das Zuständliche, was jenem Gegenständlichen entspricht, zu Grunde zu legen. Wir unsrerseits glauben dem Charakter der Pastoraltheologie, wie wir ihn auffassen, am treuesten zu bleiben, wenn wir von dem empirisch Gegebenen und Concreten ausgehen, von den bereits ausgeprägten Gestalten des Bedürfnisses, von den theils normalen Lebensverhältnissen, theils abnormen oder irgend eine ihnen eigene Gefahr bringenden Zuständen, die eine seelsorgerliche Obacht und Einwirkung fordern. In rundem Ausdrucke bezeichnen wir Stände und Zustände als die verschiedenen Pastoralobjecte. Für die letzteren

*) Mit obiger Bestimmung des Verhältnisses zwischen der innern Mission und dem Pfarramt treten wir dem von Nitzsch, pr. Theol. III. 1. S. 142 f., von Wichern, in Herzogs theolog. Realencyklopädie Bd. IX. S. 656. Ziff. 10 und 11 Gesagten zustimmend bei, wenn auch unsere Begriffsbestimmung mit der des Letzteren nicht ganz zusammentrifft.

ist eine Vollständigkeit, die auch der wissenschaftlichen Darstellung genügen würde, nicht schwer zu erzielen, da hiefür die Gegensätze des Aeußeren und Inneren, des Physischen, Ethischen und Intellectuellen die Handhabe bieten, wiewohl sich für unsern Zweck auch diese Kategorien in concrete, reale Formen verwandeln und dadurch vielfach sich verschlingen. Desto unvollständiger erscheint in der Pastoraltheologie, und zwar zu allen Zeiten, von Gregor d. Gr. an bis auf Harms und Vinet herab, die Liste der einzelnen Stände; wie auch die Haustafel des Katechismus sich auf das Nächste und Allgemeinste beschränkt.*) Wir nehmen speciell nur den Ehestand und das Familienleben in Betrachtung, und widmen von allen Ständen im engeren Sinne, d. h. von allen im Staate vorhandenen Berufsarten, nur dem Soldatenstand ein eigenes Capitel. Letzteres geschieht nicht etwa des Herkommens wegen — denn ein solches Herkommen besteht in der Geschichte der Pastoral nicht, wenn es auch an einzelnen Vorgängen, namentlich für den Feldprediger nicht fehlt; noch viel weniger ist die Meinung die, als ob die Stellung des Militärs zur Kirche, Religion und Sittlichkeit eine exceptionelle, vorzüglich der Soldat unter dem Gesichtspuncte der Verwilderung und Verwahrlosung, der Entchristlichung und Entsittlichung zu betrachten wäre. Wenn dieß auch in den Zeiten zutreffend gewesen wäre, wo das Heer ein zusammengelaufenes Gesindel war, — wiewohl eben damals sich auch die Seelsorge wenig um dasselbe kümmerte: — so trifft es jetzt nicht zu, da das Militär ein Stand ist wie die andern Stände im Staatsleben, bestehend aus den Söhnen des Vaterlandes, deren Mehrzahl nur eine bestimmte, verhältnißmäßig kurze Zeit dem bürgerlichen Beruf und der Familie entzogen ist, ein geordnetes, organisch

*) Auch die Brüdergemeinde, in der ja die Organisation des Ganzen sehr sorgfältig durchgeführt und für seelsorgerliche Zwecke fruchtbar gemacht ist, hat nur Chöre der Kinder, der Ledigen, der Verheiratheten, der Wittwer und Wittwen. Diese Kategorien kommen auch in unserer Ausführung, nur unter andern Namen, zu ihrem Rechte.

in den Staatskörper eingefügtes, integrirendes und auf den allgemeinen Principien des gesitteten Staatslebens ruhendes Glied wie alle andern. Nehmen wir also bei dieser Sachlage dennoch besondere Rücksicht auf das Militär, so rechtfertigt sich dieß principiell einzig dann, wenn wir überhaupt den Unterschied der Stände als einen auch den Modus der Seelsorge bedingenden ansehen; consequenter Weise würde je ein Capitel über die Seelsorge beim Adel, bei den Beamten, beim Lehrstand, beim Handels-, Handwerker- und Bauernstand, in den Fabriken, beim Post- und Eisenbahn-Personal, bei Bergleuten und Matrosen, bei Knechten und Mägden aufzunehmen seyn. Das ist auch nicht etwa erst ein Gedanke moderner innerer Mission; die Gebetbücher wissen schon lange von diesen Unterschieden, und die Prediger haben gerade in älterer Zeit sie viel einläßlicher behandelt, als es unserem Geschmacke zusagt.*) Es ist ja wahr, der Mensch verwächst bis auf einen gewissen Grad mit seinem Berufe; der Beruf, dessen höhere und niedere Interessen und Traditionen geben selbst dem sittlichen Gefühle wie der ganzen Gedankenbildung eine eigenthümliche Richtung, und das nicht selten im Widerspruche mit der für alle geltenden Wahrheit. Und so wenig irgend eine Art von Arbeit und Lebensunterhalt, deren Mittel nicht selber Sünden sind,

---

*) Ein Beispiel hievon s. in des Verfs. Homiletik (4. Aufl.) S. 512, Note. Ein anderes bietet J. L. Hartmann in seinen Hochzeitpredigten dar (Nürnberg 1718) wo er z. B. S. 446 einen Glaser so anredet: „Geliebter Herr Bräutigam, weil Ihr ein Glaser seid, so will ich mit Euch kürzlich etwas reden von den Glasscheiben, die Ihr haben müßt, so oft Ihr Eurem Handwerk obliegen wollt. Lasset Euch dieselbigen seyn 1) eine Erinnerung zu wahrer Demuth (denn das Glas wird gemacht aus Asche und Erde); 2) eine Erinnerung eurer Sterblichkeit (es ist zerbrechlich); 3) eine Erinnerung göttlicher Gütigkeit (Trinkglas); 4) Erinnerung zu ehrbarem Wandel (ein jeder Mensch lebe also in seinem Hause, daß er sich nicht scheuen dürfe, so ein anderer ungefähr durchs Fenster hereinguckt), 5) — zur Andacht und Gottseligkeit (die Fensterscheiben sind rund, rund ist die vollkommenste Figur, also: seid vollkommen 2c.)." Und Johann Herrmann nimmt ebenfalls in seinen Hochzeitspredigten zur Trauung eines Barbiers Jes. 53, 5., eines Bäckers Joh. 7, 35. Das war auch eine Art Standesseelsorge.

die vielmehr durch Anwendung geistiger und leiblicher Kraft dem Nächsten und dem ganzen Gemeinwesen dienen, von dem allgemeinen Segen der Arbeit ausgeschlossen ist, daß sie nicht könnte im Namen des Herrn vollbracht werden: so gewiß bringt doch jeder Beruf, zumal wenn er durch gleichen Betrieb Vieler diese zu einem Stande constituirt, seine sittlichen Gefahren, sofern der Beruf einen Lebenszweck setzt, der, in sinnlicher Unmittelbarkeit vor Augen liegend, allzuleicht den allgemeinen, obersten, himmlischen Lebenszweck aus den Augen rückt. *) Der Gewinn an zeitlichem Gute, die Ehre, die ein Stand als solcher, als eine anerkannte Stufe auf der Leiter des socialen Lebens vor den niedereren Stufen voraus hat, die an die Berufsarbeit sich ansetzenden Gewohnheiten, die, auch wenn sie sittlich nicht tadellos, ja unsittlich sind, doch durch die Conformität, mit welcher der Stand sie zu üben pflegt und sie vererbt, den Schein der Berechtigung annehmen: — alles dieses wirkt zusammen, um eine specifische Standessünde zuwege zu bringen. Das also ist außer Zweifel, daß die Seelsorge, indem sie das Individuum in Pflege nimmt, diesen Zusammenhang desselben mit seinem Stande immer klar ins Auge fassen muß, und zwar in positiver wie in negativer Weise, d. h. indem sie nicht nur auf die Standesvorurtheile losgeht, um sie durch die Schärfe der Wahrheit zu vernichten, sondern auch den Stand selber als einen Beruf, d. h. als ein gliedliches Mitwirken zum Wohle des Ganzen, wozu man berufen, nemlich von Gott berufen ist, als eine vom Herrn befohlene und gesegnete Arbeit, als ein Netz-Auswerfen auf sein Wort hin (Luk. 5, 5.), zu heiligen und zu verklären, den Stand somit weder im Sinne der Leichtfertigkeit noch im Sinne eines falschen religiösen Dualismus vom Christenthum, vom Reiche

---

*) S. Nitzsch a. a. O. S. 247. „Ich bin Hof- und Staatsmann, also auch Weltmann, und muß mit ihren Sitten und Weisen gehen; ich muß und soll, sagt der Advocat, eine schlechte Sache gut zu machen mich bemühen; im Handel gilt keine Großmuth; der Stand des Edelmanns und Kriegers soll die Rache heiligen; Herrendienst geht dem Beamten vor Gottesdienst 2c."

Gottes lostrennen läßt. Aber daraus folgt nur, 1) daß der Geistliche, wo sich ihm in der Predigt, in der Casualrede ein Anlaß dazu bietet, jener Schwächung und Verunreinigung des Gewissens durch Standesvorurtheile und Gewohnheiten entgegentritt und die Exemplification dazu aus dem wirklichen Leben nimmt, wie er andrerseits auch Gelegenheit hat und sie benützt, um jener höheren, christlichen Auffassung des irdischen Berufes den Weg zu bahnen. 2) Die den verschiedenen Ständen angehörigen Individuen kommen in irgend einem der Zustände, die die Pastoraltheologie unterscheidet, dem Pastor unter die Augen, sei's in Krankheit, sei's vor dem Traualtar oder an einem offenen Grabe, sei's vor der Communion, bei einer Eidesverwarnung u. s. w. oder sonstwie; hier ist nun der Ort, das Individuum immer zugleich auch als Mitglied seines Standes in obiger Weise zu behandeln, ihm für die Standessünde wie für die Standesehre das Gewissen zu schärfen. 3) Vorzüglich wichtig ist, daß der Pastor, wenn sich ein Katechumene für einen Stand entschieden hat, ihm beim Austritt aus dem Confirmationsunterricht das gerade für seinen Stand Nothwendige ans Herz legt und bei späteren Besuchen diesen Punct ebenfalls im Auge behält, also vorbeugend auf das Berufsleben einzuwirken sucht. So wird der Pastor nicht dem Stand als Stand, den er ja nirgends beisammen hat wie ein Zunftmeister seine Innung, sondern den er nur entweder, wie in der Predigt, unter der Masse mitenthalten oder blos durch das Individuum repräsentirt vor sich sieht, — eine specielle Seelsorge widmen können, sondern nur im Individuum auf den Stand wirken, also auch nicht systematisch darin verfahren, sondern der Gelegenheit wahrnehmen, um ein gutes Wort zu sagen. Wenn einst eine adelige Dame auf ihre besorgte Frage: es werde doch im Jenseits eine besondere Bank für die Vornehmen reservirt seyn? von ihrem Pastor die Antwort erhielt: „Ja wohl, nur sei diese Bank immer staubig," so war das besser, als eine ganze Standespredigt. (Solcher Zurechtweisungen werden manche von Flattich erzählt.) Es fragt sich also nur, ob auch außerdem der Pastor noch in dem Fall ist, einen Stand als solchen, also nicht in seinen einzelnen Individuen, sondern als Corporation zum Object seelsorgerlicher Einwirkung zu haben? Wir können zunächst an den Landprediger denken, der seine Bauern als Stand betrachten und behandeln kann. Zeuge hievon sind die Bauernpostillen aus verschiedenen Zeiten. Was aber hatte man ihnen eigentlich Besonderes zu sagen? Wir finden nichts, was nicht Allen, den Städtern ganz ebenso, gesagt werden könnte, die derbere Sprache vielleicht abgerechnet, die jedoch auch für das Landvolk niemals die Grenze des Edlen und Würdigen überschreiten darf. Freilich, es gab eine Periode, da man ganz besondern Werth legte auf solche Volkspredigten — aber warum? weil man die Bauern aufklären wollte über Blitzableiter und Kuhpocken. Die Denkweise, die Sitten des Landvolkes muß der Pastor kennen und verstehen, muß sich zu ihm herunterlassen, muß in seine Vorstellungen und Gefühle eingehen: aber diese Unterschiede, die ja nur berücksichtigt werden, um in der Einheit der christlichen Erkenntniß und Gesinnung aufgehoben zu werden, begründen nicht eine principiell verschiedene Behandlungsweise, viel weniger noch in der Privatseelsorge, als im Ton der öffentlichen Predigt.*) — Bei andern Classen, dergleichen oben genannt wurden, ist nicht die Seelsorge selbst eine eigenthümliche, sondern es bedarf blos besonderer Mittel, um überhaupt an sie zu kommen, weil sie durch ihren Beruf der Kirche entfremdet sind. Um ihnen also nachzugehen, um ihnen zu ersetzen was fehlt, wird der Pastor, weil seine Zeit und seine Mittel nicht reichen, sich der Theilnehmer an innerer Mission bedienen, wird also z. B. an die Austheilung von Tractaten unter

*) Selbst Oemler, der alle möglichen Differenzen und Specialitäten für die Pastoraltheologie emsig aufgesucht hat, weiß in seinen Beiträgen zur Past. Th. 1783. I. S. 141. über das Landvolk blos die Frage zu behandeln: „Wie kann ein angehender Prediger die bäurische Grobheit nach und nach bei seiner Gemeinde besiegen?" (Antwort: dadurch, daß er selbst sie freundlich behandelt, sie grüßt ꝛc.; daß er die Schuljugend höflich seyn lehrt, und die Leute durchs Lesen guter Schriften überhaupt cultivirt.)

Fabrikarbeiter, an besondere Gottesdienste denken, die er für sie halten will. Aber alles dieser Art läßt sich in der Pastoraltheologie seines Orts namhaft machen, ohne daß, was unendlich viele Wiederholung mit sich brächte, jedem Stande ein eigenes Capitel müßte gewidmet werden. Dasselbe nun könnte in allweg auch von der Militärseelsorge gesagt werden; entweder muß jeder Stand in der Pastoraltheologie vertreten seyn — muß da sozusagen seinen Kirchenstuhl haben — oder keiner. Allein das Militär steht, wie kein anderer Stand, als compacte Einheit, von allen andern Ständen durch seinen Beruf gesondert, gleichsam exemt in vielen Beziehungen, seinem ihm zugehörigen Geistlichen gegenüber*) und bietet darum dem Seelsorger — nicht etwa mehr Schwieriges, als ein anderer, bürgerlicher Stand, aber doch ein durchaus eigenthümliches Material; zeigt sich nun auch bei diesem, das so besonderes Interesse zu erregen vermag, weil sich das Eigenthümliche bei ihm am schärfsten ausprägt, — daß im Wesentlichen die Seelsorge nach Object, Zweck und Mittel dieselbe ist, wie überall, so ist es um so weniger nöthig, diesen Beweis für alle andern Stände in specie zu führen, womit natürlich nicht ausgeschlossen seyn soll, daß bei einer Behandlung der Pastoraltheologie in Repertorien oder wenn irgend ein anderer Stand durch seine weitere Entwicklung und Gestaltung neue und eigenthümliche Probleme für die Seelsorge stellen würde, ihm wie andern Ständen je ein besonderer Platz in der Darstellung derselben vorbehalten wäre. Von diesem Gesichtspunct aus wünschen wir das fragliche Capitel und sein Verhältniß zu den übrigen betrachtet zu sehen.

*) Das drückt sich in dem Gegensatze von Civil und Militär deutlich aus, in welche zwei Classen nach soldatischer Anschauung die ganze Welt zerfällt.

12. Die Ehe als Gegenstand der Seelsorge.

Eine pastorale Einwirkung auf die Ehen in der Gemeinde ist an drei Hauptpuncten möglich: 1) sofern der Pastor schon auf die Schließung eines Bündnisses selbst Einfluß haben kann, 2) sofern er die Brautleute vor und bei der Trauung seelsorgerlich beräth, und 3) sofern er eine Ehe, die in Gefahr ist, unglücklich zu werden oder es schon ist, zu heilen versuchen muß.

1. Die erste dieser drei Functionen kommt wohl am seltensten vor; und von sich aus Ehen zu stiften, das ist zwar bei manchen Leuten eine besondere Liebhaberei, steht aber einem Pfarrer übel an, ebenso übel, als wenn er in der Meinung, sein Beirath sei immer der beste, immer unfehlbar, denselben aufdringt, wo er nicht begehrt wird. In Gemeinden aber, die in ihrem Pfarrer sowohl nach seiner Gesinnung als nach seiner Weisheit einen geistlichen Vater verehren gelernt haben, wird es je und je vorkommen, daß Eltern ihn wegen der Heirath eines Kindes, über die sie unschlüssig sind, um Rath fragen; da ists nun in seine Hand gegeben, allen Nebenrücksichten und Unlauterkeiten gegenüber das geltend zu machen, was Wahrheit und Liebe fordern, — es ist auch da sein Amt, das Gewissen wach zu halten und zu schärfen. Vielleicht ist es auch ein liebendes Paar, das gegen elterliche Härte seinen Schutz, seine Hülfe anruft. In diesem Fall ist seine Aufgabe darum schwieriger, weil er eben so wenig den Trotz einer vielleicht nicht einmal lange vorhaltenden Leidenschaft gegen die elterliche Auctorität gutheißen und stärken darf, als es andrerseits recht wäre, unter allen Umständen diese elterliche Auctorität als das einzig Maßgebende geltend zu machen, und den Bittenden es als Sünde

vorzustellen, wenn sie von der Wohlthat des Gesetzes Gebrauch machen würden, das zur Ergänzung des verweigerten elterlichen Consenses durch die Gerichte einen Weg offen läßt. Vater und Mutter soll man ehren; aber wenn sie aus schnödem Eigennutz oder in stupidem Eigensinn eines Kindes Glück zerstören wollen, oder in ihrer kalten Berechnung, in ihren Standes- oder andern Vorurtheilen kein Gefühl haben für des Kindes Herzensneigung; wenn also jeder Unbefangene sagen muß, es ist ein Unrecht, das sie damit begehen: dann ist es nicht die Sache des Pfarrers, blinden Gehorsam zur Pflicht zu machen; er ist nicht bevollmächtigt, unter solchen Umständen dem Kinde zu versprechen, daß, wenn es Verzicht leiste, Gottes Segen unfehlbar ihm Ersatz geben werde; das Wort Matth. 19, 5., das wir, nach der christlichen Würdigung der Stellung des Weibes, unzweifelhaft auch auf dieses anwenden dürfen, erkennt das Recht der geordneten, geschlechtlichen Liebe nöthigenfalls auch im Gegensatze zur elterlichen Auctorität an. Gerade die Heiligkeit der Ehe ist es, die den elterlichen Egoismus nicht zum absoluten Herrscher über des Kindes Ehe werden läßt. Dabei bleibt es immerhin Pflicht des Pastors, dem Kinde vorzuhalten, wie viele Rücksicht, wie vielen Dank es den Eltern, auch wenn sie hart und ungerecht wären, allezeit schulde; daß es der, durch diesen Widerstand vielleicht noch gesteigerten Leidenschaft doch nicht allein Gehör geben, sondern länger und stille sich vor Gott prüfen, ja ihn selbst darum inbrünstig bitten soll, er möge ihm, wenn es sein Wille sei, daß das so gewünschte Band sich löse, Kraft und Freudigkeit dazu geben. Auch daran ist mit Ernst zu erinnern, wie oft solche erzwungene Heirathen, wenn die Flitterwochen vorbei sind, nichts weniger als glücklich ausfallen, und welch' ein Jammer, welch' eine Gewissensqual es dann seyn müßte, bei den Eltern Zuflucht suchen zu müssen, deren Willen man mißachtet habe. Man sieht, schlechthin das eine oder das andere zu sagen: gib nach! oder: gib nicht nach! ist nicht möglich, auch der Pfarrer muß schließlich das eigene Gewissen der zu Berathenden entscheiden lassen, und nur in dem Fall, wenn die Verbindung eine wirklich unpassende, nichts Gutes versprechende ist, wenn also die Eltern wirklich Grund haben, dawider zu seyn, hat der Pfarrer kategorisch den jungen Leuten abzurathen, soll ihnen auch offen sagen, daß er ihr Gesuch um Compensation der elterlichen Einwilligung nicht befürworten werde. Ist der Fall aber ein zweifelhafter, oder ist das Unrecht der Eltern klar, dann ist es des Pfarrers Pflicht, den Eltern selbst dieses Unrecht vorzuhalten; solche Härte fällt auch unter die Rüge 1 Tim. 5, 8. Aehnlich ist es in dem Fall, daß die Eltern ein Kind zu einer Heirath gegen dessen Willen zwingen wollen; eine Gewaltthätigkeit, die oft (wenigstens auf dem Lande) mit empörenden Mißhandlungen oder Drohungen verbunden ist. Dem Kinde zusprechen, daß es auch solcher Gewalt sich fügen und eine Ehe mit innerer Abneigung eingehen soll, das ist nicht unsre Pflicht; von all' dem Unheil, das solch eine Ehe in ihrem Schooße trägt, soll die Kirche keine Mitschuld treffen. Man kann wohl dem Kinde sagen, wenn es aus Gehorsam, um des Herrn willen, sich füge, werde vielleicht desto mehr Segen auf solchem Opfer ruhen, es können davon ja manche Exempel angeführt werden. Aber wenn der Grund der Abneigung ein auch vor christlicher Einsicht stichhaltiger ist, d. h. wenn er auf der sittlichen Qualität des aufzuzwingenden Gatten ruht, wenn ein Mädchen z. B. keinen vornehmen Wüstling, keinen alten Geizhals, keinen reichen Dummkopf haben will, wenn ihr vor jedem solchen Individuum eckelt, — dann ist's wahrlich nicht Sache des Geistlichen, zu solch' einer heillosen Verbindung mitzuhelfen, er hat vielmehr den Eltern ihr schimpfliches Benehmen nachdrücklich vorzuhalten. Möglich ist aber auch, daß schwache Eltern zu Verbindungen, die ihre Kinder im Leichtsinn anknüpfen, gar zu wenig sauer sehen; auch darauf sind sie vom Pastor aufmerksam zu machen. — Bequemer ists, sich um alle Sachen der Art nichts zu kümmern, und wenn man damit behelligt wird, so schnell wie möglich sie sich vom Halse zu schaffen; aber die Last, die von daher kommt, ist eben auch eine Amtslast, und die Hirtenliebe muß den Pastor lehren, auch alle solche Anliegen seiner Pfarrkinder, wie wenn es seine eigenen Anliegen wären, treu im Herzen zu tragen.

2. Ueber dasjenige, was der Pfarrer unmittelbar vor der Proclamation und Trauung zu thun habe, um der Ehe die rechte Weihe zu geben, und die Betheiligung der Kirche bei ihrer Schließung nicht zu einer leeren Ceremonie herabsinken zu lassen, hat sich Liebetrut in einer eigenen Schrift: „Ueber geordnete Entwicklung der Ehe, besonders über die kirchliche Leitung ihres Anfangs," (S. 54 ff.) verbreitet. Wenn er fordert, daß alle Paare, welche copulirt werden wollen, sich schon vor der Proclamation persönlich beim Pfarrer stellen sollen, so ist dieß vollkommen richtig, und sollte, wo nicht die Sitte es schon mit sich bringt, geradezu gesetzlich befohlen werden. Nur entsteht eine große Schwierigkeit daraus, daß die zu Proclamirenden oft weit entfernt wohnen, in welchem Falle man sich wird damit begnügen müssen, daß sie sich beide wenigstens vor der Trauung bei dem copulirenden Geistlichen zu stellen haben, dem dann, da er nicht beide vorher schon kennt, der Parochus des andern Theils, wenn er dem Paare etwas Pastorales gesagt wissen möchte, das Erforderliche vorher mittheilen kann. Liebetrut geht weiter von der Ansicht aus, daß, wenn das Paar in irgend einem Grade noch mit weltlichem Sinn die Ehe schließe, dann der Pastor, ehe er copulire, alles versuchen müsse, demselben die richtige Erkenntniß und Gesinnung beizubringen, also auch, wie S. 63 gesagt wird, falls es den Brautleuten an Bekanntschaft mit der kirchlichen Heilslehre fehle, sie erst förmlich in Unterricht nehme. Das wäre eine Herstellung des alten Brautverhörs. Wenn daran je nach dem Erfolg ein Aufschub oder sogar eine Verweigerung der Trauung geknüpft werden sollte, so gilt hiegegen, was früher schon in dem Capitel von der Kirchenzucht darüber gesagt wurde: so lange die kirchliche Gesetzgebung dem Pfarrer ein so weitgreifendes, die bürgerlichen Verhältnisse so stark berührendes Recht nicht einräumt, darf auch

der Einzelne es sich nicht nehmen; die kirchliche Gesetzgebung kann aber solch eine Anordnung nicht treffen, weil erstens alsdann die staatliche Bindung der Legitimität der Ehe an die Trauung gelöst werden würde und es sich dann fragte, ob, was die Kirche durch jene Anordnung gewänne, den Schaden aufwiegen würde, den gerade sie durch jene von ihr provocirte Lösung sich zuzöge; weil zweitens zur Prüfung von Gesinnung und Heilserkenntniß sehr schwer ein fester Maßstab gegeben werden könnte, also entweder es auf's Hersagen einer Formel hinausliefe oder aber jeder Geistliche seinen eigenen Maßstab anlegte, also der Eine ein Paar für vollkommen zulassungsfähig erklären würde, das der Andere erst noch in einen Unterrichtscurs zu nehmen gedächte; und weil drittens die Kirche, sobald sie für gehörigen Katechismusunterricht gesorgt und die Confirmation vorgenommen hat, dann auch voraussetzen muß, daß ihre für mündig erklärten Genossen die nöthige Erkenntniß haben, nicht aber an die Eheschließung einen abermaligen katechetischen Curs anhängen soll. Das, was der Pastor den Brautpaaren gegenüber thun kann, was er als Seelsorger thun muß, und wodurch in Wirklichkeit ebensoviel Gutes gewirkt werden kann, wie durch ein förmlicheres, aber von den Meisten mit Unwillen aufgenommenes Verfahren, ist einzig, daß er sowohl bei der persönlichen Meldung als in der Rede, womit er den Trauungsact begleitet — womit er ihn begleiten kann, auch wenn nicht ausdrücklich einer Rede begehrt worden ist, den Brautleuten das an's Herz legt, was er ihnen zu sagen für nöthig findet. Ist dann auch vielleicht seit der Confirmation das wieder großentheils verloren worden, was damals noch haftete, so kann der Pastor gerade jetzt an Jenes wieder anknüpfen und das Entschwundene in den Herzen wieder auffrischen. — Wenn neuerdings an einzelnen Puncten sogar angeordnet worden ist, daß sich der Pastor vor der Trauung ein Gelübde geben lasse, wodurch sich das Brautpaar verpflichte, einen Hausgottesdienst bei sich einzurichten, und daß er später nachsehen soll, ob das Gelübde gehalten werde: so scheint uns das abermals eine jener Verwechslungen zu seyn, die uns gerade auf dem Gebiete des Eherechts in unsern Tagen so vielfach begegnen, daß nämlich, was Gewissenspflicht ist und als solche in Form der Ermahnung vorgehalten und eingeprägt werden soll, auch zu einem positiven Gesetzesartikel gemacht werden will. Ich kann dem Brautpaar eine Bibel am Altar überreichen, kann es ernstlich zum fleißigen, gemeinsamen Lesen ermahnen; aber wann und wie es dieß thun will, darüber gibt es kein Gesetz. Ein Anderes ist es, wenn die Nupturienten, wenn auch nur eines derselben etwa früher des Pastor's Confirmationsschüler war, er also hier — aber nur um dieses persönlichen Umstandes willen — in näherem, väterlichem Verhältnisse steht, und aus diesem heraus ihnen sagt: Nicht wahr, Ihr versprecht mir's, daß Ihr alle Morgen und Abend mit einander beten und lesen wollt; ich darf auch, wenn ich Euch besuche, darnach fragen? Da ist's die persönliche Liebe, die das Versprechen fordert und gibt, und die es auch halten wird. So überhaupt ist in kleineren Gemeinden Vieles der Art möglich, das nähere Zusammenseyn, der patriarchalische Typus des ganzen Verhältnisses von Gemeinde und Prediger erlaubt diesem oft, etwas zu verlangen, was in größeren, städtischen Gemeinden von Vielen mit Protest würde zurückgewiesen werden, und was der Geistliche doch nicht mit Gewalt durchsetzen könnte, wovon also kein Gewinn, wohl aber ein reiches Maß von odium gegen Pfarrer und Kirche erzielt würde.*) Es ist eben auch an

*) Bei Einzelnen hat es Verfasser seiner Zeit praktisch gefunden, ihnen ein für sie geeignetes Hausbuch zur Erbauung als Hochzeitgeschenk zu übergeben mit einer auf fleißigen Gebrauch deutenden Widmung. Ein anderes Mittel ist von Kapff vorgeschlagen, in seinem auf dem Stuttgarter Kirchentag von 1850 gehaltenen „Vortrag über innere Mission in der Familie" (S. 25), daß nämlich der Geistliche oder sonst ein Diener der innern Mission in Häusern, die noch keinen Hausgottesdienst haben, solchen halten sollen, um den Leuten zu zeigen, wie sie es anzugreifen haben, wie wohl es einem dabei werde, wie leicht es auszuführen sei, oder sollte man in den eigenen Familiengottesdienst Andere je und je einladen, um sie zur Nachahmung zu ermuntern. Das wird aber doch wohl nur bei denen anzuwenden seyn, die eine organisirte Hausandacht zu halten schon wünschen und nur über die Form nicht im Klaren sind.

diesem Punct dem Einwirken der Kirche eine Schranke gesetzt in der persönlichen Freiheit; diese zu gewinnen, daß sie von selber, von innen heraus den Schlagbaum öffnet, haben wir kein andres Mittel, als das Wort;*) wo das nicht wirkt, helfen Zwangsmaßregeln in solchen Dingen nichts, wo es doch nicht darauf ankommt, daß nur um der öffentlichen Ordnung willen das Verlangte geschieht, sondern wo aller Werth der Sache gerade darauf beruht, daß sie frei und in Einfalt geschieht. Es gibt Leute, die gar gern und oft von ihrer Hausandacht sprechen; wir gestehen, daß uns dieses Schwatzen von dem, was intra parietes vorgeht, — und von was man darum nichts zu reden braucht, weil es sich von selbst versteht, daß in einem christlichen Hause Hausandacht ist — immer an den Pharisäer und sein Gebet: „ich faste zwier in der Woche" erinnert.

3. Gibt es in einer Ehe Zerwürfnisse, und kommen die Eheleute vor Amt, so fordern die bessern Ehegesetze allenthalben, daß, ehe ein auf Scheidung auslaufender Proceß bei den Gerichten verfolgt wird, immer ein Sühneversuch gemacht werden soll, ja auch in den Fällen, wo (wie nach einem Ehebruch) der unschuldige Theil von Rechtswegen losgebunden wird, soll doch jener Versuch von den Behörden selbst gemacht werden. Es ist wohl oft schwer, wirksame Motive für solche Versöhnung beizubringen; wenn z. B. der Mann sich betrogen sieht, indem sich's zeigt, daß die Frau schon schwanger in die Ehe kam, was ihm das Recht gibt, auf Annullirung der Ehe zu klagen, oder wenn die Frau dem Pfarrer das unsägliche Elend schildert, in das ein liederlicher Gatte sie und die Kinder stürze, wo das natürliche, menschliche Gefühl und der gesunde Verstand auch im Pfarrer Partei für sie nimmt und es für eine unvernünftige, unmögliche Zumuthung erklärt, daß sie ihr und der Ihrigen Glück auf Zeitlebens opfern soll, nur um

*) Wie die Predigt zum Hausgottesdienst Ermunterung und Anleitung geben kann, davon siehe ein schönes Beispiel in Becks Predigten, III. Samml. S. 648 ff.

das Institut der Ehe in seiner Integrität zu erhalten: da klingt es in des Pfarrers Munde leicht entweder kleinlaut oder kalt und herzlos, wenn er stricte dabei bleibt, du mußt vergeben, mußt dulden, dein Gewissen legitimirt dich nicht zur Scheidung, auch wenn die Obrigkeit dich nicht daran hindern darf. Und doch darf der Pfarrer von diesem Standpuncte nicht weichen. Wir können kirchenrechtlich die Scheidung unter bestimmten Voraussetzungen zulassen, denn die Obrigkeit, das Gesetz kann nicht die Menschenseelen, das Menschenwohl zu Grunde gehen lassen, blos damit die objective Heiligkeit der Ehe gerettet werde; Obrigkeit und Gesetz muß die Menschen nehmen, wie sie sind. Aber als Seelsorger repräsentire ich nicht das Gesetz, das die Freiheit des Einzelnen gegen Willkür und Gewaltthat schützt, sondern ich repräsentire das Gewissen, das diese Freiheit durch ein anderes, überweltliches Gesetz beschränkt. Ich darf also niemals einen die Fortsetzung der Ehe verweigernden Gatten, welche Gründe er immer haben mag, in dieser Weigerung bestärken; fragt er mich nach den Wegen, die er einzuschlagen habe, um zu seinem Rechte zu gelangen, so muß ich ihm als Gesetzeskundiger, als Beamter nothwendig Bescheid geben, aber daran gleichsam zu schieben, daß die Scheidung beschleunigt werde, das ziemt dem Pastor nicht. Oefters kommt es vor, daß Frauen, die es bei ihren Männern nicht mehr auszuhalten glauben, eine gewisse amtliche Gutheißung zu eigenmächtiger Entfernung erlangen wollen; der Pfarrer kann von Amtswegen dieselbe nie geben; hat das Gericht die zeitweilige Erlaubniß dazu gegeben (das sogenannte Toleramus ausgesprochen), so ist es doch fortwährend Aufgabe des Pastors, dahin zu wirken, daß aus der zeitlichen Trennung nicht eine Lösung des Bandes werde. — Aber freilich, wenn die Sache einmal bei den Gerichten anhängig geworden, so ist schon viel weniger Hoffnung, das Aergste abzuwenden. Deßhalb soll der Seelsorger, so weit es ihm immer möglich ist, auf die Familien in seiner Gemeinde ein wachsames Auge zu haben, schon den ersten Keimen der Dissidien entgegenarbeiten. Zu ihm kommen ja doch in der Regel wenigstens die klagenden Weiber zuerst, und selbst wenn Niemand klagt, ist es sein Recht und seine Pflicht, Ehegatten, die in jener Gefahr sind, sobald er dieß weiß, aufzusuchen oder zu sich zu rufen, und jedem sowohl seinen Antheil an der Schuld zu Gemüth zu führen, und die entsprechende Warnung und Vermahnung zu geben, als auch es zur Geduld, zum stillen Tragen und liebenden Entgegenkommen zu ermuntern. Es bedürfte so oft nur ein wenig guten Willen, nur ein wenig Verstand und Selbstbeherrschung, um ein unabsehbares Elend zu verhüten, — aber Wille, Verstand und Macht über sich selbst ist nicht da. Wie viel könnte also noch gewonnen werden, wenn dieses Fehlende zu rechter Zeit durch Zuspruch, durch Appellation an Verstand, Liebe und Gewissen hergestellt würde! Viel Predigen thut's freilich nicht, aber ein gutes Wort am rechten Platze kann doch Wunder wirken. Wer lobt nicht den alten Pfarrer Flattich, der einem über ihren Mann klagenden Weibe den Rath gibt, jedesmal, wenn derselbe zu schelten anfange, einen Kieselstein in den Mund zu nehmen — ein Mittel, das sich prächtig bewährte? Auch zum Schlichten und Friedenstiften gehört ein Charisma, aber auch solche Gaben werden denen verliehen, die da zu lernen begehren; wo die rechte, wahre Liebe ist, da schenkt der Herr auch die Weisheit. Die sehr nöthige Vorsicht, um nicht z. B. durch weibliche Beredtsamkeit sich bestechen zu lassen, wird dann bald die Erfahrung lehren. — Oft freilich ist das Geschäft des Friedenstiftens ein sehr unangenehmes, man bekommt nicht nur Scenen zu erleben und gegenseitige Beschuldigungen zu hören, unter deren wildem Schwall man gar nicht zum Worte kommt, sondern der Zorn eines rohen Mannes, der da glaubt, der Pfarrer nehme Partei für das Weib, schont auch den Geistlichen nicht; vor Grobheiten und selbst vor Thätlichkeiten ist man in solchem Falle nicht immer sicher. Doch darf dieß natürlich nicht hindern, das zu thun, was Pflicht ist.

Ist aber auch der Proceß schon im Gange, so ist es doch

immer noch denkbar, daß — zumal, wenn eine gute Ehegesetzgebung und Gerichtspraxis immer nach Umständen möglichst lange Bedenkzeiten gibt — die Gemüther einander näher gebracht werden können; es ist also auch dann dem Pfarrer gewissenshalber noch nicht erlassen, seelsorgerliche Einwirkung zu versuchen. Ist die Scheidung vollzogen, dann bleibt nur noch übrig, denjenigen Theil, dem gerichtlich die Erlaubniß zur Wiederverheirathung gegeben ist, darüber zu verständigen, daß, was das Gesetz nicht verwehre, darum nicht auch vom christlichen Gewissen legitimirt werde; daß Jemand, der in der Ehe so unglücklich gewesen sei, daß es zur Scheidung gekommen, am besten thue, sofort freiwillig ehelos zu bleiben; dadurch beweise es sich am unzweideutigsten, daß nicht unlauteres Gelüste bei ihm das Verlangen nach Befreiung hervorgerufen oder wenigstens verstärkt habe. Denn dieß ist der Punct, an welchem sich die ethische und die juridische Seite der Sache gegenüber stehen: kein gerechtes Gesetz darf die Lösung vom Bande schlechthin unmöglich machen; aber als Seelsorger habe ich dem Einzelnen zu sagen: wofern du ein Christ seyn willst, wirst du dich, wenn nicht zwingende Gründe vorhanden sind (z. B. wegen der Kinder) einer zweiten Ehe enthalten, und auch dadurch zeigen, wie gebeugt du dich durch den Gang fühlest, den dein Leben genommen. Das ist zu rathen; daß jedoch dieser Rath nicht in Trauungs-Verweigerung umschlagen darf, ist oben schon gesagt worden.

13. Fürsorge für die Jugend in der Gemeinde.

1. Sehen wir vorerst von abnormen Zuständen in sittlicher und intellectueller wie in psychischer Beziehung ab, die ein Ein-

schreiten des Pfarrers zur Rettung Verwahrloster, zur Bildung Schwachsinniger, Taubstummer u. s. f. nöthig machen, so sind ihm zur Einwirkung auf die Gemeindejugend, die ja die werdende Gemeinde selbst und darum unzweifelhaft eines der wichtigsten Objecte pastoraler Aufmerksamkeit und Leitung ist, verschiedene Wege geöffnet. Erstens ist der Geistliche Katechet, und hat es als solcher ganz unmittelbar mit der christlichen, der kirchlichen Jugendbildung zu thun. Hierauf enthalten wir uns hier einzugehen, da die Katechetik auch die seelsorgerlichen Momente, die sich an die Katechese anschließen, mit in Betracht zieht.*) Zweitens ist er Schulinspector, wenigstens steht die Volksschule und die niedere lateinische und Realschule unter dem Ortsscholarchat, dessen Vorsteher er ist. In dieser Eigenschaft ist er allerdings nicht blos Organ der Kirche, sondern auch Bevollmächtigter des Staats, aber indem er als solcher handelt, hat er von seinem Seelsorgerberufe keineswegs zu abstrahiren, sondern eben weil er Seelsorger ist, also den Menschen in seiner höchsten und umfassendsten Bedeutung, als Bürger des Himmelreichs, betrachtet und behandelt, darum vertraut Staat und Gemeinde gerade ihm die Leitung jener Institute mit der vollkommen berechtigten Zuversicht an, daß in seinen Händen auch die übrigen Interessen der Bildung am besten gewahrt seyn werden. Die höheren Lehranstalten sind zwar der unmittelbaren Aufsicht des Geistlichen nicht unterstellt, aber es muß in irgend einer Weise dafür gesorgt seyn, daß dieselben der

---

*) Blos der Einrichtung besonderer Kindergottesdienste mag hier gedacht werden, weil neuerer Zeit da und dort dieselben als ein neues und wichtiges Mittel für die innere Mission empfohlen worden sind. In Großstädten, wo Schulunterricht und Katechese es so schwer haben, alle Kinder in ihren Kreis zu ziehen, mag dieses Mittel Zugkraft und Wirkung haben, wo aber jene beiden in gehöriger Ordnung sind, da ist der rechte Kindergottesdienst in der kirchlichen Katechese (Kinderlehre) bereits gegeben, und außer diesem soll es Haus- und Schulordnung seyn, daß die Kinder von einem gewissen Alter an den Gemeindegottesdienst besuchen. Weiteres ist unter obiger Voraussetzung nicht erforderlich.

kirchlich-seelsorgerlichen Einwirkung nicht entzogen werden, was am besten dadurch geschieht, daß ein Geistlicher als Religionslehrer an jedem Gymnasium, jeder Oberrealschule, polytechnischen Schule u. s. w. angestellt ist, der auch in Bezug auf allgemeinere Mißstände, wenn diese den seelsorgerlichen Zwecken entgegenstehen, seine Forderungen gesetzlich gelten machen darf. Was in diesen Beziehungen vom Geistlichen geschehen muß, zeigt die Pädagogik, daher die Pastoraltheologie auf diese verweisen darf. Drittens aber ist die häusliche Erziehung ein Gegenstand pastoralen Achthabens; nicht, als ob die elterliche Gewalt, die Freiheit der Hausväter unter eine beschränkende Controle zu stellen wäre; sondern, wofern sie pädagogischen Rath bedürfen und begehren, ist der Pfarrer dazu da, ihnen denselben zu ertheilen, daher er in diesem Gebiete daheim seyn muß, auch z. B. wenn er über passende Lectüre gefragt wird, die betreffende Literatur kennen und ebenso, wenn es sich um die Wahl eines Berufs, um Unterbringung eines unbändigen Burschen, über den die Eltern nicht Meister werden, um Mittel und Wege zur Ausbildung eines talentvollen Kindes und dgl. handelt, bereitwilligst die Hand bieten muß, wie mühsam auch immer dieß seyn mag. Oder wo Streit ist zwischen Vater und Sohn, wo die Eltern mit den Kindern nicht fertig werden, wo die Kinder die Eltern nicht achten oder mißhandeln — in allen Fällen dieser Art ist der Pfarrer der berufene Ordner und Friedensstifter. Wofern aber die Eltern auch nicht Rath oder Hülfe begehren, der Pastor aber sieht, daß die Kinder unter thörichter oder gottloser Erziehung zu Grunde gehen, so ist es seine Pflicht, die Eltern zu sich zu bescheiden und ihnen Vorstellungen zu machen. Seine Eigenschaft als Katechet und Schulinspector bietet ihm dazu die allernächsten Anlässe dar. Was er aber so nach Umständen den Einzelnen zu sagen hat, das faßt er von Zeit zu Zeit auch in einer Predigt zusammen, die, ohne aus der Sphäre allgemeiner Mahnung und Warnung, Lehre und Tröstung herauszutreten, doch in ihrer Individualisirung gerade die Schäden direct treffen kann, die er in den einzelnen Familien wahrgenommen.*)

2. Schwieriger ist die directe Sorge für die confirmirte, ledige Jugend. In kleineren Orten ist wenigstens etwas gewonnen, wenn, wie in Württemberg, dieselbe noch bis zum 18. Lebensjahr (in älterer Zeit sogar bis zum 24.) die sonntägliche Kinderlehre und die Sonntagsschule zu besuchen hat; und wenn auch beides von der Mehrzahl als onus angesehen, die Sonntagsschule auch von den Lehrern selbst als solches empfunden wird, und die Fortbildungsschulen, die deßhalb vielfach vorgezogen werden, gerade in religiöser und sittlicher Beziehung wenig leisten: so ist doch alles derartige noch ein Band, das die Empfänglicheren an Pfarrer und Schullehrer knüpft und diesen eine Einwirkung möglich macht. Ebenso ist die kirchenconventliche Ueberwachung der sogenannten Lichtkärze (Vorsitze, Abendsitze), wenn die untergeordneten Geister ihre Schuldigkeit thun und nicht beim Unfug selbst mithelfen, immerhin ein Mittel, um Excessen vorzubeugen. Aber wer will irgend etwas der Art gerade da, wo ein Heer von jungen Leuten, Arbeitern, Lehrlingen, Dienstboten u. s. w. beisammen ist, wie in den größeren Städten in Ausführung bringen? Gesetz und Polizei können immerhin, wo jenes gut ist und diese wachsam und thätig, Böses verhüten und so durch Furcht auch Gutes wirken; aber wie groß ist der Spielraum, den Gesetz und Polizei noch offen lassen müssen, um nicht vexatorisch zu werden, und innerhalb dessen doch unsäglich viel junges Blut in Sünde und Schande untergeht! Diesem Uebel gegenüber ist schlechterdings nur auf dem Wege zu helfen, daß die Besseren freiwillig sich gewinnen lassen. Der Prediger wird zuvörderst jede Gelegenheit benützen müssen, um öffentlich und privatim die Eltern und Principale an ihre heilige Pflicht zu mahnen, daß, da über die ihnen anvertraute Jugend nicht hin-

*) Vgl. den Artikel von W. Baur: „Der Geistliche als Seelsorger in Bezug auf die Erziehung," in Schmids Encyklopädie des Erziehungs- und Unterrichtswesens, Bd. II.

reichend durch öffentliche Anstalten gewacht werden könne, um so mehr sie selber Wachsamkeit und Zucht zu üben haben, daß sie also z. B. dafür sorgen sollen, daß die jungen Leute regelmäßig zum sonntäglichen Gottesdienst kommen, daß sie sie an der Hausandacht Theil nehmen lassen, daß sie nicht durch Erschwerung des Zutritts in die Familie sie zum Wirthshausleben nöthigen sollen, daß sie streng darauf halten, stets wissen zu wollen, wo der junge Mensch in seiner freien Zeit ist u. s. f. Würden vollends alle wohlgesinnten Principale an einem Orte sich vereinigen, in all' diesen Beziehungen gleiche Maßregeln zu ergreifen, so daß — wie einst in Sparta jeder Bürger auch den Sohn des Mitbürgers ziehen half — jeder zugleich die Dienstboten, Lehrlinge, Arbeiter des Andern in freundlicher Weise beobachtete: so würde gewiß manchem Schlimmen vorgebeugt. Auch unter den jungen Leuten selber, wie für sie, lassen sich Vereinigungen bewerkstelligen, die dem Einzelnen einen Halt gegen die Versuchung werden können. Heiße man sie Jünglingsvereine oder wie sonst, sei ihr Zweck lediglich Erbauung, etwa im Hause des Geistlichen selber, oder eröffne man etwa Sonntags, wenigstens den Winter über, ein Local, wo die jungen Leute eine Auswahl anziehender Lecture — Biographieen, Reisebeschreibungen, Geschichtswerke, Bildersammlungen aus Natur und Leben u. s. w., — zugleich auch Schreibzeug zu Briefen und Zeichnungsmaterial finden, wo von Zeit zu Zeit ein Geistlicher, ein Lehrer ihnen über irgend einen passenden Gegenstand einen Vortrag hält, in welchem auch solche Dinge besprochen werden können, zu denen die Katechumenen noch nicht reif genug sind, und für die auch die Predigt keinen geeigneten Ort bietet — z. B. kirchliche Dinge, praktische Erläuterung der kirchlichen Verfassung, um Sinn und Interesse dafür zu erwecken;*) oder möge man mit geschickter Behandlung, im Anschluß an Geschichtliches, die Jugend

---

*) S. Betrachtungen über eine verständige und christliche Erziehung der Kinder, Barby 1776. S. 187.

auch in die politische Verfassung des Vaterlandes einführen, sie zu gesundem Urtheil befähigen und ihr den ächten Bürgersinn einpflanzen; oder stifte man einen Verein für die reisenden Handwerksgesellen, um sie in der Noth mit Speise und Reisegeld, zugleich aber auch mit geistiger Nahrung, einem Neuen Testament, Psalter, einem Tractat u. s. w. zu versehen: alle diese Dinge, die je nach Bedürfniß so oder so gestaltet werden können, sind nichts als Mittel der Seelsorge. Zu denen insbesondere, die der Pastor selbst zur Confirmation vorbereitet und confirmirt hat, läßt sich ein innigeres Verhältniß unterhalten; sieht er eines derselben auf gefährliche Wege gerathen, so hat er das Recht und die Pflicht, es zu sich zu bescheiden, und durch die Erinnerung an die Confirmation das Gewissen zu wecken. *)

3. Eine besondere Aufmerksamkeit von Seiten des Pastors gebührt denjenigen Kindern, die entweder durch Schuld der Eltern an Leib und Seele verwahrlost werden, oder die durch irgend einen organischen Defect unglücklich gemacht sind, also blinden, taubstummen, schwachsinnigen Kindern, die, um zu irgend einer menschenwürdigen Existenz zu gelangen, einer speciellen Pflege bedürfen, wie sie ihnen das Elternhaus nicht angedeihen läßt. Für die erste dieser Classen sind die sogenannten Rettungsanstalten bestimmt — ein Werk innerer Mission, das lange schon Bestand hatte, ehe der Name innere Mission üblich wurde. Diese Anstalten können freilich niemals anders betrachtet werden, denn als ein Nothbehelf, der den Mangel an Gelegenheit, die fraglichen Kinder in rechtschaffenen Familien unterzubringen, decken soll. Wo also

---

*) Der Verfasser hatte einst in seiner Diöcese einen Geistlichen, aus dessen Gemeinde die jungen Leute häufig ins katholische Oberschwaben giengen, um dort Dienste zu nehmen. Die katholische Propaganda machte zum Theil erfolgreiche Versuche, dieselben zum Abfall zu verleiten; dieß veranlaßte den Pfarrer, persönlich von Zeit zu Zeit diese seine Diaspora aufzusuchen, um „zu stärken, was sterben wollte." Wir führen dieß an, um zu zeigen, wie manchfach sich jene Fürsorge gestalten kann, aber, wie oft auch neue Wege und Mittel gefunden werden müssen, während die Pflicht selber immer die gleiche ist.

Familien aufzufinden sind, die solch ein Kind in des Herrn Namen aufnehmen und erziehen, da ist dieß, wie wohl Niemand leugnet, entschieden vorzuziehen; es wird somit der Pastor vorkommenden Falls diesen Versuch immer zuerst machen müssen; und auch für diesen speciellen Zweck kann die Association wirksam seyn, indem sich (wie z. B. der rheinische Erziehungsverein unter Pastor Bräm) ein Verein bildet, der in weiterem Umkreis Familien aufsucht, die sich zur Aufnahme von Kindern hergeben und eignen, der die Mittel beschafft, um solchen Familien nach Billigkeit ein Kostgeld zu reichen, und der die Kinder und ihre Pflegeeltern durch seine Mitglieder besuchen läßt. Allein man kann den Vorzug solcher Familienerziehung vollständig anerkennen und dennoch die Rettungsanstalten als etwas unentbehrliches betrachten, weil derjenigen Familien, die dem Zwecke wirklich entsprechen, nicht sehr viele, jedenfalls für den Bedarf im Ganzen zu wenige sind. Denn auch christliche Familien, und zwar namentlich solche, die schon einmal verwahrloste Kinder aufgenommen hatten, weigern sich dessen öfters entschieden, weil ein Kind dieser Art in das eigene Hauswesen leicht eine allzu große Störung bringen kann; in gebildeteren Häusern hat man überdieß nicht die Gelegenheit, solch' ein Kind für seine künftige Lebens- und Arbeitssphäre vorzubereiten; es gewöhnt sich da an eine Lebensweise, eine Arbeit, eine Kost, gegen die später sein Berufsleben gar zu stark absticht. Die Frage in ihrer Allgemeinheit haben wir hier nicht weiter zu erörtern; für den Pastor stellt sich die Sache einfach so, daß er, wofern er nicht in oder außer seiner Gemeinde eine Familie findet, die die Aufgabe der rettenden Erziehung an solch einem Kinde zu erfüllen im Stande und Willens ist, sich um die Aufnahme des Kindes in einer jener Anstalten bemühen und die dazu erforderlichen Mittel für Kostgeld, Kleidung u. s. w. beschaffen muß, sei es, daß er die oft so zähen Gemeindebehörden dazu bewegt, — vielleicht nur durch die Vorstellung, daß sie, wenn für das Kind nicht jetzt ein Opfer gebracht werde, später für den Zuchthaus-Candidaten, der ihnen in demselben erwachse, das zehnfache aufzuwenden haben werden; — sei es, daß er anderweitige Hülfe bei Wohlthätern in oder außer der Gemeinde sucht. Wo es aber auch sein Asyl gefunden haben mag, dem Pastor liegt ob, es fortwährend im Auge zu behalten, wo es möglich ist, persönlich nach ihm zu sehen und für sein ferneres Wohlergehen besorgt zu seyn. — Noch mehr, als für die sittlich Verwahrlosten sind organisirte Anstalten für die andern oben genannten Arten unglücklicher Kinder nothwendig, da für ihre Behandlung ein durchdachtes, rationelles Verfahren unerläßlich ist, zu dem die Fähigkeit auch in christlichen Familien nicht als Regel vorausgesetzt werden kann. Es ist aber auch möglich, daß sich die Aufnahme in eine solche Anstalt nicht bewerkstelligen läßt; in diesem Falle bleibt nichts übrig, als daß sich der Pastor selbst, so weit es irgend seine Zeit und Kraft erlaubt, des Kindes annehme, ihm Unterricht gebe, und, falls etwa auch der Schullehrer (der als solcher die Technik des Unterrichts der Taubstummen, Blinden ꝛc. verstehen muß) den Elementar-Unterricht übernommen hätte, jedenfalls die Vorbereitung zur Confirmation selbst besorgt. Das Verfahren selbst darzustellen ist Sache der Unterrichtslehre; hier war blos die dießfällige Pflicht des Pastors zu berühren.*)

*) In Betreff der Taubstummen machen schon die Klosterbergischen Sammlungen (68. Stück, 1753 S. 371—430) hierauf aufmerksam, zu einer Zeit, wo der einzelne Pastor hinsichtlich der Methode, solchen Zöglingen etwas beizubringen, noch ganz auf seine eigene Erfindung angewiesen war. Die Behandlung der Katechismuslehren, wie sie dort dargestellt wird, ist eine sehr naive; das didaktische Verfahren aber bei aller Einfalt praktisch. Der Verfasser jenes Aufsatzes freut sich sichtlich über jedes Dogma, von dem er berichten kann, daß seine zwei Taubstummen etwas davon wissen, und wie sie mit Geberden und Lauten diese ihre Wissenschaft kund geben.

14. Fürsorge für die Armen.

Die Wohlthätigkeit gegen den einzelnen Armen, die eine Pastoraltugend seyn muß, weil sie eine Christentugend ist, hat oben schon ihren Platz gefunden; hier handelt es sich um die Armen als eine Classe, als einen besondern Theil der Gemeinde, für welchen die Fürsorge nicht darin nur bestehen kann, daß der Pfarrer, wie jeder andere und jeder andere wie er nach Maßgabe der eigenen Mittel den Armen, die sich an ihn wenden, ein Almosen reicht, sondern für welche eine organisirte Pflege nöthig ist. Es gibt zwar einzelne wohl zu beachtende Stimmen, die gerade dieses Princip schon für unrichtig erklären, weil dadurch das biblische Gebot: „gib dem, der dich bittet; brich dem Hungrigen dein Brod" beseitigt, und die persönliche Liebesübung aufgehoben werde. Von dieser Seite wird auch die jetzt allgemein acceptirte Ansicht, daß der Bettel schlechthin verwerflich und zu unterdrücken sei, als eine unnatürliche, die ächte Wohlthätigkeit vernichtende bekämpft, und dem Bettel — unter selbstverständlichen Restrictionen — ein gewisses Recht zugesprochen.*) Es ist gewiß sehr am Platze, den rein ethischen Gesichtspunct, der für das Privatgewissen eines Jeden maßgebend ist, dem administrativen gegenüber nachdrücklich in Erinnerung zu bringen. Von Seiten derer, die die Armenpflege mit lebendig-christlichem Sinn auffassen, wird vornemlich geklagt: seit der Staat sich der Armen nach seiner Weise angenommen, d. h. ein Armen-Recht und eine Armen-Steuer geschaffen habe (was zuerst in Frankreich unter Franz I. in Folge von großen Bettleraufständen geschah), sei auch dieses Werk christlicher Liebe in

*) Vgl. Beck, Christliche Reden, V. Samml. S. 34.

den Staatsmechanismus hineingezogen worden. Vorerst, wenn wir recht sehen, ist diese Gefahr auch dadurch nicht umgangen, daß die Kirche oder daß freie Vereine die Sache in die Hand nehmen; sobald die Wohlthätigkeit nicht mehr das Liebeswerk des Einzelnen ist, sondern organisirt, d. h. von einem Centrum aus im Großen durch Organe betrieben wird, so ist dieselbe Gefahr wenigstens in soweit vorhanden, als einzelne Geber ihre Gaben in irgend eine Kasse werfen, an die dann der einzelne Arme verwiesen wird, und die Empfänger ihre Gaben aus den Händen der aufgestellten Verwalter ebenso empfangen — sie ebenso als eine Art Gehalt beziehen — wie aus den Händen durch den Staat bestellter oder beaufsichtigter Armenpfleger. Sagt man: die von der Kirche oder von freien Vereinen ausgesendeten Armenväter werden sich viel mehr persönlich um die Armen annehmen, so ist nur nicht abzusehen, warum das den vom Staate autorisirten nicht ebenfalls möglich seyn sollte und zur Pflicht gemacht werden könnte? Nimmt man an dem Namen einer Armensteuer Anstoß, die der Staat auferlegt, so ist das, was von freien Vereinen alljährlich und allmonatlich bei den Mitgliedern erhoben wird, nicht dem Namen, aber der Sache nach auch nichts anderes als eine Steuer; die Regelmäßigkeit, die übernommene Verbindlichkeit hebt die Freiwilligkeit im einzelnen Falle auf. Ist es aber eine Verkehrung der Wahrheit und ein sittliches Verderben, eine Zerstörung der dankbaren wie der gebenden Liebe, wenn den Armen ein gesetzliches Recht zugesprochen wird, von ihren Heimathgemeinden erhalten zu werden: so muß man doch so billig seyn einzusehen, daß dem Staate möglicher Weise nur die Alternative bleibt, entweder die Armen sich selbst und der oft unglaublichen Härte ihrer Orts-Mitbürger zu überlassen, oder aber die Gemeinden zu dem, was ihre Christenpflicht ist, mit Zwang anzuhalten.*) Einem christlichen

*) Man wird darin nicht einen Widerspruch gegen den in einem frühern Capitel ausgesprochenen Grundsatz finden wollen, daß dasjenige, was Gewissens-

Staate wird man kirchlicher Seits nicht zumuthen, sich um seine Armen lediglich nichts zu kümmern; er darf dieß, auch wenn er

---

pflicht sei, nicht eo ipso auch zum Landesgesetz, also zu einer Zwangspflicht gemacht werden dürfe. Denn hier kommt nicht das Gewissen des Einzelnen, sondern der Bestand des Ganzen in Frage. So ists auch Gewissenspflicht für den Einzelnen, das Vaterland und seine Ordnung gegen feindliche Gewalt, nöthigenfalls mit den Waffen zu vertheidigen; gleichwohl kann der Staat es nicht darauf ankommen lassen, ob, von Gewissen und Vaterlandsliebe getrieben, Mannschaft genug sich unter der Fahne einfindet, sondern er ordnet eine Aushebung an, und nöthigt überdieß noch Jeden, in der Landwehr zu dienen. Die Armuth ist, sobald sie ein gewisses Maß überschreitet, ein innerer Feind, so furchtbar als nur irgend ein äußerer seyn kann; gegen sie nun eine Steuer zu erheben, das ist in allweg nicht die Form, die die christliche Liebe wählen wird, um den Armen zu helfen, und sobald oder so lange die christliche Liebe das Ihre thut, und dem Bedürfnisse genügt, soll und wird jene Maßregel auch nicht ergriffen werden; das wäre gegen die Staatsinteressen selbst. Aber wenn einmal factisch dem Bedürfnisse durch freie und kirchliche Wohlthätigkeit nicht mehr Genüge gethan wird, tritt jene Nothwendigkeit mit zwingender Macht ein. Zu Zeiten kann ein Mann wie Chalmers diese Nothwendigkeit durch die Macht der Liebe aufheben; aber man müßte diese Dinge sehr sanguinisch ansehen, wenn man glaubte, solch einen Vorgang auf alle nationalen und localen Verhältnisse übertragen zu können; und andrerseits würde man ebensowenig das Wahre treffen, wenn man glaubte, auch neben einer vernünftigen staatlichen Behandlung der Sache könne sich die freie Wirksamkeit der Liebe nicht entfalten und nach Kräften Gutes schaffen. Eben deßhalb kommt aber auch auf die Form, die der Staat in Anwendung bringt, sehr viel an. Eine Armensteuer, die die Staats-Finanzverwaltung erhebt und verrechnet, ist ein Monstrum; da allerdings ist, was die Liebe geben sollte, zum gemeinen onus geworden, jede Beziehung zwischen Geber und Empfänger ist aufgehoben und es kommen alle Mißstände der Centralisation auch auf diesem Gebiet in Gang, das sie am allerwenigsten erträgt. (Wir erinnern uns, einst in den Münchner fliegenden Blättern ein Bild gesehen zu haben, wo auf der einen Seite einer blutarmen Familie vom Steuerdiener die Armensteuer abgenommen wird, auf der andern eine halbvornehme Mutter und Tochter ihren Antheil aus der Armenkasse in Gestalt einer Geldrolle empfangen, welche dann auf Antrag der Tochter sogleich zum neuen Theater-Abonnement verwendet wird.) Aber wenn, wie hier in Württemberg, die Ortsarmen zuerst aus den örtlichen Stiftungen unterstützt werden müssen, sofort erst, wenn jene nicht ausreichen, die Gemeindekasse einzutreten, d. h. die Gemeinde durch Umlage ihre Einkünfte so weit zu erhöhen hat, daß sie den erforderlichen Zuschuß für die Armen leisten kann, und erst wenn auch die Gemeinde zu arm ist, um sich selbst zu erhalten, der Staat eintritt, jedoch ohne darum eine weitere Steuer vom Lande zu erheben, sondern so, daß er durch eine von ihm eingesetzte oberste Behörde, die sog. Centralleitung nicht ein sittliches Institut wäre, schon um seiner Sicherheit willen nicht thun; dem Mißbrauch aber, daß irgend Jemand, der noch arbeiten kann, auf jenes Armenrecht sich verließe, kann er ganz wohl dadurch steuern, daß er die Nöthigung der Gemeinde, sich eines Armen anzunehmen, von genau bestimmten Bedingungen

---

des Wohlthätigkeitsvereins, die selber sich auch an die freie Wohlthätigkeit wendet, für die Bedürfnisse der Armen in jenen Gemeinden (es sind deren 20 im Lande) sorgt: so sind auf diesem Wege die Uebel einer directen Staats-Armenfürsorge und -Armensteuer so weit irgend möglich vermieden; eine Zwangspflicht besteht nur für die Einzelgemeinde ihren eigenen Genossen gegenüber, also in einem Kreise, in welchem die Hauptsache, die persönliche Beziehung zwischen Geber und Empfänger, besteht und wirkt. Weiß z. B. eine Gemeindebehörde, daß ein Knabe, der nichts lernt und überhaupt verwahrlost wird, dereinst als Mann ihr zur Last fällt, so wird sie eher bereit seyn, dem Pfarrer, der ihn bei Zeiten an guter Stelle unterbringen will, mit örtlichen Mitteln an die Hand zu gehen. Die Schwierigkeit liegt bei obiger Einrichtung nur darin, daß die Gemeinde natürlich dabei interessirt ist, daß die vorhandenen Stiftungen für den Bedarf der Armen ausreichen, d. h. daß sie die Gaben an die Armuth nur so weit gerne sieht, als sie durch die Stiftungen gedeckt werden. Das hat oft die Folge, daß entweder der kirchlichen Armenbehörde, die die Stiftungen verwaltet, zugemuthet wird, ihre Spenden knapper zuzumessen, oder — wozu man besonders im Jahr 1848 ff. große Lust hatte — daß die Stiftungen, von denen nur ein Theil für die Armen, der größere Rest aber für Zwecke des Cultus bestimmt ist, letzterem entzogen und einzig für die Armen verwendet werden wollen. Beidem hat sich der Geistliche beharrlich zu widersetzen, wobei es oft Mühe kostet, der Begriffsverwirrung ein Ende zu machen, als sei der Zuschuß, den die Gemeinde zur Versorgung ihrer Armen zu leisten hat, die Deckung eines durch Schuld der Armenbehörde entstandenen Deficits der Stiftungen, während das Nichtzureichen derselben vielmehr im Mehrbedarf der Ortsarmen seinen Grund hat. So mechanisch aber beide Gebiete zu trennen, daß der Kirchenconvent etwa sagte: „Für so und so viele Familien reichen meine Mittel aus, die andern überlasse ich der Gemeinde und weise sie von meiner Thür ab," oder: „auf so viel Monate des Jahrs kann ich die Armen versorgen, in den übrigen Monaten versorge du sie selber, Gemeinde!" — dieß ist schlechthin unmöglich, die Stiftungsbehörde muß also nothwendig einen Credit bei der Gemeindebehörde haben, was sich außer den gesetzlichen Formen der Prüfung der Voranschläge und der abgeschlossenen Rechnungen auch dadurch erleichtern läßt, wenn zu allen Sitzungen der Stiftungsbehörde, zu allen Verwilligungen an die einzelnen Armen, Mitglieder der Gemeindebehörde, namentlich Bürgerdeputirte, beigezogen werden, damit sie sich selbst überzeugen, daß immer nur das Nothwendige verwilligt wird, also auch nicht am Ende des Jahrs eine Anklage wegen Ueberschreitung der Befugniß erhoben werden kann.

abhängig machte,*) anderweitig aber dafür sorgt — nicht, daß der Einzelne Arbeit hat, denn suchen muß er sie selbst, aber daß es dem Fleißigen möglich ist, sein Brod zu verdienen — eine Sorge, die zu den einfachsten Aufgaben der Staatsweisheit gehört. — Wir schicken diese Bemerkungen deßhalb voran, um damit zu sagen, daß es unseres Erachtens gar nicht nöthig ist, dem Staate die Armenfürsorge aus der Hand zu nehmen und ausschließlich die Kirche oder freie Vereine damit zu betrauen; wohl aber, daß der Staat die sittlichen Kräfte, die die Kirche besitzt, den Geist aufopfernder Liebe, den nicht er, wohl aber sie pflanzt und pflegt, für jenen Zweck in seinen Dienst nehme, und zwar, wie wir es noch für vieles Andere fordern müssen, so, daß er jene Kräfte möglichst frei gewähren läßt, also in allen Armenbehörden den Geistlichen ihren Platz und Einfluß sichert. Wenn aber gegen die Organisation der Armenversorgung überhaupt, geschehe sie staatlich oder kirchlich, Einsprache gethan wird, um das einfache, natürliche Verhältniß des Empfängers zum Geber, das persönlich zu verabreichende Almosen als den normalen Zustand herzustellen, so haben wir dagegen doch Folgendes zu sagen. Erstens schließt das Eine das Andere nicht aus. So lasse ich mir, auch wenn ich bei wer weiß wie vielen Armenvereinen betheiligt wäre, doch niemals die Hände binden, daß ich einen Armen, der seine Noth mir anvertraut, unter allen Umständen wegzuschicken und an den aufgestellten Verwalter zu weisen mich verpflichtet achten müßte, also einer augenblicklichen Noth, die der Bedrängte vielleicht

*) Der widerwärtigste Fall in dieser Beziehung ist der, wenn die Gemeinde gehalten ist, einer liederlichen Dirne alle Jahre ein Kind ab- und in öffentliche Verköstigung zu nehmen, während so mancher rechtschaffene Hausvater, manche unbescholtene Wittwe ihre Kinder mit saurer Mühe ohne öffentliche Unterstützung durchbringen müssen. Es ließe sich auch in der That fragen, ob, wenn gerade solche Personen vom Armenrecht zur Strafe ausgeschlossen würden, etwa desto mehr Fälle von Kindsmord zu befürchten wären? Und ob nicht gerade in diesem Puncte das Gesetz hart seyn dürfte, wenn daneben freie Vereine sich später der Erziehung solcher ärmsten unter allen Kindern (in Rettungsanstalten) annehmen würden?

aus edler Verschämtheit nicht öffentlich werden lassen möchte, nicht abhelfen dürfte. Bei ganz Unbekannten oder bei Solchen, die ich von der Seite kenne, daß sie alle Thüren aufstoßen, daß ihre Bedrängniß eine keineswegs so trostlose ist, daß sie irgendwie Mißbrauch mit andrer Leute Gutherzigkeit treiben, da werde ich es nicht blos für erlaubt, sondern, um mich nicht fremder Sünden schuldig zu machen, geradezu für geboten achten, sie an denjenigen zu weisen, der zur Prüfung der Desiderien aufgestellt ist und die nöthige Personalkenntniß hat. Aber der Wohlthätigkeit im Verborgenen soll durch jene organisirte, öffentliche Fürsorge nicht der Weg versperrt werden; wohlzuthun, ist ein Recht christlicher Freiheit, das Niemand aufgeben darf. Aber zweitens: würde man die Organisirung der Wohlthätigkeit principiell verwerfen und nur die Einzelgabe zulassen wollen, so müßten auch alle die milden Stiftungen, die seit Jahrhunderten für die Armen in die Hände der Kirche niedergelegt sind, beseitigt werden, denn durch sie ist ebenfalls zwischen Geber und Empfänger ein Dritter in die Mitte gestellt, der im Großen die Gaben verwaltet. Daß die urchristliche Einrichtung, wie sie die Apostelgeschichte beschreibt, ebenfalls die Wohlthätigkeit organisirte, braucht nur erwähnt zu werden. Es hat dieß seinen ganz natürlichen, unumstößlichen Grund, sofern derjenige, der von Amtswegen mit allen Armen einer Gemeinde zu thun hat, die Grade der Bedürftigkeit und Würdigkeit und die richtige Proportion in der Unterstützung viel besser erkennen kann, als der Einzelne; daher gerade der würdigere Arme, der weder lügen, noch mit Frechheit die Wohlthäter überlaufen will, bei gut organisirter Wohlthätigkeit besser besorgt wird, als wenn nur private Wohlthätigkeit besteht, bei welcher es leicht möglich ist, daß der eine Arme in zwanzig Häusern Gaben empfängt, der andere aber nichts oder wenig erhält. Das Betteln läßt sich im einzelnen Falle ganz wohl in einem milden Lichte betrachten; aber ist es erst irgendwo recht im Gange, kann man keinen Spaziergang machen, ohne von Bettlern belästigt zu werden, entdeckt man, wie die Bettler im Hause noch allerlei Anderes mitlaufen lassen, was ihnen Niemand schenkte, und wie sie dagegen selbst in theurer Zeit die Brode, die sie empfangen, noch im Hause wegwerfen, weil ihnen blos das Geld des Behaltens werth scheint, bis es in den nächsten Conditorladen oder in die Schnapsbude wandert — dann kann man doch nicht umhin, im Bettel principiell ein Verderben zu erkennen und die Strenge gerechtfertigt zu finden, die gegen den Bettel ausgeübt wird — davon gar nichts zu sagen, welch' eine Schule alles Bösen der Kinderbettel ist. Jesus hat allerdings den Blinden bei Jericho nicht hart angelassen, weil er bettelte, ebenso wenig Petrus den Lahmen an des Tempels Pforte — es würde das auch heute noch keiner von uns thun, — aber indem beiden Armen statt Geldes die Gesundheit geschenkt wurde, ward auch beiden die Legitimation zu fernerem Bettel entzogen.

Derjenige nun, der sowohl vom Staat als von den einzelnen Wohlthätern am besten mit der Liebesmühe betraut wird, der allgemeine Armenvater zu seyn, ist ganz gewiß der Geistliche; zeigt sich irgendwo gerade gegen die Betheiligung der Geistlichen an der Armenversorgung eine Opposition, so darf man darauf zählen, daß Unrath dahinter steckt, daß etwa ein demokratischer Gemeinderath die für die Armen vorhandenen und eingehenden Mittel gern zu Gunsten eines aufgewühlten oder erst aufzuwühlenden Proletariats aufbrauchen möchte, bei welchem Geschäfte die Anwesenheit des Geistlichen sehr unbequem wäre. *) Es ist hier ersichtlich, wie sehr der Staat sowohl in seinem eigenen als im Interesse der würdigen Armen, überhaupt im Interesse einer gewissenhaften Verwaltung der Stiftungen handelt, wenn er dem Geistlichen ein seiner Stellung und Bildung entsprechendes Gewicht in allen Armensachen einräumt. Wie oft aber kommt es auch vor, daß

*) So gab es im Jahr 1849 Orte, wo man die Familien der nach Baden unter die Freischaaren gegangenen Bürger ohne Weiteres inzwischen aus den Armenstiftungen ernähren wollte und auf die Geistlichen, die sich dem widersetzten, nicht wenig erbost war.

Private, die eine größere Gabe in die rechten Hände zu bringen wünschten (namentlich in den Städten), sie dem Geistlichen anvertrauen, ja wie manchmal werden auch bedeutendere Summen als Legate entweder persönlich einem Geistlichen oder einer geistlichen Stelle zur Verwaltung übergeben, ohne daß er irgend zu einer öffentlichen specificirten Rechnungsablegung verpflichtet würde! *) Beweis genug, daß man den Geistlichen als das anerkennt, als was wir ihn bezeichnet haben, daß er, auch wo er Mitglied oder Vorstand irgend einer gesetzlichen Behörde, einer Commission oder eines freien Vereines für wohlthätige Zwecke ist, immer die Seele dieser Körper seyn soll. Sein Beruf setzt ihn in die Lage, ebensosehr das Ganze zu überschauen, als den Einzelnen nahe zu treten und das entscheidende Urtheil über Bedürftigkeit und Würdigkeit zu fällen. Aber allein kann er, neben den übrigen Obliegenheiten des Amtes, nicht auch die Besorgung aller Geschäfte übernehmen, deßhalb ist es nothwendig, daß in irgend einer Weise die nöthige Zahl von Gemeindegliedern als Diakonen ihm zur Seite stehe. Ob diese durch ein Landesgesetz ihm in Form einer gemischten Gemeindebehörde (wie in Württemberg der Kirchenconvent) oder als ein kirchliches Collegium (Presbyterium, Pfarrgemeinderath), oder als ein freiwillig zusammengetretener oder durch Cooptation sich bildender Verein, mit oder ohne höhere Autorisirung, beigegeben sind, ob eine oder mehrere dieser Formen nebeneinander bestehen, damit mag es in Ländern und Gemeinden verschieden gehalten werden; das Princip aber muß immer dasselbe seyn, nemlich jene Stellung des Pfarrers an die Spitze des Ortsarmenwesens, und jene Besorgung des Einzelnen durch Gemeindeglieder, was

*) Harms nennt dieß (III. 8. R.) eine lästige und gefährliche Sache, und räth, sich mit solchen Verwaltungen so viel möglich unter öffentliche Controle zu stellen. Wir unsrerseits müssen eigner Erfahrung aus früherer Zeit zu Folge sagen, daß gerade auf diesem Wege so manchem verschämten Armen, der lieber Hunger und Blöße erduldet hätte, als daß er seinen Namen in eine öffentliche Unterstützungsliste hätte eintragen lassen, nachhaltige und höchst nöthige Hülfe gewährt werden kann.

natürlich die persönliche Betheiligung des Pfarrers am Einzeldienst, die sich schon an seine übrigen Functionen (z. B. als Seelsorger bei Krankenbesuchen) anschließt, nicht hindert.

Treten wir nun den speciellen Pastoralpflichten näher, die diese Stellung in sich faßt.

1. Wie mit dem eigenen Beispiel der Wohlthätigkeit jeder Pastor seiner Gemeinde voranzuleuchten hat, so hat er auch das Wort zu gebrauchen, um nach apostolischem Vorgange den Wohlthätigkeitssinn zu wecken, zu nähren, auch wo es nöthig ist, den Mangel desselben zu rügen. Das Letztere geschieht besser privatim oder da, wo der Pastor als Behörde mit den Einzelnen zu verhandeln hat, wo z. B. hartherzigen Verwandten ihr Unrecht vorzuhalten ist; von der Kanzel her provociren Strafpredigten wegen Mangels an Wohlthätigkeit allzuleicht einen Zorn, der die Herzen verschließt, statt sie zu öffnen, und die Reichen deuten ein solches Auftreten gar zu gern als eine captatio benevolentiae, womit der Pfarrer die Armen für sich gewinnen wolle. Wie dagegen positiv die Wohlthätigkeit durch das Predigtwort den Zuhörern nahe zu legen und ihr Gewissen dafür theils zu schärfen, theils richtig zu stellen ist, dafür verweisen wir auf die Beispiele, die Beck (in der oben angeführten Predigt, V. Samml. S. 34.), Nitzsch (erste Auswahl, 1833. S. 305.), Schleiermacher (Bd. I. S. 677.) Hagenbach (Pr. I. Bd. 1830. S. 133.) Wolf (Bd. VI. S. 92.) gegeben haben. Anlaß dazu bietet, abgesehen von den auf diesen Gegenstand führenden Perikopen, insbesondere das Erndtefest; an das Weihnachtsfest hat Beck (IV. Samml. S. 670.) eine kurze, aber gerade durch diese Verbindung um so eindringlichere Ermahnung zum Wohlthun geknüpft. — Solche Ansprache wird sich je nach Umständen auch darauf beziehen, daß einmal der Reiche nicht nur von seinem Ueberfluß weggeben soll, was zu entbehren ihm nicht wehe thut, sondern daß er auch an verschiedenen Luxusartikeln, die auf der Kanzel ja nicht nothwendig und vollständig mit Namen genannt zu werden brauchen, um dennoch wohl ver-

standen zu werden, sich einschränken und den dadurch entstehenden Gewinn der Armuth zuwenden soll; und fürs zweite, daß der minder Bemittelte nicht wähnen soll, weil er nicht reich sei, so habe er seinen Platz viel eher unter den Empfängern als unter den Gebern. Das Scherflein der Wittwe schlägt solchen Wahn vollständig nieder.

2. Der Privatverkehr des Geistlichen mit Reichen und Armen (denn schon um der Letztern willen soll sich der Pfarrer auch den Erstern nicht entziehen) ist ein lebendiges Mittelglied zwischen Beiden und soll wesentlich dazu mithelfen, diejenige Ausgleichung der Differenz zwischen beiden zu bewerkstelligen, welche und wie sie der Geist des Christenthums fordert. Also erstlich: es ist jener Verkehr zu benutzen, um die Mildthätigkeit der Wohlhabenden zu wecken und an die rechten Puncte zu lenken. Der Geistliche nimmt, zumal bei Krankenbesuchen, viel Noth und Elend wahr, davon die Welt nichts ahnt; solch ein Fall, an rechter Stelle und zu rechter Stunde erzählt, wirkt oft besser, als die beredteste Wohlthätigkeitspredigt. Oft auch wird der Geistliche, den man einmal als thätigen und weisen Armenvater kennt, von Privaten gefragt, wohin sie eine zum Liebesopfer bestimmte Gabe — sei es Geld, seien es Kleidungsstücke, Bettzeug oder Naturalien — am besten gelangen lassen würden; oft wird er namentlich von Kranken und Sterbenden um Rath zu einer milden Stiftung angegangen; wie viele Gelegenheit bietet dieß dar, der bereitwilligen Liebe die rechten Wege zu weisen. Nicht selten aber wird der Geistliche auch direct um Gaben zu bitten haben, sei es — z. B. in Folge von Calamitäten — öffentlich, sei es unter der Hand, in irgend einer der vielen Formen, die längst in Uebung sind. Es ist freilich auch ein eigenes Talent, den Bettelsack mit Anstand umzuhängen; Manche sind, mögen sie mit demselben kommen, so oft sie wollen, stets unwiderstehlich. Manche aber stoßen ab, weil es den Anschein gewinnt, als sei für sie das Betteln und der ganze Umtrieb der Armenfürsorge eine persönliche Liebhaberei, das wesentlichste Stück

ihres Lebensgenusses oder ihres Christenthums; sie würden dereinst selbst im Himmel noch collectiren für die Armen in der Hölle, wenn Luc. 16, 26. das gestattete. Steht aber dem schon die natürliche Bescheidenheit, die jedem Bittenden, auch dem Fürbittenden geziemt, entgegen: so darf sich der Geistliche auch durch widerwärtige Erfahrungen, durch feine und grobe Abweisungen nicht entmuthigen lassen; Schmach für die Armen zu tragen, wo wirklich Liebe und Noth es gebieten, das gehört auch zum Tragen der Schmach Christi. Der Geistliche darf dieß um so eher, je mehr er selbst eben nicht nur der Collecteur, sondern auch der persönliche Freund und Versorger der Armen ist, je öfter man ihn in die Wohnungen des Elends selber gehen sieht. Dieß ist nemlich das zweite, daß er sich selbst auch dazu hergibt, dem Armen die ihm bestimmte, in seine Hand gelegte Gabe zu bringen, sie überhaupt in der für denselben passenden Form zu verwenden. Es handelt sich ja überhaupt nicht darum, ja gerade am wenigsten darum, den Armen Geld und immer wieder Geld zu geben, was die kürzeste, bequemste Art ist, sich mit der Pflicht des Wohlthuns abzufinden; für Arbeit, für Wohnung, für Holz u. s. w. kann gesorgt werden, ohne daß der Arme das verführerische Geld selbst in die Hand bekommt. Aber diesen Dingen muß der Geistliche persönlich Zeit und Mühe opfern; wie weit diese persönliche Hingebung gehen kann, wo die rechte Liebe ist, wie weit sie auch in der That geht, das weiß Gott, der ins Verborgene sieht. *) Hat es Fenelon, der Bischof von Cambrai, nicht unter seiner Würde

---

*) Nur ein Beispiel setzen wir bei, das wir aus Burk's Past. Th. in Beispielen, II. S. 378 nehmen. Es betrifft den in den dreißiger Jahren verstorbenen Prediger Jänike in Berlin. Eines Tags wird im Jahr 1817 ein Berliner Medicinalrath bei einem Krankenbesuche von dem Bedienten gebeten, nach einem armen Manne zu sehen, der im gleichen Hause in einer Dachstube liege. Der Arzt geht hin, verordnet Arznei und befiehlt, dieselbe zeitig holen zu lassen. „Sie haben doch Jemand, der Ihnen das besorgt?" „Nun, ich werde schon sehen." Der Arzt zweifelt und dringt in den Kranken, ihm die Wahrheit zu sagen; darauf gesteht ihm jener, daß jeden Abend der Prediger Jänike zu ihm komme und ihm alle nöthigen Dienste leiste.

gehalten, in eigner Person einem armen Manne die ihm vom Kriegsvolk geraubte Kuh am Stricke wieder zuzuführen, so stehts auch jedem Geistlichen wohl an, das, womit er den Armen unterstützen will, wo es angeht, ihm selbst zu bringen. Das Wichtigste bei diesem persönlichen Verkehr aber ist die seelsorgerliche Einwirkung, für welche die Leibsorge nur eben die materielle, aber unentbehrliche Basis ist. Denn dadurch erst gleicht sich jene Differenz zwischen Arm und Reich wirklich aus, nicht daß der Reiche nur gibt, sondern auch daß der Arme seine Armuth geistig überwindet, und sie, statt zu einem Freibrief für die Sünde oder wenigstens zu einem Druck werden zu lassen, der die Seele niederhält und das Gemüth verbittert, vielmehr in der Kraft des Geistes in einen Segen verwandelt. Das scheint nun nicht so schwer seyn zu können, da ja die Armuth gerade der rechte Boden für die Saat des Evangeliums seyn soll, also auch die Tröstung, die dem Armen das Evangelium mit einer Art von Vorliebe zuspricht, ihn leicht entschädigen wird für den Mangel der Glücksgüter. Aber die Zeiten und Zustände sind darin ungleich. So weit unsere Kenntniß reicht, sind Gemeinden, in welchen der Wohlstand noch vorherrscht, auch dem Worte der Predigt und der christlichen Sitte entschieden zugänglicher, als verarmte Ortschaften; die Welt-Ueppigkeit ist, so paradox es scheint, in den letzteren oft mehr zu Haus als in den ersteren, denn der Proletarier träumt fortwährend von dem, was er nicht hat, und kann er einmal — etwa an den Zahltagen in einer Fabrik — etwas davon in natura erhaschen, so wird es mit Heißhunger, mit Wollust und im Unmaße genossen; der Wohlhabende, wenigstens auf dem Lande, ist sparsam und darum mäßig. Wie wenig die Armuth für sich selber schon bessernd wirkt, haben wir in den Theurungsjahren 1847—1852 unter Anderem daran gesehen, daß viel mehr Ehedissidien und Scheidungsfälle vorkamen, als zuvor, worauf mit dem Eintritt besserer Jahre auch diese sich namhaft verminderten. Dieß hebt den biblischen Satz, daß das Evangelium, das Himmelreich für die Armen da ist, nicht auf, es lehrt uns nur verstehen, wie richtig das *τῷ πνεύματι* ist, was Matth. 5. bei *πτωχοί* steht; es lehrt uns, daß, wenn auch das Evangelium sein Absehen auf die Armen hat, („auf daß ihr durch des Herrn Armuth reich würdet" 2 Kor. 8, 9.) darum noch nicht auch alle Armen für das Evangelium da sind, d. h. in ihnen so gut wie in den Reichen, nur von andrer Seite erst Hindernisse weggeräumt werden müssen, wenn das Wort der Wahrheit soll Eingang finden und Frucht schaffen. Daraus folgt aber auch, daß der Geistliche, wenn er nicht zu gleicher Zeit sich bemüht, das äußere Loos des Armen, wofern es wirklich ein drückendes ist, zu lindern, auf geistlichen Erfolg gar nicht rechnen darf. Es ist oft in der That erst die Empfindung menschlicher Liebe und warmer Theilnahme, was in einem verbitterten Menschen auch dem Glauben und Gewissen wieder Leben einhaucht; daran, daß ihn die Menschen nicht vergessen, zumal, daß der Diener des göttlichen Wortes ihn nicht vergißt, lernt er auch wieder an eine göttliche Liebe glauben; indem er Dank empfindet gegen den menschlichen Wohlthäter und schon das menschliche Gefühl ihm nicht zuließe, denselben zu beleidigen, kommt auch wieder der Unterschied zwischen Recht und Unrecht unbewußt in ihm zur Geltung. Erst wenn so das Eis gebrochen und menschlichen Regungen freie Bahn gemacht ist, kann auch mit Erfolg auf Reinigung und Hebung des Innern ausgegangen werden. Ist der Arme durch eigene Schuld ins Elend gerathen, so ist ihm sein Sündenleben in Erinnerung zu bringen, damit er in der Armuth, die „wie ein Gewappneter ihn ereilte" (Spr. 6, 11. 24, 34.) die gerechte und gewaltige Hand Gottes erkenne, und unter sie sich beuge, um so mehr, da er nicht nur sich, sondern auch Weib und Kind ins Elend gebracht. Diese Erkenntniß der eignen Schuld ist freilich etwas, wogegen sich die Meisten mit Heftigkeit und Hartnäckigkeit sträuben; alle Welt, Eltern und Verwandte, insbesondere aber Obrigkeit und Regierung klagen sie als Ursächer ihres Elends an, und reden und glauben lieber das Unsinnigste, ehe sie sich selber schuldig geben. Wenn es ihnen aber auch Niemand sagt, oder wenn sie es auch Niemanden glauben: der Pastor muß — ob in schonender Form, ob rund heraus, das kommt auf die Verhältnisse an — es ihnen sagen. Ist aber die Armuth eine unverschuldete, so ist die pastorale Aufgabe, obgleich sie schwerer scheint, weil es sich hier eigentlich um eine Theodicee handelt, in Wahrheit dennoch leichter, weil jener Bann des bösen Gewissens, jenes Rechthabenwollen wider die unbestechliche Stimme im Innern nicht hinderlich in den Weg tritt. Hier ist auf die heilige Ordnung Gottes zu verweisen, der den Armen neben dem Reichen macht (Spr. 22, 2.), und der jeden gerade dahin stellt und so führt, wo und wie es zu dessen Heil gereicht, der aber auch des Armen Vater ist, und dessen um so treuer gedenkt, dessen die Menschen vergessen, der doch alle Tage wieder durchhilft und die vierte Bitte nicht umsonst uns beten läßt. Also der Hinweis auf Gottes Majestätsrecht, auf seine weise Führung, auf seine erbarmende Güte ist da an der Stelle. Willst du aber solchen Glaubenstrost, der schon Tausende in noch größerem Elend, als das deinige, aufgerichtet, ja fröhlich gemacht hat, von dir stoßen, weil er deines Fleisches Wünsche nicht befriedigt? Hast du solchen Glauben weggeworfen, was hast du damit gewonnen? Bist du etwa getrösteter im Gemüth, wenn du in deinem Schicksal nur den blinden Zufall oder der Menschen Härte, nicht aber eines heiligen Gottes Hand siehest? Hast du auf Erden darum schon mehr zu essen, wenn du die Hoffnung auf einen Himmel abschüttelst und mit Füßen trittst? Versuch's nur einmal, auch deine Armuth als Fügung Gottes in Gehorsam, in stiller Geduld zu ertragen, bitte ihn, daß er dir solche Herzensstille gebe und dir nur am Nothwendigsten es nicht fehlen lasse, damit du nicht in Versuchung gerathest, Böses zu thun; drücke die neidischen Gedanken, mit denen du seither auf des Reichen Haus, Kleidung und Tisch geblickt hast, nieder und glaube, daß die, die im Ueberfluß sitzen, oft viel tiefern Gram, viel bittereres Herzweh in sich tragen, als du nur ahnest; daß überhaupt in dieser Welt jeder sein Bündel zu tragen hat; lies fleißig Gottes Wort, das deine Gedanken auf die rechten, nothwendigen, tröstlichen Dinge lenkt; statt über dem Wenigen, was du hast, dich deßwegen zu ärgern, daß es nicht mehr und Besseres ist, fange vielmehr an, alle Tage Gott auch für das Wenige zu danken, gib Acht, wie er dir's segnen kann, daß du dabei fröhlicher bist, als Mancher mit großem Gut! — Dazu kommt nun noch, was Chalmers als Princip in seine Armenpflege aufgenommen hat, worauf auch Nitzsch (Pr. Th. III. 1. S. 216) besondern Werth legt: daß man nemlich suchen soll, die Armen zu der Erkenntniß zu bringen, daß auch sie nicht außer Stande seien, den noch Aermeren Hülfe zu leisten. Sobald der Arme das christliche Selbstgefühl gewinnt, daß er selbst auch von der Gemeinschaft nicht blos getragen werden, sondern ihr etwas nütze seyn will, sobald er den Sinn gewinnt, daß er wenigstens, wo es um irgend eine größere Noth (z. B. für Abgebrannte oder Hagelbeschädigte) sich handelt, gern auch etwas, und wäre es nur das Geringste, beisteuert, oder daß er, wo er zu arm ist, um beizusteuern, dienstfertig seinen Arm anbietet: sobald ist ihm gründlich geholfen, die Armuth kann ihn nicht mehr niederdrücken. — Solche Dinge sagen sich am besten im Privatgespräch und nur, wo die Gelegenheit von selber darauf führt, gehören sie auch in die Predigt. Dieß gilt selbst denjenigen Predigern, deren Gemeinde speciell eine Armengemeinde ist, wie z. B. eine Hospitalgemeinde. Wären die Hospitalkirchen auch nicht, wie sie es doch häufig sind, allem Volk geöffnet, so daß, wenn ein beliebter Prediger auftritt, die meisten Zuhörer weder Hospitaliten noch überhaupt Arme sind, so wäre es dennoch eine unrichtige Auffassung der Aufgabe, wenn der Prediger fortwährend die Armuth speciell berücksichtigen, also eigentlich Armuth und Reichthum zum stehenden Thema nehmen wollte. Gerade um die Armen über ihre äußeren Zustände hinauszuführen, sie aus einer armseligen Realität auch zur Idealität im christlichen Sinn, d. h. zu den Realitäten des Himmelreichs zu erheben, ist es nothwendig, ihnen das

Evangelium so wie es für Alle da ist, auszulegen, nur mit derjenigen Rücksicht, die jeder Prediger gegen die Bildungsstufe und geistigen Zustände derjenigen nehmen muß, zu denen er redet, wenn er überhaupt auch nur verstanden werden will. — Bei sehr großer Bevölkerung hat einzelnen Geistlichen schon die Haltung eigener Armenpredigten ein Bedürfniß zu seyn geschienen; Burk erzählt a. a. O. I. S. 484 f. einen solchen Fall, der aber auch klar zeigt, wie es allein damit gemeint seyn kann. Solch ein Vortrag, der nicht öffentlich in einer Kirche, sondern im Hause des Pastors selbst Statt findet, hat durchaus den Charakter seelsorgerlicher Ansprache, er ist nur eine andere Weise statt des Hausbesuchs, den der Prediger nicht vornehmen konnte, weil er die, die er gern erreicht hätte, nicht kannte. Außerdem wäre sogar ein starkes Bedenken gegen förmliche, in einer Kirche zu haltende Armenpredigten zu erheben: daß nemlich die Armen gerade in Predigt und Sacrament nicht als eine besondere Classe sollen behandelt und damit als die Paria's der Gesellschaft bezeichnet werden; sie sollen mit der ganzen Gemeinde Gottesdienst halten. Etwas Anderes sind die Gottesdienste für Hospitaliten, die wesentlich Hausgottesdienste sind, also jenen Schein des Ausgesondertseyns der Armen nicht haben. Diesen Gottesdiensten soll sich der als Seelsorger dem Hospital beigegebene Geistliche treulich widmen; wo sie nicht allsonntäglich gehalten werden können (in welchem Falle der Hausvater, — Spitalvater — den Hausgenossen an jedem Sonntag eine Predigt lesen und ein Lied mit ihnen singen soll), da muß doch von Zeit zu Zeit auch zwischenein eine Bibelstunde gehalten werden. Bei solchen Reden im engern Kreise des Hauses ist es dann ganz am Platze, ja es ist Pflicht, die Anwendung concreter zu machen, als sie zu machen in öffentlicher Kirche geeignet wäre, also namentlich auch auf Sünden, die gerade in solchen Contubernien von Armen daheim sind, näher einzugehen. (Ein Beispiel dieser Art ist die Predigt von Gerock, in des Verfassers Casualreden, Bd. VIII. S. 133. „eine Bußpredigt wider die bösen Zungen," ebenso eine Predigt von demselben über Hebr. 9, 27. Bd. X. S. 301.)

3. Wir haben bisher den Geistlichen uns nur im persönlichen Verkehr mit den Armen gedacht; er findet jedoch im Zusammenhange mit seinem Amte bereits Institutionen vor, durch die in einer umfassenden Weise das Armenwesen geregelt ist, und überdieß kann für ihn selbst die Nothwendigkeit eintreten, sich durch einen freiwilligen Diakonat aus der Gemeinde zu verstärken. Beides ist noch näher ins Auge zu fassen.

Das hat ja von jeher und überall zu den Lebenswirkungen der Kirche gehört, daß sie den Armen Häuser baute, und wohl jede nicht erst neuerlich gegründete Gemeinde hat irgend eine Erbschaft dieser Art im Besitz, die treu zu verwalten, d. h. ebensosehr zum Besten der Lebenden nach dem Zwecke der Stiftung zu verwenden, als den Nachkommen unversehrt, ja bereichert zu hinterlassen, die Pflicht des lebenden Geschlechtes ist. Wir setzen dabei als das Normale, ja schlechterdings Nothwendige wieder voraus, daß der Geistliche bei der Verwaltung der Armenstiftungen in ihrem ganzen Umfange nicht nur eine Stimme hat, sondern daß er der Vorstand der örtlichen Armenbehörde ist. Wo man ihn ausgeschlossen und die Verwaltung der Stiftungen gänzlich den weltlichen Aemtern — seien es Staats- oder Gemeindebeamte — in die Hand gegeben hat, da hat man freilich weder den frommen, kirchlichen Sinn der Stifter beachtet, noch eingesehen, daß so das Armenwesen eine pure Fütterungsanstalt wird. Wo aber die Sache steht, wie sie soll, da ist die Verwaltung auch an gesetzliche Normen gebunden, und das Geschäft des Geistlichen ist zunächst das doppelte, mit darüber zu wachen, daß nichts Ungesetzliches, Willkürliches geschieht, innerhalb des Gesetzes aber bei der Unterstützung der einzelnen Armen, wie überhaupt bei dem ganzen Verfahren die christlichen Gesichtspuncte gegenüber den blos administrativen geltend zu machen. Er wird deßhalb das einemal sich mit Wärme eines Armen gegen die härtere Beurtheilung der

Mitbürger desselben anzunehmen, das anderemal aber auch zu fordern haben, daß die Armenpflege mehr zugleich Armenzucht sei, daß also unwürdigen Subjecten, Asoten u. s. f. der Brodkorb höher gehängt werde, daß die Polizei schärfer auf sie Acht habe, daß die faulen Almosenempfänger zu öffentlichen Arbeiten angehalten werden. Ja, seine Aufgabe ist oft eine noch tiefer eingreifende. Wo Hospitäler irgend einer Gattung sind, da setzt sich unter dem Verwaltungs- und Dienstpersonal, auch die Hospitalärzte mit eingeschlossen, leicht ein Schlendrian fest, unter dem die Armen, die Kranken manchmal schwer zu leiden haben, ohne daß sie es doch wagen, Klage zu führen, weil sie die Rache der Schuldigen fürchten, die diese hundertfach in täglichen Chikanen an ihnen, den Hülflosen, auszuüben im Stande sind. Die nächsten Beamten, unter denen das Dienstpersonal steht, lieben es auch nicht immer, in ihrer Ruhe, in dem süßen, eigenliebigen Wahne, daß unter ihren Auspicien alles aufs trefflichste bestellt sei, gestört zu werden, und die Armen wissen, daß sie mit Klagen nicht willkommen sind. Da ist es der Geistliche, der ohne Ansehen der Person auch in ein Wespennest zu stechen entschlossen seyn muß, und der dieß um so eher thun kann, da er als nicht im Orte geboren auch nicht in die Coterien verflochten ist, die in Städten und Dörfern so oft eine drückende Despotie ausüben. Seine Besuche in den betreffenden Anstalten werden ihn bald merken lassen, ob der Hausvater, der Arzt, der Krankenwärter ihre Pflicht thun, ob die Kost ist, wie sie seyn soll; aber er wird auch klar genug sehen, um die Querulanten, deren es gerade unter einer derartigen Hausbevölkerung immer welche giebt, zu erkennen und zur Ordnung zu verweisen. — Inzwischen hat die Erfahrung wiederholt gezeigt, daß in Zeiten besonderer Noth die alten Institute nicht ausreichen. Es ist alsdann in erster Linie wieder Sache des Pfarrers, nach anderweitiger Hülfe sich umzusehen. So haben seiner Zeit viele Geistliche sich an die Armenfreunde in weitern Kreisen gewendet, um die Mittel zu einer Suppenanstalt zu beschaffen, die sie dann, wo es nicht anders gieng, sogar im eignen Hause in Gang setzten. Der gebührende Dank ist ihnen nicht immer geworden; es gab Orte, wo die Empfänger der Wohlthat dem Pfarrer zum Lohne für seine Aufopferung nachsagten, er bekomme unsäglich viel Geld für sie, aber behalte das Meiste für sich und speise sie nun dafür mit elender Suppe ab; durch solche Nichtswürdigkeit läßt sich jedoch ein rechtschaffener Mann nicht abschrecken. Außer solchen Unternehmungen aber, die ohnehin nur für eine eigentliche Hungerzeit reservirt bleiben müssen, ist es in den Orten, wo die Armuth ein endemisches Uebel ist, mit der Zeit zur Nothwendigkeit geworden, der älteren Weise, da durch regelmäßige Almosen und im Falle der völligen Mittellosigkeit durch Aufnahme in ein Hospital gesorgt wurde, eine Erweiterung und geistige Belebung zu geben durch ein System, das darauf angelegt ist, daß der Arme aufgesucht, daß er nicht nur mit einem Almosen entlassen, sondern seiner ganzen Existenz nachhaltig aufgeholfen und er ebendeßhalb geistig gehoben, insbesondere sein Familienleben gerettet und veredelt werde, auf welch letzteres gerade das ältere System, wenigstens die Einrichtung der Armenhäuser keine oder wenig Rücksicht nehmen konnte. Die älteren Institute werden niemals überflüssig seyn; aber in irgend einer Form wird die kirchliche Armenpflege darauf bedacht seyn müssen, das von Chalmers so großartig ausgeführte Princip zu acceptiren, daß nemlich freiwillige, d. h. unbesoldete Armenväter aufgestellt werden, deren jeder einen District des Ortes zugetheilt bekommt, in welchem er die Armen aufsucht, sie beräth, ihre Anliegen theils nach eignem Ermessen bereinigt, theils dem Collegium vorträgt, das aus allen Districts-Armenvätern unter dem Vorsitze des Geistlichen besteht, und in allen erforderlichen Formen, die die Liebe leicht ausfindig macht, den Bedürfnissen Genüge zu thun sucht. Es ist ganz wohl denkbar, daß die Mitglieder einer schon vorhandenen, amtlich eingesetzten Behörde (wie Kirchenconvent, Pfarrgemeinderath) diese Function als Armenväter übernehmen; es ist auch möglich, daß der Geistliche hiezu lauter

Freiwillige in der Gemeinde werben muß; endlich kann es seyn, und dieß ist wohl das beste, daß die zu solch' persönlichem Dienste, der insbesondere auch tieferen christlichen Gehalt erfordert, Geeignetsten aus jenen gesetzlich bestehenden Collegien mit Freiwilligen aus der Gemeinde zusammentreten. Diesen Modus nennen wir den besten, weil einerseits so die tauglichsten Männer dazu verwendet werden können, und andrerseits doch Einheit in die Besorgung des gesammten Orts-Armenwesens kommt, also nicht etwa der Kirchenconvent und dieser Armenverein einen einzelnen Armen doppelt bedenken, oder das eine Collegium einen Armen als unwürdig abweist, der von dem andern als würdig anerkannt wird. Wo ein solch freiwilliger Dienst nöthig wird, da läßt sich zum Voraus annehmen, daß derselbe freie Verein, der Gaben austheilen will, auch Gaben sammeln muß; doch ist auch, wenn der rechte, wohlmeinende Sinn obwaltet, ganz wohl zu denken, daß die gesetzlichen Armenbehörden, die durch den Pfarrer mit den freiwilligen Vereinen in Connexion stehen, diesen einen Theil der ihnen unterstellten Mittel anvertrauen und nur den Nachweis über Verwendung derselben verlangen.

So wohlthätig andere, neuerlich viel empfohlene und angewandte Institute, wie Sparkassen u. dgl., bei gehöriger Leitung wirken, so glauben wir doch, daß diese finanziellen Operationen besser nicht von Geistlichen unternommen werden. Bankgeschäfte passen besser in andere Hände. Empfehlen wird der Geistliche den Gebrauch solcher Anstalten, namentlich für Dienstboten, für Fabrikarbeiter u. s. f.; und wenn *) der Wunsch Einzelner, es möchten die Fabrikbesitzer zur Gründung von Sparkassen für alle unverheiratheten Arbeiter mit Zwang zur Einlage für diese von Obrigkeitswegen angehalten werden, von andrer Seite Widerspruch erfahren hat, so kann dagegen der Geistliche desto eher solch einen

---

*) S. die württembergischen „Blätter für das Armenwesen" 1859. Nr. 15. und 16. S. 88.

Gedanken dem in seiner Gemeinde befindlichen Fabrikherrn zu Gemüth führen, vorausgesetzt, daß dieser sich nicht von vornherein feindlich zur Kirche stellt. Letzteres geschieht namentlich leicht, wenn die Kirche verlangt, daß der Fabrikherr den Sonntag respectiren soll. Allein auch dieß ist eine Forderung im Interesse des Armen, von welcher die Kirche nicht abstehen kann; für sie ist der Staat, wofern er ein christlicher seyn will, ebensowohl im Interesse der Arbeiter wie im Interesse der Kirche, verpflichtet, ebensogut mit Zwang einzuschreiten, wie er es andern Sonntagsentheiligungen gegenüber thut. Die Geistlichen sind vernünftig genug, um sich in Fällen, wo die Unmöglichkeit klar ist, (wie z. B. bei Hochöfen) zu bescheiden und nur zu verlangen, was möglich ist; aber wenn auch da, wo die Habsucht den Sonntag ausnutzen will, die großen Uebertretungen geduldet und nur die kleinen gestraft werden, so ist dieß ein Aergerniß, gegen das die Kirche nie aufhören darf, zu protestiren.

Für diesen Theil des Amtes, wenn für irgend einen, muß die Pastoraltheologie zu allermeist auf edle Vorbilder hinweisen, an denen es in der Kirche des Herrn nie gefehlt hat, der da arm ward um unsertwillen. Ein Leben, wie das des Valentin Andreä, des A. H. Francke, des Pfarrers Oberlin — das zeigt nicht nur, wie viel die Kraft erfinderischer und thatkräftiger Hirtenliebe durch eines einzigen Mannes Hand zu Stande bringen kann, es weist der Liebe nicht nur die Wege, die ihr offen stehen, sondern es entzündet die Liebe selbst und schärft ihr das Auge, daß sie auch unter andern Verhältnissen, wie sie jede Zeit wieder neu schafft, immer die rechten Mittel ausfindig zu machen weiß, um ihre Mission in der Welt zu vollführen.

---

15. Krankenbesuch.

Unter diesen engeren Titel fassen wir alles dasjenige zusammen, was wir über die pastorale Behandlung der Kranken in der Gemeinde zu sagen haben; denn auch die Aufgabe eines Geistlichen, der ausschließlich für ein Krankenhaus bestellt ist, ist im Wesentlichen keine andere, als die des Pastors, der seine Kranken in ihren Häusern besucht; was jenem noch außerdem obliegt, ist in dem bereits mitenthalten, was im vorigen Capitel in Betreff der Hospitäler gesagt ist. — Ferner schicken wir die Bemerkung voraus, daß dasjenige, was der Geistliche am Krankenbette zu thun hat, in älterer Zeit öfters unter den liturgischen Gesichtspunct gestellt wurde; so enthält z. B. die kürzlich von Lucius neu herausgegebene hessische Agenda vom Jahr 1574 (S. 104) einen „Unterricht aus Gottes Wort über das Kreuz der Glaubigen" und (S. 124) „Gebete, einem Sterbenden vorzusprechen." Ebenso bietet die kleine württembergische Kirchenordnung von 1536 eine „Form für die Einfältigen, wie man einen Sterbenden trösten soll," es bieten Aehnliches auch andere Kirchenordnungen dar. Dieß ist aber in jener Zeit wohl aus der Absicht zu erklären, „den einfältigen Pfarrherren," die nicht selbst im Stande wären, die geeigneten Trostsprüche anzuziehen und aus freiem Herzen zu beten, durch die Liturgie unter die Arme zu greifen. Wenn dagegen auch eine modern-kirchliche Richtung die Liturgie mit ihrer Feierlichkeit ins Krankenzimmer versetzen und dem Geistlichen, statt eines frei sich bildenden Gesprächs, gleich zum Eintritt eine feste Formel in den Mund legen will, so ist das eine Verwechslung des Liturgischen mit dem Seelsorgerlichen, gegen die wir uns ebenso im

Interesse des Liturgischen wie des Seelsorgerlichen, um Begriff und Handhabung beider Dinge rein zu halten, principiell schon erklärt haben.

1. Daß der Geistliche, wenn man ihn zu einem Kranken ruft, dem Rufe zu folgen die Pflicht hat, würde, wenn es auch nicht durch positive Kirchengesetze geboten wäre (vgl. Spörl a. a. O. S. 161 f. Württemb. gr. K. O. Fol. 147.), einfach schon aus der christlichen Bruderliebe fließen, die, in der Liebe Christi wurzelnd, das Elend des Nächsten nicht ansehen kann, ohne seiner sich zu erbarmen. Ich bin krank gewesen und ihr habt mich besucht, sagt der Herr zu denen zu seiner Rechten. Die letztgenannte Kirchenordnung motivirt jene Obliegenheit damit, daß der Herr die Betrübten alle zu sich rufe und erquicken wolle, „die Kranken aber nicht die geringsten unter den Beschwerten und Beladenen seien," also „die Kirchendiener der Kranken, so ihres Kirchendienstes begehren, sich mit allem Ernst und Fleiß annehmen sollen." Aber ist es auch Pflicht der Kranken, dieses Kirchendienstes zu begehren? Die Kirchenordnung sagt darüber nichts, es wird vorausgesetzt, daß überhaupt das Pfarramt und sein Dienst als eine Wohlthat angesehen wird, die auch die Gemeinden als solche erkennen. Calvin dagegen hat für Säumniß in der Berufung eines Geistlichen zu einem Kranken Strafen angesetzt, ganz entsprechend dem gesetzlichen Geiste seiner Moral und Kirchenregierung. An Orten, wo der geistliche Krankenbesuch abgekommen ist, ist dieß immer nur durch Schuld der Geistlichen geschehen, die nicht gern und nicht fleißig kamen und wenn sie kamen, dem Kranken nichts zu sagen wußten, was den Wunsch einflößte, sie möchten den Besuch wiederholen, oder die gar, wie der Arzt, für diese Besuche eine Honorirung erwarteten, während nach altem und gemeinsamem Kirchenrechte auch für die Reichung des heil. Abendmahls eine Stolgebühr zu nehmen verboten ist (s. Richter, K. R. 5. Aufl. S. 440), also noch viel weniger ein bloßer Besuch honorirt werden darf. An solchen Orten handelt sichs um die Frage, wie die Sache wieder

in Gang zu bringen und ob es den Gemeindegenossen als Christenpflicht vorgehalten werden müsse, zu jedem Kranken einen Geistlichen zu rufen? Hat es doch selbst Theologen gegeben (s. Jaspis, Hodegetik S. 358), die da behaupteten, der Pfarrer werde in seiner Pflichterfüllung gegen „sein größeres Publicum" gehindert, wenn er auch Kranke besuchen müsse, denen jeder andere Freund doch dasselbe sagen könne, was er sagen würde. Ein schönes testimonium paupertatis! Und gehören die Kranken nicht auch zu dem „größeren Publicum?" (Es ist Schuderoff gewesen, von dem solche Aeußerungen berichtet werden.)

Um mit dem Letzteren anzufangen, so kann Jak. 5, 14., auch wenn wir darin durchaus keine allgemeine Instruction für die pfarramtlichen Dienste bei Kranken sehen, (denn es handelt sich dort weder um Krankentrost noch um Bereitung zum Sterben, sondern um Heilung durch Gebetskraft; für den Dienst des Geistlichen sagt die Stelle theils zu viel, theils zu wenig) — doch den richtigen Anhaltspunct geben, sofern daraus klärlich das Moment der Gemeinschaft als Hauptgesichtspunct hervorleuchtet. Der Kranke kann nicht an der Gemeinschaft (im Cultus) mehr Theil nehmen, darum kommt die Gemeinde in der Person ihrer Repräsentanten zu ihm, und bezeugt durch ihren Besuch und ihre Fürbitte, daß er ihr als Glied dennoch angehört, daß sie sein Leiden als das Leiden eines Gliedes mitempfindet und mitträgt. Hiemit ist auch für die späteren und jetzigen Verhältnisse deutlich angezeigt, daß es sich in erster Linie nicht darum handelt, ob der Kranke nicht sich selber zu trösten, nicht selber zu beten im Stande sei (Letzteres setzt Jakobus V. 13 ausdrücklich voraus); auch nicht darum, ob denn die Familie dieß nicht zu thun vermöge? Denn auch wenn es an dieser Fähigkeit weder dem Kranken noch seinen Angehörigen fehlt, so können sich doch beide die kirchliche Gemeinschaft nicht ersetzen, die ihnen nur im ordentlichen Diener der Kirche sich persönlich vergegenwärtigt. Es bestätigt sich somit auch an diesem Puncte wieder, was oben über den symbolischen, darstellenden

Charakter des geistlichen Amtes gesagt wurde. (An die Rücksicht auf die Privatcommunion, die ohnehin ordnungsmäßig nur vom Pfarrer vollzogen werden darf, und welcher doch Besuche vorangehen und nachfolgen werden, sei nur kurz erinnert, da von dieser Function unten noch des Weiteren die Rede seyn muß.) — Allein auch was die eigene Gebetsfähigkeit des Kranken und die geistliche Hülfe seiner Angehörigen betrifft, dürfen wir, so sehr wir die Idee des allgemeinen Priesterthums festhalten, doch uns jene Selbstgenugsamkeit im wirklichen Leben nicht so groß denken, daß die Hülfe eines Geistlichen mit seiner Schriftkenntniß und Lebenserfahrung etwas für Viele ganz überflüssiges wäre. Oft ist ja, trotz unsrem Katechisiren und Predigen, Erkenntniß und geistliches Leben so unendlich schwach und dürftig, daß wir den Leuten am Ende ihrer Laufbahn erst die Anfangsgründe beibringen müssen; nicht nur bei denen, die der Kirche in gesunden Tagen ferne blieben, sondern auch bei solchen, die sogar fleißig beim Gottesdienst erschienen, entdecken wir oft einen ganz unglaublichen Mangel am Wissen der allereinfachsten Wahrheiten, es ist, als ob Alles, was sie in einem langen Leben aus Gottes Wort gehört, an ihnen abgelaufen wäre wie der Regen vom Pflaster. Dem gegenüber müssen wir immerhin wünschen, die Leute brauchten unsere Hülfe nicht, sondern wüßten selbst den Weg zu Gott und zu Gottes Frieden zu finden; diese geistliche Unfreiheit, diese Dürftigkeit, da man selbst zum Beten erst einen Pfarrer rufen muß, ist so jämmerlich, daß uns der Muth fast entsinkt, wenn wir daran wahrnehmen, wie wenig geistliche Habe unsere Zuhörer, unsere ehemaligen Confirmanden besitzen. Gerade von Solchen aber wird dann auch nicht sowohl begehrt, daß wir ihnen noch zu geistlichem Reichthum verhelfen, als vielmehr, daß der Pfarrer mit einer Art Zauberkraft einen Segen spreche über den Kranken und ihn so in den Himmel hineinbete. Der Pfarrer ist da ganz wie ein haruspex angesehen; wie er mit der Taufe das Kind gegen die Hexen sichert, die dem ungetauften nachstellen, so sichert er mit Gebet und Abendmahl den Sterbenden vor Teufel und Hölle; je feierlicher er sich dabei gerirt, um so mehr wird diese Wirkung erwartet. Was dann, wenn der Geistliche zu fühlen bekommt oder im Voraus weiß, daß dieß die Meinung ist, zu thun sei, wird sich uns unten zeigen; hier ist nur ersichtlich, daß in solchem Fall das Kommen des Geistlichen um so nöthiger ist, um den Kranken und seine Umgebung erst zu der Erkenntniß zu führen, daß derselbe nicht eines geistlichen Zauberers, sondern eines Mannes bedürfe, der ihn erst die ethischen Bedingungen der Seligkeit kennen und erfüllen lehre. Aber auch da, wo es an eigener Erkenntniß, Erfahrung und Gebetsfähigkeit gar nicht fehlt, tritt überaus häufig unter körperlichem Leiden auch eine geistige Armuth, eine Leerheit und Schwäche ein, die ganz unglaublich wäre, wenn sie nicht als Thatsache unzweifelhaft vorläge. Oder was wollen wir sagen, wenn selbst ein Mann wie J. A. Bengel (s. sein Leben von Burk, S. 573) sich in einer Krankheit so arm und trostbedürftig fühlt, daß er, da eines Tages kein Geistlicher in der Nähe ist, einen (etwa 16jährigen) Klosterschüler kommen läßt, und diesem, der in seiner Noth nichts zu sagen weiß, als den Spruch: „das Blut Jesu Christi macht uns rein" 2c., herzlich dafür dankt? Ebenso lesen wir von Magnus Friedrich Roos (in den seinen Schriften beigegebenen biographischen Notizen): sein Geist sei oft so niedergedrückt gewesen, daß er oft geschmachtet habe nach Tröstung aus der Schrift, und daß er deßhalb von Jedem, der ihn besuchte, auch von Personen geringsten Standes erwartet habe, daran erinnert zu werden, wovon er immer die wohlthätige Kraft empfunden. Wenn für solche Männer, die fester als Tausende in Gottes Wort gegründet und reich waren an Geist und Gaben, das Bedürfniß eintrat, sich von Andern an das erinnern zu lassen, was sie doch selbst in Hülle und Fülle in sich trugen, und wovon nur das Bewußtseyn ihnen getrübt, die unmittelbare Empfindung zurückgedrängt war: so folgt daraus, daß es wohl Jedem, der nicht positiven Widerwillen gegen Kirche und Wort Gottes hegt, Jedem der für geistiges Bedürfniß nicht erstorben ist, zu einer Wohlthat wird, wenn der Geistliche ihn besucht und sich geistlich seiner annimmt. Denken wir vollends an die Menge derer, die (wenn dieß überhaupt noch gelingt) erst auf dem Krankenlager zu einiger Besinnung über sich selbst kommen, erst da einmal ernstlich an Seele und Seligkeit denken, und auch da oft nur durch Zuspruch aus ihrer Gleichgültigkeit, ihrem Unglauben, ihrer Selbstzufriedenheit einigermaßen herausgetrieben werden können, so ist es etwas direct zur Seelsorge Gehöriges, dieß an ihnen nicht unversucht zu lassen, — noch zu retten, was in Gefahr ist, verloren zu gehen, „zu stärken das Andere, das sterben will" (Offenb. 3, 2.). Die Fähigkeit, diesen Dienst zu leisten, muß nun zwar von jedem geförderten Christen erwartet werden können; es bedarf hiezu nicht jener wissenschaftlichen und technischen Vorbereitung, die die Kunst der Predigt, der Katechese erfordert; daher sich unter den schlichtesten Gemeindegliedern oft welche finden, die es ganz vortrefflich verstehen, mit Kranken geistlich umzugehen, die sogar vor dem Geistlichen den Vortheil haben, daß sie derselben Bildungsstufe angehören, wie der Kranke und deßhalb in seine Sprache, seine Vorstellungsweise viel concreter (wenn man will, derber) eingehen können, als der Geistliche. Allein die Kunst, Allen Alles zu seyn, muß der Geistliche lernen, ihm wendet sich doch immer das Vertrauen Aller zu, da er nicht nur durch seine Praxis an vielen Krankenbetten mehr Erfahrung haben muß, als jeder Andere, sondern auch gerade seine höhere, wissenschaftliche Bildung ihn davor bewahrt, den Kranken in einer unangemessenen, unpsychologischen Weise zu behandeln. Religiöse Einseitigkeit und Beschränktheit ist nirgends schädlicher, als an Krankenbetten, und macht sich doch gerade hier am gernsten zu schaffen.

Aus dem Gesagten folgt, daß es zum geordneten Zustand einer Gemeinde, gleichsam zur gesunden Circulation der Kräfte in ihr gehört, daß der Geistliche zu den Kranken gerufen wird; nicht, weil es nun gälte, denselben durch die geheimnißvolle Macht des

Amtes noch gleichsam vor Thorschluß den Himmel zu assecuriren, (eine Meinung, die bei Manchen, namentlich aus den mittlern und höhern Ständen in der Art vorkommt, daß sie glauben, wenn der Geistliche nur ein oder ein paar Mal beim Kranken gewesen sei, auch wenn er kein Wort von Tod und Ewigkeit, von Sünde und Versöhnung sagen würde, so wäre damit schon die Christlichkeit des Kranken constatirt und seine Seligkeit gesichert): sondern weil 1) im Geistlichen für den Kranken die Gemeinschaft der Kirche sich repräsentirt, und weil 2) der Geistliche vermöge seiner Stellung, Bildung und Erfahrung der Mann seyn muß, der sich mit klarem Geiste und liebevoller Hingebung in alle möglichen Zustände hineinversetzen und das einem Jeden Entsprechende darbieten kann, der „als ein rechter Schriftgelehrter Altes und Neues aus seinem Schatze herfürträgt." (Matth. 13, 52.) Andrerseits bringt es die Verantwortlichkeit des Geistlichen für die Gemeinde (in dem Umfange, wie sie oben Cap. 4. festgestellt worden) mit sich, daß er nicht nur keine Seele, die noch gerettet werden kann, gleichgültig ihrem Schicksal überläßt, sondern auch denen, von denen er weiß, daß sie nicht verloren gehen werden, in der Zeit der Noth, der Schwachheit, der Anfechtung als treuer Freund zur Seite steht. Wir bedürfen also auch hier keiner absonderlichen, durch künstliche dogmatische Beweise zu erzielenden und doch schließlich nicht beweisbaren klerikalen Vollmacht über die Seelen, sondern es sind rein menschliche Motive und Beziehungen, in denen sich, ächt evangelisch, das Göttliche manifestirt und in der Gemeinde wirksam wird.

Von einem Zwange, der durch Gesetz und Strafe ausgeübt würde, kann in Betreff der Gemeindeglieder selbst nicht die Rede seyn; wem es kein Bedürfniß, keine Wohlthat, kein Freundesdienst ist, daß der Geistliche ihn in Krankheit besucht, dem kann dieser sich nicht aufdringen und wie eine lästige Einquartierung sich ins Haus legen. Daraus, daß der Geistliche nicht gerufen wurde, zu schließen, daß der Kranke Kirche, Wort und Sacrament verachtet habe, und deßhalb auf ihn die für solche Verächter geltenden

Disciplinarvorschriften anzuwenden, d. h. ihm kirchliches Begräbniß zu versagen, wäre ebenfalls mißlich, weil möglicher Weise jener Schluß ein falscher ist, d. h. die Nichtberufung des Geistlichen auch andere Gründe haben kann. Nicht unpraktisch ist die Methode, die wir bei einem älteren Landgeistlichen einst fanden: wenn er einem solchen die Leichpredigt zu halten hatte, so pflegte er am Schlusse der Personalien (die auf dem Lande nach der Predigt und abgesondert von dieser verlesen werden und an deren Ende meist eine Art Charakteristik oder Prädicirung des Verstorbenen erwartet wird) noch beizufügen: „Von dem Seelenzustande des Verstorbenen weiß ich nichts zu sagen, da ich während seiner Krankheit nicht zu ihm gerufen wurde.“ Das hat denn doch bei den Meisten gewirkt. Im Uebrigen wird ein Pastor, der in einer Gemeinde es als Sitte antrifft, den Geistlichen nicht zu rufen, nichts thun können, als sich von der Kanzel aus bereit erklären, Kranke zu besuchen, sobald man es ihn wissen lasse; außerdem wird er etwa einen kranken Nachbar, ein krankes Schulkind auch ungerufen besuchen, weil hier ein anderweitiger Rechtstitel vorliegt — dort geht er als Nachbar, hier als Schulinspector hin. Weiß er hier seines Amtes gut zu warten, so wird es sicherlich nicht lange anstehen, bis ihn auch Andere rufen. Ungerufen in jedes Haus zu gehen, wo er einen Kranken erfährt, ist nur in kleinen Gemeinden thunlich, wo man einander persönlich viel näher steht, und darum auch ein Besuch vom Pastor nichts Auffallendes ist. Man muß überhaupt erst seine Leute kennen, um hier das Richtige zu treffen, indem man bei dem Einen eine sehr unfreundliche Aufnahme finden kann, wenn man ohne seinen Willen ihn aufsucht, während ein Anderer — dieß kommt in Städten gar nicht selten vor — es wünscht und erwartet, daß der Geistliche ihn besuche, aber durchaus nicht zugibt, daß man ihn rufe; er soll selber kommen, soll's selbst wissen, daß man krank ist. Es steckt hinter dem Letzteren theils Eitelkeit, theils Aberglaube; den Geistlichen holen lassen, das verräth, meint man, schon eine viel größere Gefährlichkeit des Zustandes; kommt er selbst, so ist das ein einfaches Zeichen der Theilnahme und eine Ehre.*)

Noch ist zu erwähnen, daß die Pastoren ihr Nichtgerufenwerden nicht selten dem Einfluß von Concurrenten zuschreiben, die, wenn sie das Mitwirken des Geistlichen fürchten, entweder noch nie mit einem tüchtigen Seelsorger am Krankenbette zusammengetroffen oder — sehr beschränkten Geistes sind. Wir meinen die Aerzte. Wäre der Geistliche freilich der Mann, der darauf sein Absehen hätte, dem Kranken noch die Hölle möglichst heiß zu machen, um ihn als einen recht zerknirschten armen Sünder in die Ewigkeit zu schicken; wäre es geistliche Praxis, den Leidenden

*) Von Beidem hat Verfasser selbst Beispiele erlebt. Eines Tages wird er zu einer kranken Frau gerufen; als er zur Thüre eintritt, ruft ihm die Kranke aus ihrem Bette, wie erschrocken, entgegen: „Ja um Gotteswillen, wer hat denn Ihnen gesagt, daß Sie kommen sollen? So stehts noch gar nicht bei mir ꝛc." Ich erschien ihr als Todesbote; nicht sie, sondern ihre Verwandten hatten mich ohne ihr Wissen gerufen. Es versteht sich, daß ich mich dadurch nicht abtreiben ließ, da ich einmal da war; sie hatte gegen spätere Besuche nichts mehr einzuwenden. — Von einem andern erfahre ich zufällig durch den Arzt, daß er schon einige Zeit krank sei. Da ich früher seine verstorbene Frau oft besucht hatte und so ihm näher gekommen war, ging ich ohne Weiteres hin, und hörte nun zu meiner nicht angenehmen Ueberraschung, daß er mich schon länger erwartet, aber nicht zugegeben hatte, daß man mich hole. „Er wird's ja wissen, daß ich krank bin" — das setzte er schlechtweg voraus, und weil ich nicht kam, glaubte er, ich wolle nicht kommen. Ich erkannte übrigens aus diesem Vorfall, wie wichtig und nothwendig es ist, daß der Beichtvater eigentlich immer alle seine Beichtkinder in Gedanken sich präsent hält; er wird sonst vieles nicht inne, was man ihm nicht ausdrücklich berichtet und was er doch als Hirte wissen sollte. — In obiger Beziehung trifft wohl die württembergische Amtsinstruction für die evangel. Geistlichen vom 20. Febr. 1827 das Richtige, wenn sie sagt: „er gehe selbst ungerufen zu Kranken, von welchen er sich eine freundliche Aufnahme versprechen darf." Dazu auch die Bestimmung der gr. K. O. (Fol. 147): „Es sicht uns auch aus allerlei bewegenden Ursachen für gut an, daß die Kirchendiener auch denen Kranken, die ihrer nicht begehren, ihren guten Willen und Dienst durch sich selbst oder ihre Verwandten und Zugethanen erzeigen und anbieten." Aehnlich fordert eine Gothaische Landesordnung (s. bei Spörl S. 164), der Pastor solle „durch Diejenigen, welche dem Kranken aufwarten, oder andere seine Gefreundte ihm zusprechen lassen, damit er den Pfarrer zu sich zu erfordern bewogen werden möge."

nach methodistischer Manier zur Angstbank zu schleppen, ihm Sünden- und Glaubensbekenntnisse in möglichstem Umfang und möglichster Inbrunst abzupressen, und aus dem Kranksehn, aus dem Sterben ein frommes Schauspiel zu machen: — dann hätten nicht nur die Aerzte Recht, den Geistlichen vom Krankenbette wegzuwünschen, weil er die Heilung hindere, sondern jeder Menschenfreund müßte den Kranken bedauern, der zu seinem Leiden hin noch solch geistliche Tortur auszuhalten bekäme. Aber erstlich ist das nicht die Praxis eines seinen Beruf verstehenden evangelischen Pastors; was er mit seinen Kranken redet, das dürfte jeder Arzt mit anhören. Zweitens aber, wenn ein Arzt die Besorgniß hegt, ein Gespräch, das den Kranken auf sich selber, auf den Werth und Gehalt seines Lebens, auf seine Aussichten in die Ewigkeit führt, sei der leiblichen Heilung gefährlich: so versteht er sein Handwerk schlecht; die Fixirung der Gedanken auf die Wahrheit, auf Gottes Ernst und Gottes Güte hat noch Niemanden kränker gemacht: wohl aber kann diese Fixirung des Gemüthes, kann die Abkehr von der Welt Thorheiten, kann das Verlangen nach Vergebung und die Zusicherung derselben, also der Friede, zu dem die Seele gelangt, sehr wohlthätig auch auf die leibliche Heilung wirken, so daß ein vernünftiger, nicht im stupiden Hasse des Materialismus gegen alles, was Geist und geistlich ist, befangener Arzt einen intelligenten Geistlichen vielmehr als seinen besten Mitarbeiter ansehen muß.*) Beide sollten sich vielmehr suchen als meiden, — suchen, um sich gemeinsam über ihren Patienten zu berathen. Eines hauptsächlich ist es, was die Aerzte (und mit ihnen so oft die Familienangehörigen) vom Geistlichen am meisten fürchten: während sie den Kranken über die Bedenklichkeit seines Zustandes täuschen und, wenn ihm der Tod schon auf den Lippen sitzt, noch Lebenshoffnungen in ihm nähren, während sie jede Hindeutung auf

*) Daß etwa der Geistliche ihm durch medicastern ins Handwerk pfusche, fürchtet dermalen wohl kein Arzt; in welcher Weise allein eine Collision dieser Art denkbar ist, wird unter Ziff. 3. berührt werden.

ein mögliches Ende mit Aengstlichkeit meiden und dem Kranken, wenn er sich selbst diese Möglichkeit nicht verbirgt, den Gedanken ausreden: so ist ihnen bange, der Geistliche, dem es ja geläufig ist, von Tod und Ewigkeit zu sprechen, möchte etwas der Art auch dem Kranken sagen und damit ihre ganze Diplomatie mit plumper Hand zerstören. Wenn sie dem Geistlichen diese Diplomatie, dieses Täuschungssystem nicht zutrauen, so haben sie ganz recht; er will und muß dem Kranken dasjenige sagen, was ihm zum Heile dient, und das ist nur die Wahrheit, — allerdings die Wahrheit in Liebe, also in schonender Form, in weiser Theilung, aber doch eben die Wahrheit; und wenn ihn die Angehörigen zwar kommen lassen und sich äußerst dankbar über seinen Besuch zeigen, aber ihn hindern wollen, dem Kranken zu derjenigen Erkenntniß zu helfen, die ihm doch nothwendig ist, wenn sie, wie es manchmal vorkommt, ihn am Krankenbette so scharf bewachen und des Gespräches sich selber so bemächtigen, daß er gar nicht zum Wort kommen, nicht das sagen kann, was seines Amtes ist, dann bleibt ihm nichts übrig, als die Angehörigen außerhalb der Krankenstube über die Sache ins Klare zu setzen, und sie zu bitten, daß sie ihm erlauben möchten, einmal allein mit dem Kranken zu seyn; er muß ihnen nöthigenfalls das Unrechte und Unkluge ihres Verfahrens ruhig ins Licht setzen, und sie zu überzeugen suchen, daß der Kranke selbst, wenn einmal das, was er doch selber so gut wie sie denke, auch ausgesprochen sei, sicher ruhiger und getroster werde, und daß ja doch eine Hinweisung auf die Möglichkeit eines frühern Zieles kein Todesurtheil sei, sondern alles noch immer in Gottes Hand stehe. (Vgl. was Kündig, Erfahrungen am Kranken- und Sterbebette, 1856, S. 135 gegen eine Aeußerung von Harms bemerkt.) Wenn eitle, oberflächliche, geist- und glaubenslose Menschen in ihrer jämmerlichen Weichlichkeit jedes memento mori fürchten wie ein Gespenst und darum auch einem Kranken glauben eine Wohlthat zu erweisen, indem sie ihm diesen Schrecken ersparen (als ob mit dem memento auch das mori selber erspart wäre!), so kann man das einigermaßen begreifen; wenn aber ein Arzt diese Meinung theilt und dieses Verfahren billigt, so ist das geradezu unbegreiflich, da er selbst am besten wissen sollte, daß das Hangen und Bangen zwischen Furcht und Hoffnung der Genesung nicht förderlicher ist, als die Erkenntniß der Wahrheit und die dadurch herbeigeführte Gefaßtheit, daß durch diese vielmehr der ärztliche Zweck der Heilung oder wenigstens der Linderung gerade am besten befördert wird. Die Kranken haben oft ganz wohl das Gefühl, wie es mit ihnen stehe; daneben aber nähren sie jene Hoffnungen und werden darin bestärkt, ohne doch jenes Gefühl unterdrücken zu können: dieses Schweben und Schwanken zwischen Furcht und Hoffnung, d. h. zwischen einer Furcht, die das Wirkliche ahnt, und zwischen einer Hoffnung, die doch eitel ist, erzeugt einen viel traurigeren, unbehaglicheren, peinigenderen Zustand, als wenn die Gewißheit des Todes nach psychologischen Gesetzen auch eine Gefaßtheit, eine ergebene Stimmung herbeigeführt hat. Die gewissenhafteren Aerzte sind ohnehin selber der Ansicht, daß man einen Kranken, auch wenn man ihm ein Todesurtheil nicht ankündige, doch ebensowenig positiv täuschen und mit Unwahrheit hinhalten solle: ein Todesurtheil kündigt auch der Geistliche nicht an, er weiß ja, Leben und Tod steht in Gottes Hand und dem ist es ein Geringes, mit viel oder wenig zu helfen und auch vom Tode zu erretten: aber er will darauf hinarbeiten, daß sich der Kranke mit dem Gedanken an sein Ende vertraut mache, daß er nicht überrascht werde, wenn der Tod an seine Pforte klopft, daß er männlich ihn erwarte und im Frieden Gottes alsdann hinziehe: in dem Allem liegt nichts, was die ärztliche Arbeit stören oder die Liebe der Angehörigen verletzen könnte, im Gegentheil, diese können nur wünschen, daß Beiden, dem Geistlichen wie dem Arzt, ihr Werk gelinge; kann der Arzt das Leben nicht retten, so ists um so tröstlicher, wenn der Geistliche für diesen Fall vorgesorgt hat; gelangt aber der Kranke zur Genesung, so wird es ihm auch für das wiedererlangte Leben von bedeutendem Gewinne seyn, daß ihn der Geistliche gelehrt hat, dem Tod ins Auge zu sehen.

2. Liegt es nach dem Obigen in der Stellung des Geistlichen zur Gemeinde, daß er zu den Kranken gerufen wird, muß das also, ohne für den einzelnen Kirchengenossen eine Zwangspflicht daraus zu machen, doch als das Normale angesehen werden, daß man ihn ruft, und zwar nicht erst zu einer Art letzter Oelung, sondern zu seelsorgerlicher Behandlung, also bei Zeiten: so folgt hieraus um so gewisser, daß der Geistliche dem Rufe zu folgen hat, und zwar ungesäumt. Gerade, weil der Ruf oft erst spät an ihn kommt, so daß Gefahr auf dem Verzuge haftet, darf er nicht zögern, nicht auf morgen verschieben, was heute noch seyn kann; eine Versäumniß der Art, wodurch er in den Fall kommt, seinen Kranken gar nicht mehr lebend zu treffen, macht den allerübelsten Eindruck und thut seinem Credit schweren Schaden; auch wenn die größere Hälfte der Schuld die Angehörigen trifft, die nicht zeitig ihn riefen, klagen sie doch ihn darob an. Man kommt hiedurch oft in schlimme Collisionen; gerade die Säumigen sind dann, wenn die Gefahr näher ist, auch die Rücksichtslosesten in ihren Forderungen; eine ganze Woche können sie zögern, den Pfarrer zu rufen, aber Sonnabends oder gar Sonntags noch vor dem Gottesdienste soll er dann, wenn es ihnen endlich nöthig scheint, parat seyn. Darüber nun ist man freilich allenthalben einverstanden, daß der Pfarrer, wenn er unmittelbar vor einer Predigt, überhaupt mitten aus der Vorbereitung auf einen öffentlichen Act zu einem Kranken gerufen wird, das Recht hat, die Zumuthung zurückzuweisen und seinen Besuch erst für eine spätere Stunde zuzusagen, und wenn durchaus keine Gefahr auf dem Verzuge haftet, so wird sich auch der Kranke bescheiden. Aber wir können dennoch nicht umhin, zu bekennen, daß es uns niemals gereut hat, selbst zu ungelegener Stunde alsbald gefolgt zu seyn, wohl aber mehrmals bitter gereut hat, dieß aus einem wenn auch noch so triftigen Grunde nicht gethan zu haben. Es ist auch in dieser Rücksicht

eine wohl zu beachtende Regel, die Vorbereitung auf Predigten und Reden niemals so spät erst zu beginnen, es damit niemals so auf Spitz und Knopf ankommen zu lassen, daß ein einziger unerwarteter Zwischenfall die unwillkommene Nöthigung herbeiführen könnte, unvorbereitet vor die Gemeinde treten zu müssen. Vor solchen Zwischenfällen ist ein Geistlicher niemals sicher; vornehm sich abschließen, Sprechstunden festsetzen u. s. f., das kann ein Seelsorger nicht, und wenn er es thut, so ist er bald nur noch ein Beamter. Wer nicht erst Samstags nach seinem Evangelium für den Sonntag sich umsieht, sondern, auch wenn er nicht früher an die Arbeit des Concipirens geht, doch schon die Woche durch dasselbe im Innern bewegt, der kommt dann nicht in Noth, wenn ihm die Zeit des Concipirens und Memorirens etwa auch um eine Stunde verkürzt wird.

Eine andere Ursache, die den Geistlichen etwa bedenklich machen kann, ob er folgen soll, ist die Gefahr, in die er sein eignes Leben durch die Möglichkeit der Ansteckung bringt. Er befindet sich in einem minder günstigen Falle, als der Arzt, den sein beständiger Verkehr mit Kranken und das viel weniger gemüthliche als objectiv-wissenschaftliche oder technische Interesse, das er an der Krankheit nimmt, vor Ansteckung in weit höherem Grade (obwohl auch durchaus nicht unfehlbar) schützt. Gleichwohl steht der Geistliche deßhalb nicht so weit hinter dem Arzte zurück, daß ihm der Krankenbesuch in solchem Falle eine pure Last wäre, die er nur übernimmt, weil er seine Verpflichtung zu derselben in allweg nicht leugnen kann. Das Pflichtbewußtseyn, das bei ihm so gut wie beim Arzte, beim Soldaten, beim Seemann, die Wirkung haben muß, daß er der Gefahr als ein Mann entgegengeht, wird bei ihm, wie bei jedem Christen, wesentlich gehoben, belebt, zu einem freudigen gemacht einerseits durch die erbarmende Liebe, die nicht das Ihre sucht, sondern im Dienen, in aufopfernder Hingebung sich befriedigt, andrerseits durch den festen Glauben, daß alle Haare unseres Hauptes gezählt, daß wir lebend oder todt in des

Herrn Hand sind. Gehe ich mit dem einfachen, aber stets gleichen Bewußtseyn zu den Kranken: „das ist mein Beruf," nehme ich's als eine Sache, die sich ganz von selbst versteht, über die ich also kein Wort verliere, da ich mich gar nicht erst besinne: soll ich oder soll ich nicht? — dann bin ich auch vor Ansteckung am meisten sicher; die Unbefangenheit des ganzen Thuns, die volle Seelenruhe ist das beste Schutzmittel. Bekanntlich werden auch allerlei Hausmittelchen empfohlen (Waschung nach dem Krankenbesuch, Ausspülen des Mundes mit Pestessig — den Hüffell, Wesen und Beruf des Geistlichen, II. S. 401 beschreibt, Wachholderbeeren in den Mund nehmen u. dgl.), Dinge, über die, wenn man je Werth darauf legt, am besten ein Arzt gefragt wird; aber mancher Geistliche, der im Anfang sie fürsorglich gebrauchte, hat sie bald zu gebrauchen vergessen und dann auch nicht mehr nöthig gehabt, wenn nicht vielleicht allgemeinere, mörderische Epidemieen sie ihm wieder in Erinnerung brachten. Andere Vorkehrungsmittel, daß man sich z. B. nicht dem Athem des Kranken aussetzt, daß man nicht mit leerem Magen zu ihm geht, wo möglich bei ihm ordentlich lüften läßt u. dgl., dann Mittel, um die Einwirkung starken Geruchs zu mildern, sind so einfach und natürlich, daß es deßfalls gar keiner pastoraltheologischen Instruction bedarf. Diese wird schließlich nur sagen müssen: ist es Gottes Wille, daß du auf diesem Wege deinen Tod holen sollst, so geschehe sein Wille; dein Glaube ists, der dich darüber vollkommen beruhigt, und in seinem Berufe zu sterben, ist doch immer der schönste Tod.

Um unter den zu besuchenden Kranken keinen zu vergessen und zu keinem zu selten zu kommen, muß sich der Pastor (wenigstens in größern Gemeinden) einen Krankenzettel halten, auf dem er sich zugleich die einzelnen Besuche notirt. Bei sehr geschäftsvollem Amte geschieht es gar zu leicht, daß man meint, den oder jenen erst gestern oder vorgestern besucht zu haben und es kann schon eine Woche oder mehr inzwischen verstrichen seyn. So kurz die Zeit dem vielbeschäftigten Manne wird, so lange wird sie dem

Kranken, der seiner harrt. Auch dagegen ist Vorkehr zu treffen, daß nicht in Abwesenheit des Pastors ein Krankenbesuch erbeten, die Meldung aber von den Hausgenossen ihm nicht zeitig ausgerichtet wird. — Wie oft ein Kranker zu besuchen sei, darüber gibt es natürlich keine Regel; es bestimmt sich dieß theils nach dem Zustande des Kranken, theils nach der Gesammt-Arbeit des Pastors, dem, wie jedem Menschenkinde, das ultra posse nemo obligatur ebenfalls zu gute kommt. Wo die Tage schon gezählt sind, da wird ein täglicher Besuch erwünscht seyn, im andern Falle dürften wöchentlich zwei bis drei Besuche genügen, bei langaussehenden Krankheiten auch innerhalb einer Woche nur einer. Jedenfalls dürfen auch bei Jahre langen Krankheiten die Besuche nie abgebrochen werden, als wäre der Geistliche müde, entweder weil es so lange daure, oder weil er nichts an dem Kranken ausrichte. Der Grundsatz, daß wir nicht auf Erfolg arbeiten, ist auch hier maßgebend. Ebensowenig dispensirt der Eintritt der Genesung den Geistlichen davon, je und je nach dem Reconvalescenten zu sehen; es darf nicht den Schein gewinnen, als wäre er froh, einer Mühe los zu seyn; dann eben kann sehr viel daran gelegen seyn, das, was die Krankheit Gutes geschafft, auch zu erhalten.*) Gerade in Betreff des Fleißes in diesem Punct aber ist in großen Gemeinden die Hülfe eines Presbyteriums oder Diakonats, in welcher Form dieß auch organisirt sei, von entschiedenem Werthe. Es existiren hie und da sogenannte Krankenvereine, deren Mitglieder, Männer, Frauen und Jungfrauen, sich in die gemeldeten Kranken theilen, sie besuchen und dann gemeinschaftlich Rath pflegen, wo und wie geistliche und leibliche Hülfe zu schaffen sei. Solche Vereine müssen nothwendig unter Leitung der Geistlichen stehen, da sie sonst den Letzteren eine Art Concurrenz machen, leicht auch die Wirksamkeit derselben an den Krankenbetten zu controliren sich

*) Vgl. Speners Theol. Bd. IV. S. 227. — Auch was wir oben bei Gelegenheit der Hausbesuche sagten, ist hier in Erinnerung zu bringen.

berufen glauben, während sie in Gemeinschaft mit den Geistlichen für diese selbst eine ungemein erwünschte Hülfe seyn können. Wo kein solcher Verein besteht, da sind es oft die Sprecher der Privatversammlungen oder fromme Schullehrer, die zu den Kranken gerufen werden; der Fall ist gar nicht selten, daß Leute, die sonst solch einen Pietisten, einen schlichten Weber oder Schuster, über die Achsel ansahen, ihn in kranken Tagen angelegentlich rufen lassen. Sich dagegen eifersüchtig zu beweisen, wäre eine schlechte pastorale Taktik; es ist besser, sich mit ihnen so in Communication zu setzen, daß sie sich selber als Gehülfen und Mitarbeiter des Pfarrers ansehen. Thut er seine Schuldigkeit an den Krankenbetten, so hat er diese Concurrenz nicht zu fürchten, er hat in seiner Bildung und Stellung doch zu viel voraus, als daß er nicht immer wieder willkommen seyn sollte. Redliche Männer von jener Art — wir können das aus oftmaliger Erfahrung bezeugen — freuen sich, an solchem Orte mit dem Pastor zusammenzukommen und treten bescheiden zurück, um ihm das Wort zu lassen.

Hoch anzuschlagen ist der Werth, den die fleißigen Krankenbesuche für den Geistlichen selber haben. Da lernt man, wie auf keiner Universität und aus keinem Buche, den Ernst des Lebens und Sterbens, die Noth des Leibes und der Seele kennen; das stimmt den Geistlichen, wie er immer gestimmt seyn soll, ernst und doch milde; das verschließt das Herz vor vielen Einwirkungen von außen, denn es läßt das Nichtige, Eitle, Schaale des Weltwesens fühlbarer erkennen, als irgend etwas Anderes. Selbst ein Begräbniß, und wäre der Fall ein noch so erschütternder, macht nicht diesen Eindruck, weil bei solcher Gelegenheit doch immer wieder Prunk oder doch Repräsentation, also irgend ein Stück Welt zum Vorschein kommt; das Grab duldet immerhin einigen äußern Schmuck, das Krankenbette nicht. Da lernt man auch das menschliche Herz, lernt die groben und feinen Gestaltungen der Sünde besser kennen, als irgend ein dogmatisches oder ethisches Handbuch sie zeichnet; Vieles, um was die Theologen sich streiten, das Buchstaben- und

Formelwesen, auf das so viel Gewicht gelegt wird, erscheint Einem da in ganz anderem Lichte; auch was an der angelernten Theologie eitel und hohl ist, lernt man da unterscheiden und sich auf die festen, lebenskräftigen, einfachen Kernpuncte zurückziehen. Man lernt aber auch die Kraft des Glaubens und Gebets kennen, wie sonst nirgends; man sieht, welch eine Lebensmacht selbst ein einfacher Spruch in sich birgt, den man schon längst völlig ausgeschöpft zu haben meinte. Das alles ist Gewinn für Predigt und Katechese und Gewinn zu allermeist für's eigene Herz.*)

3. Das Erste, woran dem besuchenden Pastor gelegen seyn muß, ist, wie bei dem Arzt, die Diagnose; er muß ja erfahren, wie es bei dem Kranken überhaupt innerlich aussieht. Wofern er ihn vorher nicht näher gekannt hat, ist es hiezu ein praktisches Mittel, sich von ihm selber seinen Lebenslauf erzählen zu lassen; die Art, wie er seine Lebensschicksale auffaßt, gibt schon einen Blick in sein Inneres. Außerdem bietet sich als nächster Anknüpfungspunct die Erkundigung nach der Krankheit, ihrer Entstehung und Entwicklung dar; man hat den Kranken ruhig anzuhören, denn an seine eigene Erzählung, seine Schilderung dessen, was er gelitten habe und noch leide, fügt sich ganz ungezwungen die Nachfrage, ob es ihm wohl schwer werde, sich in all' das und was noch daraus werden könne, zu schicken? was ihm während der schlaflosen Nächte für Gedanken kommen? womit er sich innerlich beschäftige? Damit ist der Pastor schon an dem Punct angelangt, wo sein Gespräch ein pastorales wird, wo die Theilnahme, die sich in den ersten Fragen kund gab, übergeht in eine Arbeit an der Seele. Solch ein einfaches, natürliches Beginnen ist sicherlich richtiger, als wenn man, wie manche Pastorallehrer um der Amtswürde

---

*) Deßhalb ist es auch vollkommen richtig, wenn Carl Steiger, Krankenbuch, St. Gallen 1841, S. 10, sagt: „Der Umgang mit Kranken hat in der That etwas Feierliches, Heiliges an sich. Wer sich aufmacht, um einen Kranken zu besuchen, wer eben in ein Krankenzimmer eintreten will, fühlt sich wunderbar bewegt und ergriffen, der ruhige Schlag des Herzens wird unterbrochen, man ist genöthigt, sich zu fragen, ob man würdig, rein, vorbereitet sei?"

willen angerathen haben, alsbald mit hoher Miene und priesterlicher Salbung zu peroriren, zu dociren oder zu examiniren beginnt; dadurch entfernt und verschließt man die Gemüther, statt sie anzuziehen und zu öffnen; entweder schweigt der Kranke und läßt den Pastor predigen, denkt aber: der hat gut reden; wär's ihm zu Muthe, wie mir, so würde er seine Saiten etwas herabstimmen; oder stimmt er und die Seinen mit in diesen Ton ein, sie stellen sich äußerst fromm und andächtig und der Pastor geht quasi re optime gesta wieder von dannen, weil er sich selber wieder predigen gehört hat — seinen Kranken aber hat er nicht kennen gelernt; er ist geradezu getäuscht worden. Ebensowenig ist jenes inquisitorische Verfahren am Platze, da man nach einer dogmatischen Schablone Bekenntniß um Bekenntniß auswirken will, worauf dann, wenn alle Antworten so lauten, wie sie nach einem theologischen Compendium lauten müssen, der Kranke für ein begnadigtes Kind Gottes erklärt wird. Da will man Dinge wissen, über die der Kranke oft keine Auskunft zu geben weiß, und die er daher, um nur dem Pfarrer zu Willen zu seyn, fingirt, geistliche Erfahrungen, die zwar zur Theologie des Pfarrers gehören, aber in der Wirklichkeit so nicht stricte aufgezeigt werden können. J. A. Bengel sagt, gegenüber von solch inquisitorischem Verfahren sehr gut (s. Leben S. 1041): „Es gibt Seelen, die, je mehr man auf sie eindringt und sie kennen lernen will, sich nur desto mehr raffiniren; man muß daher auch warten und stille seyn; bei Manchen bleibt das wirklich Gute bis an ihren Tod wie in der Knospe und geht dann mit einem Male auf; zerrt man es früher heraus, so thut man Schaden." — Wenn Andere (wie Urlsperger) den geistlichen Zweck und Charakter des Besuches gleich zum Anfang damit angekündigt wissen wollen, daß der Geistliche schon mit einer gewissen Feierlichkeit eintreten, schon seinen Gruß in einen Bibelspruch fassen soll, so gestehen wir, daß uns auch dieß viel zu förmlich, viel zu geistlich-bewußt ist. Feierlichkeit gehört zu einem Cultusacte, nicht aber zu einem Besuch in der Krankenstube. Alles

Gemachte, Geschraubte, Gezierte ist vom Uebel; das Einfache, menschlich-Natürliche hat an seinem Orte auch sein Recht. Das Gespräch muß frei und ungezwungen seyn; fängt der Geistliche gleich in hohem Predigtton an, so wird der Kranke schweigen. Sogar Bengel sagt (a. a. O. S. 103), freilich nicht speciell von Krankenbesuchen, sondern von anderweitigen Hausbesuchen, es gilt aber von jenen ebenfalls: „Man muß suchen auf eine angenehme Manier den Discurs anfänglich durch gleichgültige Gespräche dahin zu leiten, daß die Leute endlich selbst antworten, was sie nicht eigentlich gefragt werden." Unter jenen „gleichgültigen Gesprächen" hat Bengel sicher nicht eine Unterhaltung über Barometerstand und Kornpreise verstanden; an die Stelle von etwas specifisch Geistlichem etwas specifisch Ungeistliches zu setzen, ist nicht sein Rath, sondern nur die Natürlichkeit, das Ungezwungene, Humane in der Ansprache, daß man, statt mit der Thür ins Haus zu fallen, sich erst den Weg bahnt zu geistlichem Worte. Die Menschen, die auf allen Schritten von Salbung träufeln, die, wo sie den Mund aufthun, uns anpredigen, — die sind es nicht, denen wir mit Vertrauen entgegenkommen; sie gemahnen uns gar zu sehr an die Classe, welche aus der Gottseligkeit ein Gewerbe macht. — Aus demselben Grund aber, damit sich nemlich auf natürliche Weise das Gespräch entwickle, ist zu wünschen, nöthigenfalls zu fordern, daß man mit dem Kranken möglichst allein, oder nur die nächsten Angehörigen anwesend seien. Mancher Orten ist es Brauch — manche Geistliche wünschen dieß sogar, — daß, wenn man den Pfarrer in ein Haus treten sieht, die Nachbarn sich auch in die Krankenstube begeben. Abgesehen von dem Unverstand, dem Kranken durch solche Volksversammlung die Luft zu nehmen, ist auch das das Falsche, daß man allda den Pfarrer „hören" will; man will „hören," wie er zusprechen könne, betrachtet ihn also hier nur als Prediger, und wenn er so viele Leute um sich sieht, so wird er auch anders reden, als wenn er vertraulich mit dem Kranken reden könnte. Zu Letzterem aber, und nicht zum Predigen, ist er da. Jener Uebelstand macht leider gerade den Sonntag, an dem den Kranken die Kirche ersetzt werden sollte, zu dem für Krankenbesuche wenigst bequemen Tage, weil besagte Nachbarn, Gevattern u. s. w. dann am meisten Zeit haben, sich als unbegehrtes Auditorium einzufinden. Läßt sichs nicht ändern, dann muß der Pfarrer aus der Noth eine Tugend machen, und statt eines Gesprächs dem Kranken eine Bibelstunde halten.

4. Schreiten wir zu der Hauptfrage, was die eigentliche Aufgabe und Kunst des Geistlichen am Krankenbette sei, so ist es nicht ganz überflüssig, den Satz voranzuschicken, daß er da nicht den Arzt vorzustellen und leibliche Heilung zu versuchen hat, sondern daß sein Amt ein geistliches ist. In abgelegenen Orten oder plötzlichen Nothfällen kann es immerhin sehr wohlthätig seyn, wenn der Pfarrer, bis der Arzt beizubringen ist, das Nöthigste anzugeben weiß; daß er aber deßhalb medicinische Allotria neben der Theologie treiben solle, ist nicht unsere Meinung, denn Wichtigeres (z. B. ein Bein einzurichten, oder auch nur ein Recept zu verschreiben) wird er aus guten Gründen dennoch unterlassen, und was er thun kann, das lernt er im Amte selber.*) Wer als Liebhaberei solche Dinge treibt, der mag sich auch als medicinischer Rathgeber seinen Bauern nützlich machen, aber wer das nicht kann, hat sich darob nicht zu grämen, zumal jetzt, wo es an Aerzten in keinem Revier gebricht. Desto mehr ist es Pflicht des Geistlichen, der Nachlässigkeit und Saumseligkeit des Landvolks entgegenzuarbeiten, die es im Herbeiholen des Arztes und im pünctlichen Gehorsam gegen seine Befehle beweist. Wie ein christlicher Arzt wohl auch dazu ermuntert, den Geistlichen holen zu lassen, so muß dieser — und dieß wird wohl häufiger vorkommen,

*) Wir erwähnen daher auch nur im Vorbeigehen die neueren pastoralmedicinischen Werke von De Valenti medicina clerica 1831. 32, Schreger, Handbuch der Pastoralmedicin 1823, Posner, medicina pastoralis et ruralis, 1844. Ritter, der Priester am Krankenbette, 1837. (Letzteres katholische Werk ist freilich sehr weitschweifig und voller Druckfehler.)

als das erstere — auch den Gebrauch des Arztes als Pflicht einschärfen. Dieß führt uns aber bereits auf einen andern Punct. Es hängt mit gewissen Curiositäten im religiösen Leben der Gegenwart zusammen, daß die Meinung da und dort auftaucht, wie der Herr die Kranken alle geheilt habe, die zu ihm gebracht wurden, wie er nicht nur verheißen habe, daß Ströme lebendigen Wassers vom Leibe derer fließen sollen, die an ihn glauben, sondern diese Verheißung sich in den Wundergaben der apostolischen Zeit auch glänzend erfüllt habe: so sei die Fortdauer von Krankheiten in der Kirche etwas durchaus nicht Nothwendiges, sondern etwas Abnormes, ein trauriges testimonium paupertatis in Bezug auf die Kraft des Glaubens und Gebets. Der Herr habe keinem der Kranken gesagt: „Das ist eben einmal Gottes Wille, also gib dich darein und halte in Geduld aus," sondern er habe sie gesund gemacht: *) so sei es auch die Aufgabe des Glaubens, somit auch die des Geistlichen am Krankenbette, Heilkräfte ausgehen zu lassen. Damit wäre zugleich auch der Gebrauch ordentlicher Medicin beseitigt; wer wird auch noch Pillen, Pulver und Mixturen in der Apotheke holen, wenn dieser Aufwand und die Unlust des Einnehmens nicht nur erspart werden kann, sondern man sogar sich sagen läßt: in allen Arzneien sind Gifte, alle Gifte aber sind satanischen Ursprungs? Gestehen also wir Armen, daß wir noch keine Schwindsucht, noch kein Nervenfieber durch Glauben und Gebet verscheucht haben, so haben wir eben keinen Glauben und wissen nicht zu beten. Und wenn einem der Bevorzugten, die das

---

*) Aehnliche Ideen finden wir ausgesprochen in einer Predigt von Steinmeyer, Beiträge zum Schriftverständniß, I. 2. Aufl. 1854. S. 242 (über Joh. 5, 5 ff. „Willst du gesund werden?"), ohne daß jedoch die Folgerung so weit getrieben wäre, wie dieß anderweitig geschehen und oben angedeutet ist. Steinmeyer benimmt der Behauptung, daß es nur am Willen des Kranken fehle, wenn er nicht gesund werde, das Paradoxe, ja Ungerechte, das aus dem Uebersehen der exceptionellen Stellung und Sendung Christi entspringt, dadurch wieder, daß er jenem Wollen und nicht Wollen die ethische Wendung gibt, d. h. es auf die Bekehrung bezieht (S. 252), an die sich die Verheißung auch des zeitlichen Wohlergehens knüpfe.

können, eine Heilung mißlingt, so hats eben dem Kranken an Glauben gefehlt. Dieser ganzen Reihe von Sätzen können wir nur ein fortdauerndes quod nego entgegensetzen. Erstens — um nur zwei Hauptsachen zu benennen: — wenn in der Kirche Christi keine Krankheiten mehr seyn sollten, so dürfte auch kein Tod mehr seyn, denn jene sind nichts für sich, sondern nur das Ansetzen des Todes, das allmähliche Graben und Wühlen des Wurms, dem das Leben verfällt. Wie der Herr Todte erweckt hat, so müßten wir, falls wir ihm systematisch die Wunder nachthun sollten, auch die Todtenerweckungen fortsetzen. Von einer solchen haben wir in unsern Tagen noch nichts vernommen. Und wie stünde es dann um die Wahrheit von Sätzen, wie wenn Paulus sagt: Wir tragen um allezeit das Sterben des Herrn Jesu an unserm sterblichen Leibe? Und derselbe Paulus redet Phil. 2, 27. von der schweren Krankheit und Genesung des Epaphroditus gar nicht so, als hätte er ihn geheilt, sondern „Gott hat sich über ihn erbarmet, nicht allein aber über ihn, sondern auch über mich, daß ich nicht eine Traurigkeit über die andere hätte." Solche Erweisungen göttlicher Gnade und Macht kommen allezeit vor, aber es sind nicht die Segenssprüche eines Wunderthäters, durch die sie bewirkt werden. Zweitens. Daß Krankenheilungen ohne Medicin, sogar bei solchen, an deren Uebeln die gesammte Medicin sich erschöpft hat und erlegen ist, je und je vorkommen, davon sind wir als von einer Thatsache vollkommen überzeugt und erkennen darin dankbar eine Offenbarung der Kraft und Güte Gottes. Wir nehmen auch, soweit unser Wissen von solchen Dingen bis jetzt reicht, dafür an, daß diejenigen, denen solche Kraft gegeben ist, sie im Glauben und Gebet ausüben; wenigstens erinnern wir uns keines Beispiels, daß ein ungläubiger Mensch eine That dieser Art (wie sie z. B. von Pfarrer Blumhard bekannt geworden sind) vollbracht hätte. Aber wenn die Vollbringer solcher Werke gläubige Menschen sind, so folgt nicht, daß alle gläubige Menschen auch Vollbringer solcher Werke seyn müssen, daß es also der Glaube ist, dessen Daseyn oder Nichtdaseyn, dessen Kräftigkeit oder Schwäche an diesem Kennzeichen abzunehmen ist. Wir sind der festen Ueberzeugung, daß solch einzelnen Menschen besondere, in ihrer geistigen und leiblichen Constitution begründete Kräfte verliehen sind, die von ihnen aus auf diejenigen wirken, welche mit ihnen in nähere, namentlich in unmittelbare Berührung kommen, und die unter bestimmten, aber ebenfalls physisch-psychischen Voraussetzungen, von jenen eine Kräftigung, eine Belebung empfangen. Ob man das unter die Kategorie des Magnetismus befassen will, ist uns gleichgültig, da dieß doch auch blos ein Name ist für etwas noch gar nicht näher Definirbares. Wenn aber die Inhaber solcher Fähigkeiten gerade gegen diese Zusammenstellung protestiren, weil sie ihnen nicht fromm genug ist: so müssen wir bekennen, daß uns durch solche Auffassung der Glaube ebensowenig als durch dankbaren und gesegneten Gebrauch anderer in den Menschen gelegten Kräfte und Gaben beeinträchtigt scheint, wohl aber das nothwendige Verbundenseyn jener Gabe mit dem Glauben geleugnet wird, die man in majorem Dei gloriam, aber gegen die Wahrheit, behaupten wollte. Es sind Naturgaben, die einzelne Menschen empfangen; aber Natur und Gnade stehen in diesem Puncte nicht außer einander, sondern diese wirkt in jener, und es ist der Wissenschaft nur noch nicht gelungen, für solche Erscheinungen die richtigen Kategorien zu finden. — Die Pastoraltheologie wird also, sowenig sie den Pfarrer zum Medicaster will werden lassen, ebensowenig ihm zumuthen, ein Wunderthäter zu seyn.

5. Ist also dieses unsere Aufgabe nicht, welches ist sie dann? Die älteren Pastoraltheologen haben die Arbeit des Geistlichen am Krankenbette unter das officium consolatorium, unter das munus paracleticum befaßt (s. Fecht, instructio pastoralis, S. 89; Häberlin, theol. pract. S. 143.); und unter den Neuern bildet bei Nitzsch (P. Theol. III. I. S. 202) die Lehre vom Krankenbesuch ebenfalls einen Theil der „Trostlehre in Bezug auf besondere äußere Zuständlichkeit.“ Das ist auch der richtige Gesichtspunct,

den man sich nicht verrücken lassen darf. Der Kranke ist ein Leidender; wenn der Gesunde, also auch der Pfarrer, zu ihm tritt, so hat er in ihm in erster Linie nicht den Sünder, der erst zur Zerknirschung gebracht, nicht den Weltmenschen, dem erst der Weltsinn ausgetrieben werden müßte, sondern einfach den Leidenden zu sehen; „es jammerte ihn des Volks," das muß die Stimmung des Pastors seyn. „Tröstet, tröstet mein Volk," das ist sein Hauptauftrag.*) Also auch nicht einen Lehrcurs haben wir mit dem Kranken anzufangen, um ihn mit allen Dogmen auszustatten, als wäre der Tod ein theologisches Examen; ebensowenig haben wir uns nach Methodistenart auf ihn zu werfen, um eine regelrechte Bekehrung, ein geistliches Wunder an ihm zu Stande zu bringen; selbst die Uebersetzung der cura animarum in Seelencur ist, als allgemeine Bezeichnung der seelsorgerlichen Aufgabe, nicht richtig, weil wir kein Recht haben, den leiblich Kranken a priori als einen Menschen anzusehen, der auch geistlich erst curirt werden müsse. Es kann in allweg oft genug nothwendig seyn, daß lange Versäumniß noch möglichst gut gemacht, daß üble Dinge erkannt und abgelegt werden müssen, daß also die Zeit der Krankheit für den inwendigen Menschen zu einer Zeit der Heilung wird: aber es kann auch seyn, daß der Kranke schon mehr inneres Leben, mehr geistliche Erfahrung hat, als der Geistliche, der ihn besucht; oder daß nur noch eine Läuterung, eine Vollendung, eine Auszeitigung des geistlichen Lebens nöthig ist, daß also der Herr durch die Krankheit die lezte Feile anlegen will — in all diesen Fällen hat der Geistliche nicht zu curiren, nicht erst zu bekehren, sondern nur in Liebe die Hand zu reichen, die Lichter, die in der Krankenstube so leicht trübe werden, hell brennend zu erhalten und so auch dem

*) „Carl Heinrich Rieger pflegte, wenn er seinen Rock anzog, um die Runde bei seinen Kranken zu machen, sich den Spruch vorzusagen: So zieht nun an, als Gottes Auserwählte .... herzliches Erbarmen, Freundlichkeit, Demuth, Sanftmuth und Geduld." S. L. Hofackers Leben von Knapp, 1. Aufl. S. 286.

Kranken ein Gehülfe der Freude zu seyn (2 Kor. 1, 24.). Wer davon ausgeht, der wird auch nicht nach medicinischer Art etwa beim ersten Besuch einen Heilungsplan entwerfen, als ob sich, wie von der unter irgend eine Rubrik fallenden leiblichen Krankheit, auch vom geistigen Lebensgange des Kranken ein gewisser Verlauf voraussehen, also darnach auch eine Methode bestimmen ließe; noch weniger wird er diese Methode im Voraus für alle festsetzen und somit alle durch dieselbe Reihenfolge von Zuständen hindurchzwängen (solch' eine Methodik ist eben Methodismus): sondern er wird beim jedesmaligen Besuche sehen, was dem Kranken nütze ist, wo es ihm fehlt, und das, was er bedarf, ihm dann auch ohne Säumen darreichen. Macht man sich irgend welchen Plan, so hat man immer zu sehr diesen, und immer zu wenig den Kranken selbst im Auge; man will bestimmte Erfolge erzielen und nöthigt leicht den Kranken etwas auf, was er endlich acceptirt, nachspricht oder nachbetet, um Ruhe zu haben; denn ein nach irgend einer dogmatischen Schablone verfahrender Pastor kann, statt ein Tröster zu seyn, ein wahrer Quälgeist werden. So kann man, besonders bei größerer körperlicher Schwäche, einen Kranken förmlich maltraitiren durch zudringliches Fragen, ob er Glauben habe? ob er das Blut Christi spüre? ob er Versicherung der Vergebung der Sünden habe? oder durch das ebenso taktlose fortgesetzte Einsprechen von Gründen, warum der Kranke sich von Rechtswegen freuen müsse, solches Kreuz zu tragen, während dem Kranken so bange ist und er in seiner Todesschwäche sich über Kräfte anstrengen muß, um nur zu fassen, was ihm vorgepredigt wird. Ueber dem Eifer, der schlechterdings Früchte sehen will in Gestalt von erbaulichen Aeußerungen des Kranken, die dann etwa auch in der Leichenrede oder im Nekrolog Effect machen können, vergißt man so leicht, menschlich und mitleidig zu seyn.

Fassen wir aber den Beruf des Geistlichen am Krankenbette wesentlich als ein Trostamt, so ist die Meinung nicht die, daß ihm der Ernst der Wahrheit ferne gehalten oder er mit falscher Hoffnung, mit fleischlicher Beruhigung getäuscht werden dürfte. Das hieße nicht trösten, sondern belügen. Der Kranke, in welchem der Wahrheitssinn noch lebendig ist, oder in welchem gerade die Krankheit denselben gewirkt oder geschärft hat, müßte den Beichtvater selbst verachten, daß auch dieser ihn mit Unwahrheit hinhielte; und wofern er sich auch gerne hinhalten ließe, so wäre die Enttäuschung im Lichte der Ewigkeit selbst eine desto schrecklichere; sein Blut aber würde von solch' einem falschen Propheten gefordert werden. Der Trost darf also weder darin bestehen, daß man dem Kranken sagt: „sei nur ruhig, dieser Anfall hat nichts zu bedeuten, wenn besseres Wetter, wenn der Frühling kommt, so bist du wieder auf den Beinen;" noch darf er dem Kranken den von ihm gefürchteten Tod so leicht hinstellen, wie wenn Sterben ein Kinderspiel wäre; noch endlich darf er das vielleicht von selbst erwachende Gewissen durch rationalistische Hinweisung auf Gottes Vaterliebe einerseits und auf die Tugenden und Verdienste des Kranken andererseits beschwichtigen; vielmehr, wenn der Kranke damit sich selber tröstet, so muß ihm der Pastor diesen falschen Trost, diesen faulen Stab, auf den er sich stützen will, aus den Händen winden, damit er erst lerne den rechten Trost suchen.*) Also Tröster schlechtweg — ein geistlicher Pacificator für Alles und Jedes ist der Pastor nicht; es muß erst diejenige innere Haltung da seyn, für welche der

*) Hievon gilt es, was Beck in einer Predigt über Matth. 9, 1—8. (3. Samml. S. 52.) sagt: „Der Geist Gottes drängt in solchen Zeiten auf das Innere, richtet mit dem zweischneidigen Schwert des göttlichen Wortes Sinne und Gedanken, scheidet Seele und Geist, Mark und Bein, um einen neuen Menschen zur Welt zu gebären, oder den Glauben, wo er schon da ist, von alten Schlacken zu reinigen und in neuen Glauben zu führen; statt dessen kann man diese inneren Geburtsschmerzen abtreiben mit voreiligen Trostsprüchen, mit gedankenlosem Vorbeten und Nachbeten, daß der Ernst Gottes nicht zu seinem Recht kommt, und die Sünde soll schon als vergeben gelten, ehe noch der Mensch um ihretwillen gründlich vom heil. Geist gestraft ist." — Auch erinnern wir an die Predigt von Nitzsch über 1 Petr. 5, 6—11. mit dem Thema: „Die Kunst, zu trösten," in der sechsten Auswahl (Bonn 1848.) S. 33. Nitzsch nennt anderswo (Past. Theol. III, 1. S. 190.) diesen Text „eine parakletische Hauptstelle;" seine Predigt darüber ist ein ganzes Compendium der Paraklese.

evangelische Trost bestimmt ist, dann kann er des Trostamtes pflegen. Ob aber diese Bedingung eintritt und bis sie eintritt, darf er nicht warten und müßig zusehen; denn seine Verantwortlichkeit für die Seelen in seiner Gemeinde schließt in sich, daß Niemand jenes Trostes verlustig gehen soll, weil, wer diesen Trost verliert oder nie gewinnt, eben damit selber verloren geht. Also, wo die Möglichkeit zu trösten noch nicht vorhanden ist, da muß er sie erst schaffen, den Weg dazu erst bahnen, so viel an ihm ist. Und dazu wird allerdings theils das Lehrwort theils die Mahnung und Rüge nothwendig seyn. Denn jene innere Haltung mangelt oft in Folge des Mangels an Erkenntniß, noch öfter aber, weil der Wille fehlt, der Entschluß und die Beharrlichkeit, das Leiden so aufzufassen, wie es aufgefaßt seyn will, ja auch der Wille, die schon bereit liegenden göttlichen Tröstungen sich zuzueignen. All diese Hindernisse wegzuräumen, das ist die schwere Arbeit des Seelsorgers — um so schwerer, als so oft, wenn er meint, über irgend eines derselben endlich Herr geworden zu seyn, nach einiger Zeit das alte Uebel wieder zum Vorschein kommt.

Mustern wir den Schatz göttlicher Tröstungen, der uns anvertraut ist (2 Kor. 1, 4.), etwas näher, so ist zuvörderst das Höchste vom Untergeordneten, das absolut Tröstende vom relativ Tröstenden zu unterscheiden. Wie Paulus bekennt, daß, so wir allein in diesem Leben auf Christum hoffeten, wir die elendesten unter allen Menschen wären: so ist dagegen der alles umfassende, alles überwindende Trost in dem Einen gegeben, daß wir ein ewiges Leben zu hoffen haben. „Gott wird abwischen alle Thränen von ihren Augen" — das ist der schöne Ausdruck dafür, daß zwar noch Thränen mit hinüber genommen werden, aber daß es dort eine Hand gibt, stark und mild und treu genug, sie alle zu trocknen. Ein Kranker, der davon nichts hören will, kann christlicher Weise nicht getröstet werden. Damit meinen wir nicht jene Armen, bei denen es die Krankheit mit sich bringt, daß sie sich stets mit Lebenshoffnungen tragen; denn diese weisen jenen Haupttrost nicht ab, sie wünschen nur, ihn nicht jetzt schon nöthig zu haben. Sondern wir meinen glaubenslose Menschen, die auf irgend einem Wege dazu gekommen sind, die Hoffnung auf ein ewiges Leben abzuwerfen wie ein unnützes ja lästiges Geräthe; ihnen hat ein christlicher Pastor nichts zu sagen (s. übrigens unten, wo wir unter den verschiedenen Hauptclassen noch auf sie zurückkommen werden.) Es folgt aber hieraus, daß auch dieser höchste Trost nur angeboten werden kann, indem zugleich etwas gefordert wird, nemlich Glauben und selbst denen, die Glauben haben, muß doch oft noch gesagt werden, daß sie mit ihren Gedanken sich aus der dunkeln Gegenwart, aus dem Schmerzlichen und Sorgenvollen, was sie gebracht hat, hinüberretten sollen in jene lichte Region, daß sie — durch Vergegenwärtigung alles dessen, was die Schrift von derselben sagt, wie sie sie beschreibt, durch Vorhaltung dessen, was davon in den Liedern der Kirche Herrliches gesagt ist, auch durch's stille Umgehen mit denen, die schon daheim sind, mit den Männern Gottes, die zu sehen ein Christ sich freue (vgl. Meyfarths Lied, „Jerusalem, du hochgebaute Stadt," Vers 5 und 6) so wie mit den eigenen Angehörigen, die selig entschlafen sind, und auf die sie sich ebenfalls freuen dürfen — schon recht einheimisch in jener Welt werden, also auch in diesem Sinn vergessen sollen, was dahinten ist und sich strecken zu dem, das da vornen ist. — Dieser Cardinaltrost faßt, objectiv betrachtet, alles Andere in sich und nimmt es an sich, was als evangelische Tröstung vorliegt; natürlich: denn das, womit das Christenthum tröstet, ist nichts anders, als das höchste Gut (von dem es ja nur verschiedene Ausdrucksweisen sind, ob wir sagen, Gott, oder das Reich Gottes, oder Gottes Gnade in Christo, oder die Seligkeit sei das höchste Gut); wer dieses Gutes aber gewiß und theilhaftig ist, kann den Verlust aller andern Güter verschmerzen, da sie, so weit sie an sich selber nichtig sind, für ihn gar keinen Werth mehr haben, so weit sie aber reell sind, das höchste Gut sie alle mit einschließt, sie alle durch dasselbe mit ersetzt werden; das Leben wird gewonnen, wenn man es um des Reiches Gottes willen dahin gibt. Auf Grund dieses Sachverhaltes ist dem Kranken zu sagen: 1) Vergiß deine Schmerzen und freue dich unter denselben auf die Ruhe, die dir verheißen ist, wie der Wanderer unter den Beschwerden der Reise sich auf die Heimath freut (vgl. das Lied: „Es ist noch eine Ruh vorhanden" V. 1.). 2) Ja, danke Gott sogar für deine Leiden selber, denn sie sind der Weg, der dich allein zur Herrlichkeit führt und mithin ein Zeichen der dein Bestes suchenden und schaffenden Liebe Gottes (dazu Hebr. 12.). Je schwerer das Leiden wird, um so näher ist es seinem Ziele (Sprüchwörter: Je mehr man Hunde bellen hört, je näher es der Stadt zugeht. — Wenn die Noth am größten, ist Gottes Hülf' am nächsten.) 3) Macht dir die Liebe zu den Deinigen das Herz schwer, so halte dem die Gewißheit entgegen: du gehst ihnen nicht verloren, auch wenn sie dich zu Grabe tragen, und sie gehen dir nicht verloren, denn der dir bis jetzt durchgeholfen hat und auch durch die letzte enge Pforte durchhelfen wird, der ist auch ihr Führer, der ja deiner nicht bedarf, um sie sicher zu leiten (diß gegen den Wahn unsrer Unentbehrlichkeit für die Unsrigen); auch künftig führt er dich an der einen, sie an der andern Hand, obgleich ihr euch eine Weile nicht von Angesicht sehet.

Aber so einfach und bündig dieser objective Zusammenhang der untergeordneten Tröstungen mit dem Haupttroste ist: subjectiv halten die Ringe dieser Kette gar nicht so fest zusammen; dazu kommt noch, daß so oft der Haupttrost selbst dem Kranken entweder zu entweichen scheint und damit auch aller andre Trost ihm verschwindet, oder aber, daß jener auf falsche, unlautere, ungründliche oder unberechtigte Weise angeeignet wird, in welchem Falle der Seelsorger den schlechten Verband der Wunde erst ablösen, ja die leidende Stelle erst wund machen muß, um wahrhaft heilen zu können. Diese Zustände alle rubriciren sich uns unter folgende Fälle; wobei wir nur bemerken müssen, daß mehrere der hier unterschiedenen Qualitäten oft in Einem Individuum sich beisammen, oft in seltsamen Mischungen und sogar Widersprüchen sich verbunden finden; die Pastoraltheologie kann immer nur nach Hauptgesichtspuncten dieselben aufführen.

a) Einem im Glauben stehenden Menschen ist das ewige Leben etwas objectiv Gewisses, etwas unendlich Großes und Herrliches; er hat sein Lebenlang auch dessen sich versichert gehalten, daß ihm dasselbe beschieden sei: aber je näher er den Pforten der Ewigkeit kommt, um so zaghafter wird er, um so düsterer tritt seine eigene Unwürdigkeit ihm in's Bewußtseyn, um so breiter erscheint ihm die Kluft, die zwischen ihm und dem Himmelreich in der Mitte liegt. Bewährte Christen, die hundert Anderen freudigen Hoffnungsmuth einsprachen, zu deren leuchtenden Vorbild Tausende ehrerbietig aufblickten — sie zu allermeist werden oft so verzagt, als zerränne ihnen jetzt, im entscheidenden Augenblick, alles unter den Händen, was sie doch als geistliche Habe vielleicht in früher Gottseligkeit sich schon angeeignet und durch ein ganzes Leben hindurch festgehalten haben. Das zunächst Geeignete ist hier die stets wiederholte Erinnerung an alle die reichen Verheißungen der Gnade Gottes, der ein geängstetes und zerschlagenes Herz nicht verachten, der das zerstoßene Rohr nicht zerbrechen, das glimmende Docht nicht auslöschen will. An biblischem Material hiezu fehlt es nicht; die „Trostbibel" von Christlieb, Steigers „Krankenbuch" (S. 122.), Löhes „Handbuch an Kranken- und Sterbebetten" (Nördl. 1840. S. 12 ff.) Mollers „heilige Sterbekunst" (neu aufgelegt, Stuttg. Liesching, 1858. S. 47. 88 ff.), bieten es in reicher Zusammenstellung dar; ebenso hat die kirchliche Dichtkunst für solche Verzagtheit freigebig gesorgt. Zur Erinnerung muß das Gebet kommen; der Pastor wird in Gegenwart des Kranken, wie in der Stille seines eigenen Hauses, für denselben beten, daß ihm Gott, wie er ihn selig werden lasse, so auch eine freudige Zuversicht davon schenken wolle. Bei alle dem aber ist auch nicht zu übersehen, und je nach Umständen dem Kranken dieser Gesichtspunct auch klar in's Licht zu setzen, daß solches unerwartete, ja gerade bei ihm fast unbegreifliche Verzagen selbst auch eine Schickung

Gottes, ein Läuterungsfeuer in seiner Hand sei, das noch allerlei Stoppeln wegzehren muß, die sich auf dem guten und festen Heilsgrund in der Seele aufgeschichtet. Solche gediegene Menschen tragen sich oft neben ihrem guten Lebenskerne mit viel Nebendingen, seien es aparte dogmatische Vorstellungen oder seien es ethische Absonderlichkeiten, auf die sie nach Art menschlicher Eigenliebe und menschlichen Eigensinns — welche beide gerade an Wiedergebornen so oft als starke Sonnenflecken noch hervortreten — viel zu viel Gewicht legen, woher denn bei Einzelnen auch eine gewisse Herbheit, eine nichts Fremdes duldende Exclusivität sich schreibt. Für solche nun ist eine Zeit innerer Verlassenheit, ja eine mehr oder weniger quälende Hoffnungslosigkeit, ein Fegefeuer, welches jene Auswüchse verzehrt, indem auch solche in geistlichen Dingen tiefgrabende und hochstrebende Geister nun lernen, sich in dankbarer Demüthigkeit auf das zurückziehen, was auch dem Einfältigsten als Trost gegeben ist. Daß solch ein Mensch wieder recht froh wird an dem, was er längst zu besitzen und in höherer Weise zu besitzen meinte, als Andere — das ist ein hoher Gewinn solch trüber Tage. Aber auch wo man sich nicht mit aparten Dingen abgibt, bleibt doch neben aller Bußfertigkeit, neben allem Bekennen der eigenen Verdienstlosigkeit gegenüber der freien Vergebungsgnade, insgeheim noch immer ein Stück Selbstvertrauen, ein Stück Pharisäerthum zurück, von dem oft diejenigen am meisten noch an sich haben, die am eindringlichsten von Sünde und Gnade zu reden wissen; solche Wölfe — wie man die der Frühlingsluft hartnäckig Trotz bietenden Schnee- und Eisflecken an unsern Bergen nennt — müssen in jenen Stunden des Zagens weggeschmolzen werden. Bei alledem aber bleibt auch dem Kranken es nicht erspart, daß er, um Glauben und damit Frieden zu bekommen, glauben wollen muß. Es ist und bleibt der Glaube immer und überall eine That des Willens; so wenig ein stürmisches Eindringen auf den Kranken mit Beweis und Gebot: „du mußt glauben, hast ja so viele Gründe gehört," einen günstigen Erfolg haben wird, weil der Glaube geschenkt werden und wie ein Licht im Herzen aufgehen muß: so darf dem Kranken doch ebensowenig verschwiegen werden, daß er sich dazu hergeben, sich zusammennehmen und vereinen müsse: Ich will glauben, was Gott spricht! Hier ist die Lehre vom Glauben an's Wort und auf's Wort, im Gegensatze zum eigenen Empfinden des Friedens Gottes von großer praktischer Bedeutung; der Kranke soll nicht mit dem Glauben darauf warten, ob und bis er den Frieden Gottes empfindet, sondern er soll sich ein Herz fassen und glauben, ehe er empfindet, letzteres kommt dann schon zu der Zeit nach, wenn Gott es ihm schenken will.*) — Oft aber hat der fragliche Zustand nur die Gestalt, daß der Kranke, wiewohl er seines Seligwerdens sich unverzagt getrösten kann, doch keine rechte Freudigkeit spürt, dieser Seligkeit durch sein Abscheiden theilhaftig zu werden; und, während der Weltmensch das sehr begreiflich findet, daß man immer noch das zeitliche Leben fortzusetzen wünsche und nur in die Nothwendigkeit des Scheidens wie in alles Unvermeidliche, sich männlich zu schicken wissen müsse, so machen jene christlichen Gemüther sich deßhalb Vorwürfe, klagen sich selber der Glaubenslosigkeit an, weil sie sich nicht lebhafter auf die Ewigkeit freuen können. Darauf hat der Seelsorger nicht etwa mit der Forderung: „Du sollst dich eben freuen," oder mit Vorhaltung von Exempeln großer Sterbensfreudigkeit zu antworten, sondern der Wahrheit gemäß zu erwiedern, daß ja gar nirgends geschrieben stehe, es müsse jeder Christ mit solcher Lust und Freude sterben; das ist, wem es zu Theil wird, immer nur eine Gabe, ein Gnadengeschenk, aber nicht eine Forderung; was von dir gefordert wird, das ist nur Gehorsam, nur Geduld, nur Stillehalten und Hoffen; ging doch Jesus selbst wahrlich nicht jubelnd in den Tod, wie nach ihm viele Märtyrer;

*) Vgl. Löhe, „von dem göttlichen Worte, als dem Lichte, welches zum Frieden führt," Stuttgart 1858. S. 9 ff. Braun, „vom Gefühlschristenthum," ebendas. 1858, und besonders Köstlin, der Glaube, sein Wesen, Grund und Gegenstand, Gotha 1859. S. 349 ff.

vollends aber, während dir das Herz blutet, eine Freudigkeit zu heucheln, weil du meinst, das gehöre zum seligen Sterben, das wäre Thorheit und Sünde; hat der Herr sich nicht geschämt, zu bekennen, wie sehr ihm bange sei, so brauchst auch du nicht den Helden zu spielen, wenn du keiner bist. — Noch eine andere Wahrnehmung ist die, daß oft gerade bei christlich-rechtschaffenen Personen im Kranksehn sich Seiten des Charakters entwickeln oder nur erst schärfer, eckiger hervortreten, die man vorher nicht an ihnen wahrnahm. Bescheidene werden auf dem Krankenlager anspruchsvoll; Nachgiebige werden wunderlich, pedantisch, sie bestehen mit Eigensinn auf Kleinigkeiten; es ist überhaupt ein starker Egoismus, der in einer für die Umgebung oft befremdlichen Weise zum Vorschein kommt, wo vorher lauter Liebe und Hingebung war. Der Kranke gewöhnt sich so leicht daran, daß sich Alles nach ihm richtet; daran denkt er dann immer weniger, daß auch er noch Rücksichten auf die Andern nehmen soll, daß er die ihm zu leistenden Dienste eben so gut erleichtern als erschweren kann; denkt nicht daran, daß z. B. eine dienende Person auch Ruhe nöthig hat und daß man dieselbe nicht ohne Noth stören muß. Diese Wahrnehmung, die, wie gesagt, oft an Personen gemacht wird, in denen man solch eine egoistische Ader gar nicht vermuthet hätte, muß vom Seelsorger benützt werden, um dem Kranken zum Bewußtsehn zu bringen, daß die Krankheit eben dazu diene, auch solche verborgenen, ihm selber wie Andern unbekannten Neigungen an's Licht zu bringen; daß er also wohl thue, nicht etwa nur in jener Allgemeinheit oder in angelernten Formeln von seinem Sündenelend zu reden oder zu denken, wie man diß in kläglichster Weise thun und doch dabei von der wahren Sündenerkenntniß noch weit entfernt sehn kann, sondern gerade an jenen vor Augen liegenden Flecken, darunter das ganze Haus zu leiden hat, soll er lernen Buße thun und den eigenen Willen brechen. Für solchen Zweck würde das Erzählen oder Vorlesen von fremden Krankengeschichten, in denen sich der entgegengesetzte, vollendet christliche Geduldss- und Liebessinn darstellt, gute Dienste thun.

b) Eine andere Herzensstellung ist es, wenn der Kranke zwar auf ein ewiges Leben hofft, auch die Forderung des Christenthums in Betreff der Gründung dieser Hoffnung auf Gottes Gnade in Christo erfüllt, d. h. willig bejaht, aber sich doch eigentlich jene Hoffnung und den darin liegenden Trost nur vorbehalten will wie einen Nothpfennig, während das Leben auf Erden, selbst mit Einrechnung seiner Sorgen und Plagen, ihm doch stets willkommen wäre. Er wird es mir sicherlich nicht bestreiten, wenn ich ihm demonstrire, daß darüber, wie lang ein Mensch des zeitlichen Daseyns genießen solle, nur der Schöpfer desselben zu entscheiden das Recht habe, und daß der Thon auch nichts dagegen einwenden dürfe, ob der Töpfer ihn so oder so gestalte oder auch zerbreche; — aber er wird denken, ein Stück Thon sei er als Mensch denn doch nicht, und seine Ansprüche oder auch nur seine bescheidenen Wünsche, noch einige Jährchen seines Lebens sich zu freuen, sollten auch in Gottes Augen nicht als unbillig erkannt werden. Bei solcher Sachlage ist es immerhin schwierig, den Sinn des Kranken richtig zu stellen; denn hier fehlt eine Hauptsache, es liegt der Schwerpunkt seines Dichtens und Trachtens nicht in dem, was unvergänglich ist. Das also, womit ich ihn allein trösten kann, die Ewigkeit, ist ihm kein Trost, sondern ein Schrecken. Dieser Zustand macht, daß Alles, was der Pastor reden mag, wirkungslos abgleitet; auch wenn er dem Kranken es als seine Pflicht vorhält, sich doch mit Sinnen und Gedanken der Ewigkeit zuzuwenden und sich mit ihr vertrauter zu machen, oder wenn er ihm predigt, daß ja doch, auch wenn ihm jetzt noch Gnadenfrist gegeben würde, über kurz oder lang derselbe unwillkommene Gast an seiner Thür anklopfe, und ein paar Jahre früher oder später nichts ausmachen: so denkt der Kranke dabei immer: der hat gut reden, er geht wieder heim und ist gesund; er würde trotz dem Schönen, womit er mich kirren, mir die Welt bitter und den Himmel süß machen will, doch mit mir nicht tauschen. Diesen gegenüber ist Folgendes maßgebend. Solche Menschen glauben sich ihres jenseitigen Looses eigentlich schon gewiß, aber eben, weil sie meinen, das entlaufe ihnen nicht, auch wenn sie dieses Erbe erst nach Jahren antreten würden, wollen sie auch die Gegenwart noch genießen. Solchen kann nur geholfen werden, indem ihnen jene vermeintliche Gewißheit erst wankend gemacht, also zu erkennen gegeben wird, daß die Hauptfrage für sie gar nicht die sei, ob sie noch länger oder kürzer leben, sondern ob sie selig werden oder verloren gehen? Der Ernst des göttlichen Gerichts, die Unzulänglichkeit menschlicher Tugend, die sie theoretisch vollkommen zugeben, muß ihnen erst an sich selber deutlich werden. Gelingt es, die Gedanken in dieses Geleise zu bringen, so kann sich zwar die Lebenslust selbst hier noch anklammern, indem es dann heißt: Ja, ich weiß wohl, ich bin noch weit zurück, deßwegen sollte ich eben noch viel länger leben dürfen. Aber dann ist zu erinnern, daß, wenn es zu früh wäre, das vielmehr als ein Zu-spät betrachtet werden müßte, indem es dem Kranken keineswegs an Zeit gefehlt habe, zu bedenken und zu besorgen, was zu seinem Frieden diente; aber es sei auch jetzt noch nicht zu spät. Wird so der Rest des Lebens noch als eine kostbare Gnadenzeit erkannt, wendet sich deßhalb alles Denken dem Suchen nach Frieden, der stillen Abrechnung mit Gott zu: — dann ist's gewonnen, über dieser Hauptsache wird dem Kranken das Eitle und Vergängliche allmählig sich ferner rücken, er lernt es bei Seite legen, lernt sich an Gottes Gnade genügen lassen und wird dann auch sein Leben getrost in Gottes Hände geben. — In gleiche Linie müssen wir diejenigen stellen, die sich die Gefahr ebenfalls nicht verbergen, aber vor dem Tode selbst eine so entsetzliche, krankhafte Furcht haben, daß das Grauen vor demselben jedem Troste den Zugang versperrt, und zwar deßwegen zumeist versperren muß, weil es gar nicht die Aufgabe und Vollmacht des Seelsorgers ist, das Sterben als etwas Leichtes hinzustellen. Es ist auch oftmals nicht sowohl das Sterben selber, das Scheiden vom Leben, sondern der Todeskampf, was ihnen bange macht, mehr gleichsam die Zurüstungen zu dieser Hinrichtung des Leibes, als die Hinrichtung selber. Nach einer Seite kann gerade diese Angst ein Mittel werden, desto mehr alle die Verheißungen solch einem Menschen theuer zu machen, die dem Tode seinen Stachel nehmen; er wird sich um so inniger an den Todesüberwinder anschließen, der auch das Todesthal durchbrochen und durchleuchtet hat. Denen sofort, die ihn schon gefunden haben und dennoch jener Angst nicht los werden, darf ganz wohl auch gesagt werden: wie es einem Sterbenden zu Muthe sei, das wisse freilich Niemand, aber Vielen sei es doch vergönnt, sanft und stille hinüberzuschlummern; die Schrift nenne das Sterben nicht umsonst ein Entschlafen; und auch wo ein Kampf vorausgehe, sei es der Herr, der als ein mitleidiger Hoherpriester die ringende Seele nicht verschmachten lasse, daß sie von dem, was Andern als so schwerer Kampf erscheint, vielleicht wenig mehr empfinde. Aber solchen Tröstungen gibt doch erst das den rechten Nachdruck, daß von der andern Seite solche Angst als etwas eines Christen Unwürdiges, als ein Unrecht gegen den Herrn, als eine Feigheit vorgestellt wird. So viele Tausende sind vor dir schon diesen Weg gegangen; sie haben längst schon überwunden, wie magst du dich deß weigern? „Es gibt," sagt Nitzsch sehr treffend, a. a. O. S. 197, „sogar bei Christen eine Todesscheu, die mit ernster Rüge beschwichtigt werden soll." Denkt oder sagt hier der Kranke abermals, es sei leicht solche Mannhaftigkeit zu predigen, so hat der Pastor ihm einfach zu bezeugen, daß er, der Gesunde, auch wohl noch vor ihm, dem Kranken, könne abgerufen werden; ein klares, einfaches Zeugniß der eignen Ruhe und Zuversicht wirkt immer am besten auf den Kranken.

c) Von der vorigen verschieden ist eine andere Art Kranker darin, daß sie nicht, wie jene, ihr Lebensende als ein nahes fürchten, und sich nur darüber grämen, daß ihnen dasselbe nahe sei, sondern gerade diese Nähe, auch wenn sie wirklich vorhanden ist, durchaus nicht glauben, sich also fortwährend selber mit Genesungshoffnungen täuschen und darum auch einem auf die Kenntniß ihres wirklichen Zustandes basirten Troste durchaus unzugänglich sind. Das sind die Hektiker, denen, wie Nitzsch a. a. O. S. 204 sagt, „die Natur mit Lebens- und Genesungsvorstellungen eine Linderung des langen und langsamen Sterbens zugedacht hat." Aehnlich spricht sich auch Kündig a. a. O. S. 161 f. aus. Letzterer hat vollkommen Recht, wenn er ebd. S. 133 es für einen Fehler erklärt, daß man unter uns zu viel Gewicht auf den Act des Sterbens selbst lege und zu wenig auf das vorangehende Leben. So ist ja auch damit, daß der Kranke nur immer an sein Ende denkt, keineswegs der Zweck erreicht; es soll dieß immer nur das Mittel seyn, ihn durch die Todesgewißheit zum Suchen der Heilsgewißheit zu treiben. Bringt es nun aber die Krankheit mit sich, daß der Kranke jener Todesgewißheit nicht still hält, daß die Lebenshoffnung immer wieder vorwiegt, so ist damit die Erreichung des Hauptzweckes nicht unmöglich gemacht; der Seelsorger hat dann nicht an jenem Mittel zu arbeiten; er kann es damit beruhen lassen, bis ein geschickter Moment kommt, in welchem er dem Kranken seine Meinung in dieser Beziehung mehr oder weniger direct zu erkennen geben kann, außerdem aber sich damit begnügen, daß er die sanguinischen Hoffnungen nie bejaht und den weit aussehenden Plänen zu Reisen u. s. f. immer einen Dämpfer aufsetzt durch einen Beisatz im Sinne von Jak. 4, 15. Desto mehr aber ist der Kranke damit zu beschäftigen, daß er seine Gedanken in Gott sammelt, seiner Begnadigung gewiß und froh wird, sein Herz immer mehr im Spiegel des göttlichen Wortes kennen und reinigen lernt, und so in eine möglichst stetige Fassung kommt, in welcher, auch wenn des Todes Nähe ihm gar nicht einmal mehr zum Bewußtseyn gekommen wäre, er dennoch bereit erfunden würde. (Wir werden auf diesen Punct unten noch specieller zu sprechen kommen.) Um den Kranken aber zu jener Einkehr in sich selbst, zu jenem Verkehr mit Gott und Gottes Wort zu bewegen, ist ja das Bewußtseyn der Lebensgefahr keineswegs das einzige Motiv; der Pastor kann ihm mit aller Bestimmtheit das als göttliche Absicht bezeichnen, die schon der Sendung der Krankheit zu Grunde liege, und deren Erreichung ihm auch im Falle der Wiedergenesung sehr zum Gewinn werden würde.

d) Unter manchfachen Gestalten und bei verschiedenen sonstigen Zuständen der Seele und des Leibes kommt die Ungeduld als ein Hauptübel vor, das die Seelsorge zu beseitigen suchen muß. Da wird beständig gerechnet, wie lange jetzt schon die Krankheit daure, wie lange man schon nichts verdienen könne u. s. w., und noch mehr gerechnet, bis wann von Rechtswegen eine Besserung zu erwarten sei; dieses Rechnen schlägt fehl, die Termine gehen immer wieder vorbei, ohne daß die erwartete Aenderung eintritt, und so kommt das Gemüth nie zum Frieden, kommt überhaupt zu keiner Einkehr in sich selbst, weil jenes Rechnen und der Unmuth übers Fehlschlagen immer obenan sind. Der Ungeduldige hat aber nicht immer die Genesung im Auge; auch der Tod ist ihm oft lieber, als dieses lange Warten. Es schlägt manchmal (selbst bei Schwindsüchtigen hat Verf. einst diese Erfahrung gemacht) die Ungeduld, die auf Genesung harrt und nichts vom Sterben hören will, plötzlich in ein leidenschaftliches Herbeiwünschen des Todes um, — aber beides ist wesentlich dasselbe, ein Durchbrechenwollen des Eigenwillens durch die göttliche Ordnung. Ebendeßhalb hilft alle Ermahnung zur Geduld nichts, so lange der Wille nicht sich selber faßt und ermannt; immerhin aber muß dem Kranken in ruhigeren Stunden ernstlich vorgestellt werden, einmal: daß er mit seiner Ungeduld sich versündige, denn Ungeduld ist nichts als der Ungehorsam der Unmacht; hättest du die Macht dazu, du würdest deine Last abwerfen, ohne dich um den Willen Gottes zu kümmern. Soll aber dein Krankenlager, statt dir zum Segen zu werden, deine Sündenschuld noch vergrößern? Sodann aber merke doch darauf, daß all' deine Ungeberdigkeit nicht nur nichts bessert — denn dadurch läßt sich der Herr nichts abdringen, so wenig als ein Vater sich durch kindische Ungeduld etwas abzwingen läßt, — sondern daß deine Last eine viel schwerere dadurch wird; Ungeduld ist selber eine Krankheit, die zur andern Krankheit hinzukommt und sie noch bitterer macht. Geduld ist Gottes Gabe, darum bitte selbst ohne Unterlaß darum; wenn sie heute bei dir auf die Neige gehen will, so bitte Gott, daß er bis morgen dir die Lampe wieder fülle. Aber Geduld ist auch des Menschen eigene Aufgabe; wenn die unmuthige Stimmung, wenn die rechnenden Gedanken kommen wollen, so drücke sie mit Gewalt nieder; flüchte dich in's Gebet, überdenke deinen Lebensgang, in welchem Gott so viel Geduld mit dir gehabt hat, erkenne, daß auch jetzt sein Zögern kein Verzug, sondern Geduld von seiner Seite ist (2 Petr. 3, 9. 15.). Wirkung kann es auch thun, wenn man dem Kranken Exempel von Leidenden vorhält, die noch viel länger und schmerzlicher gelitten haben, als er, und ihm zu verstehen gibt, daß, je weniger er sich still und gehorsam in das ergebe, was ihm jetzt auferlegt sei, um so eher es möglich wäre, daß ihm der Herr noch viel Schwereres auferlege und ihn noch viel länger harren lasse. Den Wahn, der sich bei so vielen Kranken festsetzt, daß ihr Leiden doch das größte sei, dergleichen noch Niemand eins zu tragen gehabt, muß man ohnehin mit aller Macht bekämpfen, indem man Beispiele erzählt, die das Gegentheil beweisen. Es ist so, wie Chamisso in einem schönen Gedicht es darstellt, daß, wenn wir alle zusammen träten, und Jeder sein Kreuz auf einen Haufen zu allen andern legte, um nach freiem Ermessen nun eins davon zu wählen, Jeder das seinige wieder nehmen würde. — Manchmal wird man von solchen Kranken aufgefordert, um ein baldiges Ende für sie zu beten.*) Verf. hat das immer verweigert, da die Bestimmung des Zeitpunctes in Gottes Hand liege; man wird dieß auch nur thun dürfen und sollen, wenn der Todeskampf schon da ist, es sich also eigentlich nicht mehr um Abkürzung des Lebens, sondern nur noch dieses Kampfes handelt. Um jene hat

---

*) Auch Kündig erzählt a. a. O. S. 162 ein Beispiel davon, daß ein Kranker auf ihn ungehalten geworden und zu verstehen gegeben habe, er, der Pastor, könne nicht recht beten, sonst hätte er ihn längst zu Tode gebetet.

auch Gerhard nicht gebetet, da er sang: Mach End', o Herr, mach Ende an aller unsrer Noth ꝛc. — Eine eigene Frage ist es, ob man den Kranken die Verzögerung ihrer Auflösung auch unter dem Gesichtspuncte darstellen soll, sie seien noch nicht zum Himmel reif, Gott könne sie noch nicht brauchen. Wer ist denn eigentlich reif? Und wenn Gott bei dem Einen wartet, bis er reif ist, warum sterben so Viele, die ganz gewiß noch nicht reif sind? Selbst wenn man dem Kranken einen speciellen Punct nennen kann, in welchem er noch erst reiner, vollkommener werden müsse, ist jener Gesichtspunct ein schwer anzuwendender; denn gesetzt, es gelinge dem Kranken, jenen Flecken wegzubringen, jene Härte aufzuweichen, — wenn dann immer noch die Ruhestunde nicht schlägt, wie dann, da er sich doch jetzt für reif halten wird? Man kann wohl im Allgemeinen von einem Menschen sagen, der ist noch weit nicht reif, — er ist z. B. noch so unfriedlich, da würde er nicht in's Reich des Friedens taugen ꝛc., — und eben so im Allgemeinen von einem Andern: der ist als eine reife Garbe in Gottes Scheune getragen worden; aber an die Zeitigung einen Termin des zu hoffenden Todes zu knüpfen, ist unthunlich. — Unter Umständen kann solch einem Harrenden übrigens auch gesagt werden: ich glaube wohl, du könntest jetzt schon längst im Frieden eingegangen seyn zu deines Herrn Freude, aber du bist nicht blos um deinetwillen da, sondern auch um Anderer willen; die Deinigen danken Gott, daß sie dich noch haben, oder: sie sollen an dir noch lernen Geduld und Barmherzigkeit üben. Seinen guten Grund hat es jedenfalls, der Herr weiß genau, warum er so und nicht anders verfährt; Gottes Zeit ist die allerbeste Zeit, er ist noch nie zu spät gekommen. Das ist auch die Antwort auf den wunderlichen, aber nicht seltenen Wahn eines lange Leidenden, Gott habe ihn vergessen; ein Wahn, der namentlich daran sich nährt, wenn Andere, Gesunde, Jüngere schnell abgerufen werden.

e) Ein schweres Stück Arbeit für den Seelsorger liegt da vor, wo die Selbstgerechtigkeit noch nicht überwunden ist oder gar mit vollen Segeln einherfährt. Dieses Uebel ist ein so allgemeines, daß der Pastor sich Glück wünschen darf, wenn er einen Kranken trifft, der nicht in irgend einem Grade daran leidet. Wir haben z. B. selbst fromme Wittwen gefunden, die in gesunden Tagen nie anders sich bezeugten, denn als Seelen, die einzig durch Gottes Barmherzigkeit selig zu werden hofften, die auch auf dem Krankenlager daran festhielten, aber mit einemmal in die Klage ausbrachen, sie haben einst ihre verstorbenen Männer, Eltern u. s. w. treulich verpflegt, und müssen nun dafür so verlassen seyn! Also lag doch auch hier im Verborgenen ein Bewußtseyn von Verdienst, von Rechtsansprüchen, das nur erst durch die Krankheit zur Aeußerung gelangte. Die Menge derer ist vollends nicht zu zählen, die theoretisch den Artikel von der allgemeinen Sündhaftigkeit vollständig bejahen, aber von sich selber eine Meinung haben, die mit jenem Artikel nichts zu schaffen hat. Da ruft mir ein Kranker, während ich noch die Thürklinke zum Eintritt in der Hand habe, aus seinem Bette schon entgegen: „Ach, Herr N. N., ich bin eben ein großer, großer Sünder;" wie ich aber erwiedere: ich glaube das gern, aber sagt mir, lieber Mann, doch auch etwas Näheres, was für eine Sünde ist es denn, die euch in eurem Gewissen drückt? da nehmen die Gesichtszüge den Ausdruck des Befremdens an, und es folgt das Bekenntniß, daß er eigentlich nichts Böses von sich zu bekennen wisse; er sei gut geschult worden (ein Selbstzeugniß, das uns oft vorgekommen ist, aber immer nicht im Sinne eines Lobes für den ehemaligen Lehrer, sondern als Selbstlob), habe in Kinderlehre und Confirmandenunterricht gut geantwortet, wo er als Knecht, als Geselle u. s. w. gewesen, habe man ihn gern gehabt, er stehe in keinem Protokoll, habe kein Huhn beleidigt ꝛc. ꝛc. — in diesem Tone geht es fort. Oft nimmt dasselbe aber einen besonders bittern Geschmack dadurch an, daß der Kranke sagt: ich möchte nur wissen, warum mich gerade solch ein schweres Leiden treffen muß, wir sind freilich alle Sünder, aber es ist doch auch ein Unterschied ꝛc. Bei Manchen liegt es sogar am Tage, daß sie den Pfarrer eigentlich nur zu dem Zweck rufen lassen, damit er sich persönlich von ihrer Vortrefflichkeit überzeuge und hiedurch in Stand gesetzt werde, in der Leichenrede dereinst auch nach Würdigkeit sie zu schildern. Den Letztgenannten ist zu sagen: Wenn es so mit euch steht, wie ihr sagt, so habt ihr mich ja eigentlich nicht nöthig; ich bin ein Diener des Herrn, von dem ihr selber wißt, daß er gesagt hat, er sei ein Arzt für die Kranken und nicht für die Gesunden; ich habe nur den Auftrag, diejenigen zu trösten, die um ihrer Seele Heil angefochten sind; da ihr aber schon eurer Sache so gewiß seid, so weiß ich eigentlich nichts bei euch zu thun. Doch möchte ich, da ich einmal da bin, euch herzlich warnen, nicht blos auf das, was Gutes an euch seyn mag, hinzublicken, sondern euch vor Gottes Angesicht und vor dem Spiegel seiner Gebote einmal etwas genauer zu prüfen, auch nach den Unterlassungssünden zu fragen, und zu gedenken, daß Gott auch unsere unerkannten Sünden in's Licht vor seinem Angesicht stellt (Ps. 90, 8.). Da wird der Pastor zum Prediger, er thut jedoch wohl, wenn er nicht zu predigen lange fortfährt, sondern die Wirkung dieser ersten, dem Kranken unerwarteten Wendung des Gesprächs abwartet; dafür aber ist's um so besser, daß er im passenden Momente den Kranken einladet, mit ihm zu beten, und dann im Gebete dasjenige im Namen des Kranken ausspricht, was dieser denken, wie er gesinnt seyn sollte, d. h. sowohl ein Bekenntniß der Sünde als eine Bitte um das Licht des heil. Geistes, das erst die verborgenen Herzenstiefen aufdeckt und die argen Täuschungen der Eigenliebe vernichtet. Weiß freilich der Geistliche schon vorher so viel von dem Kranken, daß er ihm geradezu eine Sünde, die er begangen, eine schlechte Gewohnheit, die er an sich gehabt, mit Namen nennen kann, so ist dieß als Widerlegung alles pharisäischen Dünkels das beste; manchmal wird eine bloße Hindeutung genügen, die dem Kranken zeigt, daß der Pastor ihn besser kennt. Letzterer muß aber in solchem Falle seiner Sache ganz sicher seyn; denn rückt er dem Kranken etwas vor, was vielleicht nur die Verleumdung ausgeheckt, was sie wenigstens übertrieben hat, so ist's gefehlt: der Kranke wird gegen ihn persönlich erbittert, und sieht sich jetzt erst vollends als den Gerechten an, der unschuldig verfolgt sei; er schweigt beleidigt oder beginnt einen höchst unerquicklichen Streit. — Nimmt die Meinung des Kranken die Wendung, daß er sein Leiden nicht im Verhältniß zu seiner sittlichen Würdigkeit stehend glaubt, so ist darauf zu verweisen, welch eine Sünde das eben sei, Gott einer Ungerechtigkeit anzuklagen; zugleich aber der doppelte Irrthum zu entkräften, als ob jedes Leiden specielle Strafe für die persönliche Sündenschuld wäre, da doch der Herr gerade oft diejenigen am meisten züchtige, die er am meisten lieb habe, und als ob irgend eines Menschen Sünde so gering wäre, daß irgend ein Erdenleiden eine zu strenge, also ungerechte Strafe für dieselbe seyn könnte. Auch zu diesem Puncte verweisen wir gern auf die trefflichen Ausführungen von Kündig a. a. O. S. 106 ff. Es tritt dort besonders deutlich hervor, wie oft das rechte Wort (auch manchmal das rechte Schweigen) augenblicklich gefunden seyn will; die Pastoraltheologie kann nur Grundlinien ziehen, aber jenes rechte Wort läßt sich niemals im Voraus festsetzen.*)

f) Sehr schwierig ist die Behandlung von positiv Ungläubigen, von Freigeistern und solchen Halbgebildeten, die etwa in der Fremde, im Club, im Wirthshaus einen Hieb atheistischer Weisheit abgekriegt haben. Freilich werden sie selten sich bewogen finden, einen Geistlichen zu rufen; aber es kann dennoch geschehen, sei's auch nur auf Verlangen der Familie. Da muß der Geistliche beim ersten Besuch schon sehen, ob er wiederkommen kann. Ist der Kranke gar nicht geneigt, auf ein geistliches Gespräch einzugehen, so kann der Geistliche sich ihm nicht aufdringen; oft aber wird er es darauf anlegen, mit diesem zu disputiren. Sagt man ihm einen Bibel-

---

*) Kündig erzählt z. B. von einer Kranken, die immer viel mit dem tausendjährigen Reich zu schaffen hatte und von Betrübniß über die gottlose Welt überfloß, aber von ihrer eigenen Sünde nichts wissen wollte. Eines Tags sagte sie zum Pastor, sie wolle in ihrer Leichenrede nicht gerühmt seyn. Jener erwiederte: sie selbst habe schon dafür gesorgt, daß dieß unterbleiben könne.

spruch, so ist er im Stande, Beweis zu fordern, ob die Stelle auch ächt, ob ein Spruch aus dem Ev. Johannis oder aus den Pastoralbriefen auch als ein Wort Jesu oder Pauli anzunehmen sei. Hat der Kranke eine ruhige Stimmung, ist er nicht reizbar oder aufgeregt, so kann — worüber das Nähere unten noch vorkommen wird — auf seine Antithesen mehr oder weniger eingegangen werden; er wird darauf aufmerksam zu machen seyn, daß er seiner Sache selber nicht gewiß sei, daß sein innerstes Gefühl gegen alle seine Argumente mächtig reagire und daß es doch überaus thöricht sei, so auf's Ungewisse in die Ewigkeit zu gehen, und den einzigen Trost, der Einem gegeben sei, eigensinnig wegzuwerfen. Erzählungen von dem friedevollen Sterben wahrer Christen können auch hier Wirkung thun. Bleibt aber der Patient hartnäckig auf seinem Widerspruch und Widerwillen, so wird der Geistliche nichts thun können, als den Kranken fragen, ob er wünsche, daß er ihn noch öfter besuche; wird es verneint, so ist zu sagen: wenn er je einmal doch ein Verlangen empfände, christlichen Trost zu empfangen, so möge er nur schicken, man werde ihm mit Freuden zu Dienste seyn; einstweilen wolle man für ihn beten und ihm wünschen, daß er doch in solcher Entfremdung von Gott und seinem Wort nicht sterbe, sondern daß ihm Gott noch das Herz aufthue und ihn in Gnaden noch annehme.

g) Gehen wir zu der Classe über, in welcher uns entweder pure Stumpfheit und Gleichgültigkeit oder positive Ruchlosigkeit entgegenkommt, oder wo das wenigstens vorher das Signalement des jetzt Erkrankten gewesen war, so ist da der Stand des Pastors schon deßwegen ein schwieriger, weil ihn der Kranke selber entweder gar nicht oder nur aus Superstition kommen läßt. Es ist in der That eine harte Aufgabe, einen Menschen in geistliche Pflege nehmen zu sollen, der völlig unzugänglich ist, auf des Pastors Reden gar nichts antwortet oder Alles bejaht, aber ohne irgend welchen Eindruck und ohne innere Zustimmung. Das berechtigt uns aber nicht, den Kranken sofort sich selbst zu überlassen; kommt der Pastor in einiger Zeit wieder, so gibt schon der Fortschritt, den inzwischen die Krankheit gemacht hat, einen Anlaß, nun stärker den Kranken anzufassen; gibt er auch jetzt nicht viel von sich, so bleibt nichts übrig, als mit Vorlesen, mit Erzählen, mit Beten — jedes mit Maß — abzuwechseln und die Hoffnung nicht aufzugeben, daß vielleicht doch unter der Eisrinde noch ungefrornes Wasser sei, das endlich irgendwo durchbreche. Leute dagegen, die vorher positiv ruchlos waren, sind oft in Krankheit mehr oder weniger zerknirscht, klagen unter Thränen über ihre Vergehen und geloben alles mögliche Gute, wofern der Herrgott sie dießmal noch genesen lasse. Diese Stimmung, so oberflächlich sie seyn mag, ist doch vorerst das Einzige, woran man sich halten kann; der Pastor muß ja nicht zu schnell parat seyn mit dem Trost göttlicher Vergebung, er muß jene Stimmung durch Vorhalten des Gesetzes und Gerichts Gottes zu erhalten und zu vertiefen suchen, wobei sich bald herausstellen wird, in wie weit es Ernst damit war. Gut ist's dann auch, wenn er sich zu passender Zeit (namentlich im Zusammenhange mit der Privatcommunion) förmlich ein Gelübde in die Hand ablegen läßt, daß für den Fall der Genesung der Wandel ein anderer seyn werde, und zwar in concreto, daß der Kranke z. B. nicht mehr den Wirthshausbesuch anfangen, den und jenen Umgang, dieses oder jenes Geschäft oder Vergnügen völlig aufgeben, regelmäßig zur Kirche kommen werde rc. Tritt die Genesung wirklich ein, so ist's nothwendig von Zeit zu Zeit den Genesenen selbst zu fragen, wie es gehe? und ihn nöthigenfalls an sein Gelübde zu erinnern. — Ist aber der Kranke auch jetzt noch rohen und ungebeugten Herzens, sieht er den vielleicht nur von den Anverwandten begehrten, von ihm blos zugelassenen Geistlichen mit finstern Mienen herankommen, so ist es selbstverständlich, daß dieser nicht etwa mit Sätzen über göttliche Strafgerichte, die auch den Rohesten zu finden wüßten,*) sein Amt beginnt, sondern daß

*) Die älteren Pastoraltheologen (wie Urlsperger) gehen allerdings diesen Weg; man soll, meinen sie, dem Kranken sogleich eröffnen, er sei nun in des

er in humaner Weise sein Vertrauen zu gewinnen sucht, daß er ihn alsbald fühlen läßt, man sehe in ihm nicht einen Feind, der jetzt endlich auch dem verachteten Pfarrer still halten müsse, sondern einen leidenden Mitmenschen, dem man herzlich wohlwolle, — daß der Pastor dann auch über etwaige plumpe Aeußerungen, die er zu vernehmen bekommt, nicht empfindlich wird, sondern nur sucht, wo er an dem harten Gemüth etwa noch eine weiche Stelle finde. Diese weiche Stelle ist meist, wenn irgendwo, noch in einem Rest von Liebe vorhanden, — von Liebe zu Weib und Kind oder zu irgend einer andern Seele. Es ist auch hier das ächt Menschliche, woran das Göttliche sich anknüpft, worein es sich kleidet. Ist aber von dieser Seite nichts zu gewinnen, weil der Kranke Niemanden hat, der ihm lieb wäre oder seine Angehörigen sich nichts um ihn kümmern, dann gerade kann ihm das Entgegenkommen einer warmen Liebe von Seiten des Geistlichen um so mehr wohlthun, kann ihm das verschlossene Herz öffnen, daß er selber bekennt, wie elend es in seinem Innern aussehe. Hat man ihn nur dahin einmal gebracht, daß er dieß nicht mehr verhehlt, wie jämmerlich ihm beim Blicke vorwärts und rückwärts zu Muthe sei, so ist der Weg gebahnt. Will er damit nicht herausrücken, so darf ihn der Pastor wohl fragen: Warum habt ihr mich denn rufen lassen? Es muß euch doch nicht ganz just seyn; daß ich euch nicht gesund machen kann, wußtet ihr vorher; also was fehlt euch, das ich euch geben kann? — Eine leider vielfach vorkommende Gestalt der Herzenshärtigkeit bei Kranken ist die Unversöhnlichkeit oder wenigstens Unversöhntheit. Weiß oder merkt der Pastor, daß Zerwürfnisse etwa in der Familie oder sonst Feindschaften obwalten, so hat er — auch abgesehen von einer Privatcommunion — alles

---

Richters Hand, seine Krankheit sei der Vorbote der höllischen Martern, der Tod sei für ihn der Weg zur Verdammniß, sein Theil werde seyn im Pfuhle &c. — Hat der Erlöser irgend einen der Kranken, die zu ihm gebracht wurden, mit solchen Reden empfangen, um ihn dadurch erst mürbe zu machen?

Ernstes darauf zu dringen, daß die Entzweiten sich versöhnen; wo es nöthig ist, muß er selber den Vermittler machen.

6. Weit weniger, als diese innern Gegensätze und Zustände, tragen äußere Unterschiede für die seelsorgerliche Behandlung aus; ists doch gerade Krankheit und Tod, was alle Unterschiede ausgleicht, wo der Mensch lediglich als Mensch der Allmacht gegenübersteht, in deren Hand er gegeben ist. Es ist hier eigentlich nur nöthig, dem Vorurtheil entgegenzutreten, es sei der Arme zum Leiden, zum Sterben bereitwilliger als der Reiche, es sei das Alter der Ewigkeit auch innerlich befreundeter, als die Jugend. „Wie sauer wirds den Mann ankommen, von seinem Reichthum wegzusterben," das ist eine häufige Rede; wir haben aber Reiche gesehen, denen ihr Reichthum viel weniger eine Fessel war, als manchem Armen das jämmerlich Wenige, was er besaß. *) Eines nur ist für den Seelsorger, wenn er einen Armen in der Krankheit besucht, anders als beim Reichen, daß er nemlich jenem nicht vergessen darf auch leibliche Wohlthat zu spenden. Oft muß uns diese erst den Zugang zu dem vielleicht durch die zwiefache Noth verbitterten Herzen öffnen; nicht als ob wir uns mit Geld für eine Weile Gehör und Zustimmung erkaufen sollten, sondern es ist die Macht menschlicher Liebe, die der Arme darin empfindet, die sein Herz erweicht, wie auch die Linderung leiblichen Elends selber, weil sie den Geist von einem Drucke befreit, ihn ebendamit für höhere Gedanken freigibt. Ein treuer Seelsorger wird nicht

*) Verfasser hatte einst einen hochbetagten armen Weingärtner zu besuchen, der ihm schon vor seinem Erkranken oftmals begegnet war, und dessen Anblick ihn immer mit Mitleiden erfüllt hatte, weil derselbe mit seinem von vielem Tragen ganz zusammengewachsenen Körper nur mühsam vom Flecke kam und immer noch die schwere Arbeit in seinem magern Weinberg besorgen mußte. Als es schien, daß sein Ende nicht ferne sei, und im Gegensatze zur schweren Mühsal seines ganzen Lebens, von der Ruhe, von der Freiheit der Kinder Gottes zu ihm gesprochen wurde, brach er in die Worte aus: „O Herr, wenn ich nur wieder in meinen Weinberg könnte;" ich mußte ihn mit Erstaunen fragen: Ei, lieber Mann, habt ihr denn noch nicht genug Butten getragen auf eurem müden Rücken?

vergessen, dem Armen in der Tasche etwas mitzubringen, zu einer Privatcommunion ihm den Wein selber zu spenden, ihm auch Solches, wornach oft ein Kranker, wie man sagt, einen Gelust hat, und was ihm doch seine Armuth verweigert, freundlich zu reichen. Auch die Jugend ist gleichfalls nicht an sich schon mehr ans Leben gekettet, als das Alter; ist's doch oft, als klammerte sich dieses, je näher es dem Grabe zugeht, desto zäher an das Leben an, während Jünglinge und Jungfrauen, wenn einmal der rechte Trost gefunden war, sich willig und selbst mit Sehnsucht zum Tode bereiten konnten. Und was den Unterschied der Bildung anbelangt, so wird auch dieser von Krankheit und Tod ziemlich nivellirt; sind die Vorstellungen des Ungebildeten von Tod, Gericht u. s. w. vielleicht grasser, massiver, als die des Gebildeten, so sind die des Letztern leicht desto flacher; wiewohl wir oft an Orten, wo wir uns dessen am wenigsten versehen hätten, Begriffe in obigen Beziehungen vorfanden, die ans Superstitiöse gränzten. Denn Krankheit und Tod machen sich auch dem Gebildeten als Realitäten fühlbar, denen er darum, wenn es einmal Ernst wird, auch nicht mit nebelhaften Phrasen, sondern nur mit etwas Reellem gegenüberzutreten wagt.

7. Ein mit dem Krankenbesuche zusammenhängender Act, gewissermaßen der Höhepunct des Verkehrs zwischen Seelsorger und Beichtkind ist die Krankencommunion (Hauscommunion, Privatcommunion, coena clinica, auch viaticum genannt.) Es ist hier nicht der Ort, die theologische Rechtmäßigkeit dieses Actes zu untersuchen; der Unterschied wird immer bleiben oder immer wieder auftauchen, daß die lutherische Kirche, weil für sie der Gesichtspunct einer Gemeindefeier, genau nach dem Aeußeren der ersten Haltung dieses Mahles in der Nacht, da der Herr verrathen ward, ein untergeordneter, die Hauptsache dagegen das Gnadenmittel für den Einzelnen ist, auf die Hauscommunion mehr Werth legen, ja sie für den Kranken eigentlich fordern muß, während die reformirte Kirche, obgleich sie dieser Handlung sich nicht entzogen

hat, doch folgerichtig theils weniger Gewicht darauf legt, theils beschränkende Bedingungen daran knüpft.*) An der Berechtigung, das Mahl des Herrn so zu gebrauchen, kann kein Zweifel bestehen; er selbst hat auf dasjenige Moment, das bei der Hauscommunion wegfällt, daß nämlich die Feier eine Gemeindefeier seyn soll, nicht ausdrücklich ein Gewicht gelegt, wiewohl selbst dieses Moment nicht schlechthin entbehrt werden muß, da nicht nur — was allerdings immer schön und empfehlenswerth ist — die Familie zu Hause mit dem Kranken communiciren kann, sondern selbst die Communion eines Einzelnen so anzusehen ist, daß, weil er an der Gemeindefeier Theil zu nehmen verhindert ist, ihm sein Antheil nach altchristlicher Sitte ins Haus gebracht wird, damit er dennoch Theil nehme, ein Gesichtspunct, der auch dann festgehalten werden kann, wenn nicht zur selben Stunde oder am selben Tage sich das eine ans andere anschließt. Es ist die christliche Freiheit, die des Herrn Stiftung zum Frommen der Seelen auch in dieser Form gebraucht. Auch eine relative Nothwendigkeit ist zu behaupten, sofern ein Kranker, der kein Verlangen darnach hat, während sein Zustand die Feier geistig und leiblich zuließe, damit einen Mangel an geistlichem Leben verräth, das, wenn es in rechtem Maß, in natürlicher Wärme vorhanden ist, einer Wohlthat, einer Nährung nicht entbehren will, die der Herr mit einer Fülle von Segen darbietet. Alle die Momente, die das Abendmahl in sich vereinigt — die Gegenwart dessen, der da todt war, aber lebendig ist und in dem wir Kinder des Todes das Leben haben; die Vergegenwärtigung seines Leidens; die Versiegelung der Vergebung der Sünden; die Gemeinschaft mit allen Erlösten — gewinnen für den Kranken eine ganz besondere Bedeutung; ob er wohl nicht würdig ist, daß der Herr unter sein Dach gehe, so heißt es doch auch für ihn: Siehe, dein König kommt zu dir: das erhebt und

*) Vgl. darüber die Abhandlung in der Darmstädter Allgem. K. Z. 1859. Nro. 36.

stärkt die matte Seele, es kommt als göttliche, geistig-leibliche Versiegelung alles Trostes zum pastoralen Zuspruch hinzu, während zugleich die intensivere Sammlung des Gemüths auf die Kernpuncte evangelischer Wahrheit und Liebe eine heilsame Wirkung auf die Fassung des Kranken ausübt. Nur für die Behauptung der Nothwendigkeit der Krankencommunion zur Seligkeit ist schwerlich ein Beweis zu führen; die Schrift sagt Nichts davon, und merkwürdig genug weiß die einzige Stelle, die eine Anweisung zur christlichen Krankenpflege gibt, Jak. 5, gerade von einer Communion ebenfalls nichts, wie auch Paulus, wo er im 1. Korintherbrief vom heil. Abendmahl redet, (wo er ja überhaupt nur so weit davon redet, als die Unordnungen in Korinth ihm Anlaß geben), von einem Gebrauch für Kranke nichts sagt; 11, 30. werden zwar Kranke genannt, aber in ganz anderem Zusammenhang. Aus diesem Stillschweigen folgern wir nicht, daß die Privatcommunion dem apostolischen Begriffe vom Mahle des Herrn entgegen sei — denn es ist die christliche Freiheit, die demselben auch diese Gestalt gegeben hat, wie ihr ja in Sachen des Cultus, der Verfassung u. s. f. unendlich viel überlassen ist; — aber wir folgern, daß es eine Beschränkung der seligmachenden Kraft und Gnade Christi ist, eine conditio sine qua non zur Seligkeit daraus zu machen. Hiedurch zu allermeist werden die superstitiösen Meinungen genährt, die wir als Motiv des Verlangens nach dem Abendmahle so oft gewahr werden müssen. Leute, die nie um geistliche Dinge sich gekümmert haben, wollen noch communiciren, um daran eine Einlaßkarte in den Himmel zu haben. (Es hängt damit auch zusammen, daß man auf dem Lande in den Personalien eines Verstorbenen immer eine Erwähnung davon erwartet, er habe das heil. Abendmahl noch empfangen.) Nun ist es zwar selbstverständlich, daß der Geistliche, wenn das Begehren an ihn gestellt wird, im Gespräche mit dem Kranken die richtige Erkenntniß zuerst demselben beizubringen sucht; aber oft genug haben wir das deutliche Gefühl, daß man uns reden läßt, auch auf Fragen die nöthigen

Antworten gibt, aber daß man alles das einfach zum Ceremoniell rechnet, ohne sich irgendwie dadurch tiefer ins Wesen des Sacramentes und ins eigne Herz führen zu lassen. Und doch steht die Sache nicht so, daß wir das Recht hätten, die Reichung der Gabe zu verweigern. Aber noch Schlimmeres knüpft sich daran, sofern es dem Kranken und seiner Umgebung oft nicht einmal um eine äußere Vergewisserung der Seligkeit, sondern um einen leiblichen Effect zu thun ist.*) Es herrscht die Ansicht, daß die Communion immer eine Entscheidung herbeiführe, sei's zum Leben, sei's zum Tode; dauert nun eine Krankheit lange, der Umgebung auch wohl zu lange, so wird von Zeit zu Zeit die Communion begehrt, um jene Krisis herbeizuführen. Welch' eine unwürdige Stellung muß der Geistliche da einnehmen! Und doch ist's wieder derselbe Fall, wie oben. Auch ist jene Erwartung einer Krisis eine an sich nicht schlechthin unbegründete, denn sie trifft erfahrungsgemäß oft wirklich ein, ist uns auch, selbst wenn wir nur das psychologische Moment in Rechnung bringen, etwas wohl Erklärbares. Jene Meinungen haben auch die Folge, daß so oft der Geistliche um Reichung des Abendmahls gebeten wird, wenn der Kranke schon nicht mehr im Stande ist, mit voller Klarheit des Denkens bei der Handlung zu seyn. Wo ein wirkliches Delirium eingetreten ist, kann natürlich von derselben nicht mehr die Rede seyn; aber es gibt so viele Zwischenzustände zwischen klarem Bewußtseyn und Bewußtlosigkeit, daß es sehr schwer ist, eine Grenze zu ziehen. In solchem Zweifelsfalle haben wir es für das Richtige gehalten, das Sacrament alsdann nicht zu verweigern, wenn wir sahen, daß der Kranke, obgleich ihm das volle Verständniß abging, also auch eine genügende Vorbereitung nicht mehr möglich war, doch noch einen Trost, seinen letzten auf Erden, suchte und deßhalb sehnsüchtig darnach verlangte; wir hätten es nicht übers Herz gebracht,

*) Dem Verfasser sagte einst eine Kranke (freilich eine schon altersschwache Person) höchst unbefangen, sie wünsche zu communiciren, weil sie hoffe, daß dann auch wieder der Appetit sich einstelle, der ihr schon lange fehle.

ihm denselben zu verweigern, dessen uns getröstend, daß der Herr reich genug an Erbarmen ist, um auch solch' einer armen Seele sich nicht zu entziehen. Solch eine Communion ist ein Pendant der Nothtaufe. — Regel muß es dagegen immer seyn, daß der Kranke vorher schon besucht wird, ehe man ihm die Communion reicht; der Geistliche soll ihn erst über den Grund seines Begehrens hören, ihm die Heiligkeit des Gegenstandes in Erinnerung bringen und ihm Anleitung zur Selbstprüfung geben; soll ihm in Bibel und Gesangbuch dasjenige bezeichnen, was er für den vorliegenden Zweck lesen soll, auch wenn er es für nöthig findet, eins und andres ihm selbst zu lesen geben, woran sich beim nächsten Besuch das Gespräch knüpfen kann, um zu sehen, was der Kranke gefaßt und innerlich verarbeitet hat. Zur festgesetzten Stunde — deren Anberaumung aber, wie aus dem oben Bemerkten hervorgeht, nicht blos durch den Grad der erlangten Erkenntniß, überhaupt durch das Resultat der angestellten Vorbereitung, sondern auch durch den Fortschritt der Krankheit bedingt ist, da die vielleicht nicht mehr lange zu hoffende volle Geistes-Klarheit, oder der augenblicklich leichtere Zustand des Kranken benützt seyn will — erscheint der Pastor im Krankenzimmer, je nach Ortsgebrauch mit oder ohne Küster, *) geht wo möglich im Amtskleide schon hin, da es dem geistlichen decorum widerstrebt, wenn der Pastor sich in Gegenwart des Kranken und der Familie an- und umkleidet; ein Tisch in dem sonntäglich gereinigten Zimmer muß gedeckt seyn, Kelch und Patene stellt der Geistliche zurecht und gebraucht nun — etwa nach einem jedenfalls kurzen Gespräch mit dem Kranken — die Liturgie. Es können persönliche Verhältnisse vorliegen, wo es passend ist, ein freies Gebet statt des liturgischen zu sprechen, oder das letztere frei zu erweitern, um specielle Anliegen des Kran-

*) Letzteres, was in Städten geschieht, wo die Privatcommunionen sehr häufig vorkommen, hat nur das Unbequeme, daß alsdann die sacra vasa (die jeder Geistliche für den Krankengebrauch bei sich im Hause haben muß), vorher von der Bedienung des Kranken abgeholt und nachher zurückgebracht werden.

ken darein aufzunehmen; namentlich für das Schlußgebet ist diese Freiheit in Anspruch zu nehmen, da an den Dank fürs Abendmahl ein Rückblick aufs ganze Leben, ein Hinausblick auf Tod und Ewigkeit wie auch auf die vielleicht düstere Zukunft für die Familie sich wirksam anschließen läßt. Die Beichtformel und die Vermahnung, die Einsetzungs- und Distributionsworte müssen stehend seyn, wie das Vater Unser; ja, wir haben gerade bei Privatcommunionen uns oft überzeugen können, wie unendlich viel werth die stehende liturgische Formel und wie viel besser sie für solche Acte ist, als das freie Gebet, denn wenn die längst bekannten Worte kommen, da bewegen sich auch des Kranken Lippen, sein Auge leuchtet auf, er betet mit, weil er's auswendig kann; das gesalbteste Herzensgebet dagegen hört er doch mehr nur an, wie man eine Predigt anhört. — Daß für Privatcommunionen eine Gebühr zu nehmen, vielmehr ungebührlich und positiv unkanonisch ist, wurde früher schon erwähnt; dagegen ist es Sitte, daß, entsprechend der Feier in der Kirche, etwas geopfert wird, was ins pium corpus kommt. *)

Anhangsweise zum Vorigen sei hier noch ein Punct berührt, an den kein evangelischer Pastoraltheolog gedacht haben würde, wenn nicht die vorher angenommene Unmöglichkeit solch' eines Falles durch eine Thatsache als Möglichkeit erwiesen wäre. Es machte bekanntlich großes Aufsehen, als vor Jahr und Tag die Zeitungen berichteten, Pfarrer Löhe habe an einer Frau in seiner Gemeinde eine Art letzter Oelung vollzogen. Das wars nun gerade nicht, sondern nur eine buchstäbliche Beobachtung der Jak. 5, 14. gegebenen Vorschrift, nach welcher besagte Frau behandelt werden wollte. Darin lag eigentlich ein Vorwurf für die gesammte evangelische Kirche, Luthern mit eingeschlossen, daß sie die katholische Oelung nicht wenigstens in eine evangelische, biblische

*) Wie sehr auch hieran sich seltsame Meinungen knüpfen, erfuhr Verfasser einst, da ihm ein Kranker das Opfer in die Hand legte, und mit bedeutungsvollem Blicke sagte: das gebe er als Sündopfer!

verwandelt, sondern sie kurzweg abgethan hat; wir aber wissen, daß sie daran Recht gethan und sich als eine Kirche ausgewiesen hat, die unter dem Gesetze des Geistes und nicht des Buchstabens steht. Stünde sie unter Letzterem, so müßte sie außer der jakobischen Oelung sicher auch noch die Fußwaschung restituiren. Ob bei Jakobus (verglichen mit Marci 6, 13.) das Oel als Heilmittel oder als Symbol der die leibliche Heilung erst vermittelnden Geistessalbung zu fassen ist, oder wie sonst, haben wir hier nicht zu untersuchen; das aber ist klar, daß alle diese Gebrauchsarten und Betrachtungsweisen des Oeles local und temporär und unserem Denken und Leben durchaus fremd sind, was um so weniger ein Verlust ist, da selbst Jakobus nicht sagt, das Oel werde dem Kranken helfen, sondern das Gebet des Glaubens, der denn doch ein anderes Object hat, als das Oel, und auch nicht in der Weise an dieses gebunden ist, wie an die Elemente im Sacrament. Die Frage ist für uns nur diese: wenn einmal ein Gemeindeglied solches Verlangen stellt und sich auf die Jakobusstelle dabei beruft, was sollen wir thun? Es ist freilich zuverläßig anzunehmen, daß jener Person in Löhe's Gemeinde dieser Wunsch so wenig gekommen wäre, als er jemals einem evangelischen Christen gekommen ist, wenn nicht vorher schon katholisirende Tendenzen in der geistlichen Regierung der Gemeinde mitgewirkt hätten; gerade durch diesen innern Zusammenhang, der solch ein Begehren erst möglich machte, ist die Sache zu einem Aergerniß geworden, weil jeder gute Protestant darin nur einen weitern Schritt auf dem Wege sehen konnte, auf welchem man evangelisches Christenthum in romanisirendes Kirchenthum verkehrt. Leute, welche Vernunft annehmen, würden sich, falls sie auf jenen Einfall geriethen, immerhin noch belehren lassen, daß und warum solch eine vereinzelt stehende Anweisung, wie jene des Jakobus, keine allgemeine Norm sei; allein Personen, die einmal auf etwas dieser Art verfallen, sind dann in der Regel, als hätten sie irgend ein hohes Geheimniß entdeckt, so erpicht darauf, daß sie vernünftiger Belehrung ganz unzugänglich bleiben und sich auf das steifen, was schwarz auf weiß in der Schrift steht. Stier sagt (in seinen Betrachtungen über den Brief Jakobi S. 316 zu der Stelle): „Wir mögen heut zu Tage noch, wenn kindlicher Glaube ein Sinnbild und greiflich Zeichen begehrt, dieses thun oder Aehnliches mit Anderem, was bei uns wäre, wie das Oel in Palästina; wir mögens aber auch lassen; wir mögen endlich das Wort unseres Textes im geistigsten Sinne richtig dahin deuten, daß allerlei äußere Mittel, auch Arznei zu gebrauchen, mit dem Gebete vereinigt seyn kann." Das Letzte ist das Richtigste; denn daß jetzt noch ein „kindlicher Glaube" das stricte Verlangen stellt, es müsse nach apostolischem Wort eine Salbung mit Oel vollzogen werden, das gerade halten wir für unmöglich. Diese Forderung setzt nicht kindlichen Glauben, sondern religiöse Verschrobenheit voraus. Wir würden auf solch' ein Begehren den runden Bescheid geben: da der Herr nirgends solch ein Gebot gegeben hat; da das Beharren auf solchem Verlangen trotz ertheilter Belehrung einen am Aeußerlichen haftenden unevangelischen Glauben, und zugleich einen Mangel an Glauben in Bezug auf des Gebetes Kraft und Gottes Allmacht verräth; da endlich der Verdacht eines katholisirenden Aberglaubens, eines Gelüstens nach sacramentlicher Oelung nahe liegt: so thue ichs nicht; ist euch Gebet und Abendmahl nicht genug, verlanget ihr Zeichen oder Zaubermittel, so seid ihr auf falschem Wege; darin euch bestärken will ich nicht, will mein Gewissen nicht damit beschweren, daß ich aus Nachgiebigkeit gegen den Wahn eines Einzelnen an dem Geist der evangelischen Kirche und Lehre mich vergreife und auch nur den Schein auf mich lade, als hätte ich Lust an Dingen, die einen so stark römischen Geschmack haben. Jakobus hat damit nicht katholisirt, weil es noch keinen Katholicismus gab; wenn aber jetzt die Sache repristinirt wird, so nimmt sie einen ganz andern Charakter an, sie wird ein σκάνδαλον. *)

*) Als solches hat sie, so viel wir wissen, die bayrische Oberkirchenbehörde auch angesehen und untersagt.

8. Es ist schon früher bemerkt worden, daß der Geistliche an Krankenbetten oft Gelegenheit habe, für irgend einen wohlthätigen Zweck wirksam zu seyn, indem er — auf Befragen — Rath gibt zu einer weisen Stiftung, einem wohlangelegten Legat u. dgl. Aber auch außerdem ist es wohlgethan, wenn er auf geeignete Weise (diese hängt freilich ganz von der Persönlichkeit des Kranken und den Verhältnissen ab) demselben die Mahnung gibt: bestelle dein Haus. Es ist so oft sicher vorauszusehen, daß, sobald sich das Grab über dem Todten geschlossen hat, in der Familie der Hader ausbricht; solchen Zerwürfnissen ließe sich nicht selten durch kluge, letztwillige Bestimmungen vorbeugen, und doch will man nicht daran, sein Testament zu machen, aus dummer Scheu schiebt man es von Tag zu Tag auf, bis es zu spät ist. Auch wo keine Händel zu befürchten sind, kann doch eine Ungerechtigkeit begangen werden durch solche Unterlassung; mancher Hagestolz, manche alte Jungfer verspricht einem armen Verwandten, einem armen Dienstboten, daß sie ihm etwas vermachen werden, wenn er treu bei ihnen ausharre; der arme Mensch thut's, läßt sich alle Launen, alle Plackereien sclavisch gefallen; der Patron aber kann sich immer nicht entschließen, den Notar kommen zu lassen, weil er meint, das sei eigentlich schon der erste Act des Sterbens; so kommt der Tod über ihn, und der Diener geht mit leeren Händen aus, wenn nicht — was aber nicht allzu häufig geschieht — die Erben rechtschaffen genug sind, das Unrecht gut zu machen. An solche Dinge zu erinnern, liegt noch ganz innerhalb der seelsorgerlichen Aufgabe, so wenig diese sonst die Einmischung in Erbschaftsangelegenheiten zuläßt.

9. Kommt der Augenblick des Verscheidens heran, so wird oft der Geistliche noch schnell geholt; sieht er bei einem Besuche selbst, daß es dem Ende zugeht, so ist es geziemend, daß er dableibt und dasselbe abwartet. Es ist ein natürlicher Wunsch, daß, wenn dem Sterbenden noch irgend etwas zum Troste werden kann, es ihm gegeben werde; die Familie ist, auch wenn sie in Gebet und Wort Gottes nicht unerfahren ist, also nicht deßwegen den Pfarrer braucht,

weil sie selber der ringenden Seele nichts zu sagen wüßte, doch oft so gebeugt, so vom Schmerz überwältigt, daß ihr die Anwesenheit des Geistlichen selber zu einem Halt wird. Der Moment des Todes, trete dieser stille ein oder unter schwerem Kampfe, ist etwas so Heiliges, so Feierliches, daß schwächere, dessen ganz ungewohnte Gemüther von einer eigenthümlichen Furcht, einem Grauen ergriffen werden, das ihnen die Nähe eines mit der Ewigkeit vertrauten Menschen zu einer Wohlthat macht. Seine Function an solchem Ort ist aber unsers Erachtens eine mehrfache. Erstlich, wofern der Sterbende noch das Verlangen nach Gebet und Zuspruch kund gibt, ist ihm dasselbe bestens zu gewähren, aber nicht mit langem Beten oder Predigen. sondern nur in kurzen Sprüchen oder Versen, die von Zeit zu Zeit ihm gesagt werden. Auch wenn das Bewußtseyn schon geschwunden zu seyn scheint, darf es hie und da versucht werden, ihm etwas zu sagen, da oft, wenn schon der Todesschlummer sich über die Augen zu legen begonnen hat, doch so viel Bewußtseyn noch da ist, um ein Trostwort zu vernehmen und sich daran zu stärken. Aber wie der Pastor selbst damit nur sparsam seyn muß, wie er blos von Zeit zu Zeit ein lautes Wort reden soll, im Uebrigen aber stille zu seyn, und auch das Gebet für den Kranken meist in der Stille zu thun das Bessere ist: so ist sein zweites Geschäft, daß er den Sterbenden vor frommer wie unfrommer Zudringlichkeit schützt. Denn nicht blos die rohe Neugierde stellt sich — auf dem Lande wenigstens — oft an Sterbebetten ein, sondern es gibt auch eine Art Frömmigkeit, die aus dem Sterben ein Schauspiel macht; das Sterben soll, das will man bei Andern wie bei sich selbst bezwecken, ein recht schönes seyn; man macht eine Kunst daraus; — „die Sterbekunst," die in Mollers († 1606) Manuale de praeparatione ad mortem noch einen ganz unverfänglichen, richtigen Sinn hat, ist hernach in einer Weise cultivirt und raffinirt worden, daß man ein förmliches Programm dazu hätte entwerfen können. Jeremias Gotthelf läßt irgendwo eine seiner Personen sagen: „Ich möchte einmal in vollkommener Ruhe sterben, ohne daß mich hier einer etwas fragt und dort ein anderer tröstet;" es ist ein Arzt, der das sagt, aber wir meinen, in gewissem Betracht habe er Recht. Wem es jemals sterbensübel war, wer sich sterbensschwach fühlte, der kann sich ungefähr denken, daß es für einen wirklich Sterbenden auch keine größere Wohlthat geben muß als Ruhe und Stille. Das heißt ja nicht: man soll ihn sich selbst überlassen; der Sterbende hat, wie Kündig S. 195 gewiß richtig sagt, vorherrschend gerade das Gefühl des Verlassenseyns; aber die, welche bei ihm sind, sollen darum doch nicht Störer seines Entschlafens seyn. Fordern wir dieß im Namen der Menschlichkeit, so stimmt damit andrerseits die Wahrheit, daß ja doch wahrhaftig an dem, was in solchen Momenten noch gesprochen und gethan wird, die Seligkeit nicht hängt. Oetinger hat über Bengels Ende sehr treffend gesagt: „Bengel starb nach seiner Idee, nemlich als der, der nichts von der Sterbekunst statuirt, sondern der mit seinem Correcturbogen, als seinem Geschäft, sich beim Sterben so gut befaßt, als zuvor. Er wollte nicht geistlich pompös sterben, sondern gemein, wie wenn man unter dem Geschäfte zur Thür hinaus gefordert wird." Gleich gewichtig auch für die Pastorallehre ist, was Ludwig Hofacker (s. sein Leben von Knapp, 1. Aufl. S. 306) auf seinem Krankenlager äußerte: „Es berühre ihn unangenehm, wenn Leute heraufkommen, die da meinen, dem Pfarrer Hofacker in seiner Heiligkeit sollte und werde das Sterben unfehlbar eine Kleinigkeit, ein Kinderspiel seyn, und wenn sie dann anheben, ihm aus ihrem gesunden, wohlhäbigen Leibe heraus mit größter Leichtigkeit und Zungengeläufigkeit zuzusprechen." Davor also den Kranken zu schützen, halten wir für eine pastorale Pflicht. — Ist derselbe eine würdige Persönlichkeit, so ist es wohl zulässig und angemessen, daß ihn der Pastor mit Auflegung der Hand zum Sterben einsegnet, was ja auch die Bewußtheit des Sterbenden nicht mehr zur nothwendigen Voraussetzung hat. Ist er verschieden, so ist ein kurzes Gebet das Beste, die Gemüther in die rechte Fassung zu bringen; wäre Stimmung und Stimme dazu vorhanden, so könnte selbst der leise Gesang eines Liedverses von sämmtlichen Anwesenden eine wohlthätige Wirkung haben und dem Moment seine Weihe geben. Sind doch manche Christen schon während eines von ihnen begehrten Gesanges verschieden.

10. Nur kurz erwähnen wir des Falles, daß der Pastor Jemanden auf eine bevorstehende Operation geistlich vorbereiten soll oder zu einer Gebärerin berufen wird, die in Lebensgefahr ist. Mehr als sonst bedarf er zu solchem Dienst, namentlich im ersteren Falle, der eigenen Stärkung, damit er selbst leiblich und geistig nicht von dem Vorgang übermannt werde; was er aber dem Leidenden zu bieten hat, ist sehr einfach: er soll das Vertrauen auf Gottes allmächtige Hülfe, durch die auch das Schwerste vorübergeht, aber auch den Todesmuth stärken und ihm hierum beten helfen. Die dahin gehörigen Motive sind einfach und schön z. B. in Kapffs größeren Gebetbuch (Thl. II.) ausgesprochen. Vgl. auch Kündig a. a. O. S. 147. Burk a. a. O. II. S. 347. Löhe a. a. O. II. S. 258. Häufig wird vorher die Communion begehrt und dient zur mächtigen Stärkung; auch die Erzählung von anderen, muthig bestandenen und glücklich vollbrachten Operationen wird günstig wirken.

11. Noch haben wir die Mittel zusammenzustellen, die dem Geistlichen beim Krankenbesuche zu Gebote stehen, um dem Kranken das darzureichen, was er bedarf. Es ist, außer dem Sacrament, wovon oben schon die Rede war, überall das Wort, aber in sehr mannigfachen Gestalten. Zuoberst steht das Schriftwort, theils in Form von Sprüchen, welche er dem Kranken in Erinnerung bringt oder, wenn sie ihm noch unbekannt wären, ihm sagt, ihm auch wohl in seiner Bibel bezeichnet, damit er sie nachschlage; theils in längeren Abschnitten, die er ihm vorliest, wozu sich nach seinem Ermessen und seiner Schriftkenntniß unendlich viel, vorab aus den Psalmen, aus Hiob, aus den Abschiedsreden des Herrn, aus den Briefen Petri, darbietet. An das Lesen wird sich von selbst eine Auslegung mit specieller Application anschließen. Das

zweite ist das Gebetswort; hier muß der Geistliche selbst erfahren, ob er beten kann, und wenn er's noch nicht könnte, am Krankenbette wird er's lernen. Er muß das um so mehr, als der Kranke gerade von ihm oft erst beten lernen muß. Denn das, was unser Volk so nennt, ist oft gar nichts, als das fertige Hersagen dessen, was in der Schule von Liedern und Sprüchen, im Hause auch von Morgen- und Abendgebeten irgend einmal auswendig gelernt worden ist. Das ist nun nicht zurückzuweisen; blos wenn — wie es hie und da vorkommt — ein Kranker den Pastor eigentlich zum bewundernden Zuhörer dessen machen will, was er alles zu beten wisse, ist diesem Strome ein Damm zu setzen; sonst aber darf der Seelsorger wahrhaft froh seyn, wenn er solch einen Vorrath und solche Geneigtheit, ihn zu verwerthen, beim Kranken vorfindet; er hat daran auch für die persönliche Application eine um so geschicktere Handhabe. Immer aber muß der Pastor selbst frei und — wenn es erlaubt ist, den Ausdruck von der Beredtsamkeit auch auf das Gebet überzutragen — fließend beten können. Dazu reicht in der That die richtige Herzensstellung und Gründung nicht zu; es kann wohl Jemand für sich das, was ihm anliegt, in's richtige Wort fassen, aber vor Andern und für Andere beten zu können, das bedarf einer Gabe und Uebung; stocken oder in Tautologien und Gemeinplätzen sich umtreiben, keinen Fortgang oder kein Ende finden zu können, ist da nicht weniger schlimm, als in der freien Rede. Solche Uebung gibt freilich nur die Praxis selbst; aber es ist doch auch dazu eine Vorübung möglich und dienlich und die rechte Schule dazu ist uns in den alten Liturgien geöffnet. So wie Luther, wie die Verfasser der evangelischen Kirchengebete, auch zum Theil die Liturgiker der alten Kirche gebetet haben, in solcher Kürze und Einfalt, Kraft und Klarheit, ist in sämmtlichen Gebet- und Andachtsbüchern nichts zu finden; Habermann, Arnd, Stark, J. C. Storr — sie haben Vortreffliches geliefert und der Born ist noch heute nicht versiegt; aber nur Weniges trägt das Gepräge jener Objectivität, die vom Zeitgeschmacke und von besondern theologischen oder religiösen Richtungen sich frei erhält. Sowohl als Lesung wie als Gebet empfiehlt sich das evangelische Lied, vorzugsweise das kirchliche Lied, wiewohl für unsern Zweck auch die mehr subjectiven christlichen Dichtungen, die vom Kirchengesang ausgeschlossen sind, wofern sie nur den erforderlichen Gehalt haben, gute Dienste leisten. Nur hat das Kirchenlied auch darum immer den Vorrang, weil es dem Kranken schon bekannt ist, er sich somit nicht erst anstrengen muß, um aufzumerken, und doch beim jetzigen Gebrauch auch das längst Bekannte einen neuen Inhalt für ihn gewinnt. — Das dritte, was die anderen Momente vorbereitet und verknüpft, ist das freie Gespräch. Ein solches mit Personen der verschiedensten Art und Bildung über einen und denselben Gegenstand und mit einem und demselben Zwecke gleich gut zu führen, alles Gezwungene und Gemachte fern zu halten, dem Kranken zur activen Betheiligung am Gespräche Herz und Mund zu öffnen, ohne doch je in die unangenehme Rolle eines Examinators zu fallen, ihm Luft zu machen zu jeder freien Aeußerung, daß er nicht dem Pastor zu Gefallen redet, sondern so, wie es ihm um's Herz ist, und doch allem Ausweichen vorzubeugen: das ist die schwere aber schöne Kunst — gleichsam die Katechese in höherer Potenz, — die der Geistliche sich aneignen muß, zu deren wirklicher Handhabung allerdings ebensosehr eine Gabe wie eine längere Uebung nöthig ist. Die Gabe besteht in der Raschheit, mit welcher Gedanken, praktische, anregende, frische Gedanken gleich neuen Melodien dem Geiste zuströmen und sich an den gegebenen Moment, selbst an Aeußerlichkeiten und Zufälligkeiten anknüpfen oder durch dieselben entzünden, und ebenso die Gewandtheit, das rechte Wort dafür augenblicklich zu finden, eine gewisse Keckheit, die den Kranken selbst aus geistlicher Lethargie herauslockt und ihn zur Mittheilung wie zur Aufmerksamkeit weckt, ohne daß er widerstehen kann. Es ist, genau genommen, dasselbe Talent, das auch in andern Verhältnissen so unendlich viel werth ist, — das Talent: ein Gespräch in Gang zu bringen und im Gange zu erhalten und zwar so, daß es nie zum Unbedeutenden, zum Geplauder herabsinkt; aber Mancher, der dieß im Salon vortrefflich versteht, kann am Krankenbett dennoch in's Stocken gerathen, wie umgekehrt auch Manchem, den sonst die Schüchternheit zu einem sehr schweigsamen Gesellschafter macht, hier das Herz aufgeht, weil er sich an dieser Stelle daheim fühlt, weil die erbarmende Liebe die Schätze, die er im Innern verborgen trägt, aufthut. Treffen wir freilich einen Kranken, der nicht erst aus geistiger Trägheit aufgestachelt werden muß, der sich uns gegenüber selber auszusprechen das Bedürfniß hat, da ist's ein Leichtes, ja ein Genuß, bei ihm zu verweilen; es gibt Krankenbetten, von denen der Geistliche viel mehr mitnimmt, als er gebracht hat — wir müssen Jedem wünschen, daß er von Zeit zu Zeit unter seinen Patienten auch einen dieser Art habe. Den Stoff und Ausgangspunct des Gesprächs wird zunächst der Zustand des Kranken selbst, seine Hoffnungen oder Befürchtungen, seine Stimmung, seine inneren und äußeren Erlebnisse bieten; man läßt sich von ihm erzählen, hört mit Geduld an, was er zu sagen hat, seine Klagen wie seine Trostgründe, seine wahren Gedanken wie seine Träume; — man legt ihm — ohne etwa den weissagenden Traumdeuter zu machen*) — das alles aus, d. h. man stellt es ihm unter die richtigen Gesichtspuncte, lenkt ihn von Nebensachen, von Grübeleien und Thorheiten immer wieder zurück auf die Hauptsache, suggerirt ihm — sei es als Gegensatz zu seinen eigenen Meinungen, sei es als Bestätigung seiner Erfahrung und Erkenntniß — die bezüglichen Schriftwahrheiten und sucht sie möglichst zu fixiren. Anhaltspuncte gibt die Festzeit, gibt selbst die Weltzeit — mancher Kranke interessirt sich noch sehr für das, was draußen vorgeht im Leben der Staaten, der Kirchen — das muß man ihm nicht wehren, es ist ja im Gegentheil ein gutes Zeichen, daß ihn die Krankheit nicht gegen allgemeine Interessen abgestumpft, nicht so egoistisch

*) S. die auch über diesen Punct interessante Ausführung bei Kündig a. a. O. S. 157.

gemacht hat, daß sich, wie es so oft der Fall ist, alle Gedanken nur um's eigene Ich und dessen Befinden drehen; man hat nur immer das Gespräch über solche Dinge zeitig so zu lenken, daß der Kranke nicht sein eigenes Heil über dem des Vaterlandes übersieht, sich in jene Interessen nicht verliert, sondern auch daraus zuletzt einen Gewinn für seine Seele zieht. — Der Geistliche wird öfters dem Kranken etwas erzählen — namentlich auch von andern Leidenden, von denen er vielleicht gerade herkommt, deren schwereres Leiden oder größere Geduld als heilsamer Spiegel dienen kann; oder erzählt er dem Kranken etwas, was er gelesen, bringt ihm etwas mit, das er ihm vorliest oder zum Selbstlesen daläßt, und redet dann das nächstemal darüber. Oft auch ist es, wie Marperger, getreue Anleitung zur wahren Seelencur, Nürnb. 1743. S. 218. räth, praktisch, daß man, „anstatt alleweil mit dem Kranken in Person zu reden, sich zu seinen Angehörigen wendet, und mit ihnen solche Gespräche führt, die dem Patienten selber, wenn er zuhört, nöthig und nützlich sind.*) Ganz unvermerkt kann man hiebei des Kranken Zustand entdecken, was ihn am meisten angreife wahrnehmen, und zuweilen die größte Begierde in ihm erwecken, sich von Einem und Anderem belehren zu lassen. Unterdessen wird er mit dem beschwerlichen Reden verschont, und die Ruhe, die man ihm gönnt, macht dem Vortrag, den man thut, einen doppelten Nachdruck und große Annehmlichkeit." Ihm solche Pausen zu gönnen, ist überhaupt nöthig. „Du mußt," sagt derselbe Marperger S. 214., „dem Kranken Zeit lassen zum Nachdenken; ist dein Zuspruch so unmäßig, daß man kein Ende in deiner Rede finden kann, so wird er Gottes Gabe und Rührung ersticken, eben wie ein stark anhaltender Wind das Licht abbläset,

---

*) Wie auf obige Weise die Familie mit in Anspruch genommen wird, so ist es öfters auch nöthig, daß der Pastor beim Weggehen den Angehörigen Verhaltungsregeln gibt, damit nicht, was ihm gelungen ist, durch ihre Gedankenlosigkeit oder Unwissenheit wieder vernichtet werde.

welches ein stilles Wehen nur mehrers anflammt. Denke auch hier an die Erfahrung Eliä, da er befand, daß der Herr in dem stillen und sanften Sausen war... Du schlägst gleichsam Funken in den Zunder seines Herzens; mein! halte doch inne und nimm wahr, ob solche auch fangen?" Schließlich ist noch zu fordern, daß der Kranke von jedem Besuche des Geistlichen irgend Etwas als Gewinn soll behalten können; irgend einen Gedanken, eine Anschauung, also eine Bereicherung seines inwendigen Menschen. Nicht als ob das nach Art eines Lehrcurses angeordnet werden, also beim nächsten Besuch examinirt werden müßte, ob das beim lezten Besprochene noch hafte oder Früchte getragen habe und nun ein neuer Stein zum Bau hinzugefügt werden müßte genau nach dem zuvor entworfenen Risse; das wäre das Methodistische, gegen das wir uns von Anfang schon erklärten als gegen ein gewaltsames, unnatürliches Verfahren, da, was frei in jedem Augenblick nach Bedürfniß gegeben werden muß, unter das Joch eines Systems gebannt wird. Sondern nur das ist der Sinn der Forderung, daß kein Besuch leer abgehen soll; daß der Kranke sich an irgend etwas Reelles, was ihm der Pastor gesagt, erinnern kann. Wir brauchen deßhalb nicht darauf auszugehen, daß wir jedesmal irgend eine gewichtige Sentenz in petto haben; ein einfaches, schlichtes Wort kann denselben Dienst thun, aber doch immer nur eines das Gehalt hat. Darauf kann man sich nicht vorher rüsten, kann auf einen Krankenbesuch nicht studiren, wie auf eine Predigt, sondern man muß seinen geistlichen Schatz immer vollständig bei sich haben. Um aber ihn bei sich zu haben, muß man ihn sich erwerben; daher das unablässige Sammeln aus Gottes Wort, aus Geschichte und Erfahrung, die stete Bereicherung an Wahrheit Hand in Hand gehen muß mit der Weisheit und Liebe, die solchen Schatz alsdann zu verwerthen versteht. Dem treuen Diener gibt der Herr dann zur Stunde, was er braucht, in den Sinn und in den Mund; die Verheißung Matth. 10, 19. 20.

gilt nicht blos für gerichtliche Verhöre, sie gilt auch für pastorale Krankenbesuche.*)

16. Seelsorge für Trauernde, Angefochtene, Verzweifelnde.

1. Der Krankenbesuch geht von selbst über in den Besuch von Wittwen und Waisen; der Angst um ein theures Leben folgt, wo nicht des Herrn Hülfe noch Frist gibt, die Trauer um dasselbe. Meist verlangt es schon die Sitte, daß der Geistliche die Familie nach einem Todesfall, auch schon vor der Beerdigung, besucht, wie ebenfalls, daß er in der Stunde des Begräbnisses im Hause anwesend ist. Hier zu Land geschieht dieß freilich nur in den Städten, wo der Geistliche vom Trauerhause aus den Leichenzug zu Fuß oder zu Wagen begleitet, während auf dem Lande, wo am Grabe der Schulmeister parentirt, der Pfarrer erst auf der Kanzel für die Leichenbegleitung sichtbar wird. Es ist häufig noch ein erschütternder Moment, wenn die Gesänge vor dem Hause beginnen oder wenn die Glocken anschlagen; das Wegschaffen auch der letzten Ueberreste läßt die Unerbittlichkeit des Todes noch in seiner ganzen Strenge fühlen. Die Anwesenheit des Geistlichen ist alsdann darum wichtig, weil der Schmerz ihm gegenüber sich entweder selber mäßigt oder von ihm durch ein freundliches Wort gemildert werden kann, und weil sich gerade durch seine Betheiligung an der Familie in solchen unvergeßlichen Momenten der Geistliche am tiefsten und innigsten in das Leben der Familie verflicht; auch wer sonst ihm vielleicht ferner stand, lernt den Werth geistlichen

*) Eine Uebersicht der Literatur für den angehenden Pastor fügen wir nicht bei, da die instructivsten Werke im Capitel selbst gelegentlich citirt sind. Nur auf die Schrift „Bethesda" von Altmüller und auf den Anhang zum zweiten Bändchen von Löhe's „evang. Geistlichen" machen wir noch besonders aufmerksam; Löhe hat (in einem für Diakonissen bestimmten Dictat) verschiedene leibliche Krankheitszustände in ihrer psychischen Bedeutung genauer entwickelt, als dieß sonst zu finden ist.

Beistandes und die Wahrheit des Wortes Gottes da kennen, und kann dadurch auch für die Zukunft demselben zugänglicher werden. Was die Tröstung am Grabe betrifft, so überläßt die Pastoraltheologie das Nähere über diese Function der Homiletik, und begnügt sich mit dem allgemeinen Grundsatze, daß bei dieser Function (die freilich von Vielen schon darin ganz verkehrt aufgefaßt wird, daß sie wähnen, eine christliche Rede am offenen Grabe und ein christlich eingefaßter Nekrolog sei ein und dasselbe Ding) immer Wahrheit und Liebe Hand in Hand gehen, nie aber eines durch das andere verletzt werden darf. Schwache Seelen finden freilich einen Trost darin, wenn der Redner dem Verstorbenen Tugenden andichtet, die er nicht gehabt, oder die, die er gehabt, zu einem Superlativ hinaufschraubt; aber dieser Trost ist um so gefährlicher, als man ja alsdann sieht, wie wenig Christenthum einer zu haben, wie wenig Tüchtiges einer zu leisten braucht, um dennoch dereinst einen rhetorischen Ruhmeskranz aus der Hand der Kirche auf sein Grab gelegt zu bekommen. Vom pastoralen Gesichtspunct aus wichtiger noch ist die Tröstung, die nicht in öffentlicher, feierlicher Versammlung, sondern im Hause selbst den Trauernden gebracht wird. Da kommt so Vieles vor, was am Krankenbette noch ferne lag, wenigstens so noch nicht empfunden wurde; es sind die Sorgen um das Auskommen in der Welt, es ist das unendlich traurige Gefühl, als Wittwe, als Waise verlassen zu seyn; ja oft kommen da erst versuchliche Gedanken, „Gott hätte solches Leid über mich und meine Kinder nicht verhängen sollen;" oder steigert sich das Heimweh nach dem Entschlafenen auf eine krankhafte Höhe, so daß der Trauernde nach Monaten noch trübselig, in sich gekehrt, des Lebens überdrüssig in dumpfem Brüten seine Tage verbringt. Da darf nun nicht abgelassen werden, im Sinne des Liedes: „Schwing dich auf zu deinem Gott, du betrübte Seele" dadurch Trost einzusprechen, daß man, je länger sich der Trauernde nicht fassen kann, um so mehr es ihm als ein Unrecht, als eine Versündigung gegen Gott, als ein eigensinniges Festhalten des wilden

Schmerzes, als ein gewaltsames Wegwerfen des Vertrauens und als ein ungebührliches Sich-Empören wider Gottes heiligen Willen vorstellt, ja, daß ihm unverhohlen gesagt wird, gerade sein jetziges Benehmen verrathe es, warum ihm Gott wohl solch einen Schmerz auferlegt habe, damit er erst lerne, den eigenen Willen zu brechen und auch das Liebste Gott hinzugeben; das sei Gottes Art, oft gerade an der Seite uns zu verwunden, wo es am wehesten thut; daß man ihm ferner seine Pflichten gegen die, die ihm noch übrig gelassen sind, ernstlich einschärft und durch Ermunterung zu regelmäßiger Thätigkeit auch das geistige Leben wieder in Gang zu bringen sucht, auch nicht müde wird, ihm den Weg zu zeigen, der dazu führt, daß ein Christ sein Herz vor Gott zu stillen weiß. Dabei ist seines Orts noch zu erinnern, daß es nicht recht, daß es egoistisch sei, denen die daheim sind, ihre Ruhe, ihre Seligkeit zu mißgönnen; „warum trauern um die, die sich freuen?" So wenig aber der Pastor nach der Welt Art rathen wird, seinen Trost in Zerstreuungen zu suchen: so wenig wird er den bessern Trost, den er hat, da im Predigtton aufdringen, wo die Aufregung noch zu groß ist, um denselben zu vernehmen. Es ist eine so schöne Stelle im Buch Hiob, aus der auch der Pastor etwas lernen kann, da es 2, 13. heißt: „Und sie saßen mit ihm auf der Erde sieben Tage und sieben Nächte, und redeten nichts mit ihm, denn sie sahen, daß der Schmerz sehr groß war." So ist oft die Kundgebung herzlicher, rein menschlicher Theilnahme ohne viel Worte, ohne expressen Zuspruch, mit einem einfachen Gruß und Wunsch das Beste, bis die Wogen sich etwas geglättet haben und das Bedürfniß, Trost zu hören, sich einstellt. Sieht dann überdieß eine Wittwe, daß der Pastor sich um sie annimmt, daß sie auch in ihren ökonomischen Anliegen, in der Erziehung und Unterbringung ihrer Kinder ꝛc. einen Halt an ihm hat, so ist das ein sehr wesentliches Mittel, ihr Gemüth auch mit ihrem Wittwenstande selber auszusöhnen; es ist oft dann erst Zeit, mit eigentlich geistlichem Zuspruche zu kommen. — Eine eigenthümliche Wendung nimmt die Trauer in dem Falle, wenn die Relicten angefochten sind um des Verstorbenen willen, sei es, daß sie sich anklagen, ihm nicht alle schuldige Liebe erwiesen, etwas in seiner Pflege verabsäumt zu haben, oder daß sie in Zweifel gerathen, ob er auch selig sei. Zu Ersterem ist freilich oft Grund genug vorhanden; nur haben wir oft wahrgenommen, daß gerade diejenigen, die sich Vorwürfe zu machen starke Ursache gehabt hätten, sich vielmehr — auch dem Geistlichen gegenüber — ihrer Sorgfalt und Aufopferung für den Verstorbenen ganz besonders zu rühmen suchten. Dagegen gerathen oft diejenigen, die solche Treue wirklich bewiesen hatten, in schweres Grübeln, ob sie nicht dieß und jenes noch hätten thun sollen, und das menschliche Herz verräth bei solchen eine merkwürdige Neigung und Kunst der Selbstquälerei. In solchem Falle wird der Geistliche, der ja nie wissen kann, wie viel oder wenig wirklicher Grund zu solcher Selbstanklage vorliegt, die Gewissensregung nicht lähmen oder abstumpfen; er wird aber das Nutzlose solchen Grübelns geltend machen, und zwei Dinge rathen: erstlich für solche Versäumniß wie für alle andere Sünde Gott um Vergebung zu bitten, und zweitens sich aus dieser innern Unruhe desto mehr die Regel abzunehmen, daß man, so lange man einander noch hat, einander alles zu lieb thun muß, weil eine Zeit kommt, wo man einander nichts mehr vergüten, einander nicht einmal mehr um Verzeihung bitten kann, und diese Regel in den Vorsatz umzusetzen, an denen, die noch am Leben sind, hinfort desto weniger etwas zu versäumen. — Der andere Grund einer verschärften, zur Gemüthsunruhe werdenden Trauer, den wir nannten, ist schwerer zu beseitigen. Denn die Fälle werden selten seyn, daß solch ein Zweifel in der Familie laut wird, wenn der Verstorbene ein wirklich rechtschaffener Mensch war; dann also, wenn der Geistliche seinerseits desselben mit guter Hoffnung gedenken kann, wird die Familie auch ihrerseits deßhalb nicht angefochten seyn. Ist aber die Sache allerdings bedenklich, ist der Todte vielleicht aus einem, wenn nicht lasterhaften, doch eben weltlichen Leben schnell abgerufen worden, dann kann jene Furcht für ihn entstehen (sie entsteht oft erst einige Zeit nach dem Tode, wenn sich die erste Erschütterung gelegt hat und Raum wird zu mehrerem Nachdenken), und abermals ist's jene selbstquälerische Neigung, die im Menschen steckt, welche die Gedanken immer wieder auf diesen Punct lenkt und die Furcht steigert. Da sind wir Protestanten — wie so oft derjenige, der nackte Wahrheit lieber hat als die schönsten Täuschungen — in bedeutendem Nachtheil gegenüber den Katholiken; wir haben kein Requiem, das wir für die Seelen im Fegfeuer lesen lassen könnten; nicht einmal ein förmliches Gebet um die Seligkeit, um die Begnadigung der Verstorbenen ist dem ursprünglichen Geiste des Protestantismus gemäß; die alten Agenden vermeiden dasselbe sichtlich, und wenn die modernen es aufnehmen, so ist dieß meist eine Folge der sentimentalen Einflüsse, die auf sie eingewirkt haben. Wir unsrerseits gestehen übrigens, daß wir in dem oben angeführten Falle uns nicht scheuen würden, einem Bekümmerten zu sagen, wir wissen zwar nicht ob unser Gebet an dem Loose der Abgeschiedenen noch etwas zu ändern vermöge; aber eine Bitte der bekümmerten Liebe sei jedenfalls nichts Unrechtes (wie denn auch unsere Bekenntnißschriften nur das den evangelischen Principien von der Rechtfertigung und vom Abendmahl Widersprechende in der katholischen Praxis der Exequien verwerfen, nichts aber gegen solch eine Bitte sagen), und Gott werde sie damit erhören, daß er den Kummer stille, daß er irgendwie Licht und Trost gebe. Natürlich knüpft sich hieran, wie oben, die Ermahnung, nicht über das Heil des Todten, der in Gottes Hand sei, vergeblich zu grübeln und darob das eigene Seelenheil zu versäumen; wenn man schon um der Seligkeit eines Andern so unruhig, so geängstet werden könne, wie viel größer die Noth, der Selbstvorwurf dessen seyn müsse, der seine eigene Gnadenzeit, auch nachdem ihm Gott solch ein Exempel menschlicher Hinfälligkeit vor Augen gestellt und ihn so gewaltig angefaßt, doch ungenützt verstreichen ließe.

2. Unter den Angefochtenen verstehen wir natürlich nicht die, welche irgend eine Sorge, einen Kummer haben, und für die der Pastor, wenn er begehrt wird, die allgemeinen Tröstungen des Glaubens auf den gegebenen Fall speciell zu appliciren hat; sondern wir meinen Solche, die in religiöser Anfechtung sich befinden, denen eben darum keine materielle Hülfe den Kummer abnehmen kann. Von Solchen in Anspruch genommen zu werden, davor ist der Pastor in einer Gemeinde sicher, die in geistigem Schlafe liegt; wenn also derlei Dinge vorkommen, so ist es eher ein gutes Zeichen, daß noch Ernst in den Gemüthern ist. Das Subject der Anfechtung ist immer der Feind, denn an=fechten ist ja immer eine feindliche Beunruhigung; wer aber schon in seinem Dienste steht, den beunruhigt der Feind nicht mehr. Die älteren Pastoraltheologen (z. B. Marperger a. a. O. S. 279 ff.) haben sorgsam unterschieden 1) Anfechtungen, die aus der Natur kommen, d. h. in der Constitution des Menschen selbst ihre Quelle haben, 2) Anfechtungen, die Gottes Weisheit schickt, und 3) solche, die vom Satan kommen. Die letzteren wurden mit dem Namen: hohe Anfechtungen den andern entgegengesetzt. Wie aber die Aufklärung (vgl. Reinhards Moral I. S. 772. Note d.) den obigen Unterschied fallen ließ, weil sie auch die hohen Anfechtungen unter die andern Kategorien befaßte, so hat umgekehrt Luther (vgl. die Zusammenstellung seiner wichtigsten Aussprüche hierüber in Porta's pastorale Lutheri S. 470—484.) in allem, was Anfechtung heißt, auch wenn das Vehikel derselben ein leiblicher Vorgang oder Zustand ist, als eigentliches Subject den Satan angesehen; als Schickung Gottes aber ist Alles zu betrachten, was über den Menschen kommt; Gott ist nicht der Anfechtende, aber er nimmt die Anfechtung in seine Erziehungsplane auf. Der Pastor wird sicherlich auch nicht von jener Eintheilung auszugehen haben, die am Ende doch nur an Zufälligkeiten in der Erscheinung oder Anfechtung ihren Halt hätte. Dagegen macht das allerdings einen auch für die pastorale Behandlung nicht unwesentlichen Unterschied, ob der

Angefochtene gerade darüber geängstet ist, daß es der Teufel sei, der ihm zusetzt, wobei also nicht sowohl der Gegenstand solcher Anfechtung, eine specielle Sorge, ein Zweifel u. s. w., als vielmehr der Gedanke das Aengstigende ist, daß man solchen satanischen Einwirkungen ausgesetzt sei und am Ende dieser Gewalt ganz anheimfallen könnte; oder ob die Gegenstände selber den Angefochtenen peinigen, wobei ihm die Urheberschaft des Satans keinen besondern Gram mehr macht, da er nur das Sündige, das Unrechte in seinen Anwandlungen fürchtet, komme es, woher es wolle. Vorerst müssen wir sagen: so unrecht und unklug der Pastor handeln würde, wenn er im ersten dieser Fälle dem Angefochtenen seine Meinung, der Satan sei es, der ihm nachstelle, kurzweg ausreden oder ihn gar wegen Aberglaubens auslachen und heimschicken wollte — denn der Leidende wird daraus nur abnehmen, daß sein Pfarrer von dem, was er erfahren, keine Erfahrung, ja keine Ahnung habe, —: ebenso unrecht und unklug wäre es, wenn er im zweiten Falle dem Leidenden damit einen Aufschluß über seinen Zustand geben wollte, daß er sagte: „Hört, da sieht's gefährlich aus, wißt ihr, wer hinter euch her ist? In alle dem steckt der Satan!“ Damit würde er das Leiden selbst nur vermehren, nicht aber heben. Wenn dem Angefochtenen nicht selber die Sache sich so darstellt, daß er dabei das Gefühl hat, mehr oder weniger bestimmt, es sei eine dämonische, eine persönlich-übermenschliche Gewalt, mit der er es zu thun habe, so ist es zur Heilung durchaus nicht nöthig, ihm diese als die eigentliche Quelle erst zu nennen; hat doch auch Jakobus, wo es von der Versuchung handelt, seinem praktischen Zwecke gemäß es nicht für nöthig gefunden, den Satan als Versucher zu nennen.*) Demjenigen, dem gerade der Gedanke an solche persönliche

*) Ph. D. Burk, Sammlungen zur Pastoralth. II. S. 534. sagt: „Ein kranker Prediger bekam Anfechtungen, als sei er in seinem Amte nicht treu genug gewesen. Ein Collega kam zu ihm und sprach ihm zu: das seien Anfechtungen vom Satan. Es ist die Frage: ist's wahr? und ist's recht, wenn man einem also zuspricht? Bequem ist's freilich für den, der da zuspricht und für den, dem da zugesprochen wird. Denn damit wenn solche Sachen vom Satan

Gewalt hauptsächlich Angst macht, ist vorzuhalten, daß Christus dazu gekommen ist, daß er die Werke des Teufels zerstöre; daß, wie dieser an dem Erlöser nichts gehabt, keine Handhabe an ihm gefunden (Joh. 14, 30.), so er auch an diejenigen nicht herankönne, die in Christo gegründet seien und im Glauben und Gebet an ihn sich halten; Lieder, wie Luthers „Ein feste Burg“ bieten die Motive in einer Form dar, die selber wie eine Kriegstrompete auch auf den Schwachen ermuthigend wirkt. Damit bleibt dann noch Raum, um den Angefochtenen auch darauf zu weisen, wie ohne seine eigene Sünde der Satan niemals Gewalt über ihn erlangen könne, eben weil „der in euch ist, größer ist, denn der in der Welt ist“ (1 Joh. 4, 4.), daß also auch bei ihm nicht etwa ein Exorcismus, sondern Gebet und sittliche Reinigung nöthig sei. Der Pastor kann hier in die Lage kommen, daß wenn man auch nicht Teufelsbannerei in irgend einer Form von ihm verlangt, doch sein Gebet gerade in diesem Sinne gefordert wird, als wäre es ein Exorcismus, dessen Kraft vornehmlich darauf beruhe, daß der Pfarrer es sei, der da betet. Wir könnten Namen von bekannten, trefflichen Seelsorgern nennen, die, wenn sie sahen, daß man in dieser Meinung ihr Gebet verlangte, es geradezu verweigerten, und desto mehr auf jenen ethischen Exorcismus drangen, den jeder in der Buße mit sich selbst vornehmen muß. Das ist denna uch der Punct, auf welchen die Leidenden der zweiten Art hinzuführen sind; sei es, daß sie zu strenger Zucht ihrer Gedanken, Affecte, Neigungen angewiesen, sei es, daß ihnen das Sich-Ermannen zu kühnerem Gottvertrauen oder zum stillen Dulden auch solcher Geistesleiden anempfohlen werden muß. Dieß führt jedoch bereits zu speciellen Erörterungen, denen wir nur noch die Zwischenbemerkung vorausschicken, daß in manchen Gemeinden, namentlich wo religiöses

---

herkommen, wirft man's fein geschwind hinweg, setzt sich mit Gewalt darüber hin, und beruhigt sich darüber ohne viele Umstände. Derjenige, der zuspricht ist fein bald fertig, und kann hernach wieder in das weite Feld hineinreden, was ihn ankommt.“

Leben geweckt ist, ein Pastor, der Vertrauen genießt, oft auch von Solchen mit der Erzählung ihrer Anfechtungen heimgesucht wird, die aus purer Dummheit Anfechtungen zu haben meinen, die ein gescheidter Mensch für nichts als eben für Dummheiten erkennen und die auch der Pastor schonend, aber bestimmt als solche abzufertigen hat, ebenso von Solchen, deren Christenthum in geistlicher Einbildung aufgeht, die deßhalb ganz besondere Erfahrungen, Träume, Visionen *) haben und nun meinen, der Pfarrer sei dazu da, ihre Thorheiten nicht nur andächtig und bewundernd anzuhören, sondern auch darein einzugehen und mit ihnen sie erbaulich zu verarbeiten. Ein freundlicher, rücksichtsvoller Pastor wird auch solche Beichtkinder in Geduld tragen, — sie gehören einmal zur Plage des Amtes; — aber diese Geduld muß ein Maß haben; man verletzt zwar die Eitelkeit solcher frommen Schwätzer und Müssiggänger, wenn man ihnen zu erkennen gibt, daß man Nöthigeres zu thun habe, als solches Zeug immer wieder anzuhören, allein über solche Empfindlichkeit hat man sich schließlich doch einfach wegzusetzen das Recht und die Pflicht.

1. Die Anfechtung hat entweder einen dogmatischen oder einen ethischen Charakter. **) Im ersten Falle klagt z. B. einer, er könne nun eben nicht glauben, daß der Mensch Jesus Gottes Sohn sei, daß Gott einen Sohn soll haben, daß Maria ihn als Jung-

---

*) Von Geisterbesuchen wird noch besonders die Rede seyn unter Ziff. 3.

**) Wir müssen für die pastoraltheologische Analyse nothwendig so theilen, bemerken aber sogleich, daß beide Arten auch nicht selten wunderbar in einander spielen. Dem Verfasser sind Personen vorgekommen, die wegen dogmatischer Scrupel in steter Unruhe und Angst waren, während vielmehr Ursache gewesen wäre, wegen ethischer Defecte, z. B. starker Geldliebe, angefochten zu seyn. Es ist in solchem Falle, wie wenn das Gewissen, dem über den Hauptpunct, über den eigentlichen Schaden der Seele ein absolutes Schweigen auferlegt worden, nun an einer andern Stelle hervorbräche, und den Menschen, statt ihn über sein Gebanntseyn unter seine Sünde unruhig zu machen, darüber unruhig machte, daß er die Mysterien der Glaubenslehre nicht mit dem Verstande bewältigen kann. Wo es so steht, da hat der Seelsorger die Gewissensunruhe vielmehr auf den richtigen Punct zu leiten. Würde ein solcher seine Sünde erkennen und von ihr frei, so würden die dogmatischen Scrupel augenblicklich aufhören.

frau geboren, daß die Bibel Gottes Wort sei u. s. w. Vorerst ist wohl zu unterscheiden, daß derjenige, der um solcher Dinge willen angefochten ist, kein Ungläubiger ist, sondern gerne glauben möchte, aber den Bedenken, die ihm sein Verstand oder die Art seiner Bildung erweckt, nicht Stand halten kann. Er hat das Bedürfniß, zu glauben, aber er kann sich nicht verbergen, kann nicht über das wegkommen, über was freilich viele, die sich ihres Glaubens berühmen, nur darum so leicht wegkommen, weil sie es mit dem Denken noch nie genau genommen haben, also auch der Wahrheitssinn wenig entwickelt ist. Solchen „billigen Denkern" gegenüber ist der Angefochtene wahrlich zu ehren, ihm ists Ernst um die Wahrheit, er gibt sich mit Angelerntem nicht zufrieden. Eben darum kann man einem Solchen auch näher treten; je nach der Stufe seiner Intelligenz kann ihm aus der Apologetik und Dogmatik das Geeignete auseinander gesetzt werden und es muß in solchem pastoralen Zwiegespräch oft mehr, als in einem theologischen Examen, sich ausweisen, ob der Theolog seiner Sache mächtig ist. Entweder kommen die alten Einwürfe wieder zum Vorschein, auf die er Bescheid zu geben wissen muß, oder sind es kleinliche Dinge, an denen der Fragende hängen bleibt, — Bileams Esel, der Stater im Fischmaul rc.; da muß ihm gesagt werden, daß es sich beim Glauben gar nicht mehr um solche Einzelheiten und Nebendinge handle, die nur im Zusammenhange des Ganzen ihre Stellung und Bedeutung haben, sondern zu allererst und zu allermeist um das persönliche Verhalten zu Gott und Christo; wem die Kernwahrheiten des Evangeliums einmal groß und theuer geworden sind, wer für ein waches Gewissen den Trost der Vergebung, wer die Hoffnung eines ewigen Lebens aus der Hand des Erlösers empfangen habe, der stoße sich nicht mehr an solchen Dingen; gelinge es ihm nicht, sie ganz zurecht zu legen, so lasse er sie getrost auf sich beruhen. Handelt es sich vollends um Fragen und Zweifel, die aus eitlem Fürwitz hervorgegangen sind, um müßige Grübeleien, so soll der Fragende wissen, daß er damit seine

Zeit, die ihm zu größeren Dingen, zur Lösung einer Lebensaufgabe gegeben ist, unnütz vertröble, also, was ihn anfechte, einfach durch Beschäftigung mit Wichtigerem von sich wegschaffen soll. Betrifft aber der Zweifel Kernpuncte, und ist eben darüber der Fragende so bekümmert, weil er weiß: nur wer glaubt, wird selig, ich kann nicht glauben, also bin ich verloren — dann darf ihm der Trost eingesprochen werden, daß seine Bekümmerniß selber schon ein Anfang des Glaubens sei, vgl. Marci 9, 24: „Ich glaube, Herr, hilf meinem Unglauben;" er soll beten um die Gabe und Kraft des Glaubens, um helle und feste Gedanken; er soll mit dem einmal recht Ernst machen, was Joh. 7, 17 steht, nemlich gehorsam seyn; auch der Herr habe mit seinen Jüngern trotz ihrer Thorheit und Herzenslahmheit (Luc. 24, 25) Geduld gehabt und sie zum Lichte zu führen gewußt, weil sie doch treu und gehorsam waren. Oft haben solche Leute Angst, sie möchten vorher sterben, ehe sie zum Glauben gelangen, und dann verdammt seyn; denen darf gesagt werden, Gott lasse sie gewiß nicht sterben, ohne ihnen zur rechten Zeit noch die Augen aufzuthun und das Herz fest zu machen; die da glauben möchten, die also ihn suchen, auch wenn sie noch im Finstern tappen, lasse er nicht untergehen, da er selbst ja diejenigen suche, die nicht einmal noch nach ihm fragen. — Ob man solchen Individuen außer der Schrift noch Anderes, etwa Apologetisches und Dogmatisches zu lesen geben soll, und was, das hängt von den individuellen Zuständen ab; denn wo der Eine wirklichen Gewinn hat, da findet sich der Andere nicht zurecht, wird am Ende noch confuser, als er war. Doch können auch für obigen Zweck Werke, wie Stirms Apologie des Christenthums, Tholucks „Weihe des Zweiflers," die „christliche Glaubenslehre" vom Calwer Verlagsverein (verf. von Weitbrecht), Steudels „Reden über Religion und Christenthum" (die 1. Sammlung 1820, die 2. 1825) Nitzsch's „akademische Vorträge über die christliche Glaubenslehre für Studirende aller Facultäten" Berlin 1858 und ähnliche, jedes an seinem Orte, dienlich seyn.

2. Ist der Grund der Anfechtung ein sittlicher, so kann dieselbe wieder verschiedener Art seyn.

a) Bei Manchen ist es nicht irgend eine besondere, schwere Schuld, die auf ihrem Gewissen lastet, sondern das allgemeine Sündengefühl drückt sie nieder; jeder Vorfall, jedes Wort, worüber sie unzufrieden mit sich selber sind, schärft und steigert jenes Gefühl der eigenen, persönlichen Unwürdigkeit und Untüchtigkeit; es kann ein mehr oder weniger peinliches Wühlen im eigenen Bewußtseyn, ein Graben und Suchen nach Sünden, nach neuen Beweisen für das bereits feststehende Urtheil über sich selbst daraus werden, was wenigstens die Möglichkeit, den Keim einer förmlichen Schwermuth in sich tragen kann. Sofern diese wirklich sich daraus entwickelt, ist davon erst in dem Capitel von den Geisteskranken zu reden; hier, in der milderen Form und dem niederen Grade, in welchem das Phänomen dem Pastor öfters begegnet, handelt es sich um Folgendes. 1) Jenes Gefühl würde an sich ein durchaus berechtigtes, zur Wahrheit und Innigkeit der christlichen Buße gehöriges seyn, der Pastor hätte somit dasselbe nicht zu schwächen, sondern zu nähren, wenn es nur desto stärker darauf hintriebe, sich im Glauben an Gottes vergebende Gnade zu halten. Nicht daß jenes Gefühl da ist, oder daß die eigene Sündhaftigkeit als eine so unendlich große angesehen, als eine Centnerlast empfunden wird, — nicht dieß ist das Falsche, sondern daß nun nicht weiter geschritten, diese Centnerlast nicht mit der Willensenergie des Glaubens abgeworfen und das Wort von der Versöhnung dankbar und freudig ergriffen und der eignen Person zugeeignet wird. Das hat aber — soweit es nicht als etwas völlig krankhaftes, also bis auf einen gewissen Punct auch nicht imputables zu betrachten ist — seinen Grund in einem gewissen Eigensinn; man will sich nicht entschließen, Gottes vergebende Gnade unbedingt auch sich selber zuzueignen, hinter welchem Eigensinn zugleich ein ungebrochener Hochmuth steckt; oder ist die Meinung vorhanden, Gottes Gnade und Vergebung müsse auch in der Empfindung besonderer Seligkeit sich kund geben — man will ein Zeichen haben, bevor man glaubt, und kommt, weil dieses Zeichen nicht erfolgt, auch nicht zum Frieden. 2) Aber auch jenes Sich-Hingeben an das Schuldgefühl, jenes Graben und Wühlen im eignen Bewußtseyn, um neue Anklagen zu finden, ist nicht das dem evangelischen Wahrheitssinn entsprechende Verfahren. Es fehlt dabei die Einfalt, die zu diesem Wahrheitssinne gehört; wie dieser Mangel bei Andern sich in der entgegengesetzten Weise kund gibt, indem sie sich selber belügen, indem sie ihre Sünden vor sich selbst verdecken und das Unleugbare wenigstens beschönigen: so treiben diese es auf der andern Seite mit der Aufrichtigkeit bis zu dem Uebermaß, daß sie unwahr wird; da wird alles zur Sünde gemacht, was ein Christ in christlicher Freiheit thun oder lassen mag; da wird mit peinlicher Genauigkeit, mit abgeschmackter Scrupulosität alles erwogen und wiedergekäut, um an dem Unschuldigsten und Unbedeutendsten, was man selber gethan, etwas zu finden, darüber man wieder sich anklagen könne. Das sind unglückliche Gemüther, die den Geist Gottes als einen muthigen, freudigen Geist noch nie kennen gelernt haben. Dieser Sachlage gegenüber hat der Pastor die doppelte Aufgabe: 1) jenen mangelnden Glauben an die vergebende Gnade Gottes herbeizuführen durch alle die Mittel, die dazu überhaupt gegeben sind, durch immer neue Hinweisung auf Gottes Wort, durch Uebertragung desselben auf die Person des Angefochtenen mittelst seines eigenen Zeugnisses, das hiedurch — sei es in kirchlich-liturgischer, sei es in ganz freier Form — zur Absolution wird, durch Anbietung des Abendmahls, und durchs Gebet; denn so wahr es ist, daß der Glaube eine That des Willens ist, ebenso wahr bleibt es, daß er gegeben werden muß. Dem Irrthum aber, als ob ein besonderes, seliges Gefühl der Begnadigung da seyn müßte, wenn die Begnadigung selber gewiß seyn soll, ist einfach durch Belehrung entgegenzuwirken („Ohne Fühlen will ich trauen, bis die Zeit kommt, ihn zu schauen," singt Richter in dem Liede „O wie selig sind die Seelen ꝛc.") Ebenso 2) muß in dem andern Falle das sittliche

Urtheil des Angefochtenen durch Belehrung geläutert werden, daß er nicht mehr in der unmännlichen Angst und Sorge lebt, er möchte sich mit allem, was er thut — etwa mit einem Bissen Brod oder Fleisch, den er mehr ißt als sonst, oder mit einem freien, herzhaften Worte, das er spricht, — versündigen; daß er vielmehr, unbeschadet der Furcht Gottes, die den Christen überall begleitet und bewahrt, es zu einem klaren, festen Blicke, zu einem sichern Takte, somit zu jener Selbstgewißheit und Selbstständigkeit auch im sittlichen Handeln bringt, die den mündigen Christen vom unmündigen unterscheidet. Ein Mensch, der aus der Anfechtung über sein Handeln, das bevorstehende oder das schon vollbrachte, nicht hinauskommt, ist kein Charakter. (Wir haben übrigens solche Individuen vornehmlich da gefunden, wo zu intellectueller und sittlicher Schwächlichkeit noch eine thörichte Erziehung hinzugekommen war; außerdem wird wohl immer ein physisch krankhaftes Wesen damit im Zusammenhange stehen).

b. Häufig fixirt sich aber das Angefochtensehn auf irgend einen einzelnen Punct, sei es, daß dieser allein den Stein des Anstoßes bildet, sei es, daß er nur aus dem dunkeln Gefühl der allgemeinen Sündhaftigkeit als Spitze derselben sich heraushebt. Dahin gehören folgende Fälle.

α. Es wird geklagt, man könne nicht beten. Dieses Nichtkönnen hat bei verschiedenen Menschen sehr verschiedene Gründe; *) ein großer Theil der zum Gebet Unfähigen ist deßhalb keineswegs angefochten; es ist ihnen unmöglich, weil ihnen jede Vorbedingung, zumeist alles Bedürfniß des Gebets, fehlt; diese werden sich dessen eher rühmen, als darob klagen. Die aber, die ihr Gebets-Unvermögen anficht, möchten ja beten, sie fühlen nicht nur, daß dadurch eine Leere in ihnen entsteht, sondern sie fühlen es als Sünde, als Schuld, und doch, so oft sie einen Anlauf nehmen, fehlt die Freu-

*) S. die umfassende und bündige Ausführung in Nitzsch's Predigt, „über die Unfähigkeit zum Beten." Vierte Auswahl, 1840, S. 20 ff.

digkeit, es fehlt selbst das Wort, oder wenn auch mit Worten angefangen ist, wenn sie in Ermanglung eigener Gebets-Productivität sich fremder Gebete bedienen, so drängen sich andere, weltliche, sogar widersprechende oder lästernde Gedanken dazwischen, und ihr Beten selbst wird ihnen zur Sünde. Was diese lästernden Gedanken betrifft, so kommen wir nachher auf diese zu sprechen; hier sind nur zwei Momente in's Auge zu fassen. Wenn das Nicht-beten-können daher rührt, daß die Seele außer der Gebetsstunde in demjenigen sich umtreibt, was von der Welt ist und dem Fleische angehört, wenn im Herzen die Aufregung der Begierde, der Leidenschaft, im Hause die Aufregung der Zwietracht die Ursache ist, daß, wenn dann zwischenein die Hände sich falten und die Lippen beten wollen, doch kein Gebet zu Stande kommt, oder die innere Hohlheit, die Impotenz des herausgezwängten oder hergeleierten Gebetes dem Betenden selbst zum Bewußtseyn kommt: so ist das Gegenmittel, also auch der pastorale Rath, sehr nahe liegend: mach' erst dein Leben, dein Dichten und Trachten frei von jenen Banden der Welt und des Fleisches, sammle erst deine zerstreuten Sinne aus dieser Zerstreuung, werde still und eingezogen, nicht auf Momente nur, sondern in deinem ganzen Wandel, dann ist die Entfernung zwischen Leben und Beten, zwischen dem labora und dem ora nicht mehr solch eine unermeßliche, daß du den Weg vom einen zum andern nicht findest; dann bist du jeden Augenblick, auch im unvermeidlichen Gewühle des Tages, so in Gottes Nähe, dann ruhet dein Herz so in Gott, selbst wenn über die Oberfläche alle Stürme der Sorgen und Mühen dieser Erde hinbrausen, daß du jeden Augenblick im Stande bist, mit Gott zu reden; wer ohne Unterlaß betet, der kann immer beten: jenes ist der fortdauernde innere habitus, dieses ist die gewollte Concentrirung und Fixirung des Bewußtseyns auf denjenigen Lichtpunct, von dem die Seele fortwährend beleuchtet und durchwärmt wird, auch wenn sie sich dessen weit nicht immer bewußt ist. Also: lege einen andern Lebensgrund, gib dich mit deinem ganzen Denken und Wollen, deiner ganzen inneren Haushaltung und äußeren Lebensführung in eine christliche Zucht, dann sind die Saiten rein gestimmt, du kannst beten. — Ein anderes aber ist es mit denen, deren Gebets-Unvermögen wirkliche Schwäche ist; die Seele ist nicht, wie bei den Vorigen, von Gott abgekehrt, so daß sie nicht im Stande wäre, momentan sich ihm zuzukehren, sondern sie sind mit Gott, mit dem ewigen Heil ihrer Seele beschäftigt, aber sie fühlen sich unendlich ferne von ihm, haben keinen Muth, keine innere Vollmacht, als Kinder vor den Vater zu treten. Auch unter diesen ist wieder zu unterscheiden. Ist es irgend ein geheimer Sündenbann (und das zu erforschen, muß sich der Seelsorger auf die dem Individuum angemessene Weise bemühen), so gibt's nur Ein Mittel, nämlich das energische Sichlosreißen von demselben; ist's dir einmal damit ein Ernst, widerstehest du mit der Willensmacht, die du als Mensch hast, dem Sündenreize, so ist damit schon ein Schritt, der wichtigste und schwerste, auf dem Wege gethan, der zu Gott, also auch zur Gebetsfähigkeit führt, und das Gebet wird alsbald wieder zurückwirken, wird dir Kräfte zuführen, durch welche du deiner Sünde Herr werden kannst. *) Nimmt die Sache aber die Wendung, daß es vornehmlich das Schuldgefühl ist, dadurch das Gebet gehemmt wird — der gefallene Adam versteckt sich vor Gott, er kann nicht mehr vertrauen, daß Gott ihn höre, daß er etwas bitten dürfe: dann ist die Bezeugung des evangelischen Trostes am Platze, daß auch solche Schuld denen, die um Vergebung bitten, vergeben werde, also Gottes Gnade selber die Scheidewand wegnehme, die das

---

*) Man wird nicht dagegen sagen wollen, das sei pelagianisch, indem hiernach der erste Schritt von Seiten des Sünders selbst geschehen müßte. Praktisch gibt es keinen andern Rath; wer mit seinem eignen Entschluß warten will, bis die Gnade übermächtig ihn ergreift, wird vergeblich warten. Faßt er jenen Entschluß wirklich und gelangt er so in den Stand der Gnade, dann werden wir sagen: auch dieser Entschluß ist Gottes Werk, das Werk der zuvorkommenden Erbarmung und der neuschaffenden Liebesmacht Gottes; das ist die metaphysisch-dogmatische Seite des Vorgangs, aber die ethisch-psychologische ist es, auf die der Pastor im vorliegenden Fall mit seinem Rathe hinweisen muß.

Gebet hindert. Gerade weil du nicht das Recht hast, zu beten, so bete, daß er dir vergebe und damit jenes Recht dir einräume; noch mehr: bist du denn nicht getauft? hast du nicht an deiner Taufe zum Voraus die Bürgschaft, daß es für dich eine Vergebung gibt? daß ein ἐπερώτημα συνειδήσεως ἀγαθῆς εἰς θεόν (1 Petr. 3, 21.), eine Ansprache an Gott ganz wie sie ein gutes Gewissen hat, auch dir allezeit zusteht? — Ist es aber kein solcher Sündenbann, was ists dann, das uns am Beten hindert? Mangel an Stoff kanns nicht seyn; jeder Tag bringt sein Bedürfniß, jeder Tag hat seine Plage; wäre es Unkenntniß dieses Bedürfnisses, so würde, wer dennoch beten will, an den Gebeten Anderer, wie sie jede Liturgie, jedes Gebet- und Gesangbuch ihn kennen lehrt, sattsam lernen, um wie vieles zu beten ist; und hätte er nur das Vater Unser, er würde daran — nach des Herrn lehrhafter Absicht Luc. 11, 1. 2. — genug lernen können. Weit mehr wird es innere Dürre und Trockenheit seyn, die Einen des Gebetes unfähig macht, wie eine welke Blume keinen Duft mehr aushauchen kann. Da wäre es nicht pastorale Weisheit, zu sagen: strenge dich eben an, zwinge dich zum Beten — sondern gerade dieses Erzwingenwollen ist ernstlich zu mißrathen; aber ich werde ihm auch sagen: Daß du nicht beten kannst, das eben klage Gott; bitte ihn, daß er wieder den Geist des Gebets (Sach. 12, 10.) über dich ausgieße; inzwischen aber tröste dich mit Röm. 8, 26. *) Entziehe dich aber namentlich

*) Nitzsch sagt in der angeführten Predigt: „Laßt es seyn, daß wir an Dürre des Gemüths, an Trockenheit und Oede im Innern leiden, oder daß wir nicht den Anfang, nicht die Worte finden können, bei doch bestehender Empfindung des Einen, das noth ist, bei doch wahrem Gefühle der Sehnsucht nach Gott. Seid getrost. Die im Namen Jesu kommen, vertritt der heil. Geist, der selbst hilft ihrer Schwachheit auf, Gott erkennt des Geistes Sinn in unsern Seufzern. Ja, die Erkenntniß unsrer Ohnmacht soll die Erkenntniß unsrer Stärke werden. Und ist der geringste Funke des betenden Glaubens noch da: lasset ihn nicht auslöschen. Folget den Regungen des Geistes, der den Funken wieder zum Feuer auf dem Altar unsres Heiligthums anzufachen vermag. Anfangs schwach, wächst uns das Gebet wieder" ꝛc. — Musterhaft ist für den fraglichen Fall das Benehmen eines Geistlichen, von welchem Burk,

nicht dem gemeinsamen Gebet der Kirche. Kannst du nicht frisch und freudig mitbeten, so sondere dich doch auch nicht von ihr; sie betet auch für dich.

β. Bereits ist der lästerlichen, überhaupt heillosen Gedanken Erwähnung gethan, die sich unwillkürlich einstellen, und selbst ins Gebet, in die Andacht überhaupt sich mit unbegreiflicher Zudringlichkeit eindrängen. Hier ist wieder erst zu erkunden, ob dieser qualvolle Zustand einen sittlichen Grund hat oder eine zugleich physisch bedingte Krankheitsform ist. Der erste Fall tritt oft bei Personen ein, die in früherer Zeit viel gesündigt haben und deren Phantasie nun, an häßliche Bilder gewöhnt, dieselben nicht losläßt, oder in denen der alte Mensch, weil er nicht getödtet, sondern großgezogen worden, in einer an Dämonisches erinnernden Weise gegen jeden Versuch des geistlichen Lebens, sich geltend zu machen, reagirt. Solchen kann nur Buße helfen; aber eine Buße, die zugleich sich durch Ascese auf pädagogischem Wege befestigt. Solch einem Menschen ist tüchtige Arbeit, namentlich Arbeit der Hände, nothwendig, um die Gedanken auf etwas Reelles — gleichviel, was es sonst sei — zu fixiren; die körperliche Anstrengung, der Ernst der Arbeit ist für einen seiner Gedanken nicht vollkommen mächtigen Geist die beste Gymnastik. Dabei natürlich Abkehr von allem, was die Phantasie irgendwie in jenes schlimme Geleise wieder locken, was an die aus ihr zu entfernenden Objecte auch nur erinnern kann; also Wachsamkeit und Disciplin in Betreff

---

Past. Th. in Beispielen II. S. 488 erzählt. Eine Weibsperson klagt ihm, sie habe früher halbe Tage lang beten können, jetzt nicht mehr. „So bete Sie nur eine halbe Stunde lang, und lese Sie fleißig in der heil. Schrift." Aber sie könne keine ganzen Capitel mehr lesen, entgegnet sie. „Ein Sprüchlein ist auch genug." Vor allem aber ermahnte er sie, zu arbeiten und von ihrem Zustande keinem Menschen mehr etwas zu erzählen. Sie forderte, daß er mit ihr bete; er schlug es ab, und versprach, für sie zu beten. Auch die Zeit, wann er beten werde, verweigerte er ihr zu sagen, wies sie aber an einen Arzt, und erklärte, sie dürfe ihn erst wieder besuchen, wenn sie beim Arzt gewesen sei und dessen Verordnungen vierzehn Tage lang befolgt haben werde. Das half: nach einiger Zeit war Leib und Seele in Ordnung.

der Lecture, des Umgangs u. s. f. Mit positiv religiösem Stoffe allein, ja auch nur vorzugsweise zu operiren, ist deßhalb nicht rathsam, weil sich gerade während des daran sich knüpfenden stillen Brütens, während eines gewissen Hindämmerns, das sich bei solchen Personen so gern mit ihrer Andacht verbindet, die alten Regungen leicht wieder einstellen. Uns scheint bei solchen Individuen die eigentlich religiöse Betrachtung nur immer auf kurze Zeit, wie bei der Morgen- und Abendandacht, und dann gemeinsam, angestellt werden zu sollen, außerdem aber wird die fleißige Erinnerung an den allgegenwärtigen Gott, die Erregung der Gottesfurcht, die sich im Umgange mit einem solchen Menschen ans Leben selber anknüpft und in dasselbe einflicht, mehr zur Genesung wirken, als eine vorwiegend religiöse Beschäftigung. — Ist aber jenes sich-Eindrängen schlimmer, verneinender Gedanken in's Gebet, in alle Andacht vielmehr wesentlich krankhaft, also nicht durch Sündendienst herbeigeführt: dann ist, — hierauf hat wenigstens den Verfasser mehrfältige Erfahrung geführt — dem Angefochtenen nur dieses Zwiefache zu rathen: erstlich soll er auch diese unwillkürlichen Vorstellungen lediglich als ein Leiden ansehen, nicht als ein ihm von Gott zuzurechnendes Thun, also ähnlich, wie auch dem Fieberkranken Vorstellungen sich aufdrängen und Worte über die Lippen kommen, über die er sich bei gesundem Geiste selber entsetzen würde, die in seinem Munde unmöglich wären, und die ihm darum auch nicht zu imputiren sind. Wie jedes andere Leiden, so muß auch dieses in Geduld und Demuth getragen werden, bis Gott es wendet; nicht in stumpfer Resignation freilich, wie ja der Christ überhaupt kein Leiden zu tragen hat, sondern in Hoffnung auf des Herrn Hülfe und unter Gebet um diese Hülfe. Das Andere aber ist dieses. Wenn sichs zeigt, daß gerade die specielle Beschäftigung mit religiösen Dingen das Erwachen jener bösen Gedanken herbeiführt, daß gerade in jener der Reiz zu diesen liegt, während sie bei anderer Beschäftigung mehr ferne bleiben: dann wird, so seltsam dieß lauten mag, der Pastor selber rathen müssen, daß der Leidende seltener und niemals lange sich eigentlicher Andachtsübung in irgend einer Form hingebe. Es ist auch hier wieder von unendlichem Werthe, daß solch ein Leidender, dem das eigene Beten und Schriftlesen verbittert und verderbt wird, sich eingeschlossen wissen darf in die Gemeinschaft der Kirche. An ihrem Gottesdienst wird er immer noch wohl Antheil nehmen können, indem er sich hier mehr passiv verhält; ihre Fürbitte, die Kraft des Geistes in der Gemeinde kommt auch ihm zu gut und stärkt ihn. Es ist unter solchen Voraussetzungen nicht zu fürchten, daß er sich inzwischen des eigenen Betens entwöhne; für ihn ist's ja vielmehr eine Entbehrung und Entsagung, und er wird, wenn sein Geist wieder freier und seiner mächtig geworden ist, sicher mit Freuden wieder nach dem entbehrten Gute greifen.

γ. Ist die Anfechtung Folge von irgend einer Thatsünde oder gar einem Laster, von dem der Klagende frei werden möchte und doch nicht frei wird, — ein Elend, das z. B. einen Onanisten zur Verzweiflung treiben kann — so hat die Seelsorge die Aufgabe, durch Befreiung des Unglücklichen von dem ihn beherrschenden Laster ihm den sittlichen Muth wieder zu geben, den er durch die Machtlosigkeit seiner Versuche verliert und dessen Verlust die Gewalt des Uebels steigert. Zunächst aber handelt es sich hier nicht um den Trost der Vergebung, denn entweder würde derselbe durch jeden neuen Rückfall zerstört, oder aber — woran es nicht an Beispielen fehlt — würde er zu einer falschen Beruhigung gemißbraucht. Das Gewissen erst zu wecken, ist hier auch nicht die Aufgabe, da wir es nicht (wie im Capitel von der Kirchenzucht durchs Wort) mit dem Leichtsinn, sondern mit der Anfechtung zu thun haben. Hier ist also das Nöthigste, dem Sünder den Muth und guten Willen zum Kampfe wider seine Sünden immer aufzufrischen, in ihm die Hoffnung auf die Möglichkeit des Sieges aufrecht zu halten und ihm zur Erlangung desselben die nöthigen praktischen Rathschläge zu geben. Alles somit, was die evangelische Ascetik in dieser Beziehung darreicht, und was der Seelsorger von der Moral her wissen muß, alle Mittel der Enthaltung (von der oder jener Gesellschaft, von gewissen Büchern, von stimulirenden Speisen oder Getränken), des leiblichen und geistlichen Wachens, der leiblichen und geistigen Anstrengung durch Arbeit; ferner, was der Pädagog gegen die Uebel der bezeichneten Art anwendet, z. B. selbst mechanische Vorkehrungen, durch die eine Abgewöhnung herbeigeführt werden kann, — all das ist in solchem Fall genau nach Bedürfniß anzurathen, und durch Gebet mit dem Leidenden und Fürbitte für ihn zu unterstützen. Es modificirt und gestaltet sich in Gemäßheit der verschiedenen Laster auch verschieden; bei dem Säufer z. B., oder bei dem Jähzornigen, bei dem Flucher, bei dem, der sich der Betrügerei anklagen muß — bei Jedem sind es wieder specielle Motive und specielle Hülfsmittel, die als Hebel zur Befreiung angewendet werden müssen. In der Erkenntniß, wie in der praktischen Handhabung derselben muß sich des Pastors ethisches und psychologisches Wissen, es kann sich die pastorale Genialität darin beweisen. Daß ihm all seine Sünde vergeben werden könne und auch vergeben werden werde, muß dem Sünder zwar gesagt werden, aber doch immer nur so, daß dadurch der Ernst sittlicher Ermannung und Ausdauer im Widerstand nicht gelähmt sondern gespornt wird.

δ. Eine nicht selten vorkommende Anfechtung wird durch die Besorgniß hervorgerufen, man möchte die Sünde wider den heil. Geist begangen haben. In eine Erörterung dieses Begriffs und der fraglichen Stellen in den Evangelien, verglichen mit Hebr. 6, 4 ff. 2 Petr. 2, 21. 1 Joh. 5, 16. 17. ist hier nicht der Ort, uns einzulassen; die Pastoraltheologie darf aber, wie auch jener Begriff speciell bestimmt werden mag, das als anerkannte Wahrheit vorauszusetzen, daß 1) jene Sünde allerdings begangen werden kann und zwar nicht blos von Unbekehrten, die beharrlich jeden Zug der Gnade, jede Anregung des heil. Geistes abweisen, sondern auch von Erweckten, d. h. von solchen, bei denen die Wiedergeburt zwar nicht vollendet, aber doch bis zu dem Puncte gediehen war, den wir eben Erweckung nennen; und daß sie 2) in einer Abkehr des Willens von der bereits erkannten und anerkannten Wahrheit besteht, — einer Abkehr, in der die Möglichkeit, ja der Reiz zur Verhöhnung dessen liegt, was dem Herzen schon heilig gewesen war. Die Frage ist für uns nur, ob einem Angefochtenen, der da glaubt oder fürchtet, diese Sünde begangen zu haben, unbedenklich gesagt werden darf: daß du darob bekümmert bist, das eben ist ein Beweis, daß du diese Sünde nicht auf deinem Gewissen hast; die sie begangen haben (oder vielmehr, da sie nicht ein einzelner Act seyn kann, die in dieser Sünde stehen), die gerade machen sich keine Sorgen darüber. Wir glauben, die Frage muß bejaht werden; denn wenn auch die Evangelienstellen (Matth. 12, 31 f. Marc. 3, 28 f. Luc. 12, 10.) nicht auf einen habitus, sondern auf eine einmal geschehende That- oder vielmehr Wortsünde schließen lassen, so bleibt doch für das christliche Denken nicht nur das Recht, sondern die absolute Nothwendigkeit stehen, diese Aussprüche im Einklange mit der ganzen neutestamentlichen Heilslehre aufzufassen, die eine Beschränkung der göttlichen Vergebungsgnade nur in dem ihr widerstrebenden Willen anzunehmen erlaubt, nie aber dazu stimmen würde, daß ein Mensch, der noch in diesem Leben Buße thut, dennoch verdammt werden müßte, weil er einmal jene That begangen hat und das Geschehene beim besten Willen nicht ungeschehen gemacht werden kann. — Uebrigens ist es im angegebenen Falle nöthig, daß der Pastor sich genau sagen läßt, auf was sich jene Besorgniß des Angefochtenen stützt, ob er nemlich blos durch das Lesen jener Schriftstellen auf den Gedanken gebracht worden ist, er könnte vielleicht diese Sünde begangen haben, oder ob er sich bestimmter Vorgänge in seinem Leben bewußt ist, die etwa unter jene Kategorie gebracht werden können? Im ersten Fall wird die oben genannte Erläuterung zur Beruhigung genügen; es kann außerdem auch noch auf mancherlei Gnadenerweisungen, Gebetserhörungen u. s. w., die der Angefochtene factisch erlebt hat, hingewiesen werden als auf Zeichen, daß der Herr ihn nicht verstoßen habe, sondern noch als einen der Seinen anerkenne, also jene Todsünde, die den Gnadenstand ganz aufhebe, bei der (nach der Stelle 1 Joh. 5.) keine Fürbitte mehr wirksam, also auch keine Gebetserhörung mehr möglich sei, vor Gottes Augen nicht an ihm hafte. Im andern Falle wird das Bekenntniß derjenigen Sünde, die wirklich begangen ist, und die der Bekennende für die Sünde wider den heil. Geist ansieht, dem Pastor die Gelegenheit darbieten, auch wenn er Jenen über diese Furcht beruhigen kann, desto mehr ihm Ernst zur Buße und Reinigung einzuflößen, damit nicht das, was er jetzt fürchtet, am Ende wirklich daraus werde — ein Zustand habitueller Sünde, aus welchem umzukehren ihm je länger je weniger Kraft übrig bleibt. Das ist die rechte Furcht vor der Sünde wider den heil. Geist nicht, daß man eine Gränze der göttlichen Vergebungsmacht, ein Nicht-Ausreichen der Barmherzigkeit und der Kraft der neutestamentlichen Versöhnung, sondern daß man die subjective, psychologische Möglichkeit fürchtet, durch Sünde, durch Leichtsinn, durch Gleichgültigkeit und sittliche Fahrlässigkeit in einen Sündenzustand zu gerathen, aus dem man immer weniger einen Rückweg zu finden im Stande ist.

3. Wenn wir oben schon Solcher erwähnten, die dem Pfarrer über Träume und Visionen zu berichten wissen, so ist noch speciell davon ein Wort zu sagen, was das richtige pastorale Verfahren gegenüber von gespenstischen und dämonischen Anfechtungen ist. Am harmlosesten steht die Sache, wenn Jemand dem Pfarrer klagt, er werde von einem Geiste besucht oder es spucke in seinem Hause. So wenig wir die Möglichkeit eines „Hereinragens der Geisterwelt" in diese Welt leugnen wollen (die auch nur von einem deistischen Standpunct aus geleugnet werden kann), so übel steht es doch dem Pastor an, in solchen Dingen irgend welcher Leichtgläubigkeit sich schuldig zu machen. Angesichts der unsäglichen Thorheit, die auf diesem Gebiete zu Hause ist, und der unleugbaren Erfahrung, daß von den weitaus meisten Fällen jener Art die eine Hälfte auf Unwissenheit und Feigheit beruht, die andere

aber in plumper oder feiner Betrügerei ihre Quelle hat, ist es sicherlich das Rechte, wenn der Pfarrer sich in erster Linie jedesmal skeptisch verhält, ruhig solche Dinge anhört, ohne irgend Gewicht darauf zu legen, und im Falle er ins Haus berufen wird, sich da nicht als Geisterbeschwörer und Teufelsbanner, sondern als ein Mann von Bildung und Charakter benimmt, der zuerst sich durch eigene Prüfung überzeugen will, ob etwas an der Sache sei, ob der beunruhigende Dämon sich nicht in der Wirklichkeit etwa auf ein Rattennest unter der Diele oder auf einen guten Freund reducirt, der unter der Firma eines Poltergeistes im Keller oder auf dem Kornboden Privatgeschäfte macht. Trifft von diesen nächstliegenden Hypothesen keine ein, so ist auch damit nur erst die dermalige Unerklärlichkeit der gemachten Wahrnehmung, noch nicht aber die Nähe eines Geistes erwiesen, und wenn letztlich auch der unbestechlichste, nüchternste Wahrheitssinn dem Eindrucke nicht mehr widerstehen kann, daß eine außermenschliche Wirkung oder Erscheinung vorliege, so wird sich der Pastor ihr gegenüber nur dann in die richtige Positur setzen, wenn er, statt sich irgendwie damit einzulassen oder in ihr irgend eine für das religiöse Leben, für die Heilsinteressen wichtige Kundgebung zu respectiren, vielmehr sie als etwas betrachtet und die zunächst davon Beunruhigten als etwas betrachten lehrt, was lediglich zu tragen und überall zu ignoriren sei. Ein Christ hat in Gottes Wort und Gewissen weder einen Befehl, Geister zu erlösen, noch von ihnen göttliche Botschaften anzunehmen; da wir Mosen und die Propheten haben, sendet uns Gott nicht den Geist des Lazarus als Bußprediger; ebensowenig haben wir von ihnen irgend etwas zu befahren, wofern wir Gott vor Augen und im Herzen haben. Auch wo eine Anfechtung von dieser Seite beabsichtigt wäre, sich's nicht anfechten lassen, sondern ruhig seines Wegs gehen, sich durchs Gebet in Gottes Nähe halten und seiner Hut sich versichern, im Uebrigen aber völlig thun, als ob der Spuck gar nicht vorhanden wäre: das ist die rechte, christliche Politik solchen Dingen gegenüber; wird sie angewendet, so werden ohne Zweifel die Phänomene selbst verschwinden. — Schlimmer allerdings steht die Sache da, wo statt bloßen Angefochtenseyns eine Ueberwältigung, eine Besessenheit eintritt. Auf Grund der neutestamentlichen Geschichte und der biblischen Satanologie kann für uns an der Möglichkeit solchen Zustandes kein Zweifel seyn; aber, wie vorhin, müssen wir von dem Geistlichen fordern, daß er, so lange noch irgend eine menschlichere Erklärung eines derartigen Phänomens möglich ist, jener furchtbaren Hypothese im concreten Falle nicht Raum gebe. Schon an sich fordert es der Geist gesunder evangelischer Lehre, daß als schlimmste Teufelsbesitzungen diejenigen erkannt werden, von welchen die Besessenen nichts wissen, bei denen ihnen ganz wohl ist, weil der Satan ihnen im Herzen sitzt; nicht die physischen, sondern die sittlichen Wirkungen desselben sind zu fürchten. Ein liederliches Leben kann auch krankhafte geistige Erscheinungen hervorrufen, daher der Pastor sehr wohl thut, in Fällen obiger Art auch nach dieser Seite den forschenden Blick zu wenden.*) Es gibt ferner Krankheiten, die in ihrer Form etwas so dämonisches haben, daß uns bei ihrem Anblick überaus unheimlich zu Muthe wird, z. B. der Veitstanz, gewisse Anfälle von Epilepsie u. dgl., und doch hat der Teufel damit persönlich so wenig zu schaffen, als mit der Auszehrung oder den Masern. Selbst das Reden einer fremden Stimme, namentlich einer männlichen aus der Kehle eines Weibes, was natürlich am unwiderstehlichsten das Daseyn einer fremden Persönlichkeit darzuthun scheint, das Ausstoßen frecher Schimpfreden, die sonst dem Kranken gar nicht über die Lippen kommen

*) Dem Verfasser klagte (um nur ein Beispiel von mehreren anzuführen) einst eine ledige Weibsperson von 20 Jahren, sie sei besessen oder verhext; sie gab allerlei Symptome hievon an und geberdete sich demgemäß; dem Inquiriren nach der sittlichen Seite hin, das sogleich und beharrlich mit ihr vorgenommen wurde, wich sie aus, aber nach einigen Monaten lag sie im Kindbette.

würden, sind kein Beweis, da solche Erscheinungen unter gewissen Bedingungen auch bei Irren und Somnambülen vorkommen. Daß die Behauptung eines Individuums, es stecke ein fremdes Subject in ihm, die Realität des letztern nicht beweist, versteht sich ohnehin von selbst, da sonst jede fixe Idee eines Irren auf einer Realität beruhen müßte; das ist Dämonomanie, aber nicht Teufelsbesitzung. Und wie unsäglich oft steckt Betrug hinter solchen Geschichten! Wie schnöde blamirt sich ein Geistlicher, wenn auch er sich hinters Licht führen läßt! Und welch' ein unverantwortliches Unrecht begeht er, wenn er, auf seine Hypothese bauend, die Angehörigen solch' eines Angefallenen abhält oder auch nur nicht antreibt, ordentliche ärztliche Mittel zu gebrauchen! Hat doch selbst Hartmann, der (a. a. O. S. 1081) eine horrenda vociferatio, Dei blasphematio et proximi cavillatio, gestuum deformatio, inhumana comessatio, admiranda corporum motio für sichere Zeichen einer wirklichen Teufelsbesitzung hält, nicht ermangelt, zu bemerken, man müsse auch in solchem Fall einen Arzt rufen, qui succos malignos commodis medicamentis expurget. Aber der Gehorsam gegen die Wahrheit fordert trotzdem, daß der Pastor für die Anerkennung einer dämonischen Besitzung, wo sie unzweifelhaft vorliegt, d. h. wo keine jener anderweitigen Erklärungen ausreicht, sich offen halte. Denn nur gezwungen durch die unumstößliche, vor Augen liegende Realität der Sache, also geradezu mit Verleugnung des persönlichen horror vor solchen Annahmen, nicht aber mit irgend einer Vorgeneigtheit dazu wird sich der gewissenhafte Pastor, wie jeder gewissenhafte Christ, dazu verstehen, im concreten Falle an eine Teufelsbesitzung zu glauben. Wir gestehen, daß uns noch nie ein Fall dieser Art auf dem eigenen Lebens- und Amtswege begegnet ist, daß vielmehr immer, wenn das Vorhandenseyn eines solchen behauptet wurde, uns der Augenschein und der Erfolg belehrt hat, daß es entweder ein rein krankhafter Zustand war oder irgend eine sittliche Unsauberkeit dahinter steckte. Aber derselbe Wahrheitssinn, der uns dieß erkennen ließ, nöthigt uns auch, Zeugnisse von Männern wie Christoph Blumhard in Ehren zu halten, und das Vorhandenseyn des Unheils wie die exorcistische Heilung desselben, wie Blumhard von beidem zu berichten weiß, als Factum zuzugestehen. Wie immer man sich aber die beglaubigten Heilungen solcher Personen erklären mag (denn, die sie vollbrachten, sind nicht immer auch die richtigsten Erklärer der Sache; wenn rein-praktische Naturen auf's Systemmachen gerathen, so gehen sie gar nicht selten irre): das ist uns jedenfalls gewiß, daß die Befreiung des Geplagten nicht vom Aussprechen irgend einer Formel abhängen kann, wie die älteren Pastoraltheologen z. B. dem Hersagenlassen des apostolischen Symbolums diese Kraft zuschrieben und wohl auch heute noch Satanologen von Vilmars Art annehmen; Nitzsch hat sicherlich Recht, wenn er (a. a. O. S. 208.) ausruft: „Nur nicht exorcistisches Formelwesen, es sei auch aus der Schrift oder der kirchlichen Ueberlieferung genommen; denn wer will die Anwendbarkeit bestimmen, wer will sich dem aussetzen, daß der mangelnde oder der Mißerfolg das Uebel verschlimmere!" Ebenso richtig ist die Warnung Alexander Vinets (Pastoraltheologie S. 252.): „förmliche Beschwörungen und Austreibungen oder Exorcismen sind ganz geeignet, blos Gestörte oder Irren vollends zu Narren zu machen. Ich kenne keine wahre Beschwörungsformel, außer dem Gebete christlicher Liebe."

4. Wofern die Verzweifelnden nicht schon theils unter den oben Genannten, theils unter denen mitbegriffen sind, von denen das Capitel über die Geisteskranken handeln wird, haben wir unter ihnen vornehmlich diejenigen Selbstmörder zu verstehen, mit welchen zu sprechen nach versuchter That dem Seelsorger noch möglich ist. Sie zerfallen für ihn in zwei Classen: die Einen sind durch ihre That und die jetzt noch vorhandene Todesgefahr, wohl auch durch die Schmerzen der Wunde, die sie jetzt fühlen, von ihrem

Lebensüberdrusse vollständig zurückgebracht und daher von Reue und Todesangst gemartert; die Andern aber sind erbost darüber, daß ihnen die That mißlungen und deßhalb entweder so wild und roh, daß ihnen mit geistlichem Zuspruche gar nicht beizukommen ist, oder so versteckt, so verbissen und stumm, daß sie zwar den Pastor reden lassen, was er will, aber auf nichts eingehen. Bei den ersteren ist, wenn Rettung nicht gehofft werden kann, desto mehr darauf zu dringen, daß sie die kurze Zeit ihres Lebensrestes dazu benützen, noch Vergebung für die schwere Sünde zu erlangen; daß Gott dieselbe nicht hat gelingen lassen, das soll ihnen ein Zeichen sein, daß er sie nicht verloren gehen, nicht als Sünder sterben lassen wollte, das muß also auch ebenso zum Danke gegen ihn treiben, wie es das Vertrauen zu der überschwenglichen Barmherzigkeit Gottes wecken und stützen soll. Ist aber Rettung zu erwarten, so gibt die letztere Erwägung ein um so stärkeres Motiv zu gründlicher Umkehr und Neubildung des ganzen Sinnes und Wandels ab. — Wo dagegen der Trotz fortdauert und jeden Zuspruch verschmäht, da bleibt dem Geistlichen nichts übrig, als in Geduld zu warten und zu beobachten, um, wenn irgend eine bessere Regung eintritt oder im Anzuge ist, das Geeignete zu thun. Der Trotz solcher Menschen ist oft nichts, als die Folge innerer Angst; man hält sich die Wahrheit mit aller Anstrengung vom Leibe, weil man sie fürchtet, weil, wenn sie als Wahrheit anerkannt würde, man damit das ganze seitherige Leben dem Gerichte selber überantworten müßte. Eben deßhalb ist oft auch bei Unglücklichen dieser Art die rechte Praxis die, daß, selbst wenn man noch nicht für gut finden kann, specifisch Christliches ihnen zu Gemüth zu führen, doch schon durch die menschliche Theilnahme, durch die erbarmende und fürsorgliche Liebe der Pastor ihnen zu erkennen gibt, daß er nicht als Ankläger, nicht als Gegenpartei im Namen des Gesetzes, sondern als einer, der sie retten möchte, zu ihnen kommt. Ist einmal in solch menschlicher Liebe, die sie empfinden, ihnen eine Ahnung gegeben von der Macht und Größe einer Liebe, die über alle menschliche Liebe ist, so lassen sie jene Waffe des Trotzes, womit sie sich wappnen wollten und deren schließliche Nutzlosigkeit sie doch selber fühlen, desto eher fallen; sie ergeben sich desto eher, sobald sie einen Schimmer von Hoffnung haben, daß es eine Ergebung — nicht auf Gnade und Ungnade, sondern auf Gnade ist.

Ueberflüssig ist es in vielen Fällen nicht, auch den Angehörigen solch' eines Unglücklichen das Nöthige ans Herz zu legen, daß sie, wenn vielleicht Zerwürfnisse in der Familie den Entschluß zum Selbstmord mit herbeigeführt haben, sich nunmehr eines andern Verhaltens befleißigen, und den Geretteten nicht durch Vorwürfe oder Stichelreden kränken, vielmehr ihn fühlen lassen, daß auch sie seiner Rettung sich dankbar freuen. Ist Rettung unmöglich, so sollen sie ihm das Sterben nicht noch verbittern.

---

17 Die Seelsorge bei Geisteskranken.

(Bearbeitet von Dr. Lechler, Diakonus in Winnenden und Seelsorger an der Irren-Heilanstalt Winnenthal.) *)

Bei keinem Zweige der geistlichen Amtsthätigkeit ist wissenschaftliche Kenntniß des Gegenstandes so wesentliche Bedingung, als bei der Behandlung der Geistes- und Gemüthskranken.

Die persönlichen Zustände, mit denen es der Geistliche hier zu thun hat, scheinen vielfach etwas ganz anderes zu seyn, als was sie in Wirklichkeit sind und verleiten deßhalb auch den erfahrenen Seelsorger zu Mißgriffen sowohl in ihrer Beurtheilung, als in ihrer Behandlung. Die Pastoraltheologie sollte daher auf die anthropologischen und psychologischen Studien der Geistlichen zurückweisen können, um an die dort gewonnene Erkenntniß der Seelenkrankheiten ihre Winke für die Seelenpflege anknüpfen zu können. Allein gerade dieser Theil der anthropologischen Wissenschaft hat

*) Der Verfasser des nachstehenden Capitels hat gerne der Aufgabe sich unterzogen, die Früchte eines vieljährigen praktischen Studiums in diesem Gebiete pastoraler Wirksamkeit den Genossen des heil. Dienstes mitzutheilen, zumal da dieser Gegenstand immer größere Bedeutung erlangt und kaum von jemand anders als vom Seelsorger einer Irrenanstalt umfassend dargestellt werden kann. Die dogmat. Verschiedenheiten zwischen diesem Aufsatze und dem Buche, dem er einverleibt wird, sind wohl kein trennendes Hinderniß einer solchen Verbindung. — Hinsichtlich des psychiatrischen Inhalts bedarf es für viele Lehrer kaum der Bemerkung, daß sich die hier vorgetragenen Ansichten meist auf die Auktorität des verehrungswürdigen und in weiten Kreisen bekannten Arztes der hiesigen Anstalt, Herrn Obermedicinalrathes Dr. v. Zeller, und auf die Anschauung seines Verfahrens stützen. Die wissenschaftliche Darstellung seiner Anschauung findet sich in den Art. der Ersch und Gruber'schen Encyklopädie u. d. W. Irre und Irrenanstalten, und in den seit 1837 veröffentlichten Berichten über die Heilanstalt Winnenthal im Württemb. Medicin. Correspondenzblatt.

erst in den letzten Jahren angefangen, die Aufmerksamkeit sowohl der praktischen Heilkunde und der Seelsorge, als auch der Naturwissenschaft und Philosophie auf sich zu ziehen, und gerade diejenigen naturwissenschaftlichen Werke, welche dem Theologen am zugänglichsten sind, die philosophischen, z. B. Burdach's und Daub's Anthropologie, Rosenkranz's Psychologie u. dgl. sind in diesem Theile theils gänzlich arm, theils dem Umfang oder der Behandlung nach für die Zwecke der Pastorallehre nicht genügend. Die letztere muß sich daher vor allem mit einer Untersuchung über das Wesen der Erscheinungen auf dem Gebiete der Seelsorge befassen.

I. Wesen und Arten der Seelenstörungen.

Irresehn, Seelenstörung, Gemüths- und Geisteskrankheit nennt man eine besondere Gattung von nervösen Leiden, deren Eigenthümlichkeit darin besteht, daß sie als körperliche Leiden theils gar nicht, theils nur in untergeordneter Weise auftreten und statt dessen in solchen Wirkungen sich äußern, welche bei oberflächlicher Betrachtung einer selbstständigen und ursprünglichen Verkehrung des sittlichen und intellectuellen Lebens gleich sehen. Während die niedrigeren Kreise des körperlichen Lebens, Eßlust, Schlaf, Verdauung und Ernährung, Muskelkraft u. dergl. vielleicht ganz ungeschwächt bleiben, also keine Spur einer Krankheit im gewöhnlichen Sinne des Wortes sich entdecken läßt, tritt die Neigung zu Selbstüberschätzung, oder zu übermäßiger Selbstanklage, zur Glaubenslosigkeit, zu Haß und Streit u. dgl. in stärkstem Grade hervor, und erweckt bei der zunehmenden Unzugänglichkeit für Belehrung oder Ermahnung die Ansicht, daß hier der Fall einer Verschlimmerung des Charakters vorliege, die, wenn auch nicht ganz, doch ihrem wesentlichen Inhalte nach auf Mangel an Selbsterkenntniß und Selbstbeherrschung zurückzuführen und der auch etwaige Störungen im intellectuellen Leben vorzugsweise zu-

zurechnen seien. Das Räthselhafte, Unbegreifliche, Widersinnige und Anstößige, das Unerträgliche, die scheinbare maaßlose Willkür und Verachtung der Gesetze des geordneten menschlichen Lebens, wie sie bei den Irren sich zeigten, forderte eine Erklärung. Man fand sie bald in einer fremden, außer- und übermenschlichen Einwirkung, in Besessenheit und Teufelsspuck, bald in der sittlichen Beschaffenheit des Irren selbst, der eben deßhalb von der Menschheit als ein Narr ausgestoßen und wie ein Thier behandelt wurde. Selbst in die Wissenschaft fanden dergleichen Anschauungen ihren Weg. Nicht blos von theologischer, sondern auch von medicinischer Seite wurde das Irresein für eine ursprünglich sittliche Veränderung erklärt, und wie z. B. von Heinroth in Leipzig nicht nur auf den Sündenfall überhaupt, sondern auch auf eine persönliche Verschuldung des Irren zurückgeführt, durch welche erst die etwa mit dem Irresein verbundenen leiblichen Störungen hervorgerufen worden seien, und die man eben deßhalb auch zunächst mit sittlichen Mitteln zu bekämpfen habe.*) Auch Ideler in Berlin hat diese Vorstellungen befördert und hauptsächlich der Ausschweifung in religiösen Gefühlen einen wesentlichen Antheil an diesen Erscheinungen aufgebürdet.**) Die Erfahrung lehrt aber vielmehr, daß für's erste keine Stufe der sittlichen und geistigen Ausbildung, insbesondere auch keine noch so hohe Stufe der Frömmigkeit vor dem Ausbruche einer Seelenstörung bewahren kann, wie denn z. B. ein Luther zuweilen an Schwermuth, ein Pascal an einer verborgenen fixen Idee litt. Sodann ist es eine Thatsache, daß Geistes- und Gemüthskrankheiten gerade unter ungebildeten, wie unter sittlich verdorbenen Menschen verhältnißmäßig selten, und daß gerade die hochmüthigsten, ehrgeizigsten, boshaftesten Charaktere einem solchen Zufalle weniger unterworfen sind. Es ist im Gegentheil eine

*) Lehrbuch der Störungen des Seelenlebens und ihrer Behandlung vom rationalen Standpunkt aus entworfen, von Dr. F. C. A. Heinroth, 2c. Leipz. 1818. und dessen Anweisung für angehende Irrenärzte 2c. Leipzig 1825.

**) Grundriß der Seelenheilkunde. Berlin 1835.

Beobachtung, in welcher die erfahrensten Irrenärzte mit einander übereinstimmen, daß die Kranken solcher Art, welche der Heilanstalt übergeben werden, ihrem sittlichen Gehalte nach zu den besseren und besten ihres Standes und Geschlechtes gehören. Die Richtigkeit dieser Beobachtung hat an sich etwas Einleuchtendes, wenn man weiß, daß eine große Anzahl von Erkrankungen auf Ueberanstrengung der körperlichen und Gemüthskräfte in Berufsarbeiten, in schweren häuslichen Aufgaben u. dgl. beruht, und demnach sowohl eine tiefere sittliche Empfindung, als auch ein höheres Maaß sittlicher Willenskraft schon voraussetzt. Insbesondere ist diese Thatsache hinsichtlich der sogenannten religiösen Schwermuth außer Zweifel. Wenn es nämlich auf der einen Seite wohl möglich ist und auch öfters geschieht, daß Leute, die sonst ohne allen Sinn für göttliche Dinge sich zeigten, durch die zufällige Wendung ihrer Krankheit mit Gewissenszweifeln u. dgl. erfüllt werden, die mit der körperlichen Heilung ebenso vollständig und rasch wieder verschwinden: so ist es andererseits noch viel gewisser, daß der sogenannte religiös Schwermüthige, der Angefochtene in diese Art der Krankheit ebendarum leichter geräth, weil er überhaupt ein zärteres Gewissen und Interesse für dasjenige besaß, was dem Gewissen zur Befriedigung und dem Geist überhaupt zum höchsten Genusse dient. Seine Krankheit hat das geistliche Gepräge angenommen, weil sein inneres Leben überhaupt diese Richtung hat, weil so zu sagen, das die Saiten sind, die bei ihm am leichtesten in Schwingung gerathen. Nicht daß er nun aus allzugroßer Frömmigkeit in diesen Zustand gerathen wäre. Denn die wahre Frömmigkeit kann ja nie zu groß seyn. Auch wirkt ein hoher Grad christlicher Frömmigkeit an sich selbst nicht nachtheilig, sondern heilsam, beruhigend, stärkend, erleuchtend, verklärend auf den leiblichen Organismus, und verleiht ihm dadurch größere Sicherheit vor solchen Zufällen. Sondern weil der Mensch überhaupt religiös ist, so ist er auch in religiöser Weise schwermüthig. Durch einen noch höhern Grad von Frömmigkeit, insbesondere von Glaubensfreudigkeit, wäre er vielleicht vor dem Ausbruche bewahrt geblieben, vielleicht aber auch nicht. Die Ansicht also, daß Seelenstörungen wesentlich eine Folge der persönlichen Verkehrtheit seien, kann auf keine weitere Beachtung Anspruch machen.

Wichtiger für die Pastoraltheologie ist die andere von theologischer Seite erhobene Frage. Die vielfache Aehnlichkeit, welche zwischen den Aeußerungen eines Tobsüchtigen und dem Benehmen der Besessenen im N. Test. stattfindet, zusammengehalten mit dem, was man von den Energumenen der alten Kirche weiß, — hat die Vermuthung nahe gelegt, daß die Geistes- und Gemüthskrankheit von heutzutage nichts anderes sei als eine Form der Besessenheit, woraus dann auch der Schluß gezogen wird, daß die rechte Behandlung keine andere seyn könne, als die, welche Jesus, die Apostel und die alte Kirche in Anwendung brachten.*) Die genannte Aehnlichkeit liegt zuvörderst darin, daß beiderlei Zustände als eine vom Willen des Menschen unabhängige, ihm aufgedrungene Gebundenheit und Verkehrung seiner Reden und Handlungen sich darstellen, daß ferner beiderseits eine Ueberspannung der natürlichen Kräfte und Thätigkeiten stattfindet, die zuweilen sowohl Anderen als auch dem Leidenden selbst unmittelbar verderblich werden, daß endlich diese Zustände mit der höheren oder geringeren Stufe der Sittlichkeit und Gottseligkeit eines Menschen nichts weiter zu thun haben, sondern nach Art jeder Krankheit bald diesen, bald jenen überfallen. Bei den Schwermüthigen ist es namentlich das beharrliche Aufsteigen gotteslästerlicher Gedanken, sammt dem fast unwiderstehlichen Drange, sie in Worte zu kleiden, sowie der heftige Widerwille gegen Christum, gegen sein Wort und Sakrament, was den Kranken selbst auf die Meinung bringt, daß er besessen sei. Bei den Rasenden kann der erschütternde Anblick des gewaltsamen und plötzlichen Wechsels zwischen völliger

---

*) Vgl. zum folgenden den Artikel über die Dämonischen von Ebrard in Herzog's theol. Realencyklopädie.

Passivität und wilder Aufregung, der einem Bewegtwerden von einer fremden Macht auf ein Haar gleich sieht, kann das Augenverdrehen, Zungenrecken, die tobende Feindseligkeit gegen Gottes Wort, der unnatürliche Stimmwechsel, das Zwiegespräch, das der Kranke wie eine Doppelpersönlichkeit mit sich selbst führt, — das alles kann Anderen leicht den Eindruck machen, als ob hier eine dämonische Macht ihr Wesen triebe. Und allerdings unterscheidet sich das, was man eigentliche Besessenheit nennt, von solchen Zuständen nur noch um weniges. Das trennende Merkmal liegt hier in dem einen, daß bei dem Besessenen die fremde Persönlichkeit als die eigentlich handelnde und in ihrem eigenen Namen, d. h. als böser Geist, auftritt, während jenes Doppelreden bei dem Maniakalischen nur als eine Einkleidung seiner eigenen schnell wechselnden Stimmungen sich zu erkennen gibt, und die beiden Redner auch wohl unter dem Namen zweier lebenden oder vorgestellten Menschen sich einführen können. Da jedoch die Erkenntniß dieses Merkmals im vorkommenden Falle eine sehr schwierige seyn kann — es gibt ja nach der Schrift auch stumme Dämonen — so ist leicht zu sehen, daß ein untrügliches Mittel zur Unterscheidung der beiderseitigen Zustände in der That nicht vorhanden ist. Es liegt das aber in der Natur der Sache. Denn die Besessenheit wird sicherlich unrichtig aufgefaßt, wenn sie von allen andern Erscheinungen eines gestörten Geisteslebens so wesentlich geschieden wird. Es muß in dieser Hinsicht zunächst auf eine wahrhaft wissenschaftliche Auffassung des persönlichen Seelenlebens überhaupt gedrungen werden, um den Zusammenhang der verschiedenen psychologischen Erscheinungen herzustellen. Das individuelle Leben sowohl der vernunftlosen als der vernünftigen Wesen ist nicht blos dieses monadenartig für sich seiende, wie es der unmittelbaren Wahrnehmung sich darstellt. Vielmehr ist jedes Individuum und jede Lebensäußerung desselben ein Product aus zwei Factoren, deren einer das Universum und deren anderer die lebendige Idee, die Entelechie dieses Einzelwesens ist. Jeder Mensch insbesondere, jeder menschliche Zustand und jede menschliche Thätigkeit ist nicht blos ein Ergebniß seines eigenen Wesens, sondern zu gleicher Zeit bedingt und hervorgebracht durch die Gesammtheit der zeitlichen und örtlichen Bedingungen seines Daseyns und Lebens, es ist theilweise das Resultat des ganzen Naturlebens, der ganzen Weltgeschichte, und weil die unsichtbare Welt mit der sichtbaren in der innigsten Verbindung gedacht werden muß, — auch Resultat der von jener auf diese verborgener Weise ausgehenden Einflüsse. Und zwar muß letztere Bemerkung von der Welt der bösen Geister ebensowohl gelten, als von der der guten. Nur daß über die Art und Weise dieser Einwirkung im voraus nichts weiteres ausgesagt werden kann, weil auch hier eine unendliche Abstufung mittelbarer und unmittelbarer Einflüsse denkbar ist. Hält man aber nun diese Ueberzeugung fest, daß alles natürliche Uebel in der Welt in bestimmtem, innerem, stetigem Zusammenhange mit dem sittlichen und geistigen Uebel, der Sünde stehe, und daß das Böse in beiderlei Gebieten, dem leiblichen wie dem geistigen, auf das Hereinwirken einer unsichtbaren, gottwidrigen Welt in das Menschenleben zurückzuführen sei: so müssen verwandte Erscheinungen in demselben Bereiche auch auf verwandte Ursachen zurückweisen. Mit andern Worten: gehört die Besessenheit ins Reich der Krankheiten, und zwar der Geisteskrankheiten, so fragt es sich, ob Geisteskrankheit gleichfalls aus einer Einwirkung dämonischer Mächte zu erklären sei. Und wer auf dem Grunde der heil. Schrift steht, sei er Arzt oder Seelsorger, der wird diese Frage, richtig verstanden, nur bejahen können. Wenn die höchste Stufe krankhafter Seelenthätigkeit mit der Besessenheit so nahe verwandt ist und in sie übergehen kann, so muß schon auf den niederen Stufen etwas da sein und vor sich gehen, was nur seine ganze Natur zu entwickeln braucht, um als Besessenheit zu erscheinen. Das Gemeinsame aber, das alle eigentlichen Seelenstörungen mit der Besessenheit haben, ist die Aufhebung der Einheit des Selbstbewußtseyns, die Trennung des Ich. Auch im ausgebildeten Wahnsinn, wo der

Kranke sich für eine ganz andere Person, wohl für Gott selbst oder Christus hält, ist diese Trennung nicht so weit gediehen, daß geradezu ein persönliches Doppelleben entstünde. Der Verrückte glaubt ja, daß er selbst dieser Andere sei. Das fremdartige Personleben, in das er sich hineinlebt, entwickelt sich nicht bis zu einem selbstständigen geistigen Organismus, der von der Zerstörung des andern sein Daseyn fristet. Aber wie nun im körperlichen Leben die Krankheit, wenn sie eine gewisse Höhe erreicht, bis zum Hervortreiben eines Afterorganismus gelangt, der sein Leben dem des Körpers entgegensetzt und von dem Ruin des letzteren sich nährt: so, scheint es, geht auch unter der Einwirkung der unsichtbaren finsteren Geisterwelt die Auflösung der Einheit im Ich von den leisen Anfängen, wie sie in jeder Seelenstörung gegeben sind, in seltenen Fällen bis zur Herausbildung eines parasitischen Wesens fort, das, von jenen feindseligen Kräften bewegt und erfüllt, das gesund gebliebene Geistesleben sich unterwirft, und auf die gänzliche Zerstörung desselben hinarbeitet. Die Geisteskrankheit und die Besessenheit wären demnach zu unterscheiden als die mehr oder weniger mittelbare und die unmittelbare Störung des leiblich-seelischen Lebens durch die Einflüsse der unreinen Geister. Dieß wäre der kosmologische Standpunct der Betrachtung. Vom anthropologischen und individuellen Gesichtspuncte dagegen wäre Geisteskrankheit soviel als die gradweise verschiedene actuelle Empfänglichkeit für eine persönliche und unmittelbare Einwirkung der Dämonen, Besessenheit aber wäre die durch dämonische Beherrschung wirklich erzeugte Aufhebung der Einheit des Ich-seyns. Die Welt der bösen Geister und die einzelne Seele ständen zu einander im Verhältniß der Zeugung eines parasitischen Lebens, das bei der Besessenheit zum wirklichen, bei der Geisteskrankheit nur zu einem keimartigen Daseyn gelangte.*) Sei nun dem, wie ihm wolle, so

*) In diesem Sinne ist manches von Heinroth gesprochene Wort noch weiterer Beachtung werth. S. a. a. O. S. 193 ff.

wird es im einzelnen Falle sehr schwierig seyn, zu unterscheiden, ob blose Geisteskrankheit oder Besessenheit vorliegt. Aber das Irreseyn schlechtweg für Besessenheit zu erklären, ist nach dem Gesagten nicht möglich.

Auf der andern Seite stand dieser Erklärungsweise das Bestreben des Materialismus gegenüber, alle psychischen Vorgänge als ein bloses Erzeugniß der leiblichen Verrichtungen zu bestimmen und damit den Begriff der Freiheit für die Irren in jeder Beziehung aufzuheben. Sofern nun dem Materialismus die Verkennung des Geistes, als eines in sich selbst freien, vom Leibe nicht nur nicht hervorgebrachten, sondern vielmehr denselben bestimmenden Wesens, und in letzter Hinsicht also die Leugnung auch des ewigen Geistes, Gottes, zu Grunde liegt, bedarf er hier keiner näheren Würdigung. Er macht die Theologie überhaupt, also auch sich selbst in der Theologie unmöglich. Sofern er aber sich auf bestimmte und unzweifelhafte Thatsachen stützt, aus welchen die wesentliche Gebundenheit der geistigen Lebensäußerungen an rein leibliche Werkzeuge und Vorgänge erkannt wird, so ist er auf die in ihm enthaltene Wahrheit zurückzuführen. Denn allerdings befindet sich die hergebrachte Ansicht vom Seelenleben, wie sie auch in der Wissenschaft, zumal in der theologischen, noch ganz zu Hause ist, in dem Irrthum, sich ein endliches, menschlich persönliches Geistes- und Seelenleben vorzustellen, das an sich von der Materie schlechthin frei wäre, und also seine eigenen Thätigkeiten ganz oder großentheils ohne sie vollziehen könnte. Es ist keine Einsicht vorhanden davon, daß auch die höchste Thätigkeit des menschlichen Geistes, also z. B. das logische und metaphysische Denken, das Gebet, die Weissagung, die Bewegungen der Gottesliebe u. dergl. ohne Ausnahme gebunden sind an das Vorhandenseyn und Mitwirken leiblicher Organe; daß man z. B. ohne die Thätigkeit der Gehirnnerven ebensowenig Gott denken, als eine mathematische Vorstellung auffassen, ohne Mitwirkung der plastischen Nerven ebensowenig im Glauben fröhlich werden, als eine heitere natürliche Stimmung erringen kann, und daß jene hohen geistigen und geistlichen Thätigkeiten eben deßhalb durch die Störung dieser leiblichen Organe ebensosehr in Gefahr kommen, als die niedern Verrichtungen der sinnlichen Wahrnehmung, der Gedächtnißübung rc.*) Daß gleichwohl eine Freiheit des Geistes von diesen Organen und demnach eine Fähigkeit, sie zu bestimmen, vorhanden ist, lehrt die tägliche Erfahrung. Kommt hiezu die Beobachtung, daß die Nerventhätigkeit selbst gar nicht als eine räumlich und zeitlich wahrnehmbare erscheint, sondern selbst in ganz ideeller Weise vor sich geht, und daß fast jede Form von Irreseyn bei jedem Grade normaler und abnormer anatomischer Beschaffenheit der Nerven vorkommen und wieder verschwinden kann, so sieht man schon, daß der wirkliche Gewinn an Wahrheit, der von jenen Grundlehren des Materialismus übrig bleibt, immerhin ein ziemlich geringer ist. Aber er reicht hin, um die psychiatrische Wissenschaft vor einer Einseitigkeit zu bewahren, die eben so sehr der Wahrheit als der Liebe zuwider ist.

Nach verschiedenen Schwankungen hat nun also die neuere Zeit und zwar zuerst auf praktischem, dann auf wissenschaftlichem Wege die Rohheit früherer Anschauungen erkannt und einen wahrhaft gesunden Weg eingeschlagen. Dem Anstoße, welchen die Quäker in England mit ihrer Anstalt in York und die Franzosen Pinel und Esquirol in der Salpetrière und dem Bicètre von Paris gegeben hatten, folgte zuerst in Sachsen Dr. Pienitz, dann in Siegburg am Rhein Jacobi, und von da an mit einer Reihe trefflicher Anstalten und Aerzte die deutsche Wissenschaft und Heilkunst nach, um auf dem Grunde philosophisch gebildeter Anschauung des menschlichen Geistes- und Seelenlebens eine

---

*) Heinroth erzählt von einem Kranken, dessen Seelenzustand sich beim Gebrauche der Digitalis nach der Beschaffenheit seines Blutumlaufs richtete. Bei 90 Schlägen war er rasend, bei 70 ganz vernünftig, bei 50 melancholisch, bei 40 halb todt. Er erhielt so viel Digitalis, daß sein Puls immer 70 Schläge hatte, und genas vollständig.

ächt menschliche, in ihrer Art musterhafte Behandlung dieser leidenden Glieder des Menschengeschlechts durchzuführen. Nach den hier immer allgemeiner geltenden Lehren ist die Geistes- und Gemüthskrankheit in ihrer ausgebildeten Gestalt nichts anderes als ein Nervenfieber-Delirium ohne oder mit sehr mäßigem Fieber. Sie ist ein Zustand, bei welchem die unbewußten und unfreien Regungen des Seelenorgans, insbesondere des Gehirns, wie sie sich sonst im Traume zeigen, mit einem theilweisen Wachen des Bewußtseyns verbunden sind. Sie ist mit andern Worten eine Fixirung desjenigen Zustandes von Leib und Seele, wie er im Aufwachen oder Einschlafen als kurzer Uebergang täglich vorkommt. Auch andere ähnliche Zustände, z. B. der der Trunkenheit, des Schlafwandels, sind mit ihr wesensverwandt und dienen ihr im Ganzen, wie im Einzelnen zur Erläuterung. Was man also Geistes- und Gemüthskrankheit nennt, das ist in der That eine leibliche Krankheit, eine Störung des Nervenlebens, wie es theils im Gehirn, theils im Rückenmark und den damit zusammenhängenden Nerven, theils in den sogenannten plastischen Nervenpartieen, den Organen der Brust und des ganzen Unterleibs (σπλάγχνα, רַחֲמִים) seinen Sitz hat.

Wir haben bereits auf das unzweifelhafte Ergebniß der anthropologischen Beobachtung hingewiesen, daß einestheils keine geistige Thätigkeit irgend welcher, auch der höchsten Art, ohne eine gewisse Thätigkeit des Leibes zu Stande kommt. Anderntheils ist es Thatsache, daß jede Nervenpartie die doppelte Bestimmung hat, nach der einen Seite hin den leiblichen Verrichtungen zu dienen, nach der anderen für die Bewegungen des Geistes und Gemüthes die Unterlage und das Werkzeug abzugeben. Wirft sich nun die Lebensstörung auf die niederen Functionen eines Nervencomplexes, so entsteht die Krankheit im gewöhnlichen Sinne. Kehrt sie sich aber mehr gegen die höheren Functionen, so wird daraus die Seelenstörung. Der Charakter dieser Art von leiblichen Krankheiten liegt also eben darin, daß die physische Störung (mechanischer Druck,

Blutüberfüllung, Ueberreiz, Erweichung ꝛc.) sich nicht wie sonst in Störung der niederen, sondern der höheren Nervenfunctionen äußert, und die naturgemäße Wirkungsart der betreffenden Organe in ihrem Zusammenhange mit dem Geist aufhört, um eine widernatürliche, unfreie und unbewußte an deren Stelle treten zu lassen. Daraus erklärt sich die Thatsache, daß bei den Irren so vielfach Aeußerungen des Geistes und Gemüthes vorkommen, die mit der wirklichen persönlichen Richtung des Kranken in keiner Weise übereinstimmen und geeignet sind, das Urtheil über ihn gänzlich irre zu führen. Die Krankheit der Unterleibsorgane, statt als Entzündung ꝛc. aufzutreten, nimmt die Form der religiösen Schwermuth an und äußert sich in Gewissensbissen, in Verzweiflung an der Seligkeit u. dgl. bei Menschen, die niemals eine dem entsprechende Gesinnung an den Tag gelegt und gehabt haben. Aller geistliche Trost bleibt unwirksam. Aber ein kräftiges Abführmittel hebt in Zeit von wenigen Stunden die ganze geistliche Noth, ohne daß auch nur eine Spur geistlicher Erregung zurückbliebe, — ein Fall, der in den Heilanstalten etwas ganz gewöhnliches ist und allein schon hinreichen sollte, die wahre Natur dieser Seelenzustände ins Licht zu setzen. Die geistliche Erregung ist also nicht das Wesen, sondern blos die zufällige Form, sie ist ein Symptom einer Krankheit, die den Arzt angeht, nichts weiter.

Müssen wir nun auf Grund solcher Beobachtungen hin den Satz aufstellen, daß die Seelenstörungen als solche gar nicht ein Gegenstand der geistlichen Amtsthätigkeit seien, so verhält sich dieß ganz anders, wenn nach der Ursache derselben, wie nach ihren Folgen gefragt wird. Ist es nämlich schon im Allgemeinen richtig, daß auch die gewöhnlichen körperlichen Krankheiten weit öfter als man sich denkt, ihrem letzten Grunde nach auf Gebrechen oder Störungen des sittlichen Lebens (Ehrgeiz, Mangel an geistiger Selbstbeherrschung, Angst, Kummer ꝛc.) zurückgehen, und eine gründliche Hebung des leiblichen Uebels deßhalb nur auf geistlich-sittlichem Wege möglich ist: so trifft dieser Fall noch weit mehr bei den Seelenkrankheiten zu. Denn sehr häufig sind es Ursachen dieser Art, welche das Irreseyn mittelbar herbeigeführt haben und ebendeßhalb auch die Heilung derselben erschweren, indem sie theils zerstörend auf den leiblichen Organismus einwirkten, theils die Kraft des Widerstandes brachen, der vom geistigen und sittlichen Leben aus dem physischen entgegengesetzt werden konnte und sollte. Die Störung des Geisteslebens z. B., die in der Form eines verkehrten, vernunftwidrigen Gedankens auftritt, wird schwerer zu heilen, wo der Kranke schon im gesunden Leben an ein dunkleres, willkürliches Denken sich gewöhnt hatte. Die krankhafte Bußanfechtung, bei der ein wirklich verletztes Gewissen im Hintergrunde steht, eine vielleicht Jahre lang verborgene Schuld das Gemüth am rechten Aufschwung hindert, oder wo es wenigstens an der rechten Ausbildung des geistlichen Lebens gefehlt hat, gewinnt eine ganz andere Bedeutung, als da, wo zuvor ein klares und lebendiges Leben aus Gott vorhanden war und die Schmermuth lediglich als augenblickliche Krankheitsform erscheint. Solche Ursachen aber ausfindig zu machen, und sie heben zu helfen, ist Sache der Seelsorge, also vorzugsweise des geistlichen Amtes.

Von wesentlicher Bedeutung für die seelsorgerliche Beurtheilung der Seelenstörungen ist die genauere Erforschung der hieher gehörigen Beispiele aus der heil. Schrift. Sie schließen den ganzen Kreis der Seelenstörungen ein, wenn auch nicht jede einzelne Form darunter vertreten ist. Die Grundform aller Gemüthskrankheiten begegnet uns in dem Seelenzustande Hiobs. Die mit der Elephantiasis überhaupt sehr häufig verbundene Schwermuth steigert sich bei ihm bis zum höchsten Lebensüberdruß und dem Verzweifeln an der göttlichen Liebe. Die Schwermuth ist hier vorwiegend ein Erzeugniß der leiblichen Zerrüttung. In Saul tritt mehr die Melancholie des bösen Gewissens heraus, die als Folge seines Abweichens von Gott und daher als ein Gericht Gottes dargestellt wird, im übrigen darin sich als Krankheit zu erkennen gibt, daß Musik und Gesang für sie als Heilmittel können benützt werden. Die Angriffe auf David zeigen die Merkmale der ausbrechenden Tobsucht in ihren gefährlichsten Formen. Als ein Bild der gänzlichen Geisteszerrüttung bis zur Herrschaft rein thierischer Triebe ist der Zustand Nebukadnezars ihr anzureihen, dessen lange Dauer ebensowohl wie die in der Schrift angegebenen Merkmale der Geisteszerrüttung dem entsprechen, was solche Krankheiten möglicherweise mit sich bringen können. Bei den Besessenen, welche theils durch Jesum selber, theils durch die Apostel geheilt wurden, erkennt man die höchste Stufe der Geistesstörung an dem Unterdrücktseyn des gesunden persönlichen Bewußtseyns durch ein fremdes Ich, verbunden bald mit dieser, bald mit jener andern Form der Seelenkrankheit, mit Schwermuth, mit Raserei, mit übermäßig gesteigerter Geistesthätigkeit und vielleicht auch magnetischen Zuständen.

Ihren verschiedenen Gebieten und Erscheinungsweisen nach theilt man die Seelenstörungen in Krankheiten des Gemüths und in solche des Geistes, genauer in widernatürliche Zustände des Gefühls, des Denkens und der Willensthätigkeit ein. Die erstere Gattung umfaßt sowohl die Erscheinungen eines übermäßig gehemmten, als die eines übermäßig geförderten Selbstgefühls, und ist in ersterem Falle Schwermuth, im zweiten Tollheit, bricht dort in anhaltender Verstimmung, erst unbestimmter, allmählig immer mehr auf einen bestimmten Punct sich fixirender Angst hervor, die je nach der sonstigen Lebensrichtung eines Menschen, mitunter aber auch ohne alle erkennbare besondere Ursache als Nahrungssorge, Todesfurcht, Sündennoth und Verzweiflung an der Seligkeit sich äußert, hier dagegen erst in ungewöhnlicher Lebhaftigkeit des Geistes, in Lustigkeit, in Thätigkeitstrieb, Kauflust u. dgl. zum Vorschein kommt, um nach und nach zum Größenwahn (Einbildung ungeheurer Reichthümer, hoher Geburt, ja übermenschlicher Abkunft, Messiasberuf ꝛc.) zu werden, oder zur ausgelassensten, verkehrtesten Heiterkeit, der eigentlichen Narrheit, sich zu gestalten.

Sowohl diese Steigerung, als jenes Gedrücktseyn des Selbstgefühls entwickelt sich aber bei zunehmender Krankheit immer zugleich als Verkehrung der Denkthätigkeit. Die leisen Zweifel an sich selbst, an der Außenwelt und an Gott werden allmählig stärker und nehmen die Form gewisser Ueberzeugungen an. Die mannigfaltigen falschen Gefühle bilden sich zu Gedanken aus, die sich wieder um einzelne Gedanken wie um ihren Mittelpunct drehen. Damit geht die Gemüthskrankheit bereits in die Geisteskrankheit über, sie wird zum Wahnsinn und verbindet sich mit demselben. Dieser Wahnsinn nährt sich bald aus dem angeblichen Hören, Sehen und Empfinden von Dingen, die nicht vorhanden sind (Sinnestäuschungen, Hallucinationen), bald stützt er sich auf verstandesmäßige Schlüsse aus den Aeußerungen und Handlungen Anderer, und wird um so gefährlicher, je mehr er die Form des gesunden, ruhigen Nachdenkens annimmt und das ganze Denken allmählig in seinen falschen Kreis zieht. Man unterscheidet partiellen Wahnsinn (Monomanie) von dem totalen (allgemeiner Verrücktheit) der hoffnungslosesten unter den Seelenstörungen. Mit der Zunahme der Verkehrung des Selbstgefühls, noch mehr mit der Zunahme des Wahnsinns aber tritt eine dritte Form der Seelenstörungen heraus, um entweder den ganzen Krankheitsverlauf sich unterzuordnen oder doch dessen Offenbarungen zu begleiten. Dieß ist die Verkehrtheit der Willensrichtung und der Handlungen. Von der Unschlüssigkeit des Melancholischen beginnend, wendet sie sich entweder nach innen und wird zu einer krampfhaften, gewaltsamen, oft von ungeheurer Willensstärke zeugenden Zurückhaltung im Reden, Essen und Trinken, in den Bewegungen u. dgl., oder sie geht in Handlungen über, und macht sich das eine Mal in ungefährlichem Lärmen und Schreien Luft, das andere Mal bricht sie in Zerstörungssucht, in Gewaltthaten gegen sich selbst oder gegen Andere aus. In dieser Form liegt sehr häufig die Krisis der Krankheit; und wie der Wahnsinn als solcher (die Verrücktheit oder fixe Idee) gerade um so weniger Hoffnung übrig läßt, je stiller und scheinbar vernünftiger der Kranke sich beträgt, so ist **umgekehrt** die Tobsucht in ihrer wildesten Gestalt oft viel eher noch ein Grund der Hoffnung auf endliche Heilung. Wo diese nicht erfolgt, da pflegt schließlich jede andere Form der Geisteskrankheit in den Schwächezustand des Seelenlebens überzugehen, der im Grunde keine Störung mehr heißen kann, sondern ein allmähliges Aufhören und Absterben des physischen Lebens ist, den Blödsinn.*) Auch diese Gestalt ist oft schon in den ersten Anfängen der Krankheit vorhanden, doch mehr nur dem Auge des erfahrenen Irrenarztes unterscheidbar, bis sie sich allmählig aus den Hüllen herausschält und zuweilen bei wieder zunehmendem körperlichen Gedeihen das oft sehr lang gedehnte Ende der ganzen Krankheitsentwicklung mit sich bringt.

Bis hieher lag uns hauptsächlich die Aufgabe vor, die Seelenkrankheiten auf ihren eigentlichen Entstehungsgrund zurückzuführen, und damit zu beweisen, daß sie in der That Krankheiten sind — Verkehrungen der Idee des menschlichen Lebens nach seiner rein natürlichen, nicht nach seiner geistlichen, und wiederum nach seiner leiblich-seelischen, nicht nach seiner geistigen und sittlichen Seite. Es liegt nun aber sowohl für das wissenschaftliche Verständniß als für die praktische Erkenntniß und Behandlung dieser Zustände sehr viel daran, daß eben das Verhältniß, in welchem die geistigen und geistlichen Elemente des Menschenlebens zu denselben stehen, aus dem rechten Gesichtspuncte aufgefaßt werde.

Man redet von Geisteskrankheit und man hat Recht damit. Denn der Geist hat eine Seite, nach welcher er an die Natur, an den Leib gebunden, also der Krankheit fähig ist. Man hat aber ebensosehr Recht zu behaupten, daß der Geist nicht krank werde. Der Geist, als ein naturfreies, überleibliches Wesen, wird nicht krank. Die Verkehrung seiner Idee nach dieser Seite hin nennt

*) In selteneren Fällen, wo z. B. durch mechanischen Druck die Gehirnthätigkeit gehindert ist, kann durch Entfernung des Hemmnisses der Blödsinn geheilt werden.

man Irrthum und Sünde, — Erscheinungen, welche dem Gebiete des freien, selbstbewußten Lebens angehören und nicht sowohl eine Störung des Natur- oder Welt-, als vielmehr des Gotteslebens in sich schließen. Auch die tiefste Abirrung des Geistes aber von der Wahrheit, auch die ärgste Verderbniß des sittlichen Willens läßt doch immer noch das Herzblatt des menschlichen Wesens — das Gewissen — übrig, und diese Faser, an welcher der von Gott losgerissene Mensch doch immer noch mit seinem ewigen Ursprung zusammenhängt, verbürgt die Möglichkeit einer Erneuerung zur ursprünglichen Idee des Menschen unter allen Breitegraden des inneren Verderbens. Trifft das schon zu für die gefährlichste Störung des menschlichen Lebens, die freibewußte Abkehr von Gott, deren Macht nur durch die Selbstaufopferung Gottes gebrochen werden konnte: so muß es noch weit mehr zutreffen bei einem Zustande, welcher mit dem höchsten Gebiete des menschlichen Lebens unmittelbar nichts zu thun hat, sondern auf dasselbe nur hemmend und verdunkelnd einwirken kann. Das Gewissen wird nicht krank. Es ist zwar erlaubt, von einem kranken Gewissen zu reden, wenn man darunter die verkehrten Urtheile meint, welche der Irre in der Anwendung des göttlichen Gesetzes auf sein inneres und äußeres Leben macht, und die naturartige, instinctmäßige Art, in welcher es wirkt, in der es schon im Kinde mit dem Anspruch auf eine ausgezeichnete Auctorität auftritt, und der Entwicklung des Denklebens vorauseilt, gibt eben auch seinen verkehrten Aeußerungen eine ganz besondere Macht gegenüber der gesunden sittlichen Ueberzeugung, mit der es sich in Widerspruch gesetzt hat. Daß aber diese Verkehrung nicht an das eigentliche Wesen des Gewissens hinanreicht, sondern daß es nur die falsche Brechung eines reinen Lichtstrahls ist, was man vor Augen hat, das ergibt sich aus der Fähigkeit, welche der Kranke hat, in alle dem, was seinen Wahn nicht geradezu berührt, ganz gesunde und richtige sittliche Urtheile sowohl über sich als über Andere zu fällen. Es ergibt sich aus dem Einflusse, welchen alle höheren sittlichen Lebensoffenbarungen,

Liebe, und Ernst, amtliches Ansehen, persönliche Würde u. dgl. auf ihn ausüben, auch wo man sich dessen nicht versieht. Es ergibt sich vor allem aus der Macht, mit welcher Gottes Gesetz und Evangelium sich an den Seelen der Irren beweist und die gebundenen Kräfte des natürlichen Geisteslebens zum Kampfe gegen die zerstörenden Einwirkungen der Wahnvorstellungen aufweckt. Mit dem Gewissen aber bleiben auch alle diejenigen Kräfte im Menschen, welche überhaupt sein höheres und höchstes Daseyn ausmachen, mehr oder weniger von der Seelenkrankheit unberührt. Der Kranke, der zuvor ein Leben des Glaubens geführt hat, trägt diesen Schatz auch in dem halb zerbrochenen Gefässe seiner gestörten Seele noch in sich; wer zuvor geliebt, gearbeitet und geduldet hat, der ist seinem innersten Wesen nach immer noch in derselben Richtung. Und nicht nur das, sondern es ist auch das fortwährende, bald schwächere, bald stärkere, bald mehr, bald minder bewußte Verlangen da, jener Gebundenheit entledigt zu werden und wieder zur freien Selbstbestimmung zu gelangen. Dieses Verlangen ist eben schon nichts anderes als ein Versuch zur Hinwegräumung der vom Leibe hereingedrungenen Störungen. Es liegt demselben das Gefühl zu Grunde, daß der Mensch sowohl verpflichtet als fähig sei, durch Anspannung der höchsten in ihm liegenden Kräfte die Macht der leiblichen Einflüsse zu überwinden. Der kategorische Imperativ: du kannst, denn du sollst! hat seine Bedeutung auch bei den Irren nicht verloren. Ja, so dauerhaft ist dieser innerste Kern der von Gott geschaffenen sittlichen Naturanlage, daß auch der unheilbar Verrückte und der Blödsinnige noch immer einen größeren oder geringeren Rest derselben bewahrt und einer dem entsprechenden Einwirkung fähig ist. Mit andern Worten: das Ebenbild Gottes sichert dem Irren die Achtung und Liebe seiner Mitmenschen, zumal seiner Mitchristen, mag dasselbe in ihm noch so unkenntlich geworden seyn; aber es bindet ihn auch fortwährend an die göttliche Ordnung des Heils und des Rechts, innerhalb deren sein innerer Mensch dem gesunden Gottesleben wieder gewonnen oder wenigstens für die Wiedererweckung desselben im jenseitigen Leben soviel als möglich erhalten wird.

II. Erkenntniß des einzelnen Falles.

Die Kenntniß der Seelenstörungen nach ihrem Wesen, ihren Formen und ihrer Entwicklungsweise ist, wie oben gesagt, die unentbehrliche Voraussetzung jeder seelsorgerlichen Einwirkung. Was aber ebenso wichtig und weit schwieriger ist, das ist die Erkenntniß und richtige Beurtheilung der Seelenstörung in dem einzelnen Falle. Und da es gar nicht selten geschieht, daß die Seelenstörung in ihrem ersten Anfange ganz und gar einem blos sittlichen, beziehungsweise geistlichen Vorgang ähnlich ist, da ferner gerade die Anfänge solcher Krankheiten es sind, welche vorzugsweise in die Hand des Seelsorgers gelegt werden, da endlich gerade diese Anfänge am meisten Gelegenheit darbieten, sowohl durch Mißgriffe die Sache schlimmer zu machen und den rechten Zeitpunct der Heilung verstreichen zu lassen, oder auch den Ausbruch der Krankheit zu verhindern und der raschen Heilung vorzuarbeiten: so ergibt sich hieraus die zweite Hauptaufgabe des Seelsorgers: die Wahrnehmung, Untersuchung und Beurtheilung des einzelnen Falles.

A) Die Wahrnehmung.

Wie jedes Uebel, so wird auch die Seelenstörung in ihrem Entstehen am leichtesten gehoben, und die Aufmerksamkeit des Seelsorgers wird sich deßhalb vor allem darauf richten, ihre Vorzeichen zu bemerken. Dazu gehört aber bereits eine sehr umfassende und eingehende Kenntniß der Gemeindeglieder. Denn diese Vorzeichen geben sich gar nicht immer als etwas Regelwidriges zu erkennen, sondern tragen sehr häufig das Gepräge einer völlig gesunden, ja erfreulichen Veränderung. Ein sonst ganz stiller und verschlossener Mensch wird offener, gesprächiger, eine schwer bewegliche Natur wird regsamer, ein fleißiger Arbeiter wird noch viel fleißiger als zuvor. Oder sie bestehen in solchen Vorgängen, wie sie auch als gesunder Uebergangszustand von einer Entwicklungsperiode in die andere stattfinden können. Der lebendige, strebsame Jüngling wird nachdenklicher und zurückhaltender, das heitere Mädchen wird stiller und ernster in ihren Aeußerungen und Neigungen. Ueberhaupt gibt es eine Menge von Beispielen, daß eine Eigenschaft bei dem Einen als Erzeugniß der Krankheit, vielleicht als ein hoher Grad von Aufregung anzusehen ist, die bei einem Andern völlig in die Gesundheitsbreite gehört. Es kann daher das Herannahen einer Geisteskrankheit oft nur dann bemerkt werden, wenn man die ganze leiblich-seelisch-geistige Persönlichkeit eines Menschen, wenn man seine natürlichen Anlagen, sein Temperament, seine Erziehung und seinen Charakter genau kennt. Da nun aber jede Persönlichkeit auf dem Grunde des Ganzen ruht, dem sie entsprossen ist, da Familien-, Orts-, Stammes- und Nationaleigenschaften, dazu allgemeine Standes- und Berufsanschauungen, kirchliche Denkweise und alles derartige die Gestaltung der Denk- und Lebensweise eines Menschen mitbedingen und zuweilen einen Charakter fast ganz beherrschen: so wird diese Aufgabe eine ungemein mannigfaltige, nach Umständen verwickelte, und es ist klar, daß der Seelsorger für die Lösung derselben so ziemlich alles dessen bedarf, was zu einer umfassenden Menschenkenntniß überhaupt erforderlich ist. Erst mit solcher allgemeinen und besonderen Personalkenntniß ausgerüstet wird er im Stande seyn, die drohende Erkrankung eines Pfarrkindes zu bemerken, noch ehe vielleicht die Näherstehenden darauf aufmerksam wurden. Im Einzelnen darf er aber hiebei nicht unbeachtet lassen, was ihm von körperlichen Störungen gewisser Art zu Ohren kommt. Ueberall z. B. wo sich Schlaflosigkeit, zumal bei kräftigeren Jahren oder gar in der Entwicklungsperiode einstellt, wo naturgemäße körperliche Thätigkeiten in auffallender Weise gestört und unterbrochen erscheinen, wo gewisse, sonst vielleicht krankhafte, aber dem Einzelnen nun eben natürlich gewordene physische Vorgänge (z. B. Fußschweiße, periodische Ausschläge ꝛc.) oder auch eigentliche Krankheiten schnell zurücktreten, — da hat er dem Gange des Gemüths- und Geisteslebens ein aufmerksames Auge zuzuwenden, um zu sehen, ob nicht eine Seelenstörung im Anzuge sei. Das Gemüthsleben betreffend, so ist das Schwanken der Stimmungen zwischen Heiterkeit und Ernst neben den oben schon genannten auffallenden Charakterveränderungen ein wichtiges Merkzeichen ungesunder leiblich-seelischer Vorgänge, daneben Streitsucht, Mißtrauen gegen nahestehende Personen, Putzsucht oder auch Nachlässigkeit im Aeußeren bei Leuten, die sich sonst durch Pünctlichkeit hervorgethan haben, wie denn solche Neigungen, wenn sie in verstärktem Grade und anhaltend auftreten, den wirklichen Ausbruch der Krankheit anzeigen.

Ganz besonders aber hat der Seelsorger auf alle Bekehrungen, die einen raschen Verlauf nehmen, und hier wieder am meisten bei jungen Leuten Acht zu haben, da sich auch mit den redlichsten Bewegungen dieser Art sehr leicht, zumal in der Pubertätsentwicklung leiblich-seelische Einflüsse verbinden und die geistliche Entwicklung theils stören, theils ganz in sich aufzehren.

Wir redeten bisher von der Wahrnehmung solcher Erscheinungen, die dem Ausbruch einer Gemüths- und Geisteskrankheit öfters vorangehen. Aber auch die bereits ausgebrochene Krankheit macht zuweilen das Erkennen so schwer, daß eine bessere als die gewöhnliche Einsicht und ein offenes Auge dazu gehört, um sie von andern ähnlichen Erscheinungen zu unterscheiden. Vor allem gehört hieher die sogenannte religiöse Schwermuth in allen ihren Formen und ihrer Entwicklung bis zum vollendeten Gewissenswahnsinn. Der gläubige, in Dingen des geistlichen Lebens mehr als in den Erscheinungen der Seele bewanderte Pfarrer wird, sobald er bei einem Menschen tiefe Bekümmerniß um das Heil seiner Seele wahrnimmt, nun alle Trost- und Stärkungsmittel, die das Wort Gottes darbietet, in Bewegung setzen. Er wird auch die rein natürlichen Bestandtheile dieser geistlichen Lebensäußerungen nicht eher unterscheiden, als bis er darauf aufmerksam wird, daß diese Stimmung des Angefochtenen sich nach gewissen leiblichen Vorgängen richtet, daß z. B. gewisse körperliche Bewegungen, Arbeiten ꝛc. hinreichend sind, um alsbald den Jammer über die Sünde zu vermehren, daß eine bessere Leibesthätigkeit merklich größeren Einfluß hat, als die kräftigsten Trostsprüche, daß die Seelenangst immer Morgens beim Erwachen am stärksten ist, Abends am leichtesten u. s. w. Kommt dann hiezu noch die Beobachtung, daß dieselben Anfechtungen in gewissen Perioden des natürlichen Lebens, monatlich oder auch jährlich, wiederkehren, so liegt es auf der Hand, daß entweder der ganze Zustand oder doch ein Theil desselben rein seelischen Ursprungs ist, also mit seelischen und leiblichen Mitteln behandelt werden muß, und für den Seelsorger vielleicht nicht viel weitere Anknüpfung bietet, als jede andere Krankheit auch. Der Seelsorger wird daher, um nur überhaupt zur Ueberzeugung von dem wirklichen Verhandensein einer Seelenstörung zu gelangen, innerhalb der seinem Amte gesetzten Gränzen nach dem leiblichen Ergehen der Angefochtenen sich sorgfältig erkundigen müssen.

In ähnlicher Weise wird er zu Werke gehen, wenn es sich darum handelt, Erscheinungen in dem Leben eines Beichtkindes als krankhaft zu erkennen, die dieß lediglich darum sind, weil sie dem sonstigen Charakter der betreffenden Persönlichkeit nicht entsprechen. Auch hier wird er, soweit dieß nicht zuvor schon und besser durch einen Arzt geschehen kann, das körperliche Leben soviel möglich zu Rathe ziehen, um die wahre Natur dieser Charakterveränderungen zu begreifen, und nach Umständen für das zeitige Eintreten sowohl der ärztlichen als der geistlichen Pflege Sorge zu tragen. Freilich kann es geschehen, daß ein sehr tiefes Leiden der Seele in dem Pfarrkinde Jahre lang verborgen bleibt, so daß im gewöhnlichen Umgange auch den Näherstehenden gar nichts davon sichtbar wird, weil der Kranke durch die Scham abgehalten wird, das, was sein inneres Leben trübt und verwirrt, vor Anderen zu enthüllen. Für solche Fälle muß die Kirche auf die priesterliche Fürbitte ihrer Diener rechnen, die von Gott es erlangt, daß solche unbekannte Schäden aufgedeckt und der heilenden Einwirkung des Arztes wie des Seelsorgers zugänglich gemacht werden.

Es ist aber in diesem Theile von der höchsten Wichtigkeit, daß der Seelsorger die unendliche Abstufung der Krankheitsgrade, das Ineinander-übergehen und Sichverflechten der einzelnen Formen und die Verzweigung derartiger Zustände im inneren Leben stets vor Augen habe. Niemand ist zur seelsorgerlichen Leitung von Geistes- und Gemüthskranken hinreichend befähigt, der nicht auch in sich selbst und in anderen als völlig gesund geltenden Menschen die Anfänge solcher Zustände beobachtet hat. Denn obwohl sonst nur ein Gegenstand des Scherzes und ein Curiosum, ist doch jenes Verfolgtwerden von irgend einem Wort, einem Satz, einer Melodie u. dgl. wie es unzähligemal erlebt wird, nichts anderes als der leise Anfang eines der ärgsten Geistesleiden, nämlich des unwillkürlichen Denkens, des unendlich gewaltsamen Andranges von Vorstellungen und Begriffen, der auf den Geist des Menschen wirkt wie eine wilde Fluth auf ein geordnetes Strombette und auf die umherliegende Thalsohle. Die einfache Verstimmung ohne irgend denkbaren Grund ist der dunkle Punct im Seelenleben, der vielleicht ohne alle weitere Bedeutung bleibt, vielleicht aber auch den Heerd in sich birgt, wo eine tiefe Melancholie ausgebrütet wird. Die Anlage zur Aengstlichkeit, besonders in Sachen des körperlichen Lebens, kann ein bloser leichter Schatten im Gemüthe für Lebenslang bleiben, wenn er nicht durch die Kraft des Geistes überwunden wird; sie kann aber auch ebenso gut das Anzeichen seyn von tiefen hypochondrischen Leiden, die allmählig zum Ausbruche kommen und nicht eher ruhen, als bis sie den völligen Wahnsinn aus sich geboren haben. Die Gehörs-, Gefühls-, Gesichts-, Geschmacks-, Geruchstäuschung kann ganz vereinzelt stehen bleiben;

aber sie kann auch weitere Erscheinungen gleicher Art zur Folge haben und in raschem Fortschritte sich vermehren, bis sie zuletzt das Bewußtseyn gefangen nimmt, zur Raserei, zur systematischen Verrücktheit und zum schließlichen Untergange des Geistes führt. Es ist daher unmöglich, im Voraus genau anzugeben, was wirkliche Seelenkrankheit ist und was noch nicht. Der Seelsorger kann nur seinen Blick für alle derartigen Erscheinungen immer mehr schärfen und sich hüten, sowohl vorübergehende oder ganz leichte Störungen schon wie eigentliche Krankheiten zu nehmen, als auch eine physische Störung darum gering anzuschlagen, weil sie gering erscheint.

B) Untersuchung.

Ist das Vorhandensein einer Seelenstörung zur Gewißheit gebracht, so ist die nächste Aufgabe des Seelsorgers, daß er von der Ursache, der Entwicklung und dem Charakter der Krankheit eine möglichst gründliche Erkenntniß gewinne. Daß eine solche Untersuchung von dem Geistlichen nicht in der Weise eines ärztlichen Examens vorgenommen werden, daß er manche Fragen, die an sich höchst wichtig sind, gar nicht stellen kann, sondern es darauf ankommen lassen muß, über zarte und doch wesentliche Puncte anderwärts Belehrung zu empfangen, braucht wohl nicht erst gesagt zu werden. Die Untersuchung muß überhaupt bei dem Seelsorger einen viel unmerklicheren Gang gehen, sie muß mehr den Charakter des Zufälligen und Beiläufigen tragen, damit namentlich auch der Kranke nicht den Eindruck bekomme, als beabsichtige der Geistliche die Stelle des — von ihm ohnehin meist als überflüssig und unzulänglich betrachteten — Arztes einzunehmen. Nichts destoweniger muß sie in ihrer Art ebenso systematisch seyn, als die ärztliche.

Und zwar wird sie zunächst im Unterschiede von der letzteren ihr Hauptaugenmerk auf die höchsten bewegenden Kräfte richten, die mit im Spiele sind, weil dort das eigentliche Gebiet seiner Thätigkeit liegt. Er wird also damit beginnen, die Aeußerungen der Buße und des Glaubens zu prüfen, die Ansichten des Kranken über Gott und göttliche Dinge zu vernehmen und ihn durch geschickt und unbefangen eingelegte Fragen zur Offenbarung seiner jetzigen Welt- und Gottesanschauung zu bewegen. Er wird, den früheren Stand des innern Lebens mit dem jetzigen vergleichend, den Quellen nachspüren, aus welchen diese oder jene unerwartete Aeußerung herfließt, und als solche bald ein bestimmtes Buch, das der Kranke gelesen, erkennen, bald eine persönliche Verbindung, in die er gekommen, bald eine Predigt, die er gehört, ein Abendmahl, das er gefeiert u. dgl. Da jedoch eine Seelenstörung nur in den allerseltensten Fällen, vielleicht nie auf eine einzelne Ursache zurückführt, sondern regelmäßig die Folge einer ganzen Reihe von Ursachen ist, so wird er sich bemühen, die ganze Kette dieser äußeren Einwirkungen und innern Erlebnisse des Kranken, nach Umständen auch die Verschlingung mehrerer solcher ursächlichen Erscheinungen zusammenzusetzen und sich wiederum klar zu machen, welche von den erkannten Einwirkungen die entscheidende, tonangebende gewesen sei. In nicht wenigen Fällen wird sich als die eigentliche treibende Krankheitsursache ein geistliches Gebrechen herausstellen, d. h. ein Mangel an lebendiger Gemeinschaft mit Gott in Christo, ein geringer Grad von Erkenntniß göttlicher Dinge, und daher fließende Schwärmerei, Kleinmüthigkeit, Stumpfheit gegen göttliche Dinge, überhaupt Sorge, Kummer oder ein Mangel an Unterordnung des Willens unter die Zucht des göttlichen Wortes, daher Selbstüberschätzung, trotziges Widerstreben gegen den von Gott dem Menschen vorgezeichneten Lebensgang, Unzufriedenheit mit seinen Schicksalen. In anderen wird der Widerspruch, in welchem sich der Mensch mit den Geboten der natürlichen Sittlichkeit befindet, die eigentliche Wurzel seiner Seelenstörung abgeben. Es sind Vergehungen der Fleischeslust in ihren verschiedenen Formen und Graden, Meineide, langfortgesetzte Verachtung der Eltern, Mordthaten, Diebstähle und Betrügereien, nebst ihren entweder wirklich eingetretenen oder doch befürchteten schlimmen Folgen, die vielleicht Jahre lang nur im Verborgenen fortgewirkt, mit der Ruhe des Gewissens auch die Gesundheit der Nerven, der Verdauung, des Schlafes unterhöhlt und so den Boden überhaupt für den Ausbruch einer Seelenstörung zubereitet haben. Der einen Sünde ist wohl auch eine zweite gefolgt, um in derselben Richtung zu wirken. Der Onanist, der im Geschlechtsgenuß unmäßige Ehegatte hat sich durch geistige Getränke u. dgl. wieder aufzuhelfen gesucht und ist so unter den Einfluß einer zweiten schlimmen Potenz gerathen, die aber jederzeit in ihrer nur secundären Bedeutung erkannt werden muß. In noch andern Fällen wird theils ungünstige Naturanlage, theils schlechte Erziehung und Selbstgewöhnung den fortwirkenden Grund ausmachen, auf dessen Beseitigung oder Beschränkung alles ankommt. — Während nun in den genannten Fällen die sittliche Selbstbestimmung noch einen wesentlichen Antheil an der Erkrankung hat, kann es auch geschehen, daß Erkrankungen, die eben dahin zu gehören scheinen, doch fast ohne allen Antheil geistiger und sittlicher Verfehlungen eingetreten sind. Denn weder die Wirkungen heftigen Schreckens noch die plötzlicher großer Freude, noch auch die schmerzliche Empfindung getäuschter Liebe u. dgl. lassen sich ohne weiteres durch sittliche Entschlossenheit oder Geduld überwinden, sondern sind gar manchmal wie leichtere Gifte zu betrachten, die einmal in den Körper eingedrungen, langsam ihre verderblichen Wirkungen äußern. Es ist in solchen Fällen bald gesagt, daß bei mehr Glauben und Demuth, mehr Weltverleugnung und himmlischem Sinne die seelenstörenden Folgen einer schmerzlichen Erfahrung hätten vermieden werden können. In manchen Fällen wird dieß Urtheil zutreffen; in anderen wird es wenigstens insoweit Anwendung finden, als überhaupt Niemand von sich sagen kann, daß er in irgend einem Falle in seinem Verhältnisse zu Gott den höchsten für ihn erreichbaren Grad heiliger Fassung und Entschlossenheit eingenommen habe. Aber so wenig man aus einer hitzigen Krankheit, welche einem schmerzlichen Erlebnisse folgte, ohne weiteres den Vorwurf besonderer Glaubenslosigkeit, Weltliebe u. s. f. ableiten kann, so wenig ist ein solcher Schluß dann statthaft, wenn statt eines Nervenfiebers ein Anfall von Melancholie oder Tobsucht tritt. Die besondere Ursache liegt hier in nichts anderem, als in der besonders zarten und deßhalb auch Erschütterungen mehr ausgesetzten Beschaffenheit des Seelenorgans.

Nächst den bisher genannten gibt sich als eine sehr häufige Ursache der Seelenstörung eine bestimmte körperliche Störung zu erkennen, sei sie nun in ihrer ersten Gestalt vergangen oder wirke sie in derselben Weise noch fort. Dergleichen Ursachen führen öfters in eine weit frühere Periode des Lebens zurück. Insbesondere geschieht es zuweilen, daß ein Sturz, bei welchem durch Aufschlagen des Kopfes oder sonst eine Gehirn- und Rückenmarkserschütterung eintrat, seine wahren Folgen jahrelang verbirgt, bis sie unversehens in der Form der Verstimmung und Verwirrung hervorkommen, und in einer heftigen zur Auflösung aller Kräfte führenden Geisteskrankheit ausbrechen.

Außerdem ist es eine bekannte Sache, daß Seelenkrankheiten erblich sind, und zwar so, daß nicht nur ganze Familien mehr oder weniger die Anlage dazu mit sich tragen, sondern daß sie auch nach einem sonst öfters beobachteten Naturgesetze vom Großvater auf den Enkel überspringen. Dadurch wird die Seelenstörung dem Kreise der freien Willensthätigkeit schon weit mehr entrückt, um wie eine Naturmacht, dem angebornen Blödsinne gleich, den Geist gebunden zu halten. Und dabei ist besonders der Fall zu beachten, wo solche Naturanlagen, oder später entstandene körperliche Umstände mit einer solchen ursprünglichen Gewalt auf das sittliche Leben wirken, daß die daraus entstehenden unsittlichen Gewohnheiten und Triebe schon während des — vermeintlich — gesunden Lebens auch nicht mehr die Zurechnung im gewöhnlichen Sinne erlauben. So kann es z. B. geschehen, daß die Selbstbefleckung, die als die letzte

Ursache einer Seelenstörung erkannt wird, ihrerseits wieder aus einem von der sittlichen Gesinnung gänzlich unabhängigen Reize entspringt, der durch Würmer oder durch krankhafte Beschaffenheit der Geschlechtsnerven an sich oder durch eine heftige Erregung vom Rückenmark aus u. dgl. hervorgebracht wird. *) Die Gestalt, in der das Laster dann auftritt, ist bei einem solchen Menschen vielleicht eine ganz besonders grauenerregende. Hat man aber den wirklichen Sachverhalt erkannt und gesehen, wie jene körperlichen Reize selbst bei völlig unmündigen Kindern zu einer wahren Wuth der Selbstbefleckung werden können, so ändert sich ebendamit auch die Beurtheilung wie die Behandlung der Kranken.

Ist die Untersuchung der Krankheitsursachen in ihrer Entwicklung zu einer gewissen Klarheit gediehen, so wird der Seelsorger es sich zur Aufgabe machen, den jetzigen Stand des geistlichen Lebens im Hinblick auf alle diese Momente zu beachten und sich über denselben ein vollständiges Urtheil zu bilden. Er wird nun, wie bei jedem andern Beichtkinde, nach den Bedingungen fragen, unter welchen das Wort Gottes sammt den Sacramenten seine Wirkungen an der Seele äußern kann, nach den Aeußerungen der Buße, ihrer Wahrheit, Stärke und Allseitigkeit, nach den sittlichen Wirkungen, welche schon die Sündenerkenntniß an und für sich auf den Willen ausüben muß, also nach dem Gebeugtseyn, dem Hörenwollen, dem Sichleiten und Sagenlassen, nach der Gewissenhaftigkeit in gewöhnlichen Dingen, nach Einhaltung der Rücksichten des Anstandes, der Ehre, der Höflichkeit, und andern-theils nach der Bereitwilligkeit sich trösten zu lassen, den Trost auch zu behalten und anzuwenden, dem Fleiß im Gebet, insbesondere der Danksagung, im Lesen und Hören des Wortes, Gebrauch der Beichte und des heil. Abendmahls — alles je nach dem Grade der augenblicklichen Fähigkeit des Kranken. Das Alles

*) Vgl. Kapff „Warnung eines Jugendfreundes.“ 7. Aufl. Stuttg. bei Steinkopf 1859. S. 80 ff.

wird den Seelsorger in den Stand setzen, über die Persönlichkeit des Kranken sich ein Gesammturtheil zu bilden. Wir sind damit jedoch an dem schwierigsten Theile der vorbereitenden Wirksamkeit angekommen, und haben denselben einer eingehenden Betrachtung zu unterwerfen.

C) Die Beurtheilung der Seelenstörung.

Den einzelnen Fall einer Seelenstörung als Krankheit an seinen rechten Ort zu stellen, die Entwicklungsformen derselben von einander zu unterscheiden und über die größere oder geringere Wahrscheinlichkeit der Heilung Vermuthungen auszusprechen, ist Sache des Arztes. Dem Laien, auch wenn er durch vieljährige Erfahrung mit der Natur dieser Zustände vertraut geworden ist, fehlt die Kenntniß derjenigen leiblichen Erscheinungen, aus welchen der Arzt bestimmt, ob die Störung tiefer oder weniger tief in das Leben eingreift, ob die Seelenorgane sich noch in einem Zustande befinden, der eine Wiederherstellung hoffen läßt oder nicht. Gleichwohl kann es dem Seelsorger nicht erlassen werden, sich wenigstens ein vorläufiges Urtheil darüber zu bilden, da er nicht selten die Aufgabe hat, für die Einleitung einer sachgemäßen Behandlung sorgen zu helfen. Demgemäß wird er auf folgende Puncte seine Aufmerksamkeit richten.

1) Den Aussagen der Kranken über ihre leiblichen Zustände und Empfindungen ist die vollste Aufmerksamkeit zu schenken und im Allgemeinen stets die Voraussetzung fest zu halten, daß sie die Wahrheit nicht nur sagen wollen, sondern auch können. Bei sonst wesentlich gestörter Urtheilsfähigkeit ist doch das sinnliche Selbstgefühl noch vorhanden und wenn es auch an dem richtigen Ausdrucke für die gemachte Wahrnehmung fehlt, so liegt den Aeußerungen doch eine bestimmte Thatsache zu Grunde, deren Wirklichkeit nicht ohne Weiteres in Zweifel gezogen werden

darf, wenn man dem Kranken nicht das Zutrauen rauben will. Die Stimmen, die er hört, die Gestalten, die er erblickt, sind wirkliche Vorgänge im Gebiete seiner Gesichts- und Gehörnerven, Projectionen einer krankhaft gereizten Nerventhätigkeit, deren bloses Daseyn im Innern der Kranke wegen der gleichfalls erkrankten Thätigkeit des Gehirns und wegen der Stärke sowohl als der Beharrlichkeit, mit der sie wiederkehren, nicht mehr zu erkennen vermag. So weist z. B. die Klage, daß alle Speisen geschmacklos zubereitet seien, und daß man ihm absichtlich ungenießbare Dinge gebe, auf ein Stumpfgewordenseyn der Geschmacksnerven, der Wahn, daß sie Gift enthalten, auf die Wahrnehmung heftiger Wallungen, welche die Verdauung mit sich bringt, die Vorstellung von einem Ungeheuer, das sich im Leibe bilde und durch die Nahrung immer mehr sich vergrößere, auf eine tiefgreifende Störung in den Nerven der Verdauungswerkzeuge und anderer Organe des Unterleibes hin. Es ist die Aufgabe der weiteren ärztlichen Untersuchung, diese Aussagen des Kranken auf ihren wirklichen Gegenstand zurückzuführen. An sich ist keine derselben zu abenteuerlich, um ihr im Voraus jeden wirklichen Grund abzusprechen.

2) Die verkehrten Handlungen der Kranken, insbesondere der tollen, entspringen meist aus solchen starken Empfindungen abnormer Art. Der Kranke hat in seinem Sinn einen zureichenden Grund für das, was er thut, wie der Gesunde in dem seinigen. Er zerreißt den Teppich in hundert Stücke, weil er glaubt und wirklich mit seinen Augen sieht, daß jedes dieser Stücke sich wieder zu einem vollständigen Teppich ausbildet. Er greift den besuchenden Arzt oder Seelsorger an, weil derselbe durch die schwarze Gesichtsfarbe und durch die Hörner, die er an ihm bemerkt, sich als den Teufel verräth, der es auf sein Leben und seine Seligkeit abgesehen hat. Er hält die natürlichen Absonderungen mit Gewalt zurück, weil er die Empfindung hat, daß mit denselben seine Lebenskraft von dannen gehe, beschmiert sich mit seinem Unrath, weil er demselben eine besondere Heilkraft zutraut. Er legt das Rasir-

messer an den Hals und versetzt sich selbst eine lebensgefährliche Wunde, weil er der Meinung ist, daß ein böses Wesen sich in seinen Hals gesetzt habe und herausgeschnitten werden müsse. Die Voraussetzung ist daher auch hier, daß der Kranke nach Begriffen und Schlüssen verfährt und nicht, wie es den Anschein hat, blos in den Tag hinein dieß oder jenes thut. — Daneben kann es immer wieder geschehen, daß er zu dieser und jener Handlung, wie ein sich selbst überlassenes Kind, lediglich durch die in ihm wirkende Unruhe getrieben wird, die ihn nöthigt, irgend etwas zu thun, sei es auch nur durch Zerstören. Er schreit und poltert, weil er nicht anders kann, wenigstens sich dessen, daß er anders könnte, nicht bewußt ist; er ist sich vielleicht dieses Schreiens selbst nicht bewußt und wähnt, sich vollkommen stille verhalten zu haben.

Hienach ist insbesondere auch das Benehmen ruhigerer Kranken gegenüber von Anderen in den meisten Fällen zurechtzulegen. Er ist gebunden, wie in seinem Urtheil, so auch in seinen Handlungen, wenn es auch noch so sehr den Anschein hat, als ob er mit Bewußtseyn und Freiheit handle. Was er von Liebe und Haß, von Freude und Traurigkeit an den Tag legt, ist ein Erzeugniß der überwiegenden Stimmung, und nicht selten das gerade Gegentheil von dem, was er im gesunden Zustande fühlt und thut. Gerade diejenigen, die er sonst am meisten liebte, haßt er am gründlichsten. Weil er von allem nur widrige Empfindungen hat, alles in seiner Seele zum Zerrbild wird, so leiden diejenigen Elemente seines Seelenlebens, die ohnehin am meisten Einfluß auf ihn ausübten, auch am meisten unter dieser Verkehrung, und er selbst, weit entfernt, solche Gesinnungen wie ein Anderer durch seinen freien Entschluß bekämpfen zu können, wird von ihrer Einwirkung auf seine gesammte Lebensstellung am ärgsten gepeinigt. Es ist das ein Gebiet, wo sich der Unverstand der Menge den Kranken gegenüber immer wieder aufs neue kund thut. Denn nichts ist gewöhnlicher, als daß man dem Kranken seine Aeußerungen von Mißtrauen, seine Grobheiten und leidenschaftlichen Ausbrüche übel nimmt, daß man, wenn er die schlagenden Gründe, mit denen man seine Zweifel widerlegt, nicht begreifen will, über seine Hartnäckigkeit und Verstocktheit empört ist, und zuletzt, wenn Gründe nicht helfen wollen, zu Gewaltmitteln greift. In der Rechtmäßigkeit eines solchen Verfahrens sieht man sich bestärkt, wenn man die Wahrnehmung macht, wie der Kranke doch in anderen, zum Theil bedeutenden Sachen, z. B. in Fragen seines Berufes so viel Ueberlegung und Geisteskraft an den Tag lege, wie seine Scheltworte auf ein gutes Gedächtniß, auf Kenntniß der Schwächen seines Nebenmenschen, seine boshaften Handlungen auf Ueberlegung, Berechnung und Scharfsinn schließen lassen.

Aber jene Kraft, mit der er in einem gegebenen Augenblicke seine wirkliche Schwachheit, seine Angst, sein Mißtrauen ꝛc. überwindet, ist vielleicht im nächsten Augenblicke nicht mehr da; er kann sie auch nicht wie ein Gesunder durch einen energischen Entschluß erwecken, sondern sie wird in ihm geweckt durch das Zusammentreffen außerordentlicher Umstände, so etwa, wie auch ein Gesunder im Augenblicke großer Gefahr Dinge zu thun vermag, über die er sich nachher selbst wundert und die er auch keineswegs aus eigenem Antriebe wiederholen könnte. Aber jene Freiheit der Ueberlegung, Gedächtnißstärke, Willenskraft ꝛc. sind auch oft bloser Schein. Der Kranke ist zu seinem Thun genöthigt durch den Gehorsam gegen eine göttliche Stimme, die ihm so und so zu handeln befohlen, oder durch die zärtliche Besorgniß für das Leben seiner Nebenmenschen, die er durch dieß oder jenes ins größte Unglück bringen könnte. Ein andermal ist es das Erzeugniß der heftigsten innern Furcht, wo man das Gegentheil vermuthen und eher vor dem Kranken sich fürchten würde. Ein drittesmal ist es ihm rein unmöglich, die liebsten Menschen von dem Verdacht arger Gedanken, Complotte u. dgl. freizusprechen, da er jedesmal, wenn er mit ihnen spricht, eine Stimme hört, welche ganz das Gegentheil von dem versichert, was sie ihm heilig und theuer versprechen. In manchen Irren ist alles, was sie von höherem geistigen Leben offenbaren, weiter nichts, als ein wohlerhaltener Rest, der vom gesunden Leben noch übrig geblieben ist, im Verlaufe der Krankheit immer mehr verloren geht und dem Tieferblickenden auch jetzt schon als etwas völlig Unfreies dadurch sich zu erkennen gibt, daß der Kranke zwar früher Geübtes mit viel Geschick fortsetzt, aber auch bei sonst vorhandenem Interesse nichts Neues mehr aufzufassen vermag oder es in auffallend schwerfälliger, kindischer Weise anfaßt. Es ist bei diesen Zuständen möglich, daß einzelne Geisteskräfte, Gedächtniß, Scharfsinn, Witz u. dgl. sich gegen das frühere Leben noch steigern und dennoch nichts anderes sind, als eben auch eine Form, in welcher der Geist sein unfreies, halbbewußtes Leben äußert. Sie sind zu beurtheilen, wie die geistige Fähigkeit eines Cretinen, und wie die schlauen und heimtückischen Streiche eines Blödsinnigen.

Da jedoch, wie oben ausgeführt, in dem Kranken noch immer ein Mehr oder Weniger von verständigem Urtheil, von Gewissens- und sittlicher Kraft übrig ist, an das sich zu wenden man ein Recht hat, so sind nun auch diese in das Urtheil mit aufzunehmen. Auch diese Elemente eines gesunden Lebens sind gar oft bei Irren vorhanden, bei denen man nichts Derartiges erwarten sollte und liegen mitunter da, wo man sie am wenigsten vermuthen würde. Der Melancholische, der regungslos vor uns sitzt oder an der Wand steht, und weder mit einem Blick noch mit einem Wort ein Lebenszeichen gibt, ist vielleicht aufmerksamer auf das, was um ihn her vorgeht, als er es je gewesen; es entgeht ihm kein Wort und kein Blick seines Arztes oder Seelsorgers. Der Tobsüchtige, der Tag und Nacht hindurch lärmt und lauter Unsinn redet, hat bei scheinbar völliger Geistesverwirrung mitten in seinem Toben eine freundliche Beruhigung über seine muthmaßlichen Aengsten vernommen, hat noch so viel Bewußtseyn, um eine ernstliche Ermahnung zur Stille aufzufassen und sie einigermaßen auf sich wirken zu lassen. Nicht zu reden von den sogenannten lichten

Augenblicken, wo die Paroxysmen nachlassen und für eine Weile etwas wie ein Aufwachen aus dem Traume stattfindet.

Eine tiefere Kenntniß solcher Seelenzustände schließt in dieser Hinsicht gar manches auf, was dem Ungeübten verborgen bleibt. Andrerseits vermehrt sie freilich die Räthsel, welche das Seelenleben des Menschen zu lösen gibt. Denn es handelt sich hier gar nicht immer nur um die Bestimmung eines einfachen Verhältnisses, in welchem Krankheit und Gesundheit zu einander stehen. Man begegnet mitunter fast unlösbaren Verwicklungen von Wissen und nicht Wissen, von Können und nicht Können, Wollen und nicht Wollen. Man kann es aus dem Munde von Kranken selbst hören, daß sie Zeiten haben, wo es ihnen schwer wird, zu unterscheiden, was gut und böse sei. Es geschieht wohl auch, daß ein Irrer, der sonst noch mit einigem Anscheine der Vernünftigkeit lebt, einen Diebstahl begeht, ohne eigentlich zu wissen, was er gewollt oder gethan hat. Diese Mischung von Freiheit und Unfreiheit des Geistes bis zum eigenwilligen Festhalten des Wahnsinns sind von der blosen Verstellung, wie sie z. B. David bei dem König Achis in Anwendung brachte, sehr zu unterscheiden. Hier ist der Wahnsinn nur die Rolle, die ein Mensch übernimmt, ganz in derselben Weise, wie dieß ein Schauspieler thut, nur nicht aus künstlerischen sondern irgend praktischen Absichten. Dort aber ist es das Dämmerlicht des halb aus dem Wahnsinn erwachten oder noch nicht ganz darin versunkenen Geistes und die damit verbundene größere Fähigkeit, zur Wiedergenesung der eigenen Seele mitzuwirken. Wie nun der Kranke auf Anregung und mit Hülfe seiner geistigen Pfleger durch Anspannung seines sittlichen Willens seine Genesung in hohem Grade zu beschleunigen vermag, so ist er umgekehrt auch im Stande, den Bruchtheil seines Verstandes und seines Willens zur Erhaltung, ja Förderung seines Wahnsinns zu mißbrauchen oder wenigstens sich jeder ernstlichen Bemühung um die Genesung zu enthalten. Der Grund zu solchem Handeln kann bei dem einen in einer gewissen Lust an den Traumbildern des

Wahnes, an den Spielen der Phantasie liegen und in letzter Beziehung auf eine Neigung zu geistiger Schwelgerei, Gefühlsschwärmerei, zum Lügen und Aufschneiden beruhen und mit dem Vergnügen verbunden seyn, das man an der „Narrenfreiheit" findet, oder es ist, wie z. B. bei solchen, die im Wahnsinn ein Verbrechen begangen haben, die Angst vor dem klaren Bilde der begangenen That, das mit der Genesung aus dem Dunkel der Seele wieder hervortreten würde, vor den vermeintlichen Folgen des Verbrechens u. s. w., was ihre Willenskraft lähmt und sie hindert, zu ihrer Heilung ernstlich mitzuwirken. Die psychologische und sittliche Möglichkeit solcher wunderbaren Zustände erkennt man am leichtesten, wenn man sich erinnert, daß auch beim Halbschlafe, d. h. also in dem Augenblicke des Einschlafens und Aufwachens ein Zustand der Gebundenheit des Selbstbewußtseyns und des Willens stattfindet, der nichtsdestoweniger eine gewisse Freiheit des Handelns in sich schließt, so daß das Erwachen absichtlich verzögert oder gefördert werden kann. Nur mit dem Unterschiede, den der Seelsorger nicht oft genug sich ins Gedächtniß rufen kann, daß es sich bei jenen täglichen Erscheinungen im Gebiete des Schlafes um eine Gebundenheit handelt, welche in der gesunden menschlichen Natur begründet ist und, wie sie an sich selbst nur wenige Stunden dauert, so auch durch einen einzigen Act des Wollens aufgehoben wird, während man es bei der Seelenstörung mit einer vielleicht jahrelangen, naturwidrigen Unfreiheit des Willens zu thun hat, die also auch nur durch mühsame, monate- und jahrelange Wiederholung jenes Actes aufgehoben werden kann.

Es ist einleuchtend, wie schwierig unter diesen Bedingungen die Fällung eines sittlichen Urtheils über den Kranken, sei es im Ganzen, sei es bei einer einzelnen That, werden muß. Die erfahrensten Irrenärzte bestätigen es auch, daß jene Kategorieen von verminderter Zurechnungsfähigkeit oder gänzlicher Unzurechnungsfähigkeit eines Menschen gar oft nur Abstractionen sind, während das thatsächliche Verhältniß richtiger mit dem Ausdrucke: „verminderte Möglichkeit der Beurtheilung von Seiten des Arztes, Seelsorgers und Richters" bezeichnet würde.

Nach alle dem wird nun der Seelsorger auch die Merkmale des geistlichen Lebens bei seinem Kranken oder den Mangel desselben richtiger zu deuten wissen. Schon oben war die Rede von jenen Offenbarungen eines bisher nicht bemerkten geistlichen Lebens, wie sie zuweilen bei den Melancholischen und Hypochondrischen sich zeigen und bei näherer Untersuchung sich als blose Krankheitssymptome kund thun, denen so gut als gar kein Werth beizumessen ist. Die Handhabe zur Unterscheidung einer solchen Buße von einer wirklichen, durch die Zucht des Seelenleidens gewirkten Umkehr liegt einmal in den sittlichen Früchten, welche sie trägt. Denn auch eine mit viel kranken Bestandtheilen untermischte Reue muß immer noch durch den stärker gewordenen Abscheu gegen die Sünde und durch die größere Bereitwilligkeit zur Demüthigung sich beurkunden. Ebendamit hängt aber das zweite zusammen, daß die Sinnesänderung zugleich immer ihre positiven Elemente mit sich führen wird, die da zeigen, daß mitten im Siechthum des natürlichen Geisteslebens etwas Neues wächst, wäre es auch noch so gering. Der Freigeist, der Spötter wird das Wort Gottes begieriger suchen, nach dem Gottesdienst und h. Abendmahle Verlangen zeigen, Menschen, denen er sonst um ihrer hervortretenden Frömmigkeit willen ferne stand, eine anhaltendere Zuneigung beweisen u. dgl. Wo solche Zeichen innerer Lebendigkeit auftreten, da darf man auch durch die verworrensten Gedanken über Gott und göttliche Dinge, durch die heftigsten Ausbrüche der Verzweiflung oder des Unmuths gegenüber von den Menschen sich in dem Glauben an die wirkliche Erneuerung eines Menschen nicht irre machen lassen. Bei geduldigem Ausharren von Seiten des Kranken sowohl als des Seelsorgers bringen solche Kämpfe gerade die besten Früchte, wie denn überhaupt die Wirkung auch hier der Stärke des Druckes entspricht, der durch die zeitliche Trübsal auf eine heilsbegierige Seele ausgeübt ward, und die Saat des göttlichen

Wortes unter der eisigen Decke der Seelenstörung zuweilen wunderbar gedeiht. Am wenigsten darf der Seelsorger vor dem Bild einer Seele zurückschrecken, die durch ihre Krankheit zu Gotteslästerungen versucht wird, für die es keine schrecklicheren Tage gibt, als die Festzeiten der Kirche und die Feier des h. Abendmahles. Er hat solche Seelen einfach als das zu behandeln, was sie sind, nämlich als angefochtene, und auch ohne alle Rücksicht auf die Dauer, wie auf die Stärke, mit der solche Anfechtungen auftreten, dabei zu beharren, daß dergleichen Dinge dem innersten Grunde einer sonst in der Zucht des göttlichen Wortes stehenden Seele fremd und mit jeder leiblichen Krankheit auf gleiche Stufe zu setzen sind. Ja, auch das Endigen einer Geisteskrankheit mit Selbstmord kann an dieser Auffassung im Voraus nichts ändern. Einmal ist der Gedanke an diese Handlung bei den Schwermüthigen und Hypochondrischen erfahrungsgemäß die Spitze, in welche fast alle ihre Trauergedanken auslaufen, und gerade die furchtbare Gewalt, mit welcher diese Versuchung an das verdunkelte Gemüth herantritt, ist sehr häufig der lange verhehlte Gegenstand, auf welchen sich die Klagen der Kranken vornehmlich beziehen. Sodann kann es auch geschehen, daß ein Kranker die Hand an sein eigenes Leben legt, entweder weil er wähnt, damit sich selber zur Gesundheit zu verhelfen, oder um die Welt von einem Ungeheuer zu befreien, dessen Daseyn nur die Wirkung haben kann, die entsetzlichste Krankheit u. dgl. über unschuldige Menschen zu verbreiten, oder weil er überhaupt das Bewußtseyn soweit verloren hat, daß er weder über die Absicht, die er verfolgt, noch über das Mittel, das er erwählt, sich eine Rechenschaft zu geben vermag. So wenig also im Voraus die reine Schuldlosigkeit des irre gewesenen Selbstmörders behauptet und so wenig aus einem Sectionserfund irgend welcher Art eine Gewißheit in dieser Beziehung hergestellt werden kann, so wenig und noch weniger kann auch das schreckliche Ansehen eines solchen Endes schon das Urtheil rechtfertigen, daß das Leben ohne wahren geistlichen Gehalt und die Zulassung der Selbstentleibung als ein Gottesgericht zu betrachten sei.

Ueberhaupt gehört zu einer erfolgreichen Pflege der Geistes- und Gemüthskranken, daß man sich in die Denk- und Empfindungsweise jedes Einzelnen zu versetzen und sie also innerlich mit zu durchleben wisse. Es ist das mehr als nur jenes „Sichhineindenken in die Ideen" der Kranken, das man oft als den schwierigsten Theil dieser Art von Seelsorge sich vorstellt. Meint man nämlich darunter nur das Verständniß des Zusammenhanges, in welcher die einzelnen kranken Begriffe und Schlüsse mit einer sogenannten fixen Idee stehen, — denn auf diese ist es ihrer Wunderlichkeit und Seltsamkeit wegen vorzugsweise mit jenem Ausdruck abgesehen —: so kommt diesem bei weitem nicht die Bedeutung zu, die man ihm so oft zuschreibt. Einmal sind diese fixen Ideen an sich nur eine zufällige Form, in welche der Wahn sich kleidet, und es liegt für die Behandlung selbst nichts daran, ob der Verrückte sich für einen Strohhalm oder für einen General hält, ob er den Satan selbst oder einen Frosch im Leibe zu haben glaubt; das eine läßt so wenig auf besondere Frömmigkeit seiner Wahnrichtung, als das andere auf ein besonderes Interesse für Amphibien schließen, und jenes so wenig auf eine seltene Demuth, als dieses auf ausgezeichneten Hochmuth. Das Wesentliche daran ist immer nur eben der Wahn. Für's zweite trägt die Denkweise eines Kranken den Charakter der Unfreiheit auch darin zur Schau, daß sie unter allen Umständen immer wieder in derselben Weise unvernünftig ist, daß jeder Kranke dieselbe Art hat, seinen Wahn zu beweisen und die entgegenstehende Behauptung zu widerlegen, und daß man eben deßhalb sich bald ein gewisses Register von Urtheilen und Schlüssen anlegen kann, dem eben immer wieder in derselben Weise entgegengetreten werden muß. Wiewohl wir nicht leugnen, daß dieser absonderliche Zusammenhang der verschiedenen Aeußerungen der Irren zum Gegenstand eines ernstlichen

Studiums gemacht und ihre Reproduction im Sinne des Kranken geübt werden muß.

Aber ungleich wichtiger ist das Nachempfinden der eigentlichen geistigen und seelischen Schmerzen und das stete Leiden mit dem Kranken, durch welches auch die oft sehr starke Komik der krankhaften Aeußerungen ganz zurücktritt gegen den unendlichen Ernst einer solchen inneren Gebundenheit. In der That gibt es im menschlichen Leben nur einen Zustand, dessen Qual noch über die einer Gemüths- und Geisteskrankheit, zumal gewisser Formen derselben, hinausgeht. Das ist der Zustand einer vom bösen Gewissen gefolterten Seele. Leibliche Schmerzen sind gegen solche Seelenleiden gering, und es ist nicht übertrieben, wenn man erfahrene Aerzte behaupten hört, daß die Aufgabe eines Märthyrers im Allgemeinen der eines Geisteskranken der schwereren Art nicht gleich komme, da es sich bei jenem oft nur um einen augenblicklichen heldenmüthigen Entschluß handelt, hier aber um tägliches Ertragen von Empfindungen, gegen welche der Tod dem Kranken eine Lust scheint, weil ihm eben die Kraft, womit er Alles zu tragen hat, gebrochen, weil des Leibes Licht, das Auge selber Finsterniß geworden ist. Wer also dieß nachzufühlen nicht im Stande oder nicht Willens ist, der wird auch nie fähig seyn, mit einer Seelenstörung in der rechten Weise umzugehen.

III. Behandlung.

Das führt uns auf den letzten Gegenstand unserer Aufgabe, nämlich auf die Frage nach den Personen, durch welche, den Mitteln, mit welchen, und den Grundsätzen, nach welchen die Krankheit behandelt werden muß.

Wir haben gleich zu Anfang die Behauptung aufgestellt, daß die Seelenkrankheit zunächst und wesentlich Gegenstand ärztlicher Einwirkung sei und an sich nicht in den Kreis der geistlichen Seelenpflege falle. Inwiefern gleichwohl dem Diener des Wortes ein höchst wichtiger Theil der Aufgabe bei dem Irren und Schwermüthigen zukomme, haben wir jetzt zu erweisen, und es ist das Gebiet der beiderseitigen Thätigkeit genau abzugränzen. Einer solchen Abgränzung bedarf es um so mehr, da nicht nur von ärztlicher Seite und zwar von bedeutenden psychiatrischen Auctoritäten die kirchliche Irrenseelsorge alles Werthes entkleidet, und alle religiöse Einwirkung dem Psychiater allein als dem „rechten Arzte des Leibes und der Seele" zugesprochen, sondern auch von theologischer Seite die Aufgabe des Geistlichen bei Irren und besonders in Irrenanstalten viel zu weit ausgedehnt worden ist. Es führt diese Frage zugleich auf eine so eigenthümliche und lehrreiche Weise in die Mitte gewisser theologischer Zeitfragen hinein und legt die praktische Bedeutung derselben so einleuchtend vor Augen, daß es sich schon um deß willen einer genaueren Erörterung wohl verlohnt. *)

Das Wesen der geistlichen Thätigkeit auf diesem Felde besteht nicht in der natürlich-psychologischen Einwirkung auf den Kranken. Denn diese setzt allerdings einen höheren Grad von wissenschaftlicher Bildung und Kenntniß des inneren Menschenlebens voraus, als er häufig bei Aerzten getroffen wird. Aber auch der Geistliche ist nicht immer im voraus mit so viel philosophischer und allgemeiner Bildung und mit so viel Erfahrung in Dingen des natürlichen Seelenlebens ausgerüstet, als er zu der Behandlung ungewöhnlicher Erscheinungen des inneren Lebens bedarf. Wird auch bei der Erziehung der künftigen Seelsorger auf eine ernste philosophische Vorbildung mit allem Rechte gedrungen, so bleibt es doch ohne Frage bei dem thatsächlichen Unterschied unter den Persönlichkeiten, daß die Einen sowohl Anlage als Neigung zu einem

*) Vgl. zum Folgenden: Wächtler, Ueber den Umgang des Geistlichen mit Irren, in der Monatschrift v. Nitzsch und Sack, IV, S. 112 ff., und Fink (Pfr. in Illenau), die Heilanstalten von ihrer kirchlichen Seite. Eine Abhandlung von Göbel, über das evang. Seelsorgeramt in Irren-Heilanstalten ist mir nicht mehr zur Hand, um sie näher zu bezeichnen. Auch Löhe's evang. Geistl. 2. Thl. S. 207 ff., besonders 212, bietet viel Beherzigenswerthes.

weitergehenden Streben in diesem Gebiete haben, die Andern aber nicht, und daß ein wirklicher Erfolg sich hier ebensowenig erzwingen läßt, als auf dem Felde der Mathematik oder der bildenden und redenden Kunst. Der gleiche Fall ist es mit der allgemeinen Bildung. Auch dafür muß immer bis zu einem gewissen Grade eine Naturgabe vorhanden seyn, wenn Mannigfaltigkeit des Studiums, Leben in feinerer Gesellschaft, Reisen u. dgl. etwas zurücklassen sollen, was der Rede werth ist. Das innerste Wesen der geistlichen Amtsthätigkeit ist von solchen Dingen doch nicht abhängig; man kann, wenn auch kein ausgezeichneter, doch ein sehr treuer und gesegneter Knecht des Herrn seyn bei wesentlichem Mangel an den genannten Eigenschaften. Wir werden also darauf verzichten, bei dem Geistlichen als solchem schon immer diejenigen Kräfte zu finden, welche ihm beim Zusammentreffen mit Irren zu Gebote stehen müßten. — Wollte man daher sich auf das rein geistliche Gebiet zurückziehen und dem Geistlichen das zuscheiden, was das Gottesleben als solches angeht, so wird man damit freilich der Wahrheit näher gekommen seyn. Aber der eigenthümliche, bestimmt unterschiedene Beruf des Geistlichen bei den Irren wäre damit doch nicht erkannt. Denn auch die Kenntniß des geistlichen Seelenlebens ist nicht ein Privilegium des Predigtamtes. Vielmehr beruht sie eben auf der Stellung, welche der einzelne Christ zu Christo und seinem Worte einnimmt und ist nächstdem Sache der besonderen Gaben, mit denen sich der h. Geist auf Laien so gut als auf Geistliche niederläßt, z. B. der Geisterprüfung. Liebe zu Christo und den Menschenseelen, eigenes inneres Leben, Uebung und Erfahrung machen den Arzt nach Umständen zu einem Pfleger in geistlicher Hinsicht, der manchem Diener des Wortes den Rang abläuft. Sodann steht dem Arzt eine Kenntniß der leiblichen Bedingungen des Seelenlebens, und zwar auch des geistlichen, zu Gebot, die dem Theologen als solchem fehlt. Und da dieser Punct eben der entscheidende ist, so wird jeder Geistliche, der sich einem gläubigen Arzte in diesen Aufgaben an die Seite stellen will, bei hinreichender Selbstbeurtheilung die Erfahrung machen, daß er sich gegenüber von jenem stets in einer gewissen Abhängigkeit befindet. Umgekehrt läßt sich von den Irrenärzten als solchen hinsichtlich der philosophischen und allgemeinen Bildung nicht dasselbe behaupten, was wir oben von den Geistlichen sagten. Denn die Psychiatrie ist ein ganz selbständiger Zweig der ärztlichen Kunst, und wird es wohl immer bleiben, weil die Heilung der Seelenkrankheiten in der Regel Anstalten erfordert, und die Irrenheilkunde nur als Hauptaufgabe gedeihen kann. Als die höchste Stufe der ärztlichen Kunst überhaupt fordert sie gleichzeitig eine besondere Naturanlage sowohl als auch Vorbildung in verschiedener Hinsicht, und ein Irrenarzt ohne philosophische und allgemeine Bildung ist ein Eindringling in diesem Gebiete. Sodann muß ein auf der Grundlage des Christenthums ruhender Staat, dessen meiste Seelenkranke bestimmte christliche Bedürfnisse haben, von dem Arzte der Anstalt erwarten, daß er ein Christ sei. Und ist er das in lebendiger Weise, so kann er nicht nur, sondern er will und soll die Sorge um das geistliche Leben seiner Pfleglinge mit dem Geistlichen theilen. Wo aber der Diener des Wortes nur dasselbe zu thun hat, was jeder Andere auch, da kann nicht die eigenthümliche Aufgabe *seines* Amtes liegen.

Sie muß also anderswo gesucht werden. Das, was den geistlichen Beruf von allen anderen Berufsarten unterscheidet, das ist *der besondere Auftrag*, den er hat, *über das Heil der Seelen zu wachen* und ihnen je nach ihrem Bedürfnisse *die Gnadenmittel im Namen Jesu auszutheilen*. Das soll zunächst nicht mehr heißen, als daß der Geistliche einen Beruf habe, den kein Anderer hat, einen eigenartigen, durch gewisse Pflichten und Rechte von anderen unterschiedenen Beruf. Wenn er nicht einen solchen besonderen Beruf hat, so hat er gar keinen. Denn was Allen in derselben Weise zu thun befohlen ist, das kann nicht Einem in besonderer Weise zu thun befohlen seyn. Pflichten und Rechte, die ich mit Jedermann gemein habe, geben mir weder besondere Pflichten den Andern gegenüber, noch erlaubt ein solches Verhältniß die Ausübung besonderer Rechte in Beziehung auf Andere. Sondern nur dann ist ein eigenthümliches, selbständiges Berufsverhältniß Anderen gegenüber möglich, wenn ich diejenigen Pflichten und Rechte, welche sie vielleicht in allgemeiner Weise auch haben, in besonderer, also in anderer Weise als jene, habe, und außerdem vielleicht noch solche Pflichten und Rechte, welche sie gar nicht haben. Mit andern Worten: der Geistliche als Seelsorger der Irren hat sich zuallermeist auf den Standpunct zu stellen, daß er die Seelen weidet als ordentlich berufener Diener der Kirche (rite vocatus) und daß diese Eigenschaft ihn und sein Wirken auch von dem gläubig gesinnten Arzte wesentlich unterscheidet. Wenn sie daher beide dasselbe thun, so ist es doch nicht dasselbe. Der Trost, die Lehre, die Ermahnung, die der christliche Arzt dem Kranken spendet, ist ein Ausfluß des allgemeinen Priesterthums; er versieht diese Werke, wenn und soweit er sich persönlich dazu angetrieben fühlt als eine allgemeine Christenpflicht, zu deren Ausübung er mehr Veranlassung und Aufforderung hat, als bei der gewöhnlichen ärztlichen Praxis, die er aber gewiß auch im letzteren Falle in ganz ähnlicher Weise sich würde angelegen seyn lassen. Ein solches Eingreifen des allgemeinen Priesterthums in das Gebiet der Seelsorge hat erfahrungsgemäß seinen eigenen Segen. Der Laie, der nicht von Amts wegen, sondern aus eigenem Antrieb und innerster Ueberzeugung das Wort des Lebens redet, findet, zumal bei verweltlichten und verbildeten, wissensstolzen und selbstgerechten Menschen oft viel leichteren Zugang, als der Geistliche, der um seiner amtlichen Stellung willen von dorther mit Mißtrauen und Geringschätzung angesehen wird. Wohl dem Arzte, wenn er es ist, der solchen Seelen vom Tode zum Leben helfen darf! Würde er aber — und das ist eben der praktische Punct, um den es sich hier auf Seiten des Arztes handelt — durch seine persönliche Neigung mehr dahin geführt werden, diese Art von Einwirkung dem Geistlichen zu überlassen und sich auf die bereitwillige Förderung des Seelsorgers, auf die stille Fürbitte für die Kranken u. dgl. zu beschränken, so würde damit seiner Berufserfüllung nicht ein wesentlicher Bestandtheil genommen; er könnte nichtsdestoweniger ein ausgezeichneter Irrenarzt und zwar christlicher Irrenarzt seyn. Es ginge ihm nur ein edler Schmuck, aber nicht eine Lebensbedingung seiner ärztlichen Kunst verloren. Denn die wesentliche Aufgabe des Arztes ist erfüllt, wenn die natürliche Gesundheit des Geistes und Gemüthes hergestellt ist, mag nun die Wirkung der Krankheit und Genesung auf den Pflegling in geistlicher Hinsicht eine gute oder böse gewesen, derselbe dem Himmel näher gekommen seyn, oder der Hölle. Die Thätigkeit des Geistlichen tritt umgekehrt erst da recht ein, wo die natürliche Gesundheit wiederkehrt, wie denn auch die Dienstanweisungen der Heilanstaltsgeistlichen mit besonderem Nachdruck auf die Reconvalescenten hinweisen. Dasselbe Verhältniß findet aber auch schon im Beginne der Krankheit statt. Der Geistliche ist so lange noch in voller Thätigkeit bei einem Erkrankenden, als die Aussicht vorhanden ist, daß die Macht der nervösen Störungen durch die Anwendung geistlicher und geistiger Mittel werde gebrochen werden. Je mehr diese Aussicht verschwindet, desto entschiedener wird das Bedürfniß nach ärztlicher Behandlung, während die Einwirkung des Geistlichen mehr in den Hintergrund tritt. Es ist also die Aufgabe des Seelsorgers und des Arztes bei dem Geisteskranken so gar nicht dieselbe, daß sie vielmehr im Verhältnisse der Umkehrung zu einander stehen, und einen positiven Gegensatz bilden. Der Grund hievon liegt in den entgegengesetzten Gesichtspuncten, von denen sie ausgehen, oder concreter gefaßt: in den verschiedenen Gemeinschaften, denen sie ihrem Hauptberufe nach angehören. Im Arzte tritt dem Kranken die gesammte menschliche Gesellschaft, zunächst die natürliche Volkseinheit, der Staat, entgegen und beweist ihm als einem leidenden Gliede die Fürsorge, welche sie allen Arten von Leidenden zu leisten schuldig ist. Denn der Staat ist es, der die Irrenanstalten baut, mit Aerzten und Mitteln versorgt, leitet und beaufsichtigt. Im Geistlichen begegnet dem Kranken die andere Gemeinschaft, der er wesentlich eben so sehr als jener angehört, die Kirche. Die Irrenanstalten gehören nicht zu den der letzteren eigenthümlichen Einrichtungen. Aber sie sind ein Gebiet, auf welchem ihre eigenthümliche Wirksamkeit besonders wohl angelegt und fruchtbar ist. Sie tritt in die Irrenanstalten, wie sie an ein Krankenbette tritt; hat bei dem Irren ganz ebendasselbe zu thun, was bei jedem anderen Kranken auch, und die Sendung, die sie im Namen Gottes dem Irrenhausgeistlichen ertheilt, ist weder im Ganzen noch theilweise eine wesentlich andere, als die, welche jeder Diener der Kirche durch seine Einsetzung und Amtsweihe von ihr empfängt. — Hienach richten sich die beiderseitigen Thätigkeiten. Dem Arzte liegt daran, daß der Kranke zunächst seinem irdischen Berufe, seiner Familie, Gemeinde, seinem Volke zurückgegeben werde; der Geistliche ist bemüht, ihn in eine innigere Verbindung mit der Gemeinde Gottes und mit Christo zu setzen. Für den Arzt ist die Hebung der Geisteskrankheit die Hauptsache, und was er mehr thut, als die Arzneiwissenschaft (die natürliche Seelendiätetik mitbegriffen) von ihm verlangt, das thut er nicht als Arzt, sondern als Christ. Der Geistliche sucht die Hebung der Seelenstörung nur um eines höheren Zweckes willen, der ihm der nothwendige ist. Für diesen und zunächst nur für diesen Zweck ist er da. Er ist nicht eine andere Art von Psychiater. Seine Verantwortlichkeit erstreckt sich nicht auf das, was für die Herstellung des natürlich geistigen Lebens nöthig ist, sondern auf die Darreichung der nöthigen geistlichen Nahrung durch Wort, Sacrament und Gebet. Was er als Gesellschafter u. dgl. in natürlicher Beziehung an den Kranken thut, das ist für ihn mehr Nebensache und untergeordnetes Mittel zum Zwecke. — So viel über den specifischen Unterschied. Der graduelle schließt sich demselben an, und läßt auch da, wo Arzt und Seelsorger dasselbe thun, die verschiedene Natur der beiderseitigen Wirksamkeit noch durchscheinen. Denn Seelsorge ist wesentlich Mittheilung des göttlichen Wortes an einen Einzelnen, Auslegung für ihn und Anwendung auf ihn nach seinen Bedürfnissen. Der Krankenbesuch ist Predigt des Wortes vor einem einzelnen Zuhörer, die eben um der Umstände willen die freie Form eines Gespräches, kurzer Bemerkungen 2c. annimmt. Diese Verkündigung des Wortes fordert daher auch ein allseitiges, principielles Verständniß der Schrift aus denselben Gründen und in derselben Weise, wie die Predigt, und dieses ist von der wissenschaftlichen Fachbildung unzertrennlich. Eine eigentliche Vorbildung für diese Verkündigung des Wortes ist zugleich der beste Schutz gegen willkührliche, subjektive Richtungen in der Auffassung geistlicher Dinge, und daran liegt auch in der Irrenpflege sehr viel. Denn die gesunde Lehre der Kirche (Tit. 1, 9. 2, 1.) ist das wichtigste unter allen geistlichen Heilmitteln für eine kranke Seele. Endlich verbindet sich damit die besondere Kenntniß der Seelenzustände nach der Seite des geistlichen Lebens hin und eine Erfahrung in ihrer Behandlung, wie sie bei sonst gleichen Verhältnissen dem Arzte nicht zu Gebote steht.

Eben in dieser Stellung der beiderseitigen Aufgaben liegt es nun aber auch ausgesprochen, daß beide einander keineswegs ausschließen. Als Bestandtheile des Reiches Gottes, das alles Leben im Himmel und auf Erden umfaßt, gehören sie zusammen, wie Staat und Kirche. Denn, wie wir oben gesagt, die natürliche Gesundheit der Seele, Klarheit des Verstandes, Kraft des Gemüthes, Sammlung des Geistes ist der Unterbau, auf welchem der Glaube, die Liebe, die Hoffnung ruhen. Mit einem krankhaft thätigen oder völlig geschwächten Gehirne kann der Mensch so wenig Gottes Wort auffassen als Witterungsbeobachtungen anstellen, mit einem jeder gesunden Empfindung unfähigen Herzen kann er so wenig beten, als einer schönen Volksmelodie sich erfreuen. Wiederum liegt im Worte Gottes und in den Sacramenten objectiv, in jenen drei christlichen Tugenden subjectiv eine, wenn gleich nicht unbedingte, doch höchst wirksame Kraft zur Bekämpfung des Uebels, dem die ärztliche Kunst begegnen soll. Darum schließen sich Seelsorge und Heilkunst auf diesem Gebiet ebensosehr ein als aus. Sie sind ebenso entschieden von einander abhängig, als unabhängig. Jeder von Beiden treibt das Werk des Andern als seinen Nebenberuf, um damit seine eigene Wirksamkeit zu ergänzen und an die des Andern anzuknüpfen.

Von diesen Grundsätzen ausgehend, kommen wir zu den nachstehenden Folgerungen. Soweit der Kranke überhaupt noch Gegenstand seelsorgerlicher Thätigkeit ist, bestehe der Seelsorger auf einer freien, d. h. nicht durch die Gegenwart des Arztes gestörten Ausübung seiner seelsorgerlichen Pflichten und Rechte. Das beichtväterliche Verhältniß erträgt keine Theilung. Die Unbefangenheit des Seelsorgers wie des Kranken wird durch die Anwesenheit eines Dritten aufgehoben, auch wenn dieser im Uebrigen dem Kranken näher stände und mehr wäre, als der Beichtvater selbst. Die Kranken selbst ertragen eine solche Theilung nur höchst ungern, fühlen sich, zumal wenn sie dem zärteren Geschlechte angehören, durch die Besprechung, die sie mit mehreren Männern über ihre innersten Anliegen halten sollen, gebunden und geängstigt, halten mit dem, was sie bewegt, zurück, so lange sie nicht unter vier Augen sind, oder finden sich durch die Vermischung der beichtväterlichen Unterredung mit einem ärztlichen Consilium verletzt und zurückgestoßen. Insbesondere hindert der gemeinschaftliche Besuch die Anwendung eines Hauptmittels der Seelsorge, nämlich das Gebet mit dem Kranken, der in Gegenwart seiner Aerzte das Gebet gar nicht verlangen oder wenigstens durch die Oeffentlichkeit, mit der die Sache behandelt werden muß, um einen Theil seiner Erbauung kommen wird.

Gemeinschaftliche Besuche sind dadurch nicht ausgeschlossen. Sie sind im Gegentheil nicht genug zu empfehlen. Doch können sie sich der Natur der Sache nach mehr nur auf das Allgemeinste beschränken, nur den besonderen Besuchen des Beichtvaters zur Unterlage und zum Leitfaden, dem Arzte aber zur näheren Kenntniß von dem Verfahren des Seelsorgers dienen. Außerdem aber suche der Geistliche sich mit dem Arzte über alles und jedes, was in den Kreis der eigentlichen geistlichen Behandlung fällt, zu verständigen, damit etwaige Meinungsverschiedenheiten in göttlichen Dingen sorgsam vermieden und die Gedanken des Irren oder Schwermüthigen nicht durch seine Pfleger selbst noch mehr aus dem Geleise gebracht werden. Es kann von einem christlich gesinnten, das Gute wahrhaft liebenden Arzte erwartet werden, daß er, wo es noth thut, seinen eigenen Ansichten Schweigen gebiete in Dingen, welche dem Gebiete der Kirche angehören, so lange er nur nicht offenbare Mißgriffe und offenbare Nachtheile für den Kranken von Seiten des Seelsorgers zu befürchten hat. Wiewohl auch theologische Gegensätze und leidenschaftslos geführte Disputationen dieser Art, so lange sie noch auf entschieden christlichem Boden sich bewegen, manchen Irren weit eher heilsam als schädlich seyn können.

Sofern nun aber der Geistliche für seinen Theil in das Gebiet der Psychiatrie einzugreifen und an der psychologischen Behandlung, an der ärztlichen Pädagogik, sich zu betheiligen hat, möge er sich folgende Regeln zu Herzen nehmen.

1. Der Seelsorger behandle den Irren jeder Gestalt und in allen Entwicklungszeiten seiner Krankheit als einen vernünftigen Menschen, der zwar durch die Uebermacht körperlicher Einflüsse auf eine niedrigere, beziehungsweise frühere Stufe des Geisteslebens zurückgedrängt, und so einer wiederholten Erziehung bedürftig, aber derselben auch fähig ist. Er suche stets das Gesunde im Kranken, die Vernunft in der Unvernunft, die Freiheit in der Unfreiheit, das Gewissen, den Glauben, mit einem Worte das Göttliche in der hereingebrochenen Thierheit auf und wende sich an dasselbe mit dem vollen Vertrauen, daß es gelingen werde, jenen edlen Elementen den Sieg zu verschaffen. Er suche besonders die guten natürlichen Eigenschaften, die sein Pflegling früher an den Tag gelegt und die dem Kreise seines Wahnes ferner liegen, kennen zu lernen, erinnere ihn an das,

worin er sonst gelebt und was ihm ehedem gelungen, um damit einen Bundesgenossen in der Seele des Kranken selber zu gewinnen. Er fasse ihn, wie jeder ächte Erzieher, an den Seiten, wo er am zugänglichsten ist und leite ihn von da aus sanft oder derb, je nachdem er es bedarf und erträgt.

2. Er bringe darauf, daß die gewöhnliche Ordnung des Lebens nicht verlassen werde. Schlafen und Wachen, Essen und Arbeiten, Beten und Ruhen, das alles muß zu seiner Zeit und soviel möglich wie in gesunden Tagen geschehen. Er achte auch auf Kleinigkeiten. In kleinen Dingen macht sich das Abweichen von der Bahn gesunder Selbstleitung in der Regel zuerst geltend; mit Uebung im Kleinen und scheinbar Gleichgültigen muß die gesunde Kraft wieder allmählig erobert werden. Auch an der Freude und dem Leid seiner Mitmenschen soll der Kranke den ihm gebührenden Theil nach Möglichkeit tragen. Die Seelenkrankheit ist ihrer Natur nach egoistisch und sucht die Vereinzelung. Da ist oft der Gedanke an ein fremdes großes Elend ein wahres Heilmittel auch für Seelen, die schon betrübt genug erscheinen, und durch eine schmerzliche Nachricht von lieben Angehörigen kann die tiefste Melancholie auf einmal aus den Wurzeln gehoben werden. Aber wo und wie solche Mittheilungen anzubringen, das kann dem Seelsorger natürlich kein Buch, sondern muß ihm die Liebe und die Weisheit sagen.

3. Er leite den Kranken von außen nach innen. Es ist ein halbwahrer Satz, daß alle Besserung von innen kommen müsse. Das muß sie allerdings, sofern der Geist, der Wille sie herbeiführt. Aber der Weg dazu geht, wie im Leben überhaupt, so auch bei dem Irren in unzähligen Fällen von außen nach innen, nicht umgekehrt. Der Melancholische, den seine innere, seine vermeintliche Gewissensunruhe nicht auf dem Stuhle, nicht im Zimmer und im Hause bleiben läßt, wird nicht durch sittliche Belehrung und geistliches Nachdenken, sondern dadurch am schnellsten geheilt, daß er zuerst seine Bewegungen gleichsam mechanisch in seine Gewalt

bringt und eine äußerliche, leibliche Ruhe erzwingt. Dadurch gewinnt er die Kraft der Selbstbeherrschung überhaupt. Den Armen und Beinen folgen die Gedanken. Mit der äußern Stille fängt auch die innere an wiederzukehren und die Thüre ist wieder offener für das Wort des Trostes und der Ermahnung.

4. Er widerlege, was zu widerlegen ist, nicht mit außerordentlichen Mitteln, mit abenteuerlichen Veranstaltungen und seltsamen Kunstgriffen, die dem Irren nützen, was ein neuerfundenes Ragout einem kranken Magen — sondern mit der einfachen Wahrheit, mit freundlich ernstem und gelassenem Widerspruch, so lange der Irre dadurch nicht noch mehr gereizt wird, mit Anwendung von Ironie und Humor am rechten Ort und zu gelegener Stunde, wo dann der Irre vielleicht selbst mit einem Male über das Thörichte und Widersinnige seiner Vorstellung zu lachen anfängt. Er nenne die Krankheit — Krankheit; die Gemüthskrankheit — Schwermuth, die fixe Idee — Wahnsinn, Verrücktheit, wenn es seyn muß. Es kann dem Irren nur heilsam seyn, seinen Zustand mit Namen nennen zu hören; denn der Augenblick, wo er selbst von seiner „Krankheit," seinem „Irreseyn" redet, ist der Anfang seiner Genesung. — Rohe Ausdrücke, wie Narr und Tollhäusler, wird die Liebe von selbst nicht über den Mund bringen.

5. Er sei geduldig genug, die Klagen der Kranken stets aufs neue und ihre Beweise zu Ende zu hören. Man lernt aus der Art, wie sie sich über ihre Empfindungen aussprechen, ihren innern Menschen kennen, und ihnen das bieten, was eben jedem Einzelnen noth thut. Zeit und Stunde darf hier nicht in Berechnung kommen. Eiligthun bei Besuchen thut niemals wohl, am wenigsten den Seelenkranken. Vor allem achte er auf günstige Augenblicke und bleibe dann sitzen, das Eisen zu schmieden, so lang es noch warm ist. Aufgeregte Leute, die in ihren Phantasiegebilden mit jedem Worte sich steigern, darf man freilich nicht lange sprechen lassen, überhaupt nur kurz besuchen, und den

Knäuel verrückter Beweisführungen muß man zur rechten Zeit mit dem schneidenden Schwert ernster Mahnung in souveräner Weise durchhauen. — Das letzte Wort, das immer dem Seelsorger gebührt, sei kurz und bestimmt, eine kräftige Appellation an das Verlangen des Kranken, gesund zu werden, ein starker Trostspruch, ein scharfes Drohwort, das wie ein Widerhaken in die Seele dringt und dort bis zur nächsten Unterredung stecken bleibt.

6. Er verbiete mit Nachdruck und Beharrlichkeit, was unziemlich und unrecht ist, und strafe, wo es noth thut, doch immer mit dem Bewußtsein, daß er es mit einem Unmündigen zu thun habe. Er fordere vor allem Gehorsam gegen diejenigen, welche das Recht und die Pflicht haben, dem Kranken zu befehlen. Der Wille und das Gewissen sind die letzte Wurzel des gesunden Lebens, und Achtung vor der Auctorität ist das Rettungsseil, das in die tiefsten Fluthen seelischer Zerrüttung noch hinunterreicht. Es ist wunderbar, welche Erfolge bei ganz tollen Menschen auf diesem Wege zuweilen erzielt werden.

7. Er arbeite für den Arzt und dem Arzt in die Hände, und trete überall, wo es sich um die natürliche Seelenleitung handelt, ihm gegenüber zurück. So lange die Wogen der Krankheit hoch gehen, muß der Kranke wissen, wer von zweien der eigentliche Steuermann seines Schiffes ist. Wenn die Stürme schweigen und die Wellen sich legen, wird es Zeit seyn, die Predigt zu beginnen.

Gehen wir zu den Bedingungen und Mitteln der Irrenseelsorge weiter, so sind sie einmal persönliche.

Nicht jeder tüchtige Seelsorger ist darum auch der rechte Mann für die geistliche Leitung eines Geisteskranken. Einmal wiegt bei der ungemeinen Empfindlichkeit, welche der Geisteskranke, zumal der vornehmere, für äußere Mängel hat, jedes körperliche Gebrechen, nachläßige Haltung und Kleidung, stockende Sprache ꝛc. doppelt so schwer, wie sonst, und ist ein ungewisses, befangenes Auftreten für sie theils peinlich, die Unruhe vermehrend, theils lächerlich und das Vertrauen schmälernd, zum Angriff herausfordernd, mehr als irgend bei Gesunden. Sodann ist es auch nicht jedem gegeben, überhaupt den Einblick in das Elend solcher Zustände zu ertragen und sie mit nüchternem Auge zu prüfen. Es gibt Gemüther, die von dem Umgange mit solchen Unglücklichen in derselben Weise peinlich angefaßt werden, wie einzelne Menschen von dem Anblick eines Leichnams u. dgl. Manches davon läßt sich wohl durch Studium, Uebung und Gebet überwinden. Aber manches ist auch Gabe oder Mangel der Natur, Idiosynkrasie, und unabhängig von dem Glaubensstande wie von der Amtstreue eines Menschen. Ueberdieß fordert die richtige Würdigung einer Seelenstörung, wie schon gesagt, ein gewisses Maaß allgemein philosophischer, namentlich anthropologischer Bildung, wenn nicht, wie das von wohlmeinenden und frommen Laien oder Geistlichen außerordentlich häufig geschieht, die gröbsten Verstöße in der Beurtheilung eines Irren und dessen Behandlung gemacht werden sollen. Der Geistliche hat daher vor allem sich selbst zu prüfen, ob er der Aufgabe, die ihm vorliegt, gewachsen sei oder nicht. Ueberzeugt er sich von dem letzteren, so liegt, falls die geistliche und geistige Pflege hauptsächlich auf ihn fallen würde, die Nothwendigkeit vor, für eine anderweitige Unterbringung des Kranken Sorge zu tragen, d. h. was in den meisten Fällen das Gerathenste seyn würde, seine Versetzung in eine gute Heilanstalt zu bewirken, von welcher man erwarten kann, daß in ihr die erforderlichen persönlichen Kräfte auch hinsichtlich der Seelsorge eher vorhanden seyn werden. Eine solche Versetzung ist, auch abgesehen von gesundheits- und sicherheitspolizeilichen Gründen, und von den Rücksichten, die man den Gesunden schuldet, ohnehin in jedem Falle geboten, wo der Kranke durch seine örtlichen Verhältnisse, durch Sorgen, durch Kummer (über Todesfälle 2c.), durch Zwist u. dgl., die vielleicht schon als Krankheitsursache gewirkt haben, an der Genesung gehindert ist. Hier wirkt dann die Versetzung in einen ganz andern Lebenskreis oft und viel schon an sich heilsam. Sie thut es selbst dann, wenn die Ungewohntheit der Umgebung, der unerwartete Zwang, der Anblick so vieler und schwer Leidenden für die erste Zeit eine merkliche Aufregung hervorbringt. Es kann daher auch den Geistlichen nicht genug empfohlen werden, für zeitige Unterbringung der Kranken das Ihrige zu thun. Bei der Ausführung eines solchen Ortswechsels ist dann nur vor allem darauf zu sehen, daß keinerlei List oder Unwahrheit angewandt, sondern nöthigenfalls lieber zu Gewaltmitteln geschritten werde, da jenes Verfahren eine tiefe Wurzel des Mißtrauens in die Seele des Kranken legt, die Folgen der Gewalt aber in verhältnißmäßig kurzer Zeit überwunden werden.

Ist jedoch der Krankheitsfall selbst von der Art, daß er noch ohne das Mittel der Irrenanstalt behandelt werden kann, und hat der Geistliche andrerseits Ursache, sich für die Behandlung des Kranken als befähigt anzusehen: so hat er des ferneren auf die Mittel zu achten, deren er sich als Seelsorger bedient. Sie sind zwar keine anderen, als in jedem andern seelsorgerlichen Falle auch. Verkündigung des Evangeliums und Vorhalten des Gesetzes, Beichte und Absolution, Feier des heil. Abendmahls in der Gemeine oder als Privatcommunion, Gebet mit dem Kranken und für den Kranken — das alles findet seine Anwendung im ausgedehntesten Maaße. Einzelne Stücke der heil. Schrift werden für den Seelenkranken vorzugsweise geeignet sein, *) wie z. B. aus den Psalmen der 23. 40. (wo der treffende Ausdruck V. 13. „mein Herz hat mich verlassen" dem religiös Melancholischen als der richtige Ausdruck statt seines Wahnes „der Gottverlassenheit" vorzuhalten ist) ferner Ps. 42. 43. 51. V. 19. und V. 12. (das geängstete Herz — der neue gewisse Geist) und andere der Art. Einzelne Sprüche werden in der Unterredung mit dem Irren besonders häufig zur Anwendung kommen z. B.: 1 Kor. 14, 32. 33. gegenüber den vorgeblichen Propheten (vgl. V. 29. 36. 37.: „die Andern lasset richten. Ist

*) S. auch Nitzsch Seelenpflege des Hirtenamtes. Bonn 1857. S. 210.

das Wort Gottes von euch auskommen? oder ists zu euch allein gekommen?" ꝛc.) 1 Kor. 15, 34. („nüchtern werden") u. dgl. Aber welchem Seelsorger, der in der Schrift einigermaßen daheim ist, brauchte man solche Stellen erst zu nennen? Es ist auch nicht zu sagen, daß ein Theil des Wortes für solche Kranke im voraus ungeeignet wäre. Denn wenn gleich z. B. Stücke der Schrift, wie die Offenbarung Johannis, sich für Gemüths- und Geisteskranke nicht so wohl wie andere eignen, weil sie theils die Phantasie zu sehr aufregen, theils den Verstand zu sehr anstrengen: so trifft ja bei vielen leiblichen Kranken sowie bei Kindern derselbe Fall zu. Und wenn z. B. der Prediger einer Heilanstalt sich hüten muß, allzustarke Bilder anzuwenden, wenn er vor allem, was überschwenglich, gefühlselig, widersinnig, ungeheuerlich u. dgl. erscheint, sich mehr als anderswo in Acht nehmen muß, so ist es eben doch nur ein Mehr, was unter gewissen Umständen auch sonst gefordert werden kann, und nicht ein specifischer Unterschied. Wir wüßten auch keinen solchen in der Verkündigung des Gotteswortes bei den Irren. Was den Gesunden wahrhaft gesund ist, das ist es den Kranken auch. Was den Gesunden schadet, das schadet den Kranken auch, nur mehr noch als jenen. Vor allem aber ist es die ganze Auffassung des göttlichen Wortes, wie sie im Prediger und Seelsorger persönlich geworden ist, an der alles liegt. Und hier wird sich nun allerdings der Unterschied von den mancherlei Lehrweisen sehr handgreiflich herausstellen. Denn das ist einleuchtend, daß eine Rechtfertigungslehre von solcher Objectivität und eine Abendmahlslehre von so kräftiger Realität, wie die der evangelisch-lutherischen Kirche ohne allen Vergleich bessere Mittel des Trostes und der Stärkung darbietet, als diejenigen Anschauungsweisen, die den Grund der Versöhnung doch immer wieder halb in das einzelne Gemüth legen, von dem Glauben oder nicht Glauben des Communikanten das Empfangen oder nicht Empfangen des Leibes und Blutes Christi, daher insbesondere auch von der mehr oder weniger gesammelten Stimmung den eigentlichen Segen des heil.

Abendmahles abhängig machen, die Höhe des Gnadenstandes nach der Höhe seliger und unseliger Stimmung in dem einzelnen Subjecte bemessen, oder die gnadenhungrige Seele zuerst und zuletzt an die Heiligung als an die Bedingung ihrer Seligkeit verweisen. Die evangelische Predigt vor Geistes- und Gemüthskranken kann in der That nicht frei, objectiv und freudig genug seyn, und das Kreuz Christi bleibt für dieses Gebiet des geistlichen Amtes weitaus die Hauptsache. Der Seelsorger wird daher auch im Einzelngespräche, zumal bei den geistlich Angefochtenen, darauf dringen, daß der Kranke von der thatsächlichen oder vermeintlichen Beschaffenheit seines Lebens, seiner Gefühle und Werke absehe, und die Versöhnung im Blute Jesu Christi in dem Grade mehr für sein Eigenthum erachte, in welchem er sich derselben bedürftiger als Andere fühlt. Er wird die Lehre von der Taufe als der wirklichen Wiedergeburt aus Wasser und Geist zu seinem Hauptstützpunct erwählen, um von da aus theils die objective Gewißheit der Gnade Gottes zu beweisen, theils die subjective Verantwortung für den Nichtgebrauch derselben zum Zwecke des Trostes und der Heiligung — ins Licht zu stellen. Andrerseits wird er die Predigt des Gesetzes als eines Zuchtmeisters auf Christum auch bei den Irren nicht versäumen. Denn auch die geistlich angefochtene Seele eines Melancholischen bedarf neben dem Oel und Wein, das in die Wunden ihres Gewissens gegossen wird, des reinigenden Salzes, um die Wunden auszuwaschen, da die Zerknirschung sich hier oft mit den heftigsten Ausbrüchen der Ungeduld und mit den hartnäckigsten Aeußerungen des Eigensinns verbindet, die zu rechter Zeit nicht geschont, sondern gestraft werden müssen. Auch mitten in den schweren Leiden des Irren, der von Sinnestäuschungen und Wahnvorstellungen aller Art gequält ist, macht sich der natürliche Trotz des menschlichen Herzens, der Stolz, das Allesbesserwissenwollen, das Rechten und Murren wider Gott und die Menschen geltend und muß daher aufgedeckt, bekämpft, überwunden werden. Es dient dem Irren zu ganz besonderer Stärkung seiner Buße und seines

Glaubens, wenn er genöthigt wird, auf noch wichtigere und tieferliegende Uebel seines Seelenlebens zu merken, als die sind, von denen seine Gedanken eben eingenommen sind; er wird für Augenblicke aus sich herausgerissen und auf einen objectiveren Standpunct des geistlich-sittlichen Nachdenkens gestellt. Im Einzelnen wird daher der Seelsorger den vorgeblichen Messias durch die auf Thatsachen gestützte Bußpredigt und Bestrafung seiner Selbstvergötterung beugen, dem Propheten die Hauptkennzeichen des Propheten, nämlich Unterordnung unter Gottes Wort und unter die Geister anderer erleuchteter Ausleger, vorhalten und von ihm die Früchte seiner angeblich höheren Erleuchtung, z. B. den Gehorsam, Verträglichkeit ꝛc. fordern; er wird den Visionär auf die Uebereinstimmung mit Gottes Wort hinweisen, die jede wahre Vision kennzeichne, er wird den Kranken, der sich verfolgt glaubt, an die Pflicht der Feindesliebe und der Fürbitte für die Feinde erinnern, den von innerer und äußerer Unruhe Gepeinigten auf die Ruhe in Gott und die daraus fließende Beherrschung seiner Handlungen hinführen, und das unbedingte Vertrauen auf die schöpferische Kraft Gottes bei allen herzustellen suchen. Der erste und Hauptgrundsatz bei dem allem ist die goldne Regel: die Wahrheit wird euch frei machen. Er wird daher auch in keiner Weise und unter keinem Vorwande von dieser abweichen, sondern lediglich die Wirkung derselben abwarten und die Frucht seiner Predigt in Gottes Gnade befehlen.

Was insbesondere noch die mancherlei heil. Handlungen betrifft, die zum christlichen Leben als wesentlicher Bestandtheil gehören, so hoffen wir allen Amtsbrüdern, die in diesem Theile eines Rathes bedürftig sind, einen Dienst zu thun, wenn wir zunächst hier das Gutachten einschalten, welches vor längerer Zeit von dem jetzigen Vorstande der Heilanstalt Winnenthal und dem früheren Seelsorger derselben zufolge einer Aufforderung des Evang. Consistoriums abgegeben und veröffentlicht worden ist. Es lautet wie folgt:

I. Nach unserem Dafürhalten, das mit den Ansichten der meisten und ausgezeichnetsten Irrenärzte übereinstimmt, ist die Ansicht, daß Geisteskranken überhaupt und ausnahmslos das heil. Abendmahl zu verweigern sei, sowohl aus psychologischem als theologischem Gesichtspunkt für durchaus unstatthaft zu erklären.

Es ist für's Erste weder die Grenzlinie zwischen Krankheit und Gesundheit der Seele in concreto so scharf bestimmt, daß die als geisteskrank sich Bekennenden und dafür Erkannten als die Einzigen betrachtet werden dürften, die an Seelenstörung leiden, noch auch die Krankheit der Seele selbst im Anfang oder im Fortgang ihrer Entwicklung immer von so hemmendem oder vernichtendem Einfluß auf das Selbstbewußtseyn des Menschen, daß mit dem Auftreten der Seelenstörung auch das religiöse Bewußtsein nothwendig alterirt oder aufgehoben seyn müßte.

Für's Zweite kann wohl unstreitig die in der heil. Schrift von den Communikanten geforderte Bereitwilligkeit und Fähigkeit, sich selbst zu prüfen, so gut als die Klarheit des Geistes überhaupt unendlich viele Abstufungen haben und die Erfahrung des Kranken gerade in der dem Ausbruch der Seelenstörung unmittelbar vorangehenden Periode seines Lebens oder während seiner Krankheit oft weit besser als eine mit bewußter Absichtlichkeit angestellte Selbstprüfung ihn auf den Abendmahlsgenuß vorbereiten. Wenigstens kann man sehr häufig die Beobachtung machen, daß Gemüthsleiden nicht allein überhaupt die sittlichen und religiösen Bedürfnisse unserer Natur zum Bewußtseyn bringen, sondern namentlich auch die reinsten Bußgefühle und das lauterste Verlangen nach der göttlichen Gnade erzeugen.

II. Die Grundsätze, nach welchen wir über die Zulassungsfähigkeit jedes einzelnen Kranken entscheiden, sind folgende:

Wir halten im Allgemeinen fest, daß keine Gattung von Seelenstörung an sich vom Abendmahl ausschließe, sondern Alles auf den Grund und besondern Charakter der Krankheit ankomme. Demgemäß gehen in der Heilanstalt Schwermüthige, an Tollheit Leidende, Verrückte und Geistesschwache zu Gottes Tisch, wenn es ihr jeweiliger Zustand, oder die Eigenthümlichkeit ihrer Krankheit gestattet.

Dagegen lassen wir nie die Empfindung oder das Gefühl des Kranken über seine Würdigkeit entscheiden, da das Dringen auf die Communion sehr häufig selbst nur Krankheit ist, wie auf der andern Seite die ausweichende Zaghaftigkeit und Schüchternheit des Kranken oft gerade ein Zeichen seyn kann, daß der Abendmahlsgenuß wohlthätig und segensreich wirken werde.

Sodann suchen wir insbesondere die rechte Zeit zu treffen. Selten benützen wir die lucida intervalla; wir erwarten lieber die Zeit länger andauernder Remission, wo möglich das Stadium der Reconvalescenz selbst. Für höchst wesentlich aber erachten wir die Unter=

stützung des Seelsorgers bei der Vorbereitung, indem gerade hier sehr oft der Fall vorkommt, daß durch die Einsicht und den Glauben des Seelsorgers die Macht der Krankheit zurückgedrängt und die niedergehaltene Kraft des Geistes gehoben und befreit werden kann.

Bei Beurtheilung der einzelnen Fälle suchen wir stets namentlich zu ermitteln a) ob nicht (wie dieß wirklich häufig der Fall ist) das religiöse Bewußtseyn, auch da, wo das Weltbewußtseyn unangetastet geblieben oder wieder frei geworden ist, wesentlich gestört, oder b) bei manchfacher Verkehrtheit der Gefühle und Gedanken im Einzelnen doch ein im Ganzen gesundes Verlangen nach göttlicher Hülfe vorhanden sei.

Demnach unterscheiden wir

1) in der Klasse der Schwermüthigen,

zu welchen wir alle Gemüthskranken im engern Sinn rechnen, mag sich die Krankheit als Trübsinn und Trübseligkeit oder als Tiefsinn aussprechen, und als religiöse oder weltliche Traurigkeit, melancholia errabunda oder attonita*) gestalten — wir unterscheiden diejenigen, welche in einem völlig traumartigen oder gebundenen Zustand sich befinden und völlig sich selbst entfremdet sind, von denen, deren Persönlichkeit unangetastet geblieben, wenn sie gleich gemüthlich gedrückt und mehr oder weniger der Empfindung beraubt sind. Erstere weisen wir zurück, selbst wenn sie die Communion begehren sollten, letztere dagegen lassen wir zu, wenn nicht anders zu befürchten steht, daß sie den Mangel an Empfindung bei dem Abendmahlsgenuß hinten nach sich zum Vorwurf machen und ihre Betrübniß nur dadurch steigern, wobei wir indessen wieder nicht außer Acht lassen, daß das Abendmahl trotz einer vorübergehenden Steigerung der Betrübniß dem Kranken dennoch wirklich zur Kräftigung gereichen kann.

2) In der Klasse der Tollen (maniaci),

zu welcher wir ebenso die sogenannte Narrheit (lustige Tollheit) als die eigentliche Tobsucht und ausgebildete Raserei rechnen, unterscheiden wir diejenigen, deren Paroxysmen kaum beendigt, selbst nicht einmal völlig verlaufen sind, obgleich sich die gemüthliche Aufregung gelegt hat und die Klarheit der Vorstellung zurückgekehrt ist, von solchen, bei welchen eine völlige Remission der maniacalischen Aufregung eingetreten und weder von der Abendmahlsfeier eine abermalige Exaltation zu befürchten, noch überhaupt ein wiederkehrender Anfall sobald zu erwarten ist. Jene werden dann zur Geduld verwiesen, diese dagegen werden zugelassen.

3) In der Klasse der Verrückten

oder Geisteskranken im engern Sinne werden diejenigen, deren Krankheit die Sphäre des Gemüthslebens wieder verlassen, deren Gesichts-

*) errabunda — bei der sich die Traurigkeit im umherirren, attonita — bei der sie sich in gänzlicher Unbeweglichkeit ausdrückt. A. d. Vf.

kreis sich wieder aufgeklärt und deren Leiden sich auf einzelne weniger fixe Ideen zurückgezogen hat, die aber theils mit dem Abendmahl theils mit der Sittlichkeit und Religion in keinem näheren Zusammenhang stehen, für zulassungsfähig erkannt, während dagegen diejenigen Subjecte, deren Verrücktheit total ist oder mit einer die Grundbegriffe der Sittlichkeit und Religion berührenden Verkehrtheit des Charakters und insbesondere mit wahnsinnigen Vorstellungen und Erwartungen vom Abendmahl verbunden ist, abgewiesen werden. Jene partielle Verrücktheit nämlich achten wir einem Irrthum gleich, diese totale oder moralische und religiöse Verrücktheit aber steht nach unserer Ansicht in gar keinem Verhältniß mehr zur communicirenden Gemeinde.

4) Schwachsinnige (Blödsinnige)

werden nur dann zugelassen, wenn die Imbecillität mehr nur in langsamer und armer Gedankenproduction besteht, ein früher gehegter frommer Sinn dagegen auch jetzt noch die Grundstimmung der Seele ausmacht.

III. In Beziehung auf den speciell vorliegenden Fall, die Frage nämlich, ob der Chirurg B. von R., der im Civilgefängniß zu G. sich befindet, seinem Wunsche gemäß zum heil. Abendmahl zuzulassen sei, sind wir der Ansicht, daß das Verlangen desselben als ein krankes abzuweisen sei. Der genannte Patient sollte schon vor geraumer Zeit in die Anstalt dahier aufgenommen werden, die Direction aber beantragte die Abweisung des Aufnahmegesuchs, weil nach den damals hieher vorgelegten Acten keine Hoffnung mehr für den Unglücklichen ist. Derselbe leidet an unheilbarer Verrücktheit und zwar gerade an der Form, die wir oben die moralische Verrücktheit nannten, weil sie eine totale Verkehrung des Verhältnisses zur sittlichen Welt mit sich führt. Aus diesem Grunde glauben wir denn auch, daß die Feier des heil. Abendmahls dem Kranken nicht zu gestatten sei, um so mehr, da aus dem Bericht des Decanatamtes selbst hervorgeht, daß bei dem Manne seit jener Zeit keine Veränderung eingetreten ist.

Wir fügen diesen Winken noch Folgendes zur weiteren Erläuterung bei. Die Selbstprüfung besteht keineswegs in einer zusammenhängenden Untersuchung des augenblicklichen eigenen Seelenzustandes, sondern nur in der Gewißheit, daß man eben nichts anderes will, als eine Versieglung der Vergebung der Sünden durch das Blut Christi. Wo dieses Verlangen sich zeigt, da muß dem Kranken jede Erleichterung gewährt werden, die schon der gesunden, aber angefochtenen und zur Gewissensangst neigenden Seele entgegengebracht wird. Es ist ihm vornämlich klar zu machen, daß eine Zerstreutheit, die ein Gegenstand der Selbstdemüthigung und des Kampfes ist, ebensowenig ein Hinderniß sei für einen rechten Abendmahlsgenuß, als sündliche Gedanken aller Art, die man während der Feier oder nach derselben in seiner Seele mit Betrübniß wahrnimmt. Ueberhaupt muß die gewöhnliche Vorstellung von dem „Segen“ des heil. Abendmahls, welcher zuletzt auf nichts anderes hinauskommt als auf die erbauliche, wohlthuende Stimmung, die man dabei hatte, auf's ernstlichste bekämpft und der Kranke darauf hingewiesen werden, wie diese Vorstellung zu großen Selbsttäuschungen führe, wie das heil. Abendmahl auch bei völliger geistlicher Empfindungslosigkeit seine Wirkung thue, sobald nur das aufrichtige Verlangen nach Christo vorhanden sei, — ähnlich einer Arznei, die ihre heilende Wirkung ausübt, auch wenn der Kranke gar keinen Geschmack von ihr hat — und wie er sich das heil. Abendmahl überhaupt nicht anders denn als eine kräftige Arznei vorzustellen habe, durch welche gerade das, was ihn in der Feier stört, am gründlichsten geheilt und überwunden werden könne. Insbesondere aber wird es bei den Kranken zur Beseitigung ihrer Zweifel höchst nöthig seyn, ihnen klar zu machen, daß zwischen dem gehörten und gelesenen Worte Gottes und dem Sacramente nicht ein solcher Unterschied des Werthes besteht, daß auf letzteres ganz andere Grundsätze Anwendung finden müßten, als auf ersteres. Denn nicht das heil. Abendmahl allein hat die Eigenschaft, dem, der es unwürdig d. h. ohne wirkliches Verlangen nach Gnade empfängt, ein Essen und Trinken des Gerichtes zu seyn, sondern es liegt das überhaupt in der Wirkungsweise des göttlichen Wortes, daß es den Einen ein Geruch des Lebens zum Leben, den Andern ein Geruch des Todes zum Tode wird. Das Sacrament ist nichts anderes, als ein durch die besondere geheimnißvolle Verbindung mit einem sichtbaren Elemente verstärktes, gleichsam potenzirtes Wort. Seine eigenthümliche Kraft entspringt nicht in diesen leiblichen Bestandtheilen, sondern in dem schöpferischen Worte Gottes, das im Brod und Wein auf das innere, geistig-leibliche Leben der

Menschen wirkt. Wenn der Kranke also, was er doch in der Regel ohne alles Bedenken thut, den Gottesdienst oder eine Erbauungsstunde besuchen, wohl auch selbst in der heil. Schrift lesen darf, so ist dieß im Wesentlichen dasselbe. Wenn er mit Recht um der gestörten Verfassung seiner Seele willen nicht von jenen Mitteln der Erbauung sich abhalten läßt, so hat er auch keinen Grund, das heil. Abendmahl zu meiden oder den Verlust des darin empfangenen Segens zu fürchten.

In gleicher Weise ist dann hinsichtlich der sonst üblichen Bedingungen für den Abendmahlsgenuß zu verfahren. Die hochnöthigen Schranken, welche die Kirche um den Altar des Sacramentes gezogen hat, als: die Anmeldung, der Besuch einer Vorbereitungspredigt oder Beichtrede und die Beichte selbst, müssen hier nach Umständen gänzlich geöffnet werden. Der einfache Wunsch, das heil. Abendmahl zu empfangen, wenn er nur anders in seinem Kern als gesund zu betrachten ist, muß die Stelle aller dieser Vorbereitungen vertreten, und dem Kranken gestattet werden, unmittelbar vor der Feier des heil. Abendmahles noch seinen Entschluß zur Theilnahme zu fassen, damit der Zutritt den heilsbegierigen und bedürftigen Seelen so leicht als möglich gemacht werde. Daß der Seelsorger im übrigen wo immer möglich jedem Abendmahlsgenusse von Seiten eines Irren eine eingehende Unterredung vorhergehen lasse, und auf diejenigen, deren Krankheit mit einem bösen Gewissen in ursächlichem Zusammenhange steht, ein treues, wachsames Auge habe, glauben wir voraussetzen zu dürfen.

Vom größesten Werthe ist es aber, wenn nach Maaßgabe der kirchlichen Einrichtungen und Sitten der Kranke an den fleißigen Gebrauch der Beichte und an das Nachsuchen der Absolution bei dem Diener der Kirche auch abgesehen von der heil. Communion gewiesen werden kann. Gerade in solchen Fällen wird die Lücke, welche durch die zunehmende Vernachlässigung oder Verkümmerung des von den Reformatoren noch so werth gehaltenen Beichtinstitutes entstanden ist, doppelt fühlbar, da es für darniederliegende Gemüther der objectiven Trostmittel nicht zu viele geben kann und die im Namen Gottes von dem berufenen Diener kraft seines Amtes ertheilte Sündenvergebung der besonderen Verheißung zufolge, welche Christus damit verbunden hat, unter denselben eine der ersten Stellen einnimmt. Ob der einzelne Geistliche deßhalb gerade wohlthun würde, in einer Kirche, die sonst einer Beichte wenigstens in dieser Gestalt noch entbehrt, den Kranken zu einer förmlichen Privatbeichte zu veranlassen, das ist freilich eine andere Frage. Denn im Allgemeinen wird man auch wahrhaft evangelische und ihrer Idee nach ausgezeichnete Mittel, das Wort der Gnade wirksamer zu machen, nicht bei den halb Unmündigen beginnen dürfen, es sei denn, daß sie, was auch vorkommt, eine solche persönliche Versicherung ihrer Begnadigung mit verständiger Ueberlegung verlangen sollten.

Was ferner die Anwendung des Gebets bei Geistes- und Gemüthskranken betrifft, so ist auch hier wieder die Freiheit des heil. Geistes von bestimmten Formen für alle Nothfälle in Anspruch zu nehmen. Der Kranke muß allerdings zum Gebet angehalten und es muß ihm der Glaube an die Macht desselben auf's lebhafteste geweckt werden. Denn das bestimmte und ernstliche Verlangen nach Gesundheit, diese unerläßliche Bedingung der Genesung kann in keiner reineren Form auftreten, als in der der anhaltenden aber geduldigen Bitte zu Gott, wie es andererseits auch durch nichts so sehr gestärkt wird, als durch diese. Allein — und das ist nun ein Umstand, der im Kreise gesunder Seelen nicht vorkommt — es gibt Fälle, wo dem Kranken diejenige Art des Betens, die man gewöhnlich allein vorzugsweise im Auge hat, geradezu abgerathen und untersagt werden muß, nämlich das zusammenhängende Gespräch des Herzens mit Gott. Die blose Anstrengung der geistlichen Sammlung, das anhaltende Nachdenken über göttliche Dinge, regt in demjenigen, der von der Qual unwillkürlicher gotteslästerlicher Gedanken heimgesucht ist, gerade dieses Uebel auf und diese

Wirkung steigert sich mit jedem weiteren Anlaufe, den man zur Ueberwindung jener Gedanken nimmt. Darin liegt ein genügender Fingerzeig, daß der heil. Geist keinen Methodismus des Gebetes will. Da jenes Uebel auch außerhalb des Gebetes durch nichts so sicher überwunden wird, als durch völliges Ignoriren, so bleibt dieselbe Regel auch für das Gebet. Der Kranke muß zu der Ueberzeugung geleitet werden einmal, daß das Beten ohne Unterlaß auch in der Weise einzelner, immer wiederkehrender Seufzer geschehen kann, die so kurz sind, daß die mit ihnen verbundene Sammlung der natürlichen Denk- und Gefühlskräfte schon wieder vorüber ist, ehe einer jener quälenden Gedanken daraus sich erzeugen kann. Sodann muß er insbesondere darauf aufmerksam gemacht werden, daß es nicht sowohl unser eigenes Gebet, als vielmehr die uns vertretende und unser Gebet selber erst heiligende Fürbitte Jesu es ist, was uns die gewünschten Gaben vom Vater zuwendet. Auch ist ihm gegenüber der Bedeutung nicht zu vergessen, welche die Fürbitte in der Gemeinschaft der Heiligen, d. h. in der Kirche und in dem Kreise glaubiger Mitchristen für solche Fälle hat. Uebung in dem gänzlichen Verzicht selbst auf den edelsten Genuß, den Genuß eines zusammenhängenden Gebetes, die bei dem Kranken, zumal wenn er eine subjective Richtung der Frömmigkeit gewohnt ist, mit einer ganz erstaunlichen Selbstüberwindung verbunden ist, führt gerader als irgend ein Weg zur tiefsten Gelassenheit bei einer maß- und endlos scheinenden Qual. Damit ist aber der stärkste geistige Hebel in Bewegung gesetzt, um die Macht der Krankheit zu brechen. Und Hand in Hand damit geht dann jene Anregung eines von sich selbst ganz absehenden Glaubens, durch welche dem Frieden mit Gott eine objective Grundlage gegeben wird. — Aehnlich verhält es sich mit dem Gebete solcher Kranken, die an heftigen Versuchungen zu Fleischessünden leiden. Auch ihnen ist das eigentliche zusammenhängende Beten um Errettung gerade von diesen Banden dringend zu widerrathen, da die geistlichen Gemüthserregungen mit den Organen der Fleischessünden in einem so merkwürdigen Zusammenhange stehen, und so statt ein Mittel zum Leben geradezu ein Mittel des Todes werden. Dagegen steht diesen wenigstens das ganze übrige Gebiet des Gebets offen und es ist ihnen sogar zu empfehlen, daß sie in Gebeten und Fürbitten jeder sonstigen Art allen Fleiß anwenden, um an die Stelle der unkeuschen Bilder heilige Vorstellungen und Gedanken zu setzen. Nur daß natürlich auch hierin zur Vermeidung aller Nervenerregung ein besonders wohlbedachtes Maaß gehalten werden muß.

Hinsichtlich des Gebetes mit den Kranken dieser Art hat sich der Geistliche im Ganzen nach denselben Regeln zu achten. Namentlich wird er sich auch der dringenden Bitte, welche dießfalls von einer geschlechtlich aufgeregten weiblichen Kranken an ihn gelangen sollte, unbedingt entschlagen, da auf diesem Wege nur Unheil angerichtet werden kann. Wie es aber sonst mit diesem Mittel der Seelsorge zu halten, das läßt sich hier ebensowenig als in der gewöhnlichen Seelsorge vorausbestimmen. Man wird den hohen Werth des Gebets mit Geisteskranken anerkennen müssen. Denn sie sind doch fast alle Unmündige, sind Kinder am Geiste, so lange ihre eigentliche Krankheit dauert, und mit Kindern muß die Mutter beten. Wenn es nun bei leiblichen Kranken, die durch Alter, natürliche oder geistliche Bildung dem Beichtvater nicht selten ebenbürtig, zuweilen überlegen sind — in jedem einzelnen Falle sich fragt, ob der Geistliche ein Gebet anbieten soll oder nicht — so wird man dagegen sagen dürfen, daß diese Frage auf unserem Gebiete in den meisten Fällen, wo überhaupt geistliches Bedürfniß vorhanden ist, bejaht werden kann. Wir sagen: wo geistliches Bedürfniß vorhanden ist. Denn daß man sich selbst und das Evangelium nicht aufdringe, ist eine Regel, die für Irre ebensowohl gilt als für Gesunde. Mit dieser Voraussetzung möchten wir auch diesem Wirken des Geistes bei weiblichen Kranken nicht zu enge Gränzen stecken. Denn es ist wohl wahr, daß überhaupt die Seelsorge bei dem weiblichen Geschlechte vor großer Vertraulichkeit in Acht genommen werden muß, und gerade die Gemüths- und Gefühlserregung, die sich mit dem freien Gebete naturgemäß verbindet, bildet auch ein Band zwischen dem Seelsorger und seiner Kranken, das, ehe man sich dessen versieht, über das geistliche Gebiet hinaus in die Gränzen des Fleisches hineinläuft. Allein das würde an sich überhaupt die Seelsorge bei den weiblichen Kranken zu einem großen Theile aufheben. Denn auch ohne die sichtbare Gebetsgemeinschaft ist doch die Verbindung des Seelsorgers mit seinen Beichtkindern eine so enge, und es entsteht namentlich in Folge der hier so höchst nöthigen Mittheilung verborgener Zustände und Erlebnisse eine so wesentliche Vertraulichkeit, — daß mit dem Unterlassen des gemeinsamen Gebets die Gefahr keineswegs beseitigt und nur gegen Dahingabe sehr wirksamer geistlicher Heilmittel vermindert werden würde. Wir können daher dem Seelsorger diese Art des Gebets im Allgemeinen nur empfehlen. Nur daß es stets mit besonderer Nüchternheit und Einfalt geübt werde, in der Zeit sehr Maaß halte, und wenn es angeboten wird, doch immer noch eher wie eine vom Kranken erbetene Wohlthat, als wie ein vom Geistlichen angetragener Dienst herauskomme.

Wir fügen schließlich noch ein Wort über das hinzu, was bei der Beerdigung eines in der Krankheit abgeschiedenen, oder vielleicht auch durch Selbmord gestorbenen Irren zu beobachten ist. Es ist eine vielverbreitete, aber durch die Erfahrung der Irrenanstalt nicht bestätigte Meinung, daß im Angesichte des Todes der Irre wieder zu sich komme. Das Gegentheil ist beinahe ausnahmslose Regel. Die Beurtheilung des geistlichen Zustandes, in welchem ein Mensch von dieser Welt geschieden ist, wird dadurch sehr erschwert, wenn es z. B. nicht mehr möglich war, einem Wüstling, der seine letzten Lebenstage in der Geistesverwirrung zugebracht hat, ein Wort zur Buße zu sagen und eine Wirkung der Heimsuchung Gottes bei ihm zu beobachten. Da es aber ganz entschieden ist, daß oft bei scheinbar völliger Erstarrung des innern Lebens eine Bewegung nach oben stattfindet, und die Pflanzen Gottes auch so zu sagen zwischen dem Schutt wachsen: so wird auch durch eine grauenhafte Gestalt der letzten Krankheit von der Möglichkeit einer begonnenen innern Umwandlung nichts abgebrochen, und der geistliche Grabredner hat das Recht, von dieser Möglichkeit auszugehen. Ebendarum wird er auch zwar den geisteskranken Selbstmörder, wie es die kirchliche Sitte gebeut, zum Zeichen der besonderen Trauer der Kirche über einen solchen Fall so stille als möglich beerdigen. Aber ein Mensch, der sich den verhängnißvollen Strick ohne alle klare Vorstellung von dem Zweck und den Folgen seiner That um den Hals gelegt, der den tödtlichen Schnitt mit dem Glauben gethan hat, daß Gott ihn heiße, sein Leben zum Opfer zu bringen, hat auf die erste Bitte Jesu am Kreuze noch einen Anspruch mehr als andere Sünder. Darum wird der geistliche Grabredner nur um so mehr sich an die allgenugsame Barmherzigkeit Gottes halten und darauf trauen, daß möglicherweise ein Ende mit Schrecken in einen neuen Lebensanfang mit Freuden verwandelt werden könne.

---

18. Seelsorge bei Gefangenen und Verbrechern.

Da wir im 24. Capitel die Thätigkeit des Geistlichen an einem Strafgefängniß specieller zu behandeln haben, so bleibt uns für gegenwärtiges Capitel, das die jedem Pastor möglicher Weise vorkommenden Fälle in's Auge zu fassen hat, nur die Pastoration bei Untersuchungs-Gefangenen und bei verurtheilten Verbrechern übrig.

1. Während der Untersuchungshaft wird der Gefangene, wenn der Geistliche ungerufen ihn besucht, ihn stets mit dem Argwohn empfangen, derselbe wolle ihn ausholen; läßt er ihn aber zu sich bitten, so steckt dahinter seinerseits die Hoffnung, den Geistlichen, auf dessen gutes Herz er rechnet, von seiner Unschuld zu überzeugen und durch ihn auch auf den Richter zu wirken. Jenem Argwohn kann durch nichts eher vorgebeugt werden, als wenn der Geistliche die am Ort anwesenden Gefangenen stets fleißig besucht, so daß seinem Kommen von den Einzelnen keine specielle Absicht unterlegt werden kann. Aber ebensowenig kann der Pfarrer natürlich das für seine Aufgabe halten, den Vertheidiger des Angeklagten zu machen; er wird seine Erzählung ruhig anhören, aber gerade diese Gelegenheit benutzen, um den Gefangenen erkennen zu lassen, daß er ihn so wenig als den Richter durch Lügen täuschen kann. Merkt dieß Jener, so hat er schwerlich große Sehnsucht nach weiteren Besuchen, wird leicht sogar barsch, und es ist schwer, einen ersprießlichen Verkehr in Stand zu bringen. Die nächste Aufgabe des Geistlichen wäre hier wieder einfach die, zu trösten, ja, dem Gefangenen die Haft zu einer gesegneten zu machen. Aber so lange kein Urtheil gefällt ist, begehrt der Angeklagte keinen andern Trost, ist für keinen andern empfänglich, als die Hoffnung der Freiheit, diese aber kann ihm der Geistliche von sich aus nicht in Aussicht stellen. Er wird also immer nur in der hypothetischen

Weise verfahren können: nämlich das Vertrauen, ja die freudige Gewißheit zu wecken, daß, wofern der Gefangene unschuldig sei, seine Unschuld an den Tag komme und er dann die Haft als eine von Gott ihm zugemessene Demüthigung ansehen müsse, die ihm auch zum Segen ausschlagen müsse; wofern aber sein Gewissen ihn anklage, solle er nicht hoffen, durch Lügen sich hinauszuhelfen; frei werde ein Mensch nur durch die Wahrheit. Zu einem Geständniß drängen soll und kann der Geistliche nicht, weil er ja nicht weiß, ob ein solches abzulegen ist; aber Alles, was er auch ohne eine hierauf gehende directe Absicht Pastorales redet, kann und soll doch dem Gewissen zu seinem Recht und seiner Macht verhelfen. Gesteht der Gefangene ihm seine Schuld, aber sub sigillo, so ist es zwar (wie an anderm Orte schon bemerkt wurde) nicht Sache des Geistlichen, das zu einer Denunciation zu benützen ohne Einwilligung des Angeklagten, er soll auch da das Beichtsiegel, d. h. das Vertrauen, das ihm als Pastor sich geöffnet hat, respectiren; aber er hat dem Gefangenen eben so bestimmt zu sagen, daß er für seine Schuld schlechthin keine Vergebung von Gott zu hoffen habe, wofern er sie nicht auch dem Richter bekenne. — Im Uebrigen verweisen wir auf Capitel 24, da Vieles, was dort für speciellere Verhältnisse gesagt ist, auch dem Pastor gilt, der mehr zufällig mit Gefangenen zu thun hat.

2. Von dem Moment an, da über einem Verbrecher das Todesurtheil gesprochen, und vollends von da an, wenn die landesherrliche Unterzeichnung desselben zur Gewißheit geworden, ist der Delinquent ein Gegenstand tiefsten Mitleids. So wohlverdient sein Schicksal seyn mag, und so wenig, objectiv und begrifflich betrachtet, der Satz, daß Blut nur durch Blut gesühnt wird, durch die humanitarischen Theorien gestürzt werden kann, die lediglich die Empfindung, nicht aber die Idee der Gerechtigkeit, nicht das Gewissen und das göttliche Wort zur Quelle haben: so tritt doch dem einzelnen Menschen gegenüber, der da verurtheilt ist, das klarste Bewußtseyn von der sittlichen Nothwendigkeit der Todes-

strafe zurück vor dem Mitgefühl der furchtbaren Lage, in die der Verbrecher durch das Todesurtheil versetzt ist. Stunde um Stunde verrinnen zu sehen und genau abzählen zu können, wie viele derselben man noch zu leben hat, mit lebendigem Leibe den Gang zum eigenen Grabe anzutreten, sich wie ein Thier an der Schlachtbank binden lassen zu müssen und den Todesstreich zu erwarten, dann die Frage: was weiter? wie wird der in die Ewigkeit kommen und vor Gott stehen, der wegen seiner Missethat selbst des irdischen Lebens unwürdig geachtet wurde, das doch so viele gottlose Menschen ungestört genießen? — überhaupt die Schrecken der nahen, in so schrecklicher Weise nahenden Ewigkeit — wie muß das Alles auf ein Gemüth wirken, das, so tief es auch gesunken, so verhärtet und frivol es geworden seyn mag, doch noch ein menschlich Gemüth ist! Dieses mitzufühlen, ist dem Geistlichen nicht nur nicht verwehrt — wie könnte das auch seyn? — sondern es darf das Mitgefühl in ihm viel mehr Gehör finden, als im Richter, der einzig das ewige Gesetz der Gerechtigkeit zu vertreten hat. Der Geistliche ist nicht Diener und Organ der göttlichen Gerechtigkeit, sondern der göttlichen Liebe; wie seinen Herrn, so darf und muß auch ihn dieser Aermste unter den Sündern von Herzen jammern; und selbst die Verstocktheit eines solchen dürfte sein Erbarmen nicht schwächen. Allein auf der andern Seite ist der Geistliche doch nicht dazu da, um dem Verbrecher sein Mitleid zu bezeugen und ihm aus bloßem Mitleid das, was seiner harrt, so leicht als möglich zu machen; es würde dieß auch vergeblich seyn, denn bloßes Mitleid und die von demselben inspirirten Tröstungen wiegen federleicht gegenüber der furchtbaren Schwere solch eines Looses. Vielmehr ist die Aufgabe des Geistlichen, so sehr auch ihre Lösung und die Mittel zu derselben nach Maßgabe der individuellen Zustände sich immer modificiren müssen, doch wesentlich immer diese.

1. Wenn bei Kranken die Todesbereitschaft dadurch so oft gehemmt und gestört wird, daß immer wieder Lebenshoffnungen

sich einschleichen, die den Ernst der Todesgedanken schwächen: so steht dem Verurtheilten sein Ende so unzweifelhaft gewiß vor Augen, daß er selber begreift, es sei Thorheit, sich in Gedanken noch mit Anderm zu beschäftigen, als mit der Ewigkeit. Je weniger er früher an sie gedacht hat, um so nothwendiger ist es, nunmehr seine in der Regel noch höchst verwahrlosten und unklaren, halb ungläubigen, halb abergläubischen Begriffe zu corrigiren, ihm aus Gottes Wort eine klare, einfache, feste Erkenntniß von der jenseitigen Welt beizubringen, so daß auch seine Phantasie nicht an dem Acte der Hinrichtung haften bleibt, sondern über sie hinausgreift und so sein Geist kräftig genug wird, um den Moment der Hinrichtung, der jetzt noch ein zukünftiger ist, schon als einen vergangenen, dahinten liegenden sich zu denken. An diesem Puncte ist der Fall der schwierigste, wenn der Delinquent ein Freigeist ist und mit dem Heroismus der Freigeisterei das Schaffot zu besteigen gedenkt. Da wir unten einen besondern Abschnitt der Behandlung der Freigeister zu widmen haben, so verweisen wir auf diesen, nur daß sich, was andern Subjecten gegenüber in weitere Erörterungen zerlegt oder ausgesponnen werden kann, im vorliegenden Falle wegen der Kürze der Zeit zusammendrängen und auf die Hauptmomente beschränken muß; es wird also namentlich die Hinweisung darauf nöthig seyn, daß der Ungläubige seiner Sache selber so ungewiß sei, daß in ihm selbst, in seinem Gewissen, eine Stimme rede, die all seine Weisheit verneine, und daß es doch über alle Maßen thöricht sei, so auf's Ungewisse in die Ewigkeit zu gehen. Oft wird die Erinnerung, daß der Delinquent früher auch an keine göttliche Gerechtigkeit geglaubt habe und nun doch von derselben ereilt worden sei, den besten Beweis für die Hohlheit des Unglaubens abgeben und das Gemüth für die Wahrheit zugänglich machen.

2. Ist einmal die Ewigkeit, an deren Pforte der Missethäter sich sieht, ihm aufgeschlossen, und zwar nach ihrem ganzen Ernste, wornach also auch die von der menschlichen Obrigkeit angeordnete

Execution keineswegs für sich schon die Strafe aufhebt oder compensirt, die des Gottlosen im andern Leben wartet (eine Meinung, die gründlich beseitigt werden muß): so ist das nächste Nothwendige, nun den Rest der Lebenszeit dazu zu verwenden, daß der Mensch, der auf Erden nicht mehr vom Tode gerettet werden kann, doch vom ewigen Tode gerettet werde. Es ist also a) dem Missethäter die Möglichkeit zu bezeugen, daß auch er, der von Menschen Verworfene, noch bei Gott begnadigt, noch selig werden könne. Hiezu ist das Vorbild des Schächers, dem der Herr das Paradies zuspricht, zu gebrauchen; es ist aber auch angemessen, dem Verurtheilten anderweitige geschichtliche Beispiele anzuführen, sie ihm in extenso zu erzählen, ihm auch, wenn er Seelenruhe genug hat, um etwas zu lesen, Geschichten von solchen Maleficanten zu lesen zu geben, die noch zu rechter Sterbensfreudigkeit gelangt und im Frieden Gottes ihren blutigen Todesweg gegangen sind.*) b) Diese Möglichkeit ist aber für den Missethäter, wie für jeden Anderen, bedingt durch die christliche Heilsordnung. Bei ihm muß die Buße ihren ganz bestimmten Inhalt und ihre stricte Form haben, sofern 1) das Bekenntniß der Sünde ein vollständiges, rückhaltloses seyn, sich auch nicht blos auf die vom Gerichte bestrafte That, sondern aufs ganze Leben erstrecken muß; sofern 2) die volle Erkenntniß der Strafwürdigkeit dieser Sünden, also auch der Gerechtigkeit der zu erduldenden Strafe nothwendig ist, so daß der Verbrecher dem Gerichte selber Recht gibt, — „wir empfangen, was unsre Thaten werth sind," und in dem Spruche des Richters die Offenbarung der göttlichen Gerechtigkeit willig anerkannt; eben daher 3) auch keinen Groll und Grimm gegen Richter, Ankläger, Zeugen u. s. f. in sich aufkommen läßt, und ebensowenig 4) die eigene Schuld dadurch verkleinert, daß er sie auf Andere, auf schlechte Erziehung, auf Verführung u. s. w. abzuwälzen sucht. Die Selbsterkenntniß,

*) Beispiele der Art s. bei Burk II. Abschn. IV. Cap. 19. Nr. 10. 15. 16. 19. 20. 21. Aus neuerer Zeit vgl. Klehmet, „die Macht der Sünde und die Allmacht der Gnade," ein Pastoralvortrag. Potsdam 1858.

die dem allem zu Grunde liegen und die der Geistliche zu Stande zu bringen sich bemühen muß, wird, wenn dieß gelingt, öfters sogar die Wirkung haben, daß der Verbrecher seinen Tod als eine Wohlthat erkennt, die ihn vor dem sonst nur allzu leicht möglichen Rückfall in's alte Sündenleben (zumal wenn statt der Todesstrafe das Zuchthaus seiner warten würde) bewahre. — Der Glaube an Christus, als Heiland auch für den Verbrecher, wird bei diesem, wenn das Sündengefühl ein recht lebendiges geworden, in seiner Herzensnoth in der Regel weniger Schwierigkeit haben, als bei andern; daß der Erlöser selbst hat als Missethäter eines schmach- und martervollen Todes sterben müssen, bringt ihn dem, der denselben schauervollen Weg zu gehen hat, um so näher.

Erst auf Grund solcher innern Reinigung werden auch diejenigen Vorstellungen ihre rechte Wirkung und ihren Werth haben, die ohne dieselbe dem Delinquenten ein schlechter Trost scheinen würden, wie z. B. die lebhafte Ausmalung der Seligkeit im Himmel gegenüber dem Elend der Erde, die Reflexion, daß man ja doch einmal sterben müsse, gleichviel, ob ein paar Jahre früher oder später; daß ein Tod durch Henkers Hand wenigstens viel schneller vorbei sei, als eine lange und schmerzhafte Krankheit u. s. f. Legt der Geistliche auf derlei Gedanken zu viel Gewicht, macht er sie überhaupt von sich aus geltend, anstatt blos dann, wenn der Missethäter selbst darauf kommt, sie ihm zum Troste zu bestätigen, so riskirt er, daß derselbe ihn kopfschüttelnd fragt, ob er, wenn es so schön im Himmel und eine Hinrichtung einer Krankheit so weit vorzuziehen sei, etwa mit ihm tauschen würde? Auch das ist nicht wohlgethan, wenn der Geistliche von der bei dem Verbrecher bemerkbaren Sinnesänderung, selbst wenn sie sich auch dem schärferen Blick als eine gründliche zu erkennen gibt, zu viel Wesens macht; spricht er in zu hohem Tone davon zu ihm selbst, so setzt er ihn der Gefahr aus, daß noch Angesichts eines solchen Todes geistliche Eitelkeit sich regt; es ist das menschliche Herz ein wunderbares Ding und nimmt gern an Allem Anlaß, sich durch Wohlgefallen an sich selbst für die Schmach vor der Welt und vor dem eigenen Gewissen schadlos zu halten.*) Ja, selbst der Weg zum Schaffot kann jener Eitelkeit noch Nahrung geben;**) um so weniger darf der Geistliche sich durch rührende, fromme Aeußerungen bethören lassen, ihr zu Willen zu seyn.

3. Erst wenn so über die Zukunft und über die Vergangenheit des Verbrechers seine Gedanken christlich geordnet sind, wird auch in Bezug auf das Nächste seine Stimmung und Haltung richtig zu stellen seyn. Durch alle die Motive, die in der Erkenntniß der Gerechtigkeit, der er zum Opfer fallen muß, wie in der Hoffnung auf ein ewiges Leben und eine ewige Barmherzigkeit liegen, soll eine stille, männliche Ergebung und Fassung bewirkt werden, damit der Unglückliche nicht unter dem Beile fällt, wie ein Wild, das der Jäger niederstreckt, sondern als ein Mann, der in das, was einmal nach Gottes Schickung und Ordnung geschehen muß, sich auch fügen will. Solche Ergebung wird zwar gerade bei dem nicht Verhärteten oft unterbrochen werden durch die Schrecken des Todes, aber aus diesen die arme Seele wieder zur Ruhe zu bringen durch freundlichen Zuspruch, durchs Gebet, durchs Lesen von Liedern, zumal solchen, die den Armen in seine Jugend, in seine Heimath zurückversetzen, das ist die Aufgabe des Geistlichen, der darin nicht müde werden, den Verurtheilten täglich besuchen, auch, wenn er sieht, daß es demselben wohl thut, länger bei ihm verweilen muß. Insbesondere ist am Tage vor der Hinrichtung die Reichung des Abendmahles eine Stärkung für ihn,

---

*) Wir wissen von Delinquenten, die aus dem Gefängnisse noch in ihren letzten Tagen so salbungsvolle Briefe schrieben und von ihrer eigenen Sünde und Begnadigung in einer solchen Weise darin redeten, daß es zwar sehr erbaulich zu lesen, aber auch jene Eitelkeit darin fühlbar war, die das feinere Gefühl verletzt.

**) Es ist uns z. B. ein Fall bekannt, wo der Maleficant, als man ihn zu Wagen vom Gefängniß zum Richtplatze brachte, gar nicht damit zufrieden war, daß man die Wagenfenster verhängt hatte; er hätte sich von der Menge gerne sehen lassen, was man ihm just hatte ersparen wollen.

die wohl Jeder, wenn er überhaupt dem Worte des Seelsorgers Gehör geschenkt hat, von selbst begehrt.

4. Den Verbrecher zum Richtplatze zu begleiten, ist etwas für manche Gemüther so Entsetzliches, daß Jeder sich glücklich preisen darf, wenn er nie in seinem Leben in diesen Fall gekommen ist. Auch sollte es unsres Erachtens nur dann dem Geistlichen zur Pflicht gemacht werden, wenn es der Delinquent selbst begehrt; in diesem Falle wird sich auch immer zwischen Beiden ein Verhältniß gebildet haben, durch welches dem Geistlichen dieser Gang erleichtert wird; es ist die Liebe, es ist das Erbarmen, das ihn auch in solcher Stunde treibt und aufrecht erhält. Blos um vom Schaffot her eine Rede zu halten, dazu sollte kein Geistlicher beordert werden; solch ein Moment predigt selber viel lauter, als seine Worte es vermöchten. Vielmehr soll der Verbrecher an seinem Seelsorger einen Halt haben, der ihm von Zeit zu Zeit ein tröstendes Wort sagt, der vor der Execution mit ihm und für ihn ein kurzes Gebet spricht, und ihn mit einem Segenswunsche (etwa: Gehe hin im Frieden; deine Sünden sind dir vergeben; im Namen Jesu wirst du des Todes Bitterkeit überwinden!) verabschiedet. — Auch für die Function des Geistlichen ist die beschränkte Oeffentlichkeit der Hinrichtung (so daß in den geschlossenen Raum nur eine bestimmte Anzahl Personen zugelassen werden, die in anständiger Kleidung erscheinen müssen) eine werthvolle Erleichterung; dem rohen Pöbel gegenüber, der sich sonst massenhaft auf den Hinrichtungsplätzen einfand und zu allem Unfug aufgelegt war, ist es für den Geistlichen etwas Peinliches gewesen, selbst auch nur ein Theil des Schauspiels zu seyn, das man erwartete.

19. Eides-Verwarnung.

1. Wenn auch in manchen Ländern die Haltung einer jährlichen Eidespredigt noch Sitte ist, und wenn außerdem auch in der kirchlichen Katechese regelmäßig beim zweiten Gebot die Lehre vom Eid abgehandelt wird: so ist damit eine persönliche, seelsorgerliche Vornahme derer, die schwören sollen, durchaus nicht überflüssig gemacht. Die Möglichkeit, in halber Unwissenheit, in Unklarheit sowohl über den zu beschwörenden Gegenstand als über die Bedeutung der Eideshandlung, ja die Versuchung, trotz dem klaren Bewußtseyn von beidem dennoch aus Furcht, aus Eigennutz, aus Rechthaberei einen Meineid zu schwören, ist allzu naheliegend, als daß nicht jedem Schwörenden von Obrigkeitswegen aufgegeben werden sollte, sich zuvor bei seinem Seelsorger zu stellen. Nicht nur dem Ungebildeten, auch dem Feingebildeten droht jene Versuchung; findet der Geistliche, daß das Gewissen gehörig geweckt und die Erkenntniß eine richtige ist, um so besser; dann wird sein Geschäft eben so ersprießlich, wenn auch anderer Art seyn: dann nämlich wird er wohl vielmehr zu trösten, aufzurichten, zu stärken haben. Denn einem rechtschaffenen Christen ist es immer eine schwere Auflage, einen Eid (wir reden natürlich vorzugsweise von gerichtlichen, mit irgend einem Civil- oder Criminalprocesse zusammenhängenden Eide) leisten zu müssen. Es ist erstlich ein peinigendes Gefühl, wenn solch ein Mensch auch nur die Möglichkeit sich denkt, er könnte sich ja doch irren, wenn gleich er der Wahrheit seiner Aussage vollkommen gewiß ist; die Vorstellung, es könnte hernach sich die Sache doch noch anders darstellen, hat etwas Verwirrendes und Aengstigendes. Zweitens aber wird das religiöse

Gemüth vor dem Eid als einer Folge und Frucht der Sünde, der Weltlüge, ein förmliches Grauen haben. Es ist nicht etwa blos die Gebundenheit an den Buchstaben der Schrift (Matth. 5, 34 ff. Jak. 5, 12.), also eine unfreie Stellung zum Geiste, die jene tiefe Antipathie gegen einen Schwur erzeugt, und der der Pastor somit durch die nöthigen Erläuterungen über die Natur jener Eidesverbote (wie sie die Moral zu geben hat) abhelfen könnte; sondern es ist, neben der Ehrfurcht gegen das Wort des Herrn, das ganz richtige Gefühl, daß es einem Christen, je mehr sein Ja immer Ja, sein Nein immer Nein ist, eigentlich zur Schmach, oder doch zu tiefer Demüthigung gereicht, wenn die Obrigkeit auch seinem einfachen Worte nicht glaubt, sondern erst durch den Eid sich auch ihm gegenüber vor Lügen gesichert hält. Er sieht wohl ein, daß der Richter mit ihm keine Ausnahme machen darf, aber er kann das doch nur als eine öffentliche Gleichstellung mit der verdorbenen Welt schmerzlich empfinden. Hier liegt nun für den Pastor die Sache so. Wenn der Eid nicht, wie ein Zeugeneid, vom Gerichte schlechthin gefordert wird, wenn er vielmehr nur das letzte Mittel ist, um ein Unrecht, einen Nachtheil von der eigenen Person abzuwenden, so wäre immer nach Umständen zu versuchen, ob der zum Schwur Berufene oder Zugelassene sich nicht bewegen ließe, denselben lieber zu unterlassen und den daraus erwachsenden Nachtheil auf sich zu nehmen. Wir kennen Fälle, wo dieß von Leuten wirklich geschehen ist, die lieber schwere Opfer sich gefallen ließen, als daß sie schwuren. Allein nicht nur können die Umstände von der Art seyn, daß einem Manne vernünftiger Weise diese Zumuthung gar nicht zu machen ist (wenn er z. B. dadurch für sich und seine Familie der Existenzmittel beraubt würde): sondern es ist auch dem Rechtsgefühl, das das Christenthum durch die Vorschrift des Duldens keineswegs aufheben will, entgegen, daß ein rechtschaffener Mensch, der Recht hat, vom Richter Unrecht erhalten soll, blos weil er den gesetzlich ihm zustehenden Eid nicht leisten will, ja daß er, da seine Eidesweigerung einem Widerspruche gegen die vorherige Behauptung seines Rechtes sehr ähnlich sieht, nun erst als Lügner vor der Welt dastehen, und die Lüge, das Unrecht, triumphiren soll. Das kann der Pastor um des Ganzen, um des objectiven Rechtes und der Aufrechthaltung des Rechtssinnes im Volke willen, durchaus nicht wünschen, wird also, wenn der zum Schwur Berufene selber auch lieber Verzicht leisten will, doch nicht unbedingt ihn darin bestärken, sondern je nach der Sachlage ihn selbst aufmuntern, den von der Obrigkeit ihm gewiesenen Weg zu gehen, auf dem, wie die Dinge einmal stehen, allein das Recht auch Recht bleiben kann. Wäre das Verbot des Eides als ein auch für das Leben des Christen in der Welt und mit ihr geltendes, buchstäblich zu befolgendes anzusehen: dann würden alle diese Reflexionen allerdings nicht gegen das Wort der Schrift aufkommen können, und der Pastor müßte jeden ohne Ausnahme nicht vor dem Meineid, sondern vor dem Eide selbst, als vor einer Sünde, verwarnen. Aber so steht die Sache nicht; der Eid an sich selbst, obgleich er durch die Sünde erst nöthig geworden, ist darum nicht auch Sünde — denn das Mißtrauen gegen menschliche Unwahrhaftigkeit, und das Vertrauen in die Macht des Gewissens und des vom Schwörenden selbst ausgesprochenen Namens Gottes, beides wurzelt in der Schriftwahrheit selbst; der Eid ist wesentlich Bekenntniß und als solches auch zu beurtheilen; was über Ja und Nein ist, ist allerdings vom Uebel, aber dieses Uebel ist eben einmal da, ist annoch da, und der einzelne Christ, so wenig ihm gegenüber die Forderung des Eides nothwendig wäre, hat unter jenem Uebel mitzuleiden. In sofern also gilt es hier zu trösten; es gilt, durch klare Auseinandersetzung des innern Wesens des Eides das Gewissen festzustellen, und durch Gebet den Schwörenden zu seinem Gange vor Gericht zu stärken.

2. Bei den Meisten aber bedarf es leider solchen Trostes nicht; sie nehmen es nur zu leicht, erbieten sich (was immer das Verdächtigste ist) unaufgefordert zur Eidesleistung, und sehen den Eid nur als ein Mittel an, um zu ihren Zwecken zu gelangen.

Zu dieser Meinung, überhaupt zur leichtfertigen Behandlung des Eides können die Gerichte selbst viel beitragen, indem sie einen Eidschwur auch dann zulassen oder anordnen, wenn noch nicht alle andern Mittel zur Erforschung der Wahrheit erschöpft sind, oder wenn die Richter den Act selbst nicht mit Ernst und Würde vollziehen. Denn wenn der Act nicht den tiefen Eindruck des Heiligen, des vor Gottes Angesicht Geschehenden macht, so wirkt bei der Masse des Volkes die bloße Vorhaltung des Begriffs, was der Eid sei, wenig oder nichts; nicht der Begriff, sondern die Wirklichkeit ist es, was imponirt. Wie es aber auch mit der Gesetzgebung und mit der Praxis beschaffen seyn mag: der Geistliche hat immer die Aufgabe, das Gewissen des zum Schwur sich Bereitenden so zu bearbeiten, daß er nur dann den Schwur wirklich leistet, wenn er es mit voller Wahrheit thun kann, oder daß, falls er dennoch einen Meineid begeht, er sich in keinerlei Weise damit entschuldigen kann, er habe nicht so recht gewußt, was es mit dem Eid für eine Bewandtniß habe. Also die Erkenntniß vom Wesen des Eides, und der Wille, der Wahrheit die Ehre zu geben — diese beiden sind es, was der Pastor zu bewirken suchen soll; es ist die Furcht vor Gott, dem Allgegenwärtigen, dem Allwissenden, dem Heiligen und Gerechten, die im Gemüth erregt und wirksam gemacht werden soll. Für das pastorale Verfahren macht es nun einen Unterschied, ob der Citirte ein Mensch ist, bei welchem Gottesfurcht schon vorher nicht fehlte, oder ein solcher, bei dem mehr oder weniger tief die Gottlosigkeit eingewurzelt ist. Im ersten Fall ist nur nöthig, die schon vorhandene Gottesfurcht auf den im Eide vorliegenden speciellen Punct zu concentriren, dem Schwörenden zu zeigen, wie sich in seinem Eide es beweisen müsse, daß er Gott fürchte, und wie alle seine bisher bewiesene oder nachher etwa zu beweisende, vielleicht verdoppelte Frömmigkeit, Wohlthätigkeit u. s. f. nicht im Stande wäre, diese öffentliche und wohlbewußte Verleugnung aller Gottesfurcht, diese Todsünde (hier ist dieser Begriff praktisch sehr zu verwerthen) wieder gut zu machen.

Bei Menschen dieser Art kann ein egoistisches Interesse allerdings solch ein Uebergewicht gewinnen, es kann sogar eine gewisse Gutmüthigkeit oder Schwäche aus Rücksichten für den Vortheil Anderer (eines Freundes, eines Verwandten rc.) so weit gebracht werden, daß das klare Bewußtseyn des Verbrechens dahinter zurückbleibt; all jenen Interessen oder Rücksichten gegenüber ist die Majestät des Namens Gottes geltend und wirksam zu machen. Im anderen Falle hat der Pastor eine weit schwerere Aufgabe, weil hier nicht im Schwörenden selber das Gewissen gegen das Interesse aufgerufen werden kann, der Pastor also im Innern des Menschen nicht schon seinen Bundesgenossen hat, sondern dem Interesse und der Gottlosigkeit desselben nur des Pastors Wort gegenübersteht, das solch einer Herzenshärtigkeit gegenüber als eine schwache Waffe erscheint. Man könnte auf den Gedanken gerathen, es wäre das Angemessenste, bei solch einem Menschen, statt der religiösen Motive, die auf ihn nicht wirken, vielmehr solche anzuwenden, für die er zugänglich sei; also — denn an Anderes läßt sich nicht denken — ihn am Ehrgefühl zu fassen, oder, wenn auch dieß nicht gelänge, ihm in Aussicht zu stellen, daß ein Meineid sicher über kurz oder lang entdeckt werde, und dann schwere Strafe nach sich ziehe. Diese Motive sind immerhin nicht zu verschmähen, sie können am rechten Orte gute Dienste thun. Aber an die Stelle der religiösen Motive können sie nicht treten, schon weil sie ihrer Natur nach untergeordnet sind, ja auf egoistische Impulse berechnet erscheinen, und dann, weil ein verhärteter Mensch sich durch solche Dinge weder drängen noch schrecken läßt. Wir stehen da wieder an demselben Schlagbaum, den der Seelsorger sowenig als der Erzieher überspringen kann; über den sich gegen Wahrheit und Recht innerlich verschließenden Willen werden wir nie Meister, so lange er sich nicht von innen heraus uns öffnet, oder — was von der andern Seite betrachtet dasselbe ist, — so lange nicht Gottes Wundermacht den Riegel zurückschiebt und Bahn macht. Wir sind bei einem solchen nur im Stande, alles Nöthige ihm zu sagen, schließlich aber ihm die Sache auf sein Gewissen zu geben, und ihm zu erklären, daß, falls er dennoch falsch schwöre, wir jede Mitverantwortlichkeit vor Gott ablehnen.

Zur Verständigung des Schwörenden über das Wesen des Eides ist freilich nöthig, daß der Pastor selbst einen durchaus klaren, festen Begriff vom Eide hat. Es herrscht darüber manchfache Unklarheit oder Unbestimmtheit, wenn z. B. gesagt wird, im Eide rufe man Gott zum Zeugen an (was er ja ohnehin immer schon ist), oder man verzichte für den Fall der Lüge selber auf seine Seligkeit (dann wäre der Eid in allen Fällen etwas durchaus Unstatthaftes) oder man rufe Gottes Strafgerechtigkeit gegen sich selber auf (dann wäre das Schwören identisch mit dem Sich-Verfluchen). Der Eid ist vielmehr wesentlich als Bekenntniß zu fassen, nämlich als Bekenntniß des Glaubens an den lebendigen, dreieinigen Gott, das in demselben Moment als unser eigenstes Bekenntniß ausgesprochen wird, in welchem wir der Obrigkeit irgend eine Thatsache als solche (positiv oder negativ) bezeugen. Der Eid und seine Bedeutung für das Gesammtleben (denn nur für dieses ist er nöthig und vorhanden) beruht also darauf, daß unter einem christlichen Volk es für unmöglich angesehen wird, daß Jemand in demselben Augenblick eine wissentliche Lüge aussprechen könne, in welchem er an den allwissenden Gott, den Gott der Wahrheit, nicht blos erinnert wird, sondern in welchem er das Bewußtseyn von dessen Gegenwart, ja seinen Glauben an denselben und seine Hoffnung auf denselben (daher die Formel: „so wahr mir Gott helfe") mit eignem Munde, bei voller Klarheit des Geistes (daher ein Eid nur Vormittags geschworen werden darf), und in einer den Ernst der Stimmung erhöhenden rituellen Umgebung ausspricht. Der Meineid ist somit, außer der Nichtswürdigkeit, die er mit jeder Lüge gemein hat, noch speciell eine heillose Verleugnung alles Glaubens an Gott, aller Furcht vor ihm; ja die ruchloseste Art solcher Verleugnung, weil sie die bewußteste ist und in der heuchlerischen, tückisch-betrügerischen Form des Bekenntnisses geschieht.

Die Wirkung ist also allerdings die, daß ein solcher Mensch auch das letzte Band zwischen sich und Gott entzwei schneidet; er ist schlimmer, als der Atheist, der einfach erklärt, ich glaube an keinen Gott; der Meineid heftet dem Gewissen ein Brandmal an, das nicht mehr zu tilgen ist. Wenn je eine einzelne Thatsünde den Menschen mit einer nie zu vergebenden Schuld belastet, so ist es der Meineid.

Diese auf die Fassungskraft der betreffenden Individuen zu berechnende Erörterung dessen, was es mit dem Eid auf sich hat, bildet die Basis für die Hauptfrage: kannst du nun mit gutem Gewissen schwören? Wird dir nicht, während du schwörst, dein Gewissen sagen: du lügst? Wird nicht hernach, irgend einmal, vielleicht erst in deiner Todesstunde, vielleicht erst vor Gottes Richterstuhl es heißen: du hast nicht Menschen sondern Gott gelogen? Um auf den zum Eid Berufenen genügend einzuwirken, ist es wünschenswerth, daß der Geistliche über den Fall, um den es sich handelt, nähere Kenntniß habe. Die Gesetzgebung hat dieß häufig nicht für nothwendig erkannt; der Geistliche, sagt man, habe sich um das Materielle gar nichts zu kümmern, er soll blos über die Heiligkeit des Eides eine Belehrung geben. Aber gerade die specielle Application ist im seelsorgerlichen Verkehr so äußerst wichtig; ich werde, je nachdem die Sache liegt, mehr dieß oder mehr jenes Moment betonen, werde z. B. mehr trösten oder mehr das Gewissen erst wecken; werde im einen Falle mehr, im andern weniger darauf Gewicht legen müssen, wie leicht nach einiger Zeit sich eine Erinnerung an Geschehenes und Gethanes, Gehörtes und Gesprochenes verwische oder confundire, werde, wenn ich das Materielle kenne, auf diesen und jenen Punct aufmerksam machen. Deßhalb sollte dem Geistlichen, ohne daß er natürlich damit das Recht erhielte, über das Materielle irgend ein Urtheil auszusprechen, doch für die Zwecke specieller Gewissenszucht immer die Einsicht der Acten gestattet oder diese ihm ohne Weiteres vom Gericht zugestellt werden, um so mehr, als die verzwickte, undeutsche Sprache, in welcher die Gerichtsstellen so oft ihre Erlasse abfassen, vom gemeinen Manne gar nicht verstanden wird, er somit oftmals auch bei einem Eide gar nicht recht weiß, um was es sich handelt.

Erscheint der vom Gerichte dem Pastor zugewiesene Eidespflichtige zu der von diesem anberaumten Stunde bei ihm, so wird wohl, nachdem der Zweck seines Kommens constatirt, die Identität der Person außer Zweifel ist, das Erste seyn, daß man sich von ihm selbst den Handel, in den er verwickelt ist, erzählen läßt. Denn so objectiv auch die Belehrung über des Eides Heiligkeit mag gehalten werden sollen oder wollen, dem Eidespflichtigen geht das Allgemeine ganz in dem Besonderen seines Falles auf, er ist mit seinen Gedanken darin gefangen, und in der Art, wie er sie kund gibt, wird der Pastor bald wahrnehmen, an welcher Stelle die Gefahr der bewußten Unlauterkeit oder einer unbewußten Selbsttäuschung möglicher Weise vorhanden ist. Auch das läßt sich am besten hieran knüpfen, daß so oft eine Sünde die Mutter vieler andern wird; erst eine Unthat, dann, um ihre Folgen abzuwenden, eine Lüge, die zum Meineid wird — wie häufig ist das der Gang, den die zu einem Eide Verurtheilten (z. B. leichtsinnige Dirnen, denen zum Erweis der von ihnen behaupteten Paternität ein Eid zugeschoben wird) gethan haben! Diesem Concreten gegenüber, über das der Pastor theils schon aus der Erzählung, theils aus dem; was ihm das Gericht mitgetheilt hat (wenn nemlich geschieht, was geschehen soll) sich ein Urtheil im Stillen wird bilden können, bekommt dann das Objective, was er über den Eid zu sagen hat, eine viel größere Bestimmtheit, mehr praktischen Charakter, es ist vielmehr Demonstration ad hominem, als wenn der Pastor sich um das Materielle lediglich nichts kümmern soll. Die Erörterung über den Eid selber geschieht oft am besten examinatorisch; wir fragen, was der Eidpflichtige vom Eide weiß. Hat der Pastor etwas Taugliches, was er über diesen Gegenstand demselben zu lesen geben kann, etwa Erzählungen von Meineidigen und der göttlichen Strafgerechtigkeit, die sie ereilt hat, so kann er bei manchen

Individuen davon Gebrauch machen. Sehr zu empfehlen ist, daß er mit seinem Clienten betet, etwa am Schlusse der Unterredung; in's Gebet kann er alles das noch kräftig zusammenfassen, was er in die Seele des Menschen pflanzen möchte. Bei einer einzigen Unterredung sollte es jedoch niemals sein Bewenden haben. Der Pastor muß, was er gesagt, auch in der Stille fort wirken lassen, und nach einigen Tagen den Betreffenden wieder vor sich rufen, um zu hören, ob er noch gleichen Sinnes sei, ob sich ihm die Sache inzwischen nicht in anderem Lichte gezeigt? Ebenso sollte er bei der Eidesleistung persönlich anwesend seyn, und sich vor Gericht mit einem kurzen Worte an den Schwörenden wenden; das würde nicht nur auf diesen noch möglicher Weise Eindruck machen, sondern würde auch solche Richter, die die Sache sonst leicht zu nehmen pflegen, wenigstens zur äußerlich würdigen Behandlung desselben nöthigen.

Ganz besonders wäre freilich die Eidesvorbereitung nothwendig für diejenigen, die in auszeichnendem Sinne den Namen Geschworne führen. So vortrefflich sich in vielen Beziehungen das Institut der Geschwornen-Gerichte bewährt, so schlimm sind doch oft die Wahrsprüche derselben, wenn es sich um politische Processe, um Preßvergehen, namentlich um Anklagen wegen Frivolität handelt, so übel ist die Unfestigkeit vieler Zeugen, denen die Wahrheit nicht über Alles geht. Da sehen wir die Parteifarbe so oft den Ausschlag geben; da läßt man sich von da und dorther bearbeiten, und der Eid, den der Geschworne geleistet hat, sinkt zur puren Formalität herab, durch die man sich nicht gebunden achtet. In wie weit die Gesetzgebung hierin bessern kann, sofern sie solche verfängliche Processe den Justizbehörden ausschließlich zuweist, haben wir hier nicht zu erörtern; aber desto nöthiger wäre eine Fürsorge in der Richtung, daß den Geschwornen vor jeder Sitzungsperiode von einem dazu qualificirten Geistlichen das Gewissen durch eine Ansprache geschärft würde. Eine vortreffliche Gabe für obigen

Zweck, die von Amtswegen in Gebrauch gesetzt werden sollte, ist die kleine Schrift von Hauber: „Wegweiser für Zeugen vor dem Schwurgericht," Stuttgart bei Belser, 1851.

20. Der Verkehr des Pastors mit Freigeistern.

Der aus einer andern Zeit stammende Name Freigeist eignet sich, obgleich jetzt Niemand mehr sich selber damit schmückt, fortwährend am besten zur Bezeichnung solcher Subjecte, die vom Unglauben Profession machen, die sich etwas darauf einbilden, von allen religiösen und im Zusammenhange damit auch von sittlichen Banden sich emancipirt zu haben. Man dünkt sich ein Held zu seyn, weil man nichts mehr fürchtet, wovor die Andern eine Scheu empfinden; man ergreift jede Gelegenheit, seinen Standpunct bemerklich zu machen und seine Weisheit auszukramen; wenn dieß auch nicht überall Bewunderung, sondern bei frommen Seelen Abscheu erregt, so kitzelt solches Entsetzen nur um so mehr die Eitelkeit solcher Tröpfe, daher sie sich nicht selten frivoler stellen, als sogar ihre wirkliche Herzensmeinung ist.

Es fragt sich zunächst, auf welchen Wegen solch ein Freigeist und der Pastor sich einander begegnen? Denn die Kirche besucht solch ein Weltweiser grundsätzlich nicht; an Krankenbetten trifft man ihn ebenfalls nicht — denn seine Philosophie geht Hand in Hand mit jener Feigheit, die schon die Nähe eines Kranken wegen des in seinem Anblicke liegenden memento mori ängstlich fürchtet; auch fühlt sich dem Ernst des Lebens, dem Unglück gegenüber der Freigeist doch selber so leer, so jämmerlich arm, er weiß da nichts zu reden, dessen schämt er sich und bleibt weg. — Und wenn er etwa in der Gestalt eines Arztes dort mit dem Geistlichen zusammenträfe, so ist der Arzt wenigstens so vernünftig, zum Disputiren nicht diesen Ort zu wählen. In den Gesellschaften aber, wo jene Philosophen in Stadt und Land, — meist Barbiere, herabgekommene Kaufleute oder Fabrikanten, alte Militärs, Schreiber u. s. w. — sich umtreiben, d. h. in den Wirthshäusern, ist der Pastor nicht daheim. Besuchen werden sie ihn wohl selten; außerdem sind für ihn nur zweierlei Begegnungen mit ihnen denkbar: erstens, daß er zufällig an drittem Orte mit ihnen zusammentrifft, und zweitens, daß er selber sie aufsucht.

1. Das Erstere wird leicht in Städten geschehen, wo der Geistliche in Familien eingeführt, zu Festmahlen geladen werden oder wo ein Zusammentreffen im Eisenbahn-Wagen ihn zum Zeugen frivoler Gespräche machen kann. Daß er auch bei solchen Veranlassungen schon als Christ, noch mehr als Pastor zu einem Zeugniß verpflichtet ist, daß sein Schweigen zur Sünde, zur Verleugnung werden kann, bedarf keines Beweises; aber sehr schwer ist zu bestimmen, wie es am richtigsten anzugreifen sei, der Wahrheit Ehre zu retten. Denn solche Situationen sind nicht dazu geeignet, daß ein Gegenstand gründlich erörtert werde; die Führung eines Beweises, das Zurückgehen auf Principien, das Wachrufen derjenigen edleren Gefühle, auf denen so wesentlich das sittliche Bewußtseyn ruht und in denen es seine Realität erweist, — das alles ist an solchen Orten, in solch gemischter Umgebung meist rein unmöglich und würde genau dasjenige seyn, was der Herr Matth. 7, 6. verbietet. Wo die allerersten Grundlagen eines gemeinsamen religiösen Bewußtseyns fehlen, wo die ganze Bildung eine so oberflächliche ist, daß das Denken alles tieferen Inhalts wie aller methodischen Zucht entbehrt, da thun einige Argumente aus der Apologetik, einige der üblichen Beweise für's Daseyn Gottes, für die persönliche Unsterblichkeit, für die Gottheit Christi rc. keine Dienste, denn über die Prämissen, von welchen aus man etwa argumentiren könnte, sind die Freigeister hinaus, so daß man nirgends einen

festen Punct hat, um sie von einer Concession aus zu weiteren Concessionen — aus Glauben in Glauben — zu führen; zieht man aber, nachdem man sich mit ihnen eingelassen, die Sache also als eine offene Frage behandelt und die Gegner durch's wirkliche Disputiren als disputirfähig anerkannt hat, den Kürzeren, behalten sie das letzte Wort oder bleibt der Sieg unentschieden, so haben sie die Lacher und den ganzen Troß der Indifferenten auf ihrer Seite und die Sache ist schlimmer, als wenn der Pastor geschwiegen hätte. Selbst mit Bibelsprüchen zu antworten, erfordert große Weisheit, denn das Bibelwort ist nicht — wofür es zu nehmen Viele sehr geneigt sind, aber Niemand einen Rechtsgrund in Gottes Wort selbst hat — ein Zauberspruch, den man nur aussprechen darf, um alle bösen Geister in die Flucht zu schlagen; es kann, am rechten Orte ausgesprochen, mit der Urkräftigkeit des ihm inwohnenden Wahrheitsgeistes die Gewissen treffen, kann einschlagen wie ein Blitz und die frechen Mäuler stopfen; aber es kann ebensoleicht auch einen desto frivoleren Hohn provociren und dem Pastor so ausgelegt werden, als wisse er gegen siegreiche Gründe nichts vorzubringen, als die Auctorität eingelernter Sprüche, über deren Anerkennung hinaus zu seyn ja eben der Ruhm der Freigeisterei ist. In solchem Falle trifft derjenige gewiß am besten das Rechte, der Geist und Geistesgegenwart genug besitzt, um mit irgend einem kurzen, schlagenden Worte, wär's auch ein Sarkasmus, die Angreifer die Hohlheit ihres Geredes so fühlen zu lassen, daß sie schweigen müssen. Hiefür aber kann sowenig als für irgend ein bon mot eine Pastoralregel aufgestellt werden; Männer, wie Flattich, der oft in solchen Fall kam, sind die beste Erklärung dessen, was wir meinen und der beste Beleg für die Wirkung solcher Repliken. Nicht selten zeigen solche Spötter große Unwissenheit; dann wirkt es sehr gut, wenn man ihnen diese Ignoranz beschämend unter die Augen rückt und ihnen zu erkennen gibt, daß sie, bevor sie über heilige Schrift und Katechismus von oben herab zu urtheilen sich unterstehen, zu allererst auf die Schulbank sich niederlassen und lernen müßten, was in Schrift und Katechismus steht. Läßt sich aber von keiner dieser Seiten beikommen (wie denn allerdings manchmal solche Freidenker in der Schrift nicht übel bewandert sind, daher man sich um so mehr in Acht nehmen muß, um sich ihnen gegenüber keine Blöße zu geben): so bleibt nichts mehr übrig, als — nach Umständen entweder in der höflichen Form einer Bitte zu schweigen, oder im Ton einer strengen, aber gemessenen Rüge — solchen Individuen zu sagen: wenn sie auch für ihre Person keine Achtung vor göttlichen Dingen haben, so sollte ihnen, wofern sie auf Bildung auch nur einigen Anspruch machen, schon der Anstand verbieten, öffentlich dasjenige mit roher Hand anzutasten, was uns Andern, was jedem Christen heilig ist und trotz allem solchen armseligen Gerede heilig bleiben wird. Mit einem Anathema im Eiferton richtet man nichts gegen sie aus; sie betrachten das als Explosion unmächtigen Zornes, als Zeichen der Angst eines Obscuranten vor der Erleuchtung, die durch Lichtfreunde kommt, und fühlen nur um so mehr Lust, diesen Zorn noch weiter zu reizen und die Angst zu steigern. Ist jene Bitte oder Rüge wirkungslos, dann kann der Pastor nichts thun, als sich zurückziehen; man wird überhaupt wohlthun, sich solchen Reden gegenüber ebenso zu benehmen, wie wenn man unfreiwilliger Zeuge schamlosen Geschwätzes wäre.

2. Wenn Obiges sich auf zufällige Berührung mit Freigeistern bezieht, so fragt es sich, ob der Pastor solche Individuen, wenn er deren in seiner Gemeinde hat, auch direct aufsuchen soll? Im Allgemeinen ist diese Frage eher zu verneinen als zu bejahen; denn sich aufdringen will das Evangelium Niemanden, und wenn solch' ein Mensch argwöhnt, man beabsichtige ihn zu bekehren, so verschließt er sich nur desto hartnäckiger gegen jede Ansprache. Wenn jedoch ein Solcher Aergerniß anrichtet, wenn er vor den Ohren der Jugend, wenn er in Schenken oder sonst öffentlich Propaganda macht mit frivolen Grundsätzen, dann allerdings ist er, bevor weitere Schritte zur Handhabung der Disciplin gegen ihn eingeleitet

werden, vom Pfarrer aufzusuchen, um ihm das Schnöde, das Verantwortungsvolle seines Betragens vorzuhalten. Das wird von selbst Gelegenheit geben, von dieser formellen Frage auf die materielle zu kommen. Hält sich aber solch ein Mensch in der Stille, so ist es besser, zu warten, bis irgend eine Gelegenheit kommt, sich mit ihm in ein Gespräch einzulassen. Es kann durch einen Todesfall, eine Taufe, eine Confirmation, eine Hochzeit solch eine äußere Annäherung herbeigeführt werden. Weise aber wäre es in solchem Falle nicht gehandelt, wenn z. B. in einer Leichenrede, die ein Freidenker etwa als Gatte, als Sohn, als Vater eines Verstorbenen anzuhören gezwungen ist, der Pfarrer eine Philippika wider den Unglauben losließe, oder wenn er in einer Taufrede, einer Hochzeitrede Polemik und Apologetik triebe. Argumente, wie sie in einer Disputation vorzubringen wären, sind hier schon darum nicht am Platze, weil der Gegner nicht antworten darf, der Pfarrer also leichtes Spiel hat und ebendarum, wo kein Kampf war, auch nicht als Sieger von dannen geht. Selbst erbittern wird es, wenn die Rede so gehalten ist, daß man wohl sieht, der Pfarrer signalisire die Betreffenden als Unchristen und benütze die Gelegenheit, sich öffentlich gegen sie zu expectoriren. Gerade in solchen Momenten kann es leicht geschehen, daß auch z. B. Einer, der über den Glauben an ein anderes Leben hoch hinweggesehen, im geheimsten Innern das Bedürfniß fühlt, solchen Glauben sich aneignen zu können. Da ist es rathsam und wohlthätig, ganz zu verfahren, wie wenn jener Unglaube gar nicht vorhanden wäre, d. h. sein Daseyn nicht irgendwie anzudeuten, um damit polemische und apologetische Erörterungen zu motiviren, sondern ein einfaches, freudiges Bekenntniß christlicher Hoffnung, christlichen Vertrauens abzulegen, das gerade durch die Schlichtheit und das feste, persönliche Einstehen für die Wahrheit, durch das „Ich glaube, darum rede ich,“ das der Zuhörer dem Prediger abfühlt, am tiefsten wirkt, während alles Gemachte, alle in frommem Wortschwall bestehende Salbung, alle schwunghafte, hochtrabende oder sentimentale Rednerei vom Uebel ist. Gut ist es aber auch, gerade für diesen Fall, wie sonst, wenn der geistliche Redner es versteht, die christlichen Ideen nicht blos in den hergebrachten dogmatischen Formeln auszusprechen, mit denen so ein Freigeist längst fertig zu seyn glaubt, die ihm keinen Inhalt mehr haben, sondern sie in mannigfachster Weise an das natürlich menschliche Bewußtseyn, an die natürlichsten, edelsten Gefühle und Bedürfnisse, an die Thatsachen des innern und äußern Lebens anzuknüpfen, wodurch auch dem ferner Stehenden, wenn nicht die klare Erkenntniß, doch die Ahnung beigebracht wird, daß ihm, wofern er nur ein Mensch ist und ein menschlich Herz hat, das Evangelium etwas zu sagen, etwas zu geben habe, was er überall sucht und doch sonst nirgends findet. So dient auch die feinere, geschmackvollere Anwendung biblischer Bilder, Geschichten und Sentenzen, überhaupt der biblischen Sprache wesentlich dazu, daß auch Solche, die hoch über der Bibel zu stehen wähnen, doch sich gestehen müssen, das Evangelium brauche sich nach seiner Form so wenig als nach seinem Inhalt vor ihrer Kritik zu fürchten; es stehe überhaupt trotz allem Wechsel der Zeiten und der Bildungsweisen heute noch in unvergänglicher Frische und Wahrheit da. Ueberhaupt ist der feiner gebildete Geschmack etwas, was wir, wie bei jeder homiletischen Casualfunction, so ganz vornehmlich in dem hier besprochenen Falle dem geistlichen Redner dringend wünschen müssen; durch Plattheit nicht weniger als durch Verstiegenheit, durch Plumpheit nicht weniger als durch falsche Kunst, durch theologische Steifheit nicht weniger als durch begriffslose, oberflächliche Wortmacherei — lauter Uebel, die auch neben persönlicher Frömmigkeit noch Platz haben — wird gerade in solchen Momenten dem Evangelium geschadet, die ihm entfremdeten Gemüther werden ihm noch mehr entfremdet, und das verschuldet, vor was Röm. 14, 16. 1 Tim. 6, 1. Tit. 2, 5. gewarnt ist. So wird der Geistliche ferner, wenn er in solch einem Hause eine Taufe zu vollziehen hat, nicht etwa den Eltern eine geharnischte Standrede halten, aber ebenso wenig in trägem Mechanismuß seine Liturgie herbeten und dann seines Weges gehen; sondern er wird den Augenblick, wo auch sonst verschlossene Herzen weicher gestimmt sind, zu einer freundlichen Ansprache benützen, ihnen die hohe Bedeutung eines Kindes als einer Gabe Gottes und die hohe, himmlische Bestimmung desselben, wie die göttliche Treue und Weisheit, die seine Lebenswege ordnen und besser für das Kind sorgen wird, als alle Elternliebe vermag, lebhaft schildern, ihnen aus diesen Gesichtspuncten auch die Taufe ins richtige Licht setzen und, was irgend ein Elternherz in solcher Stunde bewegen mag, Dank, Sorge und Hoffnung, in herzliches Gebet fassen. Die edle, einfache Feierlichkeit einer Taufe (wie überhaupt aller evangelisch-kirchlichen Handlungen), wenn der Geistliche sie würdig vollzieht, kann nicht verfehlen, auch auf erkaltete Gemüther erwärmend zu wirken und vielleicht Jugend- und Heimatherinnerungen in ihnen wachzurufen, die lange begraben gelegen. Mit solchem Eindruck ist freilich noch wenig ausgerichtet und für die Zukunft noch wenig verbürgt. Aber an solchen Menschen ist schon das Kleinste nicht gering zu achten; daß sie nur einmal wieder mit dem Geistlichen, mit Amt und Kirche in Berührung gekommen sind und ihn nicht als Feind, nicht als Mann einer Gegenpartei, nicht als einen durch orthodoxen Formalismus vom wirklichen Leben, von menschlichem Gefühl und Mitgefühl geschiedenen Pfaffen sich gegenübertreten, sondern in seiner Person und seinem Worte beides, das Religiöse und das Natürliche geeinigt, dieses durch jenes verklärt gesehen haben, — schon das ist wahrlich etwas werth; die persönliche Annäherung ist hier, wie in hundert andern Fällen, das beste Vehikel zur Annäherung an die Sache, an die durch die Person vertretene Wahrheit.

3. Es wäre aber auch möglich, daß der Pastor von solch einem Freigeist aufgesucht oder zu ihm gebeten wird; sei es im Fall einer Krankheit, oder sei es, daß ein geheimer Trieb mitwirkt, weil der Ungläubige seiner Sache doch nicht vollkommen gewiß und froh und ihm darum das Disputiren ein gewisses Bedürfniß ist.

Solchem Begehren darf der Pastor nicht ausweichen, es auch nicht durch ein Anathema auf allen Unglauben oder durch simple Verweisung auf Schrift und Kirchenlehre ablehnen; denn gerade das ist ja für jenen die Frage, welche Auctorität Schrift und Kirche für den denkenden Geist haben könne, eine Verweisung auf diese Auctorität gilt ihm somit einfach als ein Beweis, daß man keine Gründe für den Glauben wisse, die Wahrheit desselben also nur für den Gedankenlosen feststehe und nur von dem Heuchler zugestanden werde. Es ist also jedenfalls die Berechtigung des Denkens, der Untersuchung auch des Heiligen auf wissenschaftlichem Wege dem Gegner zuzugeben, indem nur von dieser Concession aus eine Verständigung überall möglich ist; wer von den Gegenständen des Glaubens alle Kritik fern halten will, der muß selbst der Reformation die Berechtigung absprechen, die ja auch demjenigen, was zuvor als Gegenstand des Glaubens heilig geachtet war, sich mit der Schärfe kritischen Blickes gegenüber stellte. Der Verkündiger des Evangeliums würde ein schlechtes Vertrauen kund geben, wenn er glaubte, die christliche Wahrheit müsse vor irgend einer im Interesse der Wahrheit vorgenommenen Prüfung zittern; das Evangelium ist für den Menschen da, also muß auch der Wahrheitssinn, der dem Menschen anerschaffen ist und dem die Wissenschaft in allen ihren Formen dient, schließlich mit dem Evangelium sich im Einklang finden. Daß dieser Wahrheitssinn erst am Evangelium selbst sich bildet und schärft, daß überhaupt der Maßstab, an dem dasselbe gemessen werden soll, nicht ein ihm fremder seyn darf, wenn nicht das Resultat ein falsches seyn soll, ist vollkommen richtig; das Gleiche findet bei allem Classischen, bei allem Genialen Statt, — wer z. B. das unvergänglich Schöne an den Werken unsrer großen Tonmeister oder Dichter erkennen lernen will, der muß schlechterdings diese Tonmeister und Dichter studiren, sie in sich selbst aufnehmen und innerlich verarbeiten; nur in ihnen selbst findet er den Maßstab, an dem sie gemessen werden müssen. So lernt man auch die christliche Wahrheit als Wahrheit nur erkennen, wenn man sich in sie einlebt, sie vollständig und beharrlich auf Geist, Gemüth und Gewissen wirken läßt; nur dadurch wird man urtheilsfähig in göttlichen Dingen. Aber dieses Auf-sich-wirken-lassen ist kein gedankenloses, da der denkende Geist nicht vollkommen bei sich wäre; er übersieht z. B. den Unterschied zwischen Schrift und Gottes Wort, zwischen der menschlichen Form und dem göttlichen Inhalt, daher auch den Unterschied zwischen den einzelnen biblischen Schriftstellern u. s. w. ebensowenig als er diese Differenzen — was allerdings das bequemste ist — leugnet; aber er muß diese Dinge, an die der flache Unglaube sich heftet, unter höheren Gesichtspuncten so zurechtzulegen, so zu begreifen wissen, daß sie der Wahrheit der Offenbarungsthatsache nicht nur nicht widersprechen, sondern eben zur Wirklichkeit, zur menschlichen und geschichtlichen Vermittlung der göttlichen Offenbarung mitgehören.

Von solcher Grundanschauung aus wird, was zunächst die mildere Form der Freigeisterei betrifft, die wir am einfachsten mit dem Worte Rationalismus bezeichnen in dem Sinne, wie er als theologische Denkweise seine Zeit gehabt hat, die pastorale Behandlung folgende seyn. Er begegnet uns heutzutage in nicht wenigen Personen von einiger Bildung, die, ohne sich feindselig oder frivol über Christenthum und Bibel auszulassen, doch nur die Moral mit einigen religiösen Appertinentien für die reelle Substanz der Religion halten, die also weder Geist noch Unsterblichkeit, weder Gottes Daseyn noch Gottes Vorsehung leugnen, aber das Heil des Menschen einzig an seine Tugend knüpfen, zu dieser Tugend alle Kraft im Menschen voraussetzen und deßhalb die positiven Glaubensätze wenigstens für etwas Gleichgültiges erklären. Tritt ein Prediger zwar auf orthodoxem Lehrgrunde, aber nicht in schroffem, dogmatisch-pikirten Tone auf, so lassen sie sich auch das, was nach ihrer Meinung nicht wesentlich, keine Heilswahrheit oder Heilsbedingung ist, dennoch gefallen, wenn das dogmatische Material nur immer in geschmackvoller, rednerischer oder gar poetischer Form behandelt und unterhaltend oder rührend gemacht wird.

Sie sehen das alsdann wie hübsche Arabesken an, mit denen es nun einmal üblich sei, den eigentlichen Wahrheitsgehalt, die Moral, zu verbrämen, um damit dem Volk und dessen Vorurtheilen gerecht zu werden. Dieserlei Leute enthalten sich in der Regel aller Einwendungen gegenüber dem Pfarrer; Viele sehen es, wenn sie gleich innerlich sehr rationalistisch gestimmt sind, doch als Sache der Mode oder des Zeitgeistes an, daß die Prediger, die ja in ihrem Fach ebenso gut dem Geschmackswechsel unterworfen seyn werden, wie die Menschen dieß in allen Dingen sind, dermalen so sehr positiv und orthodox auftreten, ja, daß ihnen selbst die Kirchenlehre noch nicht orthodox und positiv und realistisch genug ist, — aber eben darum läßt man sie gewähren. Kommt es aber je einmal zu einer wirklichen, einläßlichen Erörterung zwischen solch einem Rationalisten und dem Pastor, dann ist ihm zweierlei klar zu machen. Erstens: die sittliche Oberflächlichkeit, von der diese Ansicht beherrscht ist. Man legt allen Werth auf menschliche Tugend, aber welch eine Verblendung, welch eine Lähmung des Gewissens ist es, sich oder irgend Jemanden eine Tugend zuzuschreiben, die vor Gott rein wäre und Bestand hätte! Und wieder, wie leicht nimmt es der Rationalismus mit der Vergebung der Sünde, welch eine kindisch-anthropomorphistische Vorstellung von Gott, als einem guten, schwachen Papa, ist es, deren man sich getröstet, während man doch so hohe und reine Vorstellungen von Gott zu haben behauptet! Das also ist des Pastors Aufgabe in diesem Fall: das Gewissen in seiner Tiefe aufzuwecken und in lebendige Bewegung zu bringen, damit der zuvor so selbstzufriedene Mensch erkenne: wenn es keine andere, gültigere Versöhnung mit Gott gibt, als die, die ich mir selbst mache, — keine Vergebung, als die ich um meiner guten Eigenschaften willen von Gott zu erhalten hoffe, so bin ich verloren. Wer das einmal einsehen lernt, der ist dann froh und dankbar dafür, daß er in der Heilsgnade, die das Evangelium im Namen des Gekreuzigten ihm darbietet, dasjenige findet, was er braucht; er nimmt diese Gnade hin, ohne sich durch Scrupel über die Möglichkeit beirren zu lassen; und eignet er sich den Trost solcher Versöhnung an, dann geht ihm auch ein Licht darüber auf, daß, so unerhört und unausdenklich die Hingabe des Gottessohnes in Marter und Tod zum Zwecke der Versöhnung ist und bleibt, doch dieß Räthsel sich durch die Wundermacht der Liebe löst, die alles vermag. — Zweitens aber ist dem Rationalisten nicht blos von Seiten des Gewissens, sondern auch von Seiten des verständigen Denkens selber beizukommen. Er will nur was beweisbar ist, als wahr annehmen. So werde ich ihm zeigen, daß er, wenn er trotzdem an einen persönlichen Gott und an eine persönliche Fortdauer nach dem Tode glaubt, vollkommen inconsequent ist; für beide Sätze kann er keinen stricten Beweis erbringen, und der Gottesbegriff, so deistisch er gefaßt werden mag, läßt sich doch niemals nach den Kategorien des Verstandes so zerlegen, daß nicht widersprechende Merkmale übrig blieben. Es ist ein etwas gewagtes Experiment, aber es ist praktisch und, was die Hauptsache, es ist wahr, zu sagen: Du bildest dir auf die Schärfe deines Denkens, auf die Beweiskraft deiner Argumente viel ein: du bist aber in einem groben Irrthum, denn willst du consequent seyn, so mußt du Skeptiker, Atheist oder Materialist werden; nach deinen Principien darfst du nicht einmal an einen Gott, an eine Unsterblichkeit glauben. Entgegnet er, das sei eben ein Postulat, er könne sich weder die Welt ohne einen Gott noch einen persönlichen, sittlich sich bestimmenden Geist ohne Unsterblichkeit denken, so werde ich ihm darin vollkommen beistimmen, aber bemerken: daß du dir einen Gott denken mußt, das ist nicht das Werk deines Verstandes, sondern es ist das Bedürfniß deines Herzens, dessen Liebestrieb kein Mensch und keine Sache, sondern nur ein Gott genügt, und dem Gott sich in seiner Offenbarung als ein Seyender, Lebendiger selbst bezeugt hat. Hast du aber demgemäß deinen Verstand einmal dazu gebracht, dir gegen den Glauben an einen persönlichen Gott, der allgegenwärtig seyn und doch nicht ins All zerfließen, sondern Selbstbewußtseyn haben, also sich in sich selbst concentriren soll, — an einen Gott, der alles zum Voraus wissen und doch der menschlichen Freiheit Raum lassen soll, — keine Einwendungen mehr zu machen, sondern sogar Stützen für solchen Glauben herbeizuschaffen: dann hast du bereits, im Gegensatze zu deinen vorgeblichen Grundsätzen, thatsächlich ein Princip anerkannt, von welchem aus auch eine Selbstoffenbarung in Wort und That, in Weissagung und Wunder, vornemlich aber in der Menschwerdung des Sohnes Gottes nicht mehr als etwas schlechthin Unmögliches, Undenkbares erscheint. Die Letztere ist nur von dem Standpunct aus nicht zu begreifen, da man Gott und Mensch sich als absoluten Gegensatz, Gott als starre, unlebendige Jenseitigkeit und als quantitative Unendlichkeit denkt. Ist man aber von einem lebendigeren Begriffe sowohl Gottes als des Menschen aus zur Idee der Menschwerdung gelangt, so ist von da aus auch der Weg zur Trinitätsidee rückwärts gebahnt, wie vorwärts zur Rechtfertigungslehre; stehen aber diese Grundpfeiler einmal fest, so ist der Rationalismus zu Ende. Bei solchen Ausführungen muß freilich das, was die Dogmatik an wissenschaftlicher Begründung und Verbindung jener Grundbegriffe darbietet, dem Pastor zu vollem persönlichem Eigenthum geworden seyn, mit dem er ganz nach dem Bedürfniß des vor ihm Stehenden zu schalten und zu walten versteht; wer nur die Terminologie und Methode einer Schule oder solche Erörterungen und Beweisführungen selbst hochberühmter Dogmatiker eingelernt hat, da man zwar viel Schlamm, aber wenig Steine findet, auf denen eines Mannes Fuß fest auftreten könnte, der wird einen schweren Stand haben.

Viel weniger gemeinsamen Boden, von dem man ausgehen kann, bietet derjenige Rationalismus dar, der, ohne das rationalistische Verstandesprincip zu verlassen, das durch allen speculativen Aufputz um nichts weniger flach wird, ja gerade als consequentester Vertreter jenes Princips, schließlich den persönlichen Gott, die persönliche Fortdauer, den geschichtlichen Christus leugnet, indem er nur in pantheistischer Weise von einem in den Individuen wirkenden Geiste redet und die Geschichte aller Gottesoffenbarung in Mythus verwandelt. Es ist auch von Seiten Solcher, die hiezu sich bekennen, nicht ohne Beispiel und psychologisch wohl erklärbar, daß sie, wofern sie nicht etwa aus persönlichen Gründen verbittert, wofern sie überhaupt mehr harmlosen als feindseligen Charakters sind, sich selbst zur Kirche in ein freundlicheres Verhältniß setzen, als dieß bei den Fanatikern der Schule je möglich ist. Ihre Unterscheidung zwischen Vorstellung und Idee macht sie fähig, auch nachdem sie ihren wissenschaftlichen Standpunct im Aether der Idee genommen haben, dennoch, schon aus humanen, volksthümlichen Sympathien, sich zur Vorstellung herabzulassen und diese mit der Gemeinde zu theilen. Für Solche ist z. B. Gottesdienst und Predigt, obwohl nicht reiner Ausdruck der absoluten Wahrheit, doch eine schöne Darstellung derselben in volksthümlicher Form, woran sie sich wenigstens dann in ihrer Art zu erbauen wissen, wenn diese Form mit Geist und Geschmack gehandhabt wird. Ueberhaupt kommt diese Gestalt der Negation dem Pastor viel weniger als die andern in den Weg, weil sie sich nur bei Männern von wissenschaftlicher Bildung findet; zu einer Discussion mit ihnen ist im literarischen Verkehr der geeignete Weg geöffnet. Wo im pastoralen Leben dieser Gegensatz uns begegnet, werden wir auf folgende Hauptmomente hinzuweisen haben: 1) auf die Unhaltbarkeit des Begriffs eines an die Stelle des lebendigen Gottes zu setzenden Weltgeistes, der erst im Menschen zum Bewußtseyn komme, während er in der Welt und dem Weltgange, in Natur und Geschichte sich doch in einer Weise manifestiren soll, die nicht nur Bewußtseyn, sondern Weisheit, also persönliche Intelligenz und persönlichen Willen voraussetzt; 2) auf die dem Mythicismus entgegenzuhaltende Alternative: entweder gibt es, wenn eure Behandlung der biblischen Geschichte, eure Erklärung z. B. von der Geschichte der Auferstehung Jesu und der Entstehung dieser Geschichte richtig ist, gar keine geschichtliche Wahrheit mehr — denn (wie seiner Zeit der pseudonyme Dr. Casuar am Beispiele der Geschichte

Luthers zeigte) nach der Methode des Strauß'schen Lebens Jesu läßt sich jede geschichtliche Person und Thatsache in Mythus verwandeln, und es ist lediglich eine ebenso unwissenschaftliche als frivole Parteilichkeit, wenn jene Methode nur auf die heilige Geschichte und nicht ebenso auf die Profangeschichte angewendet wird; — oder aber, wenn ihr mit der heiligen Geschichte auch nur in Einem Puncte nicht fertig werdet (wie denn vor allen die Auferstehungsgeschichte aller mythischen Erklärung Trotz bietet und alle Versuche solcher Deutung vor jedem gesunden Verstande höchst ungenügend und armselig erscheinen): dann fällt das ganze künstliche Gebäude zusammen; ist das Eine, daß Christus auferstanden ist, historische Wahrheit, so ist, selbst wenn einzelne Ungenauigkeiten in die alt- oder neutestamentliche Geschichtserzählung mit übergegangen wären, der Kern der göttlichen Offenbarungsthatsache, das Wunder aller Wunder unerschütterlich festgestellt. 3) Ueberhaupt aber verwickelt die mythische Deutung in Ungereimtheiten, in Vergleich mit welchen die Räthsel der evangelischen Geschichte wahrlich viel leichter zu lösen sind. Die Uebertragung der Idee einer Einheit zwischen Gott und Mensch auf die Person Jesu von Nazareth soll vorgegangen seyn in der christlichen Gemeinde; in ihr haben sich alle jene Sagen gebildet, die jetzt als Evangelistenberichte für Geschichte gelten. Aber woher kommt denn diese christliche Gemeinde selbst? Philonische Speculation wäre so wenig als irgend eine andere Speculation im Stande gewesen, eine Gemeinde aus galiläischen Fischern zu sammeln; es ist absolut unerklärlich, wie Petrus und seine Genossen aus dem Judenthum, Paulus aus dem Pharisäerthum sollte zu einer ganz antijüdischen Aufhebung des Gegensatzes zwischen Gott und Mensch gelangt seyn, ohne daß eine Thatsache dazwischen getreten wäre. Die Existenz der christlichen Kirche ist rein unerklärlich, wenn das Leben Jesu ein Mythus ist. — Auch dieserlei Gegnern gegenüber ist es Sache der pastoralen Weisheit, sich mit ihnen nicht über untergeordnete Dinge zu streiten, wie über Bileams Eselin oder Josua's Sonnenstillstand, woran sich der schale Witz immer am liebsten heftet. Auch die scharfsinnigste Demonstration zu Gunsten solcher Einzelheiten wird Keinen zum christlichen Glaubenssinn bekehren. Der Punct, um den es sich handelt, ist nicht Josua oder Bileam, nicht Sonne oder Eselin, sondern Christus, überhaupt nicht die Frage nach der buchstäblichen Inspiration aller Sätze im Bibelbuch, sondern die lebendige Gottesoffenbarung in der Person Christi und der lebendige Geist, der von ihm ausgeht. Wer einmal dahin gebracht ist, ein Bedürfniß der Erlösung und in Christo den Erlöser, im Erlöser den sich offenbarenden persönlich-lebendigen Gott zu erkennen, dem machen, wie oben bemerkt, auch Dinge jener Art keine Herzensscrupel mehr; soweit er sie nicht begreift, läßt er sie auf sich beruhen; nicht an ihnen, sondern an Christus dem Lebendigen hängt seiner Seele Heil und Friede.

Oefter wohl, als dieser Richtung, wird der Pastor dem Materialismus begegnen, der nicht der gelehrten Welt nur eignet, sondern die populärste und (in jedem Sinne des Wortes) gemeinste Form des Unglaubens ist. Mit diesem sich irgendwie zu verständigen ist weit schwerer, als mit allen früher genannten Gestalten der Freigeisterei, weil wir mit diesem Gegner eigentlich gar nichts mehr gemein haben, keinen Punct mehr, der unbestritten wäre; selbst das Erste oder Letzte von menschlichem Gefühl, von sittlichem Bewußtseyn ist da vernichtet, — ja, man kann schon aus dem Grunde mit einem Materialisten nicht disputiren, weil der Materialismus seinem wahren Wesen und Gehalte nach nicht ein System, nicht eine wissenschaftliche Ansicht, sondern eine Gesinnung, und zwar eine sehr niederträchtige Gesinnung ist. Durch die Leugnung nicht blos einer positiven Offenbarung, sondern eines persönlichen Gottes, und nicht nur eines Gottes, sondern alles Geistes; durch die Verwandlung alles Denkens in blose Stoffveränderungen im Gehirn (wofür die Propheten dieser Schule gerne die Vergleichung mit der Entstehung des Harns aus den Nieren anwenden — insofern ganz richtig, als wenigstens ihre eigenen Gedanken mit diesem unwillkürlichen Producte des Organismus auffallende Aehnlichkeit haben — weßhalb man nicht unpassend die Weisheit dieser Herren die Excremental-Philosophie genannt hat); durch die Aufhebung alles freien Willens, durch Negation alles dessen, was man sonst unter Menschen als Gewissen zu kennen glaubte, durch die Verwandlung auch der Intelligenz in eine naturnothwendige Wirkung dessen, was wir gegessen haben; — durch all dieß, wie dazu noch durch den pöbelhaft-frivolen Ton, der einen wissenschaftlichen Verkehr nach dieser Seite nicht zuläßt, ist dem Christenthum alle und jede Möglichkeit einer Anknüpfung für irgend eine seiner Lehren benommen. Wir können einem Materialisten gegenüber fast nur die Taktik anwenden, bei ihm selber zu seiner Ehre noch einige Inconsequenz vorauszusetzen, die er denn auch im praktischen Leben oft genug begeht, indem er z. B. im Verkehr mit Andern, mit Schülern, mit lässigen Dienstboten u. dgl. sicherlich sein Dogma von der Unzurechnungsfähigkeit derselben nicht zur Anwendung bringt. Wäre es einem Individuum aber wirklich Ernst, den Diatriben der Materialisten gegenüber, die ihm vielleicht den Blick getrübt haben, deren er sich nicht erwehren kann, während er sich ihrer doch erwehren möchte, auf's Klare zu kommen, so sind es folgende Momente, die ihm in's Licht gesetzt werden müssen: 1) die grobe petitio principii, die in der Grundvoraussetzung des Materialismus liegt, daß es keine reelle Existenz gebe, als die materielle, somit das, was wir Seele nennen, nicht ein Wesen, sondern nur eine Function sei. Eben so plump ist die Verwechslung der relativen Gebundenheit der Seele an den Leib mit der Identität beider; wenn der Musiker eine Sonate nicht spielen kann ohne ein Instrument, so folgt daraus ja nicht, daß das Instrument die einzig existirende Substanz, der Musiker ein bloses Accidens, eine Kraft jenes Stoffes ist, den wir in der Gestalt einer Violine vor uns sehen. 2) Der Materialismus nimmt eine Urmaterie an, einen Urschleim etwa, aus dem sich die verschiedenen Existenzen, und so am Ende auch der Mensch entwickelt habe. Ist dabei das

Specifische des selbstbewußten, geistigen Seyns einfach ignorirt, so liegt in jenem Verfahren auch die jämmerlichste Denkfaulheit vor; die Fragen: woher denn jener Urschleim? woher die Kraft in ihm, selbst denkende Wesen zu produciren? woher die auf einen bewußten Zweck hinweisende Harmonie, das Auf-einander-bezogen-seyn der einzelnen Bestandtheile des Universums? — diese Fragen beantwortet der Materialismus nicht, er verbietet sie, und hilft sich andererseits mit der stupiden Behauptung: in der Natur sei von der gerühmten Harmonie und Zweckmäßigkeit nichts zu sehen, sie mache im Gegentheil die dummsten Streiche. (Einem gewissen Heribert Rau gebührt die Ehre dieser Entdeckung; seiner Ansicht nach sind wir es, die die Welt erleuchten, weil wir Gas fabriciren; wir sind es, die den Blitz regieren u. s. w. Solch einem Aberwitz gegenüber ist es mit aller vernünftigen Erörterung aus.) Wo das Denken erst recht anfängt, da hört der Materialismus zu denken auf — und solch ein Verfahren will sich Wissenschaft nennen! 3) Am wichtigsten aber für den Standpunct des Pastors ist das Argument, das in der Berufung auf's Gewissen, auf's Schuldgefühl, auf Ehrgefühl und Liebesdrang, auf alles Edle und rein Menschliche, als auf unleugbare Thatsachen des Selbstbewußtseyns liegt. Leugnet der Materialist alles dieß, erklärt er es für pure Illusion, so wäre ihm, wenn es der Anstand erlaubte, eigentlich zu sagen: Entweder lügst du auf Kosten deiner eigenen Ehre und Menschenwürde, oder, wenn du wirklich aller Liebe, alles Schuldgefühls, alles Gewissens ledig bist, so bist du ein schlechter Kerl, den man um der öffentlichen Sicherheit willen unter Schloß und Riegel setzen sollte; ein menschliches Zusammenleben mit solch einem Unmenschen ist nicht möglich. Doch das bei Seite gesetzt, müßte ein Solcher uns wenigstens erklären, warum in Andern doch Gewissen, Liebe, Religion thatsächlich vorhanden ist? warum sogar in Solchen, die ebenso frivol waren, wie er, zu irgend einer Zeit Gewissen und Liebe mit unwiderstehlicher Macht hervorgebrochen sind und alle egoistischen Interessen, die der Materialismus beim

Menschen wie beim Thier als die einzig wirklichen (auch einzig vernünftigen) anerkennt, überwunden haben? Wenn das blos aus anerzogenen Vorurtheilen herkommen soll, warum sind denn diese Vorurtheile, die z. B. einen Verbrecher nicht abhielten, einen Mord zu begehen, jetzt plötzlich so stark, daß sie ihn zwingen, ein Geständniß abzulegen, das ihm den Kopf kostet? Oder warum ist bei edlen Menschen die Liebe so stark, daß sie selbst ihr Leben im Drange derselben opfern können? Kann die Hirnsubstanz wohl Jemanden zum Märtyrer für eine Idee machen? Wer freilich sich einmal aller sittlichen Principien persönlich entledigt hat, den widerlegt dieß Alles nicht; wo das Bestialische grundsätzlich gepflegt und für das wahrhaft Menschliche ausgegeben wird, da ist alle Beweisführung und aller Zuspruch vergeblich. Wir können schließlich nur mit Nitzsch sagen (a. a. O. S. 178): „Unglaube und Aberglaube, wie hitzige und kalte Leidenschaft, Indifferentismus und Fanatismus tauschen sich viel öfter aus und lösen einander ab, als daß sie zum wahren Glauben bekehrt werden. Da gewahrt es dann die Theorie, daß sie ohnmächtig ist und auf die in Gefühl und Willen einschlagende übernatürliche Kraft des Gotteswortes vertrauen muß. So trostlos es uns dünkt, daß wir nicht überführen noch überzeugen können, so troſtreich bleibt es, daß Gott Weg' hat aller Wege, und am Ende seine Argumentationen schnell zum Schlusse kommen."

---

21. Das pastorale Verhalten zu religiösen Bewegungen in der Gemeinde, zu Gemeinschaften und Secten.

1. Eine Bewegung in den Gemüthern hervorzurufen, wenn sie zuvor in träger Ruhe oder falschem Frieden erstarrt gewesen

waren, das ist die Absicht des göttlichen Wortes, mithin die Aufgabe des Predigers selbst. Die Symptome solcher Bewegung sind in der Regel stärkerer Kirchen- und Abendmahlsbesuch, mehr Verlangen nach Seelsorge, mehr Hausgottesdienst und namentlich das Entstehen von Privatzusammenkünften, weil der auf den Sonntag und auf etliche wenige Stunden beschränkte öffentliche Gottesdienst dem neuerwachten Drange nicht genügt. Solche Bewegung wird oft durch einen neuen Pfarrer hervorgerufen, der sich denn auch meist in den Mittelpunct stellt, alle Andachtsübungen leitet und wie ein Apostel in seiner Gemeinde steht. Gewiß ein schönes Loos ist dem gefallen, der so als ein Todtenerwecker und Lebenspender wirken darf. Allein die pastoraltheologische Betrachtung der Sache ist doch nicht ganz dieselbe, wie sie etwa einem Berichterstatter über solche Erscheinungen in einem Erbauungsblatte paßt. Darüber ist weniger zu sagen, daß solche Bewegungen zwar oft, aber nicht immer durch solche Geistliche veranlaßt werden, die ein ungewöhnliches Maaß von Geist und erleuchteten Eifer besitzen. Es fühlen sich oft auch Weltleute, die eine gedankenreichere, mehr geistige Predigtweise darum kalt ließ, weil sie zu träge sind, um sich der Wirkung des Gedankens hinzugeben, oder zu wenig christliches Interesse und christliches Verständniß haben, um an einer geistvolleren Durcharbeitung der biblischen Wahrheit Geschmack zu finden, von einer höchst simplen, manchmal selbst platten, aber ihrer Intelligenz desto angemesseneren Weise viel mehr angeregt; es geht das leichter ein, sie bekommen vielleicht Massiveres zu hören, und so sind sie mehr als je angefaßt; der Eine zieht den Andern nach, die Sympathie der Menge reißt den Einzelnen mit sich fort, und so entsteht eine jener Bewegungen, die man mehr oder weniger mit dem Namen Erweckungen zu bezeichnen das Recht haben kann. Eine solche Wirkung von solcher Ursache kann oft für andere Geistliche, die es nie dazu gebracht haben, obgleich sie sich bewußt sind, daß sie an Gabe und Eifer nicht tiefer stehen, eben deßhalb demüthigend seyn, allein sie begreift sich nicht nur psychologisch ganz wohl, sondern es kommt auch hierin zu Tage, daß ein Mensch ihm nichts nehmen kann, es werde ihm denn gegeben vom Himmel; ein Prediger, der nicht das Seine sucht, wird dem Herrn das Recht zugestehen, seinen Segen nicht dahin zu legen, wo wir denselben als wohlverdient ansehen würden, sondern dahin, wo er will. Uebler als dieser Umstand ist aber die Wahrnehmung, daß solche Bewegungen gar zu häufig nur eine Weile andauern, nur ein frommer Paroxysmus sind, der sich an die Anwesenheit einer energischen Persönlichkeit knüpft, aber mit dem Abtreten derselben, ja oft noch früher, nachläßt und allmählig wieder verschwindet. Dieß ist um so mehr zu fürchten, je aufgeregter sich die Erweckten zeigen, je mehr sie Neigung zu unnatürlichen, alle christliche Nüchternheit verleugnenden Uebertreibungen haben. Spielen dabei die ledigen Frauenzimmer eine Hauptrolle, drängen sie sich nach methodistischer Art zum Beten in den Versammlungen hervor, faßt auch die Kinder ein für ihr Alter und Verständniß ganz unnatürlicher Buß- und Beteifer, so ist fast mit Gewißheit ein Umschlag vorauszusehen, der nicht zu lang auf sich warten läßt.*) Daraus

*) Unserm Georg Conrad Rieger schrieb — wie wir von dem Biographen desselben erfahren — ein norddeutscher Geistlicher noch 1748 von einer solchen Bewegung, wozu er sich den Rath Riegers erbat, der aber ausblieb, weil Rieger schon mehrere Jahre todt war. Da traten unter andrem auch die Kinder zu 20 und 30 zusammen und wollten so lange fortbeten, bis sie die Versicherung der Gnade hätten. „Eine alte Frau läuft zum Nachbar und ruft Hülfe, weil in ihrem Hause Kinder wären, die sich wollten zu todt beten. Alte und Junge kamen in mein Studirzimmer und bekannten ihre Sünden und fragten nach dem richtigen Weg. Etliche sind zu Mitternacht aufgestanden und haben in ihrem Kohlgarten mitten im Schnee gebetet und die Nachbarn aus dem Schlaf erwecket, das Andern zur Erweckung gediehen. Die verruchtesten Sünder wurden aus der Sicherheit erweckt und aufgebracht. Dieß Feuer währte den Winter hindurch und einen Theil des Sommers so fort, daß die Rechtschaffenen blieben, Viele aber in eine Kaltsinnigkeit auch bei ernstlicher Erweckung geriethen. Nach Jahr und Tag aber sind sie fast alle, Wenige ausgenommen, in solchen Schlummer, Schlaffheit, Geistlosigkeit, Todtheit, Erstorbenheit gekommen, daß man nicht den Schatten vom vorigen Leben mehr sehen kann Viele schämen sich der vorigen Erweckungen, Viele gehen dahin und hängen die Köpfe, als wenn sie an dieselbigen geschlagen wären, etliche sind als wie stumm, sie murmeln und wissen nicht, was sie sagen. Etliche, wenn man sie fraget, erseufzen

folgt, daß der Geistliche schon gar nicht darauf es anlegen muß, solche eclatante, in's Große gehende Wirkungen hervorzubringen. Wirkt sein Wort von selber solches, nun dann gilt es: „den Geist dämpfet nicht," aber wie Paulus die Charismen zu Korinth in eine zum Besten der Gemeinde nöthige, vernünftige Ordnung verweist, so hat der Pastor sich wohl in Acht zu nehmen, daß er zu Ungesundem, Unnatürlichem, überhaupt zu Solchem, was innerlich keine Bürgschaft seines Bestandes haben kann, nicht selber die Hand bietet, anstatt nur, was Gutes da ist oder zu werden verspricht, in ein ruhiges, richtiges Geleise zu bringen. Ist z. B. solch ein Gebetsdrang da, wie in dem Falle, dessen die vorige Anmerkung erwähnte, so wird sich der Pastor durch den guten Schein nicht darüber täuschen lassen, daß, wenn Kinder oder Mägde stundenlang fortbeten, sie dem lieben Gott sicherlich nicht wenig ungesalzenes, ja ungewaschenes Zeug vorschwatzen, was im Gerichte Gottes des Wahrhaftigen auch unter die unnützen Worte fällt, von welchen Matth. 12, 36. die Rede ist. Solche aufgeregte Gemüther würden am besten wieder auf festen Boden kommen, wenn der Pastor sie zu Bibelstunden versammelte, in denen er nicht etwa solche Materien, in deren engem Kreise ihre Gedanken sich festgefangen haben, sondern die ganze christliche Heilswahrheit insbesondere nach ihrer praktischen Seite durchspräche, in denen er jener gemüthlichen, oft auch phantastischen Aufregung durch In-Anspruchnahme und Cultur des christlichen Denkens, des verständigen Ueberlegens und des ethischen Lebens-Ernstes das rechte Gegengewicht geben würde. Sieht überhaupt er selbst die Sache — nicht etwa kalt, gleichgültig oder gar feindselig, aber doch nüchtern an, legt er nicht zu viel Gewicht darauf, macht er in Predigten oder Zei-

---

und mit vielem Athemholen lassen sie mich stehen. Die Kinder sind bübisch und leichtsinnig geworden; Etliche schämen sich meiner; wenn sie mich sehen, gehen sie weit um mich weg. Die wenigen redlichen Seelen, werden der Andern Spott. Die auf den Knieen gebetet, lästern auf stehenden Beinen." — Sapienti sat.

tungen kein Wesens davon, so wird er selbst, wenn der Rückschlag einmal eintritt, am wenigsten davon überrascht, aber er hat auch schon dafür gesorgt, daß, was Gutes in solcher Bewegung lag, erhalten bleibt. Ist aber die Bewegung nicht von dem Pastor selbst ausgegangen, so ist sie — denn ohne äußern Impuls wird wohl nichts dergleichen geschehen — durch Einwirkungen von anderer Seite hervorgerufen; dieß führt uns auf das Zusammentreffen des Geistlichen mit dem Gemeinschafts- und Sectenwesen.

2. Gemeinschaften sind ein Mittleres zwischen der Gemeinde und der Familie; sie sind ein christlicher, für den Zweck der gemeinsamen Erbauung und praktischen Förderung organisirter Freundeskreis, der dasjenige, was die Kirche wegen ihres weiteren Umfangs in manchfacher Beziehung dem Einzelnen nicht bieten kann, ersetzen soll. Meist ist eine solche Gemeinschaft (eine „Stunde“) von einem Geschlecht auf's andere vererbt worden, und wo sich ein neues Conventikel in einem Orte bildet, in welchem früher keines existirte, da ist's in Folge besonderer Anregung aus der Gemeinde selbst, etwa durch Familien, die von auswärts hereingezogen sind, entstanden. Ursprünglich nun waren diese Kreise — wie wir aus Speners Geschichte wissen, wie es auch in Württemberg war — von Geistlichen selbst gestiftet. Allein es lag in der Natur und Idee dieser Gemeinschaften — die sich als den Ausdruck des allgemeinen Priesterthums betrachten, — daß sie nicht Versammlungen sind, in denen man einem Vortrage des Pfarrers horchen will, sondern daß Laien sich brüderlich besprechen. Sobald der Pfarrer selbst dabei ist, so muß er entweder — wovor schon Cap. 10, Ziff. 2 gewarnt wurde — sich ganz zum Vertrauten, zum Dutzbruder der Sprecher machen, oder, wenn er das aus gutem Grunde nicht passend findet, so wird die Stunde mehr oder weniger doch eben ein Vortrag seyn, den er hält. Darum wird sich sein Verhältniß zunächst nach folgendem Gesichtspuncte bestimmen. Geht die Anregung direct vom Pfarrer aus, so wird das Resultat immer eine von ihm gehaltene Bibelstunde oder Bet-

stunde seyn, also eine Vermehrung seiner Lehr- und Erbauungsthätigkeit, die in allweg sehr gesegnet, sehr nöthig seyn kann, aber doch nicht das ist, was in unsern Gemeinschaften gesucht und gefunden wird. Dieß wird nur da zu Stande kommen und Bestand haben, wo aus dem Volke selber solch eine Lebensäußerung hervortritt. Der Pfarrer kann vielleicht, wenn er die geeigneten Persönlichkeiten in seiner Gemeinde findet, diese dazu aufmuntern, kann sogar die Sache persönlich anfangen und dann in andere Hände geben: immer jedoch wird sie, was sie werden soll, nur werden, wenn sich in der Gemeinde selbst die Kräfte dazu finden, die, wo sie sind, auch meist von selber den Trieb zur Bethätigung in sich tragen. Mit diesen nun, mit den Sprechern, in einem freundlichen Verkehr zu bleiben, sie zu besuchen und von ihnen sich besuchen zu lassen, das ist eine richtigere kirchliche Taktik, als wenn die Kirchengesetze vorschreiben, daß der Pfarrer von Zeit zu Zeit als Visitator in den Versammlungen erscheinen soll. Solche Dinge lassen sich nicht, wie eine Schule, durch Visitationen überwachen, da bei solcher Anwesenheit des Pfarrers möglicher Weise alle Unbefangenheit verschwindet und die Leute sich nicht geben, wie sie sonst sind. Jener Verkehr mit den Personen, namentlich den tonangebenden, setzt den Pastor vollkommen in Stand, den Geist zu erkennen, der in einer Versammlung herrscht, und auf denselben einzuwirken, wo und wie er es nöthig findet.*) Er kann solche Beziehungen um so leichter herstellen, als die Gemeinschaftsglieder

*) Ein Beispiel dieser Art sei hier von Ludwig Hofacker angeführt: Eines Abends (im Jahr 1827) kamen etliche Gemeindeglieder zu ihm, um sich, auf eine allgemein erlassene Einladung hin, zu einer nützlichen Unterhaltung zu vereinigen. „Nun, liebe Leute," sprach H., „worüber wollen wir denn heute mit einander reden?" Da ließ sich eine Stimme in frömmelndem Tone vernehmen: „Von der Gnade und von der Wiedergeburt." „Nein," fiel H. ein, „man schwatzt nicht immer von der Gnade und Wiedergeburt, sondern jetzt wollen wir von den Griechen und Türken reden. Ich will euch etwas Merkwürdiges von der Schlacht bei Navarin vorlesen." Er las nun einen Zeitungsbericht vor, wußte aber daran ganz unvermerkt christliche Betrachtungen zu knüpfen. So erzählt Knapp in Hofackers Leben, S. 333.

die fleißigsten Kirchgänger und die für wahrhaft evangelische Predigt dankbarsten und empfänglichsten sind. Wir kennen Orte, wo der Prediger seinem ganzen Naturell nach keinen Zug an sich hat, in dem der Pietismus etwas specifisch ihm Verwandtes zu erkennen vermöchte, und wo die Stundenleute dennoch intelligent und gerecht genug sind, anzuerkennen, daß der Geist aus ihm spreche, daß „eine Macht vor ihm hergehe.“ *) An andern Orten sind sie freilich darin beschränkter und hören nur denjenigen Prediger gerne, der gerade so redet, wie sie, wenn man sie auf die Kanzel stellte, auch reden würden, wogegen sie gegen jede andere, freiere Form, wenn sie auch dem Inhalt nichts anhaben können, sich spröde verhalten und darin sich oft sehr wenig urtheilsfähig oder sehr parteiisch zeigen. Aber gerade deßhalb ist jener persönliche Umgang des Pastors mit den Häuptern so wichtig, weil hiedurch am ehesten auch dafür, was ihnen am Pfarrer fremd erscheint, ein Verständniß und damit einige Erweiterung ihres Horizonts erzielt wird.

3. Schwierig wird seine Stellung erst den Secten, den Sectirern gegenüber. Wenn die Gemeinschaft auch etwa Dogmen oder Theologumena acceptirt und mit Vorliebe treibt, die der Kirchenlehre nicht angehören, oder einzelne kirchliche Lehren wie die von der Rechtfertigung oder die von der Heiligung einseitig auffaßt und dadurch mit dem Katechismus in Differenz geräth, so begründet dieß noch keine solche Stellung, daß die Gemeinschaft sich nicht mehr als einen Kreis innerhalb des großen Kirchenkörpers ansehen,

*) Das allerdings, was man „Zulauf“ heißt, wird mit seltenen Ausnahmen nur Predigern zu Theil, die in dem in jenen Kreisen einheimischen Tone zu reden pflegen — schon aus dem Grunde, weil das Besuchen auswärtiger Kirchen auch nur unter den Mitgliedern der Privatversammlungen mehr oder weniger üblich ist, mancher Orten sogar unter die Kennzeichen eines wahren Christenthums gerechnet zu werden pflegt. Dem Verfasser ist ein Fall bekannt, wo der Vorsteher einer solchen Versammlung in einem Dorfe einer jungen Person, die eines durchaus rechtschaffenen Sinnes war, dennoch ein geringeres Prädicat ertheilte: „weil sie nicht laufe!“

sich im Gegensatze zur Kirche, diesem Babel, als die wahre Kirche betrachten, vom Lehramt, vom Wort und Sacrament sich innerlich und auch äußerlich abkehren und so zur Secte werden müßte. Ist der Pfarrer nicht so unklug, daß er gegen die fragliche Partei predigt, daß er in einer für sie beleidigenden oder doch sie abstoßenden Weise gegen ihre Ansichten polemisirt: so werden sie trotz ihrer Differenz dennoch sich zur Kirche halten, denn sie sagen selber, gewisse Lehren seien (z. B. von der ἀποκατάστασις) lieber als Geheimlehre zu behandeln, und wenn sie auch noch mehr sagen würden, als der Pfarrer sagt, wenn er den Einen die Absolutheit der Sündenvergebung nicht genug unbedingt, den Andern die Heiligung des Lebens, die Abkehr von der Welt nicht genug ascetisch streng vorträgt, so sind sie, wofern der Pfarrer sich nur nicht persönlich mit ihnen verfeindet hat, zufrieden, wenn nur das, was er sagt und wie er seinen Wandel führt, der christlichen Wahrheit gemäß ist. Jenes schonende Verfahren ist darin vollkommen begründet, daß solche Leute, auch wenn viel Unbrauchbares, ja Thörichtes sich in ihre Gedanken eingenistet hat, doch eben oft die nachdenkendsten, die ernstesten Christen sind, deren Schwachheit der Starke zu tragen berufen ist.

Ganz anders aber wendet sich die Sache, wenn Sectirer von außen her in der Gemeinde sich einschleichen, um da Propaganda zu machen. Denn auch dieß unterscheidet die Secte von der Gemeinschaft, daß die letztere zwar sich freut, wenn sie zahlreich ist, aber nicht darauf ausgeht, Leute zu gewinnen, nur um ihre Zahl zu vergrößern, die Secte aber, und wenn sie scheinbar noch so strenge sittliche Bedingungen stellt, dennoch in Wirklichkeit nicht sehr wählerisch ist; ihr ist es um Mehrung der Zahl zu thun. Da können sich denn auf einem kleinen Raume Wiedertäufer, Methodisten, Nazarener, Darbisten, Irvingianer und wie sie alle heißen, umtreiben; sie machen sich nicht etwa blos damit zu thun, öde Flächen zu bearbeiten, sondern gerade in solche Gemeinden, wo christliches Leben schon blüht, dringen sie ein, und haben es leicht, sich Gemüther zuzuwenden; denn es ist keine Kunst, die Mängel der Kirche aufzudecken und den Urtheilsunfähigen mit allerlei apokalyptischer, theosophischer, allegorischer Weisheit Sand in die Augen zu streuen. Es kann uns das am wenigsten in solchen Gemeinden wundern, wo der Geistliche wenig Geistliches an sich hat, wo er entweder durch schlechte Predigt und Faulheit oder Ungeschick im Amt, oder durch irgend eine sittliche Makel, Geiz, Zanksucht, Ehezwist u. dgl. Aergerniß gibt. Woraus also sogleich sich ergibt, daß die allererste Maßregel des Geistlichen den Sectirern gegenüber die ist, welche sich auch ohne sie von selbst versteht: fleckenlose Reinheit des Wandels und untadelhafte Treue im Beruf. Können jene Wölfe dem Hirten persönlich nichts anhaben, so ist ihnen eine Hauptwaffe entzogen; sie werden zwar nicht ermangeln, dem Geistlichen schon weil er Diener der Kirche ist, alles Böse nachzusagen, sie werden (wie dieß z. B. die Darbisten, als sie in Württemberg sich ansiedeln wollten, reichlich gethan haben) es schon als eine Schmach und Sünde bezeichnen, daß der Pfarrer Stolgebühren annimmt und eine Besoldung bezieht, und solche Argumente leuchten dem Pöbel ein; aber wenn der Pfarrer als rechtschaffener und wohlthätiger Mann in der Gemeinde bekannt ist, so schlägt dieß Argument doch nur bei der Hefe des Volkes und bei frivolen Halbgebildeten durch. Allein seine Aufgabe ist ja nicht blos die, für seine Person unangreifbar zu seyn, sondern er soll auch den Schaden verhüten, den solche Wühlereien in der Gemeinde hervorrufen. Wie kann er das? Bis auf einen gewissen Punct stehen ihm die Kirchengesetze selbst wohl überall schützend zur Seite, wenn z. B. verordnet ist, daß ohne Erlaubniß des Pfarrers oder des Kirchenconvents oder Presbyteriums kein fremder Redner öffentlich auftreten darf; daß keine solche Versammlung während des öffentlichen Gottesdienstes, keine im Freien oder bei nächtlicher Weile an abgelegenen Orten Statt finden soll u. dgl. Der Pfarrer muß die dießfallsigen Bestimmungen genau kennen, um sich nichts zu Schulden kommen zu lassen, was ihm als Gewaltthätigkeit kann vorgeworfen werden; denn die Sectirer sind schlau genug, um jede Blöße, die er sich gegeben, zu benützen, und unter den Vertretern der weltlichen Obrigkeit finden sich nicht selten Solche, die zwar persönlich vollkommen indifferent sind und das Sectenwesen herzlich verachten, aber die Gelegenheit nicht ungenützt lassen, den Pfarrern Eins zu versetzen, deren Auftreten gegen Sectirer von jener Seite gern als hierarchische Freiheitsbeschränkung betrachtet wird. Andrerseits aber ist es eben so sehr Pflicht des Pastors, das Odium nicht zu scheuen, das er sich durch strenges Festhalten an der gesetzlichen Ordnung zuzieht. Dahin gehört auch, daß er nicht die Schwäche begeht, Solche, die sich als Mitglieder der Secte erklärt, also der Kirche ex professo den Rücken gewendet haben, noch ferner an kirchlichen Wohlthaten (z. B. Stiftungen) und Ehren Theil nehmen zu lassen; Milde in solchen Dingen gewinnt die Herzen keineswegs, vielmehr flößt der Mangel an Zucht, an kirchlichem Selbstbewußtseyn, die Gleichgültigkeit gegen Ehre und Recht der Kirchengenossen den Sectirern nur um so größere Verachtung gegen die Kirche ein. Im Uebrigen ist es nicht möglich, auf die schon in die Netze der Wühler Gefallenen oder gar auf diese selber irgendwie geistlich einzuwirken. Der Sectengeist ist ein Dämon, der Sinnen und Gedanken völlig in Beschlag nimmt, daß jedes vernünftige Wort dagegen rein verloren ist; die Verführten werden so instruirt, daß sie für den Pfarrer auf jede Frage, jeden Zuspruch eine Antwort — und zwar oft recht unverschämte Antworten — parat haben; selbst solche, die ihm früher mit persönlicher Liebe und Anhänglichkeit näher standen, z. B. ehemalige Confirmationsschüler, verstellen ihr Angesicht gegen ihn und verschließen sich jeder Ansprache. Förmlich mit den Sectirern eine Disputation zu halten, es also gleichsam auf einen Zweikampf ankommen zu lassen, ist unter allen Umständen zu widerrathen; denn, wie die Erfahrung hundertfach lehrt, die Sectirer wissen die heil. Schrift nach ihrer Weise zu deuten, auf exegetischem Boden gewinnt man nichts gegen sie; wer will z. B. den Baptisten die Nothwendigkeit oder Rechtmäßigkeit der Kindertaufe exegetisch beweisen? *) Und mit welcher Leichtigkeit wissen die Secten von montanistischem Charakter die vorgeblich neuen Geistesmittheilungen und Offenbarungen auf die Verheißung des Herrn zu stützen! Wie wenig Mühe kostet es die Secten von donatistischer Richtung, eine Menge von Schriftstellen zum Beweise dafür aufzubringen, daß die bestehende Kirche nicht der Leib Christi, nicht die Braut des Lammes sei! Etwas, was weder auf buchstäblich-exegetischem noch abstract-dogmatischem Wege demonstrirt werden kann, dennoch als historische Nothwendigkeit zu begreifen und zurecht zu legen, dazu fehlt es diesen an einer einzigen Vorstellung festgenagelten Köpfen an aller Fähigkeit; kann man ihnen aber auch ein deutliches, unmißverständliches Bibelwort entgegenhalten, das sie richtet, so haben sie in ihrer Art pneumatischer Auslegung, in ihren Allegorien, in der oft ganz sinnlosen Combination verschiedener Schriftstellen eine Menge Hinterthüren, durch die sie der sonnenklaren Wahrheit ausweichen. Gelingt es aber sogar, solche Opponenten disputatorisch in die Enge zu treiben, so sind sie dennoch weit entfernt, darum dem Gegner sich zu ergeben, sondern sie ziehen ein anderes Register — das der Anathematisirung, der Drohung und Verwünschung; „um Gottes willen, Herr Pfarrer," — so brach einst bei einer Unterredung dieser Art ein württembergischer Sectenmann die Disputation ab, da er nichts mehr zu entgegnen wußte: „versündigen Sie sich nicht so schwer an den auserwählten Kindern Gottes!" Gegen solche Leute direct zu predigen, ist ebenfalls keine Erfolg versprechende Maßregel; denn die Spione, die von Sectirern nicht selten in Predigten geschickt werden, denunciren das Gesprochene falsch, mit Uebertreibung, und so ruft man endlose Invectiven hervor; die mehr Indifferenten aber denken, der Pfarrer habe da gut predigen,

*) Was für die Kindertaufe gegen die Baptisten geltend zu machen ist, hat vortrefflich Nitzsch a. a. O. S. 273 ff. entwickelt, aber einen Baptisten bekehrt das alles nicht.

wo ihm Niemand einen Einwurf machen dürfe. Dagegen wird ihm das Vorhandenseyn jener sectirerischen Umtriebe allerdings ein Anlaß werden, diejenigen Lehrstücke, in welchen die evangelische Lehre von den Sectirern bestritten oder verunreinigt ist, bei gegebener Gelegenheit desto sorgfältiger positiv auseinanderzusetzen, wozu sich abermals die öffentliche Katechese noch besser eignet als die Predigt; die positive Lehrentwicklung wird die Besonnenern gegen sectirerische Hallucinationen am besten sicher stellen. Auch dann, wenn die Ehrlicheren von selber zum Pfarrer kommen, um sich mit ihm zu besprechen, hat er nur in aller Ruhe den guten Grund der kirchlichen Lehre und Sitte ihnen darzulegen, das Trügerische ihrer Argumente ihnen ebenso leidenschaftlos, mit der Ruhe einer festen, durchaus klaren Ueberzeugung, mit der durchgebildeten Erkenntniß, die auf alle die gemachten Entgegnungen vollkommen gerüstet ist, die nichts zu verdecken, nichts künstlich zu stützen braucht, vorzuhalten, ihnen namentlich auch zu zeigen, daß die Uebel, die sie an der Kirche rügen, entweder bereits in ihrem eignen Kreise eingekehrt seien oder gar nicht lang ausbleiben können. — Uebrigens macht es in diesen Beziehungen einen nicht unbedeutenden Unterschied, ob eine Secte erst im Entstehen begriffen, oder ob sie schon förmlich constituirt ist, und im letzten Falle, ob sie erst frisch sich aufgethan hat und darum auch noch im Fanatismus des ersten, auflodernden Eifers steht, oder ob sie schon längere Zeit besteht, und die treugebliebene Gemeinde sich an das Zusammenleben mit der Secte auf demselben Fleck Erde gewöhnt hat. Werden erst Versuche gemacht, Gemeindeglieder zu bethören, so ist es Pflicht, daß der Pfarrer außer der Handhabung der gesetzlichen Bestimmungen, wovon oben die Rede war, die gefährdeten Seelen nicht gleichgültig sich selber überläßt; er wird sie zu sich rufen oder aufsuchen, und ihnen sowohl den Ungrund einer Trennung von der Kirche durch Beibringung klarer Erkenntniß aufdecken, als auch den schnöden Undank vorhalten, dessen sie sich durch solche Untreue schuldig machen würden. Oft freilich, ja bei den Meisten wird das vergeblich seyn; denn die Wühler haben lange schon gearbeitet, ehe der Pfarrer auch nur eine Silbe von ihren Machereien erfährt; kommt es also auch noch zu einer Besprechung mit den Angesteckten, so ist es in der Regel schon zu spät, sie sind schon völlig verrannt, oft auch schon zu sehr terrorisirt (denn die Sectenhäupter pflegen sich wie Päpste zu geriren, nur daß ihr Papstthum wegen seiner Kleinlichkeit einen viel widerlicheren Eindruck macht, als die ärgste römische Hierarchie). Des Versuches ist es aber immer werth; es ist ja doch möglich, daß der Eine oder Andere bei guter Zeit noch zur Besinnung kommt. So lange diese Möglichkeit noch denkbar ist, muß man auch nicht durch Stellung entscheidender Alternativen die Schwankenden aus der Kirche hinausdrängen; mancher würde jetzt schon aus Trotz den entscheidenden Schritt thun, der, wenn man ihm Zeit läßt, wieder abgekühlt wird und froh ist, wieder in aller Stille zur Mutterkirche heimkehren zu dürfen, der er hernach vielleicht inniger anhängt, als zuvor. Mancher wird gerade dadurch am zeitigsten wieder nüchtern, daß man ihm freie Hand läßt; die Verständigeren und Redlicheren werden bald gewahr, daß, was ihnen in den schönen Worten der Sectirer entgegenglänzt, nicht eben Gold ist. — Kommt es aber zur wirklichen Ausscheidung, so muß der Pastor alles sorgfältig vermeiden, was einer Vexation gleich sieht; nicht mit irgend einem Stückchen Märtyrerthum muß man solche Abtrünnige beehren, zumal da die Kirche nicht immer an ihnen viel verliert. — Ist dann die Partei einmal constituirt, hat sie eine feste Organisation angenommen und lebt sie, ohne Unruhe zu erregen oder systematisch auf Eroberungen auszugehen, friedlich neben der kirchlichen Gemeinde, so ist es natürlich auch des Pfarrers Sache nicht, sie zu beunruhigen; im Gegentheil, wer einmal ausgetreten ist, dem wird er zwar niemals sich irgendwie als Seelsorger nähern, was in diesem Fall Aufdringlichkeit wäre, aber er wird ihm mit aller derjenigen Dienstfertigkeit und Freundlichkeit begegnen, die er als Christ dem Nebenmenschen schuldet; der Sectirer soll erfahren, daß der Pastor nicht

Haß mit Haß vergilt, er kann ja den Abtrünnigen nur als einen geistig Erkrankten, als einen Irregeführten bemitleiden. Wenn solche Leute nicht selber mit dem Pfarrer ein religiöses Gespräch anfangen wollen, so ist es nicht seine Sache, ein solches zu suchen oder zu veranlassen; selbst wenn von ihrer Seite der Anfang gemacht wird, die Absicht aber nur die einer Selbstrechtfertigung, nur die des Rechthabens, also die Vergeblichkeit solcher Unterredung vorauszusehen ist, thut der Pfarrer besser, sich nicht darauf einzulassen; er wird nöthigenfalls ihnen geradezu erklären müssen: wenn es euch aufrichtig um Erkenntniß der Wahrheit zu thun wäre, so würde ich euch gerne Zeit und Mühe widmen; allein ihr wißt ja alles schon ganz gewiß, ich aber weiß noch gewisser, was an eurer Sache ist; so ist's vergeblich, wenn wir disputiren, wir gerathen am Ende in Hitze, also wollen wir's für jetzt unterlassen. Werdet ihr aber einmal in eurem Gewissen unruhig, ob ihr nicht vielleicht doch auf falschem Wege seid: dann kommet und ich werde euch auf Alles antworten. Denkbar ist es auch, daß ein Mensch, der sich lange von der Kirche getrennt hielt, auf dem Kranken- und Sterbebette den Pfarrer rufen läßt. Es versteht sich, daß dieser sich nicht weigert, zu kommen; auch wird, falls der Kranke das h. Abendmahl begehrte, von den sonst nöthigen Formalitäten des Rücktritts Umgang zu nehmen und die Communion selbst als Act dieser Rückkehr zu betrachten seyn; natürlich aber muß der Pastor, bevor er willfahrt, dessen erst sich vergewissert haben, daß der Kranke seine seitherige Verblendung einsieht und sein Unrecht gegen die Kirche, die seine geistliche Mutter war, bereut. Merkt er, daß dieß wirklich die Gesinnung des Kranken ist, so darf er ihm die Umkehr wohl entgegenkommend erleichtern.

---

22. Pastorales Verhalten in paritätischen Gemeinden und gegen Proselyten.

1. Von Parität wird bekanntlich nur gesprochen, wo es sich um das Nebeneinanderseyn von Protestanten und Katholiken handelt, nicht aber von Lutheranern und Reformirten. Ueber das Verhalten der Pastoren dieser Letzteren untereinander und zu den beiderseitigen Gemeindeangehörigen braucht die Pastoraltheologie nichts zu sagen; denn ob eine Union äußerlich vollzogen ist oder nicht, die Geistlichen stehen, auch wenn jede Kirche und Gemeinde ihren historischen Charakter festhält, weil jede sich bewußt ist eine wesentliche Seite evangelischer Wahrheit zu repräsentiren, doch schlechterdings als Collegen, als Diener Einer evangelischen Gesammtkirche nebeneinander, und haben deßgleichen auch die Gemeindeangehörigen nur so anzusehen, wie ein Parochus die Gemeindeglieder einer andern Parochie. Auf Eroberungen an Seelenzahl ist da nicht auszugehen, und Controverspredigten der Lutheraner gegen die Reformirten oder umgekehrt, wie sie schon überhaupt bei geläutertem theologischem Bewußtseyn über die Bedeutung des Gegensatzes zwischen ihnen gar nicht mehr denkbar sind, so sind sie in gemischten Ortschaften vollends unschicklich. Die Parochialverhältnisse aber, z. B. was zu thun sei, wenn ein Reformirter in der lutherischen Kirche oder umgekehrt communiciren will, müssen gesetzlich geordnet, ein etwaiges Uebergehen von der einen zur andern an bestimmte Bedingungen und Formalitäten geknüpft seyn, durch deren stricte Beobachtung verhindert wird, daß nicht ein Fall dieser Art Mißstimmung und Zerwürfniß zwischen den Geistlichen hervorrufe. (Vgl. auch oben S. 223 f.)

Anders aber steht es, wo der evangelische Pastor eine katholische Gemeinde neben sich hat, die einem im Ort oder außerhalb desselben wohnenden katholischen Geistlichen zugehört. Da hat er es, so sehr er sich eines friedlichen Betragens befleißigen mag, doch mit einem Gegner, einem Feinde zu thun; denn so schön sich auch an vielen Orten, wo christlich gesinnte Männer beiderseits auf solche Posten gesetzt sind, zwischen ihnen das collegialische Verhältniß gestalten kann: es ist dieß doch rein nur die Wirkung der zufällig nebeneinander stehenden Persönlichkeiten, während die katholische Kirche im Princip den Protestantismus haßt und von der Verfolgung desselben blos so lange absteht, als ihr der seiner Pflicht sich bewußte Staat die für den allgemeinen Frieden nothwendigen Zügel anlegt und sie in Schranken hält. Es ist deßhalb freilich zu allererst vom Kirchenregiment zu fordern, daß es auf solche Stellen nicht den nächsten Besten, an dem jetzt die Reihe zur Bedienstung ist, sondern weise und charakterfeste Männer beruft, die zwischen den zwei Abwegen die richtige Mitte einhalten, zwischen unklugem Provociren und unverträglicher Empfindlichkeit oder gar zelotischer Bekehrungssucht, und zwischen gleichgiltigem Geschehenlassen, da man aus lauter Friedensliebe, d. h. aus Feigheit oder Bequemlichkeit keinem Uebergriff, keiner Anmaßung entgegentritt, und so die Rechte und die Würde der evangelischen Kirche Preis gibt. *) Ebenso ist es nothwendig, daß alle die mancherlei Verhältnisse, die die Parität mit sich bringt, und die sogar local äußerst verschieden seyn können, durch Gesetze und Verordnungen bis ins Detail genau geregelt sind, damit sich der evangelische Geistliche darauf als auf positives Recht stützen kann, denn nur soweit als sein Recht positiv festgestellt ist, steht es der katholischen Kirche gegenüber auch

*) Wenn es wahr ist, was wir eines Tags vernahmen, daß in einer paritätischen Stadt der evangelische Geistliche, an dessen Hause die Frohnleichnamsprocession vorüberziehen sollte, ihr zu Ehren ein Marien- oder Christusbild über seine Hausthür aufgehängt habe, so ist daran zu ersehen, wie weit die pastorale Taktlosigkeit sich verirren kann.

fest. Besonders ist auch für alle Fälle zu wünschen, daß selbst die Gemeinde, die in der Minorität ist, ihre eigenen kirchlichen Locale habe; die Knickerei solcher Staatsbehörden, die jeder zu einem Kirchenbau zu verwendende Kreuzer schmerzte, haben die in eine katholische Kirche zum Mitgebrauch eingewiesenen kleinen evangelischen Gemeinden schwer zu büßen gehabt. Gemeinschaftlich einen Gottesacker zu haben, wäre weit weniger mißlich, und die Evangelischen haben ihrerseits keinen Grund, eine Trennung zu veranlassen; auch wo sie in bedeutender Mehrheit sind, werden sie nie etwas dagegen haben, daß die katholischen Leichenbegängnisse nach römischer Sitte in allen Ehren vor sich gehen. Wo aber die Evangelischen in der Minderheit sind, da kann es leicht geschehen, daß man ihre Todten in einer Ecke bei Selbstmördern und Hingerichteten verscharrt; statt dieser Schändlichkeit sich auszusetzen, wo ihr nicht gesetzlich vorgebeugt ist, erfordert es die Würde der evangelischen Kirche, daß ein eigener Gottesacker wo immer möglich erworben wird. Ebenso ist es Pflicht des evangelischen Geistlichen, da, wo er gesetzlich Mitglied eines gemischten Collegiums für Armen- und Stiftungssachen wie für allgemeine Sittenpolizei ist, die Rechte der Genossen seiner Kirche geltend zu machen und im Falle der Nichtbeachtung die vorgesetzten Behörden anzurufen; sieht man, daß er nicht aus Feigheit nachgibt und nicht aus Kurzsichtigkeit sich überlisten läßt, so wird der Friede viel besser erhalten, weil er auch den Gegnern Achtung einflößt als ein Mann, der nichts weiter will, als was sein Recht ist, dieses aber beharrlich zu wahren weiß. Uebrigens steht es gerade in diesem Fall dem Geistlichen der Minorität sehr wohl an, nicht blos den Standpunct des Vertreters seiner Gemeinde einzunehmen, sondern sich bei allem, was das gemeinsame Wohl des Ortes betrifft, auch wenn die Evangelischen davon gar nicht besonders berührt werden sollten, eifrig und thätig zu beweisen.*)

*) Einem Freunde des Verf., dessen Wirksamkeit in einer paritätischen Stadt demselben bei obiger Darstellung vorzugsweise vor Augen schwebt, hat

Im Allgemeinen dürfte die eigenthümliche Aufgabe des Seelsorgers in der hier zur Sprache kommenden Lage die doppelte seyn: erstens der katholischen Kirche gegenüber die Würde der evangelischen in jeder Hinsicht, durch tüchtige Amtsführung wie durch exemplarischen Wandel, gehörig zu repräsentiren, und zweitens in seinen evangelischen Gemeindegliedern das protestantische Bewußtseyn um so mehr wach zu erhalten, je leichter die unmittelbare Berührung mit der katholischen Kirche dasselbe schwächen kann. In ersterer Beziehung ist es ein doppeltes Unglück und eine doppelte Schuld, wenn der evangelische Geistliche in einem paritätischen Ort ein schlechter Prediger ist — wie kahl, wie verächtlich muß dann dem Katholiken der Cultus der evangelischen Kirche vorkommen, da er sonst so wenig von dem bietet, womit die katholische die Mängel der Predigt so reichlich zu decken weiß! Und welch ein Skandal, wenn an solchem Orte der Geistliche ein Wirthshausläufer, überhaupt, wenn auch unter gebildeten Formen ein ungeistlicher Mensch ist! Was das zweite betrifft, so muß man sich erinnern, daß in paritätischen Orten das evangelisch-kirchliche Gemeinde-Bewußtseyn, das der Rationalismus ohnehin abgeschwächt hat, manchfacher Gefahr ausgesetzt ist. Haben die Katholiken einen halbwegs anziehenden Prediger (und sie wissen sehr gut den rechten Mann an die rechte Stelle zu setzen, während das protestantische Kirchenregiment, auch wenn es von sich aus ohne ängstliche oder pedantische Festhaltung der Anciennität die rechte Wahl träfe, durch Rücksichten, die höhern Orts obwalten, an richtigster Besetzung schwieriger Stellen gehindert werden kann) — so spüren immer etwelche Protestanten einen absonderlichen Kitzel, die katholische Kirche zu besuchen; es hat einen Reiz für sie, die Predigt der fremden Confession zu loben und die in der eigenen Kirche zu verachten. Dem entgegen zu wirken gibt es nur Ein Mittel, nämlich

bei seinem Abgange eine Deputation der katholischen Gemeinde ihren besonderen Dank ausgedrückt für die Treue, womit er sich besonders auch für ihre Armen verwendet habe. Ich darf ihn wohl nennen: es ist der Verf. von Cap. 24.

lich so zu predigen, daß solche perfide Liebhaberei wenigstens kein Recht zur Geringschätzung der evangelischen Predigt in der Beschaffenheit der letzteren finden kann. Derselbe Mangel an kirchlichem Patriotismus zeigt sich bei den protestantischen Bewohnern paritätischer Orte darin, daß jene aus Gleichgültigkeit gegen ihre eigene Kirche und Religion sich nicht darum bemühen, z. B. bei Gemeinderathswahlen darauf hinzuwirken, daß ihre Confession in den Ortscollegien quantitiv und qualitativ gehörig vertreten ist, während die Katholiken auch in solchen, wie in andern weit unbedeutenderen Dingen nie vergessen, daß sie Katholiken sind. Wo auf der einen Seite ein immer wacher, jede kleinste Gelegenheit im eignen Intresse ergreifender, auch zu Uebergriffen stets aufgelegter Eifer, auf der andern eine bald aus Trägheit und Dummheit, bald aus innerer Abneigung gegen alle Religion stammende Lauheit herrscht, da ist nicht schwer zu begreifen, warum, wo es sich irgend um Vergleiche und Verträge handelt, die evangelische Kirche fast immer den Kürzeren zieht. (Da wird z. B. auch verabredet, man wolle die Feiertage, die nicht gemeinsam sind, so halten, daß je ein katholischer und ein evangelischer auf Einen Tag verlegt werde; die Katholiken aber halten alle ihre Feiertage fest, und nur die Protestanten lassen sich's gefallen, einen und den andern Aposteltag, den die Katholiken nicht feiern, auf einen katholischen Feiertag zu verlegen.) Am stärksten tritt diese Heillosigkeit in solchen gemischten Ehen auf, wo der protestantische Theil, dessen Indifferentismus schon überhaupt eine solche Ehe allein möglich machte, die Kinder noch ungeboren schon einer katholischen Erziehung Preis gibt, ja — wie wir Beispiele kennen — der protestantische Mann erbärmlich genug ist, sich von der Frau, die dazu vom Beichtstuhle her sattsam instruirt ist, allsonntäglich in die katholische Kirche mitschleppen zu lassen. In solchen Gemüthern, die alles kirchlichen Ehrgefühls, geschweige aller Ueberlegung und alles Gewissens baar sind, ein protestantisches Selbstbewußtseyn herzustellen, ist eine Aufgabe, die über eines Menschen Kraft geht;

wer kein Ehrgefühl hat, dem bringen wir mit allem Predigen keines bei. Es kann zunächst nur darauf ausgegangen werden, solchen Subjecten zu erkennen zu geben, daß man ihr schmähliches Benehmen wohl im Auge hat; stellt der Pfarrer sie darob zur Rede, so ist's doch noch möglich, daß sie, wenn auch nicht vor Gott und ihrem Gewissen, doch vor dem Pfarrer sich schämen, sich also doch äußerlich besser in Acht nehmen. Kann aber der Pastor es dahin bringen, daß sie ihm zu einer einläßlicheren Unterredung Stand halten, so wird er ihnen das Sündhafte ihres Thuns, wird ihnen das Schimpfliche ihrer Schwäche, ihrer Nachgiebigkeit, sei es gegen unverschämte klerikale Anforderungen oder sei es gegen ein gewaltthätiges Weib, mit allem Nachdruck vorhalten. Letzteres erscheint zwar mißlich, weil so der Pfarrer den Samen des Unfriedens in eine gemischte Ehe werfen kann; allein diesen Samen wirft nicht er hinein, derselbe liegt in solcher Ehe selbst, und was der evangelische Pastor will, ist ja nicht, daß der protestantische Gatte den katholischen herüberziehen oder gar mißhandeln, sondern nur daß er sich von diesem nicht bethören, nicht das Gewissen einschläfern, nicht zu seinem eigenen Schaden in's Joch spannen lassen soll.

Am schwierigsten wird die Stellung und Aufgabe des evangelischen Geistlichen, wenn etwa eine Jesuitenmission in den Ort kommt. Denn wenn auch die Patres sehr wohl zu unterscheiden wissen, wo sie ihr grobes Geschütz gegen die Protestanten spielen lassen können und wo es klüger ist, leiser aufzutreten: immer hat solch ein Manöver doch die Wirkung, daß das katholische Bewußtseyn sich hebt, daß es schwillt, was natürlich die in solchen Orten wohnenden Protestanten augenblicklich zu fühlen bekommen. In solcher Zeit irgend etwas positives — gleichsam zur Herstellung des Gleichgewichts — zu thun, z. B. specielle Predigten über die Unterscheidungslehren zu halten, besondere Gottesdienste, etwa Betstunden wider das Papstthum zu veranstalten, antikatholische Tractätchen auszutheilen, überhaupt eigens eine kirchliche Demonstration zu machen — dieß wäre schon als Provocation nicht das

Geeignete. Selbst eine öffentliche Abmahnung, daß kein Protestant die Jesuitenpredigten besuchen soll, würden wir unterlassen; denn gerade die Abmahnung wäre für Manche ein Reiz, es zu thun, während die von den Missionaren entwickelte katholische Beredtsamkeit nur solchen Individuen gefährlich werden kann, die vorher schon angesteckt sind und keine Fähigkeit mehr haben, Wahrheit und Lüge zu unterscheiden, die also eigentlich schon verloren sind oder an denen nichts mehr zu verlieren ist. Dagegen ist es ganz in der Ordnung, daß der evangelische Geistliche in solcher Zeit mit besonderem Ernste die Treue gegen die erkannte Wahrheit einschärft, um Gottes Schutz und Obhut für alle ihm anvertrauten Seelen betet, und bei der Privatseelsorge besonders auf diejenigen stärkend einzuwirken sucht, die durch irgend welche Verbindungen der Gefahr mehr ausgesetzt sind, daß sie von der Wirkung der Mission zu leiden haben. So passiv übrigens darf auch in diesem Falle seine Haltung nicht seyn, daß er nicht, wenn sich der Feind irgend eine Ungesetzlichkeit erlaubt, augenblicklich den Rechtsweg einschlüge; einem Gegner gegenüber, der ohne irgend eine Rücksicht oder Bedenklichkeit Alles zu seinem Vortheile benützt, ist jede Nachgiebigkeit ein Fehler, ein Verrath an der eigenen Kirche.

2. Ist es der katholischen Propaganda gelungen irgend ein Individuum in ihr Netz zu locken, so erfährt der evangelische Pastor, der als seitheriger Seelsorger des Abtrünnigen ihn doch warnen und belehren, ihm das Abscheuliche seiner That vorhalten sollte, meist erst dann etwas von der Sache, wenn es zu spät ist; die Bekehrung wird ganz in der Stille vorbereitet, und wenn endlich der Pastor auch noch Gelegenheit findet, an die ungetreue Seele ein Wort richten zu können, so hat man derselben schon den nöthigen Panzer angelegt, an dem alle Appellation an Verstand und Gewissen wirkungslos abprallt. Seine Pflicht aber bleibt es dennoch, den Versuch noch zu machen; wir Evangelische können nicht leugnen, daß wir, weil die katholische Bekehrungssucht sammt ihren Motiven nicht in uns prickelt, weil uns überhaupt viel mehr die

Achtung von der persönlichen Ueberzeugung und der Geistesfreiheit eines Jeden, als die Tendenz der Vergrößerung unserer Kirche leitet, leicht etwas zu gleichgültig dagegen sind, ob der oder jener abfällt, namentlich da, wie schon bemerkt, diejenigen Protestanten, die katholisch zu werden im Stande sind, auch vorher nie rechte Protestanten gewesen seyn können; von ihnen gilt dasselbe, was 1 Joh. 2, 19. von den Widerchristen gesagt ist. Aber dieses ruhige Zusehen kann dem Pastor zur Sünde werden, zumal, wenn gerade er es ist, der durch geringe Leistung, durch magere Predigt, durch geist- und leblose Katechese, durch Faulheit in der Seelsorge, durch Flecken seines Charakters und Wandels es verschuldet hat, daß der Abfallende entweder so unwissend und gedankenarm ist, daß er leicht beredet werden konnte, die Wahrheit sei auf katholischer Seite, oder daß derselbe, weil er ein tieferes religiöses Bedürfniß hatte, dieß aber bei seinem Pfarrer nicht befriedigt fand, nun im Schooße des Katholicismus, in dessen pompösem und mysteriösem Cultus, in dessen auf derlei Seelenzustände so gut berechneten Institutionen Befriedigung zu finden hofft. Versteht der Pastor selber von tieferem Glaubensleben nichts, ist er im Eise des Rationalismus festgefahren, so kann er der Macht, die die katholische Kirche auf gewisse geistige Constitutionen ausübt, nimmer Widerstand leisten.

3. Für den umgekehrten Fall aber, daß sich ein Katholik oder, was wir der Kürze halber gleich damit zusammennehmen, ein Jude zur Aufnahme in die evangelische Kirche meldet, hat der Pastor zu allererst die hiefür bestehenden landesgesetzlichen Bestimmungen genau zu beachten, damit ihn nicht wegen Verletzung der vorgeschriebenen Formalität ein Vorwurf wegen unerlaubter Proselytenmacherei trifft; namentlich wenn der Proselyt noch minderjährig ist.*) Hat er aber nach dieser Seite den Rücken frei, so wird er sich

*) Die kirchenrechtlichen Nachweise s. bei Richter. K. R. 4. Auflage. S. 455 f.

a) vor allem genau davon zu überzeugen haben, was das Motiv des Uebertritts ist, da nicht gar selten die schlechtesten Motive hinter dem Entschlusse zum Uebertritt zum Vorschein kommen. *) Namentlich wenn sich solch Einer in wortreichen Declamationen gegen seinen bisherigen Glauben ergeht, ist ihm am wenigsten zu trauen.

b) Ist aber kein Verdacht dieser Art gegründet, so muß dem Convertiten gezeigt werden, daß die evangelische Kirche keineswegs jeden, der zu ihr übertrete oder überlaufe, mit offenen Armen empfange, ihm auch weder die ewige Seligkeit als Lohn solcher That verheiße noch zeitlichen Gewinn verschaffe; wir verlangen, daß solcher Schritt einzig deßwegen geschehe, damit dem Gewissen Genüge gethan werde und das Herz zum Frieden komme. Der Katholik muß insbesondere darüber vollkommen in's Klare gesetzt werden, daß in unserer Kirche zwar äußerlich mehr Freiheit ist, sofern z. B. kein Beichtzwang herrscht, keine Satisfactionen auferlegt werden u. s. f., aber nur, weil nun desto mehr von der freien Entschließung und Thätigkeit des Einzelnen gefordert wird; unsere Kirche übt nur darum nicht die Bevormundung aus, wie die römische, weil die Kirchengenossen sich selber in Zucht nehmen sollen, als die nicht unmündig, sondern mündig sind; so haben wir auch kein Sacrament der Buße, d. h. wir machen keine Kirchenhandlung daraus, aber nur, damit Jeder die Buße desto ernstlicher in seinem eigenen Innern durchkämpfe. Indem wir dem äußeren Menschen kein Joch auflegen, sprechen wir ihn nicht vom heiligen Gesetze Gottes frei, sondern wir verlegen dieß Gesetz in sein Inneres, in seine Erkenntniß und seinen Willen.

*) Zu Anfang der 40er Jahre quartierte sich ein solches Subject bei einem würtembergischen Pfarrer ein, lag ihm sechs Wochen in's Haus, um seinen Unterricht zu genießen und ward dann eines Sonntags feierlich in den Schooß der evangelischen Kirche aufgenommen. Der Mann bettelte sich sofort als ein vom katholischen Klerus Verfolgter im Lande herum, bis zu Tage kam, daß er von Haus aus Jude, dann Protestant, sofort Katholik und nun wieder Protestant geworden war. Solche Fälle lehren Vorsicht.

c) Ist so der Proselyt principiell verständigt, dann ist es Zeit, eine Art von katechetischem Cursus mit ihm vorzunehmen, so daß ihm nicht blos die eigentlichen Unterscheidungslehren in genauer, nach seinem Bildungsgrade mehr oder weniger populärer Fassung dargelegt und die Klarheit seiner Einsicht wie die Bestimmtheit seiner Ueberzeugung beim abschließenden Zusammenfassen jedes Lehrstückes geprüft wird, — sondern auch so, daß er erkennt, wie der Gegensatz der Confession, resp. des jüdischen und christlichen Glaubens, durch alle Lehren, insbesondere auch durch die Auffassung der ethischen Lebensaufgaben hindurchgehe. Die Begründung der evangelischen Wahrheit muß selbstverständlich durch Zurückgehen auf die heil. Schrift, durch genaue Erörterung der Beweisstellen geschehen; wichtig aber ist, daß der Proselyt die Schrift im Zusammenhange liest und der Pfarrer stets bereit ist, ihm über jede Stelle Aufschluß zu geben, in welcher ihm etwa Unklares aufstößt. Zur Privatlectüre, woran sich auch die Gespräche wieder knüpfen können, eignet sich neben der Schrift vornemlich die Augsb. Confession, für Personen von dazu ausreichender Bildung auch die Apologie und die schmalkaldischen Artikel, während der große Luth. Katechismus bei populärerem Unterricht von Proselyten als Text für denselben wie als Privat-Lectüre gebraucht werden kann.

d) Ist dieser Curs vollendet, so hindert nichts, dem Juden die Taufe, dem Katholiken die Aufnahme in die evangelische Kirche zu gewähren. Die Formalität des Actes ist durch kirchliche Landesordnung liturgisch zu bestimmen; das mehr Persönliche wird der Pastor in seine Rede einflechten; ein bei diesem Acte öffentlich vorzulesendes curriculum vitae ist natürlich nur im Munde eines Mannes passend und wird selbst von männlichen Proselyten nicht immer zu fordern seyn. Immer aber ist zu rathen, daß der Geistliche bei diesem Acte den Mund nicht zu voll nehme, nicht ein Triumphgeschrei erhebe; er wird mit der Gemeinde Gott danken für die Gnade, die dem Proselyten durch Erleuchtung von oben, durch Antrieb des Geistes und Stärkung zu seinem schweren Entschlusse geworden ist; er wird denselben zur Treue und zu einem seines Bekenntnisses würdigen Wandel nach 1 Tim. 6, 12—14. Kol 1, 9—13. ermahnen und unter Gebet ihm als evangelischem Christen die Hand reichen.

---

23. Pastorales Verhalten unter politischen Bewegungen.

1. Es stehen sich in Bezug auf Betheiligung der Geistlichen an politischer Thätigkeit zwei Ansichten schroff gegenüber, da nach der einen den Pastor das Politische als etwas schlechthin Weltliches ganz und gar nichts angehen, er sich vielmehr lediglich auf's Gebiet der Religion beschränken soll, nach der anderen aber der Geistliche als Volkslehrer, wie schon als Bürger des Staates, als Genosse seines Volkes nicht gleichgiltig bleiben kann noch darf, wenn so hochwichtige Güter, wie Ordnung und Freiheit auf dem Spiele stehen — Güter, die vom religiösen, vom sittlichen Leben nicht abgetrennt werden können. Die erstere Ansicht, wie sie mehr lutherisch als reformirt ist, so hat sie auch am Pietismus ihren Vertreter, wiewohl selbst dieser in neuerer Zeit einsehen gelernt hat, daß politische Fragen und Vorgänge denn doch auch für Kirche und Christenthum von hoher Bedeutung sind. Derselben Ansicht huldigen auch die Bureaukraten, die Schreiber, die absolutistischen Politiker, die dem Geistlichen nur in so weit zu politisiren erlauben, daß er dem Volke den unbedingten Gehorsam gegen alle Auctorität predigen soll. Die zweite Ansicht beruft sich nicht mit

Unrecht darauf, daß die Propheten denn doch nicht wenig Politik in ihre Reden einmischten, die Apostel aber nur deßwegen sich in dieses Gebiet nicht einließen, weil sie auf den heidnischen Staat als einen solchen, der ihnen fremd und feindselig gegenüberstand, gar nicht einwirken konnten, ein christlicher Staat aber, zu welchem das Verhältniß der Gemeinden und der einzelnen Bürger ein total anderes ist, als das der neutestamentlichen Gemeinden zum römischen Reiche, damals noch gar nicht existirte, auf ihn also auch das N. T. noch keine specielle Beziehung nehmen kann, wenn gleich auch hiefür die sittlichen Grundlagen dort gegeben seyn müssen. Um aber zwischen beiden Ansichten richtig zu wählen, müssen wir die verschiedenen Arten politischer Bewegungen wohl unterscheiden. Handelt es sich nämlich um das Recht und die Freiheit eines Volkes gegen eine usurpatorische Macht, ist also die Bewegung eine nationale, deren Rechtmäßigkeit keinem gewissenhaften, charakterfesten Manne zweifelhaft seyn kann, wo nur der Feigling oder der herzlose Egoist sich zurückzieht oder den Mantel nach dem Winde hängt: dann wäre es ein Unsinn, zu verlangen, der Geistliche habe sich um all das nichts zu kümmern. Wie er seine Gemeinde trösten soll, so soll er sie auch ermuthigen, soll treulich zu ihr halten, soll des Lebens höchste Güter bewahren helfen mit Wort und That. Aber dieß allerdings nur nach seiner Weise, in den durch Amt und Würde ihm gesetzten Schranken. Also nicht durch Theilnahme an tumultuarischen Versammlungen, nicht in der Art eines Agitators, der herumreist und das Volk haranguirt, sondern so, daß er erstlich im öffentlichen, kirchlichen Worte der Gelegenheit, wie sie sich ihm darbeut, wahrnimmt, um das in solchen Zeiten so leicht getrübte Bewußtseyn des unerschütterlichen Rechtes im Volke stets zu wecken, es nicht nur vor seinen Feinden, sondern noch mehr vor seinen falschen Freunden, seinen Schmeichlern zu warnen, überhaupt im Sturme der Leidenschaften die Fahne der Wahrheit ohne Scheu hoch zu halten. Es bedarf dazu nicht eigentlich politischer Predigten, dergleichen Schleiermacher, Dräseke u. A. allerdings vortreffliche gehalten haben, zu denen aber nicht jeder der Mann und nicht überall der Ort ist; das Evangelium führt ungesucht oft genug auf Puncte, von denen aus sein Licht hell auch in politische Wirren hineinleuchtet. Zweitens aber blickt in solchen Lagen die Gemeinde zu ihm auf, um an ihm sich ein Beispiel zu nehmen. Deßhalb ist es für ihn doppelt nöthig, fest und klar zum Recht zu stehen, und nöthigenfalls selbst Gewalt zu leiden, ehe er sich zum Werkzeug der Ungerechtigkeit brauchen läßt. Allerdings kann es aber Fälle geben, wo das Gewissen des Einen eine andere Forderung stellt, als das des Andern. Es kann z. B. über Nacht eine provisorische Regierung uns über den Hals kommen; sie ist usurpatorisch, als rechtlicher Mann werde ich sie nicht anerkennen; aber wenn sie von mir nicht verlangt, daß ich etwas für sie, sondern nur, daß ich nichts gegen sie thue, mich aber sonst in meinem Berufe ungestört läßt: bin ich dann verpflichtet, meine Stelle so lange zu verlassen, bis der legitime Fürst wieder da ist? Wir kennen Fälle, wo gerade die Muthigen, die Rechtschaffenen unter jener Bedingung auf ihren Posten geblieben sind, weil sie ihr Amt nicht als einen mit der jeweiligen Regierungsform solidarisch verbundenes ansahen, sondern den Dienst, den sie in ihrem Amt auch fortwährend dem Volke leisten konnten, als etwas relativ Unabhängiges betrachteten. Einer revolutionären oder usurpatorischen Regierung Treue schwören, und damit den Eid brechen, den man dem legitimen Fürsten geschworen, das wird ein gewissenhafter Mann nimmermehr; und wenn sie das fordert, so wird er seine Stelle verlassen müssen, falls das legitime Regiment nicht etwa so vollständig und für immer beseitigt ist, daß das neu eingesetzte, wenn man ihm auch innerlich nicht hold seyn kann, doch factisch an die Stelle des alten getreten ist; in solchen Fällen hat immer schon in irgend einer Weise die vorige Regierung durch ihr Abtreten das Band zwischen sich und den Unterthanen selber gelöst. Wird aber kein Treubruch von ihm gefordert, will eine neue Regierung den Geistlichen auch nicht zu ihrem Werkzeuge machen, sondern fordert blos, daß er sich ihrer factischen Obergewalt füge, kann er also in dem engeren Kreise seines Berufes auch fortan frei wirken, so darf ein Mann, der unter solchen Umständen bleibt und sich fügt, nicht ohne Weiteres verurtheilt werden, als hätte er eine Untreue begangen, weil er der Gewalt gewichen ist; solche Männer können oft viel mehr wieder für Herstellung der Ordnung thun, als die, die beim ersten Sturme Reißaus nehmen und nach der Rückkehr die Dagebliebenen gewöhnlich in's schwarze Register zu bringen suchen.*) Für irgend eine Regierungsform zu schwärmen, als hinge an ihr das Heil, das würde mit der christlichen Auffassung der weltlichen Dinge, mit der Unabhängigkeit des christlichen Lebens von politischen Configurationen nicht stimmen. Der katholische Klerus wird immer eher geneigt seyn, eine Regierung zu bevorzugen, eine andere zu befeinden, weil er selber eine Macht seyn will, für die es also von großer Wichtigkeit ist, ob die politische Macht, mit der er seiner Natur nach stets in Concurrenz sich befindet, ihm Vortheile bietet oder Nachtheile droht; wenn von jener Seite Gerechtigkeit in Anspruch genommen wird, so ist der Sinn dieser Forderung immer nur der, daß die politische Macht möglichst viel von ihren Rechten aufgebe. Solche Tendenz hat die evangelische Kirche und Geistlichkeit nicht; sie concurrirt nicht mit der Staatsgewalt, sondern verlangt blos innerhalb des Gebiets desselben so viel freien Raum, als nöthig ist, um ihre Arbeit an den Seelen zu deren ewigem Heil, zu deren christlicher Bildung und Führung zu vollbringen. Ob dieser Raum nach Gebühr frei gelassen oder wider Gebühr beschränkt wird, das hängt viel weniger von der Staatsform, als von der Rechtschaffenheit und Weisheit der Regierenden ab; daher das Christenthum auch keine Sätze über Staatsformen aufstellt, dafür aber den Personen, den Regenten,

---

*) Wie selbst in solchen Fällen rechtschaffene Männer auf ihren Posten bleiben und dennoch ihr Gewissen retten können, indem sie sich der Thatsache, dem für jetzt Unabänderlichen fügen, der einmal bestehenden Macht nicht blindlings Trotz bieten, davon mag als lehrreiches Beispiel Oberlin genannt werden.

Richtern, Unterthanen das Gewissen schärft. Der evangelische Geistliche wird demgemäß gegen einen gerechten und pflichtgetreuen Fürsten eine tiefe Ehrfurcht und herzliche Ergebenheit nicht nur selbst beweisen, sondern solche Pietät auch seiner Gemeinde einzupflanzen suchen, nie aber diejenige Menschenvergötterung treiben, in der die Höflinge und die Creaturen der Volks-Häuptlinge einander gleichkommen. Falls aber die regierende Gewalt ungerecht und willkürlich handelt und sich von schlechten Rathgebern leiten läßt, so ziemt es sich zwar auch dann nicht, daß der Geistliche sich zu den Malcontenten schlage, daß er sich bei irgend welchen Zettelungen betheilige oder das Kanzelwort zu Ausfällen mißbrauche; ein Pfarrer, der sich zum Demagogen erniedrigt, macht sich seines Amtes unwürdig: er vor allen hat sich nach Röm. 13. zu halten und demgemäß zu reden; aber das kann ihm um so weniger verboten seyn, in den Formen, die das Gesetz offen läßt und die zugleich der Würde und Weihe seines Berufes entsprechen, ein freimüthiges Wort an die Regierenden gelangen zu lassen. Die Biographieen von Männern wie Hedinger, wie Lavater geben hiefür treffliche pastoraltheologische Vorbilder ab.

2. Anders steht die Sache, wenn es sich in einer politischen Bewegung blos darum handelt, welche Partei an's Ruder kommen soll, wie dieß z. B. bei Abgeordnetenwahlen die Frage seyn kann. Hat der Geistliche als Staatsbürger mit zu wählen, so soll er es thun, soll auch seine Ueberzeugung nicht verhehlen; und dadurch kann er, wie in vielen Fällen Neutralität nicht möglich, nicht rechtschaffen ist, als Mann einer Partei erscheinen. Aber wenn er auch, wo er befragt und sein Rath angenommen wird, diesen in bestimmter Richtung gibt, so ziemt es ihm doch nie, ein Parteigänger zu seyn und auch nur den Schein auf sich zu laden, daß er Umtriebe mache. Sobald er in Eine Atmosphäre mit den Maulhelden der Wirthshäuser, mit den Schreibern von Sudelblättern geräth, ist es um seine Würde und Auctorität geschehen. Man darf und soll wissen, wie er denkt, was er für recht und gut hält, aber man soll ihn nicht an Orten sehen, wo sich Mächte breit machen, die

er dort, wo er nicht in seinem Amte ist, weder leiten noch bannen kann. Wo er aber zu sprechen hat, sei's auf der Kanzel, sei's im Privatverkehr, da muß es sich zeigen, daß er nur für Wahrheit und Recht, nicht aber für eine der Parteien oder einen Menschen, den man auf den Schild gehoben, Partei nimmt, und er wird dieß dadurch beweisen, daß er denen, welche ihn als ihren Gesinnungsgenossen ansehen können, die Wahrheit eben so unverhohlen sagt, jede Lüge, jedes Unrecht auf dieser Seite eben so energisch von sich weist und straft, als wenn es die Gegenpartei beginge. Dadurch kann er leicht seine Freunde sich zu Feinden machen; man wird den verkappten Reactionär oder wer weiß was in ihm wittern, — damit eben weist es sich aus, daß er nicht ihres Gleichen ist, sondern die Sache vom höhern Gesichtspunct aus betrachtet, und den Muth hat, den ein Diener des göttlichen Wortes haben muß. Ein wahrhaft freier Mann, dessen Gesinnung fest wie Felsen auf dem Grunde der göttlichen Wahrheit und ewigen Gerechtigkeit steht, ist den wilden Demokraten natürlich eben so sehr zuwider, als den blinden und tauben Jaherren, die in ihrer Servilität keine eigene Ueberzeugung und kein Gewissen haben; aber wenn die schmutzigen Gewässer sich verlaufen haben, dann wird auch — das hat die Erfahrung vor einem Jahrzehend vielfach gelehrt — ein Geistlicher, der seine Stellung so genommen und behauptet und deßhalb sein redliches Theil Schmähung in Empfang genommen hat, dennoch nur um so fester stehen in der Achtung und dem Vertrauen Aller. — Noch ist zu fragen, ob der Pastor, wenn ihm von irgend einer Seite eine politische Mission angetragen wird, wenn man ihn z. B. in eine Ständekammer wählen will, solches Mandat annehmen soll? Freiwillig sich dazu herbeidrängen, sich überhaupt nach einer politischen Thätigkeit gelüsten lassen wird kein Mann von ächt pastoralem Sinn; seiner ganzen Stellung und gewohnten, berufsmäßigen Lebensweise ist es zu sehr entgegen, in den Kammern mit radicalen Schreiern oder mit den Geistern des Feudalismus, die nichts lernen und nichts vergessen, sich zanken und in den Zeitungen herumziehen lassen zu müssen; wir haben die kirchlichen Würdenträger, denen ihr Beruf dieß auferlegt, immer nur bedauern können. Aber was dem Geistlichen auch in solchem Falle das Angenehme oder Unangenehme sei, das ist nicht die Frage; sondern ob er in solchem Antrag einen göttlichen Ruf erkennen kann, wozu die allererste Bedingung ist, daß er seinerseits auch nicht das Mindeste gethan hat, um die Wahl auf sich zu lenken. Es kann Zeiten und Lagen geben, in welchen die Kirche selbst wünschen muß, daß ihr Wort nachdrücklicher als sonst auch in den politischen Verhandlungen sich Gehör verschaffe; da kann ein Mann, der des Wortes in gehörigem Grade mächtig ist und mit scharfem Verstande, mit genauer Kenntniß der Dinge die rechte Besonnenheit, Ruhe und Geistesgegenwart besitzt, in der That verpflichtet seyn, sich nicht zu entziehen, ob es ihm auch auf seiner Kanzel viel wohler wäre, als auf der politischen Rednerbühne. — Weniger dringend ist jedenfalls die Verpflichtung zur Annahme eines Antrags alsdann, wenn der Geistliche aufgefordert wird, an die Spitze irgend eines politischen Vereines zu treten. Es können vielleicht einmal Umstände vorliegen, die ihm auch dieß zur Gewissenssache machen können — denn beim Pastor darf selbstverständlich nur die Nöthigung des Gewissens, nicht der Kitzel des Ehrgeizes den Ausschlag geben; — aber viel seltener noch wird das Gewissen hiezu Ja sagen, als im vorigen Fall, wo es sich um Theilnahme an einer geordneten, gesetzlich regulirten politischen Wirksamkeit handelte. Wir glauben über diesen Punct nichts Besseres sagen zu können, als was Möller auf dem Wittenberger Kirchentage 1849 „über das Verhalten des Christen, insbesondere des Geistlichen, in Bezug auf die politischen Dinge" vortragen wollte, jedoch nur schriftlich übergeben konnte, und was in den Verhandlungen jener Versammlung (herausg. von Weiß, Berlin 1849) S. 110 zu lesen ist: „Politische Vereine fallen stets mit sichtbaren Sonderungen, ja nicht selten mit schmerzlichen Scheidungen bis in das Innere der Familien zusammen. Der Leiter eines solchen Vereins nimmt also für Viele eine manifestirte gegnerische Stellung ein. Dieß ist in der Lage eines Seelsorgers nicht unbedenklich" (wir möchten sagen: es widerstreitet positiv seinem Berufe), „denn er arbeitet so an dem Aufreißen einer Kluft, welche wieder zu überbrücken sehr schwer hält. Politische Vereine können nicht dabei stehen bleiben, sich auf Principien zu constituiren; indem sie durch ihre Bedeutung die Leidenschaften der andern Seite hervorrufen, werden sie die Veranlassung zu einem Kampfe, bei welchem es an Erregtheit bis zu fleischlicher Ereiferung hier und dort nicht fehlen kann. Der Leiter eines patriotischen Vereins wird in der öffentlichen Meinung stets von jeder solchen Verfehlung den Vorwurf der Urheberschaft auf sich laden und jede Art der Verhandlung vertreten müssen. Das ist mißlich auf dem Gebiete des geistlichen Amtes, das, wie kein anderes, den paulinischen Wahlspruch festhalten muß: Lasset uns dem nachstreben, was zur Besserung und zum Frieden unter einander dient!"

Wie mannigfach aber in Zeiten politischer Erregung die Collisionsfälle für den gewissenhaften Geistlichen seyn können, davon sei nur Eins noch erwähnt. Als im J. 1848 die Bürgerwehr organisirt wurde, verlangte man in vielen Orten von den Geistlichen, daß sie bei der Fahnenweihe functioniren, ja diese Weihe förmlich vollziehen sollen. Manche haben es verweigert, manche es gethan. Die letzteren konnten sich dadurch vor sich selbst rechtfertigen, daß das Institut ein durchaus in gesetzlicher Form angeordnetes war, also der revolutionäre Hintergrund, den es bei denen hatte, die so stürmisch dasselbe forderten, durch die legale Autorisirung gedeckt war, auch immerhin ihm eine Seite abgewonnen und eine Bedeutung gegeben werden konnte, die mit einer Weihe durch Gebet und Rede nicht unverträglich war. Dann aber mußte der Geistliche um so gewisser in der Rede seinen Protest einlegen gegen alle schlechte, aufrührerische Tendenzen, die sich an das Institut zu heften drohten, und den Wehrmännern, die sonst in damaliger Zeit auf des Predigers Wort nicht mehr zu hören gewohnt waren, in geeigneter, unangreifbarer Form bei dieser Gelegenheit dasjenige sagen, was ihnen damals Niemand zu sagen wagte.

2. Wird aus der politischen Bewegung ein Krieg und hat die Gemeinde unter den Uebeln und Schrecken desselben zu leiden, so ist der Pastor meist derjenige, der zuerst und am meisten heimgesucht wird. Was a. a. O. S. 109 Möller in anderer, allgemeinerer Beziehung sagt, das gilt ganz besonders von diesem Fall: „Der Geistliche ist die Stadt, die auf dem Berge liegt; er muß unter den Vordersten stehen, welche der allgemeinen Wohlfahrt durch Darangabe aller Kräfte ihrer Seele und ihres Leibes dienen. Er hat mitzutragen die allgemeine Last, auch bei Unvermögen, mitzuleiden die allgemeine Noth, auch mitten im Mangel. Er darf sein Leben nicht zu theuer achten, auch wenn die Pfeile des Todes fliegen." — In solcher Schreckenszeit muß der Pastor sich als den Hirten erweisen, der nicht flieht und die Schafe im Stiche läßt, wenn der Wolf kommt; sein Amt als Tröster, als Armenhelfer, als Wächter über Sitte und Ordnung fordert auch dann, ja dann in ganz besonderem Grade seine unermüdete und uneigennützige Thätigkeit; er muß in der Hebr. 10, 34—36. bezeichneten Gesinnung seiner Gemeinde vorangehen, aber allerdings auch als ein kluger Haushalter alle Mittel ergreifen, um Schaden abzuwenden oder erträglich zu machen. So hat durch kluge Unterhandlung mit feindlichen Befehlshabern, durch Sprachkenntniß, Geistesgegenwart und persönlichen Muth schon mancher Pastor seiner Gemeinde unsäglich viel genützt.

Specielleres und Casuistisches über diesen Gegenstand zu sagen, können wir uns nicht entschließen, da es gar zu nahe läge, daß uns entgegnet würde: im Frieden sei es nicht schwer, Pastoralregeln für Kriegszeiten zu geben. Am meisten ist zu lernen, am besten für solche Drangsale pastoraltheologisch sich vorzubereiten aus den Biographieen von geistlichen Männern, die das Schwerste erduldet haben und dennoch treu zu ihren Gemeinden standen. Welch' ein Bild ist z. B. das von Valentin Andreä, als im dreißigjährigen Kriege nach der Schlacht von Nördlingen Calw geplündert und angezündet wurde! Wie verschieden davon, und doch wie gleich an Adel und Größe ist das Bild Lavaters, seinen Tod mit eingerechnet! Und wieder — um die Dreizahl voll zu machen — welch einen Reichthum von Pastorallehre enthalten die wenigen Blätter, auf welchen uns neuerlich (Berlin 1859) Nitzsch „ein Stück Wittenberger Geschichte aus dem Jahr 1813—1814" gegeben hat! Welch ein Moment ist es, als, wie er erzählt, am Neujahrsmorgen 1814 unter dem Bombardement Gottesdienst gehalten werden soll, da Nitzsch und Heubner zuerst allein da sind, dann ein Handwerker, nach einer Weile ein schüchternes Mädchen erscheint, allmählig aber der ganze Raum sich füllt, auch während der Predigt der Kriegslärm etwas nachläßt, aber im Momente, da Nitzsch den Segen sprechen will und das Kreuzeszeichen macht, eine Bombe dicht vor dem Fenster blitzend niederfällt, ohne doch Jemand zu verletzen! — An solchen Puncten kann die Pastorallehre nicht mehr Gesetze geben, sondern nur auf die Geschichte hinweisen; an dem, was Männer Gottes vor uns erduldet und überstanden haben, lernt auch der Anfänger am besten, welcher Stärke und welcher Weisheit er bedarf, aber auch, aus welchem unversiegbaren Borne diese Gaben dem zufließen, der darum bittet. Nur Einen speciellen Punct wollen wir nicht unerwähnt lassen: daß nämlich, wo es zu retten gilt, der Pastor zuerst seine Kirchenbücher in Sicherheit bringen wird. Alles andere — selbst die vasa sacra, wiewohl seine Sorgfalt sich auf alles kirchliche Eigenthum erstrecken wird — ist doch eher noch zu ersetzen; welche Folgen aber die Zerstörung der kirchlichen Bücher auf Jahrhunderte hinaus nach sich zieht, davon wissen die Geistlichen derjenigen Orte zu berichten, die einst unter Ludwig XIV. von der an der Spitze der Civilisation marschirenden Nation mit Brand und Mord heimgesucht worden sind.

Eine andere Aufgabe liegt für den Pastor noch darin, beim Anzug eines Krieges so viel an ihm ist dazu zu helfen, daß das

Volk die rechte Stimmung zu demselben mitbringe. Das ist einerseits der rechte Muth; die Predigt darf und soll eine Heerpredigt werden; andererseits aber auch die rechte Ergebung in Gottes Willen. Es liegt oft so klar vor Augen, von was für Schäden Gottes Hand ein Volk durch solche blutige Operation heilen will. Diese Schäden sind aufzudecken, damit Volk und Fürsten sich selber richten und Buße thun im Angesicht der göttlichen Gerichte.*) Oft aber liegt die Sache nicht so, daß man geradezu sagen darf: das drohende Unglück ist eine Strafe für die und die Sünden; eine am falschen Ort angreifende Bußpredigt macht nicht bußfertig. Da gilt's denn einfach Geduld und Ergebung zu predigen, zu zeigen, daß es mit dem, was immer gepredigt werde, mit der Nichtigkeit alles zeitlichen Gutes, mit dem Bekenntniß: „Mitten wir im Leben sind von dem Tod umfangen," jetzt Ernst werde mehr denn sonst, aber eben darum auch das Eine, was uns kein Feind nehmen kann, um so mehr in seinem Werth steige. Was sich sonst noch von christlicher Thätigkeit in solchen Momenten entwickelt, was zur Ausrüstung der Soldaten, zur Pflege der Verwundeten u. s. w. gethan werden kann, in dem allem bleiben die Träger des geistlichen Amtes am wenigsten zurück; hier ist auch ein Punct, an dem eine liebreiche, warmherzige Pfarrfrau viel zu leisten vermag.

---

*) Vgl. Harleß: „Wie Geistliche sich in Kriegszeiten verhalten sollen. Eine Stimme Luthers an die Zeitgenossen." Leipzig 1859.

24. Der Seelsorger am Strafgefängniß.

(Von Pfarrer Hoffmann, Hausgeistlichem im Pönitentiarhaus in Stuttgart.)

Ueber diesen Gegenstand haben die pastoraltheologischen Werke bis vor Kurzem nur Dürftiges dargeboten. Erst Nitzsch in seiner praktischen Theologie (III. 1. Abth. §. 488 ff. und specieller §. 494 ff.) ist in seiner tiefanregenden Weise gründlich darauf eingegangen. Daß man früher auch in der Theorie an diesem Puncte rascher vorbeiging, darüber dürfen wir uns kaum wundern, wenn wir uns erinnern, was denn von dem christlichen Staat und der Kirche für diesen Theil der Gemeinde — für die Gefangenen zu geschehen pflegte. Die Zeiten sind noch nicht zu ferne, in denen der christliche Staat — die Gesellschaft — mit den Verbrechern nichts anderes anzufangen wußte, als sie zu hängen oder aus dem Lande hinauszujagen. Es war ein Gehetze von einem Ländchen zum andern, bis ein Galgen davon erlöste. So war der Baum, der solche Zweige und Früchte getrieben, schnell von seinen giftigen Auswüchsen los. — Diese Barbarei übte der christliche Staat inmitten des reinen und ächten Glaubens, an dem er festhalten wollte, damit die Seelen nicht durch Irrlehren vergiftet werden, und sind noch Viele, die das für die beste Praxis erklären.

Es folgte eine andere Periode, das Leben wurde höher geachtet, — Zuchthäuser wurden hergerichtet, wo passende Gelegenheit war; dahin wurden die Schuldigen separirt, damit die Gesellschaft nicht durch sie belästigt und beschädigt werde (in der Regel waren Anhängsel der Zuchthäuser — die Waisenhäuser). Zuchthaus! wohl ein schöner Begriff, der daran sich knüpfen sollte, — ein Haus, um zu ziehen, zu erziehen den Gefallenen. Aber die

Etymologie lautete anders, ein anderer Zweck stand vor Augen: zu züchtigen, wohl zu strafen. Je härter, je raffinirter die Strafe, um so besser schien der Zweck des Zuchthauses erfüllt. Was alles hat die Strafrechtspflege mit Aufbietung des Scharfsinns ausgedacht, um das Strafmaß noch höher zu schrauben, die Strafen noch zu verschärfen! Damit war der Gesetzcodex noch auf eine höhere Stufe der Vollkommenheit gebracht. In einem rechten Zuchthaus war die erste Frage: „Was für Strafmittel? . . . wir haben noch härtere;“ wurden ja lange noch die Vorzüge des Tretrades hervorgehoben in Archiven für Rechtspflege und Gefängnißkunde. In einem rechten Zuchthause durften nicht fehlen die schwersten Arreste, Locale mit Ketten und Banden aller Art; es wurde aller Bedacht darauf genommen, recht raffinirt zu züchtigen. Es wurde —? Die Zeiten sind noch nicht vorüber. Der Eine Gedanke war: züchtigen. Da war die colluvies bei einander, eine ächte Hochschule für Verbrecher. — Wie verließen sie die Zuchthäuser? schlimmer als sie waren, — eine liga, die neuen Anhang fand, — und weil sie also herauskamen, war das ein neuer Stein auf sie: sie sind verloren, unverbesserlich, — die Strafrechtspflege mußte auf Neues sinnen und war auch darum nicht verlegen. —

Und doch hatten's die Armen noch zu gut, — die Verbrecher und Scheusale! sie sollten noch umsonst gefüttert werden zu ihrer Bosheit hin? Das war ein empörender Gedanke! — sie sollen wenigstens nicht umsonst erhalten werden. Das Nützlichkeitsprincip hatte Galgen und Zuchthäuser geschaffen, — nun schuf's Arbeitshäuser. Und hier war wenigstens der Begriff erfüllt! — Jeder muß arbeiten, sein Brod verdienen, so viel er kann, muß die Kosten, die er verursacht, mittragen und mittilgen. — Hat es nicht seine schöne Seite, daß der Müssiggänger arbeiten lernt, — aus dem Müssiggang herausgerissen wird? wenn er Lust zur Arbeit fassen lernt, weil er einen Gewinn hat bei seiner Arbeit, je fleißiger er arbeitet, desto größer sein Gewinn, — wenn er nicht nur sieht, daß seine Arbeit für nichts und nutzlos ist, sondern er selber von der Arbeit Nutzen hat und etwas ersparen kann für die Zeiten, wenn er selber sein Brod sich suchen soll? — Wenn das in erster Linie stünde; — aber voran drängt sich ein anderes: — der Reiz, daß die Unterhaltungskosten ermäßigt sind, reizt weiter, — der Staat will noch gewinnen, er arbeitet mit seinen Leuten um Gewinn, — es handelt sich nicht darum, was Einer arbeiten lernt, ob er nachher es auch treiben kann, — sondern um die Einträglichkeit der Arbeit für die Casse. Die Frage nach solchen Arbeitszweigen kommt auf, und es wird die Frage von der Nationalökonomie ernstlich behandelt, ob Gefängnisse concurriren dürfen mit dem freien Arbeiter? — Fabrikanten miethen die Arbeitskräfte, sie drängen sich ein — und sie entscheiden; in Frankreich wurde vor wenigen Jahren ein gewaltiger Ansatz gemacht zu Errichtung von Gefängnissen mit Zellenhaft; nach Kurzem, so günstig auch die Erfolge in der kurzen Zeit sich zeigten, wo solche Gefängnisse eingerichtet worden, wurde Halt geboten, — warum? wußte man eigentlich nicht; — die Fabrikanten, an welche die Arbeiter vorher vermiethet gewesen waren, sie allein waren der Grund!

Wenn das Ziehen zur Arbeit in erster Linie stünde, sagte ich, — und wenn auch, — was ist dann gewonnen, wenn die Gefangenen nicht gebessert werden, nicht anders werden? — Dem Nützlichkeitsprincip hat man alle Rechnung getragen, — aber nicht einmal das Klugheitsprincip konnte sein Recht gewinnen, keine Sorge wurde dafür getragen, was denn geschehen soll, die Leute wieder zu gewinnen, die Gefallenen wirklich zu heben? — Sind denn aber nicht Geistliche da? —

Was geschieht von dem christlichen Staate für die Gefangenen, sie zu Gliedern der christlichen Gesellschaft zu gewinnen, dem Staate, der sich seines Werks für Bildung und Fortschritt rühmt, — mit allem Rühmen von innerer Mission und Rühmen von Menschenhoheit und Würde, die er achte, — mit allem Streiten über pennsylvanisches und auburnisches System, bleibt doch

Alles beim Alten, — und ist ein Schritt vorwärts gethan, wie in Berlin: so ist Angst und Furcht, es möchte wirklich Frömmigkeit einreißen im Gefängniß; — hält man es doch oft für einen Mißgriff, einen wahrhaft frommen Mann zum Vorstand eines Gefängnisses zu machen, weil Frömmelei oder Heuchelei könnte unter den Gefangenen einreißen, und es sieht oft aus, als wäre der Geistliche nur da, weil's eben doch so seyn muß.

Was aber hat die Kirche gethan für die Gefangenen?

Soll die Kirche die Gefängnisse in die Hand und in ihre Gewalt nehmen? Gewiß nicht! Was hat aber die Kirche gethan? Ist nicht seit dem schweren Jahre 48 die innere Mission in ihrer Arbeit? wird nicht auf Kirchentagen abgehandelt von Gefängniß und Gefangenen, und werden nicht eigene Congresse über Gefängnißwesen gehalten? Haben nicht einzelne Männer und Frauen (Wichern, Elisabeth Fry) Großes gethan? Aber die Kirche? Die Kirche hat noch nichts gethan, — und sie hat's auch noch nicht als eines ihrer Anliegen erkannt, so lang sie es nicht in die Hand nimmt als ihr Anliegen, so lang sie in ihrem Gebet, in ihrer Fürbitte der Gefangenen nicht gedenkt. Das Bußtagsgebet gedenkt der unschuldig Gefangenen, — aber der schuldigen gedenkt es nicht; diese schließt auch sie aus, wie die Gesellschaft es bis daher gethan, für die schuldigen hat sie kein Herz, keine Bitte, keine Fürbitte. (Wie drückt's schwer auf den „schuldigen," so oft er's hört: „die unschuldig Gefangenen." Für diese eine Bitte noch, aber für mich Schuldigen nicht mehr —. Die bürgerliche Gemeinde hat ihn ausgeschlossen, auch die Kirchengemeinde denkt seiner nicht mehr.) Wie der Staat seine Ernte haben muß davon, wie er sich der Gefallenen annimmt, so wird auch die Kirche Rechenschaft geben müssen, ob sie der Gefallenen gedacht hat oder nicht, — die der Herr nicht ausschließt, der gekommen ist, zu suchen und selig zu machen, das verloren ist. So lange die Kirche die Gefangenen nicht auf ihrem Herzen auch mit trägt, ihrer in besonderer Fürbitte nicht gedenkt, wird der rechte Segen zu allem Wirken für die Gefangenen fehlen.

Dieser Theil der Seelsorge umfaßt Viele, Viele: — jede Bezirksstadt hat ihre Gefängnisse, mit Untersuchungs- oder schon abgeurtheilten Gefangenen, — die Gefängnisse der Schwurgerichte sind angefüllt. Der Geistlichen sind's darum viele, denen solche Seelsorge obläge. Aber es sind deren wenige, die sie sich angelegen seyn lassen, — außer wenn ein Gefangener es besonders dringend verlangt, und viele, viele sind der Richter, die es nicht gern sehen, ja zu verhindern suchen, wenn ein Geistlicher die Gefangenen besuchen will; es meinen so viele, sie möchten in der Untersuchung gehindert werden, es möchte, wenn ein Anderer an den Gefangenen herankommt, das fein gelegte Netz durch ihn verwirrt oder gar ein Geständniß noch vorher abgelegt werden, daß ihnen die Ehre geschmälert würde, das Geständniß allein herausgebracht zu haben. Da war viel Arbeit, die den Gefangenen so oft nur tiefer hineinführte in's Leugnen, und den Teufel fester bannte. Ein Mahn- und Trostwort bricht das Herz schneller, daß es Erleichterung sucht in dem Bekenntniß der Schuld, von der es gedrückt ist, und umgekehrt. — Diese Gefängnisse sind's meist, wo die Entscheidung heranreift, — aber zum Bösen, wo der Grund gelegt wird zur Laufbahn des Verlornen, weil Niemand da ist, der sie sucht und sich ihrer annimmt. Es ist eine Anklage, die von den schwereren Gefängnissen zurückfällt auf die, die da helfen konnten, aber nicht geholfen haben, so lange es noch Zeit war.

Doch, wenn von Gefangenen die Rede ist, so sind's zunächst die in die schwereren Gefängnisse verurtheilten, wie sie nun nach ihren verschiedenen Graden heißen: Kreisgefängniß, Zuchtpolizeihaus, Arbeitshaus, Zuchthaus; und auch hier ist's eben die Seelsorge an diesen, die besonders in's Auge gefaßt werden soll. — Seelsorge an ihnen noch dünkt freilich Vielen verlorene Arbeit, auch unter Geistlichen. — Es sind ja Verlorene, — als solche hat sie die Gesellschaft ausgethan und abgesondert; — je höher hinauf in den Strafanstalten, um so schreckender der Anblick, um so gräulicher die Schaar der Gefangenen, die da sind, — der Abschaum — so heißt sie die Gesellschaft, die solchen Abschaum aus sich hervortreibt, — Verbrecher aller Art, vom geringen bis zum höchsten, Anfänger und vollendete Verbrecher, am Schluß ihrer Laufbahn, — Verbrechen umgeben dich von allen Seiten, bei deren Gedanken schon dich Schauer ergreift: Verlorene sind's. — Soll darin der Grund liegen und die Rechtfertigung, von ihnen die Hand abzuziehen, und sie vollends hinabzustoßen? Wer nur davon weiß, daß sie, weil sie verloren sind, aufzugeben seien, der bleibe von ihnen weg; — wer nur davon weiß, daß sie verloren sind, nichts mehr zu gewinnen, und der eine Klugheit und Kunst darin sucht, sie mit ihrer Lage auszusöhnen, daß sie sich drein schicken, sich schicken in das, was man nicht ändern kann, der lasse ja von ihnen, — bei dem bleiben sie verloren; — wer aber nur sich im Auge hat, wem das Amt willkommen ist, weil's als ein nicht viel äußern Reiz bietendes kann eher erlangt werden, eine frühere Versorgung bietet, der soll ganz ferne bleiben! — Verlorne sind's, wahrhaftig! — Blumhard sagte an dem Kirchentag 1857: „Es liegt in allen Seelen noch etwas, das man nicht anders als einem Gefangenen vergleichen kann, der in Ketten schmachtet; die barmherzige Bruderliebe kann und muß diesen Gefangenen befreien, dieses Edle von seinem Bann lösen, von dem es umstrickt ist.“ Ein Wort, das gewiß gewaltig faßte. Solche Verlorene sind's! Aber noch gewaltiger ist des Herrn Wort: „ich bin gekommen, nicht zu richten, sondern zu suchen und selig zu machen, das verloren ist.“ — Das Verloren gilt von ihnen besonders, — so gilt auch ihnen besonders des Herrn Wort. — Es ist kein verfluchter Boden, sondern ein Boden, den der Herr durch dieses Wort geheiligt hat.

In diesem Einen Wort ist das rechte Verständniß für die Hoheit des Berufs, der rechte Schlüssel zur rechten Fassung und Ausführung der Aufgabe. Das muß im Herzen seyn, das allein macht tüchtig: pectus facit theologum. Wo das fehlt, ist mit aller Gelahrtheit, mit aller Weltklugheit, praktischem Sinn, Menschenkenntniß, hier ganz besonders nichts geschafft. — Verlorene sind's, — aber der Herr will sie retten und hat sie noch nicht aufgegeben, — er will auch sie noch selig machen. Ein ganz Anderes soll noch an ihnen gelingen, als sie eben zur Arbeit, zum ehrlich ihr Brod verdienen, tüchtig machen. Im ärgsten Verbrecher wohnt eine Seele, die zum ewigen Leben soll gerettet werden.

Der Beruf vor allen andern fordert eine Begeisterung; wer zu ihm herankommt ohne diese, etwa in der Meinung, es werde hintennach schon kommen, versündigt sich an denen, denen sein Beruf gilt; hintennach die Begeisterung? wo so viel hereindringt, die Begeisterung zu kühlen. Sie kann nur seyn, wo das Wort des Herrn voransteht und im Herzen ist kräftig geworden. Wo das voransteht, da ist zuerst die rechte Liebe, das rechte Mitleid zu den Gefallenen, — sie sind gefallen, verloren, und sollen doch nicht verloren seyn. Ich sage, das rechte Mitleid. Wie will sich falsches Mitleid eindrängen, wie verderblich das sentimentale Mitleid, und wird so leicht mächtig; es kostet Ernst, sich deß zu erwehren, daß alle Herzensregung nur in Mitleid will aufgehen und untüchtig ist zum Helfen. Wenn wir in die Verhältnisse der Gefallenen eingehen, sehen, wie sie vor uns sind, regen sie das Mitleid an, — aber nun vollends, wenn wir erfahren, wie sie gefallen, wie so Mancher eigentlich mit Gewalt in die Verbrecherlaufbahn hineingestoßen wurde, weil Niemand sich seiner annahm, — keine Hand die Wankenden und Irrenden zurechtführen wollte, alle Hände nur abstießen, — wie schlechte und schwache Eltern den Grund legten, — drückende Verhältnisse, Armuth und Noth, wo kein Weg offen stand, die Herzen in den Bann schlugen und den Weg aufthaten zum Verbrechen, — wie Unüberlegtheit, plötzliche Leidenschaft hineinstürzten, — und draußen so Unzählige, die noch schwerere Schuld und Schande auf sich tragen und sind in allen Ehren unangefochten, weil sie reich sind und Verbindungen haben; — dazu der Schein der Unschuld, der Härte gegen sie, der oft da ist:

— da ist die Versuchung nahe, Partei zu nehmen, die Schuld leichter zu nehmen, gar zu entschuldigen, — das ist die ungesunde Sentimentalität, die in jedem Gefangenen einen unschuldig Verurtheilten und Verfolgten sehen will, zum Voraus Partei nimmt für ihn, und ihn, statt zu retten, zum Verlorenen erst macht, weil er sein Elend nicht hat erkennen lernen. Ein Verlorner ist er, — aber gerettet soll er werden, — ein Verlorner, darum hat der Herr ihn gefaßt, er sucht ihn noch, will ihn retten. So wird die Liebe vom rechten Ernst getragen und von der rechten Hoffnung, — es ist des Herrn Sache, der will sie retten. —

Wie frisch und freudig geht die Begeisterung an die Arbeit, Verlorene zu retten! — wie herrlich! Die Arbeit so hoch, so groß, soll so muthig vollendet werden; es ist kein Zweifel am Gelingen. Wie soll der Liebe und Begeisterung etwas widerstehen? mit dem stolzen Selbstbewußtseyn will, der den Ruf in sich fühlt, hineintreten unter die Verbrecher, — in wie kurzer Zeit sollen sie umgewandelt seyn, umgewandelt durch ihn; in kurzer Zeit soll auch der Verhärtetste weich geworden seyn. Es hat, so ist der Gedanke, nur bis daher am rechten Herzen gefehlt, an der rechten Liebe, am rechten Eifer; — jedes Regen und Wehen, das freilich bei dem neuen Geiste und Winde, der wehet, sich regt, ist ein Zeichen des nahen Siegs, den er errungen mit seiner Liebe! — Wer ist nicht schon mit solchen Hoffnungen hereingetreten? und wer hat nicht auch, je höher er seine Hoffnungen gespannt, je mehr er seinem Feuer und seiner Kraft vertraut, um so schmerzlichere Enttäuschungen erfahren? — und je freudiger seine Kraft, um so unmächtiger, untüchtiger fühlt er sich, muthlos zieht er die Hand zurück, 's ist ein verloren Werk! Triplex aes circa pectus!

Ja, verloren Werk an den Verlornen, wo die freudige Begeisterung mit dem labora anfangen will, auf sich selber bauen, — sie muß erlöschen; und was ist's denn mit der Arbeit? soll's nicht erlöschen das heilige Feuer, — das Ora muß voran; — Ora, dann Labora. Ora, es ist des Herrn Werk, — dann die Freudigkeit zum Labora — der Herr hilft mit. Ora — lege dem Herrn die Sache hin, „es ist deine Sache, du kannst sie nicht lassen.“ — Ora — trage deine Gefangenen auf deinem Herzen, aber auf einem christlichen Herzen. — Das Ora wird bewahren, das Gelingen dem eigenen Labora zuzuschreiben. — Es hat's gewiß Jeder erfahren, wo er am wenigsten vertraute auf sein Thun, seine Kraft, wo er in rechter Demuth: du, Herr, mußt helfen, an's Werk ging, daß es freudig ging, — und wo er allein d'ran gehen wollte, auf seine Tüchtigkeit, sein Geschick vertrauend, — da sind es die schwersten Zeiten geworden. Dein ist's, wenn gute Thaten dem Vorsatz wohl gerathen; ich bin allein an Fehlern schuld. —

So oft kommt an Gefängnißgeistliche die Frage: „Wie lange wirst du's noch treiben? es ist ein zu trübes Geschäft, ein zu niederdrückender, zu wenig lohnender Beruf.“ Wo das Ora und so lang das kräftig ist, da heißt's und treibt's fort: labora. Wo das Ora und so lang das kräftig ist: — stehen die hohen und herrlichen Seiten und Zeiten im Licht und voran, die der Beruf gewährt vor vielen andern, neben dem schweren und trüben, das er vor vielen andern besonders auflegt. —

Wenn oben gesagt worden ist, in des Herrn Wort sei gegeben das rechte Verständniß über den Beruf des Gefängnißpredigers: in des Herrn Namen Verlorene zu suchen und sie ihm zuführen, und wenn die Rede gewesen von dem, was ihm zuerst noth thut zu seinem Beruf: so ist damit die Aufgabe noch nicht gelöst, das Werk noch nicht gethan. Das sind nur die Voraussetzungen, die da seyn müssen, die Bedingung, die erfüllt seyn muß, ohne die er an's Werk gar nicht gehen kann. Mit diesem gerüstet, steht er erst am Wege, — ohne dieß kann er den Weg gar nicht antreten. Aber daß der Weg richtig gewandelt, der Beruf richtig gethan werde, dazu soll die Pastoraltheologie Anweisung geben; die Erfordernisse dazu kann sie nicht geben; aber sagen muß sie, das ist erforderlich; das ist noth; — ohne diese Erfordernisse bist du nicht fähig zum Beruf. Eine solche Anweisung soll das Folgende geben, nicht von vornherein construirt, aber auf Erfahrung von manchen Jahren beruhend. Eine solche Anweisung thut besonders bei den Gefängnißgeistlichen noth, — Fehlgriffe am Anfang gemacht, lassen sich nicht immer wieder gut machen; oft ist mit Einem Fehlgriff der Boden, auf den gebaut werden soll, für immer eingestoßen, oder doch für lange Zeit, mit Einem Fehlgriff der Credit auf lange Zeit zerstört, oft unwiderbringlich, ein Riß aufgethan zwischen dem Geistlichen und seinen Gefangenen, der schwer, oft nie mehr geheilt wird.

Den Gefängnißgeistlichen beobachtet und verfolgt seine Gemeinde mit viel mehr Aufmerksamkeit, als je eine andere Gemeinde, nichts bleibt unbeachtet, — seine Gemeinde hat auch eine Tradition, an der sie festhält, die sie pflegt und nährt, die um so fester bewahrt wird, je länger, die davon zeugen können, im Gefängniß verharren.

Wie bei den Erfordernissen zu dem Beruf des Herrn Wort vorangestellt wurde, so soll's auch zur rechten Uebung des Berufs voranstehen. In ihm ist die reichste Weisung.

Es gilt Verlorene zu suchen und zu retten!

Mit dem nur kann in den Vorhof getreten werden, mit dem nur das Innere betreten und darin das Werk mit Segen gethan werden. — Ja es ist da auch ein Vorhof, ein Inneres — und ein Heiligthum — und soll ein Heiligthum, ein Tempel des Herrn werden. — Aber bis hinein in's Innere muß noch manche Thüre aufgeschlossen werden. Ohne das erste im Herzen fest zu haben, trete keiner an den Beruf am Gefängniß — das muß er festhalten beim Eintritt in's Gefängniß, in den Beruf. Noch ehe der Geistliche in den Beruf selbst, an seine Uebung, zu den Gefangenen persönlich kommt, kommt er in mancherlei Verhältnisse. Auf was für einem Boden er da steht, von dem hängt für Gedeihen oder Nichtgedeihen seines Wirkens so viel ab, und darf darum nicht gering angeschlagen werden. Der Geistliche kommt in so nahe Berührung mit dem Vorstand der Anstalt, mit den vielerlei andern Angestellten bei der Anstalt, den Aufsehern. Freundliche oder unfreundliche Beziehungen zu ihnen sind von so großem Einfluß, wirken fördernd oder hemmend ein; dadurch kann viel gefördert, und noch mehr verhindert und gestört werden.

Die Stellung des Gefängnißgeistlichen ist eine eigenthümliche. Er ist dem Vorstande in einer Beziehung beigeordnet, und doch wieder, eben weil jener der Vorstand ist, untergeordnet. Die Aufseher stehen unter ihm, sie haben ihm nichts zu sagen, und doch sind sie ihm nicht untergeordnet; sie haben von ihm keine unmittelbare Befehle anzunehmen. Die Rede kann davon nicht seyn, was es oft für Persönlichkeiten sind, denen das Amt anvertraut ist, die für alles ein Herz haben, nur nicht für die Gefangenen, nur Auswürflinge, Verlorene in ihnen sehen, mit denen nichts anzufangen sei, als sie in Zucht halten und strafen, um so freier und willkürlicher, weil kein Kläger wider sie aufsteht, alles innerhalb der Gefängnißmauern verborgen bleibt; — keine Rede davon, was so oft für Aufseher, die vom Gefangenen nur durch die Kleidung sich unterscheiden, alte Soldaten, die am Soldatseyn genug haben und doch sonst nichts vor sich haben, die ihre Amtswürde mit nichts zu behaupten wissen, als über die Gefangenen herfahren, ihren Muth an ihnen kühlen und ihrer Herrlichkeit in dem sich bewußt werden, daß sie die Armen unter sich haben. Von dem nicht die Rede, aber davon, wie der Geistliche seine Stellung behaupten soll. Es gilt auch da, sich gleich auf den rechten Fuß setzen. Aber was heißt das bei so Vielen? Man sagt den Geistlichen, ob mit Recht oder Unrecht? nach, daß sie so gern den Beamten spielen, sofern es nur möglich ist, regieren und anordnen wollen. Nun soll's gelten: dem Verwalter oder Vorstand zu zeigen, daß der Geistliche ihm nicht so untergeordnet sei, sich nichts zu sagen lassen brauche, sich nichts gefallen lasse — gleich von vornherein abzumessen, wie weit geht sein Territorium, und ihn merken zu lassen, daß man mit Eifersucht über seinen Rechten wache; den Aufsehern zu zeigen, daß der Geistliche über ihnen steht, sie sein Amt und Ansehen merken zu lassen. Für Amtsehre und Rang und Befugniß wird eifrig gewacht und gestritten. Aber wie für das Amt, Verlorene zu suchen und zu retten? Bekannt ist, daß bei Niemand das Regierenwollen weniger mag ertragen werden, als bei den Geistlichen. Mit dem Regierenwollen wird nur herausgefordert, jeden auch nur scheinbaren Eingriff abzuwehren und hinter allem ein Eingreifenwollen zu wittern. Die rechte Stellung, und das auf den rechten Fuß sich Stellen weist eben der Beruf gleich von Anfang; bei den Gefangenen ist der Beruf, ihnen gilt er, — hinter dem tritt die eigene Persönlichkeit zurück, aber die Frage voran: was mag förderlich sein dem Beruf? — Ueber dem den Beamten-Spielen geht das Amt verloren. Eben aber, daß das Amt im Auge gehalten wird, wird oft zum Nachgeben, Herabsteigen mahnen, statt auf sein Recht zu pochen; im Frieden ist mehr zu gewinnen, als im Streiten, zu Manchem Nachgiebigkeit und Bereitwilligkeit zu fordern, wo mit Fordern nichts oder wenig oft erreicht wird.

Freundlichkeit nach unten wird mehr fördern, als befehlen und anordnen, wo man es nicht kann, aber auch da, wo man es kann. Die Aufseher sich entgegen haben — wie viel Steine kann solch ein Feind in den Weg legen, wie viel einreißen auf einmal bei Gefangenen, ohne daß ihm nach seiner Dienstordnung etwas zur Last gelegt werden kann. Befehlen wollen nach unten hin, wird bei den Untern wider den Geistlichen nur Unlust und Lust zum Widerstand wecken. Es wird schwer halten, Aufseher zu Mitarbeitern zu gewinnen; aber mit Freundlichkeit werden sie doch zu Freunden gewonnen und abgehalten, in dem Theil, wo sie's vermögen, hinderlich zu werden. Da gilts, sich nach allen Seiten auf den rechten Fuß zu setzen, das heißt: zu zeigen, daß man verstehe was seines Berufs ist, und nur dieß — aber auch dieß fest im Auge zu halten. Damit wird der Geistliche nach oben und unten seine Stellung und Ansehen sich wahren und festen Boden behalten.

Auf dem Boden soll der Geistliche stehen. So ist nun der Weg offen in's Gefängniß selbst. Ob's nach pennsylvanischem System oder nach auburn'schem, — oder dem in Deutschland noch vorherrschenden System, — alle Gefangene Tag und Nacht beisammen — eingerichtet ist, gehört nicht daher. (Ein Gefängnißgeistlicher wird über die Frage, über die Alle mitzureden sich berufen glauben, auch die noch nie ein Gefängniß recht gesehen haben, bald im Reinen sein. Die Frage, welches System das beste, sollte bald entschieden sein, wenn man, die hier berufen sind zu reden, hören wollte, Vorstände und Geistliche von Gefängnissen, wenn man nur die Gefangenen selbst — nicht einmal die Erfahrungen, die an ihnen gemacht werden — nur sie selbst zeugen ließe.)

Wie das Gefängniß sein mag — der Geistliche soll die Verlorenen suchen; — suchen? Ist denn seine Gemeinde nicht schon bei einander, — alle versammelt? und ist denn nicht wohl Sorge getragen, daß keiner ferne kommt und der Geistliche ihn suchen müßte? — Und doch: er muß sie suchen, muß jedem nachgehen, darf nicht zufrieden seyn, daß er alle da hat, ihn alle hören und sehen, wissen, daß ein Geistlicher da ist, — es muß jeder wissen, daß der Geistliche für ihn da ist, — der Geistliche muß es jedem zeigen, daß er eben auch seinetwegen da ist. Es muß es jeder wissen, daß es dem Geistlichen eben auch um ihn zu thun ist, daß er sein specieller Seelsorger seyn will, daß er ein Herz für ihn habe. Mit allgemeinen Reden in's Weite hinaus ist das nicht gethan; soll's jedem an sein Herz gehen, und soll ihm der Geistliche nahe kommen, so muß er ihm nahe treten, er muß ihn, jeden Einzelnen — suchen, aufsuchen; er muß den Gefangenen allein haben, allein mit ihm seyn! — allein! ganz allein! — Allein mit jedem? Wer ist's denn? Verbrecher jeder Art, und wohl solche oft, die mit den schwersten Verbrechen Scherz treiben, denen nichts mehr heilig ist, die zu allem fähig sind, vielleicht auf neues Verbrechen,

36 *

gar auf Mord sinnen, um ihrer Last, die von innen und außen sie drückt, los zu werden. Wer ist's? tritt nicht Sorge in den Weg, — ist's nicht Pflicht, vorsichtig zu seyn, sich sicher zu stellen? Ja wer ist's, der zu suchen ist? Verlorene sind's. Da darf und kann keine Furcht seyn, auch nicht vor dem ärgsten. Wer Furcht blicken, nur ahnen läßt, dem Schein, als könnte der Verbrecher ihm Furcht und Angst einflößen, nur irgend Vorschub gibt, der hat den Boden verloren. Der Verbrecher darf nie nur den Gedanken haben, daß der Geistliche sich vor ihm fürchten könne, sonst hat er das Herz für ihn (den Geistlichen) verloren; — und wenn er sich noch so gefürchtet weiß, von dem Geistlichen will er nicht gefürchtet seyn; wenn er weiß, daß Niemand mehr ein Herz zu ihm hat — der Geistliche soll Herz vor ihm haben, weil er ein Herz zu ihm hat. Woher das Herz? Es sind Verlorene, die gerettet werden sollen, die darum der Herr noch unter seine Zucht genommen, noch einmal gefaßt hat.

Wer ist's? — Wie drängt sich Neugier ein! Was ist's ein Jagen nach merkwürdigen psychologischen Erscheinungen, die sollen ergründet werden, ein Jagen nach interessanten Erfahrungen, nach wichtigen Charakteren! — Das tiefe Geheimniß liegt offenkundig da! Sünder sind's; Verlorene sind's! Die Sünde ist's, die überall auftritt und ihr Verderben offenbart. Die Verlorenen sollen gerettet werden. Wie wird das verderbt und gehindert mit dem Haschen nach psychologischen Räthseln und interessanten Erfahrungen aus der Nachtseite des menschlichen Herzens, und über dem Fischen darnach das Menschenfischen aus dem Auge verloren! Das Räthsel ist gelöst, die Sünde ist's, die Sünde der Leute Verderben. Aber das Räthsel muß dem Gefangenen gelöst werden, gelöst der Bann, der auf ihm liegt. Darum muß der Geistliche ihm nahe kommen, jedem besonders, — er muß mit ihm allein seyn! — und der Gefangene muß sehen, daß der Geistliche keine Furcht vor ihm hat, nicht blos weil das seines Amts ist, er seine Besoldung davon hat, also muß, — sondern weil er ein Herz zu ihm hat, — weil er in des Herrn Namen sein Amt thut und zu ihm kommt. Der Geistliche muß ihm Vertrauen zeigen, auch dem ärgsten; wie soll denn sonst der Arge Vertrauen zu ihm fassen und ihm das Herz öffnen!

Um ihn retten zu können, muß er gefaßt werden, um ihn fassen zu können, muß der Geistliche ihm nahe kommen; mit ihm allein seyn, um ihn kennen zu lernen, daß er ihn erfassen und fassen kann.

Darum allein! buchstäblich genommen; es darf kein Anderer Zeuge seyn. Vor Anderen schließt das Herz sich zu, vor Anderen will der Gefangene sein Geheimniß verschlossen haben, vor Anderen will er sich vor dem Geistlichen nicht besonders gefaßt sehen. Darum allein; wenn's vor Anderen auch könnte noch so still geschehen, daß es keiner erfahren soll; — aber die Anderen haben gar feine Ohren; je stiller, desto gespannter und aufmerksamer! wie ist alles auf einmal so still, wenn der Geistliche in einen Saal tritt, zu einem besonders hin, und spricht mit ihm, wie lauschen alle Ohren, was es zu verhandeln gebe — und hören sie's nicht, so ist's fast noch schlimmer, — was wird nun alles ersonnen und ausgebreitet, falsch verstanden und falsch gedeutet von den mißtrauischen Seelen, deren böses Gewissen in fast allem eine Beziehung auf sich sucht, — je schlimmer, je dümmer, je unglücklicher, desto leichter findet es Glauben. Aber dem Gefangenen ist Mund und Herz über seine innersten Angelegenheiten verschlossen vor den Anderen; und auch nur Gespräche über Gleichgiltiges hat er nicht gern, wenn's eben an ihn besonders öfter kommt, weil er fürchten muß, daß es ihm von den Andern übel gedeutet werde. — Darum allein; ganz allein!

Wie leicht geht das, wo Zellenhaft ist, — wie erschwert ist's bei gemeinsamer Haft, wo schon besonderes Erstarktseyn dazu gehört, wenn Einer vor dem Anderen sich nicht scheut, nach dem Geistlichen zu verlangen, — wo mit Gier einer umringt wird, den der Geistliche verlangt hat, was er von ihm gewollt habe, und einer, der weich werden ist, sich verhärtet, um nicht von den Anderen darüber verspottet zu werden.

Und doch gibts auch bei gemeinsamer Haft gar manche Gelegenheit zu näherer Berührung.

Die erste, wichtigste und günstigste Gelegenheit bietet der Eintritt des Gefangenen in das Haus. Die neu Eintretenden werden dem Geistlichen zugeführt; er kommt mit ihnen in den ersten Tagen nach ihrem Eintritt zusammen. Da hat der Gefangene nur den furchtbaren Ernst vor sich; es ist Wahrheit geworden, was er nicht glauben wollte, wo er zu scherzen meinte; alle die Rettungsmittel, die er versucht, auf die er sich gestützt, sind zu nichte worden; er empfängt, was seine Thaten werth sind; die Thore sind hinter ihm geschlossen, kein Ausgang, abgeschlossen mit seinem Leben, das ist seine Frucht, sein Gewinn; herausgerissen aus seinem Treiben, aus seinem Kreise; losgerissen hat er sich vorher von den Seinigen; jetzt wird er's inne, was es ist, losgerissen seyn von Allem; was für eine Zukunft vor ihm! hineingeworfen unter die Geächteten, zu denen er doch nicht gehören wollte vorher; zusammengeworfen mit ihnen; abgebrochen jede Brücke. Wird sich noch einmal aufthun das Thor? will er hinausrechnen? kann er die Jahre kleiner machen, ausstreichen, die vor ihm sind? Vielleicht ist's zum erstenmal, daß er das Zuchthaus betritt. Warnungen sind vorhergegangen, er hat sie nicht gehört.

Oder ist's zum wiederholtenmal; er ist rückfällig; härtere Strafe hat ihn getroffen; darf er Nachsicht hoffen? er weiß alles, wie es ist, um so geringer sein Hoffen. — Der Schrecken, der Ernst des Hauses ist ihm aufgegangen. — Von dem Vorstand ist er empfangen, von den Aufsehern in Empfang genommen worden, — das Züchtlingsgewand hat er angezogen, ist unter die Gefangenen eingetreten, und muß es hören, wo er ist, wer seine Genossen sind. Da ist's die Zeit, wo der Gefangene so allein sich fühlt, sich sehnt nach einer Ansprache, auf den Geistlichen wartet; der ist der Einzige, von dem er Trost hofft, und wenn nicht, so thut seine Ansprache, sein Suchen noch mehr Noth. An diesem ersten Alleinseyn liegt viel. Verlorene sind's, die sollen noch gerettet werden. So verschieden sind sie — und doch alle in dem Einen gleich. Der Eine sehnt sich nach dem Geistlichen, einem andern ist's so angst auf die erste Ansprache; ein dritter kommt mit Hohn und Verachtung im Gesicht, daß Ingrimm einen erfaßt. Soll da der Anfang seyn mit einer rechten Bußpredigt, aufgedeckt alle die Gräuelthaten? gerichtet alle die Verbrechen? — tief in den Abgrund verworfen und verdammt? das ist so leicht gethan! tief, noch tiefer hinab, ganz und gar vernichtet! Wie viel wird mit dem Vernichten vernichtet, alle Fäden gleich von Anfang abgeschnitten, abgeschnitten das Band, das der Seelsorger, und das an den Seelsorger knüpfen sollte.

Hat er sich nach dem Geistlichen gesehnt — sein Herz ist voll, er trägt in seinem Herzen das Gericht und den Fluch; der Geistliche ist der Einzige, bei dem er Zuflucht hofft und Aufrichtung; er hat schon schwer gebüßt und ist in rechter Reue, und der Geistliche — der soll sein Seelsorger seyn, und wirft ihn auch weg, — hat das glimmende Docht ausgelöscht! Was will er noch von ihm? was sollen ihm seine Predigten gelten? Er wird andere suchen und finden, die ihn trösten sollen und sein Leid und Noth vergessen machen.

Ist's ihm angst gewesen vor dem Geistlichen, hätte er diese Begegnung lieber los: so ist er ja zu fassen gewesen, aber nicht gefaßt worden; er wird sobald keine Begegnung mehr suchen.

Und steht er da vor dem Geistlichen so kalt und mit Hohn, so ist ihm solch Abstoßen erwünscht, er will sich nicht fassen lassen, und ist ihm recht, daß er nicht gefaßt worden ist. Die Kälte und der Hohn, die sich zur Schau legen, das Abstoßen — sie sind oft gar schwer erkauft und mit Mühe erheuchelt. — Er fühlt wohl seine Schuld, sein Elend und seinen Jammer, will's aber nicht aufkommen lassen, (wie der Spötter mit seiner Angst nur hinter den Spott sich steckt): das Weinen liegt ihm näher: er fürchtet sich davor, daß er brechen müsse, fürchtet sich vor dem Weichwerden. Er rüstet sich, ehe er zu dem Geistlichen kommt, daß wohl geharnischt das Herz werde und keinen Zugang biete. Wie sind ihm Donner und Blitz willkommen! um so fester verschließt er sein Herz, und freuet sich, den Sieg errungen zu haben. Am Zorn des Geistlichen erlabt er sich; so hat er für sich Ursache, um so festern Widerstand entgegenzustellen, und von sich selber wegzukommen; aber auch von dem Geistlichen ist er weggekommen.

Verlorene sind sie alle; einer steht tiefer, als der andere, einer ist leichter zu fassen, als der andere; je tiefer einer steht, um so schwerer ist er zu fassen, um so tiefer muß, wer ihn fassen will, sich zu ihm herablassen, nicht noch tiefer ihn hinabstoßen. An die Möglichkeit seiner Rettung muß der Seelsorger glauben, so lange ihm Gott noch ein Heute giebt und ihn vor den Geistlichen hinstellt.

Verlorene sind sie, aber nicht weggeworfen; der Seelsorger darf am wenigsten richten, der Herr will sie auch retten; aber wie soll sich ein Verlorener als solcher fassen, wie glauben an die Predigt von Gnade für die Verlorenen, wenn der Seelsorger ihn wegwirft, nur richtet, nur verdammt, auch ihm das Herz zuschließt.

Gewiß schließt mehr auf und faßt mehr als alle die Schärfe, die Frage ans Herz gelegt: Wie ist's mit dir geworden? Was hast du denn gewonnen? Warum bist du hier — Warum? was der Grund? warum hat dich Gott gefaßt und fassen müssen, was ist seine Absicht? was soll mein Amt seyn an dir? was soll und will ich dir seyn? — ein solches Fragen dringt mehr ein, als das schärfste Predigen.

(Eine Frage, die sich freilich besser zu einer Anmerkung eignete, die gleichgiltig erscheint, keineswegs aber so gleichgiltig ist, soll hier, wo es sich um den nächsten Verkehr mit den Gefangenen handelt, doch nicht übergangen werden: die Frage, wie sollen die Gefangenen angeredet werden. In manchen Strafanstalten ist's Verordnung, jeden Gefangenen du anzureden; — es ist sehr zu bezweifeln, ob solch' commandirtes vertraulich Sprechen auch

Vertrauen erregen wird; die Alters- und Standeshalber eine andere Ansprache sind gewohnt gewesen, wirds nicht ansprechen, aber noch mehr deprimiren und erbittern; es ist dessen genug, was deprimirt, in der Natur der Sache; gefehlt ist's, noch mehr hervorzusuchen — das erbittert noch mehr, und kann nicht gewinnen. — Andere meinen es auf bessere Weise gleich zu machen, für alle das alles planirende Sie. Das Sie, dritte Person pluralis konnte nur der alte Kanzlei-Ehrfurchtston ausfindig machen, der in tiefster Ehrfurcht nicht wagt, sich in nahe Gegenwart zu wagen zu dem Angeredeten, nur in weiter ehrerbietiger Entfernung darf er's wagen, von ihm (statt zu ihm) zu reden; und dieß soll die rechte Weise seyn für nahen Verkehr? Rede man jeden an, wie er's nach seinen Verhältnissen ist gewohnt gewesen, in die Weise wird er sich am leichtesten finden, und sich angesprochen fühlen. Bei der Jugend wird das Du das ansprechendste seyn, muß ihr aber nahe gelegt werden, warum bei ihr das Du; nicht um herabzusetzen, sie soll der Zeit denken, wo sie dem Geistlichen näher und es mit ihr besser stand.)

Damit ist freilich noch nicht alles plan und eben, wenn der Gefangene fühlt, daß ein Herz ihm noch offen ist und er sein Herz aufthun darf. Bei den meisten geht das Herz nun auf, nicht im Bekennen, sondern in festem Bezeugen ihrer Unschuld; schreiend Unrecht ist geschehen, Feindschaften sind schuld, — oft gar Haß wegen bezeugter Rechtschaffenheit und Wahrheitsliebe, — Unrecht ist geübt worden gegen den Armen, der sich nicht wehren konnte gegen den Reichen, wie viel falsche Eide sind geschworen worden, und soll der gerechte Gott der einzige Trost seyn und der Heiland, der auch so unschuldig gelitten hat, auf so ungerechte Weise hats die Obrigkeit ausgelegt ꝛc.

Wie schwer, und nicht nur vergebliche Arbeit, sondern störende Arbeit, sich einlassen wollen mit einem, ihn überführen wollen von seiner Schuld, und ein Bekenntniß seiner Schuld ihm abdrängen wollen, vergebliche Arbeit, oft nur begründet in falschem Eifer, der nicht rasch genug mit seiner Arbeit ans Ende kommen kann, oder in innerer Eitelkeit, einen zum Bekenntniß zu bringen, und so errungen zu haben, was dem Gerichte mit all seinen Netzen nicht gelungen ist.

Der Geistliche soll nur nicht glauben, er müsse erst den Gefangenen zur Erkenntniß, zum Bewußtseyn seiner Schuld bringen; das hat er meist; seine Schuld, die Schwere und Größe seines Verbrechens fühlt er wohl (so manche Aerzte und ihnen nach so manche Richter sprechen so gar bald von Unzurechnungsfähigkeit; es mag in manchem alles Gefühl so verkümmert seyn, da muß die Strafe und die Predigt zur Erkenntniß der Schuld bringen,) er fühlt das wohl, aber weil er sie fühlt, darum nur will er unschuldig seyn, will es nicht geständig seyn, will auch hier noch, wo er wohl weiß, daß läugnen nicht mehr hilft gegen den Urtheilsspruch, er will sich hineinlügen; ists nicht dieselbe Arbeit so oft, wenn einer sich hat im gewöhnlichen Leben etwas zu Schulden kommen lassen, daß er sich selber bereden will und sich hineinlügen: „es ist doch nicht so, so hast du nicht gewollt, das hast du gar nicht thun können; es kann nicht so seyn." Und das geschieht keineswegs, weil es ihm nichts ausmacht, sondern gerade weil es ihm so viel ausmacht. Es ist merkwürdig, dieses bewußte Ringen gegen die ihm wohl bewußte Wahrheit, die Arbeit, sich Balsam zu schaffen für die Wunde, sie zuzuhalten, und sie schreit doch. Mit dem Ueberführenwollen wie mit dem Abschelten wird nur Gelegenheit gegeben, über den Kampf wegzukommen, sich an anderem festzuhalten, daß er nicht zu sich selbst kommen darf, über anderes zu processiren, um nicht mit sich processiren zu dürfen, und seine Unschuld herauszustreichen, wo er wirklich unschuldig ist oder da er seinen Schein wahren kann; so wird er in der innern schweren Arbeit gestört, die er gern ganz los wäre.

Der Gefangene hat allermeist das Gefühl seiner Schuld (es braucht nicht erst geweckt zu werden), darum möchte er unschuldig seyn, dazu kommt noch die Scheu und Scham, als solcher Verbrecher dazustehen, er möchte nicht mit solchen gleich gehalten seyn, oder die Meinung, durch Behauptung der Unschuld die schlimmen Tage zu verbessern.

Er hat das Gefühl seiner Schuld, — und wenn auch nicht in seiner ganzen Größe — das soll nicht gestört werden durch Aufforderung zum Disputiren, oder durch Schelten und Demüthigen; hätte er das Gefühl nicht, so wirds am wenigsten auf diese Weise geweckt.

Gefährlich ists durch Erzählungen, die oft so gar scheinbar sind, sich verlocken lassen, ihnen Glauben beizumessen, und für die verfolgte Unschuld die Stimme zu erheben und Klage über ungerechtes Gericht; mit dem erst wird seine Lage schwierig, aber was geschehen soll an ihm, vereitelt.

Das erste, was er muß fassen lernen, ist: Es ist von Gott, mit seinem Willen ists. Das muß der Geistliche festhalten: Gott hat ihn dir zugeführt, nicht die Obrigkeit eben hat ihn gerichtet und die Gesellschaft ihn ausgestoßen. Gott hat ihn die Wege geführt, und warum hat er die Wege geführt und führen müssen,*) das weiß Gott! das ist freilich ein Schweres, bis der Gefangene der Erkenntniß sein Herz recht aufthut; aber daraus kommt ihm auch erst der rechte Trost. Es kommt von Gott, der hat dich gefaßt, noch nicht verstoßen.

Will er unschuldig seyn, nun ja, nur eines kann er seyn, entweder schuldig oder unschuldig; — aber will's der Geistliche so ohne weiteres entscheiden? auch wenn er seiner Entscheidung sicher ist. — Es soll ihm hingestellt werden: bist du unschuldig, so hast du ja reichen Trost, kannst's ruhig Gott überlassen, der muß es

---

*) Wenn der Geistliche bei dieser Berufung auf die Obrigkeit, als der letzten Instanz wollte stehen bleiben, so wäre des Klagens über die Obrigkeit und ihren Spruch kein Ende; wie richtet das Recht so scharf den kleinsten Eingriff in das Mein und Dein — und so leicht die schwerste Unsittlichkeit! Wie viel setzte das Klagen ab über Parteilichkeit! — Die letzte Instanz ist: Es kommt alles von Gott, der weiß, warum?

hinausführen, kannst du dich wirklich eines guten Gewissens trösten; versuche es; aber hast du's nicht, hast du kein reines Gewissen, — es gibt einen Ausweg, nur einen: So wir aber unsre Sünde erkennen rc. Die Wahl muß dem Gefangenen bleiben, — in der Wahl und in der Arbeit mit sich darf er nicht unzeitig gestört werden. Die Bekehrung wird durch nichts mehr gestört und oft gar zerstört als durch unzeitigen Bekehrungseifer, der nur sich aufthun kann, wo die Kenntniß fehlt, welche ernste und schwere Arbeit ernstliche Bekehrung ist.

Vor allem muß der Geistliche sich das Vertrauen des Gefangenen erwerben. Der Gefangene ist verschlossen, nur zu gern mißtrauisch, ist gar zu sehr geneigt, in dem Geistlichen nur einen Beamten, Vorgesetzten zu sehen, der in ihm nur den Verbrecher sieht, und nur darauf ausgeht, seine Lage zu erschweren. Das Vertrauen kann nicht erzwungen werden, es muß selber kommen; das wird am wenigsten mit dem gewonnen, daß sich der Geistliche in die innersten Geheimnisse des Gefangenen, die er so oft vor sich selber zu verbergen so bemüht ist, gleich eindrängen will. Wo wird denn einer in der Welt sich Vertrauen gewinnen wollen damit, daß er dem andern seine tiefsten Geheimnisse gleich abverlangt? Der Gefangene muß es erfahren, daß er mit dem Geistlichen offen reden kann. Dieses Offenwerden, sich Aufthun fängt nicht mit dem Größten an. Weiß er, daß er mit seinem Geistlichen reden kann, daß dieser ein Herz für ihn hat, ihn anhört, er wird wohl anfangen, vom tiefsten nicht, sondern oben her scheinbar gar viel Gleichgültiges aus seinem Leben. Nachfrage nach den Seinigen, Interesse für seine häuslichen Verhältnisse, in welche die Correspondenz mit den Seinigen, in die der Geistliche einen Blick haben muß, hineinsehen läßt, wird ihm noch den Mund mehr öffnen; es thut ihm wohl, recht sich ausreden können, oft dem Schein nach viel Unnöthiges und Gleichgültiges, und doch wird alles zu dem Bild und Verständniß des Gefangenen neue Züge geben, — viel zum bessern Verständniß der Untersuchungsacten des Gefangenen (die doch in den meisten Fällen für den Geistlichen von besonderem Werth sind) beitragen. — Wohl kommt dabei gar viel Unschulds-Schilderung und Betheurung, Verfolgung und Unrecht, die gegen den Gefangenen verübt worden sind, oft so abentheuerlich, daß kaum zu begreifen ist, wie der Gefangene glauben mag, daß man ihm glauben werde. Ihn da ohne weiteres abweisen, wird vielen den Mund verschließen. Der Gefangene will erproben, sondiren, ob er dem Geistlichen sich aufthun kann; ihn gleich zur vollen Wahrheit drängen wollen, wird ihn und muß ihn abstoßen. Wenn er auch — und das hält oft länger an — mit offenbarer Unwahrheit kommt: es ist gewiß nicht immer darum, daß er den Geistlichen belügen will; er will als der Argschlechte nicht dastehen, nicht aufdecken die Wahrheit auf einmal, weil er fürchtet, das Vertrauen zu verlieren, weil ihm angst ist, dann möchte ihn auch der Geistliche verwerfen. Oft ist's nur ein ängstliches Sorgen, um das Vertrauen nicht zu verlieren. (Den Gedanken, als könne der Gefangene den Geistlichen zum Besten haben, ihn hinters Licht führen, wird der Geistliche durch sein Benehmen, durch sein ruhiges Anhören wohl fern zu halten wissen.) Der Geistliche muß ihm Vertrauen zeigen, dann hat's auch der Gefangene. Es geht mit den Hoffnungen, mit dem Herzausleeren, von der Oberfläche an, vom Gleichgiltigen — er wird oft hinstreifen bis an die tiefern Gründe, bis es ihn drängt, wenn er festes Zutrauen gefunden hat, sein Herz ganz auszuleeren, um die Last nicht allein tragen zu müssen, einmal nur einige Ruhe zu haben in dem Kampf seines Herzens mit dem Zeugniß im Innern. — So oft kommt nur ein Kleines zur Eröffnung — nur nicht auf einmal das ganze Herz auspressen wollen, sonst wird es auf einmal sich ganz verschließen. Er muß es selber verstehen lernen, selber sich darnach sehnen lernen, sein Herz ausleeren zu dürfen (dazu muß natürlich die Predigt fort mithelfen und wirken). Der Gefangene muß auch dessen sicher seyn, daß, was er anvertraut hat, gut anvertraut ist, daß der Geistliche es in Verschwiegenheit hält; zum offenen Bekennen ist der Schritt nicht mehr fern und wird oft dem Geistlichen lange geheimgehaltene und geläugnete Schuld bekannt mit der Bitte, dem Gefangenen zu verhelfen, daß er's offen bekennen könne vor der Obrigkeit; das dauert freilich oft lange, bei manchem mag's nie zum Bekenntniß kommen; aber ihn drängen wollen, wird dem Geistlichen allen Zugang verschließen. Suche, aber dränge nicht. Es gibt viele, die scheinen alles abzuweisen, und sie haben nicht so ganz gebrochen. Es ist die Furcht hineinzusehen in ihr Elend, es zu fassen: so elend bist du; die Furcht, den Geistlichen hineinsehen zu lassen in ihr Elend; sie möchten ignorirt werden, und doch nicht; sie wollen doch, daß du sie nicht übergehest, wollen doch nicht die Uebergangenen seyn, die gänzlich Ignorirten; sie möchten wissen, daß der Geistliche auch etwas noch von ihnen will. Dieß zu zeigen, giebt's Gelegenheit genug. Bei den Spöttern glaube man ja nicht, daß sie alles von sich abgewiesen haben. Wie viel inneres Elend und Bewußtseyn desselben ist da, wer hineinsehen könnte; und wie viel thut es sich kund! Dann ringt ihr Spott am gewaltigsten, wenn das Wort sie am schwersten getroffen hat; es will sich der Spott so laut geberden, und andere mit fassen, um das innere Zeugniß zu übertäuben. Wie viel Angst hinter dem äußern Hohn! Freilich solche fehlen nicht, die alles, alles abweisen, wo offene Feindschaft und Trotz sich herauskehrt. Die sollens erfahren, daß keiner gezwungen wird; sie lassen und ignoriren, wird den Widerstand noch am ehesten brechen, wenn nicht — ihn brechen wollen, wird den Widerstand nur um so stärker reizen. Zeiten solches Abgekehrtseyns dringen oft herein, wo es schien, als sei aufgebaut, ein sicherer Grund gelegt, und auf einmal ist alles eingerissen — es kommen oft Stürme, die alles mit einander bei allen aus den Fugen zu reißen scheinen, wo's ist, als wäre mit einemmale der Teufel Herr, — als sei alles vergeblich gerungen und gearbeitet gewesen, und einen ein Gefühl der Untüchtigkeit und Verzagtheit übermannen will. Wo da Hülfe? ora et labora. Der Herr mag doch den Sturm bedräuen!

Die rechte Annäherung zwischen den Gefangenen und Geistlichen vermittelt nur die Zellenhaft, von so vielen verdammt, nur darum, weil sie noch nie in einem Gefängniß sich recht umgesehen, mit Gefangenen noch nie recht verkehrt haben. Da ist dem Gefangenen ein Besuch willkommen; da geht ihm das Bedürfniß recht auf, sich auszusprechen, sein Herz drückt so viel. Da muß und lernt er zu sich selber kommen. Das sind schwere Zeiten, wenn er zu sich kommt, bei sich allein seyn muß, wenn die Angst mächtig wird und das vergebliche Ringen wider die Angst — die terrores conscientiae hereindringen — da thut der Boden sich auf zur Saat, da gilts, daß der Geistliche seinen Beruf und die rechte Zeit halte. Wie viel Unmuth dringt über den Gefangenen herein, er muß ihn auslassen, aussprechen dürfen, der Geistliche soll nicht versuchen ihn zurückzuhalten, bei dem Geistlichen muß er sein Herz aufthun, ausleeren dürfen; sonst gräbts und frißt sich's noch tiefer ein. Wenn das Herz sich ausgeleert, läßt er sich um so ruhiger anfassen. Da drängen wollen, wird Gutes nicht stiften, aber den Boden nur um so fester machen, mag ihn auch zur Verzweiflung bringen. Will der Geistliche vollends sich vor allem als Beamten respectirt sehen, und scharf Acht haben, daß dieser Respect ja nicht verletzt werde, dann hat er um des Beamten willen Ehre und Segen seines Amtes dahin. Groß verfehlt ist es, meinen, alle die Gespräche müssen immer religiösen Inhalts seyn, mit dem werden die Gespräche und Besuche des Geistlichen zuwider, und hemmen den Geistlichen an dem, was doch besonders Noth thut, den Gefangenen kennen zu lernen. Die scheinbar gleichgültigsten Gespräche über seine Verhältnisse, Arbeit ꝛc. lassen die tiefsten Blicke oft werfen in sein Herz, thun ihm das Herz so oft recht auf und geben Anlaß, Saat auszustreuen, die viel tiefer in den Boden fällt, als sich aufdringendes Predigen. Die scheinbar von allem Religiösen fernen Gespräche über seine Verhältnisse, — gerade auch seine leiblichen Verhältnisse bringen ihn dem Geistlichen näher; er kommt mit einer Menge von Anliegen, und wo irgend möglich ist ihnen Rechnung zu tragen, soll ihnen Rechnung getragen werden; er wird auch mit schwereren Anliegen kommen, er weiß nun einen Weg.

Bei den Gefangenen gibt sichs besonders kund, wie förderlich die Privatbeichte vor dem Seelsorger, wie sehr sie dem Gewissen Bedürfniß ist und erst zur rechten Selbstprüfung und Buße den Weg bahnt. Hier ist sie am rechten Orte.

Was am ehesten das Herz aufthut, dem Geistlichen Zugang bahnt, ist das Krankenbett. Es hat gewiß schon mancher Gefängnißprediger für einen und den anderen Gefangenen es sich eigentlich schon erbeten von Gott, daß er ihn unter seine besondere Zucht nehme, ihn hinlege auf's Krankenbett. Wie wird da so mancher Riß geheilt werden, der zuvor das Verhältniß zwischen dem Gefangenen und dem Seelsorger so gewaltig zerrissen hatte! — Kann dem Gefangenen der Seelsorger zeigen durch seine Theilnahme, wie treulich er's mit ihm meint; wie geht das Herz auf für das so lange verachtete Wort! er sucht Trost und Hülfe; wer soll sie geben? wo ist sie zu finden? bei Gott allein! aber kann er sich dein erbarmen? wird er sich dein erbarmen? Ja, es gibt Gnade und Erbarmen; der Heiland ist auch für dich gekommen! Warum mag so mancher nur wissen von leiblichem Trost? weil er verzagt vor Gott und seinem Gericht, weil er von Gnade nicht recht weiß. — Gott hat dich gefaßt, nicht dich zu vernichten, sondern sein Erbarmen ist's, daß du zu ihm dich kehren lernest! Wie vielen hat das Krankenbette das Verständniß geweckt für die Gnade, weil sie auf ihm haben gelernt ihr Elend erkennen, und die Angst vor Gott recht mächtig wurde, vor dem kein Entrinnen ist!

Dränge nicht. — Suchen gilt's was, verloren ist. — Sind sie denn sogleich gefunden? Suchen gilts fort und fort, wer aber nicht sich will retten lassen, der kann nicht gerettet werden; und doch sind noch Waffen da: Gebet für ihn und die Predigt.

Suchen gilts; wird die Arbeit so leicht gethan, da erprobts

sich oft so bald als leichte Arbeit. Wollens und meinens so viele gethan zu haben, mit dem, daß sie sich in die Lage schicken, daß sie nun arbeiten und etwas ersparen, sie fühlen's und sind stolz darauf, daß sie keine Proletarier mehr sind, sie haben etwas erworben und ehrlich erworben, das weckt ein frohes Selbstgefühl (so verkehrt ist's in vielen Gefängnissen, daß der Gefangene nichts von seiner Arbeit haben soll, damit vergeht die Lust zur Arbeit, er weiß nicht, warum er arbeiten soll), sie fangen an die Ihrigen zu unterstützen, lernen Sohn- und Vaterpflichten erfüllen. Die bis an diesen Punct Gebrachten üben nun keine Streiche mehr, stehlen, saufen, morden nicht, — denken so aus dem Verbrechen hinaus zu seyn — sie erfahrens, daß von dem, wie sie sich halten, es abhängig ist, wie sie gehalten werden, erfahren's, daß dem Geordneten eine gewisse Achtung zu Theil wird, und lernen darum sich fühlen, ein Ehrgefühl wacht auf — sie meinen hoch droben zu seyn — es ist Reue und Buße aufgewacht, der Anfang, der erste Schritt zur Umkehr gethan, da soll nun Lohn kommen, Gott ihr Verdienst lohnen, — der erste Schritt zur Umkehr gethan und nun gleich hinein in's Ende. Und doch ist's nicht an dem, — und nun Mißmuth und Unzufriedenheit: was denn der Gewinn? — da gilts demüthigen und doch das glimmende Docht nicht auslöschen! Es sind Verlorene, die nicht dürfen aufgegeben werden. So langsam und schwer geht die Arbeit — die am langsamsten gethan, als ob keine Aussicht wäre, ist oft die fruchtbarste.

Hindernisse so viele zu bekämpfen! aufzurichten so viel! Wer sieht hinein? Wer ist's im Stande überall zur rechten Zeit zu thun?

Da ist's das **Wort Gottes**, die **Predigt** — die kommt an jeden, da kommt der Geistliche jedem nahe und kann ihm keiner ausweichen.

Die **Predigt** im Gefängnisse als gemeinsam an alle gerichtetes Seelsorgerwort ist auch ein Fundament für die Privatseelsorge, ein Hülfsmittel, aus dem ihr die mächtigste Förderung und Nahrung erwächst.

Die Frage ist schon aufgestellt worden, — man sollte nicht glauben, daß es Ernst ist — ob denn auch alle Gefangenen Theil nehmen sollen am Gottesdienst, ob man sie dazu zwingen könne; — gar fromm lautet noch das weitere dazu: „Gezwungener Gottesdienst könne nicht erbauen; gezwungener Gottesdienst sei Gott leid." — Frägt man einen Gefangenen auch, ob er in's Zuchthaus wolle? er kommt eben hinein; im Gefängniß ist er, nicht eben um aufbewahrt zu werden; er ist ein Verlorener, und soll gerettet werden; weiß er das, daß er ein Verlorener ist, so soll er's und wird er's erkennen, daß er soll gerettet werden, — weiß er's nicht, so thut's ihm um so mehr Noth. Die Frage kann nicht seyn, ob man das Recht habe, zum Gottesdienst zu zwingen? sondern die Frage ist: hat man das Recht einen gar verloren zu geben, auszuschließen, wegzuwerfen, so lange ihm der Herr Zeit noch gibt und ihn suchen will? — Die Predigt soll ihm verkündigen, zu was auch er berufen ist, und noch berufen ist, sie soll auch den sonst noch Verschlossenen in seinem Innern schärfen, wecken, den Trost ihm verkündigen, den er lange aufgegeben, er soll hören, daß er nicht ein Verworfener seyn und bleiben soll, daß Gottes Gnade ihm auch noch gilt, „so wir unsere Sünde bekennen."

Sollen für die Gefangenen besondere Texte gewählt werden? eine ähnliche Frage ist, ob besondere Gesangbücher sollen für sie verfaßt werden? Damit meint man wohl, könne gewiß viel angebahnt werden. Gewiß nicht! durch die Perikope und das Gesangbuch, das die Gemeinde hat, soll und wird er sich mit der Gemeinde verbunden fühlen, das wird in ihm anbahnen, daß er auch zur Gemeinde gehört, noch in einem Verband mit ihr stehen soll. Die kirchliche Perikope und das Gesangbuch, so viel Anklänge aus besserer Zeit werden sie wieder lebendig rufen, und der Predigt das Herz aufthun. Die bestimmte kirchliche Perikope bewahrt auch den Geistlichen vor Einseitigkeit, gibt ihm erst recht freie Hand für's Predigen. Gewählte Texte, wenn die Predigt trifft, erwecken den Verdacht des Absichtlichen, — wo man dann sucht den Stachel abzubrechen. — Wechseln die Prediger am Gefängnisse hintereinander, so wird der Misstand der Einseitigkeit noch größer. In einer Strafanstalt kam's vor, daß längere Zeit jeden Sonntag ein anderer Prediger auftrat; die Wahl des Textes war frei, und die Gefangenen hörten ein ganzes Vierteljahr lang nur die Predigt über den verlorenen Sohn.

Ob Predigt oder Katechese allein? oder Predigt und Katechese? Die Frage wird zu entscheiden seyn für Predigt allein. Katechese mag freilich eben für Gefangene das Zweckmäßigste erscheinen. Die Erfahrung wird sicher vom andern überzeugen, und gar manches Bedenken heben. Katechese soll in Frage und Antwort geführt werden. Wer soll antworten? die am gernsten antworten würden, die im andern Schulunterrichte nicht schweigen, werden es unterlassen, aus Furcht vor den andern darum angesehen zu werden, oder aus Furcht, nicht recht zu antworten und darob verlacht zu werden. Antworten werden aber oft die Frechsten, um dem Geistlichen Verlegenheit zu bereiten, oder um zu Spott und Störung Anlaß, und damit Aergerniß zu geben. Der Gottesdienst darf keiner Störung ausgesetzt werden. Darum besonders: Predigt an Sonn-, Fest- und Feiertagen, in der Woche eine Bibelstunde, oder Katechismus-Predigt; dazu noch am Sonntag (Mittag) Vortrag einer erbaulichen Lebensbeschreibung; die gibt zu der Predigt die beste Anwendung auf sich selber, Antwort auf die Frage: „Wer kann so werden? Siehe, so kannst du auch werden.“ Damit wird der Eindruck der Predigt lebendig erhalten, der Zerstreuung mehr ein Damm entgegengesetzt: das Herz wird offen erhalten.

Die Frage: Wie? Was soll gepredigt werden, ist entschieden mit der Frage: Wem predigst du? Verlorene sind's, sie sollen das theure werthe Wort auch hören, es gilt ihnen besonders. — Ach es meint wohl mancher, da müsse recht Buße und nur immer

Buße gepredigt werden, die Hölle recht heiß gemacht werden, es müsse recht draufgeschlagen werden. Viel schlagen macht hartschlägig. — Es sind so Viele unter den Gefangenen, die von einem Evangelium nichts mehr wissen; sie tragen das Gericht und den Fluch in sich; darum ihr Arbeiten und Ringen, weil sie von nichts anderem wissen, immer tiefer hinein, das Gewissen vollends todtzuschlagen, daß sie nichts mehr mahnen könne an Gott, vor dem sie erschrecken müssen, weil nur der Gedanke an's Gericht vor die Seele treten kann; mit allem, was ihnen zu Gebot steht, kämpfen sie darum dagegen an; und da soll Buße und wieder Buße predigen das Erste, das Ein und Alles seyn? das soll anlocken? hat der Prediger sonst nichts, das wissen sie; darum kann er sie nicht fassen! Es sind so viele, sie haben lange schon nichts mehr anderes gehört, als daß sie verworfen und verloren sind, gar nichts mehr an ihnen ist, daß sie ausgeschlossen sind von allen. Verloren seyn, dagegen sträubt sich das Innerste, darum die Selbstrechtfertigung, die Entschuldigung, die Versuche, sich noch einen Trost zu geben, und wo das auch fällt, die Flucht vor Gott und allem, was an ihn mahnt, um der Unruhe los zu werden, die sie so abschütteln möchten und doch nicht können; alles abgeworfen, um den unerbittlichen Gläubiger los zu werden! — So oft ist's die Rede und Klage: „mit mir ist doch nichts mehr zu machen." Das ist wahrlich nicht eben Trägheit, sondern das Bekenntniß der Ohnmacht, „ich kann nicht." So oft ist's die Klage, und so oft mit Recht, man habe sie hinausgestoßen in's Elend, habe sie nicht mehr aufstehen lassen; sie rühmen, wo ein Richter ein freundlich Wort noch für sie hatte, — ein freundlich Wort von ihm, wie viel mehr hat's auch bei Verhärteten und Erzverstockten zu Stande gebracht, als strenger Ernst! Der Geistliche soll ihnen der nächste seyn, und der soll auch nichts haben, als Richten und Verdammen? Du bist verloren: kein Evangelium für den Verlorenen?

Das Evangelium muß recht gepredigt werden, das muß an's Herz. „Alle Welt hat dich ausgestoßen, der Heiland will dich nicht ausstoßen, auch für den schwersten Sünder gibts Erbarmen und Vergebung, wenn er seine Sünde recht erkennt und bekennt; du darfst kommen, aber du mußt kommen." Die rechte Predigt vom Evangelium schlägt das sich selber noch erheben, sich rechtfertigen, sich selber trösten wollen, gewiß gewaltiger zusammen, als das Hinabdrücken und Wegwerfen, und gibt Muth zu den mancherlei Vorsätzen, die die eigene Unmacht versiechen läßt. Die Predigt des Evangeliums thut dem armen Sünder das Herz auf, daß er Gott nicht mehr flieht, er faßt Muth und Zutrauen zu Gott, der nicht will, daß er verloren gehe.

Zur rechten Anwendung des Evangeliums für die besonderen Verhältnisse und Zustände der Gefangenen gibt der Verkehr mit den Gefangenen reichen Stoff; aber wohl hüten soll sich der Geistliche vor dem Sticheln, das fühlt der Gefangene bald heraus, und dagegen panzert er sich nur fester; es fruchtet nicht, aber erbittert; es muß sich ihm ungezwungen hinstellen, wohl hüten soll sich der Geistliche, alles gleich auf die Kanzel zu bringen, zu berühren, was einer gegen ihn geäußert hat; das verletzt; der Gefangene wird auf den Geistlichen den Verdacht werfen, daß bei ihm nicht verwahrt bleibe, was anvertraut sei, und wird sich in Zukunft wohl vor ihm in Acht nehmen. Für solche gar gesuchte, hergezogene Anwendungen wird der Zuhörer die Zurechtweisung vorhalten: Was gehts ihn an? er soll beim Evangelium bleiben! — Ja bei dem Evangelium soll er bleiben!

Das soll er predigen und dem Herrn die Sache befehlen. Uebel ist daran und verloren, wer augenblicklichen Erfolg will sehen, oder auf einen augenblicklichen Eindruck bauen will. Es sind Verlorene, solche die Fremdlinge worden sind, es ist harter Boden, da brauchts Zeit. Das Reich Gottes aber verhält sich also, wie wenn ein Mann auf seinen Acker Samen säet 2c. Es findet doch das Wort seine Stätte, und wunderbar auf einmal geht die Saat auf, wo alles verloren schien. Noch übler ist daran, wer will selber der Thäter seyn, wo etwas gelingt. Bitte besonders der Gefängniß=Geistliche den Herrn darum, daß er ihn vor dem Wahn bewahre, daß er ihm will die Sache aus der Hand nehmen. Er predige in des Herrn Namen, und befehle ihm getrost die Sache; er hüte sich, gleich nach der Frucht sehen zu wollen. Darum ist's gewiß, wo nicht besondere Verhältnisse es gebieten, unangemessen, gleich nach der Predigt den Gefangenen besuchen und fassen zu wollen; die Predigt, das Saatkorn muß sich setzen können im Herzen; der Predigt muß die Zeit gelassen werden, ihre Arbeit darf da nicht vorzeitig gestört werden. Am schärfsten aber, deß darf der Geistliche versichert seyn, hat die Predigt getroffen und hineingelangt bei denen, die mit Spott und Hohn und Schimpfen sich nachher darüber hermachen. Da hat's getroffen; darum wollen sie's wegputzen; darum gebe auch bei ihnen keiner die Hoffnung auf.

So ist's das Wort Gottes, die Predigt und die besondere Ansprache an den Gefangenen im Privatverkehr, das ist dem Geistlichen gegeben, um seinen Beruf an den Gefangenen zu erfüllen; es ist nicht viel, was ihm somit zu Gebot steht, und wäre doch viel, wäre reichlich — aber wie viel kommt herein und ist geschäftig, zu ersticken, wo etwas sich regen will, einzureißen, wo ein Grund gelegt schien; von allen Seiten kommts herein. Wie oft mag der Geistliche in der glücklichen Hoffnung seyn, die Predigt habe gezündet, und er sieht doch keine Frucht; das ist nicht blos die Herzenshärtigkeit, die widerstrebt, sondern die vielfach störenden Einflüsse, die hereinkommen, alles wieder zu nichte zu machen — bei der Einzelnhaft weniger, aber überreich bei der gemeinsamen Haft. Um so mehr muß der Geistliche darauf achten, mit dem, was zu Gebot steht, dem entgegenzuwirken. Dazu steht ihm eins zu Gebot, für das Gute empfänglich zu machen, die guten Eindrücke zu bewahren; das ist die Lectüre, für die Zeit, die den Gefangenen frei gegeben ist von der Arbeit, Morgens und Abends und sonst des Tages, besonders aber an Sonntagen. Es gibt freilich Gefängnisse, wo man es für zweckmäßig erachtet, den Gefangenen Sonntags arbeiten zu lassen, ja sogar, wo es als eine Art Be=

lohnung für Wohlverhalten gilt, Fleißige und Geordnete Sonntags arbeiten zu lassen, wo den Gefangenen dann der Lohn für ihre Arbeit ungeschmälert zufällt, oder wo trägen Gefangenen die Buß- und Straf-Arbeit auf den Sonntag verlegt wird. Mag der Grund seyn, welcher er will, — es ist schon offen ausgesprochen worden, so könne die Ordnung am besten gehalten werden, — gibt's denn sonst keine Mittel, als dieses, wodurch die Leute geistlich und leiblich vollends erlahmen und versumpfen, und mit der Achtung vor göttlicher Ordnung auch die Achtung vor menschlicher Ordnung untergraben wird; dem offenen Zeugniß so vieler Gefangenen entgegen, die es bekennen, daß Sonntags-Arbeit, Sonntags-Entheiligung den Grund zu ihrem Elend gelegt habe? Wo das seyn mag, wider die Vorstellung des Geistlichen, da ist seiner Arbeit der Nerv abgeschnitten. Daran, wie der Sonntag in einem Gefängniß gehalten wird, kann man gleich erkennen, was für ein Geist durch's Haus geht. Sorge für rechte Lectüre, — leicht wird die Ordnung auch ohne Arbeit zu halten seyn. Darauf muß der Geistliche besonders achten; in der Lectüre hat er einen bedeutenden Helfer im Amte. Darum darf er nicht ruhen, bis er eine ordentliche Bibliothek für seine Gefangenen hat. Die Bibliothek muß er unter seiner Hand haben. Vor allem muß jeder Gefangene seine Bibel und sein Gesangbuch haben. Neben dem muß die Bibliothek ihm noch weiteres bieten; man sage nicht, werden denn die Gefangenen auch lesen? ja, sie lesen und lesen recht gerne; es ist sogar vielen die einzige Zuflucht. Was soll die Bibliothek geben? Predigtbücher? wohl! aber blos Predigtbücher? die werden dem Lesen bald ein Ende machen, und ihm, weil für den bestimmten Sonntag das Maß zugetheilt ist, zu wenig bieten; außer etlichen Predigtbüchern, — Erbauungsbücher! — aber man hüte sich wohl, nur größere anzuschaffen; die werden für die geförderteren seyn, für die anderen werden unendlich mehr wirken kleinere Schriftchen, Tractaten, die sie besser fassen, weil sie nicht zu groß sind, und darum auch eher nach ihnen greifen, und Gebetbücher — aber nicht blos Erbauungsbücher. Viele sind's ja, die erst dafür gewonnen werden müssen — und blos erbauliche Bücher, Betrachtungen, Predigten bieten, wird Vielen das Heilige zuwider machen. Es dürfen Erzählungen, Geschichtbücher nicht fehlen, mit erbaulicher Tendenz, wie die kleinen Tractat-Geschichten so viel gutes bieten, besonders aber die Barth'schen Schriften; eine solche Erzählung macht so oft den Boden zurecht für die Predigt, arbeitet ihr vor, und macht sie eindringlicher. Neben diesen auch belehrende Schriften jeglicher Art, auch über Gewerbe. Zwang darf keiner herrschen, der Gefangene muß sich selber auszubitten die Wahl haben; (daß nichts Schädliches in der Bibliothek ist, dafür hat ja der Geistliche, der die Anträge stellt, welche Bücher zweckmäßig sind, zuerst gesorgt.) Die Wahl der Bücher gibt dem Geistlichen wieder Blicke in das Innere des Gefangenen, und wieder manchen nähern Verkehr mit demselben. Wo irgend auch nur ein Schein von Zwang herrscht, ist der rechte Einfluß, der erzielt werden soll, untergraben. Will einer nichts Erbauliches lesen, so wird auch der geringste Zwang es ihm vollends zuwider machen, oder holt er Erbauliches, so ist's nur zum Schein. Aber rein gehaltene andere Bücher werden nicht nur seine Gedanken vor schädlicher Richtung wahren helfen, sondern selber das Verlangen nach wirklich Erbaulichem wecken; besonders Lebensbeschreibungen üben mächtigen Einfluß. Aber ein Büchlein sollte nirgends fehlen, Kapffs Warnung eines Jugendfreundes. Selbstbefleckung ist ein Laster, das nicht in den Gefängnissen erst geweckt, sondern von lange her geübt in die Gefängnisse gebracht wird. Für so gar manchen Widerspruch, so gar manches Räthsel in dem Wesen und Treiben der Gefangenen, so viele Kämpfe ist nur in diesem Laster die jammervolle Aufklärung zu finden. Es ist nicht so verborgen, nicht so geheim — aber so vielen gar nicht recht klar und bewußt ihre Sünde und ihr Elend. Der Geistliche soll ja nicht fürchten, damit erst den Gedanken und Reiz zu wecken. Wo er glaubt Grund zum Verdacht zu haben, gebe er ohne Scheu das Büchlein. Jammer-Geständnisse werden nicht fehlen; aber zur Erkenntniß seines Elends muß dem Gefangenen geholfen werden und wird ihm so geholfen. —

So niederdrückend es ist, die mancherlei Verlorenen vor sich zu haben, mit ihren schweren Verbrechen und Lastern, so erhebend ist's, wer die Verlorenen als solche ansehen kann, die der Herr so gefaßt hat, so fest, so gewaltig herausgerissen aus ihrem Treiben, und dem Geistlichen zugeführt, als solche, die er auch noch retten will und gerade darum so züchtigt, weil er sie noch nicht lassen will. Von dem Standpunct aus mögen freilich dem Geistlichen am Gefängniß seine Gefangenen in ganz anderem Lichte erscheinen, als die vielen Gerechten draußen in Ehre und Schande, in Ehrbarkeit und Lüderlichkeit, die mit dem schärfsten Gerichte die Gefangenen verdammen. — Noch erhebender wird ihm sein Beruf in der Verkündigung des Evangeliums: es ist Gnade für den armen Sünder, auch für dich; — aber am erhebendsten in der höchsten Weihe, in der Feier des heil. Abendmahls: spenden darf er an die Aermsten die höchsten Gnadenmittel, den Aermsten zeugen: „auch für dich hat der Herr seinen Leib in den Tod gegeben."

Soll die Frage seyn: ob in den Gefängnissen soll das heilige Abendmahl gereicht werden? ob's nicht zu heilig sei? die Gefangenen zu unwürdig? Ja, so ist schon gefragt worden. Und wo thut's mehr noth, als eben hier? Die Welt hat Alles verschlossen; der Herr aber ist reich über Alle, die ihn anrufen, reich auch über sie noch.

Als die rechten Zeiten für die Feier des h. Abendmahls drängen sich von selber die heiligen Festzeiten auf; die rechte Weihe wird ihnen durch diese Feier gegeben. Da wird die rechte Gemeinschaft mit dem Herrn, — in der gemeinsamen Feier mit der großen Gemeinde das Bewußtsein so wohlthätig und kräftig aufgefrischt, mit der Gemeinde verbunden zu seyn! An den Festen feiern auch die Nächsten des Gefangenen daheim das h. Abendmahl; auch mit den Seinen wird das heilige Band fester gebunden.

Aber wer soll Theil nehmen? In gar manchen Gefängnißordnungen wird es dem Geistlichen zur Pflicht gemacht, die Gefangenen zum Genuß des h. Abendmahls zu ermahnen. Soll denn hier bei dem Heiligsten auch nur der geringste Schein von Einfluß, den man üben will, vorwalten? Dem Gefangenen muß es frei stehen, das Abendmahl zu verschmähen; aber er muß es auch wissen, was er verschmäht; — darum thut's noth, daß der Geistliche von Zeit zu Zeit — vor der Feier des h. Abendmahls — vor der ganzen Gemeinde Abendmahlspredigten hält; — die Zahl der offenen Abendmahlsverächter wird abnehmen.

Wer soll daran Theil nehmen? Hat der Geistliche das Recht, Einen auszuschließen, als unwürdig? Offene Verächter werden nicht kommen. Aber es gibt Viele, bei denen fast die Gewißheit da ist, daß sie ihre Schuld noch auf sich haben, ihre Schuld noch leugnen. Willst du die ausschließen, sie drängen, ihr Bekenntniß abzulegen? Es ist ein innerer Drang doch, der sie treibt, bei gar Manchem wohl unklar, nicht recht bewußt, — aber ein inneres Verlangen und Sehnen doch. Soll dem Drang, dem Verlangen gewehrt werden? Weiß es denn Einer, ob nicht eben die Beichte mit ihrem Ernst, das h. Abendmahl selber mithilft, die Bande zu lösen, ihn auch ergreift mit seiner Macht? Ein Abweisen wird Manchen, der den Drang fühlt, wenn noch so unklar, — für immer abweisen. Wer nach der Abendmahlspredigt, nach der Beicht, nach der Privatbesprechung, die mit ihm zu halten ist, doch verlangt, der soll zugelassen werden. Er weiß es, was unwürdiger Genuß mit sich führt; der Gedanke daran wird oft das Herz aufthun. — Aber viel nöthiger wird's seyn in der Abendmahlspredigt, auf den falschen Wahn loszugehen: „ich muß vorher frommer werden; ich kann jetzt nicht," oder: „mit mir ist's aus, meine Sünde kann nicht mehr vergeben werden."

Am Geistlichen liegt's, so viel in seinen Kräften liegt, Sorge zu tragen, daß wer sich zum Abendmahl entschlossen, nicht irre gemacht, gestört werde. Darum — und nicht eben der Hausordnung wegen — ist's noth, daß der Geistliche der Verwaltung das Verzeichniß der Communicanten mittheile; es steht oft ein Verweis, eine Strafe im Anzug, — daß das nicht hereinfällt und stört.

In vielen Gefängnissen wird die Aufforderung zum Abendmahl durch die Aufseher im Gefängnisse ausgerufen, wie andere geringfügige Sachen. Auch die Anmeldung darf nicht profanirt werden; sie muß in der Kirche selbst bei dem Geistlichen geschehen.

Verlorene suchen und zum Herrn sie führen, daß sie nicht verloren gehen, ist die schwere Arbeit. Dem Anfänger dünkt sie leicht; und was ist die Frucht? Jahre lang scheint's gewonnen bei Einem, und mit einem Male ist Alles zusammengestoßen und eingestürzt, aller Faden abgerissen, an dem der Gefangene zu fassen wäre, und Jahre lang scheint's vergeblich, aber auf einmal bricht die Rinde, und ist die Saat doch nicht umsonst gewesen; lange scheint der Segen auf der Arbeit zu ruhen, es scheint der Sieg gewonnen, und plötzlich bricht der Teufel herein mit aller Macht und wüthet frei. Was ist die Frucht? Wer da auf eigene Kraft gebaut, der mag verzagen lernen daran; wer nicht daran hält, weß die Sache ist und wer sie ihm an's Herz legt, mag aufhören. Welcher Gefängnißgeistliche hat das nicht schon erfahren, erfahren, mit was für Mächten er zu kämpfen hat, erfahren, mit wem er kämpfen darf, wer mit ihm streitet! — Was ist die Frucht? so fragen die draußen, die nie hereingekommen sind in die Mauern. Es sind, je schwerer die Kämpfe, um so seliger die Erfahrungen, die der Gefängnißgeistliche machen darf; sie fehlen nicht, und frischen die Freudigkeit auf. — Was ist die Frucht? das lehrt erst das Ende der Strafzeit. Die Einen trifft das Ende, noch ehe die Strafzeit abgelaufen, — der Herr legt sie auf's Sterbebett. Das sind die schwersten Zeiten für den Geistlichen, wenn der Verlorene vor ihm ist, und die ernste Frage: dir ist er besonders anvertraut gewesen, ist er gerettet, ist er verloren? hast du nichts versäumt? Wenn er ringt mit dem Tode, — hat Einer lange gerungen mit seiner Schuld, und gerungen wider die Gnade; hat seine Schuld in sich verschlossen, um noch ein Hoffen festhalten zu können mit dem Behaupten seiner Unschuld, oder um die Seinigen von der Schmach seines Verbrechens rein zu halten; wird sich losringen vom Herzen das Bekenntniß? wird er mit dem Trost der Gnade scheiden? — und wenn es sich losringt, das Bekenntniß, er kann nicht sterben, ehe er seine Schuld bekannt, er greift noch in den letzten Stunden nach der Gnade und kann sie noch fassen, und der Unbußfertige wird noch mit seiner Schächerbuße ein Bußprediger für die Unbußfertigen, und der Geistliche kann ihm noch das Evangelium predigen: — das sind die ernstesten Zeiten für den Geistlichen, — aber dann auch so selig; — und wenn der Verlorne den Frieden noch vorher gesucht und gefunden, hat verstehen lernen das Erbarmen Gottes, der ihn gezüchtigt, daß er nicht verloren gehe, und Gott danken lernen und danken dem Seelsorger, — und der Gefangene wird ein Bußprediger mit seinem Zeugen von der Gnade Gottes! — Die Todestage sind ernste Tage für das Haus, — die Leichenpredigt wird gehalten, der Leichenzug geht fort, aber die Todtenglocke verhallt nicht so bald. Hat oft der Geistliche im Stillen geklagt, daß er vergeblich gepredigt, da darf er doch so oft es erfahren, daß er nicht umsonst gepredigt. Und es mag dem Geistlichen wohl vorkommen, daß im Gefängniß von den Verlorengeachteten mehr selig sterben, als von den Gerechten draußen. — Viele bleiben verschlossen bis zum Ende, wollen nicht mehr hören, können nicht mehr glauben, können eine Schächersbuße nicht mehr finden. Bleibt dann der Trost: du hast nichts versäumt — wohl dann! aber ihr Ende bleibt doch nicht ohne Frucht. Das ist die Frage bei den Gefangenen jedes Mal: Wie ist er gestorben? hat er sich noch bekehrt? — Es sind Zeiten, die den Gefangenen, aber auch dem Geistlichen sein Gewissen schärfen! —

Es gibt viele Gefängnisse, wo das Gesetz und das Gericht seine Sühne auch noch nicht mit dem Tode des Gefangenen haben will; ehrlos ist er ihm geblieben in seinem Leben, ehrlos soll er auch bleiben nach dem Tode; das ehrliche christliche Begräbniß ist ihm verweigert, wie dem auf dem Schaffot Gestorbenen; sein Leichnam wird der Anatomie preisgegeben. Das ist eine von den raffinirten Härten, wie sie die Justiz erfunden hat, die den Gefangenen erbittern und abstumpfen, die ihm auch noch, nicht zufrieden mit dem, das Sterben erschweren müssen. Wo dem Gefangenen das ehrliche Begräbniß wird, der Geistliche die Leiche begleitet, — mit wie Vielem söhnt es den Gefangenen aus, dem's schwer genug wird, im Zuchthaus zu sterben. Es ist sein Erstes, für sein ehrlich Begräbniß zu sparen, und wo es nicht reicht, da regt sich auch im versunkensten Mitgefangenen ein edleres Mitgefühl, — er gibt vom sauer Ersparten eine Gabe, daß sein Mitgefangener ein ehrliches christliches Begräbniß erhalte.

Was ist die Frucht? — das soll das Ende entscheiden. Die meisten dürfen das Ende der Strafzeit erleben; und die meisten ziehen aus mit guten Vorsätzen, — die schwere Strafe hat wohl gewarnt, und wenn nur ein Dritttheil, ein Viertheil gebessert ist, so ist viel gethan und gewonnen. — Aber ist damit die Seelsorge an den Gefangenen zu Ende? Das ist der Fluch, daß sie nicht fortgesetzt wird. Einen Kranken, der vom Krankenbett aufsteht, achtet Niemand als solchen, der alle Geschäfte des Gesunden zu versehen im Stande wäre. Der Gefangene, der aus dem Zuchthaus kommt, soll ein Heiliger seyn, und ist er's nicht, so ist er doppelt geächtet, und auf die Gefängnisse wird aller Fluch geworfen. Der Gefangene tritt in die Freiheit — und was hat er? — Freiheit! in die Freiheit ist er hinausgestoßen, verlassener als je, — keine Hand bietet sich ihm dar: geächtet ist er. Im Gefängniß durfte er erfahren, daß er durch sein Verhalten Zutrauen und Achtung sich gewinnen kann, — sein Ehrgefühl ist wieder erwacht und um so empfindlicher; draußen wird es wieder ertödtet, — er ist geächtet; will er ehrlich seyn, er darf's nicht; und mag Mancher sagen, er habe es im Gefängniß, wo es an Hartem nicht fehlte," gut gehabt, und Mancher sich darnach sehnen, wo er doch mehr Recht, mehr Achtung des Menschen gefunden; er wird zum Feinde, zum erbitterten Feinde der Gesellschaft gezogen, und wieder gezogen von der Gesellschaft, der er als tüchtiges Glied angehören möchte und sollte. Mit der Strafe, mit dem Gefängniß sollte die Schuld gesühnt seyn; aber sie bleibt; er muß sie forttragen. Jetzt sollte die Seelsorge an ihm das Werk fortführen; und jetzt hört sie auf. Wer soll sie üben? Zunächst der Geistliche; — thun's alle? Wie viele nehmen ihn auf nicht als den verlorenen Sohn, — sondern wie der selbstgerechte Bruder den verlorenen verstoßen will. Und thut's der Geistliche auch, — kann er's allein thun? Es fehlt so viel. Vereine sind's viele, die viel Geld aufwenden; Geld allein rettet nicht und hebt nicht herauf. Wenn nicht die Gemeinde sich ihrer annimmt, nicht die weltliche, aber die kirchliche, die christliche Gemeinde, — wie soll das angefachte Fünklein gedeihen und vor dem Erlöschen bewahrt bleiben? So lange die Gemeinde diese Pflicht nicht erkennt, und so lange sie nicht ihre Verschuldung mit erkennt, ihre Theilnahme an der Schuld und dem Fluch, so lange bleibt die Seelsorge im Gefängniß fast ein verloren Werk. Daß die Gemeinde dieß noch nicht erkannt, bekennt sie selbst, daß sie noch kein Herz dafür hat, zeugt sie selbst zu ihrem Gericht, damit, daß sie noch kein Gebet hat und verlangt für die schuldig Gefangenen, für die Gefallenen, die sie fallen ließ. Wird die Zeit der Buße kommen über die Gemeinde, dann wird sie von ihnen nicht schweigen in ihrem Gemeinde-Gebet, — dann steht die Seelsorge im Gefängniß nicht mehr allein, und der Seelsorger ist getragen durch die gemeinsame Fürbitte, — die Strafanstalten werden gesegnete Bußanstalten, Pönitentiar-Anstalten seyn! Das helfe Gott! —*)

---

*) Ueber die Liebespflicht, welche die Kirche an entlassenen Strafgefangenen (wie auch an den Opfern der Prostitution) zu üben hat und die dazu namentlich in der Hülfe der Presbyterien liegenden Mittel hat sich der Verfasser obigen Capitels auf der Diöcesansynode in Stuttgart im October 1859 in einem Vor-

Zum Schluß habe ich noch eine Verwahrung einzulegen vor Mißverständniß. Es könnte scheinen, wer nicht recht lesen will, als werde der Ernst der Sünde, der Ernst der Buße gar zu sehr hintangesetzt, damit daß auf das Evangelium und seine Predigt das Hauptgewicht gelegt wird. Gewiß nicht; aber die Sünde, ihr Fluch, ihre Last ist so groß, daß einem das Herz vergeht zum Glauben noch an Gnade, wenn nicht die Predigt von ihr hereinleuchtet in die Nacht, in der der arme Sünder gefangen ist. — Die Predigt von der Gnade, vom Evangelium, von allem dem reichen Segen in dem Frieden mit Gott durch Christus ist erst recht im Stande, zur Buße und zur Erkenntniß seines Elends zu wecken. Dem Armen geht erst, wenn er den Reichen und sein Wohlleben sieht, recht auf, daß er so arm ist, — dem Sclaven fallen seine Bande erst recht schwer, wenn er den Freien sieht. Und hört der, der seine Wege gegangen ist im Sündendienst, da seinen Gewinn gesucht hat, von dem Reichthum der Gnade, — muß ihn, und vollends den Gefangenen, das nicht kräftiger zur Erkenntniß führen, was ihm fehlt, und die Frage ihn zur Erkenntniß bringen: Hast du das auch? was hast du gefunden auf deinen Wegen? und dann die Predigt: Siehe, das soll dir auch werden, du gibst dich verloren und mußt dich verloren geben; die Welt, dein Gewissen gibt dich verloren! der Herr nicht! bekenne ihm deine große Noth, deine Sünden hast du in dich hineingedrückt, auslöschen wollen, und kannst's nicht. — Er nimmt sie weg! „Schau', armer Mensch, zu diesem Glück ruft dein Erlöser dich zurück!“ —

---

trage weiter ausgesprochen, der im „evang. Kirchen- und Schulblatt für Württemberg“, 1859, Nr. 52 abgedruckt ist. Außerdem ist insbesondere lesenswerth: „Die evangelische Johannesstiftung und das Johannesstift in Berlin, zweite Nachricht.“ Berlin, Besser'sche Buchhandlung, 1859. — Daß der Geistliche sich persönlich solcher Leute annimmt, daß er ihr Familienleben wiederherzustellen sucht, und daß er, auch durch seinen Einfluß bei den Ortsbehörden, ihnen zu Arbeit und Verdienst behülflich ist, das werden die pastoralen Hauptaufgaben in dieser Beziehung seyn.

25. Die Seelsorge beim Militär. *)

(Bearbeitet von Garnisonsprediger Müller in Stuttgart.)

I. Was die geistliche Pflege des Militärstandes zuerst im Allgemeinen anlangt, so ist wohl, wie bei jeder besonderen Standesseelsorge, so auch hier

a) der Grundsatz voranzustellen, daß sie in erster Linie nicht auf die Standesbesonderheit, sondern auf die allgemeine Aufgabe des geistlichen Amtes überhaupt ihren Blick zu richten habe. Das Selbstverständliche dieses Satzes überhebt uns nicht der Aufgabe, ihn auszusprechen.

Die Gründe liegen nicht sehr fern, warum man mit Nachdruck sagen muß: die Militär-Seelsorge hat es nicht zuerst mit dem Soldaten als solchem zu thun, sondern mit dem Menschen im Soldaten, mit seiner zu Gottes Bild geschaffenen Seele, und seinem allgemeinen religiösen und sittlichen Leben. Der Diener des göttlichen Wortes innerhalb einer Militärgemeinde ist nicht zunächst zur Anpflanzung und Ausbildung militärischer Tugenden als solcher, sondern dazu bestellt, daß den Soldaten in dem eigenthümlichen Stande, der für sich ein geschlosseneres Ganze als andere ausmacht, und in welchem die Betheiligung an dem sonstigen kirchlichen Gemeindeleben durch die dienstlichen Verhältnisse erschwert seyn könnte, es nicht an dem Einen fehle, was für den Menschen allezeit und in jeder Lage das höchste Interesse hat und die vor-

---

*) Wir verweisen hiemit auf dasjenige, was oben S. 278—283, über dieses Capitel und sein formelles Verhältniß zu den übrigen gesagt ist. — Ferner bemerken wir, daß, wo die folgenden Blätter beispielsweise auf bestimmte militärische Ordnungen und Verordnungen sich einlassen, die württembergische „Kriegsdienstordnung" v. J. 1858 zu Grunde liegt, welche übrigens von denen der übrigen deutschen Länder im Wesentlichen nicht verschieden ist.

nehmste Sorge seyn soll. Er ist bestellt zur Weckung des innern Menschen, zur Nährung und Bewahrung des erwachten, zur Wehrhaftmachung desselben mit den Waffen wider die geistlichen Feinde, und zur Mahnung an die Bewährung des innern Gehaltes im äußerlichen Leben, kurz: zur Herstellung des Christen im Menschen und des Christenmenschen im Soldaten. Es handelt sich also z. B. in erster Linie gar nicht um die Sorge, daß der Soldat muthig in den Tod gehe, sondern daß, wenn er fallen soll, er für die Ewigkeit zubereitet und zu der christlichen Gestalt erneuert sei, welcher er zum seligen Leben bedarf. Und hier kennt die Seelsorge keinen Unterschied zwischen dem gemeinen Soldaten und dem General; die Seele des einen wie des anderen ist ihr von unendlichem Werthe. Sie hat Interessen zu betreiben, welche mit den Standes- und Berufsinteressen von ferne nicht sich decken, sondern hoch über ihnen stehend eben so weit über diese übergreifen. Die Aufgabe der Militärseelsorge ist also in erster Linie keine andere als die Hauptaufgabe des geistlichen Amtes überhaupt und auf jedem andern Posten; und jede andere Anschauung würde dem Amte die tiefsten Gründe seines Daseyns, seiner Sendung und Auctorität, den Zusammenhang mit der übrigen Kirche, seine innere Freiheit, seine äußere Unabhängigkeit und Eigenthümlichkeit erschüttern, die besten Nerven zerschneiden und die wirksamste Kraft seines Thuns brechen.

Hat aber diese Seelsorge es zuerst mit dem Christenmenschen im Soldaten, mit seinen Beziehungen auf Gott und Gottes Offenbarung, mit seiner Herausberufung aus der Welt und Hineinbildung in Gottes ewiges Reich zu thun: so hat sie das Militär auch mit nichts Anderem als der ewigen Wahrheit, mit dem ganzen Christenthum zu bedienen. Man begegnet hier noch viel häufiger als oben einer falschen Anschauung, und hört dort und da ganze Stücke der christlichen Wahrheit als unnöthig, unfaßbar, unbrauchbar, unziemlich, sogar als hinderlich für den Soldaten bezeichnen. Man kann aber auch zunächst von der Begründung solcher Behauptungen ganz absehen, von ihrer Widerlegung ganz abstehen.

Ist der erste Punct richtig gefaßt, so folgt ganz von selbst die Regel: das ganze Christenthum muß es seyn; der ganze Rathschluß Gottes zur Seligkeit, alle seine Thaten zur Begründung des Heils müssen verkündigt, und das ganze christliche Leben dem Herzen, Erkennen und Wollen der Pflegebefohlenen dargestellt werden. Es handelt sich also um das Evangelium wie um das Gesetz, um den zweiten und dritten wie um den ersten Artikel, um den Glauben wie um die Werke, um die Erkenntniß wie um die Liebe, um die Zucht des innern Menschen wie um die des äußeren, um seine Freiheit wie um sein Gebundenseyn, um das ganze Wort vom Reiche Gottes, von seiner Vergangenheit, Gegenwart und Zukunft, — um Alles dieses und was dazu die Bedingungen und was davon die Folgen sind. Denn der Verchristlichung, Erneuerung und Heiligung des Menschen ist eben nur das ganze Christenthum gewachsen, nicht ein oder etliche Bruchstücke davon. Die göttliche Kraft, die zum Leben und göttlichen Wandel dient, ist in dieses Ganze gelegt; und so viel Gnade und Friede, als es zur göttlichen Ausstattung des Menschen mit den Kräften der zukünftigen Welt bedarf, liegt nur in der ganzen Erkenntniß Gottes und Jesu Christi unseres Herrn (2 Petr. 1, 2. 3.). Es deutet also auf eine völlig schiefe Auffassung von der Stellung der Militärseelsorge hin, wenn man von irgend einem Glied des Wahrheits-Organismus sagen hört: was will man damit bei einem Soldaten? Nicht irgend eine Wahrheit auszuschließen oder hintanzusetzen, — höchstens die eine oder die andere besonders hervorzuheben und zu benachdrucken, könnte die Besonderheit des Standes uns veranlassen. Aber auch dieses würde wohl meistens in einer Richtung zu geschehen haben, welche jener Meinung geradezu entgegengesetzt wäre. Wäre es je so, daß der Stand oder Beruf an sich den Menschen irgend einem Theile der Wahrheit ferner führte, oder irgend einem geistlichen Lebenstrieb hemmend entgegenwirkte: so drängte sich der Seelsorge nur um so ernster die Pflicht auf, dieser Einseitigkeit ergänzend zu begegnen, und das Gleichgewicht in der geistlichen Haltung des

Menschen herzustellen, also nur mit um so vollerem Tone jene Wahrheiten in die Gemüther einzusenken. So hat sie schon dem Gewicht, welches der Militärstand nicht nur in gleichem Maße, sondern mehr als die andern Stände auf die justitia civilis legen muß, welches aber an sich noch keine Hinderung der anderen Lebensseite ist, dem Gleichgewicht zu lieb alsbald, übrigens beides verbindend, das Gegengewicht der justitia spiritualis ungeschmälert in seiner ganzen Schwere gegenüber zu legen. Und könnte man auch zugeben, daß dem Militärstand das kategorische Sollen mehr als irgend Etwas und vor jedem anderen Stande sein eigenthümliches Gepräge verleihe; so folgte daraus nicht im Mindesten, daß nun auch das geistliche Amt den Hammer des Wortes auf diese Seite hauptsächlich, geschweige allein, fallen lassen müßte; vielmehr wird es zwar das Gesetz in dem ganzen unverbrüchlichen Ernste, der in dem „Ihr sollt heilig sein" eingeschlossen ist, treiben, aber thut die Seelsorge Solches zunächst nicht um des Standes willen, sondern nach göttlichem Auftrag und um Gottes willen, so treibt sie aus denselben Gründen mit dem gleichen Nachdruck auch das Evangelium von der Gnadenoffenbarung Gottes; und läßt sie sich je an dieser Stelle von dem berührten Standes-Charakter zu Etwas bestimmen, so wird das nur eine um so größere Treue in Verwaltung dieses Schatzes seyn. Oder könnte man weiter noch einräumen, daß, was das Glaubensleben betreffe, dem Soldaten für sein Berufsleben ganz besonders die Wahrheiten des ersten Artikels nothwendig seien, wie er auch durch dasselbe, durch seine Aufgaben und Gefahren vor Allem auf dieses Gebiet hingedrängt werde: so wäre das so wenig ein Grund, das Wort von der Versöhnung und Heiligung in Schatten zu stellen, daß man sich vielmehr aufgefordert sehen würde, im Worte zu ersetzen und durch die Leitung des Gewissens und des ganzen inneren Menschen die Nothwendigkeit auch dessen zu erweisen, worauf das äußere Berufsleben als solches nicht hinführte, ohnedieß die Frage anzuregen, ob jener Glaube auf Grund des ersten Artikels, abgelöst vom zweiten und dritten, ein kernhafter seyn könne. Also immer wird die Militärseelsorge ihre Stellung zuerst nicht in dem Stande, dem sie dienen will, sondern im göttlichen Wort als solchem, im ganzen Christenthum nehmen. Uebrigens reden wir von diesem Puncte auch aus dem Grunde, weil der Seelsorger dem genannten Grundsatz nicht nur factisch folgen, sondern auch in den Fall kommen wird, denselben bekennend geltend machen, und so den schiefen, im Schwange gehenden Anschauungen, die doch nichts sind als Grundirrthümer des religiösen Denkens, auf specielle Verhältnisse angewendet, — ausdrücklich entgegentreten zu müssen. Hier gilt es dann lehrend zu zeigen, daß es kein besonderes Standes-Christenthum, Soldaten-Christenthum oder dessen etwas gebe, daß das Wort Gottes, sei es Gesetz oder Evangelium, für keinen Stand oder Beruf besonders zugeschnitten oder beschnitten werden könne, daß vielmehr die ewige Wahrheit, wenn sie auch in zweiter Linie auf die besonderen Standes-Aufgaben oder Verhältnisse angewendet werden müsse, in erster Linie allüberall in gleichem Maße in ihrer vollen Integrität und Allgemeinheit den Herzen nahe zu bringen sei. Zur größten Treue und vollkommenen Freiheit von Menschen-Meinungen hierin fordert die Seelsorge noch ein besonderer Umstand auf. Da in einer Militärgemeinde auf allen Stufen des Standes Männer aus allen Schichten, Erziehungs- und Bildungs-Kreisen, Berufsarten, Gemeinden und Gegenden des Landes sich sammeln; so darf sich das geistliche Amt die Möglichkeit nicht verbergen, daß unter den Gemeindegliedern auch Leute sich finden, welche zuvor — aus welchen Ursachen immer es sei — das wahre, volle Christenthum nicht kennen gelernt, oder dasselbe wenigstens mit vollem, klarem Bewußtseyn erst noch zu hören haben. Hier hat nun eben der Militärgeistliche die Pflicht, Solchen die Wahrheit nahe zu bringen. Jedenfalls werden ihm, wenn je sonst ein Geistlicher bei einer Gemeinde, welcher er länger angehört, allmählig und bis auf einen gewissen Grad Dieses oder Jenes voraussetzen dürfte, bei dem steten Wechsel der Personen, welchem Militär-Gemeinden ausgesetzt sind, solche

Voraussetzungen in Betreff der ewigen Wahrheiten als ganz unthunlich erscheinen müssen.

b. Es ist nun aber bereits gesagt, daß die Militärseelsorge in zweiter Linie nicht minder ernst auf die Besonderheit des Standes zu sehen und auf die geistliche Ausrüstung und religiös-sittliche Tüchtigmachung seiner Mitglieder für ihren speciellen Beruf hinzuarbeiten habe. Sie wird mit dem Allgemeinen die Wahrung und Förderung der besonderen Interessen in jeder ihr möglichen Weise zu verbinden suchen. Und wenn z. B. die Dienstvorschriften von den Militärpersonen aller Grade unverbrüchliche Treue gegen den Landesfürsten, als das Staatsoberhaupt und den Chef der gesammten Militärmacht, unbedingten Gehorsam gegen die von ihm oder in seinem Namen ausgehenden Dienstgesetze und Befehle, sowie Beobachtung der allgemeinen staatsbürgerlichen Pflichten, soweit diese bei der Standeseigenthümlichkeit erfüllbar sind, verlangen; wenn der Militärdienst im Frieden die Vorbereitung und Bildung der Truppen zum Dienst im Feld und die Erhaltung der inneren Sicherheit des Staats, der Dienst im Krieg aber die muthvolle und ausdauernde Bekämpfung des Feindes zum Schutz und zur Erhaltung des Fürsten und des Vaterlandes zum Zweck hat: so wird das geistliche Amt auf die rechte Erfüllung dieses Berufs und auf die hiezu nöthigen Tugenden auch in seinem Theil mit den Mitteln, welche ihm in die Hand gegeben sind, so gewiß hinarbeiten müssen, als der Seelsorger in einer gemischten Gemeinde den Beamtenstand zur Amtstreue, den Gewerbsmann zur rechtmäßigen Betreibung seines Geschäfts anregen wird. Aber jene Mittel können diesem Amte, wenn es den evangelischen Charakter nicht verlieren soll, zunächst wieder keine andere, als die des ganzen Christenthums seyn. Auch die besondere Berufstüchtigkeit wird die Seelsorge auf keinem anderen als auf diesem tieferen universellen Grund aufzubauen trachten. Denn sie kann und darf die Standestugenden nicht anders ansehen, denn als Bewährungen der allgemeinen innern Christentugend in den Lebensformen und Aufgaben des Standes.

Hier aber können wir dem oben angedeuteten, da und dort zu hörenden Zweifel, ob das, was wir nach dem Früheren als das wahre und ganze Christenthum bezeichneten, nicht das ächte Soldatenthum hindere, und der Lösung dieser Frage nicht mehr ausweichen. Es handelt sich dabei ja nicht blos um die oberflächliche Einrede, als ob schon in Friedenszeiten der fromme Soldat nicht straff genug in seiner Erscheinung auftrete, um seinen Stand würdig zu repräsentiren; es wird auch die tiefer zielende Frage laut, ob nicht den Kriegszwecken bei den eigentlichen Waffenactionen und in den entscheidenden Augenblicken statt des frommen Soldaten doch besser solche Leute dienten, welche aus Tod und Ewigkeit sich nicht viel machten, und rauh und roh genug wären, das vom Beruf erforderte Tödten von Menschen mit Lust zu üben, und ob nicht bei dem frommen Soldaten auf solchen Stellen mitten aus seiner ernsten Weltanschauung, aus seiner Anschauung von Tod und Ewigkeit heraus Erwägungen eintreten werden, welche ihm die volle Energie und das rückhalts- und rücksichtslose Dreingehen hemmen müßten. Bemerkenswerth dürfte hiegegen schon die Thatsache seyn, daß die den militärischen Dienstvorschriften zu Grunde liegende Anschauung an diesem Zweifel sich nicht betheiligt, indem jene den Befehlshabern aller Grade geradezu aufgeben, darauf bedacht zu seyn, daß wahre Religiosität bei ihren Untergebenen unterhalten und immer fester begründet werde, daß daher die Mannschaft an Sonn-, Fest- und Feiertagen, wenn keine nothwendigen Dienstverrichtungen im Wege stehen, zum öffentlichen Gottesdienst angehalten, und Unteroffiziere und Soldaten von ihren Vorgesetzten von Zeit zu Zeit ermahnt werden sollen, zum h. Abendmahl zu gehen. Aber die Militärseelsorge wird der Meinung, als ließe sich ein tieferes, innigeres, religiöses Leben mit seiner Receptivität nicht mit der vom Soldatenberuf geforderten Activität ohne Hemmung des einen oder andern Theils verbinden, noch auf anderem Wege entgegentreten. Wenn sie sieht, daß man dort eine Ahnung von der Wahrheit hat, daß die Religion das weibliche Verhalten des menschlichen Geistes zu Gott ist; so wird sie auch zeigen, einmal daß eben dort zugleich der Begriff des Weiblichen mit dem des Weibischen verwechselt werde, sodann daß das weibliche Verhalten zu Gott nicht von ferne ein Gegensatz zu einem männlichen Verhalten gegen Menschen ist, daß vielmehr zu solcher Weiblichkeit auch der männlichste Geist angelegt ist, daß sie ihm mitgegeben ist als dasjenige Moment seines Lebens, durch dessen Anregung das männliche Verhalten, eine energische und ausdauernde Activität, am gründlichsten mit aufgeregt wird. Sie kann psychologisch und historisch nachweisen, daß gerade in der Verinnerlichung des Geistes, in seiner Demüthigung vor Gott, in der gelassenen Sammlung der Gedanken im göttlichen Wort und in der Gebetsvertiefung der Seele jene Spannung des innern Menschen erzeugt wird, aus welcher Sprühregen von Gedanken, Flammen von Thaten und ein Alles mit sich fortreißender Schwung des Willens geboren werden. Für geschichtliche Beweise wollen wir, da sie aus allen Zeiten zu haben sind, hier keinen Raum in Anspruch nehmen. Nur an einen der ruhmbedecktesten Namen aus neuester Zeit werde erinnert. Wenn ein Havelock in seinen häuslichen Andachtsübungen so innig werden konnte, daß eine irische Dienerin seiner Familie unter Thränen zu ihm sagte: „o lieber Herr, Ihr passet nicht zum Soldaten, Ihr seid zu weichherzig, Ihr solltet ein Priester seyn," ist dann nicht jede seiner unsterblichen Thaten ein schlagender Beweis, daß ein solches „Weichwerden" nichts anderes ist, als die Empfängniß der edelsten und höchsten Heldenkraft? Bekannt genug ist aber auch, wie dieser Mann schon in untergeordneter Stellung als ein solcher Priester nicht nur in seinem Hause, sondern auch unter seiner Mannschaft waltete, wie er, wo er auch seyn mochte, mit ihr Gottesdienst hielt, und welcher geistliche und sittliche Segen von ihm über seine Abtheilungen ausging. Wenn nun in jenem indischen Krieg bei mehr als einer Affaire der Obercommandirende, nachdem andere Abtheilungen sich hatten zurückschlagen lassen, — als riefe er seine Triarier auf, — „Havelocks Heilige" vorrücken ließ, und die Schaar wie ihr Führer immer mit neuen Lorbeeren zurückkam: ist dann jenem Zweifel gegenüber factisch nicht wenigstens so viel bewiesen, daß das wahre, volle Christenthum — wir reden ja nicht von Secten, welche den Kriegsdienst an sich für Sünde halten — das ächte Soldatenthum nicht hindert? Man kann ohne Bedenken für manche Fälle einräumen, daß ein Soldat, der den Becher des Materialismus und Atheismus bis auf die Hefe geleert hat und bis zu dem Punct gesunken ist, wo auch keine Gewissensregungen mehr empfunden und keine Gottes- und Ewigkeitsahnungen mehr als solche vernommen werden, daß der „Kerl wie ein Teufel" furchtloser dem Feuer und Schwert sich entgegenstürzen werde, als Einer, der im Glauben es so weit, aber auch nur so weit gebracht hat, daß ihm ein Leben und Gericht nach dem Tode gewiß ist. Aber sollte man erst zu fragen brauchen wie dann, wenn der Soldat ein wahrer, mit Gott versöhnter, in der Hoffnung des ewigen Lebens gegründeter, auf Gott kindlich und männlich vertrauender, überdieß vom göttlichen Geist im Gewissen getriebener und von dem unerschöpflichen Begriff der Berufstreue und des Gehorsams ergriffener Christ ist? Wird in jenen Stunden der höchsten Berufsconcentration auch nur Eine Macht Zeit und Raum finden, zwischen einen Solchen und seine Aufgabe hemmend sich einzudrängen? Werden ihm nicht vielmehr die Christentugenden der Mäßigkeit, Nüchternheit, Menschlichkeit, Barmherzigkeit, Großmuth, Beharrlichkeit und Selbstverleugnung eine Vergeudung seiner Kraft, eine Zerstörung seines Seelenfriedens, und eine Schändung seiner Standesehre ersparen, durch welche Jener vielleicht auf dem halben Wege seiner Aufgabe schon unbrauchbar wird? Die alte bekannte Baco'sche Formel über die Philosophie und ihren Einfluß auf die Religion hieher verwendend, könnten wir vielleicht sagen: ein wenig Christenthum mag den tapferen Soldatenmuth da und dort dämpfen, das ganze volle Christenthum aber wird ihn auf die höchste Stufe heben.

So wird die Pastoraltheologie an die Stelle der besprochenen

Meinung von der Schädlichkeit des wahren Christenthums für den Soldatenberuf überall das apostolische Wort von dem Nutzen der Gottseligkeit (1 Tim. 4, 8.) setzen; übrigens wird sie nicht bei der bloßen Wortbedeutung dieser Kategorie stehen bleiben und zeigen, wie die Gottseligkeit auch zu diesem „Dinge" des Waffendienstes „nützlich" sei, sondern dieselbe zu der der Nothwendigkeit weiter führen, und von diesem Grundsatz aus das Geschäft treiben. Sie wird zwar nie sich versucht fühlen, über die Schranken des 18. Art. der Augustana hinauszugreifen, also zu behaupten, man könne den Soldatenberuf als solchen und vor Menschen nicht erfüllen, ohne ein Christ zu seyn. Aber sie wird deßwegen doch nie die Wahrheit aus dem Auge verlieren, daß auch dieser Beruf in gottgefälliger Vollendung nur von wahrer Gottseligkeit erfüllt werden könne. — Diese Wahrheit wird ihr nahe gerückt schon durch den Eintritt der Soldaten in ihren Stand, noch ganz abgesehen davon, ob es in's Feld oder in die Garnison gehe. Es ist für den Dienst in diesem, wie in jedem andern Beruf ja nicht gleichgültig, in welcher Stimmung man denselben antritt, mit welchem Grad von Freudigkeit der Jüngling unter die Waffen geht. Beim Eintritt in diesen Stand aber trifft es sich für die Allermeisten so, daß sich Beruf und Beruf, der jetzt anzutretende und zeitweilige dem eigentlichen Lebensberuf des Mannes zu widersprechen scheint. Letzterer wird unterbrochen, nach der gewöhnlichen Ansicht auch beeinträchtigt durch den ersteren, und je energischer und intensiver ein Jüngling bisher seinen eigentlichen Lebenszweck verfolgt hat, um so unangenehmer macht sich das fühlbar. Daher der bei weitem größte Theil, auch der, welcher keine religiöse Bedenklichkeiten gegen den Kriegsdienst hat, das ihn treffende Loos als ein Unglück, und seine Soldatendienstzeit als eine verlorene betrachtet. Dem offenbaren Schaden, der daraus für die Sache und für den Mann entspringt, entgegenzuarbeiten, ist unstreitig eine der Aufgaben der Seelsorge. Um aber diesen Beruf, wie der Soldat soll, als einen Beruf nehmen, um ihn mit jener selbstverleugnenden Freudigkeit betreten zu können, welche jeden Mißmuth, jede Bitterkeit oder lähmende Traurigkeit ebenso wie den Leichtsinn der Verzweiflung und die matte, nicht sich tragende, sondern nur geschobene Gleichgültigkeit wegnehmend, den Mann erst zu einem lebendigen Mitglied des Standes macht; um weiter dem Beruf die ganze Hingebung (daß 2 Tim. 2, 4. zur vollen Wahrheit werde) entgegentragen, und aus demselben wieder für die eigene Persönlichkeit die — für den ganzen Menschen darin unläugbar niedergelegten Bildungskräfte und Erziehungsfrüchte gewinnen zu können: dazu genügt dem Manne am allerwenigsten die Wirkung, welche das blos befehlende oder äußerlich belehrende Wort übt; dazu bedarf es eines Sinnes, welcher mitten in der Gottseligkeit seinen Standpunct nehmend, alles — das eigene wie das allgemeine staatliche Leben unter göttlichem Gesichtspunct, im Lichte göttlichen Willens, Fügens und des göttlichen Reiches auffaßt und eine Ahnung giebt von dem organischen Zusammenhang aller Berufsarten, insbesondere dieses Berufs mit dem Ganzen. — Nicht minder als nothwendig wird die Seelsorge das volle Christenthum zur gottgefälligen Ausübung des Berufs behandeln. Denn wenn auch einerseits, was bestimmte Handlungen betrifft, keinem Stande so sehr das Gesetz gilt, daß der Beauftragte nicht weiter gehen und ausrichten darf, als die ausdrückliche Vorschrift lautet; wenn also hier das Gesetz alles eigene Bessermeinen und Bessermachenwollen scharf abschneidet; so ist andererseits für Jeden ersichtlich, daß auch der Soldat oft genug an Stellen kommt, da das bloße buchstäbliche Ausfüllen der Gesetzesvorschriften nicht genügt, da die Idee des Berufes vielmehr eine Treue fordert, welche aus dem Princip der bloßen justitia civilis nicht zu schöpfen ist. Wir haben oben zunächst nur auf die äußersten Umrisse der Berufsaufgaben hingedeutet. Machen aber innerhalb derselben die militärischen Dienstvorschriften jedem Soldaten zur Pflicht, daß er jeder Forderung seines Berufs nach besten Kräften willig, genau und mit eigener Aufopferung genüge, Muth, Entschlossenheit und Ausdauer beweise, überhaupt keine Gelegenheit zur Förderung des Besten des Dienstes unbenützt vorübergehen lasse; erwartet man von den Untergebenen, daß sie durch Treue, Hingebung und eifrige Pflichterfüllung der Achtung ihrer Vorgesetzten und einer wohlwollenden Behandlung derselben sich würdig machen sollen, und von den Vorgesetzten, daß sie ihre Untergebenen ohne Härte und Leidenschaft, ohne Vorurtheil, Abneigung oder Gunst behandeln, für das Wohl derselben thätig besorgt seien, mit der Strenge Gerechtigkeit, Unparteilichkeit und Billigkeit verbinden, in außerordentlichen Verhältnissen ihnen gegenüber theilnehmend und wohlwollend sich erzeigen; schärfen diese Verordnungen ferner dem Stande ebenso ernst in Betreff seines Verhältnisses zu andern Ständen die Pflicht ein, unter Verbannung aller, nur Anmaßung erzeugenden Standesvorurtheile die Standesehre, die militärische Ehre in treue Pflichterfüllung und Sittlichkeit zu setzen und durch würdiges, bescheidenes Benehmen in allen Verhältnissen sich die Achtung der übrigen Stände zu erwerben: so sind hier Tugenden gefordert, welche, wie die zu Grunde liegende Anschauung aus christlichen Wurzeln erwachsen ist, selbst nur auf christlichem Grunde ganz reifen können, und eine christliche Durchbildung des Charakters zur Voraussetzung haben. Was liegt doch nur in dem väterlichen Verhältnisse eingeschlossen, das den Vorgesetzten ihren Leuten gegenüber zur Pflicht gemacht wird! welch' ein erziehendes, den Menschen als Menschen pflegendes Streben und Thun! wie wenig genügt dieser Idee ein blos mechanisches, den Menschen als ein fertiges Ding und als das Glied einer Maschine nehmendes Verfahren! wie sehr fordert sie ein liebreiches, auf geistige Weckung und Hebung bedachtes Sorgen, wie es eben nur aus einer christlichen Anschauung vom Menschen und vom Beruf entspringen kann! Oder fassen wir den Soldaten im Feld in's Auge, wie er unter den roh-machenden Einflüssen des Kriegs steht: welches Gegengewicht gegen sie bedarf es, damit nicht mit dem verwildernden Menschen auch der Soldat als solcher entwürdigt werde? Was kann aber sicherer neben der Tapferkeit die Tugenden der Menschlichkeit und des ritterlichen Edelmuths, der im Feinde den Menschen nicht vergißt und im Verwundeten den Bruder erkennt, erzeugen, als das Christenthum, welches nicht nur alle Fähigkeiten und Seiten der menschlichen Natur zur Entwicklung fördert, sondern um seines übergreifenden Wesens willen ebenso auch die scheinbaren Gegensätze zu einer harmonischen Lebensgestalt zu vereinen vermag?

Aber diese Reflexionen wird die Militärseelsorge nicht nur für sich anstellen; sie wird ebenso darauf hinarbeiten, daß ihr Inhalt bei ihren Pflegebefohlenen ein Gegenstand klaren Bewußtseyns werde, und wird die Nothwendigkeit des Christenthums für die militärischen Tugenden in demselben Grade betonen, in welchem eine derselben in der Tiefe des Innern ihren Sitz hat. Hüten wird sie sich auch, Religiosität und Christenthum nur als einen Schmuck des Standes darzustellen. Kann man auch unter einem Gesichtspunct, da man nur die Erscheinungsseite in's Auge faßt unbedenklich so reden, und wird auch das geistliche Amt sich nicht scheuen dürfen, das Schöne am Heiligen in's Licht zu stellen, weil einem Manchen gerade jene Seite daran sich als den ersten zugänglichsten Anknüpfungspunct bewährt, und unter dem Anschauen derselben auch die Nothwendigkeit des Heiligen sich zu fühlen geben kann: so wird doch, dasselbe nur als eine Zierde des Standes zu preisen, demjenigen Amte nicht geziemen, welches auf die Genesis des religiösen Lebens und auf Erzeugung der militärischen Sittlichkeit im weitesten Sinn des Wortes auf Grund des Christenthums hinzuarbeiten hat. Liegt doch geradezu eine Gefahr darin, an berufener Stelle das Christenthum mit solchen Kategorien der Zufälligkeit zu empfehlen; und wird dadurch entweder in die empfohlene Annahme und Erweisung der christlich-religiösen Lebenskräfte ein fremdartiger, dem Wesen des Christenthums entgegengesetzter Factor der Eitelkeit, Selbst- und Menschen-Gefälligkeit verwoben, oder trotz allem Schönen, das man über dasselbe sagt, doch der Eindruck hinterlassen, als könne man es, wie jeden Schmuck, am Ende doch auch zur Noth entbehren. Für eine wirkliche *καλὴ στρατεία*, für das vollkommene gottgefällige Soldatenthum kann die Seelsorge doch nur die Nothwendigkeit des Christenthums zum Ausgangspunct nehmen. Auf diesen Standpunct wird sie auch von der heil. Schrift gestellt. Und Worte, wie: der Herr ist der rechte Kriegsmann (2 Mos. 15, 3.); er ist es, der die Kräfte giebt, solche mächtige Thaten zu thun (5 Mos. 8, 18.); oder: mit dir kann ich Kriegsvolk zerschmeißen und mit meinem Gott über die Mauern springen, er ist ein Schild Allen, die ihm vertrauen, denn wo ist ein Hort, ohne unser Gott; er lehret meine Hand streiten; du kannst mich rüsten mit Kraft und giebst mir meine Feinde in die Flucht (Ps. 18, 30 ff.); oder: mit Gott wollen wir Thaten thun, er wird unsere Feinde untertreten (Ps. 60, 14.) u. s. w. — solche Worte wird sie nicht nur für den Dienst im Felde verwenden; aus ihnen wird sie auch für den Friedensdienst, als die Vorbereitungszeit für jenen, ihre Folgerungen ziehen. Ja, soviel auch Vorsicht bei der Hinweisung auf das alttestamentliche Kriegsleben geboten ist, indem das dortige Verfahren gegen Menschen, Thiere, Städte des Feindes eben nur den Zwecken jener Stufe der Theokratie entsprechen konnte: so kann sie doch die ganze geistliche Ausrüstung, in welcher die Heere des alttestamentlichen Bundesvolks in das Feld zogen, das Mitnehmen der Volksheiligthümer in den Krieg, das Mitziehen der Priester, das Darbringen eines Opfers vor dem Angriff, als ein mahnendes Symbol dafür benützen, was das Heer und jedes Glied desselben als die heiligste Waffe dahin mitzunehmen und im Frieden sich anzulegen habe.

c. Wenn nun aber die Militärseelsorge es mit der Pflege der innern Standestugenden zu thun hat, so ist es nur der Revers des Bildes, daß sie ihr Auge ebenso auf die sittlichen Standes-Gefahren oder Sünden richten muß. In welchem Sinne von solchen geredet werden kann, braucht hier kaum besonders angedeutet zu werden. Die Ethik und die allgemeine Seelsorgelehre weist nach, ebenso daß die Sünde in besonderen Ständen auch besondere Erscheinungsformen annimmt und an jene besondere sittliche Gefahren sich knüpfen, wie daß keinem Stande eine besondere Sünde eignet. Wir setzen also hier die Wahrheit voraus, daß durch Einen Menschen Eine Sünde gekommen und zu Allen Eine und dieselbe Sünde hindurchgedrungen, die gottentfremdete Selbstsucht und die selbstsüchtige Gottentfremdung mit allen ihren Zweigen; daß, wie kein Stand eine Sicherheit gegen irgend eine Sünde bietet, auch jede Sünde faktisch in jedem Stande ihre Stätte findet; daß aber die Sünde an den Lebensgestaltungen und Lebensaufgaben der verschiedenen Stände und Berufsarten eigenthümliche Anlässe und Anknüpfungspuncte aufgreifen, der Mensch also den Ausdruck seiner sündlichen Gesinnung und Stimmung in die Formen seines Standes- und Berufslebens legen, und daher die Sünde und jeder ihrer Zweige besondere Erscheinungsformen annehmen kann. Wir setzen voraus, daß, wie die Standestugenden nichts Anderes sind, als Bewährungen und Ausprägungen der allgemeinen innern Tugend in den Formen und Aufgaben des Standes, auch unter Standessünden nichts weiteres verstanden werden kann, als das Hervortreten der allgemeinen Sünde in den besonderen Berufsformen und Aufgaben, die Entleerung dieser Aufgaben und Formen vom sittlich religiösen Inhalt und die selbstsüchtige Verkehrung, Veräußerlichung und Mißbrauchung der Standesbestimmung. Hinzufügen aber müssen wir hier wohl Folgendes: Je bestimmter und ausgeprägter die Form eines Standes und seines Lebens ist, je abgegrenzter und unvermischter mit anderen ein Stand über das Niveau der allgemeinen Gesellschaft hervortritt, und je mehr dann das Individuum im Standesleben aufgeht, — um so mehr können einerseits der oberflächlichen Betrachtung die Standessünden als besondere Sünden erscheinen: hiemit dürfte ein manches voreiliges Urtheil zurechtgestellt seyn. Andererseits aber werden nach demselben Verhältniß für die Glieder des Standes jene eigenthümlichen Anlässe lebhaftere werden. Auf Letzteres wird die Seelsorge beim Militär ihren Blick und ihre Rede hinzurichten nicht versäumen dürfen.

Oder könnte sie unbeachtet lassen, auch nur was sich an die schon berührte vom Standesleben absolut geforderte Premirung der justitia militaris anhängen kann? Wenn hier Alles bis in's Kleinste hinaus normirt seyn und das Gesetz seine bestimmende Macht so zu sagen auf jeden Nerv des Mannes legen muß, wenn das geleistete Gute energischer belobt, das Vergehen, auch das Versehen in scheinbar unbedeutenderen Dingen ebenso energisch gerügt wird: wie leicht kann sich bei einem nicht schärfer sehenden Individuum die Meinung einnisten, als sei mit der militaris die ganze justitia erschöpft, und wie läuft bei einem solchen die spiritualis Gefahr, im Schatten zu verschwinden? Und muß die Seelsorge nicht ebenso den gleichfalls schon berührten Umstand, daß der Soldat durch seinen Beruf zumal im Feld besonders stark an die Nothwendigkeit des göttlichen Schutzes und an den Segen des Gottvertrauens gemahnt wird, unter diesen Gesichtspunct stellen? Wenn man es schon als eine Thatsache ausgesprochen hat und die Beobachtung sich wirklich aufdringt, daß diese Seite des religiösen Lebens in irgend einer Gestalt in dem Stande reichlich und lebendig hervortrete, und namentlich, wenn er hinausgeworfen werde in das Naturleben, er sich durch eine gewisse natürliche Frömmigkeit, religio naturalis im guten Sinn, und durch eine offene Bezeugung derselben vor manchem andern Stande auszeichne: wie leicht kann sich an dieses Gute die Versuchung anknüpfen, dieses Moment für die Erfüllung der ganzen religiösen Aufgabe zu halten, und damit über das Sündenbewußtseyn, Erlösungsbedürfniß u. s. f. hinwegzugehen, also auch jenes Gottvertrauen ohne den Kindschaftsstand zu arripiren? Wie leicht kann sich auch — um noch einen Blick auf das religiöse Lebensgebiet zu thun — mit dem Bewußtseyn von der Aufgabe, als ein thatkräftiger Mann zu erscheinen, der Irrthum verbinden, als verliere man diese Gestalt und erscheine als der Schwache in der religiösen Hingabe, und wie schnell mag sich dazu die Tendenz gesellen wollen, auch das vorhandene tiefere religiöse Leben zu verbergen? Oder, um auch eine andere Seite des militärischen Gemeindelebens zu berühren, — wenn es Thatsache ist, daß die straffe Standesordnung auch in das Familienleben, in die Kinderzucht, namentlich auch des Unteroffiziercorps hinein sich fortsetzt und davon sehr löbliche Wirkungen zu bemerken sind: wie nahe dabei kann die Gefahr jener Täuschung liegen, als sei mit der Handhabung des gesetzlichen Sollens die ganze Erziehungsarbeit gethan, und als bedürfe es jener zarteren und religiösen Gemüthsauffassung weniger, welche den Grund des Guten erst in die Tiefe legt? Dann aber, um auf das sittliche Gebiet zu kommen, wie rasch kann sich bei Einzelnen aus dem berechtigten Gefühle von der Bedeutung des Standes und seiner hervorstechenden Stellung in Mitten der ganzen staatlichen Gesellschaft das unberechtigte Gefühl einer Sonderstellung, die Meinung einer besondern Bevorzugung und Vorzugs-Berechtigung und daraus ein Trieb entwickeln, dieselbe in einer die übrigen Stände unangenehm berührenden und Spannungen veranlassenden Weise geltend zu machen? Das Bewußtseyn, dem Wehrstande anzugehören, dem des Thrones und Vaterlandes Hut anvertraut ist, und dazu die Waffen in der Hand zu haben, — wie schnell kann es sich bei dem Einzelnen, obwohl er an jener Stellung, Pflicht und Macht nur als ein Glied des Ganzen und innerhalb der ihn umschließenden Ordnung Antheil hat, in ein Selbstgefühl umsetzen, als hätte er auch als der Einzelne mehr Macht und Recht in der Hand, und — zumal wenn das Individuum irgend sonst woher in eine leidenschaftliche Erregung versetzt worden, in einen Mißbrauch der ihm vertrauten Mittel fortreißen lassen? Wenn ferner dem Militär die Standesehre mehr als irgend einem andern Stande wichtig, und die Wahrung und Hebung derselben zur Pflicht gemacht werden muß: welch einen Reiz kann die Selbstsucht darin empfinden, wie leicht kann sich das schiefe Ehrgefühl der Aufgabe bemächtigen, welches statt in sittlicher Würdigkeit und Fleckenlosigkeit, in wahrer edler Mannhaftigkeit die Ehre zu suchen, wie die Idee des Standes es will, lieber an äußerliche Dinge sich anklammert, oder jenes krankhafte Ehrgefühl sich darein mischen, das im Zustande permanenter Reizbarkeit sich befindet? Welche Nahrung kann sich aus dieser Standesaufgabe jene unchristliche Stimmung bereiten wollen, welche die individuelle Ehre als den höchsten Lebenszweck nimmt, das Ehrgefühl in Ehrgeiz verkehrt und den Ehrgeiz in Ehrgötzendienst verlaufen macht? Und auf dem „Feld der Ehre" — wie leicht kann sich hier eine Ruhmsucht geltend machen wollen, welche in den antiken Geist zurückfallend überhaupt gar nichts Höheres kennt, als den Ruhm der Menschen bei Menschen, bei der Mit- und Nachwelt, und welche vielleicht trotz dem Fluge, den ihre Anschauung dabei nimmt, — hernach wenn Thaten gethan worden sind, mit dem kleinlichen Geschäft der Selbstverherrlichung sich befaßt? Sehen wir aber auf die weiteren Standesverhältnisse: was kann sich Alles an die unentbehrliche straffe Zucht, was an das Verhältniß der Subordination anknüpfen? Es ist tief in der menschlichen Natur, wie sie ist, gegründet, daß sie für jeden zu erleidenden Zwang, für die ernste entbehrungsvolle Arbeit und Strapaze sich in sinnlichen Genüssen entschädigen, daß sie der Spannung im Berufe eine Lockerung der sittlichen Bande außerhalb desselben folgen lassen will. Ist solch ein Trieb der Natur in allen Berufsarten zu bemerken, um wie viel mächtiger kann er sich dem Soldaten aufdrängen wollen, der in so Vielem sich selbst Gewalt anthun muß? Was aber das Subordinationsverhältniß anbelangt: wie leicht kann sich an das Gefühl des Vorgesetztseyns besonders in den Schichten, wo nicht feinere geistige Bildung ein Gegengewicht einlegt, oder bei Individuen, welche den Uebergang von der Gewohnheit des bloßen Dienens zum Befehlen nicht ertragen können, ein herrisches, liebloses Wesen anhängen; und wie nahe liegt hier für Manche die Versuchung, mit den bloßen Schein-Mitteln der Kraft imponiren, und die Auctorität wohl gar mit Fluchen und Schelten stützen zu wollen? Wie leicht kann sich an die Aufgabe der Ritterlichkeit außer den vorhin berührten Verirrungen des Ehrtriebs eine leere tändelnde Galanterie, wie leicht an diese wieder geistige Weichlichkeit und Lüsternheit anschließen, zumal wenn das andere Geschlecht gerade dieser Ritterlichkeit oft so selbstlos, ja factisch wohl gar mit der Initiative entgegenkommt? Welchen Anlaß endlich bekommt im Felde an der Aufgabe, den Feind unfähig zu machen, eine wilde gemeinere Natur, ihre Rohheit und Grausamkeit, überhaupt eine Art der Bekriegung zu entfalten, die — das Gegentheil der Ritterlichkeit — auch die Tapferkeit schändet?

Dieß Alles wird die Militärseelsorge im Auge behalten müssen. Wollte freilich daraus Nahrung für jenes voreilige Urtheil gezogen werden, es leide das sittlich-religiöse Leben im Militär mehr als in anderen Ständen, so müßten wir diesem entschieden entgegentreten, wenn es sich hier zugleich um eine statistische Aufgabe handelte. Wir müßten hier noch einmal darauf hinweisen, vor Allem, daß das Militär sich alljährlich recrutirt, und zwar aus dem ganzen Lande, aus allen Gegenden, Ständen, Schichten, Berufsarten desselben; daß die Leute als Erwachsene, seien sie gezogen oder ungezogen, jedenfalls als die zu einem bestimmten sittlichen Bestand gelangten Söhne des Landes eintreten; daß also was hier von ungöttlichem Leben sich findet ebensowohl als das zu bemerkende Gute als ein Zusammentrag sich ausweist, zu welchem das ganze Volk beigesteuert hat; daß zwar hier Manches bemerkbarer hervortreten mag, weil eine große Masse auf einem kleinen Puncte concentrirt ist und in gleicher, von Andern abstechender äußerer Form auftritt, daß aber darum dieser eigenthümliche Stand mit seiner sittlichen Beschaffenheit nur um so eher als ein Spiegel gelten kann, aus welchem man den sittlichen Zustand des ganzen Volkes, besonders seiner Jugend zu ersehen vermag. Wir müßten ferner darauf hinweisen, daß hier besonders die Jugend des Landes, das Alter von 21—26 Jahren, concentrirt ist, und daß, wenn man vergleichen wollte, man solche militärische Ansammlungen nicht mit andern ganzen Gemeinden zusammenstellen dürfte, in welchen die Jugend nur einen kleinen Bruchtheil ausmacht, sondern mit ähnlichen Anhäufungen junger Leute, wie sie auf Universitäten, Akademien, polytechnischen Schulen u. s. w. sich finden. Wir würden dann auch den Muth zu der Frage haben, ob wohl solche andere Jünglingsmassen, ob auf Universitäten die Studenten, in Handelsstädten die Schaaren junger Kaufleute, ob in Fabrikgemeinden die Arbeitermassen nur auch in annäherndem Verhältnisse freiwillig am Gottesdienst, am Abendmahl sich betheiligen, Bibeln, Neue Testamente und Gebetbücher kaufen, wie es im Militär zu bemerken ist. Wir würden nicht in Abrede ziehen, daß durch die Reibung so großer auf relativ kleinem Raum zusammengedrängten Massen sich Manches entzünden mag, was zuvor schlummerte; aber wir würden auch mit Nachdruck in Rechnung zu nehmen bitten, wie vieles Unsittliche im Militär schon durch die militärische Zucht, Haus- und Tages-Ordnung zurückgedrängt wird, was anderswo ungehemmten Lauf hat, und wie viel sittlichen Gewinn schon ein Mancher daraus gezogen hat. Doch es handelt sich hier überhaupt nicht um ein Urtheil über factische Zustände, und wir unterlassen die Fällung desselben um so lieber, als ein solches nirgends mehr Schwierigkeit und weniger Sicherheit hat, als wo es gilt, die sittlich-religiösen Zustände eines bestimmten Standes zu schätzen, da nur gar zu leicht fremdartige und unreine Motive darauf einwirken. Wir hatten blos zu bezeichnen, welchen Mächten entgegen zu arbeiten die Militärseelsorge sich zur Aufgabe machen muß; und nachdem dieß geschehen ist, haben wir nur noch darauf hinzuweisen, wie sie denselben auf ihrem eigenthümlichen Feld entgegenzutreten habe.

Hier aber dürfte nicht zu übersehen seyn, daß sie außer den allgemeineren Mitteln auch noch besondere aus der Idee und dem Charakter des Standes wird entlehnen können. Sie wird ihren allgemeineren oben bezeichneten Standpunct damit bewähren, daß sie jenem Uebergewicht der justitia civilis resp. militaris gegenüber die Lehre geltend macht, daß auch der trefflichste Soldat blos als solcher noch kein Christ sei, und daß wenn er sonst nichts wäre, noch eine ganze Hälfte zum christlichen Soldaten fehle; daß zwar Kriegsdienst auch Gottesdienst sei, wenn er im rechten Geiste geleistet werde, daß er aber vor Gott als kein solcher gelte, wenn der innere Mensch nicht im Gesetz und Evangelium stehe. Sie wird an jenem eigenmächtigen Gottvertrauen die wunde Stelle und seine Hohlheit dadurch aufdecken, daß sie lehrt, wie man nicht den Bund Gottes in den Mund nehmen könne, so man die Zucht hasse (Ps. 50, 17.), also nicht in die Ordnung dieses Bundes nach allen ihren Seiten eingehe, und die Bedingung des Vertrauens-Rechtes durch den Glaubensgehorsam erfülle. Ebenso wird sie jener Einseitigkeit in der Erziehung die Wahrheit entgegenhalten, daß das Gebot wohl sage: ihr sollt heilig und vollkommen seyn, aber das Gesetz nicht das Band der Vollkommenheit sei, vielmehr des Gesetzes Erfüllung eben nur die Liebe, die heilige, auf Gottes Liebe schauende, von ihr lebende, aus Gott fließende und zum Herrn weisende, im Herrn vermahnende Liebe sei. Jene schiefe Mannhaftigkeit aber, welche sich der Frömmigkeit, des Zeugnisses unseres Herrn (2 Tim. 1, 8.) schämt, namentlich auch jene Scheu des jungen Soldaten, in seiner Caserne unter den Kameraden verschiedenster Geistesstellung seine geistlichen Bedürfnisse zu pflegen, wird sie neben der Belehrung über die rechte Quelle wahrer Thatkraft, von welcher oben die Rede war, an dem Anspruch selber fassen, welchen sie macht, und zeigen, daß sie dort nur in ihr Gegentheil, in eine unsoldatische Menschenfurcht, in geistliche Feigheit versinkt, und vom furchtlosen und treuen Dienste ihres allerhöchsten Kriegsherrn (2 Mos. 15, 3.) abfällt. Sie wird ihr zum Bewußtseyn bringen müssen, daß sie mehr Mannhaftigkeit beweise in charakterfestem Erweisen dessen, was die Seele als Wahrheit erkannt hat; daß gerade die Christentugenden, ruhend auf Selbst-Bezwingung und Selbst-Verleugnung das weiteste Feld für den Erweis wahrer Manneskraft und Würde darbieten, daß der ruhmwürdigste Sieg der über sich selbst, die glänzendste Zurückwerfung des Feindes die sei, daß man sich nicht vom Bösen überwinden lässet, und das Böse überwindet mit Gutem. An Anknüpfungspuncten für eine solche Darstellung fehlt es im Bewußtseyn des Soldaten nicht. Als einst in Regensburg ein Offizier freiwillig seinem Leben ein Ende gemacht hatte, und seine Kameraden von dem Weihbischof Wittmann eine kirchliche Beerdigung unter Hinweisung darauf verlangten, daß ihn nur die furchtbare Qual seiner in den Befreiungskriegen erhaltenen Wunden zu dem Schritt gebracht habe: da trat dem sich weigernden Wittmann der Oberst des Regiments mit den Worten bei: „ja als Offizier und als Christ hätte er auch über seine Schmerzen Herr werden sollen." Die Militärseelsorge kann es sich manchmal geradezu als Pflicht aufgedrungen sehen, das ganze Christenthum, auch die so zu nennenden weichsten Seiten desselben, die selbstloseste Hingebung an Gott, Buße und Glauben, die Liebe und die Hoffnung, das Nachgeben und Vergeben, die Geduld und Sanftmuth unter den Gesichtspunct männlicher Krafterweisung zu stellen, und zu zeigen, daß was jenes verlange nichts Anderes sei, als was auch die Manneswürde erfordere. Und wenn ihr etwa als Grund, warum man vom erkannten Unrecht doch nicht zurücktreten könne, die Furcht entgegengehalten wird, für schwach angesehen zu werden und seiner Ehre etwas zu vergeben; so wird sie den Hauptmotiven des göttlichen Gnadenwillens, mit denen sie die Einsicht des Unrechts und den Wunsch der Umkehr erzeugt hat, zur Ueberwindung des letzten Hindernisses unbedenklich das Nebenmotiv hinzufügen dürfen, daß durch die Umkehr nur mehr wahre Ehre und Achtung von Seiten derer, auf deren Urtheil am meisten Werth zu legen, gewonnen werde. So kann sie auch dem eitlen Ehrgeiz und dem hohlen Trachten, Anderen zu imponiren, die imponirende Kraft der Selbstbezwingung, der Bescheidenheit, Demuth und Billigkeit gegenüber stellen; und die Erfahrung übernimmt selbst das Geschäft, solcher Lehre Licht und Kraft zu geben. Als einst einem edlen Offizier bei einer Uebung ein Fehler im Commando begegnete, welcher Verwirrung in die Bewegungen brachte, er aber alsbald kurz und offen erklärte: halt, den Fehler hab' ich gemacht; so war seine Abtheilung ihm von dem Augenblick an mit einer Anhänglichkeit und Liebe zugethan, welche ihm kein anderes Thun hätte schaffen können. Erscheine solch' ein Benehmen auch als ein „Schwachwerden," es leuchtet daraus doch nichts Anderes als eine zündende Kraft, und es hat Antheil an dem apostolischen Wort 2 Kor. 12, 10. Andererseits freilich würde die Militärseelsorge viel versäumen, wenn sie nicht ebenso, wie sie die Energie des Willens zu erwecken trachtet, auch die auf die Erweichung des Gemüths von Gott berechneten Kräfte des Christenthums auf den Plan führte, und die Zartheit des christlichen Lebens nicht zur Darstellung brächte. Es wäre eine völlige Verkennung des Standes-Charakters, wenn man nur vom „rauhen" Krieger reden, und ihn als unzugänglich für jene behandeln wollte. Findet sich im Gegentheil sogar bei dem im Feld verwilderten Soldaten nach der anderen Seite gar häufig eine natürliche Weichheit des Gemüths bewahrt, an welcher die lieblichen Seiten des göttlichen Wortes vollständig anklingen können: so weckt hinwiederum gerade die vom Berufsleben mitgebrachte Anspannung der Energie das Bedürfniß eines zarteren und hingebenden Entgegenkommens von Seiten des geistlichen Amtes, und wird ein solches von den Gliedern des Standes, je länger und eigenthümlicher sie demselben angehören, um so wohlthuender empfunden. Und so schließen wir diese Bemerkungen mit der Wiederholung des Satzes, daß es der Darstellung des ganzen christlichen Lebens bedarf, und daß die Militärseelsorge von ihrem Träger auch seinerseits die Entwicklung seines ganzen Geistes- und Seelen-Lebens fordert.

II. Was nun aber zum Anderen die besonderen Wege, Mittel, Veranstaltungen und Gelegenheiten betrifft, welche das geistliche Amt zur Betreibung seiner bisher besprochenen Aufgaben, zur Einführung der Wahrheit in den Sinn und das Leben der seiner Pflege Befohlenen zu benützen hat: so dürften die besonderen Gemeinde-Verhältnisse der Militärseelsorge schon zum Voraus eine besondere Pflicht in Bezug auf das geistliche Amt selber auferlegen.

In anderen gewöhnlichen Gemeinden steht das Amt und die Kirche von selbst sichtbar und als auf einem Berge liegend da, und der Träger des Amtes ist mit seiner Investitur für immer der Gemeinde vorgestellt, wie andererseits auch nie ein Bedürfniß sich zeigen kann, Gemeinde-Angehörige besonders und nach ihrer Taufe und Confirmation in die Kirche einzuführen. Der Wechsel, der Abgang und Zuwachs der Individuen ist so ein allmähliger und im Verhältniß zum Umfang des Ganzen so unbedeutender, daß dem vereinzelt Eintretenden die kirchlichen Anstalten und Ordnungen von selbst genugsam in's Auge fallen. Ganz anders verhält es sich hiemit bei einer Militärgemeinde, wo mit seiner Investitur der Geistliche nur der derzeitigen Bevölkerung vorgestellt ist. Auch hier zwar kann ein gewisser Grundstock von Gliedern sich finden, von welchem dasselbe gilt, was von jeder Civilgemeinde; es können stehende Beamte und niedere Diener, Pensionäre mit ihren Familien, Wittwen und Waisen vorhanden seyn, unter welchen die Wohnsitz-Veränderungen nur selten sind. Dagegen findet, was die Hauptmasse der Gemeinde, das Heer selber, anbelangt, stets eine solche Fluctuation in der Bevölkerung statt, daß sich die Nothwendigkeit irgend einer Veranstaltung aufdrängt, welche den Eintretenden das Daseyn einer geistlichen Gemeindeordnung und eines besonderen Geistlichen, und die Beziehungen desselben zu ihnen zum Bewußtseyn bringt. Die Garnisonswechsel, so häufig sie vorkommen, sind es weniger, was ein solches Bedürfniß fühlbar macht; denn die hiemit eintretenden Glieder sind bereits von ihrer vorigen Garnison her mit der kirchlichen Militär-Ordnung bekannt. Aber mit den alljährlichen Recrutirungen kommt eine große Menge von Gemeindegliedern auf einmal herein, welche zunächst die kirchlichen Einrichtungen im Militär gar nicht kennen, ja welche, wie die wirkliche Erfahrung lehrt, oft nicht einmal wissen, daß für sie eine eigene geistliche Stelle besteht, und mit der Vorstellung eintreten, als seien sie für ihre Militärzeit überhaupt aller kirchlichen Pflege entrückt, und als könne man mit dem Eintritt in die Caserne auch ohne Verletzung seines Berufs und seiner Standespflicht sich der kirchlichen Zucht und Ordnung entziehen. Wohl werden ihnen nun schon auf dem militärdienstlichen Wege solche falsche Vorstellungen weggenommen; sie erfahren, daß es schon der Wille ihres Kriegsherrn ist, daß sie religiös erbaut und gepflegt werden, den Gottesdienst benützen und an der Sacramentsfeier sich betheiligen. Aber es erhebt sich die Frage, ob ihnen nicht auch das geistliche Amt selbst in dieser Richtung entgegenkommen und die Beziehungen zwischen ihm und ihnen in seiner Art sogleich bei ihrem Eintritt durch eine besondere Selbstbezeugung darstellen soll? Und nehmen wir alle hiebei der Betrachtung sich entgegenstellenden Umstände in Rechnung, so können wir uns der Bejahung dieser Frage nicht entziehen. Denn ist auch in einem Heere der Zwang zum Kirchenbesuch für die Soldaten eingeführt, so kann es in einer großen Garnison, zumal wenn nur eine kleinere Militärkirche vorhanden ist, nicht nur Wochen sondern auch Monate lang anstehen, bis an Alle die Reihe gekommen und dem Einzelnen die Einordnung in einen kirchlichen Verband factisch zu fühlen gegeben worden ist. Nimmt man dazu das Alter, in welchem die Eintretenden stehen, und die mit demselben so häufig verbundene Stellung zum religiösen Leben und seiner Pflege; bedenkt man ferner, wie fremd sie sich persönlich dem ihnen nun bestellten Geistlichen gegenüber fühlen, ebenso wie Manche ihn im Lichte ihrer neuen Stellung gar nicht anders denn als eine Art von geistlichem Offizier ansehen können; so ist es leicht begreiflich, daß sich die Massen dem geistlichen Amte nicht von selber nähern. Mit welcher zerstreuenden und überwältigenden Macht treten überdieß an diese jungen Leute, zumal wenn die Garnison einer größeren Stadt einverleibt ist, alle die neuen Verhältnisse und Umgebungen, die vielfachen groben oder feinen Versuchungen heran, sie von der religiösen Sammlung, vom sittlichen Ernst abzuziehen, und die Kirche und kirchliche Ordnung in Schatten zu stellen! Da wird die Seelsorge es nicht unterlassen können, dem Soldaten diese Anordnungen sogleich Anfangs zum Bewußtseyn zu bringen, in ihrer Weise näher zu treten, sich ihm in priesterlichem Geiste anzubieten und den Eindruck beizubringen, daß auch in seinem neuen und außerordentlichen Stande für seiner Seele Heil gesorgt werden wolle. Es dürfte dieß schon zur vollständigen Einführung in sein neues Lebensverhältniß gehören. Denn treten alle Ordnungen desselben in reichster Selbstbezeugung an ihn heran; warum sollte gerade der kirchliche Theil derselben allein sich in der Ferne halten? Die Art wie, und der Act, durch den solches geschehen soll, kann sich natürlich auf das Verschiedenste gestalten. Ob man die neu Eingetretenen etwa am ersten Sonntag Alle zusammen für sich — wenn es sein müßte mit Ausschluß der übrigen Gemeindeglieder — im gewöhnlichen Gottesdienst vereinigen will; oder ob der Geistliche sonst sich Gelegenheit machen kann, die Recruten zu einer Ansprache zu versammeln; oder aber ob er seinen Zweck auf dem Wege einer kurzen schriftlichen Ansprache an die junge Mannschaft verfolgen will: immer bleibt die Hauptsache, daß das geistliche Amt selber ihr die Einordnung in einen kirchlichen Gemeinde-Verband zur Anschauung bringt, die neuen Berufsaufgaben in's religiöse Licht stellt, ferner zeigt, wie sie auch in dem neuen Verhältniß und außerordentlichen Stande am fremden Orte die von der Heimath her gewohnte christliche Lebens- und Tages-Ordnung bewahren könne und solle, überhaupt daß es in einem seiner Idee entsprechenden Tone den Jünglingen entgegenkomme und sich ihnen mit Rath und Beistand, mit Erbauungs- und Bildungsmitteln anbiete. Ja es wird ein solches Entgegenkommen des geistlichen Amts um so nothwendiger, je mehreren Schwierigkeiten bei confessionellen Mischungen die unmittelbare im Princip freilich zu fordernde Betheiligung desselben am Acte der Eidesleistung unterliegen kann. Uebrigens wird auch hiedurch das Mögliche nicht erreicht werden, wenn nicht den Jünglingen schon bei ihrem Austritt aus ihrer Heimathgemeinde von den Eltern und ihrem bisherigen Seelsorger das Nöthige gesagt, und sie dort noch zur Annäherung an das Amt und zur Benützung der kirchlichen Anstalten der Garnison ermuntert werden.

Führt nun aber der besprochene Punct uns von selbst auf die Militär-Predigt, so bedarf es nach dem Früheren keines weiteren Wortes mehr über den Hauptinhalt derselben. Ihn macht eben Alles das aus, was wir oben als den Inhalt der Seelsorge im Allgemeinen bezeichneten. Auch die Frage, ob die Zuhörer aus lauter Soldaten bestehen, oder ob der Seelsorge ebenso auch die Offiziere, Militärbeamten sammt deren Frauen, Wittwen, Kindern, Waisen, Dienstboten u. s. f. zugetheilt seien, oder ob, an was die Predigt sich richtet ein Gemischtes von Militär- und Civil-Personen sei, — auch diese Frage fordert keine weiteren Zusätze zum Obigen, indem bei den dortigen Grundsätzen wohl Jeder das Seine finden wird. Nur in Bezug auf untergeordneten Inhalt, auf casuellen oder zeitgeschichtlichen Stoff möchte noch eine Bemerkung nöthig seyn. Es werden zwar hierüber der Militärpredigt im Allgemeinen dieselben Gesetze gelten, welche die Homiletik für die kirchliche Predigt überhaupt aufstellen muß. Allein je weniger man sich über solche schon fest vereinigt hat, um so mehr dürfte es ausgesprochen werden, daß der Militärpredigt jedenfalls besondere Vorsicht in Bezug auf den politischen Tagesstoff obliegt. Die eigenthümliche Stellung des Heeres zum Throne und zu der Regierung des Staats bringt es mit sich, daß zum Voraus alles kirchliche „Politisiren" aus ihr verbannt bleiben muß, ebenso jedes Kritisiren von Regierungshandlungen, welches etwaige die Freudigkeit und Unbedingtheit des militärischen Gehorsams mindernde Gedanken und Empfindungen wecken könnte. Anders verhält es sich mit solchen Entwicklungen, Ereignissen und Gestaltungen des Zeit- und Staatslebens, welche das Leben des Militärs in besonderer Weise berühren oder zu berühren drohen, welche den Standespflichten des Soldaten eine bestimmte Richtung geben und ihn besonders in Anspruch nehmen. Daß die Militärpredigt in Zeiten politischer Aufregung, da die Begriffe sich verwirren wollen, in die Treue des Volkes ein Schwanken kommt und hiemit auch unter das Heer die Mächte der Versuchung einbrechen, oder in Zeiten, da der Völkerfriede ernstlich gefährdet ist und Kriegeswetter am Horizont aufsteigen, einer solchen Zeitlage einen kurzen kräftigen Ausdruck gebe, um daraus den ganzen darin liegenden Ernst für den Soldaten zu entwickeln und ihn für die ihm näher rückenden besonderen Aufgaben geistlich, religiös und sittlich zu waffnen: das folgt ganz von selbst und mit Nothwendigkeit aus der allgemeinen Aufgabe der Militärseelsorge, wie sie oben gegenüber vom Soldaten als solchem und vom Christenmenschen im Soldaten bestimmt wurde. Es folgt so gewiß daraus, als sie auch die günstigere Wendung der Dinge, das Verschwinden der Unruhen, der Kriegsgefahren, oder die Wiederkehr des Friedens nach dem Krieg in der entsprechenden Richtung zu verwenden hat. Aber sie wird auch hierin durch ihre allgemeine Hauptaufgabe sich auf ein bestimmtes Maß hingewiesen finden. Sollte doch sonst schon die sogenannte Zeitpredigt nie vergessen, daß Denen, welche sich im Gottesdienst über die Ereignisse und Zustände der Zeit und des Alltagslebens aus dem Lichte des göttlichen Wortes belehren lassen wollen, immer mindestens ebensoviele Andere mit dem Anspruch und Recht gegenüber stehen, vor Gottes Altar auch ein Stündlein unbehelligt vom Strudel der Zeitläufte, von den Gegensätzen des Tages und unverfolgt vom Zeitungsstoff am reinen Quell der ewigen Wahrheit verweilen zu dürfen. Solches aber wird die Militärpredigt zweimal bedenken müssen — Angesichts der Berufs-Umstände, welche dem Soldaten nur einen relativ selteneren Kirchenbesuch ermöglichen, die Feldpredigt aber dreimal — in Betracht der Kürze der Zeit, welche ihr zugemessen ist und bei dem Ernst, der die Zuhörer umgibt.

Kommen wir aber auf die Form der Predigt, so wird sie

gewiß so gut wie jede andere mit dem elenchtischen, paränetischen und parakletischen Element auch das didaktische verschwistern. Aber hier wird das Letztere von jeder Weitschweifigkeit sorgsamer als irgendwo sonst bewahrt werden müssen. Ist diese gleich nirgends, auch da nicht am Platz, wo der Zuhörer in größerem Maße sich in der Sphäre der Theorie bewegt, und schlägt doch überall in der Gemeinde das Volksthümliche, Kurze, Concentrirte und anschaulich Concrete am weitesten durch: so wird die Militärpredigt um diese Form um so gewissenhafter bemüht seyn, je mehr auf dem Boden ihrer Thätigkeit im Allgemeinen das theoretische, reflectirende Leben hinter dem concreten und praktischen Denken und Treiben zurücktritt. Dieß Gesetz wird sie auch gegenüber dem Styl, dem Ausdruck und Satzbau beobachten müssen. Auch hier wird ihr das Kurze, Körnigte, Gedrängte und Einfache viel eher zum Ziele helfen, als das Gewundene und der groß und kunstvoll gebaute Satz, um so mehr, als der Soldat in seinem Beruf an das kurze Wort gewöhnt ist. — Dann aber wird in Betreff der Form noch Etwas zu berücksichtigen seyn. Hier verlangt nämlich die Frage, aus welchen Bestandtheilen die Gemeinde zusammengesetzt sei, einen Einfluß. Es wäre z. B. gewiß einer Blosstellung und Preisgebung der Höheren vor den Untergebenen gleich, wenn in einer Kirche, welcher die Offiziere mit ihren Familien ebenso wie die Mannschaft einverleibt sind, der Prediger den Ersteren Angesichts der Letzteren — nicht nur objectiv und Alle zusammennehmend, sondern auch in besonderer und directer Anrede strafend entgegentreten wollte. Er braucht diese Form für die mahnende Rede nicht zu scheuen; er wird sie sich vielleicht auch für die strafende zur Pflicht gemacht sehen in dem besonderen Fall eines auffallenden allgemeineren Aergernisses. Aber sonst wird er das Subordinationsverhältniß als die unverbrüchliche Grundlage des Standes respectirend, mit einer anderen Form, wenn sie nur den Zweck zu erreichen im Stande ist, um so mehr sich begnügen können, als solche directen Anreden überhaupt keine nothwendige Redeform sind.

Eine ähnliche Vorsicht wird dem Prediger geboten seyn, wo er eine aus Civil- und Militär-Personen gemischte Gemeinde vor sich hat. Kann er mit dem Stande über den Stand als solchen, über Standesgefahren, Standessünden da, wo er denselben allein, so zu sagen unter vier Augen, vor sich hat, unbedenklich sprechen; so kann, was hier zur Besserung geredet wird, in jenem Fall bei den Betreffenden zur Erbitterung, bei den Andern, den Nichtmilitärs, zur Nährung einer nicht zu übersehenden Standesselbstgerechtigkeit ausschlagen. Die Predigt wird natürlich auch in dem angenommenen Falle nicht den geringsten Anstand nehmen, alle factische Sünde zu strafen, alle Standes-Gefahren und Versuchungen zu entwickeln, aber sie kann Solche vollständig darlegen, ohne gerade zu häufig sie als Standes-Gefahren u. s. w. zu bezeichnen. Haben wir im Obigen die Grundsätze der Militärseelsorge nicht unrichtig gestellt, hat also auch die Predigt zunächst und mit erstem Nachdruck darauf hinzuarbeiten, daß der Soldat ein Christ sei und werde, nicht umgekehrt; so wäre es überhaupt verfehlt, wenn dieselbe ihren Ausgangspunct zu oft ausgesprochenermaßen vom Stande als solchem nehmen und z. B. auch die Darstellungsmittel, die verdeutlichenden Anschauungen, Bilder und Hülfsbegriffe zu reichlich, oder gar immer und allein, aus den Rüstkammern des militärischen Lebens holen wollte. So natürlich, fruchtbar und durchschlagend diese Methode dem ferner Stehenden erscheinen, so mancher Reiz dazu aus den Umständen selber sich entwickeln mag, so wird der Militärprediger doch sich hüten müssen, nach ihnen zu suchen, und die heiligen Wahrheiten zu häufig in die militärischen Tinten zu tauchen. Wohl geht die heil. Schrift selbst in Anwendung militärischer Bilder voran: der Christ ein *στρατιώτης Ἰησοῦ Χριστοῦ*, ein Gewappneter angethan mit einer vollen Waffenrüstung für den Kampf mit dem Feind, ein Streiter, der es zu einer *καλὴ στρατεία* bringen muß, und beim rechten Kämpfen, wenn er sich nicht in Nebendingen verliert, Sieg und Ehre sammt des Friedens Segnungen gewinnt, — das ist eine ächt biblische, wenn auch nicht in Christi Mund selber sich findende, doch paulinische Anschauung 1 Tim. 1, 18. Eph. 6. 2 Tim. 2, 3—5.; und diesen Darstellungsmitteln wird der biblische Prediger, wo sie sich ungesucht und mit einer gewissen Nothwendigkeit aufdrängen, nicht ausweichen wollen. Aber er wird auch bedenken müssen, daß das christliche Leben doch nicht einmal so oft als es scheint von der heil. Schrift unter diesem Bilde dargestellt wird, indem mehrere Stellen bei dem Bilde des Kampfes nicht an den Kriegsdienst, sondern an die Kampfspiele denken 1 Kor. 9, 24—27. cf. 1 Tim. 6, 12.; daß dem Soldaten nicht die andern Bilder entzogen werden können, weil er Soldat ist; daß die Welt dieses Bildes allerdings eine unerschöpfliche ist, aber daß die Gefahr in's Kleinliche und damit in's Geschmacklose zu verfallen, ebendarum auch nahe dabei liegt; endlich daß, was die Hauptsache ist, diese Darstellungsweise gerade in einer Militärgemeinde, bei dem an diese Begriffe allzusehr gewöhnten Soldaten viel geringere Wirkung thut, und weniger willkommen ist, als beim Civil. Wenn der Soldat aus dem werktäglichen Treiben seines Berufslebens heraus in das von einer andern Luft durchwehte Gotteshaus sich begeben will, wird er sich hier wieder mit den militärischen Bildern und Anschauungen bedienen lassen wollen? Welchen Eindruck würde ein gleiches Verfahren in einer Gemeinde von Kaufleuten, von Aerzten, in einer Hofgemeinde u. s. f. machen! Man weiß, was oft die wackersten Landleute dabei fühlen, wenn der Prediger sein Wort zu reichlich mit den Bildern ihres Lebens schmückt. Erinnern wir uns überdieß noch einmal, wie ungern ein großer Theil der Soldaten in dem Berufe steht; so haben wir schon gesagt, daß die Seelsorge ausdrücklich darauf hinarbeiten müsse, daß jeder ihn als einen gottgewollten Beruf anschauen lerne, aber es folgt daraus ebenso, daß ihm nicht mehr als nothwendig seine werktägliche Lebenslast in die Kirche nachgetragen werde, daß das Haus Gottes den Charakter einer Freistatt behalten müsse, in welcher Herz und Geist sich über die Welt erheben könne. Jene nicht nöthigen Apparate, mit denen man hinaufzuhelfen meint, können unter solchen Umständen auch zu Stricken werden, welche herabziehen. Dessen dürfte die Predigt sogar auf dem bewegtesten Felde, in Zeiten kriegerischer Vorbereitung oder des wirklichen Kriegslebens eingedenk bleiben.

Ob aber die Militärpredigt in der Tendenz auf das Anschauliche und die concrete Form, welche sie sich unstreitig in besonderem Maße zur Aufgabe machen muß, nicht auch auf militärische Geschichten und christlich vorbildliche Krieger sich einlassen dürfe? Wie über den anekdotischen Stoff die Homiletik überhaupt zu denken habe, kann uns hier nicht beschäftigen. Es ist also auch der Ort nicht, die Behauptung zu begründen, daß hier unendlich Vieles von der Persönlichkeit des Predigers und der Art seiner Darstellung abhänge; daß aber im Allgemeinen jener Stoff, soviel er auch für die Meisten — wir nehmen die strenger Gebildeten aus — Fesselndes habe, wenn er psychologisch nicht ganz vorsichtig behandelt wird, ebenso viel zerstreuende und den Geschmack für die nachfolgende Lehrentwicklung und Mahnung abstumpfende Wirkung übe, und daß sich vollends die blos luxuriöse Voraussendung oder Verwebung desselben in diesem Sinne gewöhnlich empfindlich rächt. Wir sprechen jedoch diesen Satz aus, um daran die Bemerkung zu knüpfen, daß dieß bei militärischen Geschichten wohl noch mehr als bei anderen der Fall wäre. Es ist vielleicht ein Unterschied zu machen zwischen der Garnisonspredigt und der Feldpredigt; und wenn im Uebrigen die Anekdote an sich dazu angethan ist, Trägerin einer sittlich-religiösen Idee zu seyn, so mag im Feld eine solche da, wo es sich um eine energische Willens-Anregung handelt, wohl auch in der Predigt ihren Platz finden. Man wird aber gewiß um so mehr den Grundsatz festhalten müssen, daß in Zeiten des Friedens, wo kein Kriegslüftchen weht, wenigstens keine solche Geschichten der Predigt einverleibt werden, deren psychologische Wirkung vom Zuhörer gar nicht sogleich verwerthet werden könnte. Eine solche Richtung auf die bloße Phantasie würde zu einem verwerflichen luxuriösen Spiel mit Seelenbestimmungen werden, welche vielleicht gar etwas vom Schicksal des verschossenen Pulvers haben könnten. Anders verhält es sich wohl mit dem Hinweis auf hervorragende Beispiele von frommen Kriegern im allgemeinen, auf ihre Personen, als auf Beweise dafür z. B., daß mit dem Stand die Frömmigkeit sich nicht nur vertrage, sondern, daß sie auch die Träger des Berufs auf die imponirendste Höhe hebe. Hierin geht die heilige Schrift wieder selber voran. Welche willkommene Gelegenheit bietet die Perikope Matth. 8, 5—13. dar, nicht nur überhaupt die Gestalt eines frommen Kriegers, eines Friedenssoldaten zunächst zu zeichnen, sondern auch eine besondere Seite vom Offiziersberuf, die Aufgabe des väterlichen Verhältnisses zu den Untergebenen zu premiren, ebenso zu zeigen, wie der rechte Soldat einerseits seinen Beruf im Lichte Gottes auffaßt, andererseits wieder aus seinem Berufsverhältniß ein Symbol der göttlichen Lebens- und Offenbarungsverhältnisse (V. 9.) herausschaut. Wie vortrefflich dient den Zwecken der Militärpredigt der Hekatontarch unter dem Kreuze (Matth. 27, 54.), welcher, obwohl ein Heide, in den Ereignissen um ihn her die Offenbarungshand Gottes erkennt, und seine frommen Eindrücke zu bekennen vor Niemand sich scheut; ferner der Offizier Cornelius mit seinem heiligen Herzensstand, mit seiner frommen Haus-, Lebens- und Tagesordnung (Ap. Gesch. 10, 1—3.), der von Gott begnadigt, nicht minder bei Menschen, sogar bei relativen Feinden angenehm war (V. 22.); und wieder der *στρατιώτης εὐσεβὴς* in seinem Gefolge (V. 7.), welchem er so viel vertrauen kann; oder die *στρατευόμενοι* (Luc. 3, 14.), welche dem Bußgeiste, der von Johannes aus durch das Volk geht, nicht widerstreben, sondern mit allerlei Ständen der Wahrheit nachgehen und um das Eine Nothwendige fragen; während die Bibel in der ohnedieß so gestaltenreichen Leidensgeschichte Christi es auch nicht an Vorführung solcher Soldaten fehlen läßt, deren verworfenste Rohheit nicht einmal mit dem Vorgang und der Auctorität der geistlichen Oberen zu entschuldigen ist. So mag auch sonst aus der Geschichte hie und da ein erbauliches Kriegerbild aus allerlei Schichten mit Segen vorgeführt werden.

Sehen wir uns nun aber weiter nach den Gelegenheiten um, welche sich der Militärseelsorge außerhalb des öffentlichen Gottesdienstes für ihre Arbeit darbieten; so fällt vor Allem die Erkrankung des Soldaten und sein Aufenthalt im Hospital in die Augen. Denn so gering auch bei dem in Frage stehenden Alter im Verhältniß zur Stärke der Präsenz die Zahl der Kranken in gewöhnlichen Zeiten und gesunden Garnisonen seyn wird: so wird der Geistliche dort jedenfalls im Allgemeinen einen sehr empfänglichen Boden finden, und er wird schon darum, ebenso der Beobachtung zu lieb, daß der Soldat aus mancherlei oben angedeuteten Gründen schwer dazu kommt, den Geistlichen rufen zu lassen, nicht blos gebeten dort erscheinen, sondern auch aus freien Stücken das Daseyn und den Willen des geistlichen Amtes bezeugen. Den Hospital und das Krankenlager des Soldaten zu einem empfänglichen Felde zu machen, vereinigen sich mancherlei Umstände. Erkennen, wie gesagt, die Meisten von denen, welchen der Soldatenstand nur ein vorübergehender ist, im Militärloos ein Unglück, und gesellt sich hiezu bei Vielen das Gefühl der Armuth auch sonst, so sieht man diese Empfindungen bei den Erkrankten doppelt mächtig werden. Ferner: sind auch die Hospital-Einrichtungen noch so vortrefflich, und ist die Pflege von einer Art, wie sie dem Kranken gleich zweckmäßig und erfolgreich niemals in der Heimath zu Theil geworden wäre; so bemerkt man doch, wie sich ununterbrochen von Generation zu Generation eine unüberwindliche, mitunter geradezu abergläubische Scheu vor diesen Anstalten forterbt, über deren Gründe wir hier nichts zu sagen brauchen. Das erzeugt zusammen mit der Kranken-Stimmung bei Vielen, namentlich von denen, welche der ländlichen Bevölkerung angehören, ein Heimweh, welches schon an sich nach einem gemüthlichen Halt sucht. Ueberdieß werden auf dem Lager nicht nur die Erinnerungen an die heimathliche Haus-Sitte wach, bei Erkrankungen die religiöse Sammlung und

Nahrung zu verdoppeln, sondern der Mann fängt, die Nothwendigkeit von innen heraus zu fühlen, auch von selber an. Wie sehr willkommen ist unter solchen Umständen Manchem die Erscheinung des Seelsorgers, und wie wohlthuend, wenn dieser den rechten Ton anzuschlagen, die Seele richtig anzufassen und zu leiten vermag! Aber eben hier gilt es dann nicht blos die höchsten geistlichen Bedürfnisse zu befriedigen, Ernst und Buße zu wecken, Glauben und Erkenntniß zu pflanzen, zum Gebet zu treiben, freudige Zuversicht anzufachen, kurz den innersten Menschen auf den rechten Grund zu stellen; es gilt vielleicht noch vor Diesem zur Gewinnung des Herzens ihm, so gut es geht, die Heimath zu ersetzen, also an Allem, was ihm fehlt und anliegt, aus wahrhaftigem priesterlichem Herzen heraus eine ungemachte väterliche und brüderliche Theilnahme zu zeigen, an seine persönlichen und familiären Verhältnisse anzuknüpfen, über Vater, Mutter, Brüder, Schwestern mit ihm zu reden und ihn reden zu lassen, und in Fällen, wo hiedurch Zerwürfnisse mit der Familie und entweder eine Sehnsucht nach Ausgleichung oder bleibende Unversöhnlichkeit zu Tage kommen, den Vermittler zu machen. Damit wird auch ein sonst dem geistlichen Amte ferner getretenes Individuum gewonnen und Anlaß gegeben, daß die alten frommen Erinnerungen aus der Kindheit, dem Elternhaus, der Schulzeit und Confirmationsbereitung erwachen; und die Seelsorge hat damit einen Anknüpfungspunct in der Hand, von welchem aus sie von Stufe zu Stufe fortgehen kann. Wie viel schwerer und seltener bringt sie den Soldaten, wenn sie ihn sogleich an der rein geistlichen Seite faßt, zum Aufschließen seines Herzens! Wie hindert ihn daran, wenn auch die inneren Bedingungen dazu vorhanden wären, theils das Alter, in welchem er steht, theils die Umgebung von — ihm zu bekannten oder zu fremden Kameraden, unter denen er liegt, und welche vielleicht noch einer andern Confession angehören! Und doch ist für seine geistliche Behandlung es in jeder Richtung, ja schon damit nur die rechte Reception und Receptivität angeregt werde, von größter Bedeutung, daß er auch zum Reden kommt. Mit jenem Schlüssel aber öffnet ihm die Seelsorge Herz und Mund, und hat der Kranke nur erst auf jenem Felde vertrauensvoll zu reden begonnen, so entwickelt sich wohl auch ein weiteres Gespräch, ohne daß hier jene Geschwätzigkeit Raum zu gewinnen drohte, welche dem Geistlichen anderswo oft so peinlich wird, hier aber schon durch die Verhältnisse zurückgedrängt wird. An diesen Krankenbetten wird übrigens die Seelsorge Alles das concentriren müssen, was oben über ihre Aufgabe im Allgemeinen gesagt worden. Es wird oft der Fall eintreten, daß der Kranke oder seine herbeieilenden Angehörigen seine Erkrankung als Erzeugniß seines neuen Standes bezeichnen, und dabei dem ganzen Widerwillen gegen ihn Ausdruck geben. Da muß vor allem Trösten und zugleich um den rechten Grund für dieses Geschäft zu legen, mit allem Nachdruck der Soldaten-Beruf als Beruf, und die üble physische Wirkung desselben, wenn die Krankheit wirklich in diesem Zusammenhang steht, als eine Gottesfügung in dem gottgewollten Stande dargestellt werden. Mehr als irgendwann wird in dieser Zeit die Selbstentschuldigung auftreten, als könne man in diesem Stande, unter dieser Masse von jungen Leuten, bei der Bürde dieses Berufs unmöglich als ein Christ im vollen Sinne wandeln, „kindlich beten und gottselig leben." Die Selbsttäuschung, welche hier mit unterläuft, und die hinter den gewöhnlichen scheinbar frommen Klagereden über die Schlechtigkeit Anderer sich versteckende Feigheit und Unmännlichkeit muß unnachsichtig ans Licht gezogen werden. Ganz besonders muß aber die Seelsorge noch die Aufgabe im Auge behalten, daß sie hier über einem manchen Leben einen lange abgebrochenen Gebetsfaden wieder anzuknüpfen hat. Das wird ihr in manchen Fällen nicht mit der bloßen Ermahnung zum Gebet gelingen, da Dieser oder Jener gar nicht mehr zu beten weiß, vielleicht das wahre Anbeten im Geist und in der Wahrheit, das Beten im Namen Jesu nie gelernt hat. Ueber solche Kranke muß der Seelsorger ebensogewiß als über diejenigen, welche das Beten über ihnen zu ihrer Tröstung und Stärkung begehren, den Geist und die Macht des Gebets selber herführen, über ihnen und mit ihnen beten, solches Beten ihnen wenigstens anbieten. Der Segen davon tritt oft so überraschend entgegen, daß er die Gelegenheit, ihn zu schaffen, nirgends, wo er nur selbst mit dem nöthigen Gebetsgeist erfüllt ist, versäumen wird. — Nicht minder umsichtig wird er die Frage von der Kranken-Communion zu erwägen haben. Denn können auch für den Fall, daß der Kranke dieselbe begehrt, keine andern Pastoralregeln gelten, als sie sonst überall das Amt mit sich bringt, und wird man auch darüber im Allgemeinen einverstanden seyn können, daß es viele Gefahr bringe, so ohne Weiteres zum Communiciren zu treiben und zu reizen: so ist damit doch noch nicht die Frage beantwortet, ob nicht die besonderen Standes- und Berufs-Verhältnisse dazu veranlassen, den Sacramentsgenuß dem Bewußtseyn und der Erwägung der hier besprochenen Kranken mit mehr Nachdruck nahe zu bringen. Wenn wir gleich sagen mußten, daß von der militärischen Jugend eine weit größere Anzahl als aus anderen ähnlichen Anhäufungen junger Leute z. B. von Studenten, Kaufleuten, Handwerks- und Fabrik-Arbeitern zum Sacrament des Altars kommen, so sind darum doch immer noch sehr Viele, welche es höchst selten, Viele, welche es während ihrer Präsenz-Zeit gar nicht genießen. Bisher gewohnt, dasselbe nur in Gemeinschaft mit ihren Familien-Angehörigen zu feiern, ferner ihrer Garnisonskirche im Vergleich mit der heimathlichen immer etwas fremd, glauben oft auch Solche, welche den Verächtern der christlichen Heiligthümer nicht beizuzählen sind, die Befriedigung ihres Bedürfnisses, die verhältnißmäßig kurze Zeit hindurch bis zur Rückkehr in die Heimath aufschieben zu dürfen. Eine gewisse Verstimmung, welche Manchen während dieser ganzen Zeit nicht verläßt, die ungewohnte Ordnung der Dinge, welche auch sonst bei ihm Manches subjectiv aus den Fugen gebracht hat, tritt störend und hemmend dazu. Wie die Seelsorge solchen Hindernissen des Abendmahlsgenusses schon in der öffentlichen Predigt öfter entgegenarbeiten und das Sacrament in seiner Unentbehrlichkeit darstellen muß, so wird sie auch am Krankenbette, und wenn es nichts wäre als das Interesse der Diagnose, was sie darauf führte, sich die Nachfrage nach der Stellung des Kranken zu diesem Puncte aufgedrängt sehen, und dadurch in ihm, zumal wenn Grund zu freundlich väterlicher Verweisung von Versäumnissen vorhanden ist, die Erwägung der Sacramentsfeier schon indirect anregen. Es wird aber auch nicht an Fällen fehlen, wo es Pflicht wird, dazu direct aufzufordern, Fälle, wo nicht nur kein Hinderniß in der Seelenstimmung des Kranken vorliegt, sondern geradezu das Bedürfniß einer besonderen Glaubensstärkung hervortritt, ohne daß der Kranke sich des rechten Mittels bewußt wäre, und wo hernach als Segensfrucht eine ganz andere geistliche Concentrations-Fähigkeit als zuvor sich zeigt.

Nennen wir unter den Feldern, auf welchen die Militärseelsorge ihre Thätigkeit zu entfalten hat, neben dem Hospital auch das Gefängniß; so geschieht es nicht deßwegen, weil sie im Allgemeinen anderen Grundsätzen folgen müßte als jede Gefangenenpflege. Diese, nothwendig überall dieselben, setzen wir hier voraus. Die Aufgabe gestaltet sich beim Militär nur durch die Strenge der Gesetze und durch die Schwere der Strafe etwas anders, indem hier oft auf ein relativ und vor der gewöhnlichen Meinung geringeres Vergehen ein Grad von Strafe folgt, in welchen der Gefangene, welcher noch nicht genug in die neue Anschauung eingelebt war, sich gar nicht zu finden weiß, und welcher auch bei Anderen eine Aufregung und Bitterkeit im Gefolge hat, die ebenso viel Belehrung als Bestrafung, ebensoviel Tröstung als Mahnung von Seiten des Geistlichen in Anspruch nimmt. Welche Aufgabe aber erwächst erst aus dem Umstand, daß ein Soldat, welcher vor seinem Eintritt in das Militär irgend einmal eine entehrende Strafe sich zugezogen hat, auch wenn diese längst abgebüßt ist, sogleich beim Eintritt um jener Entehrung willen in eine Strafklasse einzutreten hat und nur ganz langsam und im besten Fall Monate hindurch sich würdig machen kann, eingekleidet und bewaffnet zu werden. Hier gilt es oft neben dem Ernst alle Freundlichkeit, Theilnahme und Väterlichkeit, alle aufrichtenden und ermunternden Kräfte aufzubieten, um einen Mann, welcher vielleicht seit jenem Fall eine ganz veränderte sittliche Richtung angenommen, nicht den größten innern Schaden nehmen zu sehen. Soll das nicht geschehen, so bedarf es doch für ihn einer großen Dosis von Demuth und Gelassenheit gegenüber den gesetzlichen Ordnungen, und schon einer tieferen Anschauung von solchen menschlichen Verhältnissen.

Nicht ganz selten bekommt es die Militärseelsorge auch mit Fällen versuchten Selbstmords zu thun. Solche kommen oft sogar in epidemischer Gestalt vor, und es werden Individuen mit fortgerissen, welche nicht im Geringsten zu den Verkommenen gehören, welche vielmehr schon eine vermeintliche Befleckung ihrer Ehre zur Verzweiflung treiben wollte. Leute dieser Art wird der Geistliche in der treusten, ernstesten und freundlichsten Art behandeln. Er wird sie zuerst als Leute nehmen, welche, herausgerissen aus ihren gewöhnlichen Verhältnissen, auch in krankhafter Weise aus ihrer natürlichen Lebensanschauung hinausgedrängt sind, und vor Allem einer liebreichen, mitleidigen Anfassung bedürfen. Auch hier wird ihm die Anknüpfung an die häuslichen und heimathlichen Bande treffliche Dienste thun. Solche Erinnerungen an die Zeiten kindlichen Lebens rufen ihnen die alten Gefühle kindlichen Friedens zurück, und stellen die ganze Zerrissenheit ihrer Gegenwart erschütternd und doch wohlthuend vor ihre Seele. Je mehr sie aber zur Erkenntniß ihres Fehltritts kommen, um so mehr wird er die anfängliche Wehmuth in eine heilige Energie übergehen lassen, und das Sündliche und Verbrecherische ihres Anschlags in seinem ganzen Umfang darstellen, um den Gefallenen an ihrem Fall ihre ganze innere Haltlosigkeit und Armuth im Nöthigsten aufzuzeigen und so gründliche Buße anzubahnen. Zeiten, wie die oben bezeichneten, legen aber dem Geistlichen auch die Pflicht auf, jede Gelegenheit zu benützen, um einer solchen verbrecherischen Strömung entgegenzutreten; er wird also im Fall eines vollendeten Selbstmords auch die Erlaubniß, am Grabe eines Selbstmörders zu reden und zu beten, nie ungebraucht lassen, um aus der eigenen schmerzlichen und wehmüthigen Gemüthsbewegung heraus in den Umstehenden das richtige Gefühl über den Fall zu wecken. Was und wie hier geredet werden muß, das hat die allgemeine Pastoraltheologie zu bestimmen, und wir brauchen davon so wenig in Bezug auf das Militär besonders zu reden, als über das Duell, seine Folgen, und die Art, wie der Geistliche am Grabe eines auf diesem Wege Getödteten zu reden hat. Es können auch hiebei nur die allgemeinen Regeln gelten.

Noch muß bemerkt werden, daß die Seelsorge es nicht wird umgehen können, manchmal auch der äußeren Lage ihrer Pflegbefohlenen sich anzunehmen, so viel auch hiebei zarte Vorsicht durch die Standesverhältnisse erfordert wird. Diese bringen es ja mit sich, daß, so sehr auch viele Vorgesetzte ein väterliches Verhältniß zu ihren Untergebenen sich zur Aufgabe machen, doch mancher Mann manchen Druck und Kummer seinen Oberen nicht offenbaren kann und will, da derselbe vielleicht nicht sowohl aus Mangel an Unterhaltsmitteln als aus anderen mit den Subordinationsverhältnissen zusammenhängenden Verwicklungen herstammt. Wenn hier ein Mitglied des Standes seine Zuflucht zu dem Amte in der Gemeinde nimmt, das nicht unter dem militärischen Subordinationsgesetze steht, so wird Niemand in Abrede ziehen wollen, daß dem Seelsorger die Pflicht erwächst, auf jede ihm thunliche und dem Wohl des Bedrängten dienliche Weise Abhülfe zu versuchen, und zu diesem Zweck mit Bewilligung desselben vertrauliche Mittheilungen zu machen, Fürbitten einzulegen und zum Recht oder zur Gnade mitzuwirken. Es hängt solch ein Thun ganz mit dem Zweck seines Amtes zusammen, denn es handelt sich dabei oft um nichts Geringeres, als einem solchen Manne aus einer Seelenstimmung herauszuhelfen, welche ihn an Abgründe hinzudrängen im Begriffe steht. Aber ebenso klar ist, daß das geistliche Amt hier mit der feinsten Vorsicht zu verfahren hat, wenn sein Träger nicht entweder als Einer erfunden werden will, der in ein fremdes Amt greifet, oder aber mißbraucht werden und eine Neigung zur Durchbrechung und Umgehung der gesetzlichen Ordnungen hervorrufen soll. Denn so wenig es dem Geist und den Zwecken des geistlichen Amtes entspräche, wenn der Soldat auch seinen Seelsorger etwa wie einen Offizier betrachten wollte: so wäre der Schaden für seine Stellung und Wirksamkeit doch noch größer, wenn er dem Schein unterläge, als wollte er seine Hand zur Hilfe wider die Strenge der Ordnung leihen. — In Betreff der Armenpflege aber muß die Militärseelsorge, was die Familien betrifft, viel mehr auf Fälle verschämter Armuth als auf das Gegentheil sich gefaßt halten, was mit dem Gefühl und den Pflichten zusammenhängt, welche das einzelne Mitglied für die Standesehre hat. Ebendaher wird sich aber der Geistliche, welcher dieses Feld seiner Hirtenthätigkeit nicht ungepflegt lassen will, nicht bei dem bloßen äußerlich sich darbietenden Scheine beruhigen dürfen, sondern die verborgenen Drangsale aufsuchen müssen. Uebrigens sorgen schon die militärischen Verehelichungsgesetze dafür, daß solche Fälle in Familien, welchen der Ernährer erhalten bleibt, im Offiziercorps nie, im Unteroffiziercorps nur selten, und zwar nur bei besonderem Unglück, vorkommen können. Was aber die ledige Mannschaft anlangt, so wird sich die Seelsorge nicht verbergen, daß zwar die Löhnung derselben zum Nöthigsten reicht, jedoch immerhin die Lage derer, welche sonst keine Zuschüsse haben, manche Entbehrungen mit sich bringe und durch freundliche milde und stille Gaben würdigen Jünglingen die Freudigkeit zu ihrem Beruf erhöht werden könne. Aber es werden sich andererseits immer auch solche Individuen finden, gegen welche sie ihre Hilfsbereitwilligkeit mit aller Vorsicht und Strenge schützen muß, und es würde gegen die christliche Weisheit und Armenzucht streiten, wenn sie den Grundsatz von der Verborgenheit der Almosen so durchführen wollte, daß sie sich nach den Bittenden nicht bei Urtheilsfähigen erkundigen wollte.

Haben wir im Bisherigen, soweit es die Privatseelsorge betraf, hauptsächlich von der jungen Mannschaft geredet und die Familien fast ganz übergangen, so geschah dieß, weil wir nur auf das unsern Blick zu richten haben, was die Militärseelsorge Eigenthümliches mit sich bringt, während ihr Verhältniß zu den Familien im Allgemeinen denselben Normen unterliegt, welche dem geistlichen Amte überall gelten. Die Anforderungen an sie steigern sich gegenüber der Familie allerdings dann, wenn der Krieg das Haupt derselben in die Ferne führt; und der Garnisonsgeistliche wird es als eine heilige Pflicht erkennen, mit Rath und That eine solche Lage zu erleichtern, jedem Vertrauen nach Kräften entgegenzukommen, ganz besonders aber der Kinder sich anzunehmen, deren Erziehung dann so ganz auf die Mutter gefallen ist. Allein was diese Thätigkeit selbst anbelangt, so ist sie im Wesentlichen keine andere, als welche jederlei Seelsorge gegenüber von Wittwen und Waisen zu üben hat.

Auch braucht nach allem Bisherigen kaum noch bemerkt zu werden, von welcher Bedeutung es für das geistliche Amt im Militär sei, daß es seine Gehülfen habe, und wie wohlthuend eine presbyteriale Einrichtung sei, durch welche theils vermöge der Wahl der Garnisonsgemeinde Vertrauensmänner aus den verschiedenen Stufen und Schichten dem Geistlichen zur Seite gestellt werden, theils die Möglichkeit gegeben ist, diesen Vertretern noch besondere Helfer beizugesellen. Besonderer Nachdruck ist aber gewiß darauf zu legen, daß in dem Kreis dieser Gehülfen auch das Unteroffizierscorps verhältnißmäßig reichlich vertreten sei, und daß mindestens jeder größere Körper einen Gehülfen aus dieser Schichte dem geistlichen Amte an die Seite gebe. Es hängt überhaupt von dem sittlich-religiösen Stand der Unteroffiziere sehr viel für die Massen ab, weil sie einen gewissen, relativ bleibenden Grundstock in der ewig wechselnden Mannschaft bilden, und weil ihr stündlicher unmittelbarer Verkehr mit derselben, ihre Auctorität, zum Theil auch ihr Alter einen nicht geringen Einfluß üben muß. Und wenn z. B.

irgendwo nicht nur die Ordnung besteht, daß der Unteroffizier seine Leute zum Kirchenbesuch aufzufordern hat, sondern auch auf jede kirchliche Ankündigung des Nachtmahls eine militärdienstliche Bekanntmachung derselben durch die ganze Garnison, eine schriftliche an alle Offiziere, eine mündliche durch die Unteroffiziere, an die Mannschaft erfolgt: was ist hier diesen Männern doch in die Hand gegeben! Wie kann zwar das Heilige einerseits in Gefahr kommen, von unheiligen Lippen unheilig behandelt zu werden: wie ist aber auch andererseits einem Vorgesetzten, dem die Wahrheit und das Heil seiner Untergebenen am Herzen liegt, Gelegenheit und eine Form geschaffen, seinem Sinn in Wort und Ton Ausdruck zu geben! Schon dieß macht eine fruchtbare Einwirkung auf sie zu einer besonderen Aufgabe. Wer aber kann sie besser lösen als eben Mitglieder dieses Corps selber wieder? und von welcher Wichtigkeit wird es somit, daß Vertreter desselben in einer stetigen unmittelbaren Verbindung mit dem geistlichen Amte erhalten bleiben? Das kirchliche, religiös-sittliche Lebensprincip aber überhaupt auch amtlich in den eigenen Reihen vertreten zu sehen, bei solchen Männern Depots von Erbauungsbüchern zu wissen, in ihnen Agenten für Bibelgesellschaften u. s. f. zu erkennen, aus ihrer Hand die heil. Schriften, Gebetbücher, und aus ihrem Mund ein kurzes, einfaches, gutes Wort dazu zu empfangen, also in einem seiner Unteroffiziere nicht diese Charge allein, sondern auch ein evangelisch-pastorales Element vertreten zu finden: das hat für den empfänglichen, suchenden Jüngling etwas väterlich Ansprechendes, für den Andern etwas Mahnendes, Weckendes.

Damit ist nun aber schon auch der letzte Punct berührt, den wir hervorheben möchten, daß innerhalb der einzelnen Truppenkörper dem Soldaten die nöthigen Erbauungsmittel zugänglich gemacht seyn müssen. Von Seiten der Militärbehörden finden sich gewöhnlich schon Garnisons- oder Regiments-Bibliotheken von andern belehrenden oder unterhaltenden Büchern errichtet. Da darf es auch die Seelsorge an erbaulichem und erbaulich-geschichtlichem

Stoff nicht fehlen lassen. Haben uns z. B. die von englischen Händen uns zugekommenen Berichte aus dem Krim- oder letzten indischen Krieg belehrt, von welcher Bedeutung die Darbietung solcher Lectüre sogar im Felde wird, so erhellt ihre Wichtigkeit für das Garnisonsleben doppelt leicht. Uebrigens wird der Militärgeistliche dieses Geschäft nicht blos den oben bezeichneten Gehülfen seines Amts überlassen, er wird in der eigenen Verwaltung dieser Mittel eine Gelegenheit erkennen, mit seinen Pflegbefohlenen in persönliche Berührung zu kommen, — eine Gelegenheit welche er um so weniger wird versäumen wollen, je schwerer andere gegenüber dem gesunden Soldaten zu beschaffen sind.

Register.

Register.

Druckfehler.

Seite 71, Zeile 17 v. o. lies wieder statt wider.
— 109, Z. 17 v. u. lies wird st. wir.
— 112, Z. 11 v. u. lies meines st. deines.
— 115, Z. 10 v. u. fehlt vor „also" das Wort die.
— 123, Z. 4 v. u. lies eben st. aber.
— 331, Z. 1 v. u. lies 4 st. 3.
— 406, Z. 11 v. u. lies wovon st. woran.
— 416, Z. 9 v. u. lies Leser st. Lehrer.

Arnd, Joh., **Sechs Bücher vom wahren Christenthum**, nebst **Paradies-Gärtlein.** Mit Lebensbeschreibung und Bildniß, und 57 Sinnbildern. Großer Druck. gr. 8. 1 fl. 36 kr. od. 1 thlr.

— — **Vier Bücher vom wahren Christenthum**, nebst Paradies-Gärtlein. Mit 2 Bild. Großer Druck. 1 fl. 6 kr. oder 20 sgr.

— — **Paradies-Gärtlein.** Großer Druck. 20 kr. oder 6 sgr.

Barth, Dr. **C. G.**, **Erzählungen für Christenkinder.** **20** Bändchen. Einzeln jedes 15 kr. oder 5 sgr.

— — **Die Altväter. Die C-Väter. Die Erzväter. Die Rabenfeder. Die Reiherfeder. Die Seefeder. Die Uhrfeder. Die Urväter.** 8 Bändchen. à 12 kr. oder 4 sgr.

— — **Christliche Kinderschriften** (vom Verfasser des „armen Heinrich" und der „Rabenfeder"). Gesammtausgabe mit Umrissen von H. Groß. Vier Bände. gr. 8. geb. Jeder Band 1 fl. 36 kr. oder 1 thlr.

(Jeder Band enthält 6 selbstständige Erzählungen mit Bildern und wird auch einzeln abgegeben.)

— — **Kleinere Erzählungen** für die christliche Jugend. 3 Bändchen. 12° geb. jedes 1 fl. od. 20 sgr.

— — **Der Negerkönig Zamba.** Mit Stahlstich. geh. 48 kr. od. 15 sgr.

Beck, Dr. **J. T.**, **Christliche Reden** zur Erbauung auf alle Sonn- und Festtage des ganzen Jahres. Erste Sammlung. 2. Auflage. 2 fl. 24 kr. od. $1^1/_2$ thlr.

— — **Christliche Reden.** Vierte Sammlung. (52 Predigten enthaltend.) 2 fl. 42 kr. oder $1^2/_3$ thlr.

— — **Christliche Reden.** Fünfte Sammlung. 1. 2. 3. Heft, je zwölf Predigten enthaltend. à 40 kr. oder 12 sgr.

Bernieres Louvigni, Verborgenes Leben mit Christo in Gott. Deutsch von G. Tersteegen u. A. Mit einem Anhang von Liedern. Min.-Ausg. geh. 12 kr. oder 4 sgr.

Beutelspacher, Fr., **Biblisches Gebetbüchlein** auf alle Tage des Jahres. 366 kurze Gebete nebst Liederversen aus den Schriften der gesalbtesten Beter. 8. geh. 45 kr. od. 14 sgr.

Brandt, H., **Apostolisches Pastorale.** Bearbeitung der Apostelgeschichte. A. d. Kloster Berg'schen Pastoral-Conferenzen. 37 Bogen gr. 8. geh. 3 fl. oder 1 thlr. 27 sgr.

Brastberger, M. **J. G.**, **Evangelische Zeugnisse der Wahrheit** über die Sonn-, Fest- und Feiertags-Evangelien und die Passionsgeschichte, in einem vollständigen Predigt-Jahrgang. Neu durchgesehen von Prälat Dr. Kapff. Mit Lebenslauf und Bildniß. 52 Bog. gr. 8. geh. 1 fl. 30 kr. oder 1 thlr.

Brenz, Joh., **Kurze Auslegung der Sonn- und Festtags-Episteln.** Zum Gebrauch in Betstunden und Hausandachten herausgegeben von Pfr. Grunwald. 24 Bogen gr. 8. Geh. 1 fl. 48 kr. oder 1 thlr. 3 sgr.